中国农业综合开发年鉴

2006

中国农业综合开发年鉴编辑委员会

中国财政经济出版社

图书在版编目（CIP）数据

中国农业综合开发年鉴．2006 /《中国农业综合开发年鉴编辑委员会》编．—北京：中国财政经济出版社，2007.4

ISBN 978 - 7 - 5005 - 9776 - 6

Ⅰ．中…　Ⅱ．中…　Ⅲ．农业综合发展 - 中国 - 2006 - 年鉴　Ⅳ．F323.4 - 54

中国版本图书馆 CIP 数据核字（2007）第 035880 号

中国财政经济出版社出版

URL：http：//www.cfeph.cn

E - mail：cfeph @cfeph．cn

社址：北京市海淀区阜成路甲 28 号　邮政编码：100036

发行处电话：88190406　财经书店电话：64033436

北京新华印刷厂印刷　各地新华书店经销

880×1230毫米　16开　32．25印张　822 000字

2007年4月第1版　2007年 4月北京第1次印刷

定价：158.00元

ISBN 978 - 7 - 5005 - 9776 - 6/F·8492

（图书出现印装问题，本社负责调换）

中国农业综合开发年鉴

编辑委员会名单

赵玉民（北京市农业综合开发办公室副主任）
李志强（天津市农业综合开发办公室主任）
乔　满（河北省农业综合开发办公室主任）
赵建生（山西省农业综合开发办公室主任）
陈文平（内蒙古自治区财政厅副巡视员、农业综合开发办公室主任）
陈广君（辽宁省财政厅副厅长、农业综合开发办公室主任）
李新涛（大连市农业综合开发办公室主任）
雒鹏飞（吉林省农业综合开发办公室主任）
运连鸿（黑龙江省农业综合开发办公室常务副主任）
徐和平（上海市农业综合开发办公室副主任）
费伟康（江苏省农业资源开发局局长）
沈继宁（浙江省农业综合开发办公室主任）
陈宝根（宁波市农业综合开发办公室主任）
罗建国（安徽省农业综合开发局局长）
孙婷婷（福建省农业综合开发办公室主任）
章康华（江西省农业综合开发办公室主任）
曹云龙（山东省农业综合开发办公室主任）
迟华东（青岛市农业综合开发办公室主任）
张成智（河南省农业综合开发办公室主任）
魏祥运（湖北省农业综合开发办公室主任）
罗志宏（湖南省农业综合开发办公室主任）
瞿志印（广东省农业综合开发办公室副主任）
李丽琪（广西壮族自治区农业综合开发办公室副主任）
曾德运（海南省财政厅副厅长、农业综合开发办公室主任）
刘念慈（重庆市农业综合开发办公室主任）
张其昌（四川省农业综合开发办公室主任）
龚晓宽（贵州省农业综合开发办公室主任）
赵新黔（云南省农业综合开发办公室主任）
赵宪忠（西藏自治区农业综合开发办公室主任）
杨志刚（陕西省农业综合开发办公室主任）
马自学（甘肃省农业综合开发办公室主任）
杨珠生（青海省农业综合开发办公室主任）
董　锋（宁夏回族自治区农业综合开发办公室主任）
海拉提·巴拉提（新疆维吾尔自治区农业综合开发办公室副主任）
黄　辉（新疆生产建设兵团农业综合开发办公室主任）
侯培耀（黑龙江省农垦总局农业综合开发办公室主任）

中国农业综合开发年鉴

特约通讯员名单

一、国家农业综合开发办公室：

龚英秀　李若云　吕彤轩　樊继红　朱铁辉　吴洪伟
王海燕　芮晓峰　李建民　罗禄勇　王兰英

二、国家农业综合开发联席会议成员单位：

水利部	阎存立	国土资源部	朱晓冬
农业部	罗　旭	国家林业局	王新凯

三、各省、自治区、直辖市、计划单列市财政厅（局）、
农业综合开发办公室：

北京市	殷世红	江西省	罗　华
天津市	孙　强	山东省	朱孝德
河北省	闫明珠	青岛市	谭　勇
山西省	王引斌	河南省	施保清
内蒙古自治区	初晓密	湖北省	郭士敏
辽宁省	任世忠	湖南省	龚次元
大连市	李晓峰	广东省	宁俊华
吉林省	齐　建	广西壮族自治区	曹延斌
黑龙江省	张　丽	海南省	梁振强
上海市	周继评	重庆市	古正国
江苏省	邱泽森	四川省	林　峰
浙江省	赵国瑛	贵州省	杨长萍
宁波市	陈　杰	云南省	刘　斌
安徽省	王定友	西藏自治区	林　蓓
福建省	林立启	陕西省	来国超

甘肃省	周　明	新疆维吾尔自治区	高文举
宁夏回族自治区	眭克仁	新疆生产建设兵团	王　冀
青海省	程　鹏	黑龙江省农垦总局	秦金浩

编辑出版工作人员名单

编辑部负责人：祝顺泉

编 辑 人 员：张　逶　祝顺泉　龚英秀　吴　川　何　冰　李若云
吕彤轩　樊继红　吴洪伟　芮晓峰　李建民　陶汪泓
王彦浩　陈　吟　定立新

封 面 设 计：邹晓东

版 式 设 计：定立新

责 任 校 对：张　凡

印 制 监 督：刘春年

发行负责人：定立新

前 言

2005年，在各级党委、政府的正确领导和有关部门的大力支持下，农业综合开发以科学发展观为统领，认真贯彻落实《中共中央国务院关于进一步加强农村工作 提高农业综合生产能力若干政策的意见》（中发［2005］1号），继续强化投入，突出重点，创新机制，加强管理，提高效益，为提高农业综合生产能力，促进农民增收作出了重要贡献。

2005年，农业综合开发工作成效显著。全年实际投入农业综合开发资金306.78亿元，其中中央财政资金101.83亿元，地方财政配套资金62.71亿元，银行贷款26.13亿元，农民投工投劳、以物折资以及企业自筹资金116.11亿元，是支持我国农业和农村经济发展的一支重要力量。在由中央财政预算安排的资金中，有65.13亿元投入了农业基础设施建设，重点用于中低产田改造，全年共完成中低产田改造3 062万亩，新增粮食生产能力36.63亿公斤，这对于提高我国农业综合生产能力，保障国家粮食安全发挥了重要作用。同时，积极推进农业产业化经营，投入中央财政农业综合开发资金26.1亿元，专项用于扶持产业化经营，立项扶持产业化经营项目1 225个，建设完成经济林、蔬菜、药材等种植基地46.84万亩，发展水产养殖面积17.59万亩，有力地推动了农业结构调整，带动了农民增收。2005年，农业综合开发项目区直接受益农民年人均纯收入比开发前增加380元左右。

为适应新形势、新任务要求，2005年农业综合开发在调整完善政策、改革创新方面又迈出了新的步伐。

一是调整完善投入政策。国家农业综合开发办公室选择吉林、新疆等8个省（区、市）开展地方财政资金配套保障试点，根据试点地区地方财政配套资金的落实数额，依据现行配套比例确定中央财政资金投入规模，有效调动地方投入的积极性。进一步完善农民筹资投劳政策，把农民自愿筹资投劳搞开发与加重农民负担严格区分开来，充分考虑农民的承受能力，调低农民筹资投劳比例，并对过去投放的部分农业综合开发财政有偿资金呆账，实事求是地进行了核销。

二是加大对粮食主产区的投入，重点突出中低产田改造。2005年中央财政投入13个粮食主产区的农业综合开发资金达59.42亿元，占全国的60.2%，投入规模再创历史新高。同时，通过政策引导，鼓励各地加大对本地区粮食生产大县的扶持力度。坚持把中低产田改造作为项目建设的重中之重，规定除内蒙古、青海外，其余省份用于中低产田改造的财政资金投入不得低于土地治理项目财政总投资的90%，鼓励有条件的省份把土地治理项目的财政资金全部用于中低产田改造。继续加大对《国家优质粮食产业工程建设规划》（以下简称《规划》）确定的重点县的扶持力度，加强中低产田改造。2005年，农业综合开发在这些重点县共完成中低产田改造1 110万亩，超额完成了《规划》确定的每年改造1 000万亩的目标任务。

三是适应新形势需要，积极探索采用投资参股、专项贷款贴息等形式，更加有效地发挥财政农业综合开发资金的引导、示范和带动作用。首先，大力推进投资参股经营试点。安排中央财政资金4.52亿元，在全国13个省（区）立项扶持了35个投资参股经营试点项目，初步探索出了扶持农业产业化经营的一条新路子。其次，探索开展了贷款贴息工作。按照“先贷款、后贴息”的原则，对符合条件的项目安排专项财政资金予以贴息。全年审核通过专项贷款贴息项目163个，拟安排中央财政贴息1.37亿元，预计可直接吸引金融组织贷款24.55亿元投入农业综合开发。此外，继续采取有偿与无偿资金相结合的方式，扶持产业化经营项目。安排中央财政资金17.7亿元，立项扶持了302个中央财政年度投资300万元以上的重点产业化经营项目，这些项目全部由辐射带动作用比较强的国家级和省级产业化龙头企业承建，有效发挥了带动农民增收的作用。

农业综合开发管理工作，不断得到规范和加强。第一，管理制度更加健全和完善。以财政部第29号令颁布了《国家农业综合开发资金和项目管理办法》，标志着农业综合开发工作步入了科学化、法制化的建设轨道。按照部令要求，相继修改和制定了农业综合开发部门项目管理办法、投资参股经营项目管理办法、中型灌区节水配套改造项目管理实施办法等，进一步建立健全农业综合开发规章制度。第二，从严控制开发县范围。2005年，全国仅作为特例新增了2个开发县，进一步遏制了开发县增长过快的趋势。第三，严格资金管理。继续完善中央财政农业综合开发资金“综合因素分配法”，将资金分配与工作绩效紧密挂钩，奖优罚劣。继续实行资金“专人管理、专账核算、专款专用”制度，严格实行财政无偿资金县级报账制。第四，对项目建设实行全过程的监管。加强项目评审，严把项目立项关。及时批复计划，拨付项目资金。进一步强化监督检查，委托中介机构，对江西、甘肃等四省的地方财政配套资金落实情况进行了专项检查；并组成16个验收考评组，对全国13个省（区、市）和水利部、农业部负责组织实施的竣工项目进行了验收考评。此外，还制定了《农业综合开发资金违规违纪处理暂行办法》，对检查、验收中发现的各种违规违纪行为，严肃处理，以警效尤。加强农业综合开发资金绩效考核工作，努力提高农业综合开发资金使用效益。第五，进一步强化作风建设。以保持共产党员先进性教育活动为契机，开展“百县千户农民”问卷调查活动，广泛征求农民群众对农业综合开发工作的意见和建议；切实转变工作作风，围绕推进社会主义新农村建设，卓有成效地开展调查研究。同时，采取有效措施，继续加强规划编制、统计和宣传工作。

2005年，农业综合开发的工作环境更加有利。胡锦涛总书记、温家宝总理、回良玉副总理，先后到项目区视察指导，对农业综合开发工作给予了充分肯定。财政部党组高度重视，召开部务会议，专门讨论审议《国家农业综合开发资金和项目管理办法》；许多省（区、市）的人大常委会、政协委员会还组成视察团，专题视察了农业综合开发工作。社会各界特别是项目区干部群众，对农业综合开发工作也给予了广泛好评。可以说，一年来，农业综合开发工作的成效逐步显现，工作水平继续提高，为新农村建设服务的能力不断得到加强，呈现出朝气蓬勃、开拓进取的工作局面。

《中国农业综合开发年鉴（2006）》，内容丰富，不仅全面系统地记述了2005年的全国农业综合开发工作，还收集了详实的农业综合开发统计数据，为广大读者了解、研究农业综合开发，为基层农业综合开发工作者全面学习农业综合开发业务、规范使用统计数据，都提供一份治史写实的难得资料。希望通过对《中国农业综合开发年鉴》的有效运用，为做好新阶段的农业综合开发工作，为全面建设小康社会，构建农村和谐社会，推进社会主义新农村建设发挥更大的作用。

中国农业综合开发年鉴编委会

编辑说明

1.《中国农业综合开发年鉴2006》记述了自2005年1月1日至2005年12月31日我国农业综合开发的工作概况，并主要汇集了这期间的相关资料。“2006”是本书编撰成书的年号，也应在2006年出版，虽由于种种客观情况，延迟至今，但仍冠以“2006”的年号。

2.本书“第二部分 国家农业综合开发工作”增设了“重点专题”和“业务工作”两个专题，较上年增加了五篇文章。读者可透过“重点专题”的这几篇文章了解2006年国家农业综合开发除日常事务外的重点工作，把握国家农业综合开发的新动向。

3.本书“第五部分 重要法规选编”入选文件的时间范围在2005年7月1日至2006年6月30日。这与全书其他部分有所不同，请读者注意。

这一部分里文件的排序情况是：财政部令排在最前面，其他文件按照“财发”字、“国农办”字、其他字号的顺序排列，相同字号的文件按时间先后安排。

4.关于行政区划和各部门的排序。本书中凡涉及行政区划、国务院所属部门等单位的顺序时，按照《中华人民共和国行政区划简册2002》和国务院所属部门在国务院的序列来排列，计划单列市排在其所在省的后边。

5.本书各篇文章中涉及到资金数额的，均按以下方式表述：满万的以万为单位，超过亿的以亿为单位，保留两位小数，四舍五入。这样做是为使文字叙述清楚，格式整齐划一。至于准确的资金数额，请以本书统计资料中的数据为准。

中国农业综合开发年鉴编辑部

2007年3月

2005年2月8日，中共中央总书记、国家主席胡锦涛在贵州考察工作时，视察了黔西南州兴义市农业综合开发扶持的牧草示范种植基地。

2005年6月4日，中共中央政治局常委、国务院总理温家宝在河北考察夏粮生产情况时，视察了藁城市农业综合开发项目区。他鼓励项目区农民群众积极发展节水灌溉，节约水资源，降低农业生产成本。

2005年3月26日，中共中央政治局委员、国务院副总理回良玉在广东省视察工作时，视察了湛江雷州市农业综合开发项目区。

2005年9月25日，宁夏回族自治区在石嘴山市平罗县隆重举行全区农田水利基本建设暨农业综合开发大会战启动仪式。自治区政府主席马启智出席启动仪式并作重要讲话。

2005年1月11日，全国农业综合开发办公室主任暨财务工作会议在江苏省镇江市召开。图为会议现场。

2005年1月11日，财政部副部长廖晓军在农业综合开发办公室主任暨财务工作会议上作题为“大力推进农业综合开发 稳步提高农业综合生产能力”的讲话。

2005年10月，财政部国家农业综合开发办公室主任王建国（右前一）在江苏省东海县农业综合开发项目区调研。

2005年6月，财政部国家农业综合开发办公室副主任刘世江（右前一）在河北省农业综合开发投资参股企业进行调研。

2005年6月，财政部国家农业综合开发办公室副主任黄家玉（右二）在湖北省农业综合开发投资参股企业进行调研。

2005年7月，财政部国家农业综合开发评审中心副主任韩国良（左三）参加在黑龙江省哈尔滨市举办的农业综合开发利用世界银行贷款农业科技项目启动培训班开班仪式。

2005年6月，安徽省人大常委会组成视察团，专题视察了安徽省农业综合开发工作。财政部国家农业综合开发办公室原常务副主任赵鸣骥（左前二）陪同视察。图为人大代表们正在听取农业综合开发项目区情况介绍。

2005年5月，安徽省政协组成视察团，专题视察了安徽省农业综合开发工作。财政部国家农业综合开发办公室派人全程陪同视察。图为政协委员们正在听取安徽省农业综合开发局局长介绍项目区的有关情况。

河北省藁城市农业综合开发项目区的小麦长势良好，丰收在望。

安徽省歙县富堨镇2005年农业综合开发中低产田改造项目修建的灌溉渠系以及机耕路等田间配套工程。

安徽省东至县瓦垅乡2005年农业综合开发土地治理项目修建的引水渠道。

宁夏回族自治区农业综合开发河套灌区的千亩良田集中连片治理。

贵州省龙安县农业综合开发土地治理项目修建的旱地节水灌溉工程。

云南省会泽县新街乡农业综合开发土地治理项目修建的田间灌溉排涝渠道。

广东省澄海市农业综合开发产业化经营项目扶持的远东国兰公司兰花种植育苗车间。

黑龙江省木兰县农业综合开发产业化经营项目扶持的肥牛屠宰加工生产线。

安徽省铜陵县农业综合开发扶持的长毛兔养殖项目。

目 录

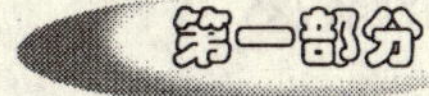

重要文献

中共中央关于制定国民经济和社会发展第十一个五年规划的建议（节选）……………………（3）

中共中央　国务院关于推进社会主义新农村建设的若干意见（节选）……………………（4）

政府工作报告（节选）……………………………………………………………… 温家宝（5）

在中央农村工作会议上的讲话（节选）…………………………………………… 回良玉（6）

在全国财政工作会议上的讲话（节选）…………………………………………… 金人庆（8）

大力推进农业综合开发　稳步提高农业综合生产能力 ………………………… 廖晓军（9）

第二部分

国家农业综合开发工作

全国农业综合开发工作综述……………………………………………………………（19）

重点专题

深入贯彻落实《资金和项目管理办法》不断提高资金和项目管理水平……………（23）

积极推进投资参股经营试点……………………………………………………………（30）

规范和加强开发县管理…………………………………………………………………（33）

加强部门项目管理………………………………………………………………………（37）

推进农民用水户协会建设 ……………………………………………………………（40）

业务工作

农业综合开发资金投入与管理…………………………………………………………（44）

改善农业生产基本条件…………………………………………………………………（47）

推进农业产业化经营……………………………………………………………………（50）

促进农业科技进步………………………………………………………………………（52）

农业综合开发利用外资工作……………………………………………………………（56）

农业综合开发项目评估、检查和验收考评 …………………………………………（60）

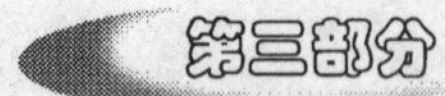

第三部分

地方和部门农业综合开发工作

北京市/65　天津市/66　河北省/ 69
山西省/72　内蒙古自治区/76　辽宁省/78
大连市/80　吉林省/82　黑龙江省/85
上海市/88　江苏省/91　浙江省/94
宁波市/96　安徽省/99　福建省/105
江西省/108　山东省/109　青岛市/113
河南省/117　湖北省/122　湖南省/125
广东省/128　广西壮族自治区/131　海南省/133
重庆市/137　四川省/139　贵州省/142
云南省/147　西藏自治区/151　陕西省/152
甘肃省/155　青海省/157　宁夏回族自治区/160
新疆维吾尔自治区/163　新疆生产建设兵团/166　黑龙江省农垦总局/169
水利部/172　农业部/176　国土资源部/178
国家林业局/181

第四部分

基层农业综合开发工作交流

强化工程运行管护　充分发挥工程效益
……………………………………………………… 山西省晋中市农业综合开发办公室（187）
健全制度　强化管理　确保有偿资金的安全有效运行
……………………………………………………… 山西省祁县农业综合开发办公室（189）
加快机制转换　提高中低产田改造效益
……………………………………………… 内蒙古自治区察右中旗农业综合开发办公室（192）
打造一流团队　争取各方支持　营造良好的农业综合开发氛围
……………………………………………………… 江苏省扬州市农业资源开发局（194）
多管齐下　多策并举　开创农民筹资投劳新局面
……………………………………………………… 河南省浚县农业综合开发办公室（197）
大力推行工程监理制度　全面提升工程质量
……………………………………………………… 湖南省常德市农业综合开发办公室（198）
发挥用水户协会作用　探索设施管护新路

……………………………………………………………… 湖北省当阳市农业综合开发办公室（200）
抓基地　强龙头　建机制　农业综合开发助推资阳农业产业化
……………………………………………………………… 四川省资阳市农业综合开发办公室（202）

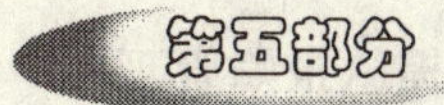

第五部分

重要法规选编

国家农业综合开发资金和项目管理办法…………………………………………………………………（207）
财政部关于印发《国家农业综合开发投资参股经营试点管理办法》的通知………………………（213）
财政部关于印发《农业综合开发财政资金违规违纪行为处理暂行办法》的通知…………………（216）
财政部关于印发《利用世界银行贷款农业科技项目管理办法》的通知………………………………（218）
财政部关于印发《农业综合开发投资参股资产运营机构考核办法（试行）》的通知 ………………（220）
财政部关于印发《利用世界银行贷款加强灌溉农业三期项目管理办法》的通知……………………（223）
国家农业综合开发办公室关于2005年国家农业综合开发项目竣工验收考评的通知 ………………（225）
国家农业综合开发办公室　水利部关于进一步加强农业综合开发中型灌区节水配套改造项目管理的通知……………………………………………………………………………………………（227）
国家农业综合开发办公室关于印发《2006年国家农业综合开发产业化经营项目申报指南》的通知 ………（228）
国家农业综合开发办公室关于印发《农业综合开发土地治理项目管理流程图》的通知 ……………（230）
国家农业综合开发办公室关于印发《国家农业综合开发农民筹资投劳管理规定（试行）》的通知 …（232）
国家农业综合开发办公室关于县级农发办事机构提取项目管理费问题的通知…………………………（235）
国家农业综合开发办公室关于印发《2006年国家农业综合开发投资参股经营项目申报指南》的通知 ……（235）
国家农业综合开发办公室关于外资项目出国培训　考察有关问题的通知………………………………（237）
国家农业综合开发办公室关于转发《关于加强农民用水户协会建设的意见》的通知………………（238）
国家农业综合开发办公室关于2006年农业综合开发产业化经营项目申报事宜的通知 ……………（242）
国家农业综合开发办公室关于农业综合开发项目竣工验收考评的通报 ………………………………（248）
国家农业综合开发办公室关于印发《关于加强农业综合开发土地治理项目科技推广费管理工作的指导意见》的通知……………………………………………………………………………………（249）
国家农业综合开发办公室关于印发《国家农业综合开发县管理办法》的通知 ………………………（252）
国家农业综合开发办公室关于编报2006年国家农业综合开发土地治理项目计划的通知 …………（256）
国家农业综合开发办公室关于印发《国家农业综合开发项目评估办法》的通知………………………（260）
国家农业综合开发办公室关于开展《国家优质粮食产业工程建设规划》涉及开发县中低产田改造项目检查的通知……………………………………………………………………………………（263）
国家农业综合开发办公室关于印发《利用世界银行贷款农业科技项目财务管理办法》的通知………（264）
国家农业综合开发办公室关于印发《利用世界银行贷款农业科技项目提款报账管理办法》的通知 ………（267）
国家农业综合开发办公室关于印发《利用世界银行贷款农业科技项目会计核算办法》的通知 ……（272）
国家农业综合开发办公室关于印发《利用世界银行贷款农业科技项目采购管理办法》的通知………（284）
国家农业综合开发办公室关于印发《利用世界银行贷款加强灌溉农业三期项目工程管理办法》

的通知 …………………………………………………………………………………………………（286）
国家农业综合开发办公室关于印发《利用世界银行贷款加强灌溉农业三期项目采购管理办法》
的通知 …………………………………………………………………………………………………（288）
国家农业综合开发办公室关于印发《利用世界银行贷款加强灌溉农业三期项目财务管理办法》
的通知 …………………………………………………………………………………………………（290）
国家农业综合开发办公室关于印发《利用世界银行贷款加强灌溉农业三期项目提款报账管理
办法》的通知 …………………………………………………………………………………………（293）
国家农业综合开发办公室关于印发《利用世界银行贷款加强灌溉农业三期项目会计核算办法》
的通知 …………………………………………………………………………………………………（298）

第六部分

统 计 资 料

统计资料说明…………………………………………………………………………………………（311）
农业综合开发基本情况表
1988～2005年全国农业综合开发基本情况表………………………………………………………（312）
全国农业综合开发项目统计表
2005年全国农业综合开发项目投入情况表 …………………………………………………………（316）
2005年全国农业综合开发分项目投资完成情况表 …………………………………………………（318）
2005年全国农业综合开发土地治理项目主要建设内容完成情况表 ………………………………（320）
2005年全国农业综合开发土地治理项目主要建设内容投资完成情况表 …………………………（322）
2005年全国农业综合开发产业化经营项目主要建设内容完成情况表 ……………………………（324）
2005年全国农业综合开发科技示范项目主要建设内容完成情况表 ………………………………（326）
2005年全国农业综合开发项目效益情况表 …………………………………………………………（328）
1988～2005年全国农业综合开发项目投入情况表……………………………………………………（332）
1988～2005年全国农业综合开发分项目投资完成情况表……………………………………………（334）
1988～2005年全国农业综合开发土地治理项目主要建设内容完成情况表…………………………（336）
1999～2005年全国农业综合开发土地治理项目主要建设内容投资完成情况表……………………（338）
1988～2005年全国农业综合开发产业化经营项目主要建设内容完成情况表………………………（340）
1999～2005年全国农业综合开发科技示范项目主要建设内容完成情况表…………………………（342）
1988～2005年全国农业综合开发项目效益情况表……………………………………………………（344）
全国农业综合开发项目主要统计指标解释……………………………………………………………（348）
农业综合开发外资项目统计表
2005年农业综合开发利用世界银行贷款加强灌溉农业二期项目投资、任务完成情况表 …………（352）
1998～2005年农业综合开发利用世界银行贷款加强灌溉农业二期项目投资、任务完成情况表 ……（352）
2005年农业综合开发利用英国国际发展部赠款面向贫困人口农村水利改革项目投资、任务及
效益完成情况表…………………………………………………………………………………………（352）

农业综合开发外资项目统计指标解释…………(353)

农业综合开发部门项目统计表

1989～2005年农业部农业综合开发原原种扩繁项目完成情况表…………(354)
1989～2005年农业部农业综合开发良种繁育基地项目完成情况表…………(354)
1989～2005年农业部农业综合开发优质农产品示范和菜篮子工程项目（优势特色种养示范项目）完成情况表…………(355)
1989～2005年农业部农业综合开发育草基金项目完成情况表…………(355)
1992～2005年农业部农业综合开发秸秆养畜项目完成情况表…………(356)
1994～2005年农业部农业综合开发海南农垦总局天然橡胶基地项目完成情况表…………(356)
2005年国家林业局农业综合开发林业生态示范项目完成情况表…………(357)
1990～2005年国家林业局农业综合开发名优经济林和花卉项目完成情况表…………(357)
1988～2005年水利部农业综合开发水利骨干工程项目完成情况表…………(358)
1989～2005年水利部农业综合开发水土保持项目完成情况表…………(358)
1995～2005年国土资源部农业综合开发土地复垦项目完成情况表…………(359)
农业综合开发部门项目主要统计指标解释…………(360)

第七部分

文　选

地方党政领导谈开发

推进农业综合开发　构建农村和谐社会…………张左己(365)
集中农业综合开发资金　打造河南粮食生产核心区…………李成玉(367)

财政厅长谈开发

充分发挥农业综合开发重要作用　大力推进社会主义新农村建设…………季建业(370)
农业综合开发是促进农业协调发展的一种科学有效的投入机制…………齐守印(373)
以人为本　创新机制　进一步加强农业综合开发项目和资金管理…………郑建国(376)
认真贯彻实施财政部令　推动农业综合开发工作迈上新台阶…………包国新(379)
农业综合开发是提高农业综合生产能力最直接、最有效的措施之一…………朱玉明(382)
紧紧抓住“两个围绕、一个提高”　充分发挥农业综合开发的攻坚作用…………陶　源(384)

调查报告、考察报告及论文

关于安徽省农业综合开发工作情况的视察报告…………政协安徽省委员会(386)
推进农业综合开发　稳步提高农业综合生产能力…………国家农业综合开发办公室(390)
大力推进农业综合开发　为建设社会主义新农村做出新贡献…………王建国(393)
关于江苏、河南、河北、吉林四省农业综合开发情况的调查报告
…………王建国　黄家玉　杜　原　周　可　龚英秀　李若云　樊继红(396)
农业综合开发资金绩效评价研究…………王建国　刘世江　李纯湘　高永珍(404)
“面对面”与“心贴心”

——“千户农民”调查活动纪实 …… 赵鸣骥　吕彤轩（409）
关于河北等八省（区）农业综合开发投资参股经营试点情况的调研报告
…… 刘世江　黄家玉　韩国良　樊继红（413）
农业综合开发监督机制研究 …… 韩国良　陶传友　王志刚（417）
公共财政在西部农村
——宁夏、陕西实施农业综合开发情况调研 …… 李纯湘　徐济旺　李　鹏（422）
发挥贴息资金扶持引导作用　拓宽农业综合开发资金投入渠道 …… 肖　红（426）
适应振兴战略要求　积极投入振兴老工业基地的事业中
——辽宁省老工业基地振兴与农业综合开发研究 …… 辽宁省农业综合开发办公室（429）
农业综合开发水土保持项目管理的基本经验 …… 水利部农业综合开发办公室（433）
突出行业特点　强化项目管理　充分发挥农业部农业综合开发项目建设的作用
…… 农业部农业综合开发办公室（435）
农业综合开发创新机制的实践与思考 …… 费伟康（438）
湖南省农民合作经济组织的调查 …… 余健来（442）
合作社促进美国农业可持续发展
——美国农民合作经济组织考察报告 …… 财政部赴美国考察团（445）
西班牙农业水资源的管理和利用 …… 财政部赴西班牙培训团（449）

第八部分

大　事　记

1月/455	2月/455	3月/456
4月/457	5月/457	6月/458
7月/458	8月/459	9月/460
10月/460	11月/461	12月/462

第九部分

机　构　人　员

国家农业综合开发联席会议领导成员名单 ……（465）
财政部国家农业综合开发办公室领导名单 ……（465）
财政部国家农业综合开发评审中心领导名单 ……（465）
各省、自治区、直辖市和计划单列市，新疆生产建设兵团，黑龙江省农垦总局农业综合开发
办公室领导名单 ……（466）
国家农业综合开发联席会议成员单位负责农业综合开发工作的司级领导名单 ……（467）

地、县级农业综合开发办公室领导名单…………………………………………………………………（468）

附　录

2005年度国家农业综合开发办公室在财政部“优秀论文、优秀调研报告、优秀公文”评选中获奖情况………………………………………………………………………………………………（493）

第一部分

重要文献

中共中央关于制定国民经济和社会发展第十一个五年规划的建议（节选）

（2005年10月11日中国共产党第十六届中央委员会第五次全体会议通过）

……

三、建设社会主义新农村

……

（6）积极推进城乡统筹发展。建设社会主义新农村是我国现代化进程中的重大历史任务。要按照生产发展、生活宽裕、乡风文明、村容整洁、管理民主的要求，坚持从各地实际出发，尊重农民意愿，扎实稳步推进新农村建设。坚持“多予少取放活”，加大各级政府对农业和农村增加投入的力度，扩大公共财政覆盖农村的范围，强化政府对农村的公共服务，建立以工促农、以城带乡的长效机制。搞好乡村建设规划，节约和集约使用土地。培养有文化、懂技术、会经营的新型农民，提高农民的整体素质，通过农民辛勤劳动和国家政策扶持，明显改善广大农村的生产生活条件和整体面貌。

（7）推进现代农业建设。加快农业科技进步，加强农业设施建设，调整农业生产结构，转变农业增长方式，提高农业综合生产能力。稳定发展粮食生产，实施优质粮食产业工程，建设大型商品粮生产基地，确保国家粮食安全。优化农业生产布局，推进农业产业化经营，促进农产品加工转化增值，发展高产、优质、高效、生态、安全农业。大力发展畜牧业，保护天然草场，建设饲草基地。积极发展水产业，保护和合理利用渔业资源。加强农田水利建设，改造中低产田，搞好土地整理。提高农业机械化水平，加快农业标准化，健全农业技术推广、农产品市场、农产品质量安全和动植物病虫害防控体系。积极推行节水灌溉，科学使用肥料、农药，促进农业可持续发展。

（8）全面深化农村改革。稳定并完善以家庭承包经营为基础、统分结合的双层经营体制，有条件的地方可根据自愿、有偿的原则依法流转土地承包经营权，发展多种形式的适度规模经营。巩固农村税费改革成果，全面推进农村综合改革，基本完成乡镇机构、农村义务教育和县乡财政管理体制等改革任务。深化农村金融体制改革，规范发展适合农村特点的金融组织，探索和发展农业保险，改善农村金融服务。坚持最严格的耕地保护制度，加快征地制度改革，健全对被征地农民的合理补偿机制。深化农村流通体制改革，积极开拓农村市场。逐步建立城乡统一的劳动力市场和公平竞争的就业制度，依法保障进城务工人员的权益。增强村级集体经济组织的服务功能。鼓励和引导农民发展各类专业合作经济组织，提高农业的组织化程度。加强农村党组织和基层政权建设，健全村党组织领导的充满活力的村民自治机制。

（9）大力发展农村公共事业。加快发展农村文化教育事业，重点普及和巩固农村九年义务教育，对农村学生免收杂费，对贫困家庭学生提供免费课本和寄宿生活费补助。加强农村公共卫生和基本医疗服务体系建设，基本建立新型农村合作医疗制度，加强人畜共患疾病的防治。实施农村计划生育家庭奖励扶助制度和"少生快富"扶贫工程。发展远程教育和广播电视"村村通"。加大农村基础设施建设投入，加快乡村道路建设，发展农村通信，继续完善农村电网，逐步解决农村饮水的困难和安全问题。大力普及农村沼气，积极发展适合农村特点的清洁能源。

(10) 千方百计增加农民收入。采取综合措施，广泛开辟农民增收渠道。充分挖掘农业内部增收潜力，扩大养殖、园艺等劳动密集型产品和绿色食品的生产，努力开拓农产品市场。大力发展县域经济，加强农村劳动力技能培训，引导富余劳动力向非农产业和城镇有序转移，带动乡镇企业和小城镇发展。继续完善现有农业补贴政策，保持农产品价格的合理水平，逐步建立符合国情的农业支持保护制度。加大扶贫开发力度，提高贫困地区人口素质，改善基本生产生活条件，开辟增收途径。因地制宜地实行整村推进的扶贫开发方式。对缺乏生存条件地区的贫困人口实行易地扶贫，对丧失劳动能力的贫困人口建立救助制度。

……

中共中央 国务院关于推进社会主义新农村建设的若干意见（节选）

(2005年12月31日 中发［2006］1号)

……

四、加强农村基础设施建设，改善社会主义新农村建设的物质条件

……

(15) 大力加强农田水利、耕地质量和生态建设。在搞好重大水利工程建设的同时，不断加强农田水利建设。加快发展节水灌溉，继续把大型灌区续建配套和节水改造作为农业固定资产投资的重点。加大大型排涝泵站技术改造力度，配套建设田间工程。大力推广节水技术。实行中央和地方共同负责，逐步扩大中央和省级小型农田水利补助专项资金规模。切实抓好以小型灌区节水改造、雨水集蓄利用为重点的小型农田水利工程建设和管理。继续搞好病险水库除险加固，加强中小河流治理。要大力加强耕地质量建设，实施新一轮沃土工程，科学施用化肥，引导增施有机肥，全面提升地力。增加测土配方施肥补贴，继续实施保护性耕作示范工程和土壤有机质提升补贴试点。农业综合开发要重点支持粮食主产区改造中低产田和中型灌区节水改造。按照建设环境友好型社会的要求，继续推进生态建设，切实搞好退耕还林、天然林保护等重点生态工程，稳定完善政策，培育后续产业，巩固生态建设成果。继续推进退牧还草、山区综合开发。建立和完善生态补偿机制。做好重大病虫害防治工作，采取有效措施防止外来有害生物入侵。加强荒漠化治理，积极实施石漠化地区和东北黑土区等水土流失综合防治工程。建立和完善水电、采矿等企业的环境恢复治理责任机制，从水电、矿产等资源的开发收益中，安排一定的资金用于企业所在地环境的恢复治理，防止水土流失。

……

政府工作报告（节选）

——在第十届全国人民代表大会第三次会议上

温家宝

（2005年3月5日）

……

三、继续保持经济平稳较快发展

今年的经济发展要着重抓好以下四个方面工作。

（一）坚持加强和改善宏观调控。（略）

（二）进一步加强"三农"工作。解决好农业、农村、农民问题，仍然是全部工作的重中之重。适应我国经济发展新阶段的要求，实行工业反哺农业、城市支持农村的方针，合理调整国民收入分配格局，更多地支持农业和农村发展。要围绕提高农业综合生产能力，实现粮食稳定增产、农民持续增收，从多方面加大支持力度。

一是稳定、完善和强化对农业的扶持政策。加快减免农业税步伐。在全国大范围、大幅度减免农业税。592个国家扶贫开发工作重点县免征农业税。全部免征牧业税。因减免农（牧）业税而减少的财政收入，主要由中央财政安排专项转移支付予以补助。今年中央财政为此新增支出140亿元，用于这方面的支出总额将达到664亿元。明年将在全国全部免征农业税。原定5年取消农业税的目标，3年就可以实现。继续对种粮农民实行直接补贴，增加良种补贴和农机具购置补贴，对重点粮食品种继续实行最低收购价政策。采取综合措施，控制农业生产资料价格过快上涨。中央财政还将安排150亿元，增加对产粮大县和财政困难县的转移支付。这项政策对于这些地区的基层建设和农村各项事业发展具有重要作用。

二是继续推进农业和农村经济结构调整。进一步发展粮食生产，稳定增加粮食播种面积，加强粮食生产基地建设，严格保护耕地特别是基本农田。推进农业区域化布局、专业化生产和产业化经营，大力发展特色农业。加快发展农产品加工业。积极发展林业、畜牧业和水产业。发展乡镇企业，壮大县域经济。

三是加强农田水利和农村基础设施建设。国家基本建设投资和国债资金，要重点支持农田水利、生态建设、中低产田改造、"六小工程"、旱作节水农业及县乡公路建设等。农业综合开发资金进一步向粮食主产区倾斜。引导和鼓励农民对直接受益的小型基础设施建设投工投劳。

四是加快农业科技创新和技术推广。大幅度增加农业科技投入，加强农业科技创新能力建设，进一步完善农业技术推广体系。增加重大农业技术推广专项补贴。支持和鼓励科技人员到农村开展技术咨询和服务。

五是多渠道转移农村富余劳动力。发展农村二、三产业，稳步推进城镇化建设，拓展农村劳动力就业空间。改善农民进城务工就业、创业环境，积极开展职业技能培训。进一步研究制定涉及农民工的各项政策。引导农村劳动力合理有序流动。

（三）加快推进经济结构调整和增长方式转变。（略）

（四）积极推进区域协调发展。（略）

……

在中央农村工作会议上的讲话（节选）

回良玉

（2005年12月28日）

……

一、正确分析形势，深刻认识农业农村发展的重大变化

2005年，是我国经济增长较快、效益较好、价格平稳、活力增强的一年，也是农业农村发展继续保持良好势头的一年。中央坚持统筹城乡发展，稳定、完善和强化支农政策。各地区、各部门认真落实中央部署，切实加强“三农”工作。在上年粮食生产、农民增收出现重要转机，今年基数较高、困难较多、灾害较重的情况下，农业农村继续向好的方向发展。主要特点可以概括为“两个良好势头”、“四个继续推进”。“两个良好势头”：一是粮食产量在上年大幅度增产基础上保持稳定增产的良好势头。2005年全国粮食总产预计达到9 680亿斤，增产291亿斤，两年粮食共计增产超过1 000亿斤，历史上并不多见。粮食亩产在上年创历史最好水平的基础上再创新高，连续两年超过600斤，历史上前所未有。二是农民收入在上年较大幅度增长基础上保持较快增长的良好势头。2005年全国农民人均纯收入预计3 250元，实际增长6%左右，这是1997年以来的第二个高增幅年份。农民增收连续两年超过300元，历史上也不多见。“四个继续推进”：一是农业农村经济结构调整继续推进。大宗农产品在优势产区的集中度提高，农作物和畜禽水产品种的优质化率提高，养殖业在农业产值中的份额提高，农产品在产区的加工程度提高，农民来自非农产业的收入比重提高。二是农村改革继续推进。农业税减免进程加快，已有28个省（区、市）全部免征农业税，全国农民负担又减轻220亿元。农村综合改革试点正在展开。粮食流通体制、农村信用社、供销社、集体林权和国有农场管理体制等改革取得新进展。三是农业综合生产能力建设继续推进。农田水利和耕地质量建设得到加强，农业综合开发取得进展。农业科技推广服务不断强化，测土配方施肥、科技入户、农业信息“三电合一”* 和农机跨区作业积极推进。自然灾害应急机制初步建立，灾后重建和灾民救助有效开展。动物防疫体系建设步伐加快，基层防控能力有所加强。特别要指出，今年第四季度以来，高致病性禽流感在一些地方相继发生，并出现感染到人的新情况。在中央的正确领导下，防控工作有力有序有效展开，取得了阶段性成果。四是农村社会事业发展继续推进。农村义务教育的支持力度加大，共资助中西部贫困家庭学生3 000万人，对592个国家扶贫开发工作重点县义务教育阶段的所有贫困家庭学生基本上免除了杂费，395万名贫困家庭学生得到了寄宿生活补助。新型农村合作医疗制度试点范围扩大，有620个县（市）开展试点，覆盖了全国1/4的农村人口。农村贫困人口在上年减少较多的基础

* “三电合一”指农业部于2005年正式启动的试点项目，重点推广电话、电视、电脑“三电合一”的农业信息服务模式，提高试点项目建设单位的信息服务能力，辐射并带动周边地区农业信息服务工作的开展。（编者注）

上又减少 200 万左右，这两年是进入新世纪以来农村贫困人口数量减少最多、幅度下降最大的两年。同时，农村民主政治和精神文明建设深入开展，基层组织战斗力进一步增强。总之，广大农民群众对农村发展取得的成绩感到高兴，对党和政府的惠农政策衷心拥护，心气比较顺，发展劲头足，干群关系明显改善。农业农村发展的好形势，特别是连续两年粮食稳定增产、农民较多增收，对保持国民经济平稳较快增长和社会稳定，发挥了至关重要的作用。

……

三、加大工作力度，确保社会主义新农村建设有良好开局

建设社会主义新农村涉及面广，是一项宏大复杂的系统工程。既要加快发展生产力，又要调整完善生产关系；既要加快经济发展，又要加快社会发展；既要加强物质文明建设，又要加强政治文明、精神文明与和谐社会建设。我们要全面准确把握社会主义新农村建设的内涵和要求，突出重点，扎实推进，确保明年社会主义新农村建设开好头、起好步。

（一）继续加大对农业农村发展的政策支持力度。要紧紧围绕社会主义新农村建设的各项任务，继续坚持“多予少取放活”的方针，稳定、完善和强化行之有效的支农政策，重点在“多予”和“强化”上下功夫。明年的支农政策主要表现为 15 点，概括起来就是“三个高于”、“三个终结”、“三个强化”、“三个加大”、“三个加快”。“三个高于”就是，国家财政支农资金增量要高于上年，国债和预算内资金用于农村建设的比重要高于上年，其中直接用于改善农村生产生活条件的资金要高于上年。“三个终结”就是，在前两年免除农业特产税、牧业税和减免农业税的基础上，明年在全国范围内全面取消农业税，使农业“三税”* 划上历史句号。中央财政将新增转移支付 120 亿元。与税费改革之前相比，全国农民可减轻税费负担 1 200 多亿元。“三个强化”就是，强化粮食直补力度，将主产区种粮直接补贴的资金规模提高到粮食风险基金的 50% 以上，其他地区也要根据实际情况增加对种粮农民的补贴，同时强化良种补贴和农机具购置补贴。“三个加大”就是，加大中央财政对粮食主产县和财政困难县的奖励补助力度；加大国有农场税费改革力度，将农业职工土地承包费中类似农村“乡镇五项统筹”的费用全部减除，中央和省级财政给予适当补助；加大农业综合支持和服务能力建设力度，增加农田水利、农业科技、扶贫开发和农业综合开发投入，完善减灾防灾体系、动物防疫体系和农村流通体系，加强安全饮水等农村基础设施建设。“三个加快”就是，加快农村九年义务教育和农民培训步伐，加快农村公共卫生设施和基本医疗服务体系建设，加快农村公共文化设施和服务体系建设。

……

* 农业“三税”指涉及农业的三个税种，即农业税、牧业税和农业特产税。（编者注）

在全国财政工作会议上的讲话（节选）

金人庆

（2005年12月19日）

……

一、近几年来财政工作的简要回顾

在党中央、国务院的坚强领导下，在各地区、各部门的大力支持下，“十五”时期特别是近三年来，广大财政财务干部职工贯彻落实科学发展观，按照部党组提出的工作思路，顽强拼搏，锐意改革，开拓进取，狠抓落实，财政工作取得了一系列新的成绩。

……

（三）促进城乡协调发展，财政支农工作进入新阶段。突出表现为五大变化：一是支农理念有了变化。坚持“多予、少取、放活”、“工业反哺农业、城市支持农村”的方针，明确提出让公共财政的阳光逐步照耀农村。二是支农力度有了变化。连续大幅度增加“三农”投入，预计2005年仅中央财政安排用于“三农”的支出就将超过3 000亿元，比2002年增长50%以上。各地也不断加大了对“三农”的投入。三是支农方式有了变化。制定实施了“三减免三补贴”政策，使农民直接受益的程度大幅度提高。特别是按照部党组的工作思路，着力用活粮食风险基金。2005年全国30个省份安排粮食直补资金132亿元，6.42亿农民直接受惠。同时，中央财政还安排55亿元专项资金，对产粮大县予以财力补助，调动了地方政府重农抓粮的积极性；大力支持推进粮食流通体制改革，妥善解决了国有粮食购销企业“三老”（老人、老账、老粮）问题。四是支农措施有了变化。除采取措施大力支持农业科技推广、农业产业化、农村扶贫开发、林业生态建设外，还主动适应新形势需要，积极探索采用投资参股、专项贴息等形式，更加有效地发挥财政农业综合开发资金的引导、示范和带动作用；运用关税政策鼓励进口国内短缺的农业生产资料；大力支持农民专业合作组织发展、“民办公助”小型农田水利建设和测土配方施肥等，全方位推动解决“三农”问题。五是支农资金使用管理有了变化。财政部下发了《关于做好支农资金整合试点工作的通知》，江苏、安徽、河南、江西等省积极开展了形式多样的支农资金整合试点，提高了财政支农资金的整体使用效益。广大农民和社会各界反映，近几年财政支农措施之多、力度之大，农民受惠之实、满意程度之高，是多年来少有的，有力地保障了国家的粮食安全，增加了农民收入，促进了农村发展。

……

三、2006年财政工作的总体要求和工作重点

……

（二）继续加大财政支农力度，加快建设社会主义新农村。建设社会主义新农村是十六届五中全会提出的一项宏伟目标。要加大财政支持“三农”力度，保持政策的连续性、稳定性，并突出在“多予、放活”上做文章。一是全面取消农业税。2006年在全国范围内将全面彻底取消农业税，延续了2 600年的农业税将走进历史博物馆。积极推进国有农场税费改革。二是积极推进农村综合改革试点。加大转移支付力度，加强农村基层政权建设，提高基层政权的行政能力。三是完善并加强“三补贴”政策。13个粮食主产省（区）的粮食直补资金再增加10亿元，全部达到本省粮食风险基金总规模的50%。要总结经验，完善办法，在全国范

围内推广补贴资金发放“一卡通”，并加强监督检查；扩大农机具购置的资金补贴范围，调整补贴重点；积极研究探索建立对农民种粮收益综合补贴制度。四是积极支持农业综合生产能力建设。中央财政将加大用于农业和农村基础设施建设的投入力度，重点支持农村“六小”工程*以及优质粮食产业工程、种子工程等项目建设。农业综合开发资金要重点用于粮食主产区中低产田改造和中型灌区建设。国有土地有偿使用收入，重点向国家确定的粮食主产区和产粮大县、基本农田保护、受自然灾害影响比较严重的灾毁区等方面倾斜。完善测土配方施肥补贴政策。加大对农村劳动力转移培训、小型农田水利设施建设、农村扶贫开发的支持力度。五是推进扩大新型农村合作医疗制度改革试点。将试点范围扩大到全国40%的县（区），中央和省级财政补助标准分别由10元提高到20元，确有困难的省（区、市）可以在2年内落实到位。要认真落实合作医疗补助资金，完善合作医疗筹资机制，加强合作医疗基金管理，防范基金风险。同时，加强城市社区卫生服务工作，切实支持解决群众“看病难、看病贵”的问题。六是全面促进农村社会事业发展。继续加大对农村公共卫生、义务教育、科技发展、环境设施和文化设施建设项目的支持力度。大力支持实施“科技富民强县专项计划”、农村公路建设工程和广播电视村村通工程。在全国范围内推广“农村部分计划生育家庭奖励扶助制度”，在西部农村地区实施计划生育“少生快富”工程。扩大实施送书下乡工程范围，全面覆盖592个国家扶贫开发工作重点县。此外，积极探索整合各种支农资金的新方式、新方法，切实提高支农资金的使用效益。

……

大力推进农业综合开发
稳步提高农业综合生产能力

——在全国农业综合开发办公室主任暨财务工作会议上的讲话

廖晓军

（2005年1月11日）

这次全国农业综合开发办公室主任暨财务工作会议，是学习贯彻中央农村工作会议和全国财政工作会议精神，大力推进农业综合开发工作的一次重要会议。会议的主要任务是，贯彻落实中央农村工作会议和全国财政工作会议精神，按照全面落实科学发展观的要求，认真总结2004年农业综合开发工作，正确分析当前农业综合开发形势，全面部署2005年的工作，着重研究继续大力推进农业综合开发，稳步提高农业综合生产能力的政策措施。

一、正确分析农业综合开发形势，明确今年的主要任务

当前，我国农业和农村发展势头良好。粮食生产出现重要转机，预计2004年全国粮食总产量为

* 农村“六小”工程是国家从2001年开始实施的。“六小”工程具体指节水灌溉、人畜饮水、乡村道路、农村沼气、农村水电、草场围栏等的建设。（编者注）

9 389亿斤，比2003年增产775亿斤，是建国以来粮食增产最多的一年，扭转了粮食生产连续几年下滑的趋势。农民收入实现较快增长，预计2004年全国农民人均纯收入为2 930元，比2003年增加300多元，实际增长超过6%，是1997年以来增幅最高的一年。农村改革迈出重大步伐，全面放开了粮食市场，实行了减免农业税、对种粮农民实施直接补贴、安排良种补贴和农机具购置补贴等一系列惠农的政策措施。农业在宏观调控中得到加强，农村社会事业取得重要进展。农业和农村发展的良好势头，对于促进国民经济平稳较快发展和保持社会稳定，发挥了至关重要的作用。

当前农业和农村发展的好形势，是政策好、人努力、粮价高、天帮忙等多种有利因素共同作用的结果，其中有农业综合开发的一份功劳。去年以来，农业综合开发工作按照落实科学发展观的要求，认真贯彻落实去年中央农村工作会议及新一届政府国家农业综合开发第一次联席会议精神，坚持改革创新、加强管理，取得了显著的成绩。全年农业综合开发共投入资金282.59亿元，其中中央财政资金90.65亿元、地方财政配套资金56.5亿元、自筹资金108.12亿元（其中农民投劳折资26.62亿元）、银行贷款27.32亿元，共改造中低产田近2 600万亩，同时重点扶持了一批辐射带动作用强的农业产业化龙头企业。去年农业综合开发在历年稳步提高粮食生产能力的基础上，又新增粮食生产能力62亿斤，对于提高粮食单产，扭转全国粮食产量连年下滑的趋势，促进粮食增产和农民增收，发挥了重要作用。从过去一年来的发展情况看，农业综合开发的工作环境更加有利，工作水平不断提高，工作作风明显改进。

（一）各级党委、政府和有关部门更加重视农业综合开发。《中共中央、国务院关于促进农民增加收入若干政策的意见》（中发［2004］1号）强调要“继续增加农业综合开发资金，新增部分主要用于主产区”。胡锦涛总书记等中央领导同志亲自到农业综合开发项目区视察指导工作，并作了重要指示。总书记去年4月份在海南省项目区视察时指出，农业综合开发着重抓好农田基础设施建设，解决农田灌溉问题，改善农业生产条件，对于保证粮食生产、增加农业效益和促进农民增收非常重要，要再接再厉地做好工作。中央农村工作领导小组的领导同志专门听取了农业综合开发工作汇报，并且到项目区调研，充分肯定了农业综合开发对于确保国家粮食安全、促进农民增收的重要作用，要求要充分发挥好这两个方面的作用。许多地方党委、政府在安排部署本地区农业和农村工作时，都把农业综合开发工作摆在了重要位置，党委、政府领导非常关注农业综合开发工作进展情况，经常深入到项目区了解情况，研究解决存在的问题。一些地方人大、政协领导和人大代表、政协委员，多次到项目区检查指导农业综合开发工作。各级领导的高度重视和支持，是继续推进农业综合开发工作的根本保证。

（二）对新阶段农业综合开发地位和作用的认识不断提高。去年党中央、国务院坚持科学发展观，采取了一系列更明确、更直接、更有力的政策措施加强农业特别是粮食生产。各地区、各有关部门在结合实际贯彻落实中央决策的过程中，在对提高农业特别是粮食综合生产能力发展历程的分析总结中，在加强农业综合生产能力建设的具体实践中，已经初步形成一个共识：农业综合开发是我国农业和农村经济工作一个重要组成部分，是市场经济条件下财政支农的一个重要手段，是提高农业特别是粮食综合生产能力最直接、最有效、最快捷的一项措施，继续推进农业综合开发，对于提高农业特别是粮食综合生产能力，促进粮食增产和农民增收，具有不可替代的重要作用。同时，领导重视、部门支持、农民欢迎，使直接从事农业综合开发工作的同志也进一步提高了认识，增强了信心。对农业综合开发地位和作用认识上的普遍提高，对于进一步做好这项工作，必将产生重要而深远的影响。

（三）完善和创新农业综合开发政策机制迈出重要步伐。去年以来，各地区认真贯彻落实财政部《关于改革和完善农业综合开发若干政策措施的意见》，在完善政策、创新机制上，迈出了重要的步伐。在完善政策方面，重点是严格控制开发的范围，进一步突出了以粮食主产区为重点，加大了对

改造中低产田、改善农业生产条件的投入；调整完善了配套政策，主要减轻粮食主产区和西部地区，尤其是地、县两级的配套压力；调整了有偿资金管理政策，加大无偿投入的比重；降低了农民筹资投劳比例，完善了农民筹资投劳政策等。在机制创新方面，重点是实行财政资金投资参股经营试点，探索农业综合开发扶持产业化经营的新途径；发挥财政资金导向作用，有效地吸引工商资本、民间资本、外商资本用于农业综合开发；开展了农业综合开发资金与有关支农资金统筹安排使用试点等。一年来的实践证明，这些完善和创新政策机制的举措，符合社会主义市场经济发展及财政改革与发展的要求，符合当前我国农业和农村发展的实际，为继续推进农业综合开发工作，提供了强大的动力和保障。

（四）农业综合开发管理工作取得长足的进步。一年来管理工作的进步主要体现在：一是提高了对管理重要性的认识。各级财政部门、农业综合开发办事机构更加重视管理工作，加强管理的责任感、自觉性和主动性明显增强。二是建立健全了管理制度和机制。财政部修订了农业综合开发资金和项目管理办法，即将以部门规章的形式印发，同时，在开发县管理、项目建设标准、资金和项目公示制、工程监理制等方面，制定了一系列具体规定。各地区也结合实际制定了很多具体实施办法。三是改进了管理的方式方法。在下达投资控制指标、扩大选项范围、项目评审立项、项目计划批复、加强监督检查等方面，都进行了改进和创新。从检查的情况看，去年各地区加强农业综合开发资金和项目管理工作取得明显成效，违规违纪问题实实在在地减少了。

（五）各地在实践中积累了新的宝贵经验。去年各地区认真贯彻落实财政部《关于改革和完善农业综合开发若干政策措施的意见》，紧密结合本地实际情况，勇于开拓，大胆实践，探索出了一些适应新形势、新任务要求的行之有效的做法和措施，积累了新的宝贵经验。如，加大招商引资力度，对开发县实行轮换制，集中力量支持粮食主产县，提高地方财政配套资金到位率，进一步规范财政有偿资金管理，实行产业化经营项目竞争立项，加强科技示范项目运行监管等。及时总结交流这些新经验，对于深刻认识和正确把握新时期农业综合开发的发展规律，指导和推进农业综合开发工作，具有重要作用。

（六）转变思想观念和工作作风取得明显成效。各级农业综合开发工作人员的思想观念和管理方式，一年来有了许多积极的变化。总的看，自我满足，安于现状的倾向减少了，改革创新、开拓进取的意识增强了；瞎指挥少了，依法行政的意识、为基层和农民服务的意识增强了；靠“拍脑门”、“人情关系”上项目的情况减少了，项目立项的科学性、规范性和透明度提高了；忙于争项目、批计划的时间减少了，用于调查研究、监督检查的时间增加了，有的还采取“微服私访”的形式进行检查，收到了很好的效果。这些变化尽管是初步的，但确实是一个很好的趋势，为进一步转变思想观念和工作作风，提高工作水平，提供了好的基础。

去年农业综合开发工作的成绩，是在各级党委、政府正确领导，各有关部门和单位大力配合支持下，通过全体农业综合开发工作人员辛勤工作，广大项目区农民群众努力奋斗取得的。成绩和进步来之不易。在此，我代表财政部党组向大家并通过大家向全国所有从事农业综合开发工作的干部职工致以崇高的敬意！同时也向所有关心和支持农业综合开发工作的同志特别是各级农业综合开发联席会议成员单位的同志表示衷心的感谢！

在充分肯定农业综合开发取得成绩的同时，我们也必须清醒地看到，农业综合开发改革创新取得的成果还是初步的，农业综合开发工作中仍然存在一些不足。如，开发的政策和机制，仍存在不完善的地方；有些地方资金和项目管理工作仍然不到位，存在薄弱环节；有些地方在投入上过分依赖中央财政资金，地方财政配套资金落实得不好。对这些不足，我们要高度重视，通过坚持不懈的努力，逐步加以解决。

今年是“十五”计划的最后一年，也是谋划“十一五”规划的关键一年。做好今年的农业、农村工作和财政工作，意义重大，任务艰巨。最近召

开的中央农村工作会议指出，胡锦涛总书记在十六届四中全会上提出的“两个趋向”的重要论断，即：“农业是安天下、稳民心的战略产业，必须始终抓紧抓好。纵观一些工业化国家发展的历程，在工业化初始阶段，农业支持工业、为工业提供积累是带有普遍性的趋向；但在工业化达到相当程度以后，工业反哺农业、城市支持农村，实现工业与农业、城市与农村协调发展，也是带有普遍性的趋向”，立意高远，内涵深刻。这既是指导我国经济社会协调发展的战略思想，也是制定农业和农村发展政策的基本依据，要深刻理解和认识这个重要论断，切实做好新阶段“三农”工作。同时，会议研究部署了进一步加强农村工作特别是加强农业综合生产能力建设、促进粮食稳定增产、农民持续增收的一系列重要政策措施。最近召开的全国财政工作会议，也明确提出要保持财政支持“三农”政策的连续性、稳定性，并进一步加大支持力度，更好地提高农业综合生产能力，促进粮食稳定增产、农业明显增效、农民持续增收，让公共财政的阳光更多地照耀到农村。根据中央农村工作会议和全国财政工作会议精神，结合当前农业综合开发的形势，做好今年农业综合开发工作的总体要求是：

深入贯彻落实中央农村工作会议和全国财政工作会议精神，牢固树立和认真落实科学发展观，较大幅度地增加农业综合开发投入，以粮食主产区为重点，着力加强中低产田改造，改善农业生产基本条件，建设高标准农田，稳步提高农业综合生产能力特别是粮食生产能力；积极扶持农业产业化经营，把提高农业综合生产能力与促进粮食生产和农民增收紧密结合起来；进一步调整完善投入政策，完善和创新运行机制，加强科学管理，转变工作作风，不断提高农业综合开发工作水平。

根据这个总体要求，今年要采取更加有力的措施，重点抓好中低产田改造，改善农业生产基本条件，提高农业综合生产能力。这件事情抓好了，就可以带动整个农业综合开发工作跃上一个新的台阶。

二、采取更加有力的措施，坚定不移地提高农业综合生产能力

《中共中央、国务院关于进一步加强农村工作，提高农业综合生产能力若干政策的意见》（中发［2005］1号，简称《意见》），强调当前和今后一个时期，要把加强农业基础设施建设，加快农业科技进步，提高农业综合生产能力，作为一项重大而紧迫的战略任务，切实抓紧抓好。中央把提高农业综合生产能力作为今年农村工作文件的主题，是着眼于实现全面建设小康社会的宏伟目标，按照统筹城乡经济社会发展的方略作出的一项战略部署，寓意深刻，意义重大。提高农业综合生产能力，是确保国家粮食安全的核心。没有稳定可靠的粮食生产能力，就不可能有稳定可靠的粮食安全。同时，提高农业综合生产能力，也是增加农民收入的必然要求，是农业现代化建设的重要内容。我们要深刻理解提高农业综合生产能力的重要意义，认真抓好《意见》的贯彻落实工作。

《意见》强调“中央和省级财政要较大幅度增加农业综合开发投入，新增资金主要安排在粮食主产区集中用于中低产田改造，建设高标准基本农田”。这既对农业综合开发提出了明确的任务和要求，也是对农业综合开发长期实践经验的科学总结。农业综合开发实施以来，始终坚持以改造中低产田，改善农业生产基本条件，提高农业综合生产能力为根本任务，通过综合运用工程、生物和技术措施，实行水、土、田、林、路综合治理，努力建设高标准基本农田。这是农业综合开发与其他开发方式相比最显著的特点，是农业综合开发资金与其他财政支农建设资金最明显的区别，也是单独设置农业综合开发机构的重要原因。农业综合开发的整个发展历程，就是一个不断提高农业综合生产能力的历程。在大力加强农业综合生产能力建设的新形势下，农业综合开发必须坚定不移地坚持这个根本任务。坚持了这个根本任务，农业综合开发就能够沿着正确的轨道，不断取得新的成就；偏离了这个方向，农业综合开发就会失去立足之本，丧失生命力。在这个事关农业综合开发事业前途命运的重大问题上，我们要始终保持清醒的、明确的认识，决不能有任何动摇。

多年来，农业综合开发逐步形成了一整套比较有效的措施和做法。实践在发展，我们的认识也在不断

地深化。现在有些问题看得更准了，要注意总结经验，抓住几个带有方向性的事情，采取更加有力的措施，不断地向前推进，稳步提高农业综合生产能力。

（一）增加农业综合开发投入。实行中央财政、地方财政、信贷资金、社会资金、民间资金和外资等多渠道、多层次地增加农业综合开发投入，是大力推进农业综合开发，稳步提高农业综合生产能力的重要保证。这里我着重讲一下地方财政配套投入问题。要充分认识到，增加农业综合开发投入，支持农业和农村经济发展，是中央和地方财政共同的责任。近年来中央财政逐年较大幅度地增加了对农业综合开发的投入。同时，为减轻地方配套压力，将中央财政与地方财政投入的配套比例，由2001年的1:0.98，降低到了2004年的1:0.66，降幅达33%。较大幅度地降低配套比例之后，在地方财力不断增长的情况下，近年来地方各级财政应配套的农业综合开发资金总额不但没有增加，反而下降了。但是，仍有一些地区配套资金落实得不好。究其原因，既有财力困难的因素，也与这些地区有关领导认识不到位、存在过于依赖中央财政投入的倾向有很大关系。中央反复强调各级财政要逐步加大支农力度，并明确要求中央和省级财政要较大幅度地增加农业综合开发投入。地方各级财政特别是省级财政按政策规定足额配套，既是贯彻落实中央上述要求的实际行动，也是真正地而不是口头上支持农业综合开发的重要体现。如果一味强调降低地方财政配套比例，导致农业综合开发投入规模不断减少，最终会影响农业发展和广大农民的利益，也会影响财政收入的持续增长。因此，地方各级财政要按照现行政策规定的比例，及时足额地落实农业综合开发配套资金。

（二）严格控制开发范围。农业综合开发要切实遵循总量控制、适度进出、奖优罚劣、分级管理的原则，加强和规范开发县管理，严格控制开发范围。这是避免资金分散，突出开发重点的重要前提和基础。国家农发办核定的各省（区、市）开发县总数，一律不得突破。申请新增开发县的省（区、市），必须相应先退出等量开发县。对申请的新增开发县要按规定程序和要求严格组织评估，评估时不仅要看新增县的开发条件和开发潜力，还要将开发资金用于新增县和用于现有开发县的综合效益进行分析比较，并将比较结果作为评估的一个重要内容。因严重违规违纪问题被取消开发县的，开发县总数相应减少。对于退出农场的省（区、市），今后原则上不增加开发县数量。鼓励有条件的地区实行开发县轮换、末位暂停等措施，加大各开发县的投入规模。在当前一些地方要求新增开发县呼声仍然比较高的情况下，重申和强调这些原则和要求很有必要。

（三）加大对粮食主产区的投入。提高农业综合生产能力特别是粮食生产能力，重点在粮食主产区。中央财政农业综合开发资金要进一步加大对主产区的投入，不仅新增资金安排用于农业主产区特别是粮食主产区的部分要达到80%以上，存量资金也要通过调整结构提高用于主产区的比重。同时，对各个农业主产省（区）及粮食主产省（区），要结合其工作水平、配套能力等因素，实行区别对待。各粮食主产省（区），都要确定农业综合开发重点支持的粮食主产县（市），增加对粮食主产县（市）的投入。非粮食主产省（区）的农业综合开发，也要切实加大对本地区粮食主产县（市）的支持力度。

（四）着力加强中低产田改造。这是农业综合开发加强农业综合生产能力建设的重点内容。要进一步加大对中低产田改造的投入，加快中低产田改造步伐，努力提高农业耕地质量，提高耕地产出率。今年中央财政安排粮食主产省（区）的新增资金，主要集中用于中低产田改造项目；安排粮食主产省（区）的存量资金中用于中低产田改造项目的资金，也要比去年有所增加。要坚持按区域或灌区统筹规划，集中投入，连片开发，减少项目数量，扩大项目规模，提高中低产田改造的规模效益。因地制宜地采取措施，大力发展节水灌溉。逐步提高中低产田改造项目的投入标准和建设标准，注重提高项目建设的科技含量，确保工程建设质量和水平，努力把中低产田改造成为高产稳产、旱涝保收的高标准基本农田。

同时，要把中低产田改造与建设优势农产品特别是优质粮食生产基地紧密结合起来。对农产品优势产区申报的农业综合开发项目，特别是中低产田改造项目，在同等情况下予以优先安排，努力把项目区建成发展优势农产品生产尤其是优质粮食生产的基地。粮食主产省（区）的中低产田改造项目，要重点支持《国家优质粮食产业工程建设规划》中的标准粮田建设。对该《规划》中确定的13个粮食主产省（区）的484个县（农场），其中属于农业综合开发范围的县，要作为粮食主产省（区）的重中之重，重点倾斜，着力支持其中低产田改造，建设标准粮田。

（五）积极扶持农业产业化经营。扶持农业产业化经营，是农业综合开发加强农业综合生产能力建设的一项重要措施。农业综合开发要继续积极扶持辐射带动作用强、科技含量比较高的农业产业化龙头企业，重点支持粮食主产区立足资源优势，发展农产品加工业特别是以粮食为主要原料的加工业，增强对优质农产品基地特别是优质粮食基地的带动作用，促进农业增效、农民增收。确定扶持的龙头企业，要着重看其带动基地发展特别是带动农民增收的效果。同时，完善对农民专业合作经济组织的扶持政策，适当加大扶持力度。

（六）加强中型灌区和生态综合治理项目建设。加强与中低产田改造紧密相关的中型灌区节水配套改造项目建设，加强农田林网、草场改良、水土保持、防护林体系、土地复垦等生态综合治理项目建设，全面改善农业生产基本条件，提高农业资源利用效率。这也是农业综合开发加强农业综合生产能力建设的措施之一。要突出重点，按照各类项目的特点分别确定各自的区域重点、扶持范围和重点建设内容，实行统筹规划、集中投入、连片治理。逐步提高单个项目投资建设规模，充分发挥项目示范带动作用。这些项目中由农口部门负责组织实施的，地方各级农发办（或财政部门）要积极参与项目管理，足额落实配套资金。

三、与时俱进，不断提高农业综合开发工作水平

提高农业综合生产能力，确保国家粮食安全，是一项长期的战略任务。农业综合开发在其中肩负着重要的责任。当前中央强调要大力提高农业综合生产能力，并作出了明确部署，为推进农业综合开发提供了良好的发展机遇。各级财政部门、农业综合开发办事机构要进一步增强使命感和责任感，牢固树立和落实科学的发展观，抓住机遇，乘势前进，发挥优势，克服不足，巩固和发展农业综合开发改革创新、加强管理的成果，大力推进新阶段的农业综合开发工作。

（一）制定发展规划。制定科学的发展规划，是进一步做好农业综合开发工作的重要基础，也是农业综合开发工作中需要加强的一个薄弱环节。过去制定的五年计划，由于预见性、前瞻性不够，规划中的部分指标定得过高等原因，规划没有充分发挥应有的作用。今年要在认真总结“十五”期间农业综合开发经验，分析“十五”计划执行情况的基础上，抓紧制定国家农业综合开发“十一五”规划。按照科学发展观的要求，把农业综合开发纳入农业和农村经济及整个国民经济发展的全局中去研究，统筹规划，突出重点，提高规划的宏观性、前瞻性和指导性；坚持实事求是，量力而行，确保规划能够落实；进行深入的调查研究和科学的论证，广泛征求各方特别是专家的意见。通过制定出比较科学的“十一五”规划，明确“十一五”期间农业综合开发的指导思想、基本思路、主要任务和政策措施，为做好“十一五”期间的农业综合开发工作奠定基础。

（二）完善投入政策。这是做好农业综合开发工作的重要保证。这里我着重讲两个问题：第一，完善地方财政配套政策。前些年已经较大幅度地降低了农业综合开发地方财政与中央财政的配套比例，并实行区别对待，充分考虑了地方的配套能力，现在应当转变思路，把完善配套政策的着力点从降低配套比例，转到建立配套保障政策、保证地方配套资金足额落实上来。为此，财政部将逐步推行根据地方配套资金落实情况确定中央财政投入规模的办法，今年先在部分省（区）进行试点，有关地区要积极支持配合。

第二，完善农业综合开发中农民筹资投劳的政

策。农业综合开发土地治理项目直接受益的农民，筹资投劳，在自己经营的土地上劳动，改善生产条件，提高生产能力，国家财政给予适当补助，对农民而言投入产出比相当合算，绝大多数农民都是有积极性的，有的还求之不得。如果农业综合开发土地治理项目投入全部由国家包下来，很容易形成农民种地过度依赖政府的导向。现在的问题是，在农村税费改革的大背景下，农业综合开发中农民筹资投劳的政策和要求，与农村税费改革有关政策规定不够衔接，加上一些地方认识不统一，在实际工作中发动农民筹资投劳遇到了一定困难。为此，各级农业综合开发办事机构要与农村税改办密切配合，进一步深入研究完善农业综合开发中农民筹资政策。要把农民自愿筹资投劳改善自己生产生活条件与加重农民负担严格区分开来，在自愿互利、注重实效、控制标准、严格规范、民主管理的前提下，鼓励和引导项目区农民群众发扬自力更生的好传统，对其直接受益的土地治理项目筹资投劳。

同时，要研究完善农业综合开发财政资金投向政策，进一步突出以土地治理项目特别是改造中低产田项目为重点。完善农业综合开发财政有偿资金投入、使用和管理政策，使之既能够充分发挥财政有偿资金的优势和作用，又可以避免增加地方财政负担，防止形成债务风险。

（三）改革创新机制。为适应新形势、新任务的要求，农业综合开发的各项改革措施，要进一步深化、拓展；农业综合开发的投入和管理机制，要实行完善和创新相结合。当前，要着重从以下几个方面改革创新机制。一是投入机制。要完善财政资金引导机制，继续探索财政资金投资参股经营的做法，完善贴息、补贴、有偿无偿相结合等多种扶持形式。二是管理机制。项目法人负责制、项目立项和工程建设招投标制、工程监理制、县级报账制、资金和项目公示制等，要在总结经验的基础上大力推行。逐步建立资金使用监测机制，健全工程管护制度。三是监督检查机制。要建立健全农发办事机构、审计部门、财政监督部门和委托社会中介机构检查相结合，日常检查和专项检查相结合，事前检查、中期检查和竣工项目检查验收相结合的监督检查机制，逐步加大社会中介机构参与监督检查的力度。四是资金绩效评价机制。要适应预算改革的要求，抓紧研究制定比较合理、规范的农业综合开发资金绩效评价指标和评价体系，建立有效的绩效评价制度。

（四）加强科学管理。加强管理是农业综合开发工作中永恒的主题，任何时候都不能放松。要围绕确保农业综合开发资金安全运行和有效使用，进一步树立先进的管理理念，建立健全管理制度，采取科学的管理方式，运用有效的管理手段，不断提高管理质量和水平。切实抓好即将出台的《资金和项目管理办法》贯彻实施工作。根据公正、公平、公开和奖优罚劣的原则，改进和完善财政资金分配的综合因素法。进一步加强和规范项目评审工作，把好项目立项关，杜绝“人情项目”。对企业申报项目，要加强对其资产和经营状况的评估，防止资不抵债的企业骗取项目资金。严格对农业综合开发资金实行专人管理、专账核算、专款专用。及时落实和拨付资金，保证项目建设需要。强化监督检查工作，做到经常化、制度化、规范化。分配资金和安排项目，要与资金绩效评价和工作绩效考核的结果挂钩，实行奖优罚劣。同时，要建立健全管理责任制，把管理责任落实到人，并逐步建立责任追究制度。抓紧制定农业综合开发资金违纪违规处罚办法，对违纪违规问题，一定要严肃查处，并切实进行整改。

（五）转变工作作风。进一步改进工作作风，是大力推进农业综合开发工作的有力保障。在市场经济条件下，为农民提供良好的服务，是面向农民群众开展工作，落实好工作任务的基本方式。农业综合开发关系到亿万农民群众的切身利益，广大农业综合开发工作者要牢固树立全心全意为农民服务的思想，坚持求真务实，树立正确的政绩观，实实在在地为农民办好事、办实事，不图虚名，不提脱离实际的高指标，不做表面文章，坚决杜绝“形象工程”。坚持依法办事，依法理财，完善监督制约机制，自觉接受全社会特别是项目区农民群众的广泛监督。更加自觉地加强学习，更多地深入基层搞调查研究，更为虚心地听取基层特别是项目区农民群众的意见和建议，提高执行政策、依法办事、为农民服务的自觉性和本领，不断改进工作。要与正在开展的保持共产党员先进性教育活动相结合，切实加强思想教育，引导干部职工树立正确的人生观和科学的发展观。切实强化培训，改进培训方式方法，增强培训效果，不断提高农业综合开发干部队伍的整体素质，努力建立一支素质高、善于学习、勇于开拓的农业综合开发干部队伍。

让我们紧密团结在以胡锦涛同志为总书记的党中央周围，自觉实践“三个代表”重要思想，牢固树立和落实科学的发展观，认真贯彻落实中央农村工作会议和全国财政工作会议精神，认清形势，明确任务，坚定信心，开拓进取，以奋发有为的精神状态，加倍努力地工作，不断开创农业综合开发工作的新局面。

第二部分

国家农业
综合开发工作

全国农业综合开发工作综述*

2005年，农业综合开发工作坚持以邓小平理论和“三个代表”重要思想为指导，认真贯彻落实中央农村工作会议、《中共中央国务院关于进一步加强农村工作　提高农业综合生产能力若干政策的意见》（中发［2005］1号）和全国财政工作会议精神，以科学发展观为统领，以改善农业生产条件、提高农业综合生产能力为基本任务，继续加大投入，完善政策，大力推进投资参股经营试点工作，积极探索机制创新，强化资金和项目管理，不断提高农业综合开发工作水平，为巩固和提高农业综合生产能力，保障国家粮食安全，促进农民增收作出了重要贡献。

一、继续加大投入力度，进一步完善投入政策

农业综合开发是国家支持和保护农业发展的有效手段，是提高农业综合生产能力的关键措施。中央1号文件强调，“中央和省级财政要较大幅度增加农业综合开发投入，新增资金主要安排在粮食主产区集中用于中低产田改造，建设高标准基本农田”。为此，2005年中央财政继续加大农业综合开发投入力度。中央财政预算共安排农业综合开发资金98.55亿元，比上年增加8亿元，增长8.83%。同时，继续加大利用外资投入农业综合开发力度，先后与世界银行签订贷款协定，正式开始组织实施利用世界银行贷款2亿美元“加强灌溉农业三期项目”和利用世界银行贷款1亿美元“农业科技项目”，继续组织实施利用英国国际发展部赠款449.8万美元“面向贫困地区人口农村水利改革项目”。根据当年财政资金决算和项目统计数据，农业综合开发实际投入资金306.78亿元，比上年增加50.08亿元，增长了19.51%。其中，投入中央财政资金101.83亿元（含利用外资折合人民币2 654万元），比上年增加16.18亿元，增长了18.89%；地方财政配套资金62.71亿元，比上年增加4.41亿元，增长了7.57%；银行贷款26.13亿元，比上年增加4.79亿元，增长了22.44%；农民群众投工投劳、以物折资以及企业自筹资金116.11亿元，比上年增加24.70亿元，增长了27.02%。

在加大投入力度的同时，进一步调整完善投入政策。

（一）积极督促地方落实财政配套资金，切实把各地的注意力从降低配套比例转移到落实配套资金上来

选择了内蒙古、吉林、江西、河南、重庆、贵州、甘肃、新疆8个省（区、市）开展了地方财政资金配套保障试点，即：试点地区先行安排落实配套资金，根据其落实数额，依据现行配套比例再确定当年中央财政资金投入规模。这一做法有效调动了地方落实配套资金的积极性。同时，鼓励和支持各地积极争取其他渠道的资金（如土地出让金等），统筹安排用作农业综合开发的配套资金。

（二）进一步完善农业综合开发农民筹资投劳政策

为适应农村税费改革要求，引导农民自愿增加对其直接受益的改善农业生产条件的投入，经商农业部农民负担监督管理办公室和国务院农村税费改革工作小组办公室同意，修订了农业综合开发中农民筹资投劳的政策规定，明确农民筹资投劳遵循“自愿互利，注重实效，控制标准，严格规范”的原则，按照村级“一事一议”筹资投劳的办法进行管理，把农民自愿筹资投劳搞开发与加重农民负担

* 文中凡未特别说明的，所用数字（包括资金数额、项目个数、项目效益）的统计口径均为农业综合开发地方项目、部门项目、外资项目有关数据的合计数。

严格区别开来。同时，充分考虑农民实际承受能力，将农民筹资投劳占中央财政投入的比例从1:0.7降低到1:0.5，并允许各省（区、市）根据农民人均耕地面积适当调整筹资投劳比例，明确农民筹资投劳原则上以投劳为主，个别筹资确有困难的可以全部投劳。

（三）实事求是地核销了部分有偿资金呆账

为妥善解决过去投放的农业综合开发财政有偿资金呆账问题，提出了核销2002～2004年产业化经营项目和专项科技示范项目到期有偿资金呆账的具体方案，经财政部领导同意后，组织人员对各地区申报材料进行了认真审核，对重大自然灾害、企业破产等原因造成的无法偿还的8.54亿元财政有偿资金予以核销。这在一定程度上缓解了地方财政有偿资金还款压力，化解了有偿资金的债务风险。

二、以粮食主产区省份和粮食生产大县为重点，着力加强农业综合生产能力建设

（一）严格控制开发范围

为加强农业综合开发县管理工作，2005年1月国家农发办发文，明确规定："原则上退出农业综合开发县（市、区），相应新增农业综合开发县（市、区）；退出农业综合开发农（牧）场，只相应新增农业综合开发农（牧）场。"严格按照《国家农业综合开发县管理暂行办法》确定的"总量控制，适度进出，奖优罚劣，分级管理"的原则，研究审定了2005年部分省（区）申请新增、调整、恢复开发县（市、区、农场）情况。除允许甘肃、云南等少数开发县（市、区、农场）比例过低的省可作为特例新增少量开发县（市、区、农场）外，申请新增开发县（市、区或农场）的省（区、市）必须先退出等量开发县（市、区或农场）。从执行情况看，2005年仅甘肃新增了2个开发县，有效遏制了开发县数量增长过快的势头。同时，全国共适时退出了8个开发潜力比较小的县，相应新增了8个中低产田比较多的县，优化了开发县结构。河北、福建等地采取"末位暂停"办法，加强绩效考核，对个别排名靠后的开发县，暂停其开发资格，建立健全了开发激励机制。

（二）重点加大对粮食主产区省份和粮食生产大县的投入

2005年，中央财政进一步加大了对粮食主产区的投入，投入河北、内蒙古、辽宁（不含大连）、吉林、黑龙江（含黑龙江省农垦总局）、江苏、安徽、江西、山东（不含青岛）、河南、湖北、湖南、四川13个粮食主产区的资金达59.42亿元，占全国投入的60.2%，投入规模再创历史新高。同时，各地也加大了对本地区粮食生产大县（市、农场）的扶持力度。如河南省从全省121个农业综合开发县中择优选出24个产粮大县作为开发重点县，集中土地治理项目财政资金的70%，并整合水利、农业、林业等有关资金，连续三年集中投入，着力打造全省粮食生产的"核心区"。

（三）突出中低产田改造这一重点

中低产田改造是土地治理项目的重中之重，2005年规定除生态治理任务较重的内蒙古、青海两省（区）用于中低产田改造的财政投入不得低于土地治理项目财政总投资的80%以外，其他各省（区、市）不得低于90%；鼓励有条件的省份将土地治理项目财政资金全部用于中低产田改造。在政策的引导下，各地普遍加大了对中低产田的改造力度。如宁夏回族自治区政府决定，从2005年开始将新增资金全部用于引黄灌区中低产田改造，在三年内将引黄灌区100万亩中低产田改造成为节水高效的基本农田。据统计，中央财政2005年投入农业综合开发土地治理项目资金65.13亿元，其中60.36亿元用于中低产田改造项目，占土地治理项目中央财政资金的92.68%。全年共改造中低产田3 062.17万亩，其中粮食主产区改造1 941.41万亩，占全国的63.40%；新增粮食生产能力36.63亿公斤，棉花生产能力6 122.84万公斤，油料生产能力1.92亿公斤，糖料生产能力5.55亿公斤，为保障我国粮食稳定增产、确保国家粮食安全做出了重要贡献。

与此同时，农业综合开发继续加大对《国家优质粮食产业工程建设规划》（以下简称《规划》）确定的重点县（市、农场）的扶持力度，各粮食主产省（区）把重点县（市、农场）作为中低产田改造

项目的扶持重点，向《规划》确定并列入开发范围的重点县（市、农场）进行倾斜，全年实际共完成重点县（市、农场）中低产田改造面积1 110.77万亩，占全国中低产田改造面积的36.27%，占13个粮食主产区的57.21%，超额完成了《规划》确定的每年改造中低产田1 000万亩的目标任务。

（四）加强中型灌区节水配套改造和生态项目建设

除了在部门项目中继续安排中型灌区节水配套改造项目外，2005年还从分配给地方的资金中切块安排部分资金，专门用于加强中型灌区节水配套改造项目建设，对5万～30万亩的中型灌区进行续建配套和节水改造，为在项目区进行中低产田改造提供水利保障。同时，兼顾项目区生态环境保护需要，建设了部分生态综合治理项目。2005年，农业综合开发共安排新建中型灌区节水配套改造项目32个，比上年增加5个；建设草原（场）307.59万亩，比上年增加53.13万亩；治理小流域面积93.10万亩，治理面积与上年基本持平；治理土地沙化面积62.32万亩，比上年增加12.47万亩。通过这些项目的实施，农业综合开发既改善了项目区农业生产条件，又有效保护了生态环境，促进了农业的可持续发展。

三、积极探索创新扶持方式，大力推进农业产业化经营

根据产业化龙头企业发展需要，采取了投资参股、财政贴息、有偿无偿资金相结合等多种扶持方式，大力推进农业产业化经营。2005年，共投入产业化经营项目中央财政资金26.09亿元（含投资参股经营项目资金4.52亿元），立项扶持各类产业化经营项目1 225个。其中，中央财政年度投资300万元（重庆以外的直辖市和计划单列市中央财政年度投资为200万元，下同）以上的重点产业化经营项目337个（含投资参股经营项目35个）；贷款贴息项目163个；一般产业化经营项目725个。通过项目实施，共建设完成经济林、蔬菜、药材等种植基地46.84万亩，发展水产养殖面积17.59万亩，既推动了农业结构调整，促进了产业化经营，又有效带动了农民增收。2005年，项目区直接受益农民比开发前年人均增收383.44元，农民收入水平进一步提高。

（一）积极推进投资参股经营试点

财政投资参股经营试点始于2004年，具体做法是将财政资金以股本形式投入产业化龙头企业，只参股，不控股，按股分红，适时退出，所得红利以及退出股本收益继续用于农业综合开发。为进一步加大试点力度，2005年8月25日至26日，国家农业综合开发办公室在四川省成都市组织召开了全国投资参股经营试点工作暨培训会议，传达财政部领导指示精神，总结交流试点经验，全面部署投资参股经营试点工作。2005年，中央财政共安排农业综合开发投资参股资金4.52亿元，比上年增加1.54亿元，增长了51.68%；扶持试点项目35个，比2004年增加8个。同时，在认真总结试点经验的基础上，进一步扩大试点范围，将试点省份由原来的8个（四川、湖北、内蒙古、辽宁、吉林、安徽、河南、湖北）扩大到13个，新增加了山西、黑龙江、江苏、山东、湖南5个省份。经过两年多的实践，初步探索出了扶持农业产业化经营的一条新路子。

（二）采取贴息方式对龙头企业进行扶持

从2005年开始，在中央财政农业综合开发资金中安排专项贴息资金，按照“先贷款，后贴息”的原则，对符合条件的项目进行贷款贴息。全年共审核通过贷款贴息项目163个，中央财政拟贴息1.37亿元（在2006年中央财政农业综合开发资金中安排专项资金进行贴息），可直接吸引各类金融组织贷款24.55亿元投入农业综合开发。

（三）坚持扶优、扶大、扶强的原则，重点扶持辐射带动作用比较强的国家级和省级产业化龙头企业

在推进投资参股经营试点的同时，继续通过有偿无偿资金相结合的方式，扶持产业化经营项目，重点扶持中央财政年度投资300万元以上的重点产业化经营项目。2005年，农业综合开发投入有偿无偿资金相结合方式的产业化经营项目中央财政资金为21.57亿元，其中12.24亿元用于重点产业化

经营项目，占产业化经营项目中央财政资金的56.75%。这些项目全部由辐射带动作用比较强的国家级和省级产业化龙头企业承建，充分发挥对农民增收的带动作用。

四、不断加强资金和项目管理，全面提升农业综合开发水平

以财政部第29号令修订发布了《国家农业综合开发资金和项目管理办法》，同时围绕加强资金和项目管理，继续健全各项规章制度。

（一）进一步严格资金管理

修订了中央财政农业综合开发资金分配办法，加大了资源条件、工作绩效等因素在资金分配中所占的权重；为确保财政资金的安全运行和有效使用，制定了《农业综合开发财政资金违规违纪行为处理暂行办法》（财发［2005］68号），明确对各种违规违纪行为，将根据事实和情节轻重，分别给予扣减财政资金投资指标、暂停开发县资格直至取消开发县资格等处理。

（二）不断加强项目管理

为管好用好农业综合开发科技推广资金，充分发挥科技进步对农业生产的支撑作用，研究提出了加强土地治理项目科技推广费使用和管理的指导意见；修订发布了《国家农业综合开发部门项目管理办法》（国农办［2005］30号），整合部门项目类型，规范申报程序，以更加符合部门项目的特点和管理需要；继续加强开发县管理、项目评审以及科技示范项目的后续管理工作，加强和完善已建成科技示范项目国有资产产权管理，不断推动项目管理走向规范化、制度化。同时，对投资参股经营试点、贷款贴息、中型灌区节水配套改造项目等工作也制定了专门的管理办法。

（三）继续加大监督检查力度

2005年，委托中介机构对江西、海南、陕西、甘肃四省的地方财政配套资金落实情况进行了专项检查，查清了存在的问题，对问题严重的省份进行了通报和处理；2005年10月至12月期间，分别组织人员对山西、上海、福建、青岛、广东、广西、四川、重庆、贵州、云南、陕西、甘肃、青海13个省（区、市）和水利部、农业部的农业综合开发项目进行了竣工验收考评，针对发现的问题，及时通报，提出处理和整改的意见。此外，还积极配合审计署做好农业综合开发资金的年度审计工作，自觉接受外部监督。

五、深入开展调查研究，不断加强规划、统计等基础性工作

（一）围绕新农村建设，深入开展调查研究

贯彻落实党的十六届五中全会精神，紧紧围绕农业综合开发支持社会主义新农村建设这一主题开展调研，及时提出新阶段农业综合开发的基本思路、主要任务和工作重点。同时，认真研究以农民为主体、民办公助的开发机制，及时总结各地鼓励农民筹资投劳参与农田水利设施建设的形式和做法。此外，对资金绩效考评、县级报账制、农业综合开发扶持农业机械化试点、西部地区推进农业综合开发的情况以及加强对农民专业合作经济组织的扶持等问题，也组织开展了调研，提出了加强和改进工作的意见。

（二）认真研究起草农业综合开发“十一五”规划

在认真总结“十五”期间农业综合开发经验、深入分析“十一五”期间面临的形势、广泛调研和征求地方与部门意见的基础上，按照科学发展观的要求，坚持立足全局、统筹规划、突出重点、改革创新、遵循规律、紧密衔接等原则，研究起草了《国家农业综合开发“十一五”规划（送审稿）》，提出了“十一五”期间农业综合开发工作的指导思想、基本思路、主要任务和政策措施。

（三）继续加强统计工作

按照“科学、规范，真实、准确，简要、实用”的原则和要求，修订统计报表，修改统计软件。为进一步加强统计工作，2005年3月26日至27日在山东威海举办了全国统计培训班，系统讲解了新统计报表的体系、格式、统计口径以及软件的使用方法等，布置了下一年度的统计报表编报工作。

（四）继续加强宣传工作

一是积极与中央电视台、《人民日报》、《经济日报》、《中国财经报》、《中国财政》杂志等重要新闻媒体联系，陆续报道了一批关于农业综合开发的消息和文章。3月25日，中央电视台《新闻联播》节目专门报道了农业综合开发保护和提高农业综合生产能力的经验做法，并就有关问题采访了财政部领导。二是充分利用报送宣传材料等渠道，加强对领导和有关单位的宣传工作。全年向财政部办公厅报送重要信息20多条，绝大多数被采用；向全国财政工作会议提交了题为《推进农业综合开发，稳步提高农业综合生产能力》的参阅材料；编发《国家农业综合开发简报》22期，《情况反映》20期，《中国农业综合开发》杂志12期；同时还编印了《中国农业综合开发年鉴》、《农业综合开发优秀调研报告和论文集》等书籍。三是组织、督促地方做好宣传工作。组织开展了"地方党政领导谈开发"、"财政厅长谈开发"活动；加强对地方宣传工作的指导，督促各地区积极在中央重要媒体上宣传报道农业综合开发，取得了较好效果。据不完全统计，2005年全国主要新闻媒体刊发有关农业综合开发的报道文章共计70多篇，为开展农业综合开发工作创造了良好的舆论氛围。

（财政部国家农业综合开发办公室综合处供稿，龚英秀、吴川执笔）

重点专题

深入贯彻落实《资金和项目管理办法》不断提高资金和项目管理水平

2005年8月22日，财政部以第29号令的形式颁布了《国家农业综合开发资金和项目管理办法》（以下简称《办法》）。该《办法》集中地体现了农业综合开发资金和项目管理的重要原则和要求，将农业综合开发资金和项目管理制度由过去的规范性文件上升为部门规章，这在农业综合开发制度建设上具有里程碑式的意义，是农业综合开发工作步入科学化、规范化、法制化轨道的重要标志。

为抓好《办法》贯彻执行工作，国家农业综合开发办公室早在2005年1月召开的全国农业综合开发办公室主任暨财务工作会议上，就对贯彻执行《办法》作了具体部署，《办法》颁布后，财政部廖晓军副部长和国家农业综合开发办公室王建国主任都对学习贯彻《办法》提出了明确的要求。

在国家农业综合开发办公室的积极推动下，很多地方掀起了学习贯彻《办法》的高潮。例如，江苏省及时制定了《关于贯彻落实国家农业综合开发资金和项目管理办法的意见》（苏财农发［2005］79号），要求全省各地认真组织学习讨论，对照《办法》，逐条理解、领会。江苏省财政厅厅长包国新同志亲自撰写了学习体会文章，要求全省各级财政和农业综合开发部门，认真学习贯彻《办法》，深刻领会，更新观念，创新思维，增强法制观念，坚持依法行政，强化科学管理，实行规范操作，落实政务公开，接受社会监督，努力提高资金使用效益，促进农业综合开发资金和项目管理科学化、规范化和制度化发展，不断推动农业综合开发工作迈上新的水平和新的台阶。

为促进各地认真学习和领会《办法》，更加全面地了解和掌握《办法》的精神实质，2006年1月，国家农业综合开发办公室结合召开全国农业综合开发工作会议，举办了《办法》全国学习培训班，刘世江副主任和黄家玉副主任在会上分别就资金管理和项目管理进行了讲解和辅导，还介绍了修订《办法》的背景和目的。

一、关于农业综合开发资金的管理

——增加"资金向主产区倾斜"条款，进一步明确资金使用重点。为解决开发面铺得过大的问题，《办法》增加了"扶持重点"一章，在资金分配和使用方面增加了向重点地区和重点项目倾斜等内容。第十九条规定，"每年新增中央财政农业综合开发资金重点用于农业主产区。各省农业综合开发财政资金应对农业主产县进行重点投入。"明确了农业综合开发资金投入的重点地区是农业主产区特别是粮食主产区。中央财政农业综合开发资金要进一步加大对主产区的投入，不仅新增资金安排主产区的部分要达到80%以上，存量资金也要通过调整结构提高用于主产区的比重。同时，各省（区、市）要加大对本地区粮食主产县（市、农场）的支持力度。第二十条规定，"农业综合开发财政资金原则上70%以上用于土地治理项目"，强调农业综合开发主要任务和目标是改造中低产田、提高农业综合生产能力。要进一步加大土地治理项目中低产田改造投入，提高中低产田改造的规模效益，切实发挥农业综合开发改善农业基本生产条件，提高农业综合生产能力的作用。

——增加资金分配和指标下达方式内容，进一步规范资金分配工作。《办法》第十八条规定，"中央财政农业综合开发资金的分配以综合因素法为主，按资源条件和工作质量测算各省中央财政资金投资指标。"这体现了奖优罚劣和公正透明的分配原则，应该长期坚持。各省（区、市）在对下分配投资指标时也要参照执行。第十八条还规定，"各省产业化经营项目中央财政资金投资规模根据项目申报情况确定"。这一规定将产业化经营项目的投资指标由指令性改为指导性，各地根据指导性指标及有关选项要求选报项目，最终依据专家评审结果选择项目，确定投资指标，改变过去下达产业化经营项目指令性指标时，地方硬性拼凑项目，有偿资金因此形成滞留和抵顶等错误做法。

——增加投资参股和贴息等产业化经营扶持方式内容，创新农业综合开发机制。为改革创新农业综合开发机制，《办法》第二十一条规定，农业综合开发"财政资金可以投资参股产业化经营项目"，扶持能够带动农民增收的产业化龙头企业，当企业发展壮大以后再适时退出，实现的投资收益和股权转让收入继续扶持新的项目和企业，逐步做大农业综合开发投入"蛋糕"，实现滚动发展。第二十四条第一款还规定，"从中央财政农业综合开发资金中单独安排资金，专项用于符合农业综合开发扶持范围的贷款项目的贴息"，明确今后分省（区、市）切块的土地治理项目和产业化经营项目无偿资金不再安排贴息资金，改由中央财政单独安排，重点用于产业化龙头企业的固定资产投资贷款贴息，以吸引带动金融资本投入。

——增加县级报账制、"三专"管理及有偿资金管理内容，对资金管理行为做出更加明确的规定。《办法》第二十七条规定，"财政无偿资金的使用实行县级报账制。项目实施单位要严格按照规定的程序和手续及时办理报账。报账资金的拨付实行转账结算，严格控制现金支出，严禁白条入账。"实践证明，实行县级报账制，是规范资金管理，提高资金使用效益的有效方式。今后，各地要把是否执行县级报账制作为考核开发县资金和项目管理工作的重要指标。凡是没有实行县级报账制的，一律取消农业综合开发县资格。第二十五条规定，"农业综合开发财政资金实行专人管理、专账核算、专款专用，严格按照农业综合开发财务、会计制度进行管理。"有条件的地方还要积极与财政部门国库处（室）沟通与配合，实行农业综合开发资金专户存储，以保证资金专款专用。第二十七条还规定，

“县级农发机构借出财政有偿资金，要落实还款责任，借款单位或个人须有担保。”各地要按照《办法》的要求切实加强有偿资金管理，在项目立项、借款合同签订、资金拨借、按期回收等各个环节严格把关。

——增加“项目管理费”规定，为项目管理费开支拓宽渠道。财政部自1999年起明确各级预算安排本级农业综合开发事业费以后，就取消了各级农业综合开发办事机构提取农业综合开发业务活动费的规定，只保留了项目建设单位按财政投资额2%列支前期工作费的办法。但在实际工作中，各级农业综合开发事业费不落实的情况普遍存在，特别是财政状况相对比较困难的广大中西部地区县（市），事业费落实比较少甚至根本不落实的现象更加普遍。为切实保障农业综合开发工作需要，《办法》第二十四条第二款增设了项目管理费开支规定。各地要严格按照规定，合理提取和使用项目管理费。第一，项目管理费只限定县级农业综合开发办事机构提取和使用。国家农业综合开发办公室和省级、地（市）级农业综合开发办事机构仍然由本级预算单独安排事业费用于项目管理各项支出，不得另提项目管理费。第二，项目管理费主要用于项目考察、检查、验收、业务培训、项目及工程招标、资金和项目公示以及土地治理项目可行性研究、一般工程初步设计等，不得用于人员工资等行政经费开支。此外，提取项目管理费以后，不得再列支项目前期工作费。第三，土地治理项目主要单项工程监理费和勘察设计费按实际支出额计入项目工程成本，不属于项目管理费的列支范围。需强调指出的是，项目管理费与事业费开支范围有严格区别，设立项目管理费后，县级农业综合开发办事机构仍要积极争取和落实农业综合开发事业费。

二、关于农业综合开发具体项目的管理

——关于农民筹资投劳问题。《办法》第十六条规定，“土地治理项目的农村集体和农民筹资（含以物折资）投劳，要严格按照‘农民自愿，量力而行，民主决策，数量控制’和‘谁受益、谁负担’的原则进行筹集，并纳入村内‘一事一议’范畴，实行专项管理”。为贯彻执行好这条规定，国家农业综合开发办公室于2005年9月印发了《国家农业综合开发农民筹资投劳管理规定（试行）》（国农办［2005］239号），提出“要严格区分加重农民负担与农民自愿筹资投劳改善自己生产生活条件的政策界限”，明确农民筹资投劳不属于加重农民负担；强调要创新农民筹资投劳机制，“包括实行财政补贴、实行产权制度改革……，调动农民筹资投劳建设”的积极性；同时将乡村集体自筹资金、农民筹资和投劳折资总额占土地治理项目中央财政资金的比例，由原来统一的70%，按照农民人均占有耕地情况，分别降至60%、50%和40%，全国平均为50%，减少20个百分点；并充分考虑农民现金投入能力较弱的实际情况，规定“筹资投劳原则上以投劳为主，个别筹资确有困难的也可以全部投劳”；为避免受村级“一事一议”标准的限制，影响农民自愿筹资参与项目建设的积极性，还明确“对项目区农民（业主）购置农机具、修建机电井等予以财政补贴，农民出资部分”可视为生产性投入，“不受‘一事一议’标准限制”，乡村集体自筹资金不按村级“一事一议”办法管理；同时明确农民“筹集现金部分由村民委员会编制预算方案，原则上以村为单位自筹自用”，取消了农民筹集现金缴入县级农业综合开发资金专户的规定；并且明确土地治理项目跨年度实施，可在尊重农民意愿的前提下，按项目涉及两年度村级“一事一议”限额标准，将筹资投劳数量一次筹集或用足，集中用于项目建设。

——关于丘陵山区中低产田改造项目区规模问题。《办法》第三十六条规定，“年度单个项目相对连片开发面积，原则上丘陵山区不低于5 000亩”。为了实现集中连片开发、规模开发，各地原则上应按上述要求选择项目区。但考虑到有些丘陵山区因自然条件所限，耕地比较分散且面积较小，一个地块的面积难以达到5 000亩的规模，因此，允许这些地区在实际执行中，在同一小流域或同一灌区内，选择2～3个面积相对较大的地块作为一个项目区，以达到5 000亩要求。

——关于产业化经营项目分类设置问题。《办法》第四条规定，“产业化经营项目，包括经济林及设施农业种植、畜牧水产养殖等种植养殖基地项目，农产品加工项目，储藏保鲜、产地批发市场等流通设施项目”，将产业化经营项目由产业化龙头、多种经营两类，调整为种植养殖基地项目、农产品加工项目和流通设施项目三类。之所以作这样的调整，一是原分类项目“产业化龙头项目”、“多种经营项目”关联度不强。调整为种植养殖基地项目、农产品加工项目和流通设施项目后，可以更好地体现“种养+加工+流通”这一完整的产业链条，体现“积极推进农业产业化经营”原则。二是原“多种经营项目”名称与建设内容有出入。多种经营项目概念比较宽泛，仅限于经济林及设施农业种植基地、畜牧水产养殖基地项目名不符实。三是调整后，在预算科目设置上还可避免与原“多种经营”项级科目相混淆，使之更加清晰易懂、层次分明。

——关于产业化经营项目扶持方式问题。《办法》第二十一条规定，“用于产业化经营项目的中央财政资金实行有偿和无偿扶持相结合，以有偿扶持为主。财政资金可以投资参股产业化经营项目”；第二十四条还规定，“从中央财政农业综合开发资金中单独安排资金，专项用于符合农业综合开发扶持范围的贷款项目的贴息”。将目前产业化经营项目的扶持方式分为三种：有偿无偿相结合方式、投资参股方式和贷款贴息方式。需要着重指出的是，过去的农业综合开发贷款贴息，是在项目资金中安排、随项目使用的，但因贷款往往落空，致使贴息资金很难用出去。经过充分调研和反复征求意见，国家农业综合开发办公室对贷款贴息制度进行改革，从中央财政农业综合开发资金中单独安排资金，专项用于符合农业综合开发扶持范围的贷款项目的贴息，重点扶持产业化经营项目，为此2005年制定了《农业综合开发中央财政贴息资金管理办法》（财发［2005］4号）。根据该办法，申请贴息资金的项目原则上限于固定资产贷款项目，一般应落实银行贷款1 000万元（含）以上。中央财政对落实银行贷款5 000万元（含）以下的部分予以贴息，贴息期限原则上为1年，贴息比率为人民银行当年公布的同档次正常贷款基准利率。2005年是执行该项制度的第一年，从申报情况来看，合格项目比例不高，还存在不少问题，主要有两个方面：一是有的项目不属于产业化经营项目扶持的范围或不符合立项条件，如申报的项目属于制衣、家具制造等非农行业，企业经营期不足两年，资产负债率超过扶持上限等；二是取得的贷款不符合要求，如取得贷款的时间不是2005年当年落实的，落实的贷款总额少于1 000万元，贷款的期限不足一年，贷款性质属于流动资产贷款等。各地农业综合开发机构要强化责任意识，严格按照《贴息资金管理办法》确定的立项原则和条件，把好贷款贴息项目立项关。此外，还需要强调的是，项目申报单位在申报同一项目时，只允许申报三种扶持方式中的一种，不得多头申报。否则一经查出，将取消立项资格。

——关于产业化经营项目安排区域问题。《办法》第三十七条规定，产业化经营“项目安排一般限于农业综合开发县”。这样规定，主要是为了有利于产业化经营项目与土地治理项目紧密结合，更好地为项目区服务，发挥农业综合开发的整体效益。今后各地在安排产业化经营项目时，一般应在农业综合开发县安排。对个别不在开发县，但确有很强的辐射带动作用，能直接解决开发县尤其是项目区农产品销售、加工和转化的产业化龙头企业，也可以作为扶持对象。对不在开发县安排的产业化经营项目，鉴于所在县一般没有设置专门的农业综合开发办事机构，该项目一般由所在的地级农业综合开发办事机构负责管理。

——关于科技投入问题。逐步加大科技投入，提高开发科技含量，促进农业增长方式转变，为我国农业科技进步发挥示范和带头作用，始终是农业综合开发的一项重要任务。《办法》第二十条明确，“农业综合开发应逐步加大科技投入力度，提高财政资金中科技投入所占比重”，但在实际工作中还存在如何进一步规范和加强土地治理项目中科技推广资金的使用和管理问题，具体表现为：对这项资金应该安排多大比例，由谁来使用、怎样使用、用到什么环节最有效益等。这些问题解决不好，就会使科技的作用不能充分发挥出来。对此，国家农业综合开发办公室在深入调研和广泛征求地方意见的基础上，拟定了《加强农业综合开发土地治理项目科技推广资金管理工作指导意见》。在科技投入之后，各地绝不能放松专项科技示范项目的后续管理工作：一是要加强项目运行监管，二是要做好国有资产认定登记工作。这两项工作的任务和要求要认真落实。

——关于项目评估问题。《办法》第三十五条界定了项目评估范围，确立了项目评估形式，明确了评估人员责任。各地在执行过程中，应注意以下四点：一是建立健全项目专家库。评估专家应满足评估项目涉及的各个领域，包括财务和经济评估专家、市场经济分析专家、工程技术专家等，要按照这个设想来建立健全专家库。根据专家参与项目评估的实际工作情况，对专家的专业技术能力、敬业精神和职业道德等方面进行综合评价，及时调整专家队伍。根据农业综合开发项目的特点和评估的具体要求，对聘用专家进行专门培训，使评估专家能真正熟悉和了解项目，掌握政策，更好地完成项目评估工作。二是要确保专家评议客观公正。要向专家反复强调客观公正评议的重要性，坚决杜绝干涉、暗示专家评估行为的情况发生。三是采取灵活、有效的评估方法。农业综合开发项目类型相对较多，对不同类型特别是投资额不同的项目，应采取不同的评估方法。如果项目评估仅以评议项目可研报告为主，项目可研报告编制的好坏往往成为项目能否立项的重要依据。个别项目申报单位为了使本来不具备立项条件的项目申请通过专家评议，往往把可研报告编得非常完善，掩盖了项目的真实情况。因此，对项目可研报告某些方面存在异议或疑问的，以及少部分专家认为可行的项目，要进行实地考察，有的还要作对比分析。通过实地考察和对比分析，了解项目现状和承建单位真实经营状况，核实投资成本，分析和预测市场销售前景，最终作出相对客观公正的评价。虽然能够做到实地考察和对比分析的项目比例很小，但非常必要。四是评估人员责任要落实。要按照《办法》要求，真正明确和落实项目评估人员的责任。对于违反规定的评估人员及所属机构，要依照有关规定追究其责任。

——关于项目竣工验收问题。《办法》第五十二条明确了项目竣工验收的责任和权限，规定竣工项目一般由省级农业综合开发机构进行验收，部分竣工项目可以委托地级农业综合开发机构验收，县级农业综合开发机构和项目实施单位做好验收准备，国家农业综合开发办公室对省级验收工作进行考评。同时，明确国家农业综合开发办公室可以采取直接组织和委托的方式进行考评。各地在实际执行中，要重点抓好三个方面的工作：一是统一标准。省级农业综合开发机构要根据《办法》规定和国家农业综合开发办公室关于验收考评工作的要求，尽快制定符合本省工作实际的验收办法，统一标准，统一尺度，规范程序，规范工作。二是严格执行。验收权力下放后，省级农业综合开发机构必须更加严格地进行验收，做到严谨、严格、严厉。所谓严谨，就是验收组织工作要严谨细致，准备工作要充分，验收人员要精干，验收过程要认真，交换意见要真实。所谓严格，就是在验收检查中，对每一笔资金、每一个项目都认真核对，对有疑问的资金和项目要一查到底，不能马虎。所谓严厉，就是对查出的问题要按照有关政策和制度规定进行严肃处理，不能打折扣，决不能大事化小，小事化了。三是加大力度。国家农业综合开发办公室将采取多种形式，加大监督检查和验收考评工作力度，吸收社会中介机构参与农业综合开发监督检查和验收考评工作，省级农业综合开发机构也要加大验收工作力度，不能只是抽验或重点验收，要尽可能地扩大验收面，切实加强对农业综合开发资金和项目的管理，把好验收这一关口。

三、修改完善有关政策和具体规定

国家农业综合开发办公室于2003年12月成立《办法》修订组，经广泛征求意见、反复研究和修改，于2004年3月形成了《办法》（送审稿）。因此，严格地说，按照《办法》的有关要求，修改完善相关政策和具体规定的工作，早在2004年就开始了。

（一）调整完善投入政策

一是调整地方财政配套政策。为减轻地方特别是农业主产区财政配套压力，财政部印发了《关于调整农业综合开发若干政策措施的意见》（财发［2004］2号），将中央财政资金和地方财政资金的配套比例，由2003年的1:0.82调整为1:0.66，其中粮食主产区配套比例由2003年的1:0.74调整为1:0.5。同时规定省级财政承担的配套资金总体上不低于地方财政配套资金的80%，国家扶贫工作重点县及财政困难县原则上可以不配套。为督促地方切实落实财政配套资金，还出台了《农业综合开发财政资金配套保障试点办法》（财发［2004］71号），自2005年起开展财政资金配套保障试点，即在上限控制的前提下，根据试点地区实际落实配套资金数额，确定当年中央财政实际投资规模，有效地调动了地方财政投入农业综合开发的积极性。

二是完善财政有偿资金投入政策。在《关于调整农业综合开发若干政策措施的意见》中，明确从2004年起，取消中央财政土地治理项目10%的有偿投入，全部实行无偿投入。发文将实行无偿有偿投入相结合方式扶持的产业化经营项目的中央财政无偿投入的比例，由15%提高到25%；核销（减）了部分有偿资金呆账（债务），进一步加大了扶持力度。

三是调整农民筹资投劳政策。在认真调研、广泛征求意见的基础上，印发了《国家农业综合开发农民筹资投劳管理规定（试行）》（国农办［2005］239号），调动了农民筹资投劳的积极性。

四是制定集中投入政策。研究印发《国家农业综合开发县管理暂行办法》（国农办［2004］26号）、《关于进一步加强国家农业综合开发县管理工作的通知》（国农办［2005］6号）和《国家农业综合开发县管理办法》（国农办［2006］14号），强调要遵循“总量控制、适度进出、奖优罚劣、分级管理”原则，规范和加强开发县管理，严格控制开发范围，除西部等少数省份外，原则上不再审批新增开发县，确实没有开发潜力的县还要及时退出开发范围，有效遏止了开发县数量增长过快的势头。同时，在分配资金时加大粮食主产省份的权重因素，要求各地集中资金重点扶持粮食生产大县，切实加大对粮食主产区的投入。采取集中资金、连片治理、逐步提高投资标准等方式，大力推进规模开发；坚持“扶优、扶强、扶大”原则，实行重点扶持，连续扶持，不断加大对国家级、省级农业产业化龙头的扶持力度，不断加强对农民专业合作经济组织的扶持力度，积极推进农业产业化经营发展。

（二）改革创新开发机制

一是探索投资参股财政支农方式。研究印发《国家农业综合开发投资参股经营试点管理暂行办法》（财发［2004］24号）和《国家农业综合开发投资参股经营试点管理办法》（财发［2005］39号），从2004年起开展农业综合开发财政资金投资参股经营试点，将财政资金以参股形式，投入到规模比较大、辐射带动作用比较强的农业产业化龙头企业，“只参股，不控股”，授权资产运营机构进行资本运营，实行国有股本按实际收益率分红，适时以签订回购（转让）协议的方式退出，所得资金继续用于农业综合开发。

二是完善以农民为主体的开发机制。土地治理项目的确立，坚持以“农民要办”为前提；产业化经营项目的确立，坚持以带动农民增收为前提。鼓励地方采取竞争立项、财政补助、以奖代补、拍卖产权、单项工程业主负责制等多种形式，不断完善以农民为主体的开发机制。

三是健全财政资金引导机制。研究制定《农业综合开发中央财政贴息资金管理办法》（财发［2005］4号），公开发布项目申报指南，通过贴息、参股、补助等多种方式，吸引带动信贷资金、社会资金及外资投入农业综合开发，充分发挥财政资金的引导作用。

四是探索农业综合开发资金与其他相关财政支农资金相互配合、统筹安排的投入机制。以开发县（市、区）为单位，统筹安排土地治理和产业化经营两类项目，积极探索农业综合开发和土地整理、扶贫开发、农业生态建设、农村中小型基础设施建设等其他支农资金相互配合、统筹安排的投入机制，努力提高财政支农资金的整体使用效益。

（三）切实加强资金管理

继续坚持农业综合开发资金专人管理、专账核

算、专款专用制度。印发《关于加强农业综合开发资金县级报账工作的通知》（国农办［2004］17号），全面推行规范的财政无偿资金县级报账制。研究制定《加强农发土地治理项目科技推广费管理工作的指导意见》（国农办［2006］13号），明确科技推广费的安排使用原则、安排比例、扶持内容、开支范围和使用管理等内容，加强科技推广费管理工作。结合外资项目的特点，制定《利用世界银行贷款农业科技项目财务管理办法》（国农办［2006］65号）、《提款报账管理办法》（国农办［2006］66号）、《会计核算办法》（国农办［2006］67号）和《利用世界银行加强灌溉农业三期项目财务管理办法》（国农办［2006］71号）、《提款报账管理办法》（国农办［2006］72号）、《会计核算办法》（国农办［2006］73号），加强外资项目资金管理工作。继续推行财政有偿资金委托银行放款制，进一步加强绩效考核工作，坚持采取“综合因素法”分配资金，确保农业综合开发资金安全运行和有效使用。

（四）规范和加强项目管理工作

制定《国家农业综合开发项目评估办法》（国农办［2006］26号），坚持专家独立评审，明确项目评估责任，严把项目立项关。制定《土地治理项目管理流程图》（国农办［2005］234号）和《土地治理项目建设标准（试行）》（国农办［2004］48号），进一步规范和加强土地治理项目管理工作。印发《土地治理项目工程建设监理办法（试行）》（国农办［2004］49号）、《关于严格推行土地治理项目工程建设监理的通知》（国农办［2004］112号）、《关于〈土地治理项目工程建设监理办法（试行）〉的补充规定》（国农办［2004］295号），在大力推行项目法人制、工程招投标制的基础上，积极推行工程建设监理制，努力提高工程建设质量。印发《关于加强已建成科技示范项目运行监管的紧急通知》（国农办［2004］47号）、《关于加强专项科技示范项目运行监管和农发国有资产处置管理的指导意见》（财发［2004］29号）和《投资参股资产运营机构考核办法（试行）》（财发［2006］1号），进一步加强专项科技示范项目和投资参股经营项目监管。印发《中型灌区节水配套改造项目管理实施办法》（国农办［2005］26号）、《国家农业综合开发部门项目管理办法》（国农办［2005］30号）、《关于进一步加强中型灌区节水配套改造项目管理的通知》（国农办［2005］221号），明确各级财政部门（农业综合开发办事机构）、农口项目管理单位在部门项目管理中的责任和义务，进一步加强部门项目管理。制定《利用英国国际发展部赠款实施面向贫困人口农村水利改革项目管理暂行办法》（国农办［2005］13号）、《利用世界银行贷款农业科技项目管理办法》（财发［2005］70号）、《利用世界银行贷款加强灌溉农业三期项目管理办法》（财发［2006］2号）、《利用世界银行贷款农业科技项目采购管理办法》（国农办［2006］68号）、《利用世界银行贷款加强灌溉农业三期项目工程管理办法》（国农办［2006］69号）、《利用世界银行贷款加强灌溉农业三期项目采购管理办法》（国农办［2006］70号），转发水利部、发展和改革委、民政部联合颁发的《关于加强农民用水户协会建设的意见》（国农办［2005］307号），加强外资项目管理。

（五）进一步加强监督检查

印发《土地治理项目和资金公示制暂行规定》（国农办［2004］26号），强调各地要主动接受项目区广大干部群众的监督。要求各地加强日常检查，不定期组织资金和项目管理检查，严格组织竣工项目验收。制定《关于加强项目竣工验收工作的指导意见》（国农办［2005］64号），明确从2005年开始，实行省级农业综合开发办事机构对各类竣工项目进行全面验收，国家农业综合开发办公室对项目验收的相关工作，以省为单位每三年进行一次验收考评。同时，积极委托各地专员办、审计部门和社会中介机构，加强资金和项目检查。依据《财政违法行为处罚处分条例》精神，研究制定了《农业综合开发财政资金违规违纪行为处理暂行办法》（财发［2005］68号），对查出的问题严肃处理，认真整改，切实做到奖优罚劣。

（财政部国家农业综合开发办公室综合处供稿，龚英秀执笔）

积极推进投资参股经营试点

作为创新农业综合开发机制的重要举措，投资参股经营试点工作2005年进入第二年。在试点地区财政部门、农业综合开发办事机构、资产运营机构从实际出发，大胆创新，勇于实践，探索了许多行之有效的做法，经过共同努力，试点工作取得了明显进展。

一、投资参股经营试点工作初显成效

2005年共安排中央财政农业综合开发投资参股资金4.52亿元，确定对河北、山西、内蒙古、辽宁、吉林、黑龙江、江苏、安徽、山东、河南、湖北、湖南、四川13省（区）的35个项目进行投资参股经营试点，重点扶持以粮油加工转化为主的35家农业产业化龙头企业。从实际情况看，试点地区投资参股经营试点工作总体上进展比较顺利，随着投资参股经营项目的实施，已取得一定成效。

（一）初步显现出对农民增收的带动作用

投资参股的对象是国家和省级重点农业产业化龙头企业（包括省级农业综合开发办事机构审定的重点农业产业化龙头企业），这些企业是当地农业产业化经营和农村经济发展的火车头。所有投资参股经营的项目，都采取了“公司+基地+农户”的一体化经营模式。由于中央和地方财政投资参股资金额比较大，企业机制新，与农民利益联结紧密，投资参股经营的项目示范带动能力比较强，对周边地区农民增收的带动作用已初步显现。如河北梅花味精集团实施淀粉加工项目，收购的玉米每公斤比市场价格高0.02元，每年可使当地农民增收360万元，同时企业将生产的优质复合肥以每吨600元的成本价售给农民，减少了农民种植玉米的生产成本，使农民从中得到了实惠；内蒙古塞飞亚食品股份公司通过投资参股经营项目建设，新增肉鸭养殖1 400户，带动饲料加工、毛鸭、产品运输143户，安排农民工就业960人。

（二）初步形成了新的农业综合开发投入机制

一年来的实践证明，财政资金投资参股的投入方式起到了“四两拨千斤”的作用，一个新的农业综合开发投入机制正在逐步形成。一是吸引了民营资本的投入。由于投资参股坚持“企业自愿、财政只参股不控股”的原则，从而调动了民营资本投入的积极性，仅河北、河南两省的6个投资参股经营试点项目，就累计吸引民营资本2.48亿元，有效地扩大了农业综合开发项目投入规模。二是吸引了银行贷款和其他资金的投入。财政资金投资参股之后，增加了企业在争取银行贷款和吸引外资方面的优势，据了解，河北玉锋集团VB12加工项目正在与外商洽谈合作事宜；辽宁盘锦利是米业有限公司的新加坡出资方决定对其增加投资。三是吸引了资产运营机构的投入。由于财政投资参股形成的国有股权委托资产运营机构监管，一些资产运营机构也积极参与项目选择和评估，并对一些经济效益好、发展前景广阔的项目进行投资。如河北、辽宁、四川等省受托的资产运营机构都对一些投资参股经营项目进行投资，与财政投资参股资金形成合力，进一步扶持企业发展壮大。

（三）初步探索了财政资金规范、安全、有效运行的途径

试点地区的财政部门、农业综合开发办事机构和资产运营机构运用市场机制，采取许多有力措施强化对投资参股企业的监管，确保国家财政资金规范、安全、有效运行。一是认真选择资产运营机构。大多数省份按规定的要求，选定信誉好、能够切实履行职责的资产运营机构，授权其代表出资人进行资本运作。安徽省财政厅经省政府批准，新成立了安徽省农业综合开发资产经营管理有限公司负责该省参股项目的资本运作。二是维护国家出资人

的合法权益。通过与投资参股企业签订《公司章程》和《投资合作协议》等法律文件，将财政投资参股的目的、政策及项目管理的有关要求，以法律文件的形式固定下来，对投资各方形成法律约束。三是委派董事、监事和财务总监等监管人员。监管人员在不干涉企业日常经营活动的前提下，及时了解和掌握投资参股经营项目建设和企业的重大经营事项。四是建立项目运行信息反馈机制。受托的资产运营机构每半年向财政（农业综合开发）部门报告一次投资参股企业国有资产经营情况。同时，要求参股的企业对重大投资计划、重要经营决策等对企业经营有较大影响的事项，要及时向国有资产运营机构及财政（农业综合开发）部门反馈。据了解，由于监管得力，措施有效，四川省在已完成投资的28个投资参股经营项目中，已有2个项目的国有股权成功实现溢价退出，共实现投资溢价收益162万元。

（四）初步提升了投资参股企业的发展空间和综合竞争力

投资参股的企业普遍反映，国家财政资金投资参股之后，不仅解决了企业发展的资金瓶颈，更重要的是促进了企业经营管理机制的创新，使企业市场竞争力和经济效益得以不断提高。辽宁亚洲红冰葡萄酒有限公司由于国家财政投资参股资金的注入，大大提高了企业的资信，为其顺利通过美国会计师事务所的审计、力争公司股票今年在纳斯达克上市提供了强有力的支持；湖北银欣集团自实施国家投资参股经营项目以来，提升了企业对外形象，促进了该集团与中国银行、中国农业发展银行和国家开发银行的合作；河南科迪乳业有限公司利用财政投资参股资金，已先期建成10万吨液态奶生产线，2005年销售收入和实现利润比上年同期均有较大幅度提高。

在肯定取得成效的同时，应该清醒地看到，投资参股经营试点工作还处在起步阶段，取得的成效只是初步的，这项工作也存在不少问题。主要有：一些地方对投资参股经营试点的认识还不到位，对有关政策制度的理解仍然存在偏差，在具体操作上不够规范，投资参股经营试点的政策制度有待进一步完善，选择符合要求的省级资产运营机构存在困难等。对这些问题要高度重视，采取有效措施，切实加以解决。

二、做好投资参股经营试点工作的几个关键环节

实践中，各级财政部门、农业综合开发办事机构对于做好农业综合开发投资参股经营试点工作，重点把握好以下几个关键环节。

（一）提高认识

这是做好投资参股经营试点工作的重要基础。2004年开始试点时，部分地区和单位存在一些不同的看法。2005年在开展投资参股经营试点的实践中，各级财政（农业综合开发）部门、资产运营机构和投资参股企业，普遍提高了对推进投资参股经营试点必要性和重要性的认识。这种认识上的提高对继续做好投资参股经营试点工作将产生长远的影响。

（二）严格选项

这是做好投资参股经营试点工作的重要前提。严格选项、准确选项，是保证试点达到预期效果的一项关键措施。要严格立项标准，规范立项程序，加强项目评估和资产评估工作，选择示范带动作用强、发展前景广阔、资产财务状况良好、现代企业制度健全、企业法人信誉良好、具备相应经营管理能力的农业产业化龙头企业，进行投资参股。对于那些挂着扶持农民旗号、实际上只顾自身发展的企业，要予以否决。

（三）选好资产运营机构

这是做好投资参股经营试点工作的重要条件。根据《企业国有资产监督管理暂行条例》的有关规定，财政部门不能履行企业国有资产出资人职责，不得直接介入投资参股企业的经营活动。因此，农业综合开发财政资金投资参股，只能通过选择资产运营机构，授权其进行营运。资产运营机构被授权履行财政资金出资人的职责，进行资本运营，是出资人与企业之间的桥梁与纽带。资产运营机构能否有效履行职责，直接关系到试点项目的成败和财政资金规范、安全、有效运行。因此，要选择具备一

定实力、信誉良好、具备相应监管能力的资产运营机构。

（四）规范运作

这是做好投资参股经营试点工作的重要保障。实践中要不断完善投资参股经营试点的政策制度，为做好试点工作提供制度保障。各级财政（农业综合开发）部门、资产运营机构、投资参股的企业，都要遵循市场规律，严格执行公司法的有关规定和投资参股经营试点政策制度，实施规范化运作，推动投资参股经营试点工作科学化、程序化、规范化。

三、坚定不移地大力推进投资参股经营试点工作

投资参股经营试点项目取得的初步成效，坚定了各级财政（农业综合开发）部门做好这项工作的信心和决心。继续大力推进农业综合开发投资参股经营试点，对于创新农业综合开发机制，探索财政支农方式的转变，发展农业产业化经营，增加农民收入，全面改善农业生产基本条件，提高农业综合生产能力，具有十分重要的意义。要进一步提高思想认识，及时总结试点工作经验和做法，稳步扩大试点范围和试点规模，不断完善试点政策制度，加强试点项目监管，坚定不移地大力推进投资参股经营试点工作。

（一）坚决把认识统一到财政部党组的要求上来

开展农业综合开发财政资金投资参股经营试点，是财政部党组对新阶段农业综合开发工作做出的一项重要决策。财政部党组高度重视这项工作，多次进行专门研究，确定了实施投资参股经营试点的基本原则和要求。各级财政（农业综合开发）部门要深入学习领会和认真贯彻落实部领导指示精神，进一步解放思想，更新观念，坚持不懈，狠抓落实，在投资参股经营试点的实践中，坚决把认识统一到部党组关于实施投资参股经营试点的要求上来。

（二）切实加大投资参股经营试点力度

要在认真总结投资参股经营试点的成功经验和有效做法的基础上，继续扩大投资参股经营试点。一是继续增加中央财政投资参股的资金。从2006年起将中央财政新增农业综合开发资金全部用于投资参股经营试点项目。二是进一步扩大试点范围。从2006年开始，将投资参股经营试点范围扩大到所有具备投资参股经营试点条件的省份。只要具备条件，都可以进行试点。三是据实确定投资参股规模。各省可以不受投资规模的限制，据实申报项目，实行省际间竞争立项，最终根据项目申报、评审和资产评估情况，确定各省中央财政投资参股规模。四是适当调整立项的“门槛”。针对现行农业产业化龙头企业规模普遍不大的现状，在总资产、固定资产、实收资本、销售收入等方面适当降低投资参股经营立项标准。五是允许增资扩股、连续扶持。在财政资金“只参股、不控股”的前提下，对发展前景好、股本结构合理的现有投资参股企业，允许进一步增资扩股，连续扶持。

（三）修订完善和严格执行投资参股经营政策制度

一是制定对资产运营机构的考核办法。通过设计科学的指标体系，重点考核资产运营机构履行监管职责、实现国有资产保值增值的情况，进一步明确资产运营机构的权责。在建立考核办法的基础上，明确委托监管费用的来源和开支标准。建立奖优罚劣机制，对认真履行职责、比较好地完成国有资产保值增值指标的资产运营机构给予适当奖励。二是实行规范化运作。在修订完善政策制度的基础上，各地要严格执行公司法和投资参股经营政策制度的规定，特别是在确定资产运营机构、投资参股企业的权责，国有股权收益分配、国有股本退出方式和退出时间等方面，要实行规范化运作。

（四）不断强化投资参股经营项目监管

一是加强在建投资参股经营试点项目管理。对于在建的投资参股经营项目，要密切关注、加强指导，及时检查、严格管理。资产运营机构要认真履行职责，切实加强项目监管，及时了解参股企业的经营状况，防止企业关联交易损害国家出资人的权益，保证财政资金规范、安全、有效运行。要按照修订后的投资参股经营试点管理办法，进一步规范

对试点项目的管理，重点是落实好对资产运营机构的考核办法、国有股权退出年限的规定、国有股权收益收缴和分配等方面的规定。二是切实抓好投资参股经营项目实施工作。选择确定好资产运营机构，及时办理投资参股的各项手续；足额落实省级财政配套参股资金，并将财政投资参股资金及时拨付到企业，保证参股的项目顺利实施。三是探索开展直接资本运营试点。为保证农业综合开发财政投资参股资金的安全运行，维护国家出资人合法权益，有必要研究在省级农业综合开发办事机构下设农业综合开发资产管理中心，对投资参股资金进行有效监管。适当时候，设立国家农业综合开发资产管理公司，选择部分投资参股经营项目开展直接资本运营试点。

（财政部国家农业综合开发办公室项目管理二处供稿，樊继红执笔）

规范和加强开发县管理

所谓开发县，是指按规定程序被批准实施农业综合开发的国家农业综合开发县（或市、区、旗、县级国有农牧场，以下统称“开发县”）。所谓开发县管理，是指对开发县的新增、恢复、暂停、取消、适时退出、行政区划变更确认等事项的管理。开发县管理，与资金管理、项目管理一样，都是农业综合开发管理的重要内容，它对于调控开发范围、优化开发布局具有十分重要的作用。本文将简要回顾2003年以来开发县管理工作进程、政策演进及相应成效，并就进一步加强和规范开发县管理进行探讨。

一、2003年以来的开发县管理工作及政策演进

2003年以前，国家农业综合开发办公室（以下简称“国家农发办”）对开发县的管理没有制定专门政策，管理也不够规范，由此产生了一些迫切需要解决的问题。一是开发县数量增长过快，开发面铺得较大。1988年，全国开发县数为746个，2003年达到2101个。2003年开发县数是1988年开发县数的2.8倍。开发县数量过快增长，势必导致资金和项目安排上的分散。如2003年，全国平均每个开发县用于土地治理项目的中央财政投资只有242万元。二是一定程度上存在干好干坏一个样，缺乏奖优罚劣机制。一个县一旦成为开发县，不论其开发潜力大小，开发时间长短，工作绩效好坏，开发效益高低，以及是否真正具有工作积极性，都退不出去，形成了事实上的“终身制”。工作先进的，得不到奖励；违纪违规的，得不到处罚。时间长了，不少开发县产生了松懈思想，工作缺乏积极性和主动性。这些问题，不利于农业综合开发事业的长期健康发展。

回良玉副总理2003年8月在新一届政府国家农业综合开发第一次联席会议上的讲话中，明确要求农业综合开发要集中资金办大事，突出重点抓关键，在区域布局上要“下决心解决开发面铺得过大问题”。第一次联席会议召开以后，根据财政部党组的要求，国家农发办在加强和规范开发县管理工作方面，采取了一系列措施。

（一）财政部强调：要严格开发县管理

2003年12月财政部印发的《关于改革和完善农业综合开发若干政策措施的意见》（财发［2003］93号）中，强调要严格开发县管理，对现有的开发县实行总量控制，原则上不再新增开发县，并明确要通过对开发县实行“暂停或取消”、“末位暂停”、“退出”等措施，逐步实现对开发县的奖优罚劣、动态管理。

（二）明确了开发县管理的总体原则和具体程序

2004年3月，国家农发办研究制定了《国家农业综合开发县管理暂行办法》（国农办［2004］26号，以下简称《办法》）。《办法》首次明确了开发县管理要遵循“总量控制，适度进出，奖优罚劣，分级管理”的原则。

1. 总量控制，注意结构优化。主要包括三方面：一是核定开发县总数，即以2003年国家农发办的计划批复数为基准数，核定各省（自治区、直辖市、计划单列市，新疆生产建设兵团，黑龙江省农垦总局，以下简称“各省级单位”）开发县总数。二是明确规定各省级单位对经核定的开发县数在执行中不得超过，而且如果被取消开发县，其开发县总数自动减少。三是今后各省级单位如申请新增开发县，必须相应先退出等量开发县，以保证开发县总数不突破。

2. 适度进出，体现动态管理。在总量控制的前提下，现有开发县并非静止不动，而是实现动态管理，可以适度进出。所谓进，主要是可以新增、恢复和行政区划变更后确认；所谓出，主要是可以取消、暂停和适时退出。但是进出的幅度要适当。《办法》规定各省每年实行暂停开发县的数量不宜超过10%。这主要是考虑到开发县应总体保持稳定，以实现工作的连续性。

3. 奖优罚劣，引入竞争机制。《办法》关于开发县的奖励只作了原则性规定：“工作绩效突出的开发县要受到奖励”。但处罚措施非常明确，即本着惩教结合的原则，视情节轻重，对一些工作落后、违规违纪的开发县，分别采取暂停和取消的处罚措施。其中暂停又分为因工作落后处于末位和因违规违纪两种情况下的暂停。

4. 分级管理，明确职责范围。为加强宏观调控，国家农发办主要负责审定开发县的新增、取消、适时退出、行政区划变更确认等。为充分发挥省级农业综合开发办事机构的积极性，《办法》明确，大部分开发县的暂停和相应恢复权限由省级农业综合开发办事机构行使。同时，明确省级农发办事机构负责被暂停、取消、退出的开发县和因行政区划变更未被确认的原开发县的后续管理工作。尤其要落实财政有偿资金的还款责任，确保财政有偿资金的按期、足额偿还，并要向当地干部和农民群众做好说明解释工作，确保各类在建项目工程的顺利完工。

同时，《办法》具体细化了开发县新增、恢复、暂停、取消、适时退出、行政区划变更确认的条件、审定程序，从而使《办法》具有较强的可操作性和普遍适用性。应该说，《办法》不但加强和规范了开发县管理，而且为农业综合开发提供了开发县管理这一崭新的视角和有力的手段，有助于围绕县域经济的发展，谋划部署农业综合开发工作。当然，《办法》更多地是以承认现状为前提，开发县管理政策也需要相应完善。

（三）对新增开发县做出更加严格的限制

2005年1月，国家农发办制定了《关于进一步加强国家农业综合开发县管理工作的通知》（国农办［2005］6号），对新增开发县做出了更加严格的限制：一是从2005年起，原则上退出开发县（市、区），相应只能新增开发县（市、区）；退出农牧场，只能相应新增农牧场。二是没有开发潜力或没有工作积极性的农牧场，应退出开发范围，相应可以新增农牧场；如无符合条件的农牧场，也可不新增。这份文件的核心精神是，不允许退出农牧场后再相应新增开发县（市、区）。从而，新增开发县受到严格的限制。

（四）适时修订完善开发县管理政策，探索更富有活力的管理机制

2006年2月8日，国家农发办印发了《国家农业综合开发县管理办法》（国农办［2006］14号，以下简称《新办法》）。《新办法》认真总结了近两年来开发县管理积累的宝贵经验，针对存在的问题，适时适度地对原有《国家农业综合开发县管理暂行办法》（国农办［2004］26号，以下简称《原办法》）进行了修订。

《原办法》在实际执行中，取得了明显成效，但同时也面临两个较为突出的问题：一是西部等少数省（区）开发县的数量较少。各省级单位之间，开发县分布不平衡。西部等少数省（区）由于立项较晚等原因，现有开发县数占县级行政区划数的比例远低于全国平均水平。而这些省（区）尚未列入

开发范围的县，有许多是农（牧）业大县。近年来，这些省（区）政府领导及财政部门、农业综合开发机构要求适当增加开发县的呼声很高。二是没有真正解决开发县“能进能出”的问题。主要表现为开发县的“出口”不够通畅，政策允许实行“自愿退出”和“因无开发潜力而退出”，但实际上这两种方式都要求建立在自愿退出的基础上，有相当的局限性。因此，有必要再明确一个可操作性更强的“出口”。这样，该退的能退出，该进的能进来。此外，还有个别农业大县，前两年因严重违规被取消开发县资格，现在虽然经过认真整改，但因所在省（区、市）没有适时退出的县，难以列入开发范围。

针对存在问题，《新办法》主要在三个方面完善了开发县管理政策。一是适当增加西部等少数省（区）开发县数量。根据西部等少数省（区）的实际情况，按照从严控制的原则，在“十一五”时期，逐步适当增加西部等少数省（区）开发县的数量。这样，全国开发县布局将更为合理，也体现了国家农业综合开发政策的公平性。二是允许各省（区、市）采取“末位退出”的办法。允许各省（区、市）在对本区域内的开发县进行比较规范的综合考评的基础上，对排名末几位的开发县实行退出的办法。为稳妥起见，规定各省（区、市）每年按不超过开发县数量5%的比例实行“末位退出”，并允许相应等量新增开发县。三是对被取消的开发县区别对待。对于被取消开发资格的农业大县，如确实整改到位，而所在省（区、市）又没有开发县适时退出的情况下，允许作为恢复开发县处理。

《新办法》基于上述考虑，作出了相应的修订。具体修订内容共涉及4条5处，除上述三个方面外，还有：一是办法的修订依据拟增加《国家农业综合开发资金和项目管理办法》（财政部令第29号）。二是以2005年国家农发办批复为基础，核定各省级单位开发县总数。

这个《新办法》，在坚持从严管理的原则下，适当考虑了西部等少数省（区）的实际困难，使开发县管理政策更加实事求是，管理机制更加富有活力。《新办法》标志着农业综合开发在规范和加强开发县管理方面又迈出了新的步伐。

二、开发县管理工作取得了显著成效

2003年以来，由于采取一系列有力的措施，开发县管理工作取得了显著成效。主要体现在：

1.大幅度地减少了每年新增开发县的数量。2002、2003两年，全国每年新增开发县的数量平均近70个；新政策执行后，开发县数量过快增长的势头得到有效控制，2004、2005、2006年，全国只作为特例分别新增了8个、2个、6个开发县，且主要集中在西部等少数省（区）。

2.优化了开发县结构。2004、2005、2006年全国共适时退出43个开发县，相应新增了43个开发县。适时退出的都是开发潜力较小或缺乏继续搞开发积极性的县，新增开发县都是开发潜力较大、地方党政领导高度重视、农民群众积极性高的农业大县。

3.严明了开发纪律。2003年以来，根据开发县管理政策规定，国家农发办直接取消了6个严重违规违纪开发县的资格，暂停了6个开发县的资格，并将处罚情况通报全国，起到了较强的警示和震慑作用。

4.形成了优胜劣汰机制。开发县管理，在一定程度上打破了事实上存在的开发县“终身制”和“铁饭碗”，有效地督促现有开发县提高工作水平，促进了开发县管理工作优胜劣汰机制的形成。

2003年以来，各地认真贯彻落实财政部关于加强和规范开发县管理的政策措施，并结合实际采取了一些新举措。安徽省从2004年起实行了开发县轮换制，对被轮换的开发县当年不安排土地治理项目，首批轮换掉22个县，占全省开发县总数的1/3，将腾出的资金用于粮食生产大县。这个做法打破平均主义的思维惯性，有效地解决干好干坏一个样的问题，在各地尤其是一些过去对农业综合开发工作不是很重视的县区，引起了相当大的震动。湖南、河南、河北等省结合工作绩效考核情况，对部分县实行了“末位暂停”和“末位轮休”，进一步集中资金，重点投入。

各地的有益探索，丰富了开发县管理工作的内涵。在此基础上，开发县管理工作不但成为农业综合开发管理的一项重要内容，而且成为农业综合开发宏观调控的重要手段。主要表现为：违规违纪的开发县要受到暂停或取消的处罚；即使没有违规违纪，但工作落后也可能被暂停或轮休；重点开发县和工作先进县越来越成为农业综合开发政策倾斜的对象；没有开发潜力的开发县要退出，开发潜力大的农业大县可以进来，等等。因此，开发县管理，有利于以县为单位综合谋划、考评农业综合开发工作，在促进农业综合开发事业发展中发挥着越来越重要的作用。

三、探索完善更富有活力的开发县管理机制

要适应新的形势，在坚持“从严控制”的原则下，进一步完善“能进能退、结构优化、奖优罚劣、充满活力”的开发县管理机制，应考虑重点做好以下几项工作：

1.在全国范围内开展一次开发县情况普查，做到情况清楚、心中有数。这是一项重要的基础性工作，必将为开发县管理打下坚实的基础。普查工作的具体设想：一是全面普查。既包括开发县，也包括申请纳入农业综合开发范围的农业大县；开发县需要统计的投资和项目，既包括土地治理项目，也包括产业化经营、科技示范和部门项目；既包括项目情况，也包括人员和机构情况。二是突出重点。希望调查清楚，一个县的开发潜力（待改造的中低产田面积）、主导产业（县域内优势特色主导产业）以及围绕该产业发展还需要建设的生产基地、龙头企业等基本情况。三是面对基层。开发县基本情况表，由县级农业综合开发办事机构直接填写，省级农业综合开发办事机构审核，国家农发办汇总，从而建立起农业综合开发的基本数据库。

2.积极稳妥推进西部等少数省（区）适量新增开发县的工作。具体设想：一是确定“西部等少数省区”的范围。西部包括哪些省份，除西部外还有哪些省份，以及以什么标准来划定。二是明确新增开发县的原则及幅度。比如，是统一确定一个增长幅度，还是适当区别对待；“十一五”时期，西部等少数省（区）的开发县数量是否要逐步达到全国的平均水平。三是开发县数量的增长与投资挂钩。随着开发县数量的增加，必须要适当增加开发县的投资，否则必然会使项目和投资分散。从长期看，开发县数量应该作为资金分配的一个因素进行考虑。

3.结合打造全国粮食生产的核心区，研究对国家级重点开发县的认定标准及相应扶持、监管政策。主要有四个方面：一是进一步明确粮食生产核心区的范围。在总结各地经验的基础上，在各省（区、市）特别是13个粮食主产省（区）的产粮大县中，选择一批国家级重点开发县，作为粮食生产的核心区。通过在资金和项目上的重点扶持，力争用5～10年时间，将核心区的粮食大县、财政穷县建设成为粮食强县、农业强县，成为国家稳定可靠的“大粮仓”。二是研究确定国家级重点开发县的标准。既要考虑耕地面积和中低产田面积比较大、粮食总产量和商品量比较高、粮食增产潜力大等客观因素，又要考虑农民种粮积极性、地方党政领导重农抓粮积极性等因素，两者不可偏废。三是明确对国家级重点开发县的扶持政策，集中相当比例的资金，重点投入。各类项目要综合配套，解决制约当地农业生产和农民增收的最主要障碍因素。四是对国家级重点开发县实行动态管理。对开发县不搞“终身制”，每年都要根据工作绩效考评情况淘汰一定比例的县，从其他开发县（市）中择优递补。根据综合考评情况，从国家级重点开发县中选择一批，作为农业综合开发支持新农村建设的示范县。

（财政部国家农业综合开发办公室项目管理一处供稿，吕彤轩执笔）

加强部门项目管理

2005年，中央农口部门农业综合开发项目（以下简称部门项目）建设，遵循国家农业综合开发的指导思想和方针政策，体现行业特点，充分发挥技术优势，增强项目示范引导作用，为改善项目区农业基本生产条件和生态环境、提高项目区科技含量、促进农民增收致富作出了积极贡献。

一、部门项目概况

目前，参与组织实施部门项目的中央农口部门有农业部、国家林业局、水利部和国土资源部。项目分两大类、八个小类（项）。具体情况如下：

（一）土地治理项目类

1. 水利部中型灌区节水配套改造项目。通过对设计控制灌溉面积5万～30万亩的已有中型灌区灌排骨干工程设施进行配套完善和节水改造，为农业综合开发中低产田改造项目区提供灌排骨干工程条件。

2. 水利部水土保持项目。以改造坡耕地、兴修基本农田为重点，配套小型水利水保设施、林草植被、能源替代建设和保土耕作措施，保护水土资源，提高土地生产力。

3. 农业部良种繁育项目。通过建设原原种及良种繁育生产基地，修建种子仓库、晒场和网室，以及购置种子加工设备等，提高大宗优势农产品的原原种及良种的生产加工能力。

4. 国土资源部土地复垦项目。通过对因挖掘、塌陷等造成破坏的耕地进行复垦，使其恢复到可供农业生产利用的状态。

5. 国家林业局林业生态示范项目。由原长江中下游及淮河流域防护林项目、太行山绿化项目和防沙治沙项目整合组成。通过增加林草植被和防治土地荒漠化，保护和改善生态环境。

（二）产业化经营项目类

1. 农业部优势特色种养示范项目。该项目由菜篮子工程、优质农产品开发示范、秸秆养畜三个专项整合组成。菜篮子工程和优质农产品开发示范重点扶持特优产品的开发、特色农业和具有出口前景的优质品种，优先扶持良种体系的建设，使其成为具有市场竞争力的名牌拳头产品。秸秆养畜项目主要用于秸秆饲料开发以及养牛（羊）生产的基础性设施建设和品种改良，提高综合服务能力。

2. 农业部海南农垦天然橡胶基地项目。通过对天然橡胶园进行更新定植及幼树抚育管理等措施，建设高标准、高起点的现代化橡胶园，从而对天然橡胶基地建设起到辐射、示范和带动作用。

3. 国家林业局名优经济林花卉示范项目。名优经济林项目重点对水果、干果、木本油料、竹类、药材、茶叶等进行中低产林改造，花卉项目重点进行优良品种的引进、培育和示范推广。

二、资金投入

2005年，中央财政继续加大部门项目的投入力度。项目总投资12.53亿元，其中中央财政农业综合开发资金6.69亿元。

2005年中央农口部门农业综合开发项目投入情况表

部门	项目类型	总投资（万元）	其中：中央财政资金（万元）
水利部	中型灌区节水配套改造项目	35 293	15 700
	水土保持项目	21 916.37	11 200
农业部	良种繁育项目	11 400.14	6 100
	优势特色种养示范项目	17 242.26	12 750
	海南农垦天然橡胶基地项目	4 524.1	2 000
国土资源部	土地复垦项目	4 322.54	3 000
国家林业局	林业生态项目	16 427.58	8 850
	名优经济林花卉示范项目	14 221.5	7 300
合　计		125 347.49	66 900

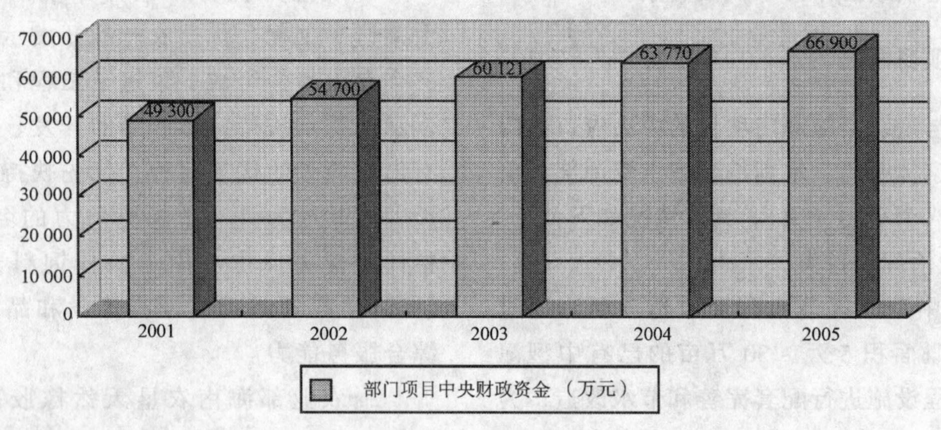

2001—2005年中央农口部门农业综合开发项目

中央财政资金投入增长情况示意图

三、主要建设成效

(一)通过加强农业基础设施建设，改善了农业生产基本条件，增强了项目区抵御自然灾害的能力

通过中型灌区节水配套改造项目建设，新增灌溉面积119.79万亩，改善灌溉面积285.29万亩，新增供水能力6.09亿立方米，大大改善项目区的农业生产基本条件，完善中低产田改造项目区灌排体系，增强了项目区抵御旱涝等自然灾害的能力。水土保持项目建设通过坡改梯、沟建坝等工程措施的实施，有效改善农业生产条件，项目共进行坡改梯9.46万亩，种植水土保持林67.57万亩，经济林30.29万亩，建设小型水利水保工程1 374.14万立方米。据典型调查，在长江流域实施坡改梯后，粮食单产可提高75公斤；黄河项目区坝地平均亩产300~400公斤，有的高达900公斤，是坡耕地的6~10倍。结合“蓄、引、排、灌”小型水保工程配套，增产效果更加显著。

(二) 通过优质良种生产，提高了项目区良种覆盖率

通过良种繁育项目建设，新增原种生产能力5 330.93万公斤，原原种生产能力240.02万公斤，种子加工能力1.16亿公斤，种子储备能力4 941.58万公斤，草种生产能力175.74万公斤。项目不仅重点有效支持了粮食主产区的良种供应，而且进一步改善了科研单位的育种设施条件，新品种的繁育和推广速度加快，良种质量得到保证。同时，种业基础设施得到加强，良种综合生产、加工、检验能力大幅度提高，优质品种的更新得到进一步增强。其中草种项目的建设进一步满足了项目区种草养畜

和牛羊肉、奶业发展对草种的需求，扩大了牧草种子生产、加工能力，提高了项目区良种的覆盖率。

（三）优化了产业结构，取得了显著的经济效益

项目区经过有效治理，不仅改善了生态环境和提高了农业综合生产能力，而且推动了农业结构调整和农业产业化发展，提高了农民收入。水土保持项目在长江流域的项目区，人均经济林面积由治理前的0.08亩增加到治理后0.51亩，金沙江下游的黑荆、苹果，嘉陵江中下游及三峡库区的蚕桑、柑橘，陇南、陕南的花椒、银杏等经济果林基地，均已初具规模。四川省宁南县充分利用光热资源优势，经过坡改梯后大力发展甘蔗产业，现已成为全国蔗糖基地之一，该县也由财政补贴县变成财政自给县，全县农业人均年纯收入较治理前增加了114%，贫困人口减少了近40%，一大批农户由此走上了致富之路。农业部组织实施的优势特色种养示范项目使秸秆养畜示范区与肉牛、肉羊的产业带紧密结合，促进了区域化、专业化生产格局的形成，同时减少了秸秆焚烧现象，经济效益和生态效益十分显著。国家林业局实施的名优经济林和花卉项目，积极发展名优干鲜果品，深入挖掘有市场潜力的特色产品，花卉产业建设以现代化高效花卉基地建设为重点，发挥地域优势，实行规模化经营，项目共建设经济林基地7.28万亩，花卉基地0.11万亩，新增经济林产品5 703.64万公斤，新增花卉1 180.06万枝（盆），新增总产值2.49亿元。

（四）增加了林草植被，改善了项目区生态环境

国家林业局组织实施的林业生态示范项目，人工种草56.84万亩，封（山）沙育林（草）20.4万亩，累计控制水土流失面积1 730平方公里，新增有林面积90.65万亩，治理沙化土地面积35.71万亩。由于林草覆盖率的提高，项目区的退化或沙化草场、沙化土地得到了有效治理，生态环境显著改善。国土资源部实施的土地复垦项目，在项目实施前，土地高地不平，茅草丛生，尾矿、煤矸石堆积，粉尘飞扬，生态环境破坏和大气污染现象非常严重。通过平整土地、填充造地、营造林木，新增耕地1.5万亩，新增灌溉面积1.13万亩，项目区水土资源得到了合理利用。如安徽省淮北市、山西省晋城市等项目区结合土地复垦建设，在原采煤塌陷地上建成了集农、牧、渔、观光为一体的高效生态农业园区。河北省康保县照河镇，地处内蒙古边界风口处，过去风沙肆虐，沙进人退，当地的兴隆村曾被迫三次迁移，村民无奈地说："兴隆不兴隆，风沙半尺深。"从1992年开始，该地实施了以防沙治沙为主的治理项目，大面积推广种植固沙作用强的柠条，累计种植面积15万亩，形成了沿内蒙古边界长20公里、宽50米的防风阻沙林带，锁住了昔日的沙丘，取得了显著成效。据统计，项目实施后，柠条林地年固沙量达到80余万立方米，全镇植被覆盖率达到50%，当地生态环境明显改善，大风天数由过去的106天下降到现在的81天。随着生态的改善，兴隆村又回到了原址。

四、相关政策和措施

（一）规范项目管理

2005年，为了不断加强和规范部门项目的管理，国家农业综合开发办公室下发了《国家农业综合开发办公室关于印发〈国家农业综合开发部门项目管理办法〉的通知》（国农办［2005］30号），这个《办法》有效地促进了部门项目管理的科学化、制度化、规范化，对部门项目的管理提出了体现各部门行业特点和优势，不断增强项目示范作用的总体要求。特别是中型灌区节水配套改造项目，2005年，国家农发办与水利部联合下发了《关于印发〈国家农业综合开发中型灌区节水配套改造项目管理实施办法〉的通知》（国农办［2005］26号），强调中型灌区节水配套改造项目要不断规范管理，提高项目投资效益。随后，针对中型灌区节水配套改造项目建设过程中存在的地方配套资金到位差、不能按期竣工等问题，国家农发办又与水利部联合下发了《国家农业综合开发办公室　水利部关于进一步加强农业综合开发中型灌区节水配套改造项目管理的通知》（国农办［2005］221号），进一步强调加强中型灌区管理，不断提高建设水平。

（二）严格资金管理

为了确保资金使用的有效性、规范性和安全

性，国家农发办和中央农口各部门从完善制度、明确责任入手，进一步规范和加强资金管理工作。在资金投入方面，明确了地方财政和农口部门的配套比例。在资金使用管理方面，不仅进一步明确了财政资金的具体使用范围，还要求财政资金必须“专人管理、专账核算、专款专用”并统一财务会计制度，全面实行财政无偿资金县级报账制，切实规范资金使用和管理行为。另外，农业综合开发坚持“谁受益，谁投资”的原则，吸引社会各方投资参与部门项目建设，充分发挥了财政资金“四两拨千斤”的作用。

（三）积极进行项目整合

为了与部门项目管理办法的规定相一致，部门积极进行项目整合。经过整合，部门项目由原来的13个专项整合为8个项目。其中，农业部将原来的6个专项整合为2个项目，国家林业局将原来的4个专项整合为2个项目，即：农业部将良种繁育及加工、原原种扩繁、育草基金3个专项合并为良种繁育项目，将菜篮子工程、优质农产品开发示范、秸秆养畜3个专项合并为优势特色种养示范项目；国家林业局将长江中下游及淮河流域防护林项目、太行山绿化项目和防沙治沙项目3个专项合并为林业生态示范项目。经过整合，部门项目的扶持重点转向为项目区提供配套和技术服务的基础设施建设和良种繁育建设。同时，部门项目积极探索以县级为平台进行支农资金整合的渠道，努力实现资金使用效益的最大化。

（财政部国家农业综合开发办公室项目管理三处供稿，吴洪伟、杨帆执笔）

推进农民用水户协会建设

农民用水户协会（英文缩写WUA）是农民用水户通过民主方式、按照水文和水系边界组织起来的、自主管理、制度健全、为农民用水户服务的群众性社团组织，主要负责支（斗）渠及其以下渠系工程和灌溉的管理。农业综合开发在利用世界银行贷款加强灌溉农业二期项目（以下简称世行二期项目）的建设过程中，共组建了5 146个WUA，参与农户达到365 551户，覆盖面积14.11万公顷。通过在项目区组建WUA，强化了农民用水户用水管水的民主意识和节水意识，提高了农民用水户参与项目工程运行维护的自觉性，推动了项目区灌溉管理体制的改革，受到了项目区各级政府和广大农民群众的欢迎，产生了积极的社会影响。

世行二期项目结束后，为了继续探索和建立WUA的建设和运行机制，促进WUA这种行之有效的灌溉管理方式实现可持续发展，国家农业综合开发办公室决定利用英国国际发展部（英文缩写DFID）赠款实施面向贫困人口农村水利改革项目（以下简称“DFID项目”）。通过实施DFID项目，组建参与式的WUA，建立WUA可持续发展的长效支持机制，使WUA成为农民能够民主管理、民主决策、民主监督，规章制度健全，全心全意为用水户服务，受到广大用水户支持的农民灌溉服务组织。并且通过WUA的有效管理，提高用水效率，促进节约用水和水的公平分配，实现水利工程的良性运行和灌溉农业的可持续发展，促进我国农村小型水利设施管理改革。

DFID项目利用赠款资金449.8万美元，国家农业综合开发办公室和各项目省根据分配赠款资金的数量按1:1配套投入。项目实施期为5年，其中2004年9月至2006年9月为项目实施的第一阶段，2006年9月至2008年12月为项目实施的第二阶段。第一阶段的项目区包括河北、山东、河南和甘肃四省的17个县；第二阶段的项目区包括江苏、

安徽、四川和新疆四省（区）的17个县。

截至2005年12月底，第一阶段四个省共投资824.2万元用于协会建设。其中河北省161.83万元，河南省172.91万元，山东省281.55万元，甘肃省207.91万元。按资金用途划分，用于协会办公场所及办公设备的投资为254.36万元，购置安装量水设备107.58万元，协会登记注册费用5万元，宣传费用220.54万元，其他费用236.73万元。

一、WUA的建设和运行情况

截至2005年12月底，第一阶段的四个项目省新建和完善WUA共101个，占计划的77.2%，其中完善示范型WUA 22个，新建推广型WUA79个。

2005年各省新建和完善WUA统计表

单位：个

省份＼类型	推广型	示范型
河北省	15	3
河南省	17	5
山东省	23	8
甘肃省	24	6
合计	79	22

已建的WUA均按水文边界划分，90%以上的WUA已在当地民政部门注册登记。WUA的主席均通过选举产生，1/4的主席由现任村干部担任，其余的主席均由农民或曾经担任村干部的人员担任。在WUA的执委中，女性执委占26%。所建WUA制度健全，82%的协会开设了独立的银行账户。73%的协会自建或利用已有的房舍作为办公场所，27%的协会采取租赁房屋的办法解决办公场所。WUA所在的项目区供水水源可靠，灌溉系统完好，使用地表水的协会占61%，使用地下水的占30%，其余的是井渠合灌。为确保供水的可靠性，87%的协会与供水单位签订了供水或取水合同；部分井灌区由于水井属于协会自有，取水自己做主，无须签订供水合同或取得许可证。所有协会均完成了渠系建设和配套，渠系完好率达到100%。

所建协会因建设地点、建成时间不同，运行情况呈现出不同的特点。一些刚建成的协会由于各方面工作尚未步入正轨，因此水费的计算仍采取按亩收费，这一比例占所有协会数量的13%；其余的协会按测量的用水量收费，即按方收费。另外，91%的协会水费是由协会自己收取后上缴供水单位的，3%的协会水费由乡村代收，其余的协会水费由供水单位直接向用水户收取。从协会的经济状况看，总体上能够做到收支平衡。协会年平均收入为17.44万元，其中水费收入占98%；年均支出17.44万元，其中上缴水费部分占78%，其余22%用于协会的运行维护费用支出。

二、WUA的建设成效

通过选择项目实施前基本条件相似的地区作为对比区，并对WUA的建设情况进行监测，WUA的建设为项目区的农民带来了多方面的效益。除了能够促进节水，提高作物产量，减轻妇女劳动强度和促进公平用水之外，还能增加非农收入，提高妇女和贫困人口参加社会活动的意识和能力。具体的效益有以下几个方面：

（一）经济效益

1.减少了农民的水费支出。建立WUA后，用水户灌溉用水计量开始按方，比例达到了87%，比对比区高出52个百分点。由于按方计量，农户节水意识增强，同时，由于水费由协会收取（这一比例达到91%），避免了搭车收费行为，使农民真正做到了清清楚楚用水，明明白白缴费。因此，虽然每亩年均用水量比过去多了58方，亩均水费反而减少了10.1元，水费收取率也比对比区高出4个百分点。

2. 增加农民收入。成立WUA后，可以做到按计划供水，为农民稳定地提供灌溉用水，用水户可以适时获得所需的灌溉用水，可以适时安排农事，还有了进行农业种植结构调整的条件，保证了农业生产的正常进行，增加了农民的农业收入。成立WUA后，能使更多的青壮年农民从农事活动中解脱出来，外出务工，增加非农收入。

3. 促进地区经济发展。在WUA成立之前，干渠以下的渠道维护管理及用水管理由乡镇政府或村委会负责，用水矛盾突出，乡镇和村干部将很多精力用于协调水事纠纷。成立WUA后，乡镇和村干部可以从繁忙的水事管理中解脱出来，集中精力搞经济建设，有利于地区经济的发展。

（二）社会效益

1. 加快了促进WUA发展的相关政策的制定进程。在项目启动阶段，国家农业综合开发办公室就制定了《利用英国国际发展部赠款实施面向贫困人口农村水利改革项目管理办法》，编印了《农民用水户协会相关政策法规选编》，转发了水利部、国家发展与改革委员会、民政部《关于加强农民用水户协会建设的意见》。国家农业综合开发办公室在多次征求有关专家意见的基础上，出版了《农民用水协会理论与实践》和《农民用水户协会组建与运行》两本书。各项目省也积极建立和完善配套政策和制度。例如河北省遵化市制定了《农民用水户协会宣传培训手册》，甘肃省制定了《甘肃省农民用水户协会选举办法》、《甘肃省农民用水户协会选举章程》等政策和制度。

2. 改善了灌溉设施，提高了用水效率。WUA负责灌溉设施的运行维护，间接减少了基建投资费用，农民把协会内的灌溉系统真正当成自己的财产对待，更加精心地加以维护，因此其渠系完好率达到了100%，进而实现了供水完全充足的目标。而对比区这两项指标只能达到77%和92%。

3. 提高农民参与管理自己事务的意识和能力。在项目实施中，开展了针对农民的宣传动员和培训。这些培训不仅鼓励农民积极参与灌溉管理，还提高了农民自主管理其他事务的意识，使农民从被动参与管理，逐步向主动要求参与自我事务管理的方向转变。

（三）环境效益

项目实施后，改善了当地的生态环境，提高了人们的生存质量。如在进行渠道改造的同时，采取生态措施，在渠道两岸栽种树木或灌木丛，起到美化环境、保护渠道的作用；渠道经过衬砌处理后，水流畅通，不会出现滞水等现象；定期对渠道进行维护管理，清除杂草和淤泥，可以消灭或大大减少蚊蝇的栖息，降低发病率。

三、WUA建设的主要做法

DFID项目在建设过程中，充分借鉴和吸收了世行二期项目在建设WUA过程中积累的成功经验，并针对世行二期项目在WUA建设和运行中提出的有关问题，根据该项目的建设目标，采取了一系列有效做法，推动了WUA健康、快速、有序发展和规范、协调、良性运行。

（一）成立工作机构，加强组织领导

中央、省和县三级分别成立了由财政、农业综合开发、民政、水利（务）、妇联、物价和国土等相关部门主要负责人组成的项目领导小组，负责项目的宏观决策、政策指导和组织协调。国家农业综合开发办公室内成立了中央项目办公室，负责项目总体计划的制定、实施、管理和提款报账，处理日常事务，指导、监督省级项目办工作。省级和县级也都成立了项目办公室，负责编制本地的项目实施计划和执行项目。各级项目办公室职能明确，人员到位，队伍稳定。为了发挥专家的作用，得到专家的持续支持，中央项目办公室和省级项目办公室还分别成立了各自的专家组，为项目实施提供技术咨询、指导和帮助。健全的组织领导机构为项目的顺利实施提供了保证。

（二）搞好宣传发动，提高思想认识

项目实施初期，各级项目办就因地制宜，开展了形式多样的宣传活动。例如，河南省中牟县采取走访农户、聘请文艺宣传队编演WUA知识、张贴宣传标语、出动流动宣传车等宣传形式，利用早、

中、晚饭时间宣传 WUA；甘肃省在农村集日和春节闹社火等群众比较集中的场合，向农民群众宣传 WUA。通过广泛宣传和反复动员，项目区的干部和群众了解了推广 WUA 的目的、意义和作用，认识到了成立 WUA 的必要性、可行性和好处，明白了加入 WUA 的权利和义务，提高了自觉参与 WUA 的积极性。

（三）建立健全制度，提供政策支持

通过收集分析现有的与 WUA 相关的政策、法规，提出促进 WUA 建设与推广的合理化建议；对现有 WUA 成立、运行现状、存在问题进行调查研究摸底，编制了 WUA 指南和 WUA 宣传材料；2005 年 12 月国农办［2005］307 号文件转发了水利部、国家发展和改革委员会、民政部《关于加强农民用水户协会建设的意见》的通知，制定了具体实施方案和行动指南。这些制度、办法使 WUA 的建设有章可循。

（四）强化培训，加强能力建设

为加强各级项目管理人员对项目目标的理解，提高项目实施质量，国家农发办先后举办和协办了两次培训班，培训内容涉及财务和项目管理、WUA 理念和组建方法、参与式管理等，培训各级项目管理人员达 346 人。各项目省也采用走出去考察、将专家请进来讲授和就地集中培训等多种方式，对项目办公室成员、水利部门干部、乡村干部、WUA 执委、农民、妇女等进行培训。2005 年四省共举办培训班 520 次，培训量达到 57 286 人/天，其中妇女参与培训量为 23 614 人/天，贫困人口参加培训 11 698 人/天，分别占培训总量的 41.2%和 20.4%。这些培训使项目管理人员对 WUA 有了更加全面、深刻的了解，增强了推广 WUA 的信心，提高了建设 WUA 的能力，也开阔了项目区干部和群众的眼界，为 WUA 的顺利组建提供了保证。

（五）加强部门配合，形成发展合力

WUA 的推广涉及到多部门、多行业，在组建 WUA 的过程中，各部门、各级领导小组成员通力合作，密切配合，共同制定推广 WUA 的有关政策措施和发展计划，共同解决工作中遇到的问题，大大加快了 WUA 的建设进程。

（六）建立监测评价系统，提高项目运行的质量和效果

为了对项目实施全过程进行监测，及时总结经验教训，加强对 WUA 组建和运行的指导和管理，提高 WUA 运行的质量和效果，2005 年 10 月，中央项目办会同有关部门开发完成了 WUA 监测评价系统。各级项目办都安排专人负责监测评价工作，在 WUA 建设的不同阶段，开展相应的监督评价工作。监督对象包括示范型 WUA、推广型 WUA 和非 WUA 对比组，监测数据包括监测对象的基线数据和动态数据。通过监测评价系统，能够定期了解 WUA 运行管理状况和项目效益，及时总结经验教训，提高 WUA 运行的质量和效果。

农业综合开发通过在世行二期项目和 DFID 项目中开展组建 WUA 工作，制订了支持、指导 WUA 持续发展和保证 WUA 合法权益的相关政策，开展了对 WUA 系统深入的调查研究和分析总结，建立了对 WUA 组建、运行的监测与评价系统和信息反馈系统，逐渐加大了对推广 WUA 的支持力度，积累了组建和推广 WUA 的成功经验，使 WUA 在中国逐渐被了解和接受，促进了 WUA 在中国的发展。

（财政部国家农业综合开发评审中心评审一处供稿，芮晓峰执笔）

业 务 工 作

农业综合开发资金投入与管理

一、采取有效措施，逐步扩大农业综合开发资金投入规模

按照农业综合开发“国家引导，配套投入，民办公助，滚动开发”的投入机制，2005年，农业综合开发累计投入资金306.78亿元。其中，中央财政资金101.83亿元（含利用世界银行贷款折合人民币0.18亿元、英国国际发展部赠款折合人民币0.08亿元），占总投资的33.19%；地方财政配套资金62.71亿元（含英国国际发展部赠款项目地方财政配套资金0.09亿元），占总投资的20.44%；银行贷款26.13亿元，占总投资的8.52%；自筹资金（包括农村集体、农民群众和项目建设单位筹集的现金、实物和筹资投劳）116.11亿元，占总投资的37.85%。

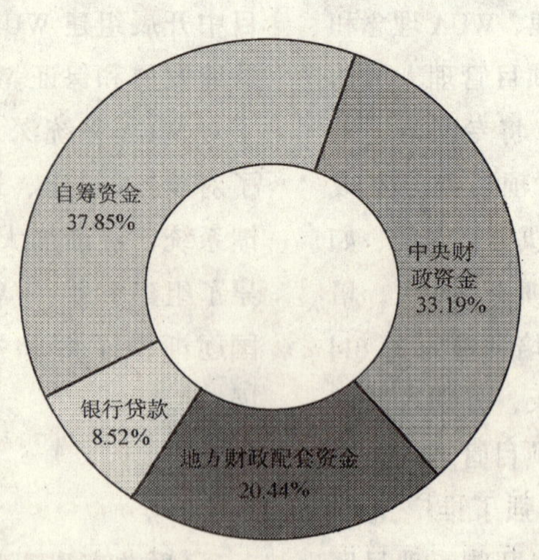

2005年农业综合开发资金投入构成情况图

(一)中央财政继续加大投入力度

2005年中央财政继续增加对农业综合开发的投入，预算安排农业综合开发资金98.55亿元，比2004年增加8亿元，增长8.8%。同时，加大利用外资力度，其中：利用世界银行贷款2亿美元“加强灌溉农业三期项目”，利用世界银行贷款1亿美元“农业科技推广项目”，分别与世界银行签订了《贷款协定》和《项目协定》，两项贷款均由中央财政统借统还。此外，2004年开始实施的利用英国国际发展部赠款449.8万美元“面向贫困地区人口的农村水利改革项目”继续按项目计划组织实施。

（二）地方财政积极落实配套资金

2005年财政部选择江西、甘肃等8个省（区、市）进行财政配套保障试点。试点地区先行安排落实

配套资金，根据落实的资金数额，按照现行的配套比例最终确定该地区当年中央财政资金的投入规模。从上报的配套资金落实情况看，8个试点省（区、市）2005年应落实农业综合开发地方财政配套资金11.48亿元，实际落实11.5亿元，超额配套0.02亿元。同时，除新疆自治区、甘肃省以外，其他6个省（区、市）本级财政配套资金均达到了“总体上承担80%以上”的要求，财政配套保障试点取得了较为明显的成效。在预算内安排农业综合开发配套资金的同时，地方各级财政部门还积极争取将国有土地出让金收入等用于农业综合开发，拓宽资金来源渠道。2005年全国各省（区、市）实际落实的配套资金比2004年增加4.41亿元，增长了7.6%。

（三）坚持农民为主体的原则，扩大自筹资金规模

2004年12月，中央农村工作会议明确，“要把农民自愿投工投劳改善自己生产生活条件和加重农民负担严格区分开来，在自愿互利、注重实效、控制标准、严格规范、民主管理的前提下，鼓励和引导农民群众发扬自力更生的好传统，对其直接受益的小型农田水利建设投工投劳”。根据这一精神，各级农发办事机构认真落实以农民为主体的开发机制，将“农民要办”和促进农民增收作为项目立项的前提，增强群众参与开发的积极性。同时采取有效措施引导农民群众筹资投劳，扩大了自筹资金规模。2005年，农村集体、农民群众和项目建设单位投入农业综合开发的现金、实物和投劳折资比2004年增加24.7亿元，增幅为27.01%。

（四）创新扶持方式，吸引其他各类资金投入

2005年，为充分发挥财政资金“四两拨千斤”的引导作用，吸引更多的金融资本、民间资本和工商资本投入农业综合开发，国家农业综合开发办公室（以下简称“国家农发办”）不断完善和创新资金投入方式。一是继续推进财政资金投资参股经营试点，并将试点范围由2004年的8个省（区、市）扩大到除江西省以外的12个粮食主产省（区）和山西省，安排中央财政农业综合开发投资参股经营资金4.52亿元，比2004年增加1.33亿元。二是加大贷款贴息扶持力度。根据财政部印发的《农业综合开发中央财政贴息资金管理办法》（财发［2005］4号），从2005年起，中央财政安排专项贴息资金，按照“先贷款，后贴息”的原则，对符合立项条件的产业化龙头企业固定资产投资贷款补贴利息。2005年，中央财政共扶持贷款贴息项目163个，拟安排贴息资金1.37亿元（在2006年中央财政农业综合开发资金中安排专项资金进行贴息），可吸引和带动信贷资金24.55亿元。

二、突出重点，合理确定农业综合开发资金投向

农业综合开发坚持以改善农业基本生产条件，确保国家粮食安全为基本任务，在重点改造中低产田的同时，因地制宜扶持农业产业化经营项目和科技示范项目，努力发展优质、高产、高效农业。2005年，在农业综合开发项目完成的总投资中（含部门项目），土地治理项目171.45亿元，占54.95%；产业化经营项目135.94亿元，占43.57%；科技示范项目（续建）4.57亿元，占1.48%。

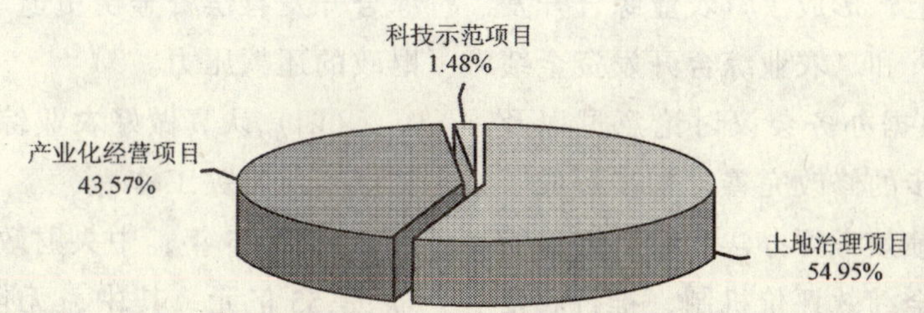

2005年农业综合开发投资项目构成图

（一）重点加强农业综合生产能力建设

《中共中央　国务院关于进一步加强农村工作提

高农业综合生产能力若干政策的意见》（中发［2005］1号）明确指出："中央和省级财政要较大幅度增加农业综合开发投入，新增资金主要安排在粮食主产区集中用于中低产田改造，建设高标准基本农田"。为贯彻这一精神，2005年农业综合开发继续着力加强农业综合生产能力建设。一是加大对粮食主产区的投入。2005年，中央财政农业综合开发资金投入13个粮食主产区59.36亿元，占当年中央财政农业综合开发资金预算的60.23%。其中，新增资金投入4.78亿元，占当年新增资金总额的59.77%。二是坚持以中低产田改造为重点。除个别需保持一定数量生态建设的省（区）外，其他各省（区、市）用于土地治理项目中低产田改造的财政资金，均占土地治理项目财政资金的90%以上。

（二）积极扶持产业化经营

2005年，农业综合开发运用有偿与无偿结合、投资参股和财政贴息等方式，以扶持产业化龙头企业为重点，大力支持农业产业化经营。2005年中央财政投入各地产业化经营项目的农业综合开发资金达26.18亿元（不含部门项目），共扶持产业化经营项目1 225个。通过扶持农业产业化龙头企业、种养业及流通设施建设，促进了农业结构的调整和优化，增加了农民收入。

三、加强财务管理、保证农业综合开发资金安全有效运行

(一)探索农业综合开发资金绩效评价问题

2005年，围绕部党组提出的关于保证财政资金使用安全性、有效性和规范性的要求，国家农发办积极探索研究农业综合开发资金使用绩效评价问题，在深入调研的基础上，形成了《农业综合开发资金绩效评价课题报告》和《农业综合开发资金绩效评价暂行办法》，并根据办务会议讨论意见以及各地所提意见做了进一步的修改完善，初步形成了农业综合开发资金使用绩效考评办法和绩效评价指标体系，为构建农发资金绩效评价机制，推行农发资金绩效考评工作奠定了基础。

（二）不断加强财政资金县级报账制管理

农业综合开发从2001年开始推行财政无偿资金县级报账制。几年来的实践证明，县级报账制对规范财政资金管理、提高财政资金运行效益、保证农业综合开发项目工程质量发挥了重要作用。但为适应财政体制改革和发展的需要，县级报账制还应不断加强和完善。为此，围绕进一步完善和推进县级报账工作，国家农发办对部分地区县级报账制执行情况进行调研，了解县级报账制执行过程中存在的问题，提出了进一步完善和推进县级报账工作的相关建议。

（三）加强农业综合开发有偿资金的管理

1．催收2004年到期有偿资金。据统计，全国各地区、各农口部门2004年到期应回收的农业综合开发中央财政有偿资金共计20.35亿元（不含占用费，下同）。为做好该部分到期有偿资金的回收工作，国家农发办结合拟核减的土地治理项目有偿资金债务和部分核销产业化经营项目有偿资金等问题提出了2004年到期有偿资金回收的方案，下发了《关于回收2004年度到期中央财政农业综合开发有偿资金的通知》（财发［2005］6号），对到期有偿资金进行催收。截至2005年底，到期有偿资金已回收10.62亿元。

2．做好有偿资金呆账核销工作，化解债务风险。为妥善解决农业综合开发有偿资金呆账问题，按照《农业综合开发财政有偿资金延期还款和呆账处理暂行规定》（财发字［2000］2号），2005年10月，国家农发办对各地2002~2004年到期的产业化经营和科技示范项目呆账进行了核销。经过认真审核把关，共核销呆账8.54亿元，占各地申报呆账总额的91.63%。该笔核销资金从2004年到期的有偿资金中扣除，到期资金结余部分仍将继续回收国库。此次呆账核销，实事求是地解决了部分农业综合开发有偿资金历史遗留问题，有效缓解了地方财政的还款压力。

（四）认真做好农业综合开发预算执行和国库集中支付相关工作

1．2005年，中央财政共安排农业综合开发资金98.55亿元，其中，无偿资金76.42亿元，有偿资金22.13亿元。根据批复的项目计划，国家农发办及时办理了中央财政农业综合开发资金拨（借）款文件和有偿资金借款合同，基本做到了项目计划

一经批复即迅速办理拨（借）款文件。同时，及时进行农发资金日常账务的登记、银行对账以及与部内相关司局核对2005年预算执行情况。

2. 按照国库集中支付有关要求，结合财政部批复的2005年部门预算，国家农发办认真测算农业综合开发项目有偿资金和事业费用款需求（即中央本级支出），及时上报按季分月的资金用款计划，确保财政授权支付额度及时下达。同时，按照要求做好年终结余资金确认和银行账户年检等国库集中支付相关工作。

四、坚持惩防结合，强化农业综合开发资金监管

（一）建章立制，进一步规范对违规违纪问题的处理

2005年12月，财政部印发了《农业综合开发财政资金违规违纪处理暂行办法》（财发［2005］68号），针对农业综合开发财政资金使用和管理过程中出现的违规违纪行为，明确分别给予扣减财政资金投资指标、暂停违规违纪开发县资格直至取消开发县资格等处理措施，使得对农业综合开发财政资金违规违纪行为的惩处有章可循。

（二）委托社会中介机构进行专项检查

为进一步推进农业综合开发财政资金配套保障试点工作，督促各地及时足额落实地方财政配套资金，2005年，国家农发办委托社会中介机构对江西、海南、陕西和甘肃四省2004年至2005年地方财政配套资金落实情况进行了专项检查。通过检查，了解了地方财政在落实配套资金方面存在的问题，提出了进一步完善地方财政配套政策的意见和建议。同时，对个别问题严重的省份给予了通报批评和扣减中央财政投资控制指标等处理。

（三）配合审计部门，加大资金监管力度

2005年4月1日，国家审计署驻财政部审计组开始对国家农发办2004年中央财政农业综合开发项目资金和事业费进行年度审计。国家农发办积极配合审计组，及时提供有关账簿、文件和相关资料，安排专人与审计人员沟通情况，解释问题，并提交了《关于2004年农业综合开发资金审计有关问题的反馈意见》。同时，针对审计组提出的农业综合开发事业费归口管理等问题，国家农发办积极同财政部办公厅和审计署驻财政部审计组沟通，将有关情况及时汇总上报，使存在的问题及时得到解决。

（四）继续做好验收考评等日常财务监督工作

2005年，国家农发办派出16个检查组，分别对13个省（区、市）和水利部、农业部部门项目进行验收考评。从验收考评的情况看，挤占、挪用财政资金等违规违纪现象比2004年明显减少，农业综合开发财务管理和监督的各项工作得到进一步加强。

（财政部国家农业综合开发办公室　计财处供稿，李若云、李鹏执笔）

改善农业生产基本条件

2005年，农业综合开发坚决服从和服务于中央加强宏观调控、确保粮食安全的大局，坚持以粮食主产区为重点，着力加强农业基础设施和生态环境建设，切实改善农业生产基本条件，努力做好提高粮食综合生产能力这篇大文章，采取了一系列更直接、更明确、更有力的措施，为促进粮食生产稳定发展和农民持续增收做出了新的贡献。

一、以粮食主产区为重点，突出对产粮大县的扶持

以粮食主产区为重点，集中资金，重点投入，这是农业综合开发长期坚持的一项带有方向性和全

局性的重要政策。保护和提高农业特别是粮食生产能力，重点在粮食主产区。从全国范围看，13个粮食主产省（区）耕地面积占全国的65%，粮食产量占全国的70%以上，粮食商品率达到42%，近3年平均每年提供的商品粮约占全国总量的80%以上。确保国家粮食长久安全，就必须以粮食主产区为重点，从根本上解除制约当地农业生产的障碍，形成稳定可靠的粮食生产能力。

《中共中央　国务院关于进一步加强农村工作提高农业综合生产能力若干政策的意见》和《国务院2005年工作要点》都明确要求"农业综合开发要进一步向粮食主产区倾斜"。从土地治理项目实际执行情况看，2005年农业综合开发投入13个粮食主产省（区）的土地治理项目资金为97.73亿元，其中财政资金66.75亿元，再创历史新高。全年13个粮食主产区省（区）共改造中低产田1 941.41万亩，占全国改造中低产田面积的63.4%，比2004年（1 749.62万亩）增加了191.79万亩，增幅达11%。粮食主产区的农业生产基本条件得到明显改善。

我国农业发展和粮食安全主要靠粮食主产区支撑，更要靠产粮大县保证。稳住了产粮大县，就保持了最基本、最主要的粮食生产能力，就稳定了全国粮食供给大局。《国家优质粮食产业工程建设规划》（以下简称《规划》）内484个县（农场）的耕地面积达到5.68亿亩，占主产区耕地面积的一半以上，粮食平均单产也明显高于粮食主产区和全国平均水平。因此，以产粮大县为重点，进一步发挥产粮大县的资源优势和比较优势，培育壮大粮食产业，促进种粮农民增加收入，帮助产粮大县卸掉包袱，让粮食生产核心区觉得种粮不吃亏，农民能够安心种粮食，意义重大。

2005年，国家农业综合开发办公室（以下简称"国家农发办"）明确要求各地加大对《规划》内的农业综合开发产粮大县的扶持力度，重点支持其改造中低产田，建设标准粮田。全年农业综合开发用于《规划》内重点县的中低产田改造项目的总投资为50.84亿元，其中财政资金34.55亿元；《规划》内重点县完成中低产田改造1 110.77万亩，占全国改造中低产田面积的36.3%，占13个粮食主产区的57.21%。

二、突出加强中低产田改造，建设高标准基本农田

加快中低产田改造，建设高标准基本农田，是提高粮食生产能力的一项直接、有效、快捷的措施。长期以来，农业综合开发立足我国基本国情和农业发展实际，坚持以改造中低产田为重点，加强农业基础设施建设，综合运用工程、科技、生物等措施，解决制约农业生产的主要障碍因素，提高现有耕地的产出率和水资源利用率，建设稳产高产、旱涝保收、节水高效的高标准基本农田，对稳定和提高粮食综合生产能力发挥了突出的作用。

为切实加强中低产田改造，2005年国家农发办提出了很"硬"的政策措施，规定除内蒙古、青海两省（区）外，其他各省（区、市）用于中低产田改造的财政投资不得低于土地治理项目财政总投资的90%。鼓励有条件的粮食主产区省份，将土地治理项目财政投资全部用于中低产田改造。这一政策得到了地方的积极响应，安徽省共安排改造中低产田115.3万亩，占全省土地治理项目总任务的94%。非粮食主产区也有大手笔，如宁夏回族自治区决定从2005年起，农业综合开发土地治理项目财政总投资的90%用于中低产田改造，每年全区农业综合开发增量资金全部用于引黄灌区中低产田改造。按照方案，在2005～2007年的3年内，将筹措安排资金5亿元，将引黄灌区内100万亩中低产田改造为节水高效的基本农田。

从实际执行情况看，2005年用于中低产田改造的农业综合开发资金为150.07亿元，比2004年增加43.95亿元，增幅为41.4%，其中财政资金完成104.27亿元，占土地治理项目财政资金的92.8%。2005年全国共改造中低产田3 062.17万亩，比2004年增加647.04万亩，增幅为26.7%。在具体的治理措施方面，全年全国完成修建小型水库516座，新建和恢复机电井6.66万眼，修建排灌渠道3.47万公里；完成改良土壤1 274.9万亩，修建机耕路4.45万公里，购置农业机械3.16万台（套）；营造农田防护林面积161.91万亩。

三、加强中型灌区节水配套改造，兼顾生态综合治理

农业综合开发中型灌区节水配套改造项目，是指对灌溉面积5万~30万亩的中型灌区的灌排骨干工程进行配套完善和节水改造的项目。目前全国重点中型灌区共有1 505处。这些灌区大都建于20世纪50~60年代和70年代初期，建设标准较低，施工质量较差，经过数十年运行，大部分骨干工程已经老化失修，带病运行。中型灌区与中低产田改造的关系十分密切，有的地方因为灌排骨干工程不配套，成了中低产田改造的“卡脖子”工程。

2005年，中央财政农业综合开发投入资金1.57亿元，为改造中低产田提供水利保障，在全国选择22个改造中低产田急需的、投入少、见效快的中型灌区，进行续建配套和节水改造。吉林、江苏等7省（市）还在下达给本省（市）的资金内统筹安排9 700万元中央财政资金用于10个中型灌区项目。为加强管理，国家农发办与水利部联合制定了《国家农业综合开发中型灌区节水配套改造项目管理实施办法》，进一步规范水利部门和农发办事机构的职责，简化申报审批程序，确保择优立项。

2005年农业综合开发生态综合治理项目以内蒙古、青海、等主要牧区的草场建设为重点，兼顾其他地区，全年完成草原（场）建设面积243.85万亩。同时，全年全国完成小流域治理面积93.1万亩，完成土地沙化治理面积26.61万亩。

四、完善政策，调动农民改善农业生产条件的积极性

2005年，按照“既要充分调动项目区农民群众的积极性，又要与农村税费改革的政策相衔接”的要求，国家农发办与国务院税改办、农业部农民负担办等单位深入开展专题调研，修订了《国家农业综合开发农民筹资投劳管理规定（试行）》。修订后的政策，体现了中央关于做好农民筹资投劳工作的新精神，体现了因地制宜、区别对待的原则，降低了农民筹资投劳比例，平均降幅20%，突出了机制创新，扩大了农民自愿筹资投劳的空间。新规定不仅更加实事求是，而且更具有权威性。

具体地讲，新政策主要有以下变化：一是确定了不同比例。根据各省人均耕地面积等情况，将农民筹资投劳占土地治理项目中央财政资金的比例，由以前全国统一要求的70%调整为60%、50%、40%，调整后的比例更加符合不同地区的实际。考虑到多数地区的农民现金收入较少，还明确了如筹资确有困难的，可以全部投劳。二是按项目实施年度筹资投劳。鉴于土地治理项目一般情况下都是跨年度实施，新政策规定“农业综合开发筹资投劳可按项目实施年度‘一事一议’筹资投劳上限标准筹集”。因此，农民筹资投劳可按两年“一事一议”上限标准筹集，一次使用。三是明确了部分项目工程建设所需的农民筹资不纳入“一事一议”范畴。对项目区农户购置农机具、修建机电井等予以财政补贴，农民出资部分视同筹资投劳（属生产性投入），不受“一事一议”上限标准限制。

新的政策调动了项目区农民群众筹资投劳参与农业综合开发、改善农业生产基本条件的积极性。2005年，项目区农民群众自筹资金49.12亿元（含投劳折资28.14亿元，占57.3%）用于土地治理项目建设，占土地治理项目总投资的30.2%。

五、重视农业科技推广，提高农业科技含量

农业综合开发的科技推广，主要是通过示范、培训、指导以及咨询服务等，把优良品种和先进适用技术普及应用于项目区农业生产的过程。改善农田基本生产条件，解决粮食由低产到中产，由中产到高产，关键要靠良种、良法的推广和应用。同时，加强科技推广，也是推进农业生产节本增效，转变农业增长方式，建设节约型农业，减少农业生产污染，改善农村生活环境，培养新型农民的一项重要措施。

2005年，在重点进行农业基础设施建设的同时，农业综合开发注意搞好新品种、新技术的引进推广，加强对农民的技术培训，鼓励科研院校在项目区进行科技示范，不断提高农业综合开发的科技含量。明确允许采取补贴的方式，加大对人均耕地较多地区农机购置和更新的扶持力度，以实现节本增效，提高劳动生产率，促进土地规模化经营，为把农民从土地上解放出来从事养殖、加工和服务业创造条件。

2005年，农业综合开发用于科技推广的总投资达到7.54亿元，占全国土地治理项目总投资的4.6%，其中财政资金6.7亿元，占全国土地治理项目财政资金的5.9%。全年全国完成农民技术培训815.07万人次。

2005年，农业综合开发显著改善了项目区农业生产基本条件：项目区新增灌溉面积855.04万亩，改善灌溉面积1 644.63万亩；新增除涝面积321.28万亩，改善除涝面积685.85万亩；新增节水灌溉面积1 187.01万亩；增加农田防护林网面积1 300.8万亩；增加机耕面积521.54万亩；扩大良种种植面积1 227.44万亩；新增旱作农业面积275.98万亩；新增农机总动力55.85万千瓦；治理沙化土地面积46.21万亩，增加控制水土流失面积4 537.17平方公里。

2005年，农业综合开发在历年基础上，又显著新增了农业综合生产能力：粮食36.63亿公斤，棉花0.61亿公斤，油料1.92亿公斤；其中粮食主产区新增粮食生产能力25.19亿公斤，占全国农业综合开发新增粮食生产能力的68.7%。土地治理项目区农民收入增加总额为64.78亿元，人均年增收245元。

（财政部国家农业综合开发办公室项目管理一处供稿，吕彤轩、许峰执笔）

推进农业产业化经营

2005年，根据优势农产品区域规划布局，农业综合开发产业化经营项目积极培育主导产业，加大了对国家和省级农业产业化龙头企业（包括省级农发办事机构认定的龙头企业）的扶持力度，调整农业产业结构，有力地促进了农业增效、农民增收和农村经济的发展。同时，继续深化改革，完善和创新农业综合开发产业化经营项目扶持方式，适应了我国农业产业化发展的需要。

一、重点突出，成效显著

2005年，经国家农发办批复和同意备案的产业化经营项目共1 225个（有偿无偿结合项目1 027个，投资参股项目35个，贴息项目163个），其中中央财政资金300万元（直辖市、计划单列市200万元，不包括重庆市）以上的重点产业化经营项目337个（含投资参股经营项目），比2004年增加54个，增长幅度达到19.1%。

据统计，2005年度，农业综合开发产业化经营项目（不含部门项目中的产业化经营项目）实际完成总投资132.34亿元，其中：财政投资41.97亿元，自筹资金64.94亿元，银行贷款25.42亿元，其他资金0.01亿元。重点产业化项目总投资为88.36亿元（其中中央财政投资16.76亿元），占产业化项目总投资的66.8%。重点产业化项目的总投资和中央财政投资比2004年分别增加了10.70亿元和3.28亿元，分别增长了13.78%和24.33%。同时，单个项目投资规模呈增长趋势。从全国平均水平看，中央财政投资从2004年的476万元增加到2005年的497万元，增长了4.41个百分点。

在政策引导下，龙头企业与项目区农民之间的利益联结机制进一步完善，直接受益农户达到了734.06万户，直接受益农业人口2 199.58万人，与2004年的371.56万户、1 130.87万人相比，翻了一番。直接受益农民年收入增加110.61亿元，新增就业人数83.16万人。全部产业化经营项目建成后，年新增干鲜果品1.07亿公斤，蔬菜1.76亿公斤，花卉3 208万枝，药

材3 437.56万公斤；年新增水产品4 692.94万公斤，肉类3.11亿公斤，蛋类3 204.60万公斤，奶类2.87亿公斤；年加工转化农产品88.55亿公斤；农产品年交易额31.48亿元；年新增总产值426.69亿元，增加值137.26亿元，利税57.77亿元。

二、加强指导，规范管理

2005年，国家农发办加强了产业化经营项目工作的指导，进一步规范了项目管理程序，完善了各项政策制度。

（一）扩大了项目申报指南公开发布的范围

为了广泛动员社会力量参与农业综合开发，在更大范围内择优选项，提高选项透明度，国家农发办在《农民日报》、《中国财经报》、《中国农业综合开发》等媒体上刊登了《2005年国家农业综合开发产业化经营项目申报指南》，明确了农业综合开发扶持产业化经营项目的基本原则、扶持范围和重点、扶持对象、项目申报单位基本条件等。

（二）严把项目立项关

根据《国家农业综合开发项目评估办法》和农业综合开发产业化经营项目的立项原则、立项条件，明确了项目评估的内容和评审标准，严格遵循“项目可行”的十项基本标准和“项目不可行”的八项硬性标准，分别从项目建设的必要性、可行性、经济合理性，以及项目的指导思想，选项标准，实施条件，项目承建单位资质和经营业绩、资产负债状况，项目可研报告附件等方面，严格进行评估。在项目评审过程中，坚持“异地评估，三不见面”的原则，坚持专家独立评估与实地考察、答辩相结合的评审方式，保证项目评估意见的科学性、准确性，取得了良好的效果。

（三）组织召开了全国投资参股经营试点现场暨培训会议

为全面总结全国投资参股经营试点工作经验，在四川省召开了全国投资参股经营试点现场暨培训会议，传达、学习、贯彻部党组对投资参股经营试点工作的一系列重要指示精神，总结交流投资参股经营试点工作经验做法，参观学习了四川省投资参股工作的经验，讨论修改了投资参股经营试点管理办法，对投资参股经营试点政策制度进行了培训。

（四）修订出台了《国家农业综合开发投资参股经营试点管理办法》

《国家农业综合开发投资参股经营试点管理办法》是开展农业综合开发投资参股经营试点的一个基本依据。原办法实施两年来，对加强农业综合开发投资参股经营项目和资金管理，创新农业综合开发投入机制发挥了积极作用。但是，随着投资参股经营试点不断扩大，原办法逐步暴露出一些不适应性。在充分调研和广泛征求各方面意见的基础上，国家农发办对原办法进行了修订，使之更加符合实际，更加具有操作性。

（五）下发了《财政部关于调整农业综合开发产业化经营项目分类项目设置和中央财政有偿无偿资金比例等事宜的通知》

针对以前年度产业化经营项目和资金管理中存在的问题，下发了《财政部关于调整农业综合开发产业化经营项目分类项目设置和中央财政有偿无偿资金比例等事宜的通知》，明确：产业化经营项目的分类项目设置，由原“产业化龙头”、“多种经营”两类调整为“种植养殖基地”、“农产品加工”和“流通设施”三类。单个项目中央财政投资300万元以上的为重点产业化经营项目，由国家农发办组织评审和批复项目计划；单个项目中央财政投资300万元以下的为一般产业化经营项目，由省级农发办事机构组织评审和批复项目计划；从2005年开始，所有产业化经营项目中央财政资金的有无偿比例统一调整为75:25；以省为单位，每年用于重点产业化经营项目的资金不得低于中央财政产业化经营项目资金的50%；重点产业化经营项目扶持的对象为国家和省级农业产业化龙头企业（含省级农发机构审定的龙头企业）；从2005年开始，一般产业化经营项目原则上也要由具备独立法人资格的单位承担。

（六）制定了《农业综合开发项目调整、变更和终止有关事项内部操作程序》

为规范农业综合开发项目调整、变更和终止工作，在征求各方面意见的基础上，制定了《农业综合开发项目调整、变更和终止有关事项内部操作程序》，从2005年7月1日起实施。

三、改革创新，投资参股经营试点工作取得初步成效

2005年是农业综合开发投资参股经营试点的第二年，全年共安排中央财政投资参股资金4.52亿元，对河北、山西、内蒙古、辽宁、吉林、黑龙江、江苏、安徽、山东、河南、湖北、湖南、四川等13省（区）的35个项目进行试点。试点地区财政部门、农发办事机构、资产运营机构从实际出发，大胆创新，勇于实践，探索了一些行之有效的做法，试点工作比较顺利，取得初步成效。

实践证明，农业综合开发投资参股经营试点，对于创新农业综合开发机制，探索财政支农方式的转变，发展农业产业化经营，增加农民收入，全面改善农业生产基本条件，提高农业综合生产能力，具有十分重要的意义。一是显现出对农民增收的强大带动作用，投资参股经营项目采取“公司+基地+农户”的一体化经营模式，与农民利益联结紧密，显现了对周边地区农民增收的强大带动作用；二是探索了财政支农资金市场化运作的新路，一方面有效引导和带动民营资本、外资和其他资金对农业综合开发项目的投入，另一方面财政资金通过授权资产运营公司进行资本运营，充分利用市场机制，可以确保国家财政资金规范、安全、有效运行；三是提升了企业发展空间和前景，国家财政资金投资参股之后，促进了企业经营管理机制的创新，使企业市场竞争力和经济效益得以不断提高。

四、探索多元化扶持方式，组织好贴息项目申报和审核工作

为做好2005年农业综合开发产业化经营中央财政贴息项目的申报工作，6月印发了《国家农业综合开发办公室关于申报2005年农业综合开发产业化经营中央财政贴息项目的通知》（国农办［2005］74号），明确了项目申报条件、申报范围、贷款贴息额度等。

根据《农业综合开发中央财政贴息资金管理办法》（财发［2005］4号），按照认真审核、从严把关、保证贴息项目资金落到实处、切实发挥财政资金导向作用的原则，对各地申报的贴息项目进行了集中审核。经审核，合格项目163个，占申报项目总数的59.5%，项目类型包括粮油、果蔬、畜禽产品加工，优质特色农产品种植、养殖，农产品产地批发市场等，直接吸引各类金融组织贷款超过24.55亿元。

五、强化调研，拓宽思路

为总结农业综合开发产业化经营项目的经验，明确思路，推进工作，2005年围绕产业化经营项目和资金管理工作，开展了一系列深入的调研。

一是研究了产业化经营项目在农业综合开发中的地位，提出了加强管理的基本思路，完成了《适应新形势　进一步加强农业综合开发产业化经营项目建设》一文。

二是研究了产业化经营在提高农业综合生产能力中应发挥的作用，完成了《加强农业综合开发产业化经营项目建设　为国家粮食安全做贡献》一文。

三是研究并提出了改革创新的初步设想。

（财政部国家农业综合开发办公室项目管理二处供稿，朱铁辉执笔）

促进农业科技进步

2005年，农业综合开发不断加大科技投入力度，创新科技推广方式，提高项目科技含量和项目

区农民科技素质，推广应用先进适用农业技术，引进示范高新技术，加强农民技术培训，通过推动农业科技进步，在促进农业增效、农民增收中发挥示范和引导作用。

一、科技投入概况

农业综合开发资金中的科技投入，包括土地治理项目中的科技投入、产业化经营项目中的科技投入和在建专项科技示范项目投入三部分。2005年，土地治理项目及产业化经营项目中的科技投入主要用于项目技术服务、技术培训、推广良种良法及购买必要的仪器设备等公益性投入。在建专项科技示范项目以示范推广先进适用农业技术为主要建设内容，通过推进农业产业化经营，起到促进区域优势产业升级、提高优势农产品竞争力、调整农业产业结构、增加农业效益和农民收入、探索形成不同区域优势产业先进适用技术支撑体系的作用。

二、稳定增加科技投入

2005年，农业综合开发完成科技投入12.11亿元。其中土地治理项目完成科技投入7.54亿元，在建专项科技示范项目完成投入4.57亿元。科技投入占农业综合开发总投入的7.5%，其中：用于农业科技方面的财政投入为9.54亿元，占农业综合开发财政资金投入的8.5%。

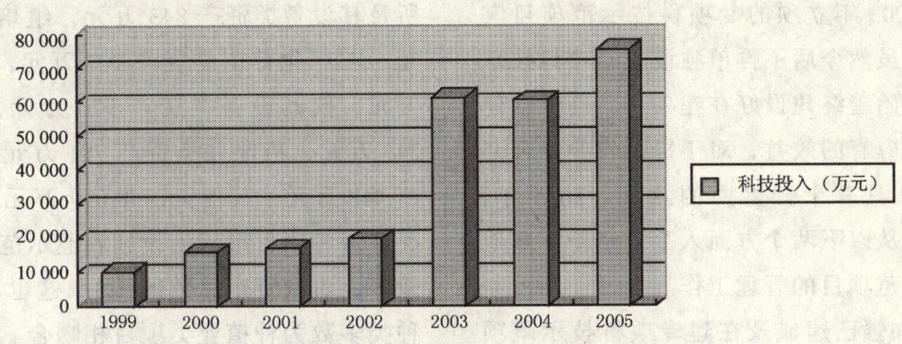

图1　1999～2005年土地治理项目科技投入情况

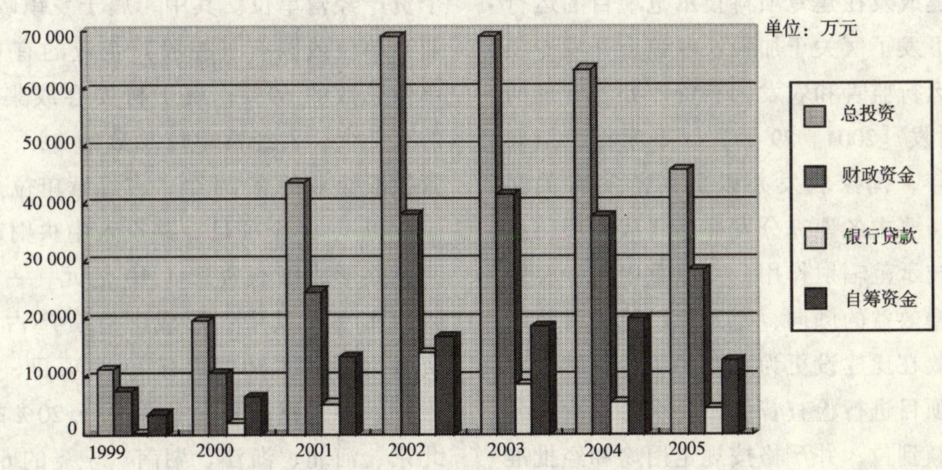

图2　1999～2005年专项科技示范项目投入情况

三、继续支持在建专项科技示范项目建设

农业综合开发在建专项科技示范项目，包括高新科技示范项目、科技推广综合示范项目和农业现代化示范项目，是农业综合开发的重要组成部分。2005年，在建专项科技示范项目为36个，共投入4.57亿元，其中财政资金2.84亿元，银行贷款4 525.32万元，自筹资金1.28亿元。

2005年，农业综合开发围绕充分发挥在建和已建成专项科技示范项目的示范推广和辐射带动作用，提高项目区科技含量和农民科技素质，做了大量工作。以农业主产区为重点，以市场为导向，以效益为中心，在改善农业基本生产条件的基础上，着力进行农业先进适用技术的示范推广及农业高新技术示范，加速科技成果转化，推动项目区农业科技进步，培育区域主导产业，调整和优化农业产业结构，促进产业化经营，探索不同区域最先进适用的开发模式。

四、加强专项科技示范项目管理

自2004年起，国家不再新立专项科技示范项目。2005年是2003年立项的专项科技示范项目实施的最后一年。虽然今后不再单独设立专项科技示范项目，但是善始善终建设好在建项目，确保已建成项目长期发挥应有的效益，对于提高农业综合开发的科技含量，具有十分重要的意义。2005年，国家农发办主要从以下两个方面入手，坚持不懈地做好专项科技示范项目的管理工作。

（一）继续加强已建成及在建专项科技示范项目的运行监管

为加强已建成及在建专项科技示范项目的运行监管，财政部下发了《关于加强农业综合开发专项科技示范项目运行监管和农发国有资产处置管理的指导意见》（财发［2004］29号，以下简称《指导意见》)。2005年，国家农发办以贯彻落实有关文件精神为重点，要求各地充分发挥已建成专项科技示范项目的科技示范辐射作用，克服重申报、轻管理，重投入、轻效益的倾向，把发挥已建成科技示范项目的作用放在比建设更为重要的位置，继续对已建成和在建项目进行检查督促，要求各地确保各类资金及时足额到位，并严格按规定用途和经批准的项目计划使用资金；要切实加强无偿资金管理，严格实行县级报账制；要采取有力措施，确保已建成项目正常运行并发挥预期效益，确保在建项目按时保质完成建设任务。

（二）加强专项科技示范项目财政无偿资金形成国有资产的处置管理

根据《指导意见》要求，2005年国家农发办组织各地对已经竣工并通过国家农发办验收的第一批44个专项科技示范项目（包括中央立项的高新科技示范项目和科技推广综合示范项目，不包括农业现代化示范项目和地方立项的项目）形成国有资产的情况进行认定和登记，其中高新科技示范项目43个，科技推广综合示范项目1个，涉及29个省（区、市、）及黑龙江省农垦总局、新疆生产建设兵团（以下简称省级单位）的41个开发县（市、区、团场)。

第一批项目界定的农发国有资产总额为1.10亿元，其中：设施农业示范基地类资产3 598万元，养殖场所及其设备类资产1 050万元，加工场所及其设备类资产843万元，组培类资产1 170万元，工厂化育苗类资产907万元，苗圃类资产104万元，仪器设备类资产976万元，排灌站类资产246万元，机电井类资产781万元，农业机械类资产448万元，其他资产1 039万元。从资产登记情况看，各项目形成的设施农业示范基地类资产数量较多，占到资产总数的1/3。这也和所扶持的项目种类多数为种植业类项目相吻合。

第一批进行资产登记的44个项目，涉及到87个资产经营单位。其中，属于乡镇政府、国有（事业）单位或国有（控股）企业的有60个，占经营单位总数的69%；属于村委会或集体所有制企业的有7个，占经营单位总数的8%；属于民营或民营控股企业的有20个，占经营单位总数的23%。

以上44个项目，共投入中央财政资金2.76亿元，共形成国有资产1.10亿元，占中央财政总投入的40%。其中：形成国有资产占投入中央财政资金比例超过50%的有13个项目，形成国有资产占投入中央财政资金比例低于20%的有8个项目，北京、河北、浙江、湖南、宁夏的6个项目界定的国有资产占所投入中央财政资金的比例在10%以下。

五、科技推广工作取得明显成效

2005年，农业综合开发土地治理项目科技投入中，对农民开展技术培训875.2万人次，购买小

型农机和配套设备 33 118（台、套），示范推广1 493.7万亩，示范推广了一大批先进成熟适用技术，显著提高了农民科学种田水平，促进了农业结构调整，提高了农业效益，增加了农民收入。

2005 年，通过专项科技示范项目建设，农业综合开发项目区引进、示范、推广优新品种 744 个，示范推广应用先进适用技术 552 项，开展技术培训 17.79 万人次，不算辐射带动，仅示范推广规模就达 73.46 万亩，总结形成了一些先进成熟适用的技术体系和开发模式，有效地推动了农业科技成果产业化进程，一批具有发展前景的主导产业得到了较有力的扶持，项目区农业产业化经营水平明显提高，较大幅度地提高了区域优势农产品的市场竞争力，显著提高了农业效益，增加了农民收入。

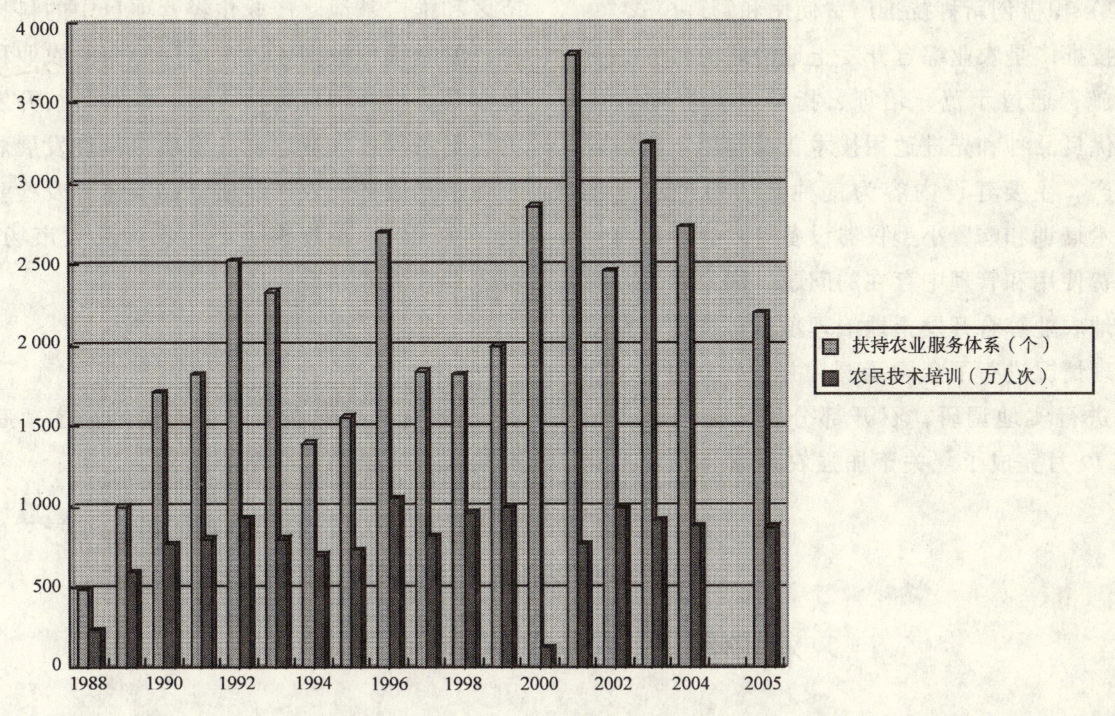

图 3　1988～2005 年土地治理项目科技措施主要任务完成情况

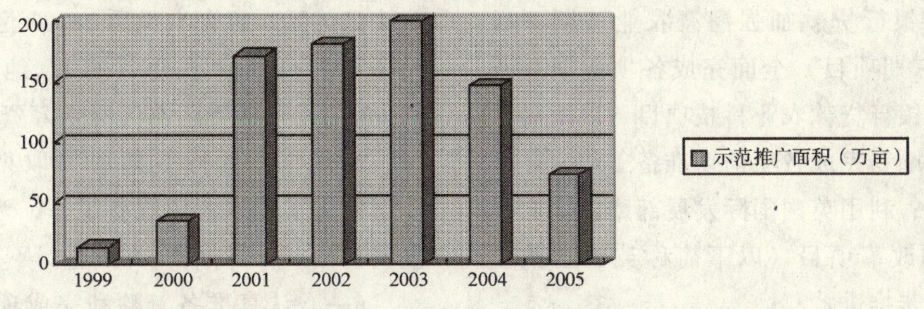

图 4　1999～2005 年专项科技示范项目示范推广面积情况

六、积极改革创新，不断促进农业科技进步

（一）加强和改进农业综合开发科技推广工作，为社会主义新农村建设做出新贡献

党的十六届五中全会提出，按照“生产发展、生活宽裕、乡风文明、村容整洁、管理民主”的要求，建设社会主义新农村。在建设社会主义新农村的进程中，做好农业综合开发科技推广工作责任重大，使命光荣。按照新农村建设的“二十字”要求，结合农发工作的重点和特点，首先要大力推广集约使用土地的技术，建设规划科学、用地科学项目区，为改善农村面貌做出贡献；二

要不断丰富农民培训的内容，培养和造就新型农民，为改变农村社会风气和精神面貌做出贡献；三要努力推动生态农业和清洁能源利用技术的应用，为改善农村生态环境和卫生状况做出新贡献；四要充分发挥农业综合开发专项科技项目的辐射和带动作用，为建设社会主义新农村建设提供和展示一批示范点。

（二）积极创新科技推广费使用和管理模式

科技推广是农业综合开发土地治理项目的一项重要措施，通过示范、培训、指导以及咨询服务等，把优良品种和先进适用技术普及应用于项目区农业生产，主要建设内容为良种良法引进示范推广、技术培训和购置小型仪器设备等。针对目前科技推广费使用和管理中存在的问题，国家农发办对全国各地农业综合开发土地治理项目科技推广费使用和管理情况进行了全国函调，并有针对性地到8个省区进行实地调研，召开部分省区座谈会，于2005年12月完成了《关于加强农业综合开发土地治理项目科技推广费管理工作的指导意见》的起草工作。

（三）不断提高农业综合开发项目的科技含量

今后，土地治理项目中的科技推广工作，要大力推广节水技术和旱作农业技术，加快种子、种苗繁育体系建设，加快品种更新换代，加强先进适用技术推广，把农业综合开发项目区建成农业科技示范区和推广基地。产业化经营项目中的科技推广工作，要继续积极探索以市场为导向的农业科技推广机制等，提高项目科技含量，延续科技开发的生命力，促进科技农业综合开发项目良性发展。要完善农业信息服务、农产品质量标准体系及检验服务建设，实现农户小规模生产与农产品大市场的结合，推进现代农业建设。

（财政部国家农业综合开发办公室项目管理三处供稿，吴洪伟、车新执笔）

农业综合开发利用外资工作

2005年，农业综合开发利用外资工作迈上新台阶。利用世界银行贷款加强灌溉农业三期项目（以下简称世行三期项目）全面完成各项前期准备工作；利用世界银行贷款农业科技项目（以下简称世行科技项目）顺利完成各项前期准备工作，并进入项目实施阶段；利用英国国际发展部赠款面向贫困人口农村水利改革项目（以下简称英国赠款项目）实施工作稳步推进。

一、全面完成世行三期项目前期准备工作

世行三期项目于2003年开始准备。项目建设选定在黄淮海平原的河北、江苏、安徽、山东、河南5省29个市的107个县，计划改造中低产田750万亩；另外，选定内蒙古、重庆、宁夏、吉林、云南5省（市、区）进行农民用水户协会试点建设。世行三期项目总投资39.40亿元，其中利用世行贷款2亿美元，折合人民币16.22亿元（按汇率1美元等于8.11元人民币计算），地方财政配套资金11.97亿元，项目区农民群众筹资投劳11.21亿元。

2005年，世行三期项目取得了实质性进展，全面完成了项目各项准备工作，为项目实施奠定了坚实基础。

（一）认真准备，顺利完成项目评估和谈判工作

为做好世行三期项目的评估工作，国家农业综合开发办公室（以下简称国家农发办）认真组织各项目省按时编制完成了项目实施计划。在此基础上，2005年1月15日至2月5日，世行派团对世行三期项目进行了预评估。世行方面对项目预评估非常满意，并表示不再单独进行项目评估，可以按

程序将预评估升格为评估。2005年4月5日，国家发展和改革委员会（以下简称国家发改委）以《国家发展改革委关于利用世界银行贷款加强灌溉农业三期项目建议书的批复》（发改农经［2005］566号）批复了世行三期项目建议书之后，世行同意将1月份的预评估提升为评估。2005年7月，国家农发办组织5省有关人员就该项目与世行谈判的内容进行了详细讨论，为项目谈判工作打下了坚实的基础。经国务院批准，9月1日～3日，财政部国际司、国家农发办及项目省的代表共同组成谈判代表团，赴美国华盛顿世行总部，与世行就该项目《贷款协定》和《项目协定》两个法律文件进行谈判，双方就项目涉及的法律条款达成了一致，谈判取得圆满成功。12月9日，财政部代表中国政府与世行签署了项目的两份协定。据此，全面完成了该项目世行方面的准备程序。

（二）加强沟通，完成项目环境影响评价报告书的编制与审批工作

环境影响评价是世行项目国内审批过程中的重要环节。为完成项目环境影响评价报告的编制和审批工作，国家农发办及时与国家环境保护总局联系、沟通，并委托中国环境科学研究院于2005年4月8日编制完成世行三期项目环境影响评价报告书。4月21日，国家环境保护总局环境工程评估中心与国家农发办联合召开环境影响评价报告书评审会，对世行三期项目环境影响评价报告书进行评审。5月28日，国家环境保护总局以《关于利用世界银行贷款加强灌溉农业三期项目环境影响报告书审查意见的复函》（环审［2005］474号）文件，批准了世行三期项目环境影响评价报告书。

（三）加强协调，做好项目可行性研究报批工作

2005年4月18日，以《财政部关于报送利用世界银行贷款加强灌溉农业三期项目可行性研究报告的函》（财发函［2005］5号）向国家发改委报送了项目可行性研究报告。为加快审批进度，国家农发办积极向国家发改委汇报项目情况，对提出的问题及时沟通、协调、答复。7月29日，国家发改委以《国家发展改革委关于利用世界银行贷款加强灌溉农业三期项目可行性研究报告的批复》（发改农经［2005］1420号）文件，批复了世行三期项目可行性研究报告，这标志着世行三期项目国内审批程序的结束。

（四）加强培训工作，大力提高项目管理人员素质

为保证项目的顺利实施，国家农发办先后举办了多次项目管理培训班。2005年10月，国家农发办举办了项目专业监测培训班，承担项目专业监测工作的项目省相关人员参加了培训，培训中就监测指标、监测方法和监测要求等进行了详细讲解。世行三期项目实施的全过程将纳入计算机管理。为此，在项目准备的同时，开发完成了项目管理信息系统，所有项目内容将按合同管理的方式录入系统，在监测项目工程进度的同时，自动生成提款报账申请书，实现项目与资金统管。2005年11～12月份，国家农发办分赴项目5省，就项目管理信息系统具体操作问题，举办了针对省、地（市）、县三级项目管理人员的专题培训班。

二、扎实做好世行农业科技项目前期准备和实施管理工作

世行科技项目旨在提高农业高新技术的转化效率，加快优良品种、高新技术和先进实用技术的推广，优化项目区农业生产结构和农业资源配置，提高农业综合效益，增加农民收入。项目总投资为18.19亿元，其中利用世行贷款1亿美元。项目涉及黑龙江、安徽、湖南、陕西4省。

2005年，世行科技项目顺利完成各项前期准备工作，进入项目实施阶段。

（一）顺利完成世行科技项目前期准备工作

1.顺利完成世行科技项目谈判及后续工作。经国务院批准，2005年1月10日～12日，财政部部国际司、国家农发办和各项目省的代表组成谈判团，赴美国华盛顿世行总部就世行科技项目进行谈判。谈判过程中，双方就项目《贷款协定》和《项目协定》中涉及的生效条件、投资安排、实施计划、检查计划等诸多内容达成共识，谈判取得了圆满成功。2005年6月7日，财政部代表中国政府与

世行签署了项目《贷款协定》和《项目协定》，2005年9月1日，两协定正式生效，标志着该项目国外审批程序的全部完成。

2. 顺利完成世行科技项目可行性研究报告的报批工作。国家发改委批复的项目可行性研究报告是项目实施和管理的重要法律和政策依据。2004年国家农发办已上报世行科技项目可行性研究报告，为使该报告早日获得批复，国家农发办积极配合国家发改委的批复工作，及时汇报项目情况，提供所需数据和资料。2005年3月8日，国家发改委以《国家发展改革委关于利用世界银行贷款建设农业科技项目可行性研究报告的批复》（发改农经［2005］341号）文件，正式批准了世行科技项目的可行性研究报告，这标志着世行科技项目前期国内审批程序的全部完成。

3. 顺利完成世行科技项目的投资概算审查和修订工作。由于世行科技项目建设内容繁多复杂，项目实施主体又以单个企业为主，为了明确世行贷款资金支付的项目建设内容，确保项目投入使广大农户受益，2005年3月16～17日，国家农发办组织承担世行科技项目4省的工作人员，在北京召开了世行科技项目投资概算审查会议。会议明确了投资概算的审查原则和修改方式，并就项目涉及农户投入、培训考察、项目世行贷款支持的建设内容和额度等内容进行认真讨论，达成了一致意见。修订后的投资概算，更加符合项目的实际情况，为项目后续实施工作夯实了基础。

（二）扎实做好项目实施管理工作

2005年9月1日，世行科技项目《贷款协定》和《项目协定》正式生效，进入了项目实施阶段。2005年，项目实施管理的工作措施有以下几个方面。

1. 颁布项目管理办法，规范项目的实施、管理。根据国家农发办和世行贷款的政策和要求，结合项目的实际情况，并经过多次讨论研究，2005年12月22日，财政部正式颁发了《利用世界银行贷款农业科技项目管理办法》（财发［2005］70号）。该办法详细阐述了项目的目标和原则，并就项目的组织管理、计划编报、招标采购、资金管理、检查验收制度等做出详细而明确的规定，细化了项目管理职能，规范了项目管理行为，为项目的实施管理工作提供了充足的政策依据和制度保障。

2. 开发管理信息系统，提高管理信息化水平。为了加强项目日常管理，及时掌握项目实施动态，国家农发办开发了世行科技项目管理信息系统。该系统一是可以记录项目的采购过程和相关的合同信息，实现项目进度的即时监测；二是可以记录项目提款报账数据，由人工录入基础数据后，计算机自动分析、汇总，大大提高提款报账数据的及时性和准确性；三是可以记录和汇总项目统计数据，为项目管理决策提供依据。2005年，该系统主体程序已经开发完毕，实现了项目实施进度和资金拨付日常监控。

3. 开展各类培训考察，提升工作人员素质。世行科技项目基层管理工作人员多数未从事过世行项目管理，为此，国家农发办多次举办专题培训班，多次组织专项国内外考察活动。截至2005年底，完成各类面向管理人员的培训考察19.6人月，培训内容涉及采购、支付、监测评价、管理信息系统应用等项目管理知识。对各级项目管理办公室，特别是基层项目管理工作人员进行的这些培训，提高了他们的业务技能。而国内外的考察活动，可以学习和借鉴先进地区、先进国家的做法和经验，使项目管理人员开阔眼界，开拓思路，提高综合素质。

4. 建立健全统计指标和监测评价指标体系，完善统计和监测评价工作制度。为做好做实项目的统计工作，按照外资项目和内资项目统计相互衔接的原则，并结合世行科技项目的实际情况，国家农发办研究制定了世行科技项目的统计指标和报表。同时，根据世行的要求，国家农发办聘请专家细化监测指标，编制相对应的监测用表。各省按照国家农发办的总体要求，也分别开展了监测评价的培训和基线数据的调查工作，为项目监测评价工作的顺利实施夯实了基础。

三、稳步推进英国赠款项目实施工作

英国赠款项目旨在通过在农业综合开发项目区

内建立农民用水户协会，促进农村小型水利工程管理体制改革，解决项目区内已建成的水利工程运行管护问题。该项目利用赠款资金总额为449.8万美元，项目涉及河北、河南、山东、江苏、安徽、甘肃、新疆、四川等八省（区）。该项目分两个阶段实施，2004年9月至2006年9月为项目实施的第一阶段，2006年9月至2008年12月为项目实施的第二阶段。

2005年是该项目实施第一阶段的重要一年，主要开展了以下几项工作。

（一）加强制度建设

2005年2月1日，国家农发办颁发了《国家农业综合开发办公室关于印发〈利用英国国际发展部赠款实施面向贫困人口农村水利改革项目管理暂行办法〉（国农办［2005］13号），2005年12月7日，国家农发办转发了水利部、国家发改委和民政部《关于加强农民用水户协会建设的意见》（国农办［2005］307号）。这些规章制度和法律文件的相继出台，规范了项目管理的政策依据和行动指南。

（二）批复项目实施计划

根据国家农发办的安排，并经世行同意，第一阶段实施该项目的河北、河南、山东和甘肃四省项目办，按照统一的项目实施计划大纲，采取自上而下的方式层层落实到基层项目办，并逐级编报了项目实施计划。2005年初，国家农发办分别批复了四省项目实施计划，要求各项目省严格按照批复内容实施。各项目省严格按照国家农发办和世行要求，认真组织实施项目，截至2005年12月31日，英国赠款项目共完成投资1 683.15万元人民币，建设101个农民用水户协会，占计划的60.8%，申请报账总金额576万元人民币。

（三）完善项目管理信息系统

该项目的项目管理信息系统由世行负责开发。为了完善项目管理信息系统，2005年10月，国家农发办与软件开发公司共同组织第一阶段项目省在北京举办了为期4天的专项培训，包括项目提款报账系统和监测评价系统。培训过程中，通过实际数据的输入，发现了软件中存在的缺陷，当时就讨论并进一步修改完善软件系统，以确保软件系统能实时监控项目实施情况。

（四）出版培训教材，加强项目培训

为加强项目培训工作力度，组织有关专家完成并出版了《农民用水户协会理论与实践》一书，印发了培训材料《农民用水户协会组建与运行》和宣传画册《农民用水户协会知识普及读物》。同时，举办了多次面向管理人员的培训活动。2005年4月11日在北京举办了为期4天的参与式组建农民用水户协会培训班。7月25～29日，与水利部灌排中心在岳阳铁山灌区共同举办了用水户协会组建与运行培训班。培训活动采取参与式互动和实地考察的方式，极大地提高了项目管理人员的工作能力和业务水平。

（五）强化项目监督检查

2005年7月底，英国国际发展部、世界银行、国家农发办共同组团，对第一阶段四个项目省的项目实施情况进行实地检查，检查发现了一些以前没有引起足够重视的问题，对今后完善各方面的工作起到了重要的触动和指导作用。同时，针对世行提出的问题，国家农发办组织人员专程到项目区实地复查，与基层项目办的同志深入交换意见，指出了项目实施中的不足，提出了具体的整改意见。10月底，为配合世行的项目财务管理人检查，对河南、河北、山东和甘肃省进行了项目财务预检查。检查中发现各省财务管理中仍存在诸多薄弱环节，如配套资金到位问题，记账不规范等。针对这些问题，检查人员给予了指导和建议，之后各省的财务管理工作已有改观。

（财政部国家农业综合开发评审中心评审一处、外资一处、外资二处供稿，王海燕、罗禄勇、王兰英、王勇执笔）

农业综合开发项目评估、检查和验收考评

按照《国家农业综合开发资金和项目管理办法》的规定，2005年，农业综合开发项目评估、检查和验收考评工作进一步健全制度、扎实工作，开拓创新、勇于实践，为提高农业综合开发资金和项目管理水平，发挥了重要作用。

一、认真组织农业综合开发项目评估工作

按照职责划分，2005年国家农业综合开发办公室组织开展了新增和恢复开发县、部分土地治理项目、重点产业化经营项目和投资参股项目的评估工作。

1.新增和恢复开发县评估。根据统一部署，组织相关专业人员对甘肃省临潭县、华亭县申请列入农业综合开发县，安徽省颍州区、江西省玉山县、山东省苍山县、湖北省南漳县申请恢复农业综合开发县进行了实地考察评估。重点对申请开发县农业资源状况、配套能力和农民群众投工投劳积极性进行分析，对申请恢复开发县存在问题的整改情况进行核实。通过分析与核实，提出了评估意见和建议，为最终决定是否同意新增和恢复开发县提供了科学依据。

2.中型灌区节水配套改造项目评估。6月12日至6月25日，组织40名专家，对19个拟建的中型灌区节水配套改造项目进行了实地考察评估。专家们重点考察分析了19个项目的水资源状况、现有设施利用情况、项目实施对于促进灌区内农业生产发展的作用、灌区自筹资金落实状况等。专家认为，19个项目符合国家农业综合开发中型灌区节水配套改造的条件，建议在调整部分项目投资和技术设计方案的情况下，予以立项。

3.重点土地治理项目评估。组织专家对广东省农垦丰收农场申报的2005年重点土地治理项目进行了评估。专家们全面分析了项目建设的必要性和可行性，对项目建设所需水资源条件、耕地资源条件、自筹能力和综合效益进行了重点分析，认为该项目总体上具有建设的必要性，符合我国农业投资政策，符合农业综合开发立项条件，予以立项支持。建议增加项目中科技措施的投入，充分利用地表水进行灌溉。

4.重点产业化经营项目评估。一是组织开展对财政资金以有偿和无偿结合方式扶持的重点产业化经营项目进行评估。2005年各地申报的此类项目355个，涉及15个产业领域。为保证项目评估质量，组织了种植和养殖、粮油加工、畜产品加工、果蔬加工、药材加工、经济管理和财务分析等专业的87位专家，对申报项目进行评估。专家们严格执行国家农业综合开发政策规定，按照项目评估的标准和项目立项原则，从项目建设的必要性、可行性、经济合理性和带动能力，项目建设的指导思想、选项标准和实施条件，可行性研究报告的真实性和相关附件，承建单位的资质、经营状况和资产负债情况等方面进行分析。经过评估，专家建议立项的有226个，占申报项目总数的63.7%；建议补充材料和实地考察的有69个，占申报项目总数的19.4%；建议不予立项的有60个，占申报项目总数的16.9%。根据专家评估意见，组织27位专家对50个项目进行了实地考察或现场答辩，最终建议立项支持其中的47个项目。二是组织开展对财政资金以投资参股方式扶持的重点产业化经营项目进行评估。2005年各地共申报农业综合开发投资参股经营试点项目72个，涉及粮油加工、畜产品加工和果树加工等领域。按照《国家农业综合开发投资参股经营试点管理办法》和其他有关规定，组织28位专家对申报项目进行了评估。同时，请会计师事务所对申报项目进行了专项审计。经评估和审计，建议立项支持35个项目。

二、扎实开展农业综合开发竣工项目验收考评

根据《国家农业综合开发资金和项目管理办法》规定，从2005年起农业综合开发实行新的验收考评办法。2005年10～12月，国家农业综合开发办公室对山西、上海、福建、青岛、广东、广西、四川、重庆、贵州、云南、陕西、甘肃、青海等13个省（区、市）和水利部、农业部农业综合开发竣工项目验收及相关工作进行了考评。这13个省（区、市）项目建设范围涉及656个县、24个县级农（牧）场，这次验收考评核查了40个县(农牧场)，抽查县数占开发县总数的5.9%。验收考评的水利部5个中型灌区节水配套改造项目，为2001和2002年农业综合开发项目，项目涉及3个省（区）的5个开发县，全部进行抽查考评。验收考评的农业部良种科研推广、原原种扩繁和育草基金项目，为2000～2002年农业综合开发项目，项目涉及30个省（区、市)，结合地方项目验收考评，对其中10个省（区、市）的项目进行了核查。

为保证验收考评工作顺利开展，国家农业综合开发办公室共组织了16个验收考评组，累计派出76人次，其中各级财政部门、农发机构和中央农口部门各类专业人员70人，会计师事务所6人。各考评组根据《国家农业综合开发资金和项目管理办法》和《国家农业综合开发项目验收考评工作手册》要求，采取听汇报、看资料、查账目、验工程、访农户等形式，对农业综合开发竣工项目和相关工作进行核查，客观公正地作出综合性评价，并提出有关建议。通过验收考评，发现个别地方在资金和项目管理上存在一些问题，如未严格执行农业综合开发投入政策、违规使用财政资金、擅自调整项目计划和不按期完成项目建设等。对这些问题，国家农业综合开发办公室依据有关规定，进行了通报批评，做出了相应处理。

三、严格进行农业综合开发专项检查

按照国家农业综合开发办公室统一部署，委托中介机构对由水利部实施的金堤河干流治理工程和彭楼引黄入鲁灌溉工程项目进行了专项检查。通过检查发现项目建设和资金使用中存在一些问题，在向财政部领导汇报后，以财政部名义向水利部通报了情况。同时，根据水利部对问题的复核反馈情况，研究提出了对该项目存在问题的处理意见。为深入了解青岛市城阳区农业综合开发高新科技示范项目建设情况，由中介机构和农业综合开发系统内专业人员组成的联合调查组，对该项目进行了专项检查。

四、进一步完善农业综合开发项目评估和验收考评制度

根据“国家农业综合开发办公室2005年工作要点”精神，在广泛征求地方和有关部门意见的基础上，认真修改完善《国家农业综合开发验收考评办法》和《国家农业综合开发项目评估办法》及说明，修订了国家农业综合开发办公室关于《委托社会中介机构进行评估检查验收工作的暂行规定》、《评估人员责任制》、《聘用专家暂行办法》、《农业综合开发系统专业技术人员管理暂行办法》、《国家农业综合开发项目评估、检查和考评人员工作纪律》等内部管理制度，印发了《国家农业综合开发办公室关于加强国家农业综合开发项目竣工验收工作的指导意见》和《国家农业综合开发办公室关于2005年国家农业综合开发项目竣工验收考评的通知》，重新修订了《国家农业综合开发项目验收考评工作手册》等。

五、探索创新农业综合开发项目评估和验收考评方式

一是为提高农业综合开发项目评估的公正性和科学性，在产业化经营项目评估中，实行项目评估地点与项目申报所在地区分开、评估专家工作所在地与所评项目申报地分开的方式。对于专家存在疑问的项目，采取实地考察、补充材料、现场答辩等形式，进一步深入了解情况。二是在对中型灌区节水配套改造项目的实地考察中，邀请工程设计和工程造价审核人员参与评估，发挥专家的专业优势，对项目投资概算进行较严格的

审核，节约了部分项目建设资金。三是在验收考评中，聘请社会中介机构参与对项目财务资金的审查。同时，为突出验收考评重点，区分了验收考评的重点核查县和一般核查县，采取点面结合方式进行考评。对于重点核查县，采取全面解剖方式进行检查；对于一般核查县，随机选择重点项目进行抽查，以确保验收考评结果真实、客观。

（财政部国家农业综合开发评审中心评审二处供稿，李建民、李荣玲执笔）

第三部分

地方和部门农业综合开发工作

北京市

一、农业综合开发基本情况

2005年北京市国家立项农业综合开发总投资3.53亿元，其中：中央财政资金7 785万元，地方财政配套资金1.68亿元，自筹资金1.07亿元。具体情况如下：

土地治理项目完成总投资1.41亿元，其中：中央财政资金3 718万元，地方财政配套资金7 759万元，自筹资金2 603.7万元；完成土地治理27.03万亩，其中：改造中低产田25.73万亩，小流域治理1.3万亩。项目涉及全市20个乡（镇）。

产业化经营项目完成总投资2.06亿元，其中：中央财政资金3 717万元，地方财政配套资金7 434万元，自筹资金9 419.49万元；完成产业化经营项目18个，其中：重点产业化经营项目6个（加工项目5个，储藏保鲜项目1个），一般产业化经营项目12个（种植项目4个，养殖项目5个，加工项目1个，其他项目1个），项目涉及顺义区、大兴区、通州区、房山区、延庆县、密云县及北京市华都集团有限公司。

2005年，通过实施农业综合开发项目，项目区取得了良好的经济效益、社会效益和生态效益。一是农业生产条件及生态环境进一步改善，项目区主要农产品生产能力显著提高。新增和改善灌溉面积18.58万亩，新增和改善除涝面积12.92万亩，增加农田林网防护面积4.25万亩，新增粮食产量5 730.88万公斤；二是农业产业结构得到优化，增加了农民收入。新增蔬菜500万公斤，水产品13万公斤，年新增总产值4.73亿元，年新增利税7 699.02万元。

二、主要措施和做法

（一）集中资金，突出开发重点

一是突出农业基础设施建设，把改善农业生产基本条件作为投资重点，建设一批旱涝保收、高产稳产的高标准农田；二是以结构调整为重点，以发挥资源优势为目标，积极培育区域主导产业，扶持了一批具有区域特色的种植、养殖基地产业；三是突出产业化龙头项目建设，狠抓龙头企业，扩大其影响规模，以龙头带动基地和农户，从整体上推进农业产业化经营，进一步提升郊区农业的产业化水平；四是突出科技先导作用，不断增强农业的综合竞争力。

（二）完善投入机制，加强资金管理

一是建立地方财政配套资金预算制度。为确保配套资金的落实，市、区县财政部门根据当年中央财政资金投入规模，确定本级配套资金数额，及时列入当年财政预算，确保了地方财政配套资金及时足额到位。二是进一步完善资金报账程序、规范资金报账手续。三是加强监督检查，确保资金安全运行。在项目实施中，定期与不定期对资金使用情况进行检查。同时，配合财政部专员办、审计局等部门对项目资金进行内部检查和外部审计。对在检查和审计中发现的问题，及时予以纠正。

（三）严格项目管理，提高项目管理水平

1. 加强项目前期准备工作，严格项目立项。一是各区县农业综合开发项目报送后，北京市农发办综合考虑主导产业、区域布局、项目基本情况、配套资金落实能力等综合因素，严格筛选项目；二是组织水利、林业、农业、农机等部门专家，严格按照国家有关建设要求，对项目建设内容进行严格的评估论证。

2. 全面推行项目工程监理制。按照国家农发办有关要求，2005年北京市农业综合开发土地治理项目全面推行了项目工程监理制，进一步规范了农业综合开发工程建设参与各方的建设行为，实现了建设工程投资效益最大化。

3. 加强项目检查验收制度。在项目检查上，做到经常化，各级农发部门严格按照国家有关验收标准，每年组织农、林、水等有关部门的专业技术人员对项目建设情况进行检查验收，对发现的问题及时纠正，并限期整改。

（北京市农业综合开发办公室供稿，殷世红执笔）

天津市

一、农业综合开发基本情况

天津市共有11个区、县被列为国家农业综合开发项目区，分别是：蓟县、宝坻区、武清区、宁河县、静海县、塘沽区、大港区、东丽区、津南区、西青区、北辰区，共有147个乡镇。2005年天津市计划实施25个农业综合开发项目，总投资规模2.92亿元，其中财政资金2.14亿元。土地治理项目13个，全部为中低产田改造项目，计划改造中低产田30.7万亩，总投资1.36亿元，其中财政资金1.1亿元；产业化经营项目11个，计划总投资1.49亿元，其中财政资金9 780万元；高新科技示范项目1个，计划总投资670万元，其中财政资金600万元。

截至2005年12月31日，天津市2005年度农业综合开发项目完成投资2.26亿元，占年度总投资计划的77.51%，加上2004年度结转的项目，2005年天津市农业综合开发共计完成投资3.36亿元。其中：土地治理项目完成投资1.44亿元，产业化经营项目完成投资1.74亿元，科技示范项目完成投资1 825.65万元。

二、主要做法及成效

2005年天津市农业综合开发工作认真贯彻落实《中共中央国务院关于进一步加强农村工作　提高农业综合生产能力若干政策的意见》、中央农村工作会议和全国财政工作会议精神，围绕“加强农业基础设施建设，推进农业产业化经营，巩固和提高农业综合生产能力，带动农民增加收入”的中心任务，开拓创新，扎实工作，取得了显著的成效，为改善天津市农业发展环境，促进农业和农村经济结构调整，增加农民收入，推动全市农业和农村经济持续、稳定、健康发展做出了重要的贡献。

（一）继续加强农业基础设施建设，不断提高农业综合生产能力

天津市农业综合开发始终高度重视土地治理项目的实施，以蓟县、宝坻区、武清区、宁河县、静海县5个粮食主产县为主，坚持以农田水利设施建设为重点，改造中低产田，建设高标准基本农田，改善农业生产基本条件，提高粮、棉、油等主要农产品生产能力。经过统计，2005年天津市通过土地治理项目改造，新增和改善灌溉面积32.78万亩，新增和改善除涝面积28.78万亩，新增节水灌溉面积10.58万亩，年节约水量2 091.7万立方米，增加农田林网防护面积15.79万亩，增加机耕面积1.3万亩；扩大良种种植面积5.17万亩；控制水土流失面积9.5平方公里。扶持农技服务站15个，优质农产品种植面积11.2万亩。新增粮食生产能力8 204.25万公斤，棉花生产能力65.3万公斤，油料生产能力182.5万公斤。项目区年直接受益农户数量3.39万户，项目区年直接受益农业人口数11.43万人。土地治理项目的实施，不仅使项目区农业基础设施建设得到加强，防灾抗灾能力增强，同时增加了项目区农民的收入，提高了农业综合生产能力，增加了农产品产量，为天津市农业可持续发展做出了重要贡献。

（二）大力发展产业化经营项目，促进农民增收

天津市根据城郊型农业的特点和各项目区县农业资源优势，大力发展产业化经营项目，努力促进农民增收。按照扶优扶大扶强的原则，择优确定产业化经营项目，继续加大对产业化龙头企业的扶持力度，重点扶持一批辐射带动作用强的国家级、市级产业化龙头企业。经过统计，通过2005年产业化经营项目的实施，年提供水产品30万公斤，年提供肉53万公斤，加工转化农产品1 600万公斤，年增加农产品交易额2.03亿元，年新增总产值2.5亿元，年新增增加值1.24亿元，年新增利税4 883.53万元，年直接受益农户1.74万户，年直接受益农业人口数3.27万人，年新增就业人数1.41万人。产业化经营项目的实施，促进了天津市农业产业结构调整和农业增效，取得了较好的经济、社会、生态效益。

（三）做好专项科技示范项目的收尾工作，加强科技项目的建后管护工作

2005年是天津市农业综合开发专项科技示范项目建设的收尾之年，重点加强了在建科技项目的管理工作和已建科技项目的建后管护工作。对已建设完工的专项科技示范项目做好农业综合开发国有资产的产权界定和登记工作。对在建的专项科技示范项目，督促项目建设单位组织施工，在确保工程质量的前提下，按期完成了全部建设内容。通过高新科技示范项目和农业现代化示范项目的实施，年扩大良种种植面积0.46万亩，年新增农机总动力2 016.5千瓦，年新增总产值8 000.5万元，项目区年直接受益农户数量2 700户，年直接受益农业人口数6 800人，年培训合格劳动力1.25万人，总结形成了一些先进、成熟、适用的技术体系和开发模式，有效推动了农业科技成果产业化进程，提高了区域优势农产品的市场竞争力，提高了农业效益，增加了农民收入。

（四）继续规范和加强项目和资金管理，提高农业综合开发管理水平

1. 继续规范加强项目的前期准备和项目的评审工作。随着国家农业综合开发政策的不断调整，新制度、新规定不断出台，2005年，根据国家有关政策、制度，结合天津市实际情况，重新修订并下发了《天津市农业综合开发土地治理项目建议书编写提纲》、《天津市农业综合开发土地治理项目可行性研究报告编写提纲》，并初步制定了产业化经营项目的项目建议书、可行性研究报告的编写提纲。通过项目编写工作的不断规范，为项目顺利实施打下了坚实的基础。

进一步完善项目评估论证机制，组织有关专家对各项目区县上报的项目可行性研究报告采取“背对背”的方法进行评估论证，从中选出经济效益、社会效益和生态效益较好的项目作为农业综合开发项目。2005年天津市农业综合开发土地治理项目继续请有资质的水利部门统一编制扩初设计，并设计编制了《天津市农业综合开发土地治理项目水利工程扩初设计图册》，规范了项目的建设内容和建设标准，提高了项目区的整体景观效益，在此基础上组织有关专家对项目扩初设计进行了认真的审核，按期完成了项目实施计划的编报工作。组织有关专家对产业化经营项目进行了评估论证工作，按期上报了重点产业化项目的可行性研究报告，确定了一般产业化项目。

2. 加强项目工程质量管理，实行工程监理制。为进一步加强天津市农业综合开发土地治理项目建设管理，确保工程建设质量，在历年由各项目区县农业综合开发办公室自行监理的基础上，2005年天津市农业综合开发办公室首次委托具有一定资质、经国家认可的专业监理单位对全市土地治理项目统一实行工程监理制。

根据国家农业综合开发办公室关于印发《国家农业综合开发土地治理项目工程建设监理办法（试行）的通知》和《〈国家农业综合开发土地治理项目工程建设监理办法（试行）〉的补充规定》的通知以及国家有关工程建设监理的政策、法规，结合天津市农业综合开发土地治理项目工程建设的特点，制定了《天津市农业综合开发土地治理项目工程建设监理办法（试行）》，该办法对农业综合开发土地治理项目监理的范围及内容、监理的程序、监理费用的管理使用等方面都做出了明确详细的规

定。同时天津市农业综合开办公室与天津普泽工程咨询有限责任公司签订监理委托协议书，明确了双方的权利和义务，从而使天津市农业综合开发土地治理项目工程监理工作纳入了规范化、制度化的轨道。

按照国家和天津市农业综合开发工程监理的有关规定，2005年天津市土地治理项目在10万元以上的159项单项工程都纳入了监理范围，纳入监理范围的项目总投资3 503.2万元，占2005年度全部土地治理项目计划总投资的25.77%。从执行工程监理的情况看，监理单位能够认真负责地监督各项目区县严格按照天津市农业综合开发办公室批复的项目实施计划组织施工，按照工程初步设计的要求进行工程建设，确保工程的数量和质量以及工期。对未按项目实施计划组织施工的项目区县，监理单位根据工程监理的有关规定和合同，下达了停工令。从而为天津市按期保质保量地完成2005年农业综合开发土地治理项目各项工程建设任务奠定了基础。

3.增强农业综合开发项目工程透明度，实行公示制。天津市农业综合开发办公室按照财政部《农业综合开发资金和项目管理办法》农业综合开发土地治理项目应纳入村民代表大会“一事一议”范畴的规定，为增强农业综合开发土地治理项目工程透明度，在实施过程中，在项目区实行项目公示制，设立全市统一标准的公示牌，明确开发面积、投资规模、资金来源、建设内容等情况，不仅增强了农业综合开发土地治理项目工程的透明度，而且更加便于项目区农民群众对农业综合开发项目的监督。

4.加强农业综合开发配套资金和自筹资金的管理。根据天津市《关于调整农业综合开发资金投入比例暂行规定的通知》文件规定，天津市农业综合开发中央财政资金、市级财政配套资金和区县财政配套资金的比例由原来的1:1:1，调整为1:1.4:0.6，减轻了区县财政配套资金的压力。在政策调整的基础上，天津市农业综合开发办公室继续加强配套资金的管理，督促各项目区县财政部门在2005年财政预算中安排农业综合开发配套资金，并将预算报告上报天津市农业综合开发办公室备案。

为规范自筹资金管理工作，天津市农业综合开发办公室经研究规定，2005年天津市农业综合开发项目土地治理项目自筹资金部分东丽区、西青区、津南区、北辰区、塘沽区全部为货币资金，蓟县、宝坻区、武清区、宁河县、静海县、大港区货币资金不低于自筹资金的50%。按照天津市《关于调整农业综合开发资金投入比例暂行规定的通知》的规定土地治理项目自筹资金中货币资金由项目乡镇汇总后上缴区县农业综合开发办公室，实行县级报账。土地治理项目自筹资金中投工投劳部分由项目乡镇编制用工计划，登记造册，进行管理，并报区县农业综合开发办公室备案。产业化项目自筹资金部分全部为货币资金，同时所有项目全部取消以物折资。

5.按期完成各类报表的编报工作。为提高天津市农业综合开发各类报表编报工作的质量，2005年初天津市农业综合开发办公室对农业综合开发决算和统计报表进行了部署和培训，并加强了对决算报表和统计报表的汇总、编制工作的领导，在各项目区县同志们的共同努力下，按期上报了农业综合开发资金决算报表、统计报表等各项财务报表，天津市上报的资金决算报表在年终国家农业综合开发办公室的报表评比中已连续三年获得表彰。

(五）继续加大监督检查工作的力度，完成中期检查和竣工验收工作，同时配合审计部门完成审计工作

随着国家农业综合开发有关政策、制度的调整，为进一步使天津市农业综合开发竣工项目验收工作更加制度化、规范化，按照2005年全年工作安排，天津市农业综合开发办公室按照财政部《国家农业综合开发资金和项目管理办法》和《国家农业综合开发办公室关于加强国家农业综合开发项目竣工验收工作的指导意见》等文件精神，在总结历年验收工作经验的基础上，制定了《天津市农业综合开发竣工项目验收办法》，并结合天津市实际情况，初步拟定了《天津市农业综合开发竣工项目验收评分标准》。

2005年上半年，天津市农业综合开发办公室

对全市农业综合开发土地治理项目、产业化经营项目和专项科技示范项目组织进行了中期检查，重点检查了财政配套资金、自筹资金到位和支出情况，工程建设质量和工程进度。通过中期检查发现了工程进度缓慢、报账不及时、会计账簿设置不准确等一些问题，天津市农业综合开发办公室针对这些问题对有关项目区县提出了整改意见和要求。在2005年下半年开展的验收工作中进行了复查，有关项目区县都按照有关要求进行了整改，通过验收的情况看，各项目区县都能够较严格执行国家和天津市农业综合开发有关政策、制度和规定，工程质量较好，工程建设任务能按照批复的项目计划组织实施，按照扩初设计的要求组织施工，资金管理较规范，无挤占、挪用农业综合开发资金等严重违规违纪的现象。

审计监督是农业综合开发竣工项目验收工作必须履行的重要程序。2005年，天津市各级农业综合开发机构积极配合审计部门完成了对农业综合开发资金使用管理的审计工作，有问题的项目区县及时进行了整改，很好得完成了农业综合开发资金的年度审计工作。通过不断加强监督检查工作的力度，充分保证了农业综合开发项目的工程质量和资金使用效率。

（天津市农业综合开发办公室供稿　孙强执笔）

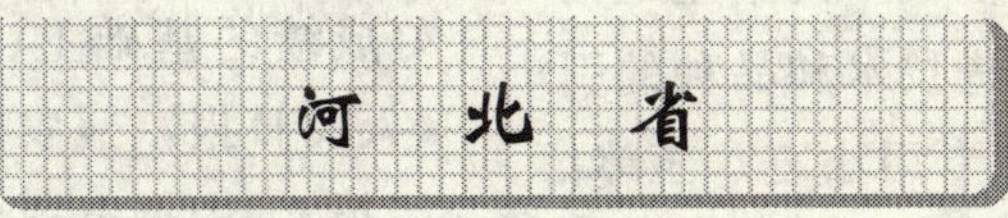

河　北　省

一、2005年目标任务完成情况

2005年，河北省共投入农业综合开发资金13.27亿元，其中，中央财政投入4.6亿元，地方财政配套2.01亿元，项目单位和群众自筹5.7亿元。重点实施了海河平原土地治理项目、产业化经营项目和坝上生态农业工程项目。共改造中低产田89万亩，进行生态综合治理16万亩，扶持多种经营项目30个、投资参股经营项目3个，贷款贴息项目9个。

二、取得的主要成效

（一）实施中低产田改造，有效地改善了农业生产条件，大大提高了农业综合生产能力

全省农业综合开发继续坚持以中低产田改造为重点，加强农业基础设施建设，改善农业生产基本条件，提高农业综合生产能力，特别是粮食生产能力，确保粮食安全。全年累计新增粮食生产能力（折粮）3亿公斤，项目区人均纯收入比非项目区平均增加近380元，高的上千元。项目区经过发展节水灌溉、推广良种、整修农路、改良土壤等综合开发治理，变成了田成方、树成行、渠相连、路相通、旱能浇、涝能排的高标准稳产高产田。极大地提高了项目区农业综合生产能力。

（二）扶持农业产业化龙头项目和优势农产品基地建设，推进了农业产业结构调整和产业化经营

按照全面规划、分步实施、重点建设的思路，选择优势农产品和优势主导产业，集中扶持。按区域布局，重点扶持了畜牧、林果、蔬菜三大主导产业和花卉苗木、食用菌等新兴产业。畜牧业扶持的重点是奶牛业，林果重点扶持优质苹果、沙地梨、京东板栗、太行山大枣等优质干鲜果品基地建设。坝上地区和京津周围地区重点扶持冷凉区错季蔬菜和花卉苗木产业发展。在项目安排上，突出对产业明显、发展前景好的项目重点扶持。对带动能力强、企业机制新、生产经营好的产业化龙头企业连续扶持。

（三）实施生态工程，增加了项目区林草植被，促进了农业生态环境的改善

平原项目区坚持林路框架工程，营造农田防护

林，改良土壤，改善农业生态环境。坝上生态农业工程项目，紧密配合大的生态工程项目建设，以流域、区域为单元，对区域生态进行综合治理，对区域生态资源要素进行优化配置，建设高产稳产田，为退耕还林工程创造有利条件。土地治理项目通过方田林网建设，有效地改善了农田小气候。坝上生态农业工程项目的实施，不仅有效地改善了农业基础条件，而且促进了坝上地区和首都周围生态环境的改善，取得了良好的经济效益和生态效益。

（四）突出重点抓科技示范项目实施，提高了项目区农业科技水平，促进了全省农业的科技进步

围绕发展优势农产品生产和农业特色主导产业，针对农业科技进步中的关键问题和薄弱环节，引进、开发、示范、推广国内外农业先进品种、先进技术，加快项目区科技兴农的步伐。集中土地治理项目科技措施资金，突出抓先进技术和品种的引进与推广，主要引进推广了优质专用小麦、玉米、水稻等作物和无公害蔬菜新品种、新技术、旱作农业栽培技术和先进灌溉技术等。通过集中资金加大科技项目投入和与大专院校联姻，架起了科研成果向农民、向农业生产第一线传播与转化的桥梁，对促进农业项目区科技进步起到了积极的推动和示范作用。

（五）投资参股经营项目试点工作稳步推进，处于全国先进行列

河北省是投资参股经营项目的主要试点省之一，在实施过程中，按照公司法和国家农发办的有关要求，结合河北省实际，制定了《河北省参股经营试点管理暂行办法》，拟定了投资参股经营项目《委托经营协议》，授权两家资产经营公司代表国家到企业参股，并对资产经营公司和参股企业进行监督。由于选项比较准确，监管比较得力，参股项目整体运行较好，试点工作进展顺利，在成都会议和烟台会议上均作了典型发言，受到国家农发办领导和与会同志的好评。不少省（市）的同志要求河北省专门寄送参股经营方面的材料，有的还专程来河北学习考察。

（六）顺利完成了世行三期项目的启动和DFID项目的建设工作

按照世行和国家农发办的要求，先后完成了世行三期项目可行性研究报告的最终修定，通过了世行的评估，深入研究《项目报告》、《贷款协定》的有关条款，顺利完成了与世行的谈判任务；结合各地实际，并根据评估安排，制订和下达了项目追溯期计划，确定了2005年物资设备采购清单。通过择优筛选，反复比较，明确了河北成套设备公司、河北国合招标公司、北京达华招标公司为世行三期项目招标代理机构。在总结世行二期项目经验的基础上，制定了世行三期项目的“项目管理办法”、“招标采购办法”、“扩初设计编制提要”和“工程建设标准”等6个办法和规定，为项目的规范实施奠定了基础。

（七）宣传和业务培训进一步加强

河北省农业综合开发宣传工作在2004年取得好成绩的基础上，2005年又取得了新的成绩。在《人民日报》、《农民日报》、《河北日报》、《中国财经报》、中央电视台、河北电视台等多家新闻媒体报道了河北省农业综合开发工作。2005年6月18日，中央电视台新闻联播头条，以“河北农业综合开发三夏显身手”为题，报道了河北省农业综合开发取得的成效。《全国农业综合开发》杂志和国家农发办简报多次刊登河北省农业综合开发工作的文章。河北电视台新闻节目，2005年六次报道农业综合开发工作。为全省农业综合开发工作的顺利开展创造了良好的舆论氛围。

2005年，针对国家农发办出台的新制度和新办法，加强业务培训，提高业务素质。先后举办了土地治理项目、产业化经营项目、外资三期项目和资金管理培训班，对河北省各设区市、扩权县（市）的各类业务人员300多人进行了系统培训，有效地提高了全系统的业务水平。同时，为了学习外地先进经验，采取走出去的办法，考察学习省外、国外的经验做法。分两批组织各市主任到东北、西北考察学习，组织省、市农发办有关人员到澳新和日韩进行学习考察，使大家受到了启发，进一步开阔了眼界，解放了思想。

三、主要工作措施

（一）突出重点，集中投入，解决开发面铺得

过大问题

河北省结合本省实际，本着突出重点、集中投入、连续扶持的原则，实施重点突破。一是严格开发范围，加强项目县的管理，实行总量控制，有退有进，违规淘汰，末位暂停，对确实没有开发潜力的县（场）及时退出开发范围。二是投资向农业主产区特别是粮食主产市县倾斜。把粮食主产市县作为投入重点，新增资金主要用于粮食主产市县。突出抓了平原24个重点县和坝上两个示范区，投资规模都达到了一般开发县平均投资规模的1～2倍。通过重点扶持，使重点县的农业生产条件明显改善，农业结构进一步优化，农业综合生产能力和农民收入明显提高，率先建成一批农业综合开发的示范县。三是项目安排相对集中，明确扶持重点。土地治理项目通过减少项目个数，扩大项目规模，坚持集中投入，发挥规模效益。农业产业化经营项目，着重在优势农产品区域布局范围内筛选重点项目，突出扶持畜牧、蔬菜、林果三大主导产业中市场前景好、带动效应大、农民受益多的龙头企业。

（二）严肃计划，规范管理，全面提高项目和资金管理水平

第一，深入细致地做好项目前期工作。立项开发首先体现民意，以农民要办为前提，凡拟开发的都要征得大多数村民的同意，在此基础上由县级农发办深入现场勘察，编制项目建议书，经省市两级审查确认，进行项目扩初设计，组织行业专家审定后编制项目计划。河北省对由各市组织审定的项目扩初设计进行抽查，通报抽查情况，对设计不认真、审定走过场的追究市农发办和有关专家的责任，相应扣减投资规模。第二，强调项目计划的严肃性。在项目执行过程中，坚决卡住随意变更项目计划的行为，严格按设计施工；对由于政策和自然因素确需变更的，严格按国家和省农发办规定的权限及时报批。对擅自变更或先变更后申报的视同违规违纪问题进行处理。第三，项目建设坚持高标准、高质量，确保立项一处，建成一处。在项目实施阶段，严格选择施工队伍，凡是适用建设队施工的，一律采取招投标办法确定施工队，对大宗农业综合开发物资实行政府集中采购，推广项目公示制，实行工程监理制，接受社会各方面的监督，确保建好项目，发挥效益。较好地解决了“形象工程”、“虚假工程”问题，杜绝了“豆腐渣工程”。第四，进一步规范农发资金管理，全面推行财政资金县级报账制，较好地解决了大额现金支出、白条入账的问题，基本杜绝了挤占、挪用开发资金现象。

（三）强化中期检查，严格奖罚措施，促进农业综合开发项目建设良性发展

为了真正做到激励先进，鞭策后进，河北省制定和完善了一整套的项目年度检查评比办法，主要对项目计划执行、建设质量、运行效益、各级财政资金配套、使用和管理等项内容进行详细检查，并依据检查结果确定奖惩额度。一是改进中期检查和竣工验收办法。把平时工作掌握的项目和资金管理存在问题较多的县和项目单位确定为重点检查对象，其他县和项目实行随机抽查。参照专员办的做法，宁可少查几个县，也要查深、查细、查彻底。顺资金流向查项目、查资金。并实行严格的检查工作责任制，做到“谁检查、谁签字、谁验收、谁负责”。二是开展争先创优，实行奖优罚劣。对年度项目执行情况，在市县自查自验的基础上，河北省农发办进行抽查，通过检查评比客观公正地确定各项目市县的位次，作为奖惩依据。对发生严重违规违纪问题的，检查评比中属于末位的或存在较大问题的县，按照国家农发办有关规定暂停或取消立项资格。几年来，始终坚持按照基数加因素的方法来确定各市投资规模，并逐步加大因素分配资金规模的比例。

（四）创新开发机制，注入农业综合开发生机和活力

针对目前农业开发项目建设中投入不足，重建轻管，建成项目管护难、运行效益差的问题，重点在工程建设、管护、使用等方面全面探索和创新开发机制。推行了以股份制合作开发为重点的工程建设机制，收到了较好的效果。邢台市的临城县采取开发启动、政策促动、典型带动，吸引民间资本参与荒岗开发的做法，探索出了一条山区开发的新路子。新河县实行民办公助、配套投入，由乡村集体

统一组织劳力完成工程框架，农户投资打井，国家投资进行电力、渠道、井房等配套工程的建设。工程建成后，将所有权和使用权再一次性转让给农民，效果很好。推行了以明确工程所有权和使用权为重点的工程管护利用机制，多数开发县实行水利工程承包、租赁、拍卖等方式，把机井工程的使用权、所有权转让给农户，由农户负责工程的维修、使用和管护。有的地方还采取将农田路分段拍卖给农户，由农户负责农防林和农田路的管护和维修。所有这些有益的探索和实践，都有力地推动了项目工程建设进度，保证了工程建设的标准质量，促进了工程管护和工程效益的长久发挥。2005年，又从项目县动态管理机制、多元投入机制、竞争立项机制、工程质量保障机制、农发资金安全运行机制、建成项目运行机制、激励约束机制和责任追究机制等八个方面进行了创新与探索。

（五）转变作风，坚持立党为公、执政为民，做好农业综合开发工作

农业综合开发的宗旨是促进农业发展，目标是让广大农民群众从中得到实惠。一是切实把农民群众利益放在首位。实施农业综合开发，发展的是农村生产力，改善的是农业生产条件，增加的是农民收入，直接受益的是农民群众。在工作中坚持以民为主，以民为先，把为民谋利，为民造福作为农业综合开发的根本出发点和落脚点。致力解决一家一户想解决又无力解决的农业生产基础设施建设问题，为农民群众创造良好的生产条件和生活条件。二是树立正确的政绩观，大兴求真务实之风，坚持一切从实际出发，既要看开发的数量，又要看开发的质量，既要看开发任务完成情况，又要看广大农民是否得到实惠。不搞劳民伤财的假政绩，不虚报浮夸作表面文章，扎扎实实为农民办实事、办好事。靠实实在在的工作，在老百姓的心中树起丰碑。

（河北省农业综合开发办公室供稿，闫明珠执笔）

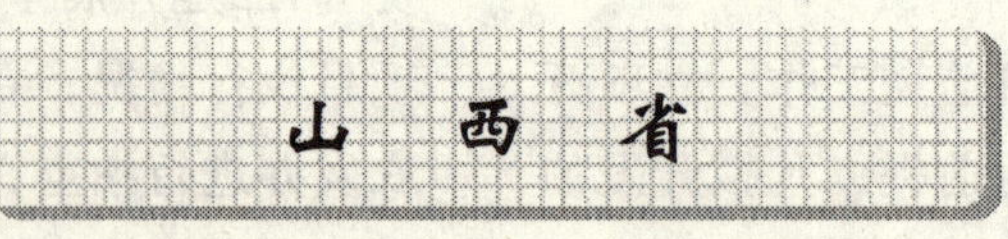

山 西 省

一、增加投入，努力完成全年农业综合开发任务

山西省2005年国家农业综合开发项目共涉及11个市62个县（市、区）和省劳教局、监狱局所属的4个农场。一年来，山西省农业综合开发努力增加资金投入，突出开发重点，较好地完成了全年的农业综合开发任务。

（一）积极争取，增加农业综合开发资金投入

2005年，山西省继续把增加农业综合开发资金投入作为支持“三农”工作的重点来抓。积极主动向国家农发办汇报工作，保质保量按时完成国家农发办布置的各项工作任务，以一流的工作业绩和良好开发成效，赢得国家农发办的信任和支持。2005年度中央财政共投入山西省农发资金2.49亿元（包括部门项目资金），同比增加3 617万元，增长17%。省级财政共投入1.4亿元（包括部门和省立项项目资金）。同时，山西省积极落实市县地方财政配套资金，进一步完善农民筹资投劳政策，广泛吸引社会资金和自筹资金，进一步增加了资金投入。全年共完成国家农业综合开发项目总投资7.44亿元（包括2004年结转，下同），占计划总投资8.13亿元的91.51%。其中完成财政资金3.47亿元，占计划3.86亿元的89.9%；完成自筹资金3.1亿元、银行贷款0.87亿元。分类项目资金投入和完成情况如下：

1. 土地治理项目。完成总投资3.36亿元，占计划3.65亿元的92.05%。其中完成财政资金2.29亿元，占计划2.51亿元的91.24%；完成自筹资金

1.07 亿元。

2. 产业化经营项目。完成总投资 3.91 亿元，占计划 4.31 亿元的 90.72%。其中完成财政资金 1.09 亿元，占计划 1.26 亿元的 86.51%；完成自筹资金 1.97 亿元、银行贷款 0.85 亿元。

3. 科技示范项目。完成总投资 1 719 万元，占计划 1 719 万元的 100%。其中完成财政资金 907 万元、自筹资金 612 万元、银行贷款 200 万元。

（二）突出重点，努力提高农业综合生产能力和促进农民增收

2005 年，山西省农业综合开发突出开发重点，加大中低产田改造力度，积极扶持农业产业化经营，对提高山西省农业综合生产能力，保障粮食安全，调整农业产业结构，增加农民收入起到了积极的推动作用。

1. 加大中低产田改造力度，努力提高农业综合生产能力。2005 年，山西省从加强农业基础设施建设入手，通过集中投入，规模开发，连片治理，重点抓好项目区水源开发利用和发展以低压地下输水管道为主的节水灌溉，同时进行土地整治、修建道路、配套林网等，建成了一批规模大、标准高、质量优，具有现代化农业特色的高产、稳产农田和优势农产品生产基地。同时，针对山西省生态环境脆弱，水土流失严重，加强重点小流域综合治理项目建设，进一步改善了农业生态环境，促进了农业的可持续发展。2005 年，全省共完成土地治理项目 69.8 万亩，占计划 74.6 万亩的 93.57%。其中完成中低产田改造 65.09 万亩，占计划 69.5 万亩的 93.65%；生态综合治理 4.71 万亩，占计划 5.1 万亩的 92.35%。主要工程措施包括：新建和修复机电井 1 243 眼，修建小型蓄排水工程 56 座、衬砌渠道 445.66 公里、渠系建筑物 9 576 座，新修和拓宽机耕路 1 117.87 公里，修梯田埂 46.2 公里，购置农业机械 791 台（套），造林 6.95 万亩，技术培训 20.4 万人次。通过土地治理项目的实施，共新增和改善灌溉面积 49.48 万亩，新增节水灌溉面积 34.17 万亩，增加农田林网防护面积 45.8 万亩，控制水土流失面积 57.77 平方公里，种植优质农产品 34.17 万亩。共新增粮食生产能力 8 642.24 万公斤，棉花 240.31 万公斤。项目区直接受益农户 12.2 万户、农业人口 48.4 万人，受益农民人均增收 232 元。

2. 积极扶持农业产业化经营，进一步促进农业增效、农民增收。2005 年，山西省农业综合开发积极扶持辐射带动作用强、科技含量比较高的农业产业化龙头企业，重点支持粮食主产区立足资源优势、发展农产品加工业特别是以粮食为主要原料的加工业，增强对优质农产品基地尤其是优质粮食生产基地的带动作用，促进了农业和农村经济结构的战略性调整，提高了农业的综合效益，增加了农民收入。全年共完成产业化经营项目 33 个。其中种植项目 3 个，建设蔬菜基地 578 亩；养殖项目 11 个，年出栏畜类 4.7 万头、禽类 2 000 万只；加工项目 15 个，储藏保鲜和产地批发市场项目各 2 个。通过产业化经营项目的实施，共计新增蔬菜生产能力 641 万公斤，肉 644.5 万公斤，奶 53 万公斤，蛋 178 万公斤；加工转化农产品 2.3 亿公斤。新增总产值 10.28 亿元，新增利税 1.93 万元。项目区直接受益农户 31.9 万户、农业人口 101.9 万人，受益农民人均增收 348 元，新增就业人数 8 783 人。

3. 继续扶持农业科技推广综合示范项目建设，充分发挥其科技示范引导作用。山西省 2005 年农业综合开发专项科技示范项目是祁县养牛示范项目。在祁县城赵镇里村核心园区建成了肉牛育肥区和高产奶牛养殖示范区，完善了胚胎移植中心和申达示范基地建设，从而提高了祁县乃至周边地区养牛业的科技含量，在促进产业升级，加快现代化农业建设，实现农业增效、农民增收等方面发挥了重要作用。全年共完成品种（技术）引进、示范及推广 23 项，示范及推广面积 1.26 万亩，技术培训 1.7 万人次。通过科技示范项目的实施，扩大良种种植面积 2 400 亩。年新增总产值 7 080.97 万元，新增利税 1 805.26 万元。项目区直接受益农户 2 604户、农业人口 9 225 人，受益农民人均增收 1 676元，培训合格劳动力 8 312 人。

二、创新机制，进一步深化农业综合开发改革

2005 年，山西省认真贯彻落实财政部《关于

改革和完善农业综合开发若干政策措施的意见》和其他有关文件精神，在完善政策、创新机制方面，迈出了重要的步伐，为继续推进山西省农业综合开发工作，提供了强大的动力和保障。

（一）调整资金投入重点，加大粮食主产区投入力度

按照国家农业综合开发的有关政策，2005 年，山西省调整资金投入重点，进一步加大了对农业主产区特别是粮食主产区的投入力度。根据项目县的农业生产条件、基本情况和管理考核情况，山西省确定了 16 个粮食生产重点县，分别为襄汾县、曲沃县、翼城县、盐湖区、临猗县、襄垣县、乡宁县、芮城县、阳高县、长子县、应县、平遥县、祁县、忻府区、安泽县、文水县。共投入中央财政资金 5 440 万元，占中央财政土地治理项目控制指标的 37.5%。每个项目县中央财政资金均达到 300 万元以上，其中中央财政指标最多的开发县达到 410 万元。16 个重点县开发任务 24.33 万亩，占国家立项总开发任务的 37.3%。

（二）创新资金运行机制，开展投资参股经营试点工作

2005 年，国家农发办批复了山西省 2 个投资参股经营项目，分别为山西纪元玉米产业有限公司申报的定襄县年产 10 万吨酒精生产线扩建项目和芮城县丰润实业有限公司申报的芮城县年产 8 000 吨笋类罐头生产线扩建项目，共下达中央财政资金 2 700 万元，省财政配套 1 350 万元。为做好试点工作，山西省农发办制定了《山西省农业综合开发投资参股经营试点管理暂行办法》，加强对投资参股经营项目的运行和监管工作。同时，委托山西省财政信托投资公司监管，确认了国有股持股比例，从制度上切实维护国家出资人的权益。

（三）强化工程建设监管，严格推行工程建设监理制度

根据《国家农业综合开发土地治理项目工程建设监理办法（试行）》及其补充规定的文件精神，山西省制定了《山西省农业综合开发土地治理项目工程建设监理规定》。并专门召开了 2005 年农业综合开发土地治理项目工程建设监理招投标会议，具备监理资格的 11 家监理单位应邀投标。省农发办统一评分标准，专家们对所有报名投标的监理单位，根据监理单位提供的标书和拟参加该项目的监理人员的业绩、能力和业务水平等进行了全面考察和综合评价，择优选定了 7 家具备相应建设监理资格的监理单位，并与其签定了委托监理协议。监理单位与全省 11 个市以及 62 个项目县签定监理合同后，对土地治理项目工程建设实行了全面监理。这一制度的推行，对控制工程进度、工程质量、工程投资将起到重大作用。

（四）创新项目评审制度，聘请中介机构实地考查评估

为了降低农业综合开发财政有偿资金的投资风险，2005 年，山西省农发办创新产业化经营项目评审制度，严格把关，认真选择项目，确保项目立项准确，资金投向合理，效益明显。山西省农发办首先对市县财政局和农发办上报的项目建议书进行初评，看项目是否符合申报条件。其次聘请专家对所选项目进行评审，看项目是否可行。再次是委托山西省财政投资评审中心和中远会计师事务所等社会中介机构对项目的资源状况、市场潜力、辐射带动能力、预期经济效益、抗风险能力、财政有偿资金还款能力等方面进行了实地考查评审。同时对项目实施单位的经营规模、经济实力、自筹资金能力、近两年资产负债情况、经营管理机制、财务管理制度、会计核算规范程度，以及项目单位负责人管理能力等方面进行考查。通过层层把关，认真筛选，减少了财政投资风险，提高了资金使用水平。

三、求真务实，做好农业综合开发各项基础工作

（一）召开农业综合开发领导组会议

2005 年 8 月 24 日，召开 2005 年山西省农业综合开发领导组联席会议。会议由山西省财政厅厅长、省农业综合开发领导组副组长郑建国主持，山西省财政厅副厅长王亚汇报了 2004 年全省农业综合开发的工作情况并部署了 2005 年全省农业综合开发工作。山西省委常委、省政府常务副省长、省农业综合开发领导组组长范堆相在会上作了重要讲

话。会议贯彻落实了全国农业综合开发工作会议和省委农村工作会议精神，总结了2004年以来山西省农业综合开发工作，分析了2005年农业综合开发的形势和任务，部署了山西省农业综合开发下一步的工作。

（二）制定“十一五”规划和优势农产品规划

一是省、市、县三级都制定出了比较科学的“十一五”规划，明确了“十一五”期间农业综合开发的指导思想、基本思路、主要任务和政策措施，为做好“十一五”期间的农业综合开发工作奠定了基础。二是山西省农发办在2004年广泛调研的基础上，立足山西省实际，组织各方面的专家进行充分论证，制定出了山西农业综合开发优势农产品区域布局规划。

（三）加强农业综合开发业务培训

2005年，山西省狠抓农业综合开发业务培训，不断提高全省农发系统干部队伍素质，先后就全省农业综合开发决算、统计、审计、验收等工作进行了多次培训。尤其是在晋中祁县举办的农业综合开发检查验收现场培训，讲解学习了制度规定，实地实物现场检查验收评价，使参加验收的同志不仅掌握了相关的制度、规定、政策和业务知识，而且通过现场实地检查验收，统一了验收标准、考核尺度，为完成验收任务奠定了基础。同时，采取每会必训的方法，将项目评审、检查验收与业务培训结合起来，尽可能地利用各种场合和机会使广大农发干部学习和掌握农发工作的方针政策、业务知识，较好地提高了农发人员的业务水平，进一步推动了山西省农业综合开发工作的健康开展。

（四）加强有偿资金管理

2005年，山西省通过严把产业化经营项目立项关、采取担保抵押等方法，行政、经济、法律等回收手段，进一步加强了有偿资金管理。同时，认真组织、积极申报2002～2004年到期中央财政农业综合开发有偿资金呆账核销。财政部经审核，批复山西核销1 943万元。此项工作实事求是地解决了部分历史遗留问题，减轻了基层财政部门的垫还压力。

（五）大力开展宣传工作

2005年，山西省农发办充分利用山西农业综合开发网站和《山西农业综合开发》杂志、简报，大力宣传山西省农业综合开发的新举措、新经验、新典型、新成绩，全年共编发《山西农业综合开发》杂志5期、简报33期。主动及时地向财政厅报送重大活动情况、调研成果、农发政策、项目发布等信息，全年报送农发信息40条，财政厅信息采编管理中心采用13条。报送的材料不少也被财政部、省委、省政府以不同形式采用，专题调研报告《山西农业综合开发进一步保证粮食安全的定位与思考》被国家农业综合开发办公室2005年第一期简报刊登。同时，积极向《中国农业综合开发》杂志投稿，组织新闻记者到项目区采访。全年山西电视台播报相关新闻18条，《山西日报》对山西省的开发成果做了头版头条报道。完成有关财务管理、农民专业合作组织、农民筹资投劳、有偿资金管理等方面的调研报告5篇。这些宣传工作进一步扩大了农业综合开发的影响，形成了良好的农业综合开发氛围。

2005年，山西省各级财政、农发部门通过深化改革、创新机制和加强管理，农业综合开发工作取得了显著成效。开发重点更加突出和明确，投资政策更加实际和有效，管理水平更加规范和科学，运行机制更加新颖和完善，干群干劲更加充足和高涨，社会反响更加广泛和良好。2005年7月30日，胡锦涛总书记在张宝顺书记和于幼军省长的陪同下，视察了平遥县南良庄农业综合开发项目区，对山西省的农业综合开发工作给予了充分肯定。山西省农业综合开发的工作环境更加有利，工作水平不断提高，改革的成效已经显现，全年获得了财政部农业综合开发决算工作三等奖、《中国农业综合开发》杂志工作先进单位、全省财政新闻宣传工作先进集体、全省财政信息工作先进集体等荣誉称号。

（山西省农业综合开发办公室供稿，王引斌执笔）

内蒙古自治区

2005年，内蒙古自治区认真贯彻落实国家农业综合开发的方针政策，严格执行国家农业综合开发的各项规章制度，紧紧围绕农业综合开发重点，全面加强资金和项目管理，农业综合开发资金的使用效益进一步提高。土地治理项目以加强农牧业基础设施建设为重点，以提高农业综合生产能力特别是粮食生产能力为目标，加强节水措施，改善农牧业生产的基本条件。农牧业产业化经营项目以龙头企业基地建设为重点，适当支持加工项目，延长产业链条，促进农牧业结构调整，增加项目区农牧民收入。2005年，在全区各级农发干部的共同努力下，内蒙古较好地完成了农业综合开发的各项工作任务。

一、坚持以粮食主产区为主，加强基础设施建设

根据国家关于“三农”工作的方针政策和财政部对农业综合开发的总体要求，2005年全区农业综合开发坚持以农业主产区特别是粮食主产区为重点，加大中低产田改造投入力度，全年用于农业主产区的农发财政资金3.5亿元，占全区土地治理项目财政资金的68.2%。2005年农业综合开发用于土地治理项目总投资6.49亿元，其中中央财政资金3.1亿元，地方财政配套1.24亿元（自治区本级财政资金9 920万元）。中低产田改造任务112万亩，草原建设任务119万亩。通过开发治理，新增主要农产品生产能力：粮食增加1.55亿公斤，占当年全区新增粮食总量的1/10；棉花增加50万公斤，油料增加1 062.34万公斤，糖料增加714.1万公斤，干草增加1.54亿公斤，饲料作物8 400.22万公斤。项目区年直接受益农户102 269户，直接受益农牧民38.3万人，项目区受益农牧民年收入增加总额1.95亿元。

二、草原建设项目坚持以草业生产为重点，大力推行划区轮牧、畜种改良和有效拦截利用天上水工程，促进草原畜牧业可持续发展

农业综合开发草原建设项目的重点是大面积人工种草和草场改良，逐渐改变散养散放的放牧方式，尽快使草原绿起来，使牧民富起来。项目实施以来，内蒙古始终不渝地把草场建设作为项目建设的主要内容，在有条件的地区大力发展人工种草，改良草场的主要措施包括引导牧民搞划区轮牧、采取免耕法播种优质牧草、实行林草兼种，这些措施都较大幅度地提高了单位面积产草量，深受广大牧民的欢迎，取得较好的效果。

三、坚持节水灌溉，确保农牧业可持续发展

内蒙古地处干旱半干旱地区，降水量少，蒸发量大，农田亩均水量远远低于全国平均水平。因此，内蒙古一直把节水灌溉作为农业综合开发土地治理项目的重要建设内容之一。近几年农发项目区每年扩大节水灌溉面积100多万亩，占全区新增农田节水面积的一半以上。2005年，根据不同地域特点，农业综合开发土地治理项目采取不同类型的节水模式，河套平原发展井黄双灌，东四盟市井灌区发展深井电泵结合地埋管道灌溉，河库灌区发展高标准衬砌渠道灌溉等。当年新增和改善灌溉面积127.04万亩；新增和改善除涝面积19.14万亩；新增节水灌溉面积117.05万亩；年节水量1.25亿立方米。近年来农业综合开发坚持综合利用农牧业资源、项目区集中连片建设，资金跟着项目走，无节水措施不予立项的原则，实践证明是行之有效的。

四、坚持农牧业结构调整的方向，继续抓好产业化经营项目

内蒙古农畜产品产量相对较大，并具有很大的提升空间，发展粮食和畜产品加工业的潜力巨大。内蒙古把增加项目区农牧民收入作为根本出发点和落脚点，扶持具有明显竞争优势的农牧业产业化龙头企业和各具特色的有机农产品基地，积极发展农牧业产业化经营，促进农牧业和农牧区经济结构的战略性调整，提高农牧业综合效益，带动农牧民增加收入。2005 年全区农业综合开发产业化经营项目共 44 个，计划投资 4.64 亿元，其中种植项目 5 个，计划投资 2 400 万元；养殖项目 29 个，计划投资 9 352 万元；加工项目 10 个（投资参股项目 4 个），计划投资 3.47 亿元。通过产业化经营项目的实施，新增蔬菜 217.70 万公斤，花卉 280 万枝，肉类 666.70 万公斤，奶 606.64 万公斤，加工转化农产品 1.02 亿公斤。年新增总产值 7.29 亿元，年新增增加值 3.75 亿元，年新增利税 1.37 亿元；直接受益农牧民年新增纯收入总额 1.27 亿元，年直接受益农牧户 9.94 万户，年直接受益农牧民 34.25 万人，年增加就业人数 1.42 万人，其中增加农牧民就业人数 1.36 万人。

五、提高项目区的科技含量，抓好科技推广示范项目

内蒙古农业综合开发科技推广示范项目分自治区、盟市、旗县三级实施，重点加大优良品种的推广力度和推广草种及划区轮牧技术。2005 年总投资规模 1 910.57 万元，其中财政资金 1 874.57 万元。2005 年农业综合开发科技示范项目总投资 410 万元。年扩大良种种植面积 0.1 万亩，年新增总产值 806 万元，年新增增加值 382 万元，年新增利税 318 万元。项目区年直接受益农户 2 210 户，直接受益农牧民 9 020 人，项目区直接受益农牧民收入增加总额 273 万元。

六、加强农业综合开发资金管理，提高资金使用效益

一是采取“倒配制”，确保配套资金落实。2005 年内蒙古被国家农业综合开发办确定为财政资金配套保障试点省区，内蒙古为了保障地方配套资金落实到位，在自治区本级财政承担 80% 地方配套资金的前提下，对盟市也采取了“倒配制”办法，即将盟市配套资金到位情况作为安排 2005 年农业开发项目资金的重要依据。在资金拨付上，采取了先自筹、后配套，先盟市配套、后拨款的办法，在农牧民自筹资金和盟旗财政配套资金到位后，再拨付中央财政和自治区财政配套资金，并采取先到位、先拨付项目资金的办法，使内蒙古 2005 年盟市旗县配套资金的到位率达到 100%。

二是资金拨付及时。2005 年中央财政拨借内蒙古农业综合开发资金 4.25 亿元，自治区配套资金 1.29 亿元，为保证项目区尽快用到资金，采取自治区将资金直接调度到旗县的办法，保证在最短时间内资金到达用款单位。

三是及时催收到期有偿资金。内蒙古以各种形式催收到期有偿资金，2005 年到期有偿资金回收率达 90% 以上。

四是积极开展农业综合开发资金专项检查工作。自治区农业综合开发办公室于 2005 年 6～7 月组织有关人员，分成 4 个组对 8 个盟市 58 个旗县农业综合开发资金的使用管理、本级财政配套资金落实等情况进行了专项检查，对检查中发现的问题提出了整改意见和建议。

（内蒙古自治区农业综合开发办公室供稿）

辽宁省

一、农业综合开发基本情况

2005年，辽宁省农业综合开发项目共涉及13个市的53个县（市、区）、6个国有农场。

（一）资金投入情况

2005年，辽宁省完成农业综合开发总投资19.31亿元，其中财政资金7.13亿元，银行贷款3.02亿元，农民群众自筹资金9.17亿元。土地治理项目共完成投资8亿元，其中财政资金5.02亿元，银行贷款2 580万元，农民群众自筹资金2.72亿元；多种经营项目共完成投资11.25亿元，其中财政资金2.07亿元，银行贷款2.76亿元，农民群众自筹资金6.42亿元；科技示范项目共完成投资668.02万元，其中财政资金364万元，农民群众自筹资金304.02万元。

（二）项目建设情况

2005年，土地治理项目共完成改造中低产田136.32万亩，生态综合治理14.03万亩。通过开发建设，项目区工程布局合理，渠系基本配套，灌溉有水源，排灌有出口，灌排分系统，桥涵闸站配套。机耕路沙石化，连村庄，接公路，农机和车辆进得去，出得来，渠、路、林配套成网。全省涌现出一批高质量、形象好、带动作用明显的土地治理项目。

产业化经营项目共完成种植项目8个，养殖项目26个，加工项目32个，储藏保鲜项目3个。发展经济林0.24万亩，水产养殖1.62万亩、畜禽养殖1 983.68万头、只。在2004年开展经营性开发试点工作的基础上，按照投资参股经营应遵循的原则，经过认真的筛选、评估，确定了沈阳市禾丰牧业、盘锦市意联肉业2个产业化龙头项目，共投入参股财政资金3 200万元，按照公司法，通过授权资产运营机构进行运营，项目扶持起来后将适时退出。全省立足资源优势，扶持了一批辐射、带动作用强，效益显著的重点产业化龙头企业，基本形成了龙头带基地，基地连农户的新格局。

同时，在项目开发建设过程中，坚持以科技为先导，不断提高农业综合开发的科技含量，通过新技术、新品种的推广应用，提升农业的整体水平。2005年，全省科技推广综合示范项目共引进品种、技术84项，示范及推广面积1.7万亩，技术培训4 000人次。

二、主要工作成效

2005年，辽宁省通过农业综合开发取得了显著的经济效益、社会效益和生态效益，为推进社会主义新农村建设夯实了物质基础。

（一）改善了农业基本生产条件和生态环境

通过开发，加强了农业基础设施建设。成果主要有：兴修水利，新建扩建小型水库2座，新建和修复机电井1.03万眼，加强农业和农机措施，改良土壤32.9万亩，修机耕路1 308.43公里；造林14.97万亩；开展技术培训65.63万人次。通过农业综合开发的填平补齐、挖潜改造、配套成龙，项目区基本上形成了“旱能灌、涝能排、田成方、树成行、渠相连、路相通”的规范化高产稳产农田。通过土地治理项目建设，改善了农业生产条件及生态环境，新增和改善灌溉面积99.18万亩，新增和改善除涝面积39.02万亩，新增农田林网防护面积80.2万亩，增加机耕面积21.66万亩，新增农机总动力1.41万千瓦。在农业基础设施建设上，2005年针对全省面临丰水期，可能发生洪涝灾害的形势，重点抓了治涝工程建设，全省安排治涝项目36个，新建改造排灌站120座，改善灌溉面积35.6万亩，共计安排各级财政资金9 031万元，对提高全省重点低洼易涝地区抗洪涝灾害能力起到了

重要作用。

（二）提高了农业综合生产能力

2005年，通过土地治理项目建设，新增粮食生产能力1.06亿公斤、油料431.1万公斤、干草973万公斤、饲料作物400万公斤。通过多种经营项目建设，新增干鲜果品100万公斤、蔬菜45万公斤、肉806.5万公斤、奶1 560万公斤、水产品593.85万公斤。

（三）促进了农民增收

农业综合开发推动了农业结构调整，增加了农民收入。通过农业综合开发土地治理项目建设，项目区农民纯收入比非项目区增加333元。通过农业综合开发产业化经营项目建设，项目区农民纯收入比非项目区增加607元。通过开展专项科技示范项目，共扩大良种种植面积0.17万亩，新增总产值1 136.7万元，增加值1 079.9万元。通过农业综合开发，建成了一批促进农民增收的典型。农业综合开发给乡村和农民群众带来了看得见、摸得着的实惠，不仅激发了农民群众自力更生搞开发的积极性，而且进一步密切了党群、干群关系。

（四）加快了农业现代化步伐

2005年，农业综合开发完善农产品质量检测体系9个，优质农产品种植面积达到88.69万亩。盘锦市进行稻田立体开发，实行养蟹、种豆、植树相结合，达到绿化、美化、香化，实现一地多用、一地多收、一水多养的综合效益。

三、主要做法

（一）优化区域布局，突出开发重点

辽宁中部和北部地区是全省粮食集中产区。在项目安排上，以改造中低产田为重点，建设高产、稳产、优质、高效基本农田，搞好结构调整，发展以专用玉米、高油大豆、优质稻米、蔬菜为主的优势农产品，同时，大力支持以粮食为主的农产品深加工和畜牧业。全省23个粮食主产县，安排土地治理项目54个，开发任务80.85万亩，占全省开发任务的58%；总投资3.64亿元，其中财政资金2.53亿元，比2004年增加4 267万元，2005年全省23个粮食主产县的土地治理项目财政资金占全省土地治理项目财政资金的55.3%。

辽西地区干旱少雨，十年九旱。在抓好林草经济，促进生态建设的同时，大力发展旱作农业、设施农业和畜牧业，大力推广节水工程技术，提高辽西地区耕地集约化生产水平，加快辽西农民脱贫致富步伐。

辽宁东部山区是辽宁省中部城市群和商品粮基地的绿色屏障。在不破坏生态环境的前提下，充分利用林下资源，抓好小流域治理，努力建设一批有规模、形象好和质量高的生态农业、特色农业和绿色农业开发项目，为东部山区农民因天然林禁伐寻找一些替代产业、替代能源和替代收入。

（二）完善、改革项目评估工作，把好科学立项关

辽宁省为了提高项目评估质量，采作定量和定性指标相结合的评审办法，组织36名专家，对2个投资参股项目、62个产业化经营项目、36个土地治理项目进行评估，推动项目立项向科学化、规范化、程序化、制度化方向发展，对实现项目决策科学化、减小项目投资风险、防范腐败行为、推动农业综合开发事业的发展都具有重要的意义。

（三）全面实行公示制，增强项目管理工作的透明度

为了使项目管理工作更加公开，同时为了接受群众监督，以及更广泛地吸引民间资本、工商资本和外商资本参与农业开发，使选项的范围更广，2005年辽宁省继续全面推行公示制。通过新闻媒体向社会公布了产业化经营项目申报的指导思想、重点建设内容及相关要求，从而使项目申报工作更加公开、公平，既增加了透明度，也扩大了农业综合开发的项目源和影响面。在土地治理项目的建设过程中和竣工后，将项目和资金管理情况及时向项目区受益农户公示。大部分项目在项目建成后，都建了公示牌，上面注明项目建设时间、投资额、主要工程措施等情况，公布监督电话，自觉接受群众监督。

（四）开展项目招投标和工程监理工作，提高项目建设的工程质量

2005年，聘请了达华工程管理（集团）有限

公司对沈阳、鞍山、盘锦三市的农业综合开发土地治理项目中的重点投资工程进行工程监理，监理人员对工程建设的开工竣工时间、工程的招标投标、工程施工的质量和标准、施工进度、建筑材料的质量、施工技术、资金拨付和使用情况进行微观监督管理，达到了控制资金、控制进度、控制质量的良好效果。其他各市、县，也都聘请了当地有资质的人员进行了工程监理。丹东市农业综合开发办公室印发了《丹东市农业综合开发（水利项目）评标办法》，同时根据此办法由市组织评标委员会和招投标工作小组，对各县（市）区的招投标工作进行监督检查。

（五）以完善县级财政报账制为核心，加强制度建设

2005年，辽宁省农发办转发了《财政部关于印发国家农业综合开发投资参股经营试点管理暂行办法》、国家农发办《农业综合开发农民筹资投劳管理（试行）办法》，同时提出了具体实施意见。同时坚持开发资金专款专用，单独立账，进一步完善县级财政报账制，保证专项资金使用与管理的严肃性，确保资金不被截留和挪用。通过与审计部门配合，开展项目验收、中期检查，减少了各种违规、违纪问题的发生，确保了资金安全。2005年，农业综合开发资金决算工作被国家农发办评为一等奖。

四、存在的问题

一是观念与推进新农村建设不适应。思维观念还要进一步创新，要树立以农业综合开发为载体、全面推进社会主义新农村建设的新观念；二是措施与新农村建设结合的还不够密切。要研究新举措，切实为加速新农村建设服好务。使农业综合开发逐步发展为社会主义新农村建设的一支生力军；三是从项目管理的角度，存在与发展不相适应的方面。有些项目进度较慢，没有做到当年施工、当年完工。部分项目工程质量不高，现代化气息不明显。四是县级报账制需要进一步规范。农业综合开发财政资金实行县级报账制以来，收到了明显的效果，基本杜绝了白条入账、大额支现、挤占挪用现象。但在实施上，县与县之间在报账质量上还存在不平衡现象。五是有的项目区管护措施不到位。建成工程有破损或被盗现象。个别项目区林网成活率和保存率不高。六是个别项目工程利用和效益发挥不够好。个别项目乡镇开发水利设施投入运行后，种植结构没有调整，增产增效作用显现不充分。

（辽宁省农业综合开发办公室供稿，任世忠、修玉萍执笔）

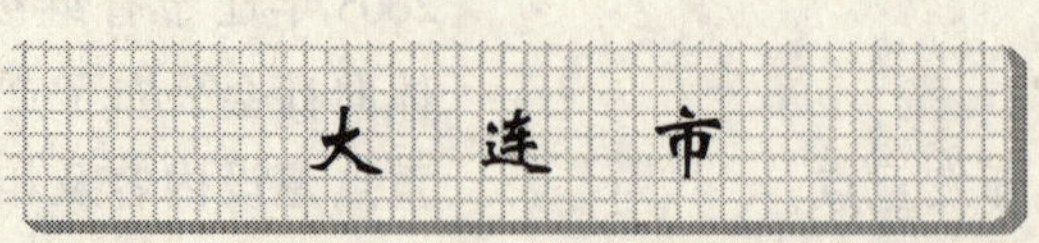

一、农业综合开发工作基本情况

（一）开发县基本情况

2005年，大连市按照《国家农业综合开发办公室关于核定各省（区、市）农业综合开发县总数的通知》（国农办［2004］30号）文件精神，核定全市农业综合开发项目县总数为7个，分别是甘井子区、旅顺口区、金州区、瓦房店市、普兰店市、庄河市和长海县。2005年农业综合开发项目涉及大连市59个乡镇、94个行政村、82.59万农业人口。项目区乡镇现有耕地113.46万亩，占全市的33.14%；中低产田面积51.25万亩，占全市的31.75%。项目区乡镇粮食总产量为2.99亿公斤，占全市粮食总产量的30.47%。

（二）资金投入情况

从整体情况看，大连市2005年的农业综合开

发资金投入同上年相比有较大幅度提高，为全年农业综合开发各项建设任务的顺利完成提供了充足的资金保证。根据2005年农业综合开发统计报表，2005年大连市农业综合开发项目计划总投资9.28亿元（含上年结转数，下同），其中财政资金3.23亿元、自筹资金4.22亿元、银行贷款1.82亿元。经过一年的努力，实际完成投资额7.02亿元，其中各级财政部门累计投入财政资金2.42亿元，自筹资金投入3.04亿元，银行贷款投入1.56亿元，分别完成计划的75.65%、74.88%、71.92%、85.64%。财政资金中，中央财政资金累计投入7 527万元，其中无偿资金4 665万元、有偿资金2 862万元；大连市本级财政累计投入资金1.05亿元，县级财政累计投入6 157.4万元。

（三）项目建设情况

1. 土地治理项目。经过一年的努力，大连市土地治理项目完成中低产田改造21.23万亩、生态综合治理2.87万亩，完成了计划建设任务的82.70%；结转下年中低产田改造面积4.19万亩、生态综合治理面积0.85万亩。

经过一年建设，共修建拦河坝16座、排灌站82座，打机电井96眼，衬砌渠道140.5公里，修建渠系建筑物76座、小型蓄水工程117座、谷坊22座，发展喷灌面积1.89万亩、微灌面积2 000亩；完成改良土壤面积6.8万亩，修机耕路401.95公里，购置农业机械7台套；完成造林面积4.43万亩，建苗圃400亩。

2. 产业化经营项目。经过一年建设，除个别项目外，2005年产业化经营项目建设内容已基本完成。其中，种植项目完成2个，建成设施花卉种植面积402亩、设施苗木繁育基地200亩；养殖项目完成7个，完成水产养殖面积3.04万亩；加工项目共完成10个，其中新建项目6个、改扩建项目4个；储藏保鲜项目完成1个。

3. 科技示范项目。加上上年结转任务，2005年高新科技示范项目共引进技术6项、示范品种3项，建成种植基地面积200亩，引进加工及检测设备5台套，技术培训5 000人次，完成平塘1座、地埋管线2公里、机耕路20公里，计划任务基本如期完成。

从项目建设的整体情况看，2005年农业综合开发项目主体工程设计合理，建设标准较高，工程质量较好，真正促进了农业增效和农民增收。

二、农业综合开发效益情况

2005年农业综合开发项目建设使大连市农业生产条件及生态环境进一步改善，经济效益、社会效益和生态效益进一步提高，为大连市农业发展和农民增收做出了突出贡献。

2005年，经过土地治理项目建设，新增和改善灌溉面积15.93万亩，新增节水灌溉面积11.15万亩，年节约水量974.65万立方米；增加农田林网防护面积2.92万亩，新增农机总动力29.83万千瓦，控制水土流失面积43.97平方公里；新增粮食产量3 225.1万公斤、大豆86万公斤、干草及饲料作物245万公斤；项目区年直接受益农业人口6.7万人，直接受益农民年纯收入增加额为4 780万元，人均增收约700元。产业化经营项目新增水产品856.1万公斤，加工转化农产田8 293.8万公斤，年新增产值11.5亿元、利税2.6亿元；项目年直接受益农业人口10.27万人，直接受益农民年收入增加额为2.18亿元，人均增收约2 000元；年新增农村劳动力就业人数8 095人。农业专项示范项目年扩大良种种植面积0.22万亩，年新增农业总产值2 156万元；项目区年直接受益农业人口800人，直接受益农民年纯收入增加额为300万元，年培训合格劳动力1 000人。

三、主要做法

2005年，大连市紧紧围绕着提高农业综合生产能力这个根本任务，以农民增收和农业增效为最终目的，不断加大农业基础设施投资力度，极大地改善了项目区农业生产条件；以各地区农业优势产业为重点，积极推进农业产业化经营进程。同时，坚持改革创新，扎实工作，不断提高农业综合开发项目和资金管理水平，为大连市农业综合开发工作获得更大发展奠定了良好基础。

（一）进一步加强了制度建设

为规范全市农业综合开发项目评审工作，提高项目和资金管理的日常水平，大连市根据国家农发办有关文件规定和工作中发现的问题，在深入调查研究的基础上，制定并下发了一系列规章制度，包括《大连市农业综合开发项目评审指导意见》、《关于加强农业综合开发招标投标工作的通知》、《关于大连市农业综合开发资金报账实施细则的补充规定》、以及《关于启用〈农业综合开发财政有偿资金使用合同〉有关问题的通知》等，同时转发了《国家农业综合开发土地治理项目工程建设监理办法》。

（二）贯彻落实《国家农业综合开发资金和项目管理办法》

新的《国家农业综合开发资金和项目管理办法》以财政部令的形式颁布，提高了权威性，而且与1999年出台的管理办法相比，无论在资金管理上还是在项目管理上都有些新的规定和要求。为了更好地贯彻执行这一办法，大连市农业综合开发办公室召集各地区财政局分管局长和农发办主任，在全市农业综合开发工作会议上对新的办法进行了讲解，并结合大连市实际情况转发了这一文件。

（三）不断加强农业综合开发政策培训工作

2005年，国家陆续出台了若干关于农业方面的政策，结合这些政策，国家农发办也陆续推出了一些新举措。如，产业化经营项目推出了投资参股项目扶持方式，这是国家农发办对农发项目投入机制的创新，是一种政策性强、涉及面广、操作复杂的投资方式。为做好投资参股项目试点工作，2005年大连市农发办对各县、区农发办事机构的有关人员进行了培训。

四、存在的问题

尽管2005年大连市农业综合开发工作得到国家及地方各级领导的充分肯定，但仍存在一定问题。一是农业综合开发项目投资重点不够突出，创新能力不强，新措施、新做法不多。二是项目和资金日常管理工作仍存在一些问题，如部分地区仍存在未经请示便擅自变更、增减项目建设内容的问题，尤以土地治理项目中的水利设施建设内容调整较多。三是有的乡镇项目管护措施不到位，项目建成后存在损毁、设备丢失等现象，导致项目不能正常发挥效能。

为了解决这些问题，使大连市农业综合开发工作再上新台阶，2006年大连市农业综合开发部门将采取多方面的措施，努力做好各项工作。

（大连市农业综合开发办公室供稿，李晓峰执笔）

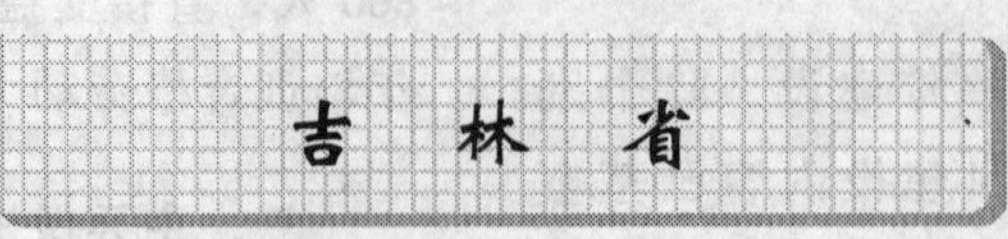

吉林省

一、农业综合开发基本情况

2005年，吉林省农业综合开发项目涉及全省9个市（州）的61个县（市、区）和1个国营农（牧）场。当年国家共批复吉林省农业综合开发项目总投资16.3亿元，其中中央财政资金4.7亿元、地方各级财政配套资金2.4亿元、自筹资金7.4亿元、银行贷款1.8亿元。计划改造中低产田146.5万亩，建设中型灌区节水配套改造项目3个，开发任务23万亩，新增和改善灌溉面积106万亩，新增和改善除涝面积16万亩；扶持重点产业化经营项目9个，投资参股经营项目3个，一般产业化经营项目75个。截至2005年底，完成投资13.9亿元（不含上年结转数），占计划总投资的85.3%，其中中央财政资金4.1亿元、省级财政配套资金1.2亿元、市县级财政配套资金

0.4亿元、自筹资金6.6亿元、银行贷款1.6亿元。完成中低产田改造131万亩，占计划任务的92.2%；新增和改善灌溉面积102万亩，新增和改善除涝面积14万亩。扶持产业化经营项目88个，占计划任务的100%。

二、围绕工作目标，扎实推进重点项目建设

（一）向粮食主产县倾斜，提高农业综合生产能力

2005年，吉林省集中农业开发土地治理项目财政资金3.4亿元，用于27个粮食主产县的中低产田改造项目，建设了稳产高产、旱涝保收的高标准基本农田98万亩。同时配套建设了37个灌区、12个涝区，修建小型水库23座、拦河坝48座、排灌站44座，打机电井1 500眼，修建大小田间水利工程1 600个，开挖疏浚与衬砌渠道1 700公里。这些农业基础设施的改善，有效地提高了吉林省农业抵御自然灾害的能力，形成了田成方、林成网、路相通、渠相连、旱能灌、涝能排的农业生产新格局。2005年，吉林省农业综合开发还积极支持中型灌区节水配套改造，加强项目区生态综合治理，全面改善项目区农业生产基本条件，显著提高了农业综合生产能力，为全省粮食生产实现历史性跨越和保证国家粮食安全做出了贡献。

（二）继续加大农业机械化示范区建设的力度

农业综合开发在前三年试点的基础上，2005年又在全省14个县（市、区）的14个乡、村项目区进行了全程农业机械化试点工作。此项工作共投入农业综合开发资金5 648万元，其中财政资金3 765万元、自筹资金1 883万元，购置大中型农用动力机械103台（套）、农机具281台（套）。农业机械化示范项目建设不仅实现了土地的大规模集中耕作，节省了成本，提高了效益，更主要的是拓宽了农民增收的渠道，促进了农民增收。据初步统计，试点项目区通过实行农业机械化，玉米斤粮成本可降至0.21元，比一般性生产成本降低36%。因农业机械化而解放出来的大批劳动力，在各级组织的帮助引导下，组成副业合作社或外出打工，收入较其他村屯平均高出25个百分点。2005年，农机化示范区农民人均收入6 556元，比全省平均水平高3 500元左右。农机化示范项目建设正在全省粮食主产区发挥着典型示范作用。

（三）重点支持“十大产业”项目建设，促进了全省的农业结构调整

2005年，吉林省通过竞争立项，选出了一批具备资源优势和产品优势、市场前景好、能够带动农民增收致富的产业化经营项目，重点支持了以紫鑫药业、通化东宝药业为龙头的中药材和以特色农产品开发为主的蔬菜、食用菌种植基地项目16个；以长春皓月、辽源金昌、华正集团、吉发实业为龙头，实施打造农区精品畜牧业的战略，扶持育肥牛、奶牛、优质肉羊、生猪、鹅、鹿等养殖基地项目32个；围绕优势农产品产业带扶持了玉米、水稻等粮食加工项目35个；扶持了以特色农产品产地批发市场建设为主的流通设施项目1个。这批产业化经营项目通过“公司+基地+农户”的形式，以农产品订单为载体，引导农民有目的地进行农业结构调整，带动了农民增收致富。

（四）坚持依托科技的方针，进一步强化农业综合开发的样板示范功能

坚持依托科技搞开发的原则，2005年吉林省组织了新一轮农业综合开发科技示范区的招标工作。这次招标工作涉及面较广，竞争的项目较多，共有68个项目、25个科研单位和9个市（州）的42个县（市、区）参加了竞争立项工作。经过专家组的评审，最后确定了23个科技示范项目，财政投入资金750万元。通过这些项目的建设，吉林省将重点推广应用良种及平衡施肥、节水灌溉、病虫害综合防治、模式化栽培、旱作农业、秸秆养牛等适用先进技术，提高农业综合开发项目区的科技水平和开发效益。

（五）积极开展投资参股经营试点工作

投资参股经营是农业综合开发投入机制的一项重大创新。为了做好投资参股经营试点工作，2005年3月，由省农发办出资组建了省普泽农业开发资产经营管理中心，专门负责国家农发办委托吉林省管理的农业综合开发投资参股经营项目的监督管理工作。2005年吉林省在投资参股经营试点方面共

投入1.71亿元财政资金，其中中央财政资金1.14亿元、地方配套资金5 700万元，集中支持了德莱鹅业、裕丰米业、金源淀粉、长春皓月、九牛乳业、德春米业等6户国家级、省级重点农业产业化龙头企业。国家财政资金参股后，促进了企业经营管理机制的创新，法人治理结构不断完善，企业的市场竞争力和经济效益得以不断提高。

三、进一步强化对资金运行和项目建设的全过程管理

（一）建立健全各项管理制度

2005年，吉林省陆续制定了土地治理项目、部门项目、科技项目立项审批办法，农业综合开发项目招投标管理实施细则，农业综合开发土地治理项目工程建设监理管理暂行规定等规章制度。新的农业综合开发机构成立后，向省财政厅申报了吉林省农业综合开发办公室主要工作职能，明确了有关业务处的工作交叉职能，同时相继建立了6项规章制度，分别是《吉林省农业综合开发办公室工作议事制度》、《吉林省农业综合开发办公室公开办事制度》、《吉林省国际农业发展基金项目资金管理办法》、《吉林省农业综合开发办公室经费报销审批办法》、《吉林省农业开发项目立项审批办法》以及《吉林省农业综合开发拨款审批制度》。

（二）进一步加强农业综合开发项目管理

1. 建立项目建设全过程监督制度。2005年，吉林省农业综合开发工作始终把关心和维护农民群众的根本利益放在第一位，着眼于制度反腐，加强监督，不断探索投资决策的科学程序，形成了一整套严格的管理机制。在立项环节实行专家评估论证制、竞争立项制，体现了农业开发项目立项的公平、公正、公开；在项目实施环节实行立项公示制、工程招标制、施工监理制、预（决）算制和县级报账制，保证了农发项目的建设质量、工程进度和资金安全；在项目竣工环节实行竣工验收制、资产移交制和落实管护责任。由于执行了以上的管理制度，确立了设计高起点、建设高标准、科技高含量、管理高水平、运行高效益的项目建设管理体系，形成了比较透明、高效的运行机制，得以确保全省农业综合开发项目长期发挥效益。

2. 实行竞争立项，增加选项的科学合理性和透明度。2005年，吉林省对农业综合开发产业化经营龙头项目、中型灌区节水配套改造项目和省级科技示范项目实行了全省范围内的竞争立项。首先，公开项目立项的条件、建设内容、前期工作要求、竞争立项的程序；然后由省农发办组织不同行业的专家，按照科学、合理、择优、突出重点、集中投入的原则进行民主评议和当场打分，并在财政厅纪检组的监督下公布结果。通过竞争立项，优先把符合开发政策精神、农业资源条件优越、开发潜力大、农民群众愿望强烈、资金配套能力强的项目纳入农业综合开发的扶持范围，体现了“阳光财政”精神，使农业综合开发工作更好地接受各级、各部门和社会各界的监督，进一步提高了农业综合开发项目立项和财政资金安排使用的透明度和科学性，从源头上预防了腐败现象的发生。

3. 实行农发项目公示制度。2005年，吉林省全面推行了农业综合开发项目公示制，对所有农业综合开发土地治理项目都进行了项目公示，以文告或听证会的方式将项目的名称、主要建设内容、时间、建设单位、联系方式等情况向社会和项目区农民公示。在上报项目时，要附有农民代表同意建设农发项目的签字，变“要我干”为“我要干”。在农业综合开发项目的建设过程中，自觉接受广大农民群众的监督，使项目建设更加公开、透明。

（三）进一步加强农业综合开发资金管理

1. 按因素法分配农业综合开发资金。2005年，吉林省对农业综合开发中央财政资金实行了按因素法分配。在2004年11项影响因素外，又明确了向粮食主产县倾斜的内容和目标，进一步体现了农业综合开发的政策导向和投入重点。

2. 实行了配套保障机制。为了推动市、县财政落实配套资金，吉林省实行了落实配套资金与项目安排挂钩的“倒配套”办法，即市、县先将配套资金筹足并拨入农发专户，根据预算拨款通知单，省级再下达农发项目计划，然后拨付中央和省级财政农发资金。

3. 狠抓资金到位工作。吉林省始终把农业综合开发资金到位作为一项重要工作来抓，对农发资金实行平时按季调度、施工季节按月调度的办法，并随时对资金到位情况进行通报。另外，还采取召开全省农发资金调度会的方式，督促资金支出进度慢的市、县加快资金拨付进度。

4. 清理农业综合开发有偿借款。按照“省管县”财政管理体制的要求，2005 年吉林省对农业综合开发资金借款进行了清理，同时下达了农业综合开发资金借款到期还款的指标。10 月，省农业综合开发办公室还组织人员到还款任务重、难度大的市、县做了督促工作。至 11 月底，圆满地完成了国家下达的还款任务。

5. 加强以县级报账制为核心的资金管理制度。2005 年，吉林省进一步规范了县级报账制工作，要求县级报账制做到有招投标或承包合同、有单项工程和总工程预算、有工程阶段性验收和总验收的合格单、有工程支出合法正规的原始发票。同时，结合审计和系统内检查，加强对县级报账制执行情况的监督约束。

6. 建立农业综合开发资金管理考核体系。为了规范农业综合开发资金管理，提高农业综合开发资金管理水平和使用效益，2005 年吉林省开展了农业综合开发资金管理效益年活动，在深入研究和广泛征求意见的基础上，制定了农业综合开发资金管理考核办法。按照这一考核办法，从会计基础工作、资金到位情况、资金支出情况、有偿资金管理、财务监督检查 5 个方面，以 45 个具体考核指标全面考核了各市（州）、县（市、区）农业综合开发办公室资金管理情况。考核按优秀、合格、不合格确定等次，优秀单位为诚信单位，合格单位为协议单位，不合格单位为禁批单位。考核结果被作为安排下一年农业综合开发投资控制指标和暂停或取消项目县资格的重要依据，同时也是考核各级农业综合开发办公室工作绩效的重要指标。资金管理考核体系的建立，促使各市、县农业综合开发办公室更加重视资金管理工作，严格执行各项规章制度，有效地提升了农业综合开发资金管理工作的水平。

（吉林省农业综合开发办公室供稿，齐建、刘凯执笔）

黑龙江省

一、农业综合开发基本情况

2005 年，黑龙江省农业综合开发计划总投资 13.17 亿元。其中，中央财政资金 5.38 亿元，地方财政配套资金 8.1 亿元，自筹资金 4.67 亿元。贷款 4 030 万元。全年共改造中低产田 168.2 万亩。同时大力扶持产业化经营，为促进农业增效和农民增收做出了积极贡献。

二、主要成效

（一）农业基础设施建设进一步加强

一是加强农田水利化建设，改造中低产田 180 万亩。项目区共开挖沟渠 3 185.76 公里，新打和维修机电井 2 269 眼，新建和维修排灌站 5 座，新建桥涵闸等构造物 5 049 座，新建和扩建加固小水库、拦河坝 15 座，架设和配套农电线路 724.98 公里，修机耕路 2 512.4 公里，新购置节水灌溉设备 2 360 台（套）。二是加强农业机械化建设。全省共立项扶持了 22 个农业技术服务站，推广应用大型农业机械，提高了项目区标准化作业程度，实现了农业机械的规模经营，加快了项目区由粗放型传统农业向集约型现代农业转变的步伐。三是加强设施农业建设。在大中城市郊区和边境县份，积极发展日光温室、塑料大棚等设施农业，实行资本、技术

高效集约经营。2005年共建日光温室和塑料大棚435亩。四是改善畜禽饲养条件。遵循突出地方资源和比较优势的原则，努力改善生产条件，提高畜牧业发展水平。新建和改建标准化奶牛牛舍3.5万平方米，新建和改建标准化肉牛舍1.6万平方米，新建和改建标准化猪舍5.4万平方米，新建和改建标准化其他畜禽舍0.2万平方米。

（二）生态环境建设进一步改善

一是加快草原改良步伐，在本省西部碱化、沙化严重地区有针对性地进行综合治理。2005年改良草原面积13.8万亩，治理沙化面积2.6万亩。其中在安达、青冈、明水等县（市）采用了碱化草原综合治理模式，在泰来采取庄园化治沙模式，实现了当年建设、当年见效的目标。二是在全省水土流失严重的县（市）加强小流域治理，保护耕地资源，控制水土流失面积41.9平方公里。三是治理风沙侵蚀，加大“龙甘泰”地区和杜蒙、肇源等县种草种树的力度，结合农业综合开发项目建设，大力推行乔灌草、网带片治沙模式，绿化荒山荒坡，增加植被覆盖度，治理沙化面积2.6万亩。四是加强林网建设，积极营造农田防护林，做到“田成方，林成网”。2005年，项目区共造林8.43万亩。

（三）优势产业规模进一步壮大

一是建设优质粮食基地。2005年，共建设优质粮食基地167.1万亩，占全省土地治理项目总面积的87.9%。二是突出扶持优势特色产业。2005年重点扶持了大豆、奶牛、肉牛、生猪、蛋禽、果菜、亚麻、马铃薯等八大优势产业及万寿菊、红干椒、烤烟、北药等特色产业，全省项目区形成了一县扶强一项优势产业的格局。三是扶持了一批优势农产品。2005年重点建设了绿色、无公害农产品生产基地，共扶持绿色水稻13.3万亩、绿色大豆12.3万亩、无公害蔬菜3.5万亩，建设优质水稻、优质大豆、优质玉米生产基地35.4万亩，青贮玉米10.6万亩。农业综合开发扶持的优势农产品达9大类92种，推动了优势产业发展，提高了农产品市场竞争能力。

（四）产业化经营进一步发展

一是重点扶持了一批农副产品加工龙头企业。按照“有经营业绩、有特色产品、有市场潜力、有偿债能力”的标准和条件，2005年有选择地扶持了19个产业化龙头企业。二是壮大农产品生产基地，在龙头企业辐射的周边区域建设农产品基地。在种植业方面，重点扶持了玉米、大豆、水稻、马铃薯、亚麻、果菜、烤烟、万寿菊、食用菌、红干椒基地建设。养殖业方面，在西部地区重点发展了奶牛业，中部以生猪为主，东部突出肉牛基地建设。三是突出外向型农业的建设，积极发展对俄贸易，在口岸城市新上22个产业化项目。在同江市和抚远县加强市场建设，增强仓储、保鲜能力。扶持了黑河、牡丹江等地对俄出口创汇企业7个，建出口农产品基地13个。

（五）科技推广措施有新突破

一是加强省农业科技园区建设。2005年是省农业科技园区建设的最后一年，省农发办对园区建设情况及资金使用情况进行了认真检查，协调组织省农科院、东北农大和哈尔滨南岗区对存在的问题进行了整改，在进一步完善园区建设的基础上，积极探索产学园结合的模式，重点加大科技创新和示范力度，充分发挥其对全省农业科技进步的带动和服务作用。目前，东北农大、省畜牧科技园区与大庆银螺集团的合作框架已形成。二是加强服务体系建设。2005年，在畜牧业比较发达的县（市）重点完善了畜牧防治服务体系，在种植业结构调整较好的县（市）完善了产业技术服务体系建设和加强了农业网络信息建设，共完善各类服务体系14个。三是加强种植业和养殖业良种与技术示范基地建设。在种植业方面，加强良种繁育基地建设，重点进行优质、高产、抗病等良种的生产，示范和推广组培、杂交、茎尖脱毒等先进扩繁技术。养殖业方面，在双城、富裕、肇东、杜蒙等养殖大县进行了奶牛等新的饲养模式、饲料配方的示范。选择大庆银螺、大庆田丰、三元种猪等有实力的企业，进行了胚胎移植、性别控制、性能测定等高新技术扩繁。四是推广大豆行间覆膜技术。2005年将这项技术推广到了积温较低的中北部各个大豆主产县，在黑河市所属县区推广大豆行间覆膜技术面积达3万亩。四是盐碱草地深松振动改草技术示范推广有

新突破。针对西部地区盐碱草地裸露面积逐年增加的实际情况，在安达、明水、青冈等县盐碱地改草项目中，引进推广了省水利科学院的深松振动改草技术，采取振动深松措施，有效打破犁底层，起到消碱、蓄水保墒、增加通透性、抗旱除涝的作用，当年项目区亩增干草50公斤。

（六）开发管理有新举措

一是对农发物资、设备实行了政府采购。2005年制定了《黑龙江省农业综合开发项目实施政府采购管理暂行办法》，对大型物资设备全面实行政府采购制度，组织各县农发办及项目区同供应商见面洽谈，有效降低了购价。2005年省级农机设备采购2 058万元，节约资金187万元。二是实行了经营性开发。这项工作已在一些县（市）取得较大进展，吸引开发银行贷款取得明显成效，实现了软、硬贷款的结合。另外，2005年选择了三个省级产业化龙头企业进行了投资参股经营试点。三是实行工程监理制。2005年黑龙江省进行了工程监理的试点工作，在方正、双城、虎林、克山、拜泉、铁力、杜蒙等县（市）对投资10万元以上的单项建筑物工程全部委托给北京达华工程监理公司实行工程监理，监理工程的投资额度达到1 800万元。通过实施工程监理制度，提高了工程质量，降低了工程造价，保证了工期，规范了工程管理。

三、采取的主要措施和做法

（一）以提高农业综合生产能力为主线，高标准确定年度农业综合开发项目

2005年，全省共确立农业综合开发项目206个，其中土地治理项目130个、产业化经营项目74个，科技示范项目2个。在计划编制中，黑龙江省农发部门注意严格控制项目投资标准，认真匡算各项资金分配结构，重点审查了项目投资结构的准确性、县（市）乡财政匹配和自筹资金的可能性、有偿资金还款的可靠性、资金投向使用的合理性、财务管理的合法性、项目效益目标的真实性。同时，进一步规范了项目计划编制程序，变由上级编制计划为自下而上编制计划，确保了计划编制的标准和质量。

（二）进一步优化投资结构，体现向农业主产区和粮食主产县倾斜的原则

黑龙江省有43个农业综合开发项目县被国家农业部确定为粮食主产县，有19个农业综合开发项目县被省政府确定为农业重点县。2005年，省农业开发办公室在项目安排上对62个粮食主产县（市、区）和农业重点县（市、区）给予了项目和资金倾斜，共确立土地治理项目112个，占全省土地治理项目总数的86.1%；开发任务167.1万亩，占全省土地治理项目总面积的87.9%。项目总投资7.15亿元，占全省土地治理项目总投资的87.6%，比2004年增长了9%。

（三）切实做好招商引资和融资工作，壮大农业综合开发投入规模

一是按照省委、省政府的总体部署，于5月中旬组织省内有关企业赴马来西亚、新加坡履行签约仪式，有3个项目签约，引进外资6亿多元。二是切实做好融资工作。为了充分利用开发银行贷款进行项目建设，黑龙江省组建了农业综合开发贷款的平台——农业综合开发投资公司。公司注册资金1亿元人民币，明确了各方权利和职责，确定了项目重点与资金投向。省农业开发办公室与国家开发银行已正式签订利用30亿元贷款的协议，2005年第一批申贷的8个项目21 500万元资金已落实到位。

（四）不断探索机制创新，提高农业综合开发工作水平

2005年，省农业开发办公室围绕机制创新进行了三项试点，探索了三个新模式，出台了四个新文件。“三项试点”，一是整合资金打捆使用的试点，二是农业综合开发参股经营的试点，三是扶持农民合作经济组织的试点；“四个新模式”，一是扶持龙头企业、带动农民规模经营的新模式，二是扶持农机股份合作社、带动农民规模经营的新模式，三是明晰产权、股份开发的新模式，四是放大园区功能、实施产学园结合的新模式；“四个文件”，一是对农业综合开发土地治理项目购买设备实行政府采购的办法，二是农业综合开发项目工程建后管护办法，三是省级农业综合开发项目中期检查及竣工验收办法，四是农业综合开发扶持农民专业合作经

济组织的意见。同时，进一步扶持百村经济发展，积极探索农发支持“三农”、服务“三农”的新路。在2004年建设100村经济发展联系点取得较好成效的基础上，进一步落实了2005年联系点工作方案，采取定目标、定项目、定措施、定责任、定奖惩的“五定”措施，积极探索加快村级经济发展的新路。

（五）努力做好调研宣传和信息工作，创新农业综合开发工作思路

在调研工作方面，完成了国家农发办、省政府部署的各项调研任务以及多个专题报告，对于领导决策起到了重要的参考作用。在宣传工作方面，站在构建农村和谐社会的高度，充分认识农业综合开发的地位和作用，在国家农发办《情况反映》、《中国农业综合开发》杂志以及新华社、《农民日报》等多家新闻媒体宣传黑龙江省农业综合开发中好的做法和经验，并对农发工作中涌现的一批先进典型进行了系统宣传。在信息工作方面，注重发挥省农业综合开发办公室编发的《农业综合开发信息》的作用，全年编发29期，在全省农业综合开发系统中起到了沟通情况、交流经验、促进工作的作用。同时，省农发办还积极向省政府办公厅上报专用信息，宣传本省农业综合开发工作，扩大农业综合开发的影响。

（黑龙江省农业综合开发办公室供稿，张丽执笔）

上　海　市

2005年是上海农业和农村经济发展较快的一年。在这一年中，农村居民人均可支配收入比上年增长10.7%，是1998年以来增幅最高的一年；农村税费制度的改革和完善，使上海市农民负担已趋于零；农业生产，尤其是粮食生产，完成了市委市政府确定的全年粮食总产达到105万吨的任务。回顾2005年上海市的农业综合开发工作，始终紧紧围绕农业、农村、农民工作，加大农业基础设施投入，优先支持有品牌、有市场、有规模的农业产业化龙头企业发展，提高农产品科技含量，引导和促进农业产业结构调整，促进了农村经济的发展和农民收入的增加。

一、上海市农业综合开发基本情况

（一）开发县数

2005年，上海市根据各区、县的资源条件、区域布局、功能开发、土壤结构和发展潜力等状况，确定了浦东新区、宝山区、南汇区、奉贤区、松江区、金山区、青浦区和崇明县等8个区、县作为农业综合开发县。其中，土地治理项目实施区域分布在南汇区、奉贤区、松江区、金山区、青浦区、崇明县等6个区、县，产业化经营项目实施区域分布在浦东新区、宝山区、南汇区、奉贤区、松江区叶榭镇、金山区、崇明县等7个区、县。

（二）土地治理项目情况

2005年计划安排的土地治理项目涉及6区1县共13个项目，实施区域分别在南汇区、奉贤区、松江区、金山区、青浦区、崇明县等6个开发县境内，实际完成改造中低产田面积16.24万亩。

按照“田成方，林成网，渠相通，路相连”的建设目标和要求，在土地治理项目实施中修建衬砌渠道714.21公里，建渠系建筑物446座，新建排灌站51座；改良土壤4.42万亩，修筑机耕路406.77公里。通过项目区基础性、公共性、共享性农业设施的建设，改善了项目区农业生产条件，保护了项目区粮食生产能力。

（三）产业化经营项目情况

2005年上海市安排的产业化经营项目涉及6

区1县共10个项目，其中重点项目5个，一般项目5个。重点产业化经营项目为浦东新区机场镇安全优质农产品深加工项目、奉贤区农业园区食用菌深加工项目、金山区廊下镇农副产品批发市场建设项目、崇明县新民镇有机大米加工项目以及崇明县农业园区雷允上系列保健饮料生产项目。一般产业化经营项目为宝山区长兴岛前卫农场柑橘加工产业化基地建设项目、南汇区老港镇水蜜桃种源及科研基地开发项目、奉贤区金汇镇有机无机复混肥生产项目、农业园区复合大豆生物活性物质的提取及应用项目、松江区叶榭镇鲜切花冷链保鲜服务中心建设项目。按建设项目类型分类，计有种植项目1个，占实施计划的10%；加工项目7个（包括重点产业化经营项目4个），占实施计划的70%；流通设施项目2个，占实施计划的20%。

（四）农业综合开发资金安排情况

2005年上海市农业综合开发土地治理项目计划投资总额为1.21亿元，其中中央财政资金3 192万元，市级财政安排资金4 682.41万元，区级财政安排资金1 968.65万元，项目单位自筹2 297万元，全部用于改造中低产田。

产业化经营项目计划总投资1.59亿元，其中中央财政资金3 191万元（包括798万元无偿资金），市级财政安排资金4 207.40万元，区级财政安排资金2 174.60万元，项目单位自筹资金5 724.15万元，银行贷款600万元。按建设项目类型，种植项目投入873万元，加工项目投入1.23亿元，流通设施项目投入2 676.65万元，各占5.49%、77.67%和16.84%。

二、主要成效

（一）加强了农业基础设施建设，为农业可持续发展夯实了基础

上海市把中低产田改造作为2005年土地治理项目建设的重点工作，通过农田水利设施建设，改善了项目区的农业基本生产条件，为农业可持续发展夯实基础。经过综合治理，农田高低不平、老宅基和废沟横七竖八等状况得到根治，地势低洼地区暴雨积涝成灾的情况得到彻底改变。项目区新增和改善灌溉面积12.04万亩，新增和改善除涝面积6.34万亩，新增节水灌溉面积7.6万亩、年节水量642.65万立方米，新增农田林网防护面积2.95万亩，扩大良种种植面积7.33万亩，控制水土流失面积0.94平方公里，完善了农产品质量检测体系14个。

（二）提高了农业综合生产能力，推进了农业结构调整

2005年实际完成中低产田改造的面积为16.24万亩，项目区新增粮食1 446.87万公斤、油料70.3万公斤、饲料作物62.7万公斤，增强了上海市农业综合生产能力。此外，由于农业生产条件的明显改善吸引了大量外资参与上海市农业发展，推进了项目区农业结构的调整，项目区粮经比由三年前的43:57调整到了38:62。

（三）增加了就业岗位，提高了农民收入

实施农业综合开发项目带来的大量工程建设和劳动密集型的农业产业化经营项目为当地的农民提供了大量的就业机会，农业生产设施的改善、农业生产能力的提高更为增加农民收入提供了保障。2005年，通过实施农业综合开发产业化经营项目，新增了1 993个就业岗位，农民共增收5 028.50万元，人均增收1 294元。同时，土地治理项目建成后，项目区农民新增纯收入总额3 636.16万元，农民人均增收273元，提高了农业生产的总体效益。

（四）培育和扶持了农产品加工企业，推进了农业产业化经营

按照农业增效、农民增收的目标，上海市农发办在选择产业化经营项目的过程中，严格掌握立项四条标准：一是须符合上海市农业发展规划和区域发展重点；二是有一定基础，包括有一定规模的生产基地和加工能力的龙头企业；三是项目立项和实施后，能迅速带动和辐射周边区域农业生产发展；四是项目有一定科技含量和发展空间，能起到示范作用。据此，2005年上海市共组织实施了种植业项目1个、农业产业化加工项目7个（其中新建加工项目5个、改扩建加工项目2个）、产地批发市场项目1个、储藏保鲜项目1个。这些项目的相继建成投产，推进了上海市农业产业经济发展，丰富

了市场供应。据初步统计，通过这些项目的实施，年可为市场供应各类鲜果15万公斤，加工转化农产品2 357.5万公斤；年新增总产值2.31亿元，新增利税3 990.90万元。

（五）发展了农业循环经济，改善了生态环境

2005年，上海市农业综合开发在发展循环经济、改善生态环境方面也取得了成绩。通过实施食用菌生产等项目，利用农业废弃物秸秆作原料，在降解农业废弃物过程中又释放了有机肥，改善了土壤性能，推进了农业循环经济发展。机口建造、引水河疏浚整治不仅改善了项目区的引、排水条件，同时极大地改善了水质。项目区大部分实施了稻麦秸秆还田等农业新技术，有效地减少了当地老百姓夏熟秸秆焚烧或向河道内倾倒的现象，净化了环境。同时积极研究开发生物技术，用生物催腐剂催腐农家肥，并用于农业生产，有效地改善了项目区的生态环境。

三、主要做法

（一）加强组织领导，全力做好农业综合开发工作

为了做好农业综合开发工作，上海市力争做到三个“到位”。一是组织领导到位。市委、市政府高度重视“三农”工作，每年召开一次郊区工作会议，加强对农业和农业综合开发工作的领导。市、区（县）政府都设有农业综合开发工作领导小组和办公室，并将农业综合开发工作作为改善农村基础设施、提高农业综合生产能力的重要抓手。二是思想认识到位。注意做好宣传工作，使市、区（县）和乡镇农发人员充分认识到农业综合开发工作不仅是增加农民收入的有效手段，而且是提升郊区经济发展的一项基础性工作，意义重大。同时，通过建设项目公示等方式，让千家万户农民知晓农业综合开发的政策、主要内容和管理要求，进一步密切了与各相关部门的配合，形成了工作合力，推进了工作的开展。三是为民服务到位。农发部门在做好项目区工程建设的同时，充分发动各行业专家和社会中介机构参与农业综合开发项目管理工作，并且急农民所急、想农民所想，力争使实施的项目为更多农民服务，发挥更大作用。

（二）明确建设目标，落实建设规划

农业综合开发是一项系统工程，其出发点是综合治理、综合开发，落脚点是农业增效、农民增收。上海市农发办牢牢把握住农业综合开发的这一宗旨，依据国家农业综合开发“十一五”规划，结合上海市实际，编制了上海市农业综合开发“十一五”规划，清晰了土地治理项目、产业化经营项目的建设区域、建设重点和发展目标。同时，完善农业综合开发项目库建设，结合年度工作重点和项目建设计划，对项目库实行动态管理，充实和优化项目库；实行项目建设评估制度，对须纳入年度农业综合开发建设计划的项目，在项目建议书基础上，委托上海市农业综合开发评审中心开展项目可行性报告评审，把好农业综合开发项目立项关。

（三）规范项目管理，落实各项措施

为确保工程建设项目质量，上海市农发办采取了事前控制、事中控制和事后控制相结合的管理方法，对项目建设的全过程进行质量控制。在事前控制方面，通过实行工程项目招投标，选择有一定资质、有一定技术力量的施工队伍参与农业综合开发工程建设，并通过签订协议书形式，保障工程建设的进度与质量。在事中控制方面，推行工程项目监理制度和经常性的检查制度，对重大建设项目请监理单位进行监理，对一般项目由业务单位派人进行监理，同时各级农业综合开发办公室组织相关部门和人员到施工现场进行跟踪、检查，项目建设单位对项目的施工质量也进行经常性检查。在事后控制方面，建立工程项目验收制度和落实工程项目管护制度，市级每年组织对实施项目进行验收，并通报验收意见。

（四）抓好资金配套投入，严格资金管理

落实配套资金和严格资金管理，是确保农业综合开发计划任务完成的关键。上海市严格按照国家农发办的资金配套政策要求，积极落实地方财政配套资金，做到市、区（县）级财政配套资金均列入年度财政预算安排，确保按时足额配套到位并及时、足额下拨财政资金。对于自筹资金则坚持先入账、后支出的管理办法。

在对资金使用的管理方面，上海市的做法，一是严格资金管理，保证专款专用。为加强农业综合开发项目资金管理，上海市在多年实践中，严格按照《国家农业综合开发项目和资金管理暂行办法》和《农业综合开发会计核算制度》的要求，坚持实行专人管理、专户储存、专账核算的“三专”制度，同时实行先筹后用办法，将乡镇自筹资金纳入专户一并核算，全面反映出项目资金投入情况。在资金支出管理方面，严格按照项目预算及工程进度拨付资金，保证资金专款专用，提高了资金的有效使用率。二是资金支出实行县级报账制，将财政资金和项目单位自筹资金均纳入县级报账制专户，一并按报账制要求管理。三是对项目资金实行审计和审价制度，包括对工程决算情况实行审价、建设工作完成后实行全面审计等制度，以加强对资金使用的监督。

（五）落实好工程养护管理制度，做好档案资料管理工作

上海市农发办要求各区县在农业综合开发项目竣工验收后做好建设工程移交工作，对竣工项目落实管护制度、确定责任主体、实行专人负责。同时，通过开展对工程管护情况的定期检查和跟踪管理，督促各项管养措施的落实，以确保项目的正常运转。

农业综合开发档案资料全面反映了农业综合开发项目立项、计划、实施、验收等一系列情况，对总结项目实施情况、指导今后工作都有重要作用，因此上海市十分重视对农发项目档案资料的管理工作。市农发办组织各区、县交流农业综合开发档案资料建设情况，并将此项工作作为验收工作的重要组成部分，以此来促进各区、县建立起规范的农业综合开发档案。

（六）全面做好 2002～2004 年农业综合开发项目验收工作

根据国家农业综合开发办公室《关于 2005 年国家农业综合开发项目竣工验收考评的通知》要求，上海市农业综合开发办公室主要采取三年总验收与年度验收相结合、全面验收与随机验收相结合、现场工程验收与内业资料验收相结合的办法，按照“听汇报、看现场、议情况、评结果、再通报”的程序与步骤，完成了国家农发办布置的 2002～2004 年度农业综合开发项目验收工作，并对验收中发现的问题提出了整改意见，做到跟踪解决。此次三年项目验收工作产生了良好的经济效益和社会效益。

（上海市农业综合开发办公室供稿，周继评执笔）

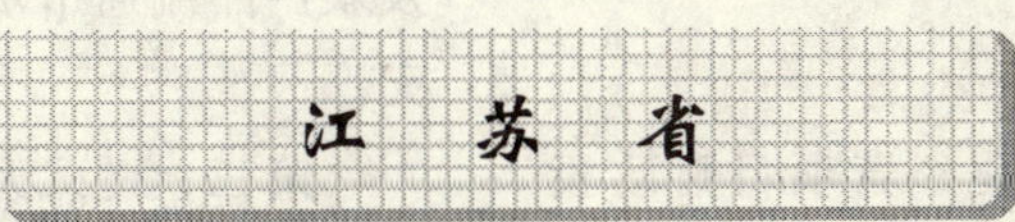

江　苏　省

2005 年，国家农发办批复江苏农业综合开发项目总投资 10.9 亿元，其中：中央财政资金 3.5 亿元，地方财政配套资金 3.5 亿元，银行贷款 1 760 万元，自筹资金 3.73 亿元。一年来，全省农业综合开发以促进粮食增产、农业增效、农民增收为目标，以提高农业综合生产能力为核心，以推进农业产业化经营为主线，统筹协调，科学规划，集中投入，规模开发，不断提升开发水平、开发效益和开发工作形象，农业综合开发工作又上了一个新的台阶。

一、规模开发取得新进展

2005 年江苏省国家农业综合开发土地治理项目总投资 6.93 亿元，其中财政投资 5.05 亿元。改造中低产田 152 万亩，超额完成了江苏省政府下达的 120 万亩改造任务。通过项目实施，全年新增粮食生产能力 2.33 亿公斤，亩均增收 129 公斤；项目区农民增加纯收入 5.37 亿元，农民人均增收 352 元。

2005 年，江苏省在土地治理项目的实施过程

中，大力推进了规模开发的做法。

第一，继续推进集中连片开发。2005年，江苏省共安排农业综合开发土地治理项目106个，涉及68个县和6个省属农场、201个乡镇（分场），与2003年相比减少了148个乡镇，比2004年减少了51个乡镇，项目区更趋集中连片。2005年无锡、常州两市首次实行轮流立项制，暂停了2个项目县，以尽量扩大单个项目区的规模。

第二，集中资金设立规模开发项目。按照集中资金、突出重点、规模开发的原则，2005年，江苏集中全省农业综合开发土地治理项目财政资金的30%，用于建设21个高标准、规模化的生产基地。其中，苏北每市建2个3万亩的规模开发项目区，苏中每市建2个2万亩的规模开发项目区，苏南每市建1个1万亩的规模开发项目区。这些规模开发项目的示范辐射效应明显，大部分已成为当地展示农业综合开发成效的窗口。

第三，首次安排中型灌区节水配套改造项目。2005年，在国家农业综合开发土地治理项目中首次设立了淮安市楚州区中型灌区节水配套改造项目，总投资2 089万元，其中中央财政投资700万元。项目一年规划，两年实施，重点改善灌区的主要水利骨干工程。项目实施后，将有效增强楚州渠北灌区的灌排能力，改善30万亩农田的基本生产条件。

二、产业开发实现新跨越

2005年农业综合开发产业化经营项目财政投资1.96亿元（不含贴息投资），立项扶持了61个项目，其中包括重点产业化经营项目13个、一般产业化经营项目34个以及1个投资参股经营项目。这些项目突出扶持了优质稻米、特色蔬菜、优质畜禽、花卉林果等优势产业。通过项目实施，全年新增总产值26.28亿元，直接受益农民年纯收入增加总额7.1亿元，农民人均纯收入增加259元。

第一，加大了行政推动的力度。一是实行公开选项。在新华日报、江苏科技报和江苏农业开发网等媒体上发布了2005年度产业化经营项目选项公告，实行公开竞争立项。公告效果十分明显，共收到300多个申请项目，是收到申请项目最多的一年。二是组织外出考察学习。2005年4月下旬，组织各市农业开发局主要负责人赴山东专题考察农业产业化经营工作。6月上旬，组织部分稻米加工龙头企业的负责人赴湖南、湖北考察，学习优质稻米产业的发展经验。三是召开专题工作会议。2005年3月26～27日，在宿迁市召开了全省农业综合开发产业化龙头企业座谈会。5月13日，在连云港市召开了全省农业综合开发产业化经营工作会议，进一步加大了推进产业化经营的力度。

第二，丰富了对项目的扶持方式。在继续使用有偿无偿相结合的扶持方式的同时，2005年首次增加了投资参股经营和贷款贴息两类新的扶持方式。一是扶持了1个投资参股经营项目。2005年是江苏省首次开展投资参股经营试点工作，省农业资源开发局和省财政厅对选项工作非常慎重，共同派人赴四川、河南考察学习，并委托江苏天泰和天华会计事务所对三个项目申报单位进行财务审计。最后确定对连云港振兴集团花卉种苗繁育基地项目进行参股投资。对这一投资参股经营项目财政共投资2 400万元，其中中央财政1 200万元，省级财政配套1 200万元。二是扶持了13个贷款贴息项目。2005年首次从中央财政农业综合开发资金中单独安排了700万元贴息资金，专项扶持了13个贷款贴息项目，涉及高效种养业、农副产品加工以及农产品流通市场建设等，共吸引银行贷款2.4亿元。

第三，链式开发优质稻米产业。根据江苏省政府发展优势农产品产业职能分工，江苏省农业资源开发局把优质稻米作为大产业来抓，从基地建设、稻米精深加工，到水稻副产品综合利用，实行链式开发。一是建设一批优质稻米生产基地。2005年重点建设了淮北东部优质稻米区、洪泽湖周边优质稻区、里下河优质稻区和宁镇丘陵优质稻区等一批标准化、无公害生产基地。二是扶持了6个稻米精加工项目。2005年财政投资2 080万元，分别扶持了苏粮米业、农垦米业、兴化贤人米业、泗阳源盛米业、涟水华茂食品、宜兴粮油等6个稻米加工企业发展稻米精加工，鼓励企业扩大规模，培育知名

品牌。三是扶持了3个稻米深加工项目。财政投资1 700万元，分别扶持了高邮双兔米业有限公司新建米乳加工项目、淮阴凌桥米业有限公司新建五谷饼加工项目、如东金太阳油脂有限公司扩建米糠油加工项目。四是扶持了3个水稻秸秆利用项目。通过170万元贴息资金，扶持了淮阴鼎元科技发展有限公司、灌云欣森木业有限公司和沭阳新概念木业有限公司等3个企业改建、扩建水稻秸秆复合纤维板生产线。

三、区域开发打开新局面

第一，丘陵山区开发全面升温。丘陵山区农业综合开发引起了江苏省人大代表们的高度关注，在2005年1月召开的江苏省十届人大三次会议上，有47位人大代表建议加大对丘陵山区农业综合开发的投入力度。2005年5月份，江苏省原省委副书记曹鸿鸣、原常务副省长俞兴德、原副省长凌启鸿等老领导深入丘陵山区进行了专题调研，并向省委、省政府报送了调查报告，省委书记李源潮等领导作了批示。省长梁保华对丘陵山区的农业综合开发多次进行调研，提出要求。2005年10月13日，胡锦涛总书记视察了江苏省丘陵山区（句容）农业综合开发实验园，对“做给农民看，带领农民干，帮助农民赚”的做法给予了肯定。

第二，滩涂开发继续推进。2005年是滩涂开发资金和项目管理改革后，实行全省公开竞争选项的第一年，沿海各市、县滩涂开发的积极性非常高，项目申报十分踊跃。全年共扶持了大丰卯龙、射阳芦东、赣榆宋庄等3个滩涂匡围项目，匡围面积5万亩。同时，配套改造了11个垦区的4.4万亩土地，有效地改善了垦区的生产、生活条件。

第三，黄河故道专项开发奏响序曲。在2005年1月份召开的江苏省十届人大三次会议和省政协九届三次会议上，有33位省人大代表和3位政协委员建议尽快启动黄河故道专项农业综合开发。2005年3月4日，江苏省委1号文件提出，从省级集中的土地出让金中安排专项资金，支持黄河故道农业综合开发。省老促会组织老同志、老专家在全面调研基础上，向省委、省政府提出了启动黄河故道专项开发的建议。2005年5月16日，《江苏省黄河故道“十一五”农业综合开发规划》通过了由江苏省农科院、南京农业大学、江苏省发改委、财政厅、农林厅、水利厅和国土厅等单位相关专家组成的专家组的评审。

第四，高沙土开发成效明显。2005年共改造治理高沙土9万亩，项目区农业生产条件得到明显改善。项目区灌溉保证率由立项前的30%左右，提高到开发后的70%以上。经过改造后，项目区由3天轮灌一次水变为12小时全部灌溉到位，每亩节约水费30多元，有效地解决了土壤渗漏，灌排成本高、效率低等问题。

四、规范管理迈出新步伐

第一，改革项目检查验收办法。2005年，江苏省农业综合开发改进了对项目检查验收的方式，委托社会中介机构对重点地区、重点项目进行审计检查。2005年5月，聘请南京和徐州两家会计事务所对2004年度宿迁、南通、淮安三市的重点产业化经营项目和规模开发项目进行了审计。7月，省农业资源开发局和省财政厅分5组深入项目区抽查和验收。验收结束后，以市为单位进行综合打分排名，徐州、扬州、南通、苏州四市被评为优秀等次。

第二，强化项目可行性研究。2005年，江苏省的农业综合开发产业化经营项目可行性研究报告首次统一委托具有资质的省农垦设计院编制。为配合编制单位和企业做好可研工作，江苏省农业资源开发局协助编制单位聘请了50多名专家，并组织召开了可行性研究报告编报会议。编制过程中，还组织了两次专家会审，严把可研报告质量关。江苏省编制的2005年度产业化经营项目可行性研究报告质量较高，上报国家农发办的15个重点项目有14个通过评审，13个获准立项，一般项目全部通过立项。

第三，加大项目监管力度。为严肃财经纪律，确保资金安全和项目安全，2005年江苏省加大了对项目和资金管理中违纪违规问题的处理力度。射阳县华宏丝绸有限公司在项目申报过程中，虚报销售收入和利润，县、市农业综合开发和财政部门审核把关不严，导致该项目被列入了2005年度农业综合开发项目计划。为严肃项目申报纪律，保证资金安全，江苏省农业资源开发局和省财政厅撤销了射阳县华宏丝绸有限公司300吨桑蚕捻线丝加工项目，并通报全省。

五、机制创新有了新发展

第一，着力完善多元化投入机制。近年来，江苏省农业综合开发积极探索多元化的投入机制，充分发挥财政资金的导向作用，吸引工商资本、外商资本、民间资本和金融资本参与农业综合开发。据统计，2005年全省农业综合开发项目区累计引进项目291个，实际利用资金22.7亿元，其中市、县开发部门自主招商引资4.8亿元。

第二，稳步推进项目法人责任制试点。按照国家农发办和省政府的要求，2004年江苏省积极推行了土地治理项目法人责任制试点工作。铜山、宝应、如皋等三个试点县设立了项目法人，在项目建设从前期准备到竣工验收、资产移交的全过程中履行职责。2005年，在铜山、宝应继续试验、完善的同时，在南通市全面实行了项目法人责任制试点。从试点的情况来看，实施项目法人责任制后，明晰了建设主体，落实了工作责任，保证了工程质量。

第三，积极开展项目投资绩效评价研究。为全面考核农业综合开发的经济、社会和生态效益，提高农业综合开发资金运行质量和使用效益，合理确定农业综合开发资金的投向，2005年，江苏省农业资源开发局和省财政厅设立专项课题，与南京农业大学联合开展了农业综合开发投资绩效评价研究。同时，江苏省承担了国家农发办布置的国家农业综合开发产业化经营项目资金绩效评价指标体系研究。2005年11月28～29日，国家农发办在南京召开了农业综合开发资金绩效评价研究工作会议，与会代表对江苏省研制的评价指标体系和实证分析给予了肯定。

2005年，江苏省农业综合开发工作取得了明显的成绩，但是，工作中需要探索和改进的地方也不少。其中，如何准确监测和切实提高农业综合开发财政投资的效益，如何在新农村建设的伟大实践中更好地发挥农业综合开发的作用，如何使农业综合开发紧密地结合农村实际、贴近农民需要，如何提升农业产业的发展水平和市场竞争力，从事农业综合开发工作的人员如何进一步提高思想理论水平和实际操作能力等，都是亟需在今后的工作实践中认真研究解决的重要课题。

（江苏省农业资源开发局供稿，邱泽森执笔）

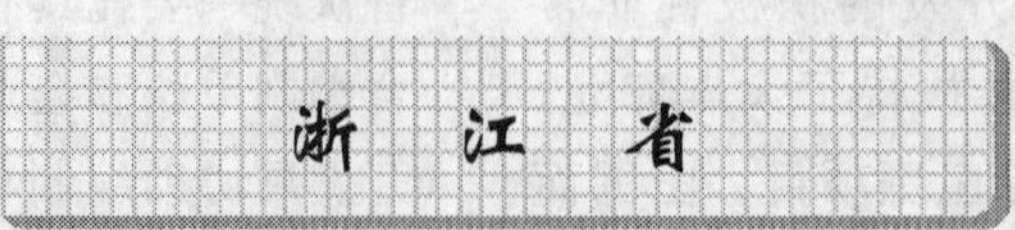

浙江省

一、周密组织，精心实施2005年度农业综合开发项目

根据国家农业综合开发办公室的批复，浙江省农业综合开发办公室及时下达了2005年项目计划和省以上财政资金。同时按照国家农发办的有关要求，浙江省在做好项目前期准备工作的基础上，积极推行项目法人制、招投标制、工程监理制、资金和项目公示制，严格执行县级报账制，精心组织实施农业综合开发土地治理项目和产业化经营项目，项目实施进展顺利。

2005年，浙江省农业综合开发项目总投资（含省级立项，下同）13.69亿元，其中中央和省级财政资金5.57亿元，比2004年增长16.6%。全省实施农业综合开发土地治理项目92个，治理面积80.87万亩。其中实施中低产田改造项目66个，

面积67.27万亩；山区小流域农业生态工程项目26个，治理面积13.06万亩。另外，实施中型灌区节水改造配套项目1个，续建天台里石门水库中型灌区节水改造配套改造项目，项目总投资6.21亿元，其中中央财政资金1.67亿元，省级财政资金1.92亿元，市、县财政配套资金1.33亿元，自筹及其他资金1.29亿元。全省实施产业化经营项目47个，其中重点产业化经营项目12个，一般产业化经营项目35个。项目总投资7.35亿元，其中中央财政资金9 000万元，省级财政资金9 800万元，市、县财政配套资金2 000万元，自筹及银行贷款5.27亿元。

二、规范管理，认真贯彻执行财政部第29号令

2005年，财政部第29号令《国家农业综合开发资金和项目管理办法》颁发后，浙江省农发办极为重视。一是及时向浙江省政府有关领导汇报，争取浙江省政府办公厅转发浙江省实施办法。二是多次组织学习讨论，深刻领会文件的精神实质。三是深入各市、县调查研究，并两次召集部分市、县农发办主任和财政局分管局长、农财科（处）长进行学习座谈，听取各地对贯彻落实好财政部29号令的意见和建议。四是在11月底举办全省农发办主任和财会人员培训班，学习、宣讲《国家农业综合开发资金和项目管理办法》，会后印发了培训资料。在做好这些工作的基础上，结合浙江省实际，草拟了《浙江省农业综合开发资金和项目管理实施办法》。

三、争取资金，不断做大农业综合开发"蛋糕"

2005年中央财政下达浙江省农业综合开发财政资金总额为2.61亿元，土地治理项目自然灾害损毁工程修复中央财政补助资金为500万元。在中央财政新增农业综合开发资金全部用于投资参股经营试点的情况下，2005年国家农发办下达浙江省2006年农业综合开发中央财政投资控制指标为2.73亿元，比2005年增加1 163万元。

四、完善制度，进一步加强资金和项目管理

2005年，浙江省农发办制定完善了各项管理制度。一是制定了《浙江省农业综合开发土地治理项目工程质量管理实施细则》、《浙江省农业综合开发中型灌区节水配套改造项目管理实施细则》、《浙江省农业综合开发财政贴息资金管理办法》等一系列管理制度。二是建立了农业综合开发产业化经营项目反馈制度，规定所有经批准的农业综合开发产业化经营项目都应定期或随时反馈项目建设和资金使用情况；若项目实施过程中发现问题，要及时申请变更、调整或终止。这一制度进一步规范了农业综合开发资金和项目管理。与此同时，浙江省农发办完善了农业综合开发项目选项程序，要求统一按照"政策公示、择优选项、考察评估、征询意见、集体讨论、领导审定、上报批准"程序开展选项工作，所选项目经浙江省农业综合开发协调小组审定后报国家农发办批准，确保所选项目既符合国家政策要求，又能较好地促进当地农业综合生产能力的提高和农民收入的增加。同时，浙江省农发办充分利用省农业综合开发协调小组联络员制度，广泛征求意见，听取浙江省水利厅、农业厅、林业厅、海洋与渔业局等协调小组成员单位的合理建议，使农业综合开发项目计划更加符合浙江实际。

五、强化监督，开展农业综合开发项目中期检查

浙江省农发办在贯彻落实《国家农业综合开发资金和项目管理办法》的基础上，进一步加强了监督检查的工作力度，使监督检查工作制度化、规范化。2005年7月初至10月底，全省开展了农业综合开发项目和资金管理中期检查。主要检查2003、2004年度立项的土地治理和产业化经营项目实施和资金使用情况。检查采取自查和重点检查相结合的办法。在各地自查的基础上，浙江省农发办与财政部驻浙江省财政监察专员办事处组成联合检查组，重点抽查了18个项目县的34个项目。检查开始前，举办了农业综合开发业务培训，对检查的内容、方法、步骤、注意事项作了明确的规定。中期检查结束后，督促各地切实整改存在的问题，促进了项目建设质量和资金使用效益的提高。

六、积极开展调查研究，加大农业综合开发宣传力度

按照2005年初制定的调查研究工作计划，浙江省农发办积极落实调查研究任务，深入全省具有代表性的市、县、乡镇、村积极开展对农业综合开发的调查研究，完成了省财政厅布置的“县级农业综合开发土地治理项目建设机制研究”的调研课题，调研报告获全省财政系统调查报告三等奖。此外还完成了“浙江省农业综合开发农民筹资投劳现状及对策”等7个调研课题，上报国家农发办。国家农发办领导在来浙江调研后，撰写了《浙江省农业综合开发若干思路及启示》和《创新产业化经营项目支持方式　做大农业综合开发富农“蛋糕”》两篇文章，在《中国农业综合开发》2005年第九期和第十期上发表。与此同时，浙江省农发办还加大了农业综合开发宣传力度。一是办好《浙江省农业综合开发简报》，全年共发9期。二是及时向国家农发办、省政府、省财政厅报送工作信息，获省财政厅财政信息工作三等奖。三是与省农业厅宣传站联合制作浙江省农业综合开发电视宣传片，扩大了浙江农业综合开发的影响。

（浙江省农业综合开发办公室供稿，赵国瑛执笔）

2005年宁波市农业综合开发基本完成了年初预定的各项工作任务，开发规模和管理水平有了新的提高。农业综合开发项目区农田基础设施条件明显改善，农业产业化经营进一步推进，农业综合生产能力全面提高，农民收入稳定增长。

一、农业综合开发基本情况

2005年宁波市的农业综合开发坚持高起点、高标准、高质量，以中低产田改造为重点，加大生态综合治理力度，加强中型灌区节水配套改造，集中资金扶持农业产业化经营龙头企业，确定了鄞州区、余姚市、慈溪市、奉化市、宁海县、象山县、江北区等7个县（市）、区的20个镇（乡）为2005年度土地治理项目区，2005年产业化经营项目则涉及鄞州区、余姚市、慈溪市、奉化市、宁海县、象山县、北仑区等7个县（市）、区的10家农业产业化经营龙头企业。

（一）土地治理项目

1．2005年共实施中低产田改造项目17个，涉及象山县的泗洲头镇、晓塘镇、定塘镇，宁海县的一市镇、大佳河镇、茶院乡、跃龙街道，鄞州区的姜山镇、占岐镇、龙观乡，余姚市的陆埠镇、马诸镇、西南街道，慈溪市的坎墩街道，奉化市的尚田镇、萧王庙街道、江口街道。改造面积共19.05万亩。

2．实施小流域治理项目2个，涉及江北区慈城镇和鄞州区章水镇，治理面积1.86万亩。

3．中型灌区节水配套改造项目1个，安排在慈溪市的新浦镇，受益灌区面积5.2万亩（建设期限2年）。

上述三类土地治理项目计划总投资为1.52亿元，其中中央财政资金3 781万元，地方财政配套资金8 121.6万元，自筹资金3 317.74万元。

（二）产业化经营项目

实施种养殖基地项目1个，为宁海县利丰牧业有限公司奶牛养殖扩建项目。

实施农产品加工项目9个，即北仑通州农业水产发展有限公司的蔬菜及水产品加工项目、象山县宁波海浦生产科技有限公司的海洋生物有机液肥加工项目、象山县宁波三杰水产品有限公司的海上鱼

类加工及配套项目、象山县宁波仙子谷酒业有限公司的杨梅酒加工项目、鄞州区宁波天宫庄园果汁果酒有限公司的桑果酒加工项目、余姚市银树绿色食品有限公司的绿色农产品保鲜和速冻加工项目、慈溪市海通食品集团股份有限公司的混合蔬菜软罐头加工项目、奉化市以勒食品有限公司的油炸蔬菜食品加工项目、奉化市宁波绿之健有限公司的植物提取物加工项目。

两类产业化经营项目计划总投资为1.24亿元，其中中央财政资金2 690万元，地方财政配套资金5 380万元，自筹资金4 373万元。

截至2005年底，宁波市农业综合开发完成中低产田改造4.96万亩（不含上年结转数，下同），占计划的26%；完成小流域治理面积0.28万亩，占计划的19.8%。中型灌区节水配套改造项目也已经完成所有招投标工作并正式启动。产业化经营项目完成养殖项目1个、加工项目3个。

通过2005年土地治理项目的实施，项目区新增粮食生产能力1 188.51万公斤，新增棉花生产能力3.2万公斤，新增油料生产能力456.56万公斤、糖料4.8万公斤。项目区直接受益农民年纯收入增加总额为6 097万元；新增和改善灌溉面积18.56万亩，新增和改善除涝面积16.84万亩，新增节水灌溉面积7.27万亩，年节约水量935.25万立方米；扶持农技服务站14个，完善农产品质量检测体系13个。通过对产业化经营项目的扶持，新增农业总产值4.77亿元，农业增加值2.1亿元；直接受益农民年收入增加总额9 921.1万元，新增利税8 073.41万元，增加农民就业人数4 285人；新增药材25万公斤、肉类8.5万公斤、奶330万公斤。

二、主要做法和工作成效

2005年，宁波市农业综合开发工作围绕“农业增效、农民增收、农业发展”的目标，精心组织，认真实施，扎实工作，圆满完成了各项建设任务，取得了显著成效。

（一）积极筹措资金，农业综合开发规模保持平稳增长

宁波市各级党政领导对农业综合开发工作十分重视，市农业综合开发办公室积极争取国家农业综合开发资金，2005年中央财政投资控制指标达到7 125万元，在中央财政新增资金主要用于粮食主产区的情况下，比2005年的6 420万元控制指标仍增长了10.98%。在中央财政资金投资增幅趋缓的情况下，宁波市各级财政积极筹措地方配套资金，并督促项目建设单位落实自筹资金，使2005年实际项目总投资增长幅度仍然较大。根据国家农发办实际批复的计划，宁波市2005年农业综合开发土地治理项目总投资为1.52亿元，比2004年增长了18.5%；产业化经营项目总投资为1.24亿元，比2004年增长了17%。

（二）科学合理规划，组织编写农业综合开发“十一五”规划

宁波市农发办自2005年初开始进行全市农业综合开发“十一五”规划的编制工作。为做好这项工作，市农发办委托市国际投资咨询有限公司负责具体编制工作，并指定专人负责有关数据的搜集整理。“十一五”规划编制工作经历了三个步骤。一是准备阶段，市里下发通知，要求各地按照统一格式编制县级农业综合开发规划，搜集整理今后五年的备选项目。二是编制阶段，在县里规划的基础上，结合宁波市农业产业规划，对备选项目进行汇总、整理和平衡，确定全市“十一五”期间的基本任务和布局重点。三是审定阶段，在广泛征求市政府有关领导、市财政局、联席会议成员单位及各县（市）、区农发办等各方意见的基础上，组织专家评审，并最后定稿。根据“保持规模，提高质量”的原则，“十一五”期间宁波市农业综合开发计划改造中低产田70万亩，实施小流域生态综合治理10万亩，建设中型灌区节水配套改造项目5个，实施产业化经营项目60个，五年项目总投资14.64亿元，比“十五”期间略有增长。

（三）积极争取立项，首个中型灌区节水配套改造项目通过国家审批

中型灌区节水配套改造项目是农业综合开发土地治理的三类项目之一，是为农业综合开发项目区直接提供外部水利灌排条件的、设计控制灌溉面积为5万

亩至30万亩的已有中型灌区灌排骨干工程设施的配套完善和节水改造工程。这类项目由于投资较大，一般为2 000万元左右，因此对项目前期准备工作要求比较高。宁波市农发办在充分调查论证的基础上，认真编制可行性研究报告，最终慈溪市新浦镇中型灌区节水配套改造项目获得国家批准立项。

国家农发办对宁波市实施中型灌区节水配套改造项目十分关注，并将宁波市列为2006年中型灌区节水配套改造项目试点单位（全国共两个试点单位，即宁波和新疆），实行先做后补的政策。

（四）强化监督管理，努力提高农业综合开发资金绩效

一是强化监理工作。2005年起，宁波市全面实行省级集中监理招投标，确定了上海、杭州两家监理公司对2005年农业综合开发土地治理项目进行监理，从长远来看，监理工作的开展有利于提高项目工程建设质量，规范项目实施管理，提高资金的使用效益。二是注重外部监督。宁波市审计局对2003～2005年的项目进行了全面审计，财政部宁波专员办对象山、宁海等地进行了专项检查，对审计和专项检查中发现的问题，进行了及时的整改。三是开展绩效考评。确定了鄞州区的土地治理项目作为农业综合开发绩效考评工作试点项目。四是着手拟订农业综合开发实施细则。《国家农业综合开发资金和项目管理办法》（财政部29号令）出台后，宁波市农发办着手拟订了有关实施细则（补充规定）。

（五）及时办理手续，中央财政呆账核销资金拨付到位

2005年，财政部批准核销宁波市2002～2004年到期农业综合开发有偿资金呆账691万元，其中591万元落实到各县（市）、区。宁波市已经及时将这笔资金拨付到各有关县（市）、区。

（六）狠抓进度，2005年农业综合开发项目进展顺利

2005年宁波市农业综合开发克服了项目批复迟、施工期雨水多的困难，精心组织实施，狠抓工程进度，较好地完成了年度建设任务。据统计，2005年农业综合开发土地治理项目已完成小型水库4座、拦河坝9座、灌排渠系415.05公里的修建任务，改良土壤1.67万亩，修建新建机耕路400.97公里，购置农业机械30台套，营造农田林网2.97万亩，培训农民1.23万人；产业化经营项目完成改扩建项目11个（含上年结转数）。

三、存在的困难和问题

宁波市农业综合开发工作已经开展了十多年，在实践中积累了许多好的经验和做法，取得了较大成绩，为社会主义新农村建设做出了贡献。但是还存在一些问题，主要有：

（一）宁波市级财政配套压力较大

国家农发办在2004年重申省级财政要承担地方配套资金的大头，明确要求计划单列市按中央财政1∶1.4的比例安排本级配套资金。宁波虽然具有省级的管理权限，但从财力上来讲，资金的调控余地和转移支付的能力与省级是不能相比的，这种财政体制导致宁波市在资金配套问题上承受很大的压力。实际执行中，市级财政没能按要求足额配套，而是采取市、县1∶1的配套比例。

（二）前期工作还不够扎实

由于有的县（市）、区项目前期工作没有到位，项目库储备不够充分，缺乏科学的评估论证程序，有时又受“长官意志”、“人情项目”的干预，导致部分项目在实施过程中变化很多，出现调整建设内容或根本无法实施的问题。

（三）项目实施进度缓慢

从2005年项目实施进度来看，多数县（市）、区工程进展缓慢，未能做到在年底前进度过半。其原因，一是人员变动，工作衔接不够；二是政策处理难度大，影响了进度；三是施工力量薄弱，施工人手不够；四是前期工作不实，计划变更影响了工程进度。

以上这些问题已经引起宁波市各级农发办的高度重视，下一步将深入分析产生这些问题的原因，提出解决的办法和措施。

（宁波市农业综合开发办公室供稿，陈杰执笔）

安　徽　省

一、农业综合开发基本情况

2005年，安徽省国家立项的农业综合开发项目（含世界银行贷款项目）涉及17个市82个县（市、区）和安徽省农垦局、监狱局、劳教局的9个直属国营农场。全年计划投资11.94亿元，比上年增加2.8亿元，增长30.6%。其中，中央财政投入达5.01亿元，比上年增加1.29亿元，增长34.7%；省财政配套投入达2.15亿元，比上年增加4 638万元，增长27.4%，大大超过财政支农平均增幅。通过补助、补贴、贴息、租赁、拍卖使用权、业主负责制等方式，引导企业和农民自筹资金3.65亿元，比上年有了较大幅度增加。银行贷款7 134.31万元。此外，还以农业综合开发项目为平台，开展招商引资，引入资金达3.3亿元。全省用于农业综合开发的资金在大幅增加，比重也在逐步提高。

2005年度农业综合开发项目共三种类型。一是以农业综合开发土地治理项目和世界银行贷款加强农业灌溉三期项目为载体，投入6.9亿元，加强农业基础设施建设，改善生产条件，提高农业综合生产能力。其中，重点向22个粮食主产县倾斜，投入1.8亿元，用于建设优质农产品生产基地。全省共改造中低产田127.4万亩，实施生态治理8万亩，修建拦河坝226座、排灌站231座，开挖疏浚渠道2 879.91公里，衬砌渠道571.69公里，埋设管道10.96公里，建成渠系建筑物24 086座，累计改良土壤69.94万亩，建设良种基地5.7万亩，修筑机耕路1 298.21公里，购置农业机械1 618台套，植树14.57万亩（折片林）；培训农民48.24万人次，购仪器设备2 726台，引进农业示范推广新技术187项，完成科技推广46万亩。二是以农业综合开发产业化经营项目和世界银行贷款农业科技项目为载体，投入4.38亿元，扶持农业产业化龙头企业59个。其中，对3个国家和省级农业产业化龙头企业实行财政资金参股经营扶持方式，将11个国家和省级农业产业化龙头企业作为重点产业化经营项目进行扶持。建设和农业产业化龙头企业密切联系的种植业基地151.2万亩，建设厂房14.3万平方米，建立农产品加工生产线15条。三是以国家科技推广综合示范项目为载体，分别在庐江、怀宁、裕安和固镇4个县（区），当年投入527万元，示范推广农业科技面积达3.88万亩，推动农业科技进步。

二、项目建设成效显著

通过开发治理，安徽省农业综合开发项目区的经济、社会、生态环境、农业生产条件和农产品自给能力得到了明显改善，实现了农业增产、农民增收的开发目标，促进了农村产业结构的调整，取得了显著的经济、生态和社会效益。

第一，项目区农业生产条件得到切实改善，从而促进了农民增收。土地治理项目区新增和改善灌溉面积115.61万亩，新增和改善除涝面积83.03万亩，新增节水灌溉面积32.65万亩，年新增粮棉油生产能力1.6亿公斤，农民年纯收入增加2.99亿元，增加农田林网防护面积72.94万亩。产业化经营项目年新增总产值19.23亿元，年新增附加值5.9亿元，直接受益农民年收入总额3. 4亿元。科技示范项目区扩大良种种植面积10万亩，培训合格劳动力1.83万人，直接受益农户达5.46万户，年新增产值2.3亿元。

第二，提升了项目区农业生产水平。农业综合开发土地治理项目的实施，加快了农村种植结构调整，主要农产品优质品种率提高，从而促进了农产品市场的繁荣和农民收入的增加，促进了项目县农村经济的发展，并带动了周边经济的发展，提高了农业发展的稳定性和可持续性。通过产业化经营项目的实施，发展了一批农业龙头企业，推进了农业产业化进程，提高了项目区农产品的商品率和增加值。

第三，生态环境逐步改善。土地治理项目区增加农田林网防护面积72.94万亩，森林覆盖率比非项目区提高了1～2个百分点。改良土壤79.67万亩，控制水土流失面积228.4平方公里，农业生态环境明显好于非项目区，农民生活质量得到进一步提高。产业化经营项目在建设内容和无偿资金报账政策上，向无公害农产品、绿色和有机食品的认定、认证及品牌建设以及企业用于治理污染的措施倾斜，引导了农业产业化龙头企业进一步提高环保意识。

第四，推广先进适用的科技成果。通过在项目区加大优质、专用、特色新品种和先进适用农业新技术的推广力度，不仅提高了农产品的产量，而且也全面提高了农产品的质量和安全水平，促进了农产品的优质化和专用化。

三、主要措施和做法

2005年，安徽省农业综合开发工作紧紧围绕农业增效和农民增收这一主题，加大投入，创新机制，加强管理，为构建农村和谐社会做出了新贡献。

（一）发展为上，全面推进农业综合开发事业快速、健康发展

2005年，安徽省农业综合开发工作围绕促进农业增效和农民增收这一目标，创新发展理念，加大投入，突出重点，取得了良好的经济、社会和生态效益。

第一，创新了发展理念。3月19～20日，在合肥市召开了全省农业综合开发工作会议。会议指出，落实科学发展观，必须牢固树立“七个坚持”的科学发展理念，即坚持科学规划，坚持分类指导，坚持规模开发，坚持结构调整，坚持可持续开发，坚持科技创新，坚持开发与农村社会事业协调发展。

第二，突出了发展重点。安徽省2005年的农业综合开发工作强调把土地治理项目与促进结构调整、建设产业化基地结合起来，把扶持龙头企业的发展与带动农民增收致富、促进县域经济发展结合起来，进而实现和谐发展、全面发展和科学发展。为此采取的主要做法，一是资金投入进一步向粮食主产区倾斜。2005年全省共安排重点开发县22个，轮换县19个，对22个粮食主产县土地治理项目投入达1.8亿元。二是着力提高农业产业化经营水平。2005年集中资金扶持了56个农业产业化龙头企业，带动农户达5.2万户，直接受益农民年增收总额达3.4亿元。其中，用于扶持济人药业、山华集团、龙牧猪业等11个国家级、省级产业化龙头企业的财政资金达7 500万元。

三是创新扶持方式，突出抓好投资参股经营，3个投资参股经营项目总规模达到7 500万元。

第三，提高了发展效益。通过合理规划、综合治理，项目区的经济、社会、生态环境及农业生产和农产品自给能力得到明显改善，加快了农村种植结构调整，促进了项目区农村经济发展，农业生态环境明显好于非项目区，农民生活质量得到进一步提高。

（二）改革为先，积极探索农业综合开发运行管理新机制

第一，进一步健全了促使农业综合开发投入稳定增长的新机制。一是坚持预算管理，确保落实省级财政配套资金。为此，安徽省将农业综合开发省级财政配套资金纳入预算管理范畴，做到年初预算统筹考虑，预算安排优先保证。二是建立健全市、县财政配套保障机制，确保市、县财政配套资金落实到位。2005年首次安排3 300万元资金用于试行“以奖代补”办法，加大对配套资金到位、工作实绩突出的市、县的奖励力度。三是充分发挥农民群众作为农业综合开发中的主体的作用，完善农民筹资投劳机制，积极探索利用农机补贴、业主制等，将农民需要的农机和机井纳入项目计划和补贴计划，引导农民自筹资金，自行购置农机设备和机井设备，参与项目建设。四是积极探索财政资金的配合引导机制，充分利用市场机制，发挥财政资金

“四两拨千斤”的作用，通过实施贷款贴息等方式，吸引金融资本投入农业综合开发。同时通过补贴、贴息等方式，引导和鼓励民间资本、工商资本和外资等投入能带动农民致富的农业综合开发项目，逐步形成全方位、多渠道、多途径的农业综合开发投入格局。

第二，健全了农发资金分配和使用机制。在农业综合开发财政资金的分配上，安徽省严格按照综合因素法进行科学、合理、公平的分配，进一步体现奖优罚劣的原则。2005 年实行了重点开发制和项目县轮换制，即根据 2004 年工作实绩，对 21 个农业综合开发重点县加大投入力度，使这部分资金规模占全省土地治理项目资金的 50% 以上；轮换和暂停了 22 个农业综合开发项目县，当年不再向这些县安排土地治理项目投资。同时，加大对市、县农业综合开发工作的考评力度，制定了科学的考评办法，将考评结果与下年度分配投资规模挂钩，2005 年首次对全省农业综合开发先进单位在投资规模上给予奖励。

第三，开展了农业综合开发建设社会主义新农村试点工作。按照党的十六届五中全会提出的建设社会主义新农村的要求，安徽省致力于全面提高农业综合生产能力，加快现代农业和新农村的建设进程。安徽省农发局积极探索农发资金与其他支农资金互相配合、统筹安排的投入新机制，以望江县合成圩农业综合开发项目为平台，整合财政支农项目资金，建立合成圩农业综合开发和社会主义新农村建设试点示范区。项目按照“规划引导、统筹安排、明确职责、项目带动、政府引导、群众参与”的思路，以开发项目为平台，整合使用农业、林业、水利、交通、土地、农业综合开发、扶贫和农村社会事业发展等项目资金，通过实施水利、农业、林业、交通、农业综合开发、村庄整治、农村公共事业建设、农村文明建设、村组基层组织建设等“九大工程”，全面加强农业基础设施建设和农村公共事业建设，大力发展现代农业和农村经济，规划建设农村生态家园，培育新型农民，完善村级民主政治建设。当年对各类支农资金 3 300 万元进行了统筹安排，变分散资金为板块投入，变平面开发为立体开发，已初步取得了阶段性成果，得到了省委、省政府的充分肯定。

第四，进一步完善了项目县的管理机制。一是深化项目县轮换制改革。为配合这一制度的推行，2005 年加大了宣传力度，进一步提高干部群众对实行项目县轮换制的重要意义的认识。同时合理确定轮换面，设立科学合理的项目县轮换制考核因素，使轮换县的确定与全省农业及农村总体发展战略联系起来，与开发工作成效联系起来。2005 年全省轮换县达到 19 个，有力地推进了项目县工作的开展。二是改进完善项目县直管制。2005 年进一步改进和完善直管方式，扩大直管面，对沿江苏、浙江省边境的 23 个县、市全部实行直管。在实行县直管制的同时，进一步完善市级的管理责任和权利，对重点县的确定、取消、奖惩除要考核客观指标外，在工作方面更多地听取市级意见，着力建立起省、市联动机制，加大对直管县的管理力度。

第五，完善了项目建设管理机制。2005 年在农业综合开发领域大力推行政府采购制、工程招投标制、工程监理制，进一步规范项目建设的招标、采购行为，全面委托政府采购中心或招标局进行运作；推行专业监理和群众性监理相结合的监理新模式，切实提高项目建设质量和水平，把县级农业综合开发办公室从繁琐的事务性工作中解脱出来，有力地增强了其监督管理功能，也增加了工作透明度。

（三）效益为本，全力推进农业综合开发项目建设

2005 年，全省共实施了国家农业综合开发土地治理项目、产业化经营项目、国家科技推广综合示范项目、农业综合开发灾毁修复项目、部门项目、世行加灌三期项目、世行科技项目等八大类项目。为保证项目早实施、早见效，让农民早受益，安徽省农发部门本着务求实效的原则，统筹运作，强化管理，主要做好了以下几方面工作。

第一，抓好 2005 年度项目的前期准备工作。一是抓好 2005 年项目选项工作。根据国家的方针政策和安徽实际，2005 年发布了选项指南，进一

步明确了选项原则，要求土地治理项目必须是集中连片，向优势农产品主产区集中，建设优质农产品生产基地；产业化经营项目必须扶优、扶强、扶龙头，带动农民增收，并且严格实行市县推荐、专家评审、择优立项的程序。二是抓好2005年项目计划编制申报工作。重点是合理安排投资，确保项目建设内容是符合实际的，是农民群众生产、生活需要的，同时也是国家政策允许的。为此，专门召开了项目计划编制工作布置会。由于项目计划编制工作组织得力，2005年农业综合开发土地治理项目和产业化经营项目计划均一次性获得国家通过。其中，在国家组织的2005年产业化经营项目申报及计划编制工作考评中，安徽省荣获全国第一名；安徽省组织申报的2005年农业综合开发产业化经营中央财政贴息项目，不仅项目通过率最高，通过的项目数量也为全国最多，全省共有12家企业通过了国家农发办的审查。三是抓好2005年项目实施方案和扩初设计的审批，要求市、县进行实地审核审批，保证项目工程布局合理，工程设计美观大方，工程效果实际、实用，同时投资做到最节约。四是抓好项目资金到位工作，对中央、省级财政资金及时筹措、及时拨付。2005年中央、省级财政资金在10月底之前已全部下拨，市、县财政配套要求足额到位，农民自筹资金在不加重农民负担的情况下，采取补助、补贴，投工投劳、投物等方式合理到位，确保了项目建设的资金需要。

第二，进一步完善对投资参股经营项目的管理。安徽省是财政部批准首批开展农业综合开发投资参股经营试点工作的省份。2005年，全省投资参股企业增加到3家，财政参股资金达到7 500万元。为强化对投资参股企业的监管，确保国家财政资金规范、安全、有效运行，安徽省采取了一些有效措施。一是完善并下发《安徽省农业综合开发投资参股经营试点管理暂行办法》，明确项目申报、委托经营与监管、国有股投资收益管理和国有股权转让管理等事项，为农业综合开发投资参股经营试点的规范化运作打下了坚实的基础。二是经省政府同意，组建安徽省惠农投资管理有限公司，由惠农公司对财政投资参股资金进行资本运作，对投资参股企业进行管理、监督。

第三，着力抓好世行贷款项目的建设工作。安徽省世行项目总投入为9.2亿元，其中，世行三期项目总投资为5.6亿元（包括世行贷款3 080万美元，折合人民币2.54亿元），世行科技项目总投资为3.6亿元（包括世行贷款2 000万美元，折人民币1.63亿元）。通过长达3年的准备，世行贷款农业科技项目和世行贷款加强灌溉农业三期项目分别于6月和10月转入正式实施阶段。批复下达后，按照世行和国家农发办的统一布置，安徽省农业综合开发局组织编制了2005年度项目实施计划，下达了投资控制指标，并足额筹措落实地方配套资金，对相关人员进行培训。经过努力，2005年下达的投资建设计划已完成了近50%。

第四，强化对竣工项目的检查和验收。为加强农业综合开发资金和项目管理，提高农业综合开发资金使用效益，安徽省农业综合开发局及时组织检查、验收工作，确保项目建设顺利完工。一是4月至5月组织了对2003、2004年度产业化经营项目的专项检查。检查的主要内容包括项目计划执行、完成情况，资金到位、使用、管理情况，项目建设进度及企业经营状况等。检查采取市、县自查和省级抽查相结合的方式进行。省农业综合开发局对检查情况逐一进行了通报，并要求项目县和项目实施单位限期进行整改。二是10月委托社会中介机构对固镇、庐江、怀宁、裕安4个县（区）的国家科技示范项目进行中期评估。评估机构通过制定方案、听取汇报、实地考察、专家咨询、综合评价等程序对项目进行了评估，出具了评估报告。安徽省农业综合开发局根据评估报告，肯定了项目建设取得的初步成效，查找了项目实施与管理中存在的问题，要求各项目实施单位和技术依托单位高度重视评估中发现的问题，采取切实措施迅速整改。三是组织了对2004年竣工项目的验收。按照国家农发办关于验收工作的意见，制定了详细的验收方案，以市级验收为主，省级进行抽验，并且把产业化经营项目检查整改情况作为验收的组成部分，扩大省

级抽验面，对重点县和重点产业化经营项目要求必须全面验收。此次验收工作抽调省、市、县项目、资金管理人员30余人，组成6个验收小组，随机抽查了30个市、县及农场。验收对照项目规划设计，采取随机抽点、实地测量的办法，逐项工程进行查验核对，对工程招标文件、合同、支付报账单据一一进行核实，保证了项目验收不走过场。在验收过程中，对个别县存在的挪用资金的行为进行了严厉处罚。这次省级验收有力地推动了项目建设。

第五，规范部门项目管理。2005年是安徽省农业综合开发局加强部门项目管理力度最大的一年，所做的主要工作，一是明确项目管理职责，加强部门分工协作；严格项目申报程序，做好前期准备工作；强化对项目实施的管理，加大监督检查力度；积极筹措和落实项目配套资金，切实加强项目资金管理。二是配合有关农口部门，加强了对部门项目扩初设计的审查及计划下达和项目建设督查工作。参加了国土资源部门的2003年土地复垦项目的验收和2004年土地复垦项目的中期检查。协助国土资源部门下达2005年项目实施计划。提出农委部门项目评审方案，参与了项目可研报告的评审工作。三是尝试开展了对水利部门项目的财政投资概算审查工作，委托财政投资评审中心对2个中型灌区进行了投资预算评审。四是对2005年水利部门项目进行了实地评估，共考察评估了霍山县、宿松县和太湖县等3个中型灌区。通过采取一系列的措施，部门项目管理日趋规范。

（四）深入调研，努力提高驾驭和把握农业综合开发工作全局的能力

2005年，安徽省紧紧围绕农业综合开发以及“三农”工作中带有全局性、前瞻性的热点和难点议题，开展了广泛而深入的调研。从年初开始，省财政厅、省农业综合开发局领导带队，派出调研人员赴全省17个市67个县的70个农业综合开发项目区和近100家农业产业化龙头企业以及所有省直农口部门，开展了调查研究活动；组织了新疆、陕西农发考察团，西班牙、希腊可持续农业考察团，赴省外、国外考察。2005年还组织市、县参加了第五届名优农产品（上海）交易会，学习了苏南建设现代农业的经验，考察了四川省成都市红砂村社会主义新农村建设。每次调研，都力求做到主题突出、务求实效。

通过对调研掌握的大量信息资料进行认真的梳理、分析，省农业综合开发局累计完成调研报告25篇，字数达30万字。2005年所开展的调研中，既有紧紧围绕全省农业综合开发全局性工作进行的调研，又有关于农业综合开发中长期发展规划方面的调研；既有立足于建立和完善农业综合开发政策措施而开展的调研，又有开拓视野、学习先进、着眼于“三农”全局工作的调研。特别是省农业综合开发局完成的《全省农业综合开发的实践与思考》、《成都市红砂村推进城乡一体化情况考察报告》、《整合支农项目资金　倾力打造现代农业和新农村示范区》等调研报告，多次得到省委王明方副书记和省政府赵树丛副省长的充分肯定。市、县也结合本地实际开展了不同专题的调研，共递交报告100余篇。

2005年的调研工作影响广泛而深远。广泛而深入的调研全面系统地总结了农业综合开发18年来的工作，赢得社会各界对农业综合开发工作的理解、关心和支持，进一步促进了农业综合开发工作。通过调研，农发系统达到了开拓视野、完善政策、锻炼队伍、培训干部的目的，同时也激发了社会各界参与农业综合开发的热情，有力地促进了全省农业综合开发的发展。针对调研过程中发现的问题，省农业综合开发局进一步推动调研成果转化，于3月和9月分别成功召开了全省农业综合开发工作会议和全省农业综合开发产业化经营工作会议，下发了《关于进一步加强农业产业化经营和推进农业结构调整的指导意见》，确立了全省农业综合开发工作的新思路。

（五）组织视察，加强宣传，努力提升农业综合开发形象

为进一步扩大农业综合开发工作的影响，主动接受社会监督，营造良好的工作环境和氛围，省农业综合开发局于5月22～27日和6月2～7日两次安排了部分全国和省的人大代表、政协委员视察农

业综合开发项目区。农民日报、安徽日报、安徽电视台、安徽人民广播电台、现代农村报等新闻媒体派记者做了随行采访，国家农发办也派员专程陪同视察。代表和委员们每到一处，都认真听取当地党委、政府关于农业综合开发工作情况的汇报，仔细观看反映农业综合开发成果的电视纪实片，深入项目区和龙头企业进行实地考察，与农民群众亲切交谈，详细了解实施农业综合开发项目对促进当地农业和农村经济发展及农民增收的作用，并结合考察对如何进一步做好农业综合开发工作提出了建设性的意见和建议。视察活动取得了显著成效。一是进一步宣传了农业综合开发。视察活动期间，安徽人民广播电台共发新闻稿5篇。视察活动刚结束，安徽电视台便及时播出了视察新闻，并制作了一部纪实片。农民日报、安徽日报、现代农村报也及时编发了新闻稿和视察专版，广泛扩大了这次视察活动的社会影响。二是展示了农业综合开发成果。农业综合开发项目区的农业条件、生产水平、农民的收入水平明显高于非项目区，扶持的农业产业化龙头企业欣欣向荣，有力地带动了当地农业和农村经济发展，这些成果通过视察活动得到充分的展示，得到了社会各界特别是代表和委员们的充分肯定。三是有力地促进了安徽省农业综合开发工作。在视察活动中，农业综合开发工作主动接受来自人大代表、政协委员的依法监督以及来自新闻媒体的舆论监督，认真听取意见和建议，扎实改进工作作风，努力把工作落到实处。视察团在视察活动开始前听取了安徽省财政厅关于农业综合开发工作的全面汇报。视察活动结束后，又集中向财政厅反馈了视察意见。省人大办公厅、省政协办公厅就视察情况专门向省政府报送了专题视察报告，并抄报全国人大、全国政协和财政部，进一步宣传了农业综合开发工作。国家农发办不仅在《中国农业综合开发》杂志和《国家农业综合开发简报》上编发了安徽省此次视察活动的信息，而且发文要求全国学习借鉴安徽的这一做法。

（六）扎实开展保持共产党员先进性教育活动，加强队伍建设

2005年，安徽省农业综合开发局根据财政厅保持共产党员先进性教育活动领导小组的统一部署和《省财政厅保持共产党员先进性教育活动实施方案》的规定，扎实地开展了保持共产党员先进性教育活动。在学习动员阶段，支部组织全体党员通读《保持共产党员先进性教育读本》，精读党的十六大报告、新《党章》等，按照《党章》规定的党员标准，结合农业综合开发工作职责，在充分讨论的基础上提出了保持共产党员先进性的具体要求。在分析评议阶段，认真征求党内外群众的意见，深入开展谈心活动和党员民主评议工作；每位党员对照先进性的具体要求，认真写好个人党性分析材料，明确自己今后的努力方向，并在全体党员民主评议会上，认真开展批评和自我批评。在整改提高阶段，认真制定和落实支部及党员个人的整改措施，建立健全各项制度。由于认真做好了各个阶段的工作，使得保持共产党员先进性教育活动取得了良好的效果，并有力地推动了农业综合开发各项工作的开展。一是党员素质有新提高。主要表现在党员学习实践“三个代表”重要思想的自觉性和主动性进一步提高，理想信念进一步坚定，对新时期保持共产党员先进性的要求进一步明确，先锋模范作用进一步发挥。二是组织工作有新发展。进一步完善了“三会一课”、民主生活会和党员教育管理等制度，进一步加强和完善了党的组织发展工作，加强了对入党积极分子的培养教育工作。在先进性教育活动期间，多名同志主动向党组织递交了入党申请书。三是宗旨意识有新增强。保持共产党员先进性教育活动使党员、干部进一步加深了对“三农”工作的认识，增进了与农民群众的感情，增强了宗旨意识、责任意识、大局意识，由此也进一步树立了农业综合开发工作人员的亲民、爱民、为民的公仆形象。

（安徽省农业综合开发局供稿，王定友执笔）

福　建　省

2005 年，福建省农业综合开发工作着力提高农业综合生产能力和促进农民持续增收，继续加大资金投入，加强中低产田改造，积极扶持农业产业化经营，狠抓制度建设和责任落实，取得了明显成效。

2005 年福建省（不含厦门，下同）国家立项农业综合开发涉及 8 个设区市、53 个开发县（市、区）。经国家农发办立项批复，土地治理项目计划改造中低产田 59.3 万亩，建设小流域治理 1.7 万亩，建设中型灌区节水配套改造项目 1 个（不含部门项目），修复自然灾害水毁工程面积 3.6 万亩；计划扶持建设产业化经营项目 38 个（其中重点产业化经营项目 11 个，一般产业化经营项目 27 个）；计划续建科技推广综合示范项目 1 个。全省项目计划总投资 7.95 亿元，其中中央财政资金 2.08 亿元，地方财政配套资金 2.09 亿元，项目建设单位和群众自筹资金（含群众投劳折资）2.27 亿元，银行贷款 1.51 亿元。据统计，至 2005 年 12 月底，累计完成项目总投资 7.34 亿元，其中财政资金 3.52 亿元，自筹资金 2.24 亿元，银行贷款 1.58 亿元。土地治理项目完成改造中低产田（含水毁工程修复项目）60.91 万亩，完成投资 3.47 亿元；完成建设流域治理项目 1.58 万亩，完成投资 1 192 万元；按时序进度完成中型灌区节水配套改造项目年度建设任务。产业化经营项目按计划完成扶持建设改扩建加工项目 15 个，种植项目 11 个，养殖项目 8 个，完成投资 3.71 亿元，其中财政资金 0.91 亿元，建设单位和群众自筹资金 1.24 亿元。银行贷款 1.56 亿元。按计划完成科技示范项目年度建设任务，完成投资 1 684.7 万元。通过实施土地治理项目，项目区可新增和改善灌溉面积 44.39 万亩，新增和改善除涝面积 11.99 万亩，年节约水量5 337 万立方米，增加机耕面积 1.7 万亩，新增农机总动力 1 130 千瓦，完成农技服务体系 35 个；项目区累计可新增粮食生产能力 6 037 万公斤，直接受益农户 13.5 万户，直接受益农业人口 53.88 万人；项目区直接受益农民年纯收入增加总额 1.5 亿元，新增农民人均收入 278 元；通过实施产业化经营项目，预计项目建成投产后，新增总产值 12.8 亿元，增加值 7.78 亿元，年新增利税 1.6 亿元；直接受益农户 8.17 万户，直接受益人口 27.6 万人，直接受益农民年纯收入增加总额 1.37 亿元，新增农民人均纯收入 496 元，年新增就业人数 17 285 人；通过实施科技示范项目，年新增总产值 1.49 亿元，增加值 5 460 万元，年新增利税 1 900 万元，直接受益农户 6 023 万户，直接受益农业人口 2.38 万人，直接受益农民年纯收入增加总额 1 268 万元，农民人均纯收入新增 532 元，年培训合格劳动 1 400人。一年来，项目区农业基础设施建设得到了进一步加强，农业生产条件明显改善，抵御自然灾害的能力显著提高，使项目区成为招商引资的基地。通过推进农业产业化经营，提高农业科技含量，加大了农业结构调整的力度，加快了农村剩余劳动力的转移，有效地辐射和带动周边非项目区农业发展，增加了地方财政收入，农业生产效益和农民收入显著提高。

一、突出开发重点，着力提高农业综合生产能力

根据年初召开的全国农发办主任会议要求，福建省农发办在制定 2005 年全省农业综合开发工作要点和工作计划的基础上，坚持按照集中财力办大事、突出重点抓关键的原则，紧紧围绕提高农业综合生产能力特别是粮食生产能力和促进农民增收的目标，集中投入，重点开发，做到“三个突出”。一是突出重点开发区域。以粮食主产区和农产品优

势产区为重点，继续加大对省定32个重点开发县（市）的投资力度，把新增的农业综合开发资金主要用于重点开发县（市）建设，确保省定32个重点开发县（市）投资总额占70%以上。同时，继续加大对山区市和沿海欠发达县的扶持力度，确保山区市和沿海欠发达县的投资总额占60%以上。二是突出投资重点领域。加大土地治理项目中低产田改造力度，确保土地治理项目财政资金的90%以上用于中低产田改造。同时，继续抓好霞浦西溪续建和南安石碧、长汀汀南新建等中型灌区节水配套改造项目。通过实施农业综合开发土地治理项目，大力加强农田基础设施建设和生态环境建设，改善项目区农业生产条件，着力建设优质、高产、稳定、节水、高效的基本农田，增强农业抗御自然灾害能力，不断提高农业综合生产能力特别是粮食生产能力。三是突出区域特色产业。围绕省政府制定的“三、四、九”农业区域产业发展规划，加大对优势农业产业的扶持力度，重点支持竞争力、带动力强的龙头企业和优势特色产业种养基地，提高农业产业化经营水平，努力增加项目区农民收入。坚持扶大扶优扶强的原则，把产业化经营项目财政资金的50%以上用于重点扶持国家级、省级农业产业化龙头企业，对以粮食为原料的加工转化型企业加大扶持力度，带动优质粮食生产基地发展，促进粮食稳定增产与持续增收。同时以实施农业综合开发科技示范项目为依托，实施5个省级科技示范项目，围绕粮食、果茶、蔬菜、水产、畜禽等重点特色产业。突出农业先进适用技术的推广和应用，注重名特优等新品种、新技术的引进、示范和推广，加大对农民培训力度，进一步提高项目区农民文化素质和科技应用水平，加速科技成果转化，实现项目区农业增效、农民增收和可持续发展的目标。

二、坚持机制创新，不断增强农业综合开发活力

福建省在加大农业综合开发投入力度的同时，根据财政部有关规定和地方财政的承受能力，及时调整完善农业综合开发投资政策。进一步加大了省级财政配套投入，调减市、县财政配套比例，切实减轻了基层配套压力；针对不同地区的经济实力和财力状况，采取区别对待、分类实施的投入政策，加大对山区和沿海欠发达县的扶持力度，降低欠发达县地方财政配套比例；积极创造良好的工作业绩，在力争财政部和国家农发办支持的同时，积极探索建立地方财政配套保障机制，坚持将农业综合开发省级财政配套资金和农业综合开发事业费纳入预算管理，有效整合与农业综合开发投资相似和建设内容相近的省级财政支农资金，逐步加大省级财政对农业综合开发投入力度。在认真贯彻农村税费改革有关政策，坚持以农民要办为前提，充分尊重农民意愿的基础上，积极探索定额补助、以奖代补、拍卖产权和单项工程业主负责制等多种有效形式，落实农民筹资投劳政策，完善以农民为主体的开发机制；积极运用市场机制，实行竞争立项办法，用好用足财政贴息政策等；发挥财政资金导向作用，广泛吸纳各种民间资本、工商资本、信贷资金和台、侨、外资等参与农业综合开发。大力支持能够吸引银行贷款、带动农户、促进农民增收的龙头企业，积极引导金融、工商等社会资本投入农业综合开发，积极申报符合条件的贷款贴息项目，争取中央财政贴息资金支持，吸引更多的信贷资金投入农业综合开发。

三、加强科学管理，努力确保农发资金安全运行和有效使用

在认真执行财政部和国家农发办出台的农业综合开发各项制度的基础上，努力完善农业综合开发政策体系和管理制度，不断提高管理质量和水平。一是进一步完善资金分配办法，坚持客观、公正、公平和奖优罚劣原则，对各设区市土地治理项目中央财政投资控制指标的分配，坚持采取“开发资源潜力因素+工作绩效考核因素”的“综合因素”分配办法。二是修订完善了对各设区市的工作绩效考核办法，细化了考核指标，以各设区市的本级财政配套落实、到期有偿资金还款、项目检查验收、执行开发制度以及日常工作绩效考核情况为重点，对各市、县、区开发工作绩效进行全面考核，将考核

结果及时向各市、县、区通报，并作为年度开发资金分配的重要依据。三是强化项目事前监管，加强科学决策，把好项目立项审查关。进一步强化了项目立项的前期工作，完善项目库制度，全面推行专家评审制。省农发办组织了不同专业专家技术人员和部门工作人员共50多人，分别对各设区市上报申请立项的2005年度农业综合开发土地治理项目和产业化经营项目以及中央贷款贴息项目的可行性研究报告，进行全面实地考察与认真充分的评估论证，为择优立项提供科学依据。四是坚持资金财务管理“三专”制度，全面推行工程招投标制、工程监理制，进一步规范完善开发资金县级财政报账制，积极推行项目和资金公示制，尝试推行土地治理项目竞争立项机制和农民筹资投劳公开听证制度，进一步规范项目实施的工程和资金管理。五是加强事后监管，进一步改革了农业综合开发竣工项目省级验收评比办法，细化了验收内容，修订了验收评分标准，对竣工项目加强验收工作，强化项目管理与资金使用监督检查。通过这些制度办法的实施，使农业综合开发管理工作更加科学、规范、有序。

四、重视验收考评，全面提升农业综合开发工作质量

做好迎接国家对福建省2002～2004年三年总验收考评准备工作，是省农发办2005年重点工作之一。省农发办把它作为整个农业综合开发工作的一项重要内容，进一步加强对验收工作的组织领导，落实责任，确保验收工作顺利开展。一是抓责任落实。每一年度竣工项目验收前，省农发办都要制定详细的验收方案，合理配备验收工作人员并进行培训，做到资金检查和项目检查相结合，严格验收与认真整改相结合。同时，建立健全项目竣工验收工作责任制，实行“谁验收、谁负责”的办法，各验收小组组长对验收结果承担全面责任，具体负责业务的人员对各自的检查结果承担责任。二是抓思想发动。从年初就展开思想动员工作，通过召开各种类型座谈会，引导各级、各有关部门以迎接验收考评为契机，增强全局意识和责任意识，积极主动地把做好迎检工作的过程作为深入学习、掌握国家农业综合开发各项政策措施和规章制度的过程；作为坚持高标准严要求搞好自查自纠、进一步提高开发质量和水平、把各方面工作做实做好的过程。三是抓自查自纠。在认真开展对各设区市承担实施的2004年度农业综合开发竣工项目进行省级检查验收的基础上，从5月下旬起，由省农发办牵头，省农业、水利等部门农业综合开发工作组成员参加，并抽调有关市、县的财务人员参与，分别组织了8个检查验收小组，深入8个设区市53个开发县（市、区），对照国家验收考评的内容和标准，对各市（县、区）2002～2004年三年竣工项目进行总检查，针对各地在项目实施、资金使用、财务管理、工程建后管护和项目档案建设等方面存在的问题，狠抓整改落实。同时，各级审计部门根据省审计厅的统一工作部署，开展了本级农业综合开发资金审计工作。各级财政、农发部门也积极配合审计部门做好三年开发资金的审计工作。四是抓整改提高。针对年度省级验收和资金审计发现的问题，省农发办高度重视，及时发出通报，要求各市、县认真分析造成这些问题的原因，限期整改，并将整改情况及时上报。在抓好整改提高的基础上，坚持奖优罚劣原则。在年度项目竣工省级验收、资金专项检查和审计中发现有违纪违规问题的市、县，分别予以扣减下一年度土地治理项目中央财政资金投资指标的处罚。在加强检查监督、强化对开发县工作绩效考核的同时，省农发办还十分关注三年来实施国家农业综合开发工作取得的实际成效和经验，为组织表彰“十五”期间全省农业综合开发先进典型、总结推广好经验好做法，做好前期准备工作。通过强化验收考评，使福建省农业综合开发工作在科学化、制度化、规范化管理又上了一个新台阶。

（福建省农业综合开发办公室供稿）

江 西 省

一、概况

2005年，江西省农业综合开发办公室不断创新农业综合开发理念、方式、机制，积极探索新形势下农业综合开发的新路子，较好地完成了年度开发任务。2005年度国家农业综合开发项目涉及全省11个设区市的72个开发县（市、区）及2个省直属单位（农业厅、省监狱局）所属的5个国营农场。上年结转总投资6 688.51万元，其中财政资金4 787.97万元。本年度计划总投资9.38亿元，其中财政资金5.11亿元。本年度完成总投资9.43亿元，其中财政资金5.34亿元，银行贷款9 091万元。结转下年度总投资5 444.08万元，财政资金2 486.68万元。

二、开展保持共产党员先进性教育

江西省农业综合开发办公室自1月28日至6月底，开展了以学习实践“三个代表”重要思想为主要内容的保持共产党员先进性教育活动。活动紧密结合省开发办党组织建设、党员队伍建设和农业综合开发工作实际，精心组织，周密安排，扎实推进，顺利完成了各个阶段的学习任务，达到了预期效果。活动分为学习培训、分析评议和整改提高三个阶段，撰写心得体会46篇、分析材料7.6万字、读书笔记51万字。按照“提高党员素质、加强基层组织建设、服务人民群众、促进各项工作”的先进性教育活动的目标要求，对农业综合开发面铺得过大、地方配套资金不到位、农业综合开发管理水平有待进一步提高、农业综合开发宣传力度不强、工作作风有待进一步转变和提高农业综合开发工作人员综合素质等问题进行了有效整改，制定了保持共产党员先进性的长效机制，有力地推动了农业综合开发工作向前发展。

三、完成了年度农业综合开发任务

通过各级农发办和项目区广大干部群众的共同努力，较好地完成了2005年农业综合开发计划任务。全年共完成中低田改造项目投资5.35亿元，其中财政投资3.7亿元，投资完成率97.1%。完成中低田改造97.21万亩，任务完成率97.9%。完成生态综合治理项目6.45万亩，投资总额4 643.5万元；完成产业化经营项目59个（其中上年结转10个），未完成结转下年项目4个，任务完成率93.2%；投资额3.59亿元，结转下年3 778万元，投资完成率为92.2%。完成产业化经营项目中，种植项目17个，投资6 126.85万元；养殖项目12个，投资8 469万元；加工项目24个，投资2亿元；储存保鲜项目1个，投资960万元；农产品批发市场1个，投资380万元；完成科技项目1个，投资230万元。

四、农业综合生产能力明显提高

在项目实施和资金管理使用上，各地注重把财政资金用于解决农业生产的基础设施、公共设施和生态环境方面，解决了一家一户办不了、办不好的事情，为农业的发展夯实了基础，创造了条件，开发效益有了显著提高。通过土地治理项目的实施，共新建小型水库160座，修建小型拦河坝96座，新建修建排灌站215座，新打、修复配套机电井144眼，输变电路配套103.6公里，开挖疏浚渠道1 721.1公里，新建修建渠系建筑物2.31万座，新修机耕路1 300.99公里，新建修复小型蓄排水工程1 279座。新增和改善灌溉面积78.53万亩，新增节水灌溉面积29.67万亩，新增节水灌溉面积11.46万亩，年节水量约4 036.20万立方米，新增机耕面积17.17万亩，新增农机总动力4 002.89万

千瓦，扩大良种种植面积29.67万亩，控制水土流失面积1 574.5万亩，扶持农技服务站52个，新增粮食生产能力2.06亿公斤，油料1 225万公斤。项目区年直接受益农户36.72万户，人数149.1万人，农民新增纯收总额2.9亿元。

五、农业产业结构进一步优化

全省继续推行“一县一业”的开发战略，把土地治理、产业化经营和科技示范三类项目有机结合起来，集中资金大力推行优势农产品开发。根据资源优势，因地制宜，推进丘陵山区特色经济作物产业（赣南果业）、平原特色经济作物产业、稻草畜禽产业的开发。2005年共建设优质农产品种植面积52.28万亩。这些优势农业产业基地的建成，已成为我省农业和农村经济发展的新亮点，有力地促进了全省农业产业结构战略性调整和市场竞争力。如今赣南脐橙已成为全国的知名品牌，并有希望做成全国第一、世界一流的大产业。全年度还重点扶持了辐射带动作用强、市场前景好、经济效益高的农业产业化龙头企业49个，总投资3.38亿元。通过多种经营项目的实施，新增干鲜果2 341万公斤、蔬菜3 726万公斤，水产品439万公斤，肉类910.6万公斤，加工转化农产品2.21亿公斤。年新增总产值11.12亿元，新增增加值3.55亿元，新增利税1.82亿元，直接受益农户26.42万户，受益农业人员98.77万人，受益农民年收入增加总额3.5亿元，年新增就业人数9.21万人。

六、农业综合开发运行机制进一步创新

一是实行农业综合开发综合投入机制。随着农业产业化的发展速度越来越快，农业综合开发财政投入资金远远不能满足农业产业化发展的要求。为吸引更多的社会资金投入，确立了“以资源换技术、以产权换资金、以市场换项目”的新思路，充分发挥财政资金的导向作用，广开引资渠道，创新投资方式，建立招商引资新机制。安义县把蔬菜产业开发与招商引资有机结合起来，按照开发政策，对外商投资蔬菜产业开发，给予了在农田基本建设和加工方面的扶助，吸引到广东从玉莱业集团投资的8 600多万元到项目区建设蔬菜生产、加工出口基地。目前已建成田成方、渠硬化，大棚连片、自动喷灌的高标准蔬菜生产基地1万多亩，并采用了现代农业工厂式作业方式，呈现出一派丰收景象。东乡县按照“旱能灌、涝能排”的要求，帮助外商搞好农田基础设施建设，帮助其培训农民，吸引了外地客商在小璜项目区建立800亩荷兰豆、扁豆订单基地，对带动项目区蔬菜产业的发展，发挥了重要作用。二是创新经营组织形式。通过加大对农业产业化龙头企业的扶持力度，积极推行“龙头企业+中介组织+农户”、“公司+农户”等组织形式，完善龙头企业和农户之间利益共享、风险共担的机制，充分发挥龙头企业对农民增收的带动作用。全省共有12个项目被列入国家农业综合开发重点产业化经营项目，安排资金2亿多元。这些项目大都属于农业开发优势产业范围。这些项目的实施，不仅有力地增强了龙头企业的辐射带动作用，而且能促进优化产业升级，增强产业的市场竞争力。三是创新项目责任制。全面推行项目招投标制，建立项目负责人制和项目监理制，提高项目建设质量。实行了奖惩制，以目标管理考评为基础，以项目管理和资金管理等多项制度为补充，通过检查验收，对项目区开发任务完成情况进行总体考评，严格实行奖优罚劣。

（江西省农业综合开发办公室供稿，罗华执笔）

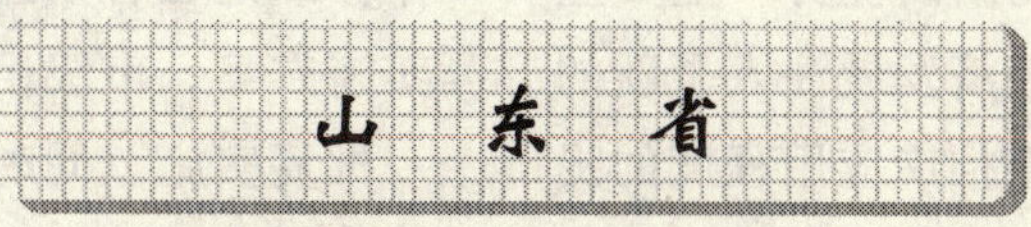

山东省

2005年，山东省农业综合开发工作围绕粮食增产和农民增收两大目标，按照“区域化布局、规模化开发、基地化建设，标准化生产、产业化经营、外向化发展”的思路，以中低产田改造和扶持产业化龙头企业为重点，群策群力，开拓创新，真抓实干，高标准、高质量地全面完成了各项开发建设任务，对全省农业和农村经济发展起到极大的推动作用。

一、基本情况

2005年，山东省农业综合开发项目共涉及115个县（市、区），1个监狱农场。安排农业综合开发总投资为12.8亿元，其中财政资金7.4亿元，自筹资金5.3亿元，银行贷款1 970万元。计划安排中低产田改造159.7万亩，生态综合治理5.5万亩；安排产业化经营项目55个（不含投资参股经营项目），其中种植、养殖项目27个，加工项目25个，流通设施项目3个。根据农时季节，山东的农业综合开发项目一般跨年度实施。国家批复山东2005年项目计划后，全省各地采取各种措施，在搞好规划设计的基础上，认真组织开发建设。截止2005年12月底，山东省农业综合开发共完成投资9.9亿元（不含上年结转，下同），其中财政资金5.2亿元，自筹资金4.6亿元，银行贷款1 870万元；共改造中低产田110.8万亩，生态综合治理项目完成2.2万亩；发展经济林1.4万亩，新增畜禽养殖622万只。上述项目完成后，产生了良好的经济效益、社会效益和生态效益。共新增和改善灌溉面积110万亩，新增和改善除涝面积95万亩，增加林网防护面积100万亩，控制水土流失面积106.1平方公里，新增主要农产品生产能力：粮食3.79亿公斤，棉花1 022万公斤，油料658万公斤，饲料作物95万公斤，项目区农民人均新增纯收入达501元。完成的开发建设任务，不仅有效地提高了项目区农业综合生产能力，而且使区域内农业产业化格局得到进一步优化，新的优势产业产业带逐步隆起，为省农业和农村经济发展注入了新的生机和活力。随着农业科技成果推广应用程度的提高，科技进步对项目区农业和农村经济发展的支撑作用日益增强，农业和农村经济结构更加合理，实现了农业增产、农民增收，促进了当地经济及社会的发展和稳定。

二、主要工作

（一）明确指导思想，突出建设重点

山东省在项目建设中，认真贯彻国家农业综合开发“两个转变”和“两个着力”的指导思想，结合山东实际，提出了“区域化布局、规模化开发、基地化建设、标准化生产、产业化经营、外向化发展”的工作思路。全省农业综合开发以改造中低产田和改善农业基本生产条件为重点，加强农业基础设施建设，不断提高农业综合生产能力，加强生态环境建设，促进农业持续发展，依靠科技进步，优化品种结构，大力发展优质高产高效农业，增加农民收入，加快了农村农业现代化的进程。一是突出基础设施建设，重点进行中低产田改造。土地治理项目资金的90%以上用于中低产田改造。二是在区域布局上，重点向粮食产区倾斜。土地治理项目资金的70%以上用于经省确定的65个粮食主产县（占全省开发县的56%），集中打造山东粮食生产核心区。三是突出规模开发。按照国家农发办的要求，实行按流域和灌区集中连片开发治理的办法，平原地区连片开发治理的面积都在1万亩以上。2005年在5个不同特点的市（县）加大了投资规模，实施了农业综合开发中的规模开发重点项目。四是突出支持优势农产品发展，大力推进农业结构调整和产业化经营，促进农民增收。全省重点扶持了11类具有区域比较优势的产业和产品，产业化经营项目资金的50%用于重点龙头项目。

（二）注重前期工作，打好开发基础

搞好农业综合开发，前期工作至关重要，山东省各级农发办对项目前期准备工作都非常重视。一是严把立项关，建立健全实地考察和专家评审相结合的评审制度，通过社会中介机构进行资产评估工作。二是在省下达计划后，各项目县都认真编制了实施方案，市级组织专家对实施方案审查之后，统一批复实施。同时，加强了项目前期工作的规范化管理，根据本地的实际，制定了农业综合开发项目管理等一系列规章制度和实施细则，为项目顺利实施提供了保证。制定了《山东省农业综合开发土地

治理项目管理流程》，对项目的立项与管理程序作了明确规定。济宁、枣庄等市根据当地实际，制定了《农业综合开发土地治理项目实施方案编写大纲》，对实施方案提出了统一的编写要求。临沂市强化项目申报专家评审制，对拟上报的土地治理和产业化经营项目组织有关部门专家进行严格评审，提高了项目立项的准确性和科学性。

（三）坚持高标准，确保高质量

山东省农发办始终把项目建设的标准质量放在首位，坚持高起点规划、高标准设计、高质量施工、高效益运行的“四高”要求，精心组织项目实施。一是严把规划设计关。在项目实施前，组织有关技术人员深入项目区进行现场勘测设计，制定项目实施方案。在此基础上，请有关专家评估论证，修改完善，努力做到项目规划设计科学合理，确保实施方案的实用性和可行性。二是严把施工质量关。在项目实施过程中，对防渗渠、机电井、建筑物等技术性较强的工程，一律实行招标承包，择优选择技术力量强、有经验的专业队施工；对地下管道、机械设备采取公开招标，选择产品质量好、供货能力强的供货商，保证了原材料的优质品率。施工期间，成立由县、乡、村人员组成的施工质量管理小组，分片包干、责任到人对项目建设质量负责监督；对10万元以上的单项工程邀请有资质的单位进行监理。三是严把竣工验收关。实行自下而上的现场验收制度。在施工过程中，上道工序不经验收合格不准进入下道工序；隐蔽工程不经技术人员验收不准覆盖；凡检查不合格的工程，一律返工重建。

（四）推进农业结构调整，提高农业综合开发效益

为实现农业增效、农民增收的目标，始终把推进农业结构调整作为农业综合开发的一项重要内容来抓。工作中，一是在坚持改造中低产田、改善农业基本生产条件，全面提高农业综合生产能力的基础上，以市场为导向，以效益为中心，大力发展各类优势农产品。优化品种结构，提高产品质量，在土地治理项目区内大力推广优质专用品种、加快农产品的品种更新换代。项目区小麦、玉米、花生等主要作物的良种普及率接近100%。大力发展名特优稀产品，培育具有区域和地方特色的主导产业和农产品。通过项目的支持，促其上规模、上档次，由资源优势转化为经济优势，农业效益大幅度提高。涌现了日照绿茶、阳信鸭梨、肥城佛桃、沾化冬枣、金乡大蒜、莱芜“三辣”、临朐樱桃、青州花卉等一大批具有较大影响和市场竞争力的名特优稀产品，成为当地农业和农村经济新的增长点，农民增收的新来源。二是连续扶持龙头企业建设，拉动结构调整，促其形成产业化经营的新格局。结构调整增加了项目区农民收入，扩大了地方财政税源，对全省农业、农村经济的全面振兴发挥了重要作用。

（五）依靠科技进步，力促开发上水平

在实施农业综合开发项目中，山东省始终坚持把科技推广应用作为重点工作来抓，着力提高农业综合开发项目科技含量和装备水平。在工程建设上，广泛运用新技术、新成果、新设备，建设一流工程。如济南、枣庄、淄博市在机井上安装使用了水锤消除器，取代了原来的水泥管调压塔；在管道上配备了新型分体式出水口，既节约了电力，又方便了群众。潍坊市推行的“暗井、暗管、暗房”和滕州、任城的小井房、地埋线技术创新，减少了耕地占用，方便了管护和农业生产。同时，通过加强对农民培训和技术指导，使农民的科技素质有了明显提高。淄博市2005年度项目区共培训农民3.5万余人次，新技术、新品种示范推广面积2.62万亩。

（六）强化资金管理，确保足额投入

一是做好落实配套资金工作。各级财政部门采取预算安排、预算外增加、争取其他资金等多种措施，保证配套资金落实。2005年，调剂了6 740万元土地出让金用于土地治理项目资金配套。同时，各级财政部门制定各种优惠政策，鼓励和引导各类社会资金进入开发。二是创新农业开发投入分配机制。实行竞争开发，奖优罚劣。通过完善和规范项目建设标准、违规违纪资金处罚办法等制度，将资金分配与各地工作绩效挂钩，向工作先进地方倾斜；积极探索农发资金、扶贫开发资金、农业生态建设和农村中小型基础设施建设等资金整合机制，统筹安排，集中力量办大事，提高资金使用的整体

效益。2005年在济南市平阴县进行了农业综合开发资金和支农资金整合试点，取得了较好成效；积极支持规模化开发和项目县轮换，支持了5个县建设农业综合开发的“精品”项目，支持菏泽市进行了项目县轮换试点。三是强化资金全过程管理。先后制定了《山东省农业综合开发项目和资金管理办法》，《山东省农业综合开发县级报账提款暂行办法》、《关于加强农业综合开发资金管理的补充规定》等。全省大部分市县制定了县级报账实施细则及其他一系列资金管理办法；全面实行县级报账和“三专”制度，账务处理日趋规范，基本杜绝了白条入账和大额现金收支问题，资金支出和使用比较合理；完善农业综合开发资金监管机制，积极推行资金公示制，强化资金使用监督检查。四是积极做好有偿资金管理工作。认真落实债务，完善手续。各级财政部门在层层签订借款合同的基础上，对具体用款单位，实行财产抵押和担保。有的市对有偿资金借出还实行了委托银行贷款形式。完善奖惩机制，狠抓有偿资金回收。对按时偿还债务的市、县，在农业综合开发资金安排上给予奖励，对逾期不还款的地方缩减投资规模。加强产业化经营项目的资金管理，提高企业赢利能力，特别是对具有市场优势，但暂时出现资金或经营困难的企业，通过再扶持帮助企业扩大规模，提高效益，以确保有偿资金的偿还。严格按照国家的规定，对因种种原因确实无法偿还的呆账进行核销，逐步化解债务风险。

（七）严格项目制度，提升管理水平

各地在项目建设中，普遍推行了公示制、招标投标、工程监理或质量监督等制度。严格执行了筹资投劳“一事一议”制度，把农民筹资投劳承诺作为立项的前提条件。在项目文档管理上，各级基本做到了有专人管理，从项目前期工作到实施建设、竣工验收及建后管护，都对资料分门别类地进行了登记和立卷，形成了一整套文字、图表齐全的项目和资金档案。按照国家农发办的要求，先后出台了土地治理项目建设标准、产业化经营项目库管理等制度。在此基础上，各地结合实际大胆地进行制度创新。临沂市和莱芜市在农业综合开发项目立项上，推行公开招标立项制度，通过竞标立项，增加了立项的透明度，有利于公开、公平、公正地选择项目申报单位。各级农发部门在搞好硬件建设的同时，还积极参与项目区的经营管理，大胆引进股份制、股份合作制、租赁承包制等现代生产经营方式，不仅进一步发展了生产力，而且在理顺生产关系上做了有益的探索，促进了项目区农业和农村经济的健康持续发展。

（八）加强项目管护，发挥项目效益

对建成工程的运行管护，是农业综合开发的一项重要工作，各地对此都进行了许多积极的探索。省农发办对这项工作进行了专题调查研究，提出了指导性的意见。各地按照“统一管理与分级管理相结合，专业管护与群众管护相结合”的原则，坚持建管并重、边建边管的基本思路，在明晰产权的前提下，对项目工程宜统则统，宜包则包，宜租则租，宜卖则卖。使项目工程管护由行政管理型逐渐向社会化、市场化和专业化的方向转化。一些地方探索制定了适宜本地的管护制度和办法，有力地促进了项目工程的运行管护。淄博市下发了《关于加强农业综合开发土地治理项目运行管护工作的通知》，明确了项目运行管护的组织领导、管护机制、管护标准、经费筹集、检查考核和奖惩办法等。济宁、枣庄的一些县（市、区）在制定、完善农业综合开发林路项目管护奖惩细则、农业综合开发水利项目管理细则等管护制度的同时，针对夏秋期间项目管理容易出问题的实际，及时举办项目管护培训班，对乡村管护人员进行统一培训，明确管护的重要性、目标和应注意的问题，提高了管护队伍的水平，管护效果显著。在健全制度的同时，各级农发办强化了项目建成后的监护检查。如临沂、淄博等经常对已建项目进行监督检查，对发现的问题及时通报，并督促限期整改。有些市、县定期组织项目单位进行检查，通过检查，不但达到相互交流管护经验的目的，而且也提高了项目建设标准和质量，促进了项目工程的建设和管护。

（山东省农业综合开发办公室供稿，朱孝德执笔）

青岛市

2005年，青岛市的农业综合开发工作紧紧围绕全面建设小康社会和社会主义新农村建设，在指导思想上实行“两个转变”，在工作思路上突出“两个着力，两个提高”，进一步完善了农业综合开发投资政策和运作机制，切实加强了项目和资金的管理，全面完成了年度农业综合开发工作任务。

一、基本情况

2005年，青岛市在具有国家农业综合开发县资格的8个市区实施了年度国家农业综合开发项目：实施产业化经营项目16个，其中重点产业化经营项目4个，一般产业化经营项目12个；实施土地治理项目10个，全年共完成土地治理总面积18.9万亩；农业综合开发总投资规模3.14亿元，土地治理项目投入总资金为1.08亿元，占投资总额的35%；其中中央财政资金2 929万元，青岛地方财政配套资金5 858万元，农民自筹资金2 052万元。产业化经营项目总投资20 569万元，中央财政资金2 266万元（其中有偿资金1 700万元），青岛地方财政配套资金4 533万元，项目单位自筹资金1.02亿元，银行贷款3 550万元。上述各项资金均及时、足额到位，圆满完成了全年的建设任务，取得了比较显著的经济、社会和生态效益。

二、主要工作措施和成效

（一）加强农业基础设施建设和农业生态建设，增强农业防灾抗灾能力

青岛市土地治理项目区大都是贫水区，干旱少雨、水资源紧缺是制约农业发展的主要障碍。为此，2005年青岛市农业综合开发投资1.08亿元，开展了以水利措施为主要内容的中低产田综合治理：投资6 927.1万元，进行了以蓄水、调水、节水为主要形式的科学治水，共修建小型水库23座、拦河坝31座、排灌站8座，新打、修复机电井190眼，开挖疏浚渠道69.27公里，铺设输水管道150.4公里，新增和改善灌溉面积15.49万亩，新增和改善除涝面积10.63万亩，新增节水灌溉面积4.6万亩，年节约水量322万立方米，较好地解决了项目区生产用水难的问题；农业措施投入2 573万元，改良土壤4.75万亩，购置良种205.75万公斤，扩大良种种植面积15.03万亩，增加优质农产品种植面积11.92万亩，购置机械200台套，整修机耕路454.3公里；投入605.5万元，修建防护林2.67万亩；投入614.9万元进行了农业科技推广，培训农民2.6万人次。项目区基本实现了田成方、林成网、路相连、渠相通、旱能浇、涝能排的科学改造，粮食和油料生产能力大幅度提高，新增粮食生产能力2 832万公斤，油料生产能力178.5万公斤，蔬菜生产能力500万公斤，优质粮食生产能力1 446万公斤。新增种植业总产值达到9 623万元，项目区农民收入总额增加3 084万元。

（二）积极推进农业产业化经营，扶龙头，带基地，促进农民增收

一年来，青岛市共投资2.06亿元，用于扶持对农民增收有辐射拉动作用的青岛顺通有限公司、青岛品品好有限公司、青岛润德有限公司、青岛宝泉有限公司等16个农副产品加工的龙头企业。其中中央财政资金2 266万元，青岛两级地方财政配套资金4 532万元，项目单位自筹资金1.02亿元，银行贷款3 550万元。实施产业化经营项目16个，其中重点产业化经营项目4个，全部为农产品加工项目，重点扶持大豆和专用小麦深加工、花生油加工和花生绿色食品产业化加工项目；一般产业化经营项目12个，其中农产品加工项目11个，特色花生生产基地项目1个。据统计，通过实施这些产业化经营项目，新增肉类加工能力500万公斤，新增

果蔬加工能力1.05亿公斤，新增粮油加工能力1.27亿公斤；新增总产值11.81亿元，新增利税1.27亿元，新增固定资产1.25亿元。这些项目不仅具有良好的经济效益，更重要的是带动直接受益农民年增加收入4.03亿元，安排农村劳动力9 860人，加快了农民增收致富的步伐。

（三）加快推行“市场化运作、产业化经营、企业化管理”的项目运行和管理新机制

2005年青岛市农业综合开发积极探索政府财政投资通过企业和独立的经济实体进行运作的机制，把开发的主动权交给企业，使农业综合开发逐步实现企业化管理、企业化经营、企业化运作的项目运行和管理的新机制，提高资金投入的风险意识，增强开发责任，提高开发成效。进一步采取新的科技服务、信息服务、市场对接等项目合作和运作机制，吸引农业科研和教学单位、推广服务机构、农村经济合作组织和农产品行业协会等进入农业综合开发主战场，通过技术开发、科技承包、信息服务、创建基地和兴办科技型企业等方式，实行产、学、研相结合，社会化服务与技术推广相结合，加快农业生产与产品市场的对接，实现共同发展。

（四）大力提高项目区农民素质，积极推动农业科技进步

2005年青岛市农业科技推广措施投入614.9万元，培训农民总共2.6万人次。通过科技示范项目的建设，提高了项目区乡镇农业技术服务能力和项目区农民的科技文化素质及科学种田水平，有效地推动了农业科技成果的转化。通过市场调查，大力引进名、特、稀品种，购良种205.75万公斤，扩大良种种植面积7.43万亩。大力推广先进适用的生产新技术。发展农业现代化示范区、农业科技示范基地13.57万亩，积极推广农技配套高产栽培技术、平衡施肥技术、脱毒栽培技术、蔬菜大棚栽培技术、种子包衣技术等农业新技术。积极组织农民赶科技大集、举办培训班、发放“明白纸”，多渠道、多形式向农民传授农业新技术，提高农民的综合素质。通过以上措施，提高了农业综合开发的科技含量。

三、工作思路和做法

（一）明确目标，总体把握农业综合开发的发展方向

根据2005年青岛市构筑农业八大体系，建设现代农业的总体目标，青岛市的农业综合开发工作的着力点确定为：加强基础设施和生态建设，提高农业综合生产能力，加强以水利为重点的农业基础设施建设，不断提高农业综合生产能力；加快农业结构调整，把创汇农业、都市农业、观光农业和特色农业作为农业结构调整的方向，实现优势产业发展的新突破；进一步调整优化种植业结构，大力发展无公害蔬菜、特色作物、优质果茶和高档花卉等优势产业，尽快形成规模适度、效益突出、特色鲜明的产业区、产业带；加快畜牧业的发展，切实抓好畜牧业良种现代化辐射区、现代化畜牧业先行区、与国际接轨的无规定动物疫病示范区、外向型畜牧业加工出口区建设。同时，继续加大科技推广力度，深化农业技术推广服务体制改革，加强基层农业技术推广体系建设，使新科技措施推广能力进一步加强。

（二）坚持以改造中低产田为重点，加强农业基础设施建设，提高农业综合生产能力

青岛市土地利用垦植率高，后备资源少；以耕地为主，林木地少；土地利用差异明显，生产水平不够平衡，低产田占一定比重，增产潜力较大。同时，全市淡水资源匮乏，水资源总量23.92亿立方米，其中地表水资源量为19.1亿立方米，地下水资源量为10.64亿立方米，两者之间重复量为5.83亿立方米；全市人均占有水资源量342立方米，仅占全国人均占有水资源量的13%。全市每公顷耕地占有水资源量4 950立方米，是全国耕地平均每公顷占有量的18%。因此，在土地治理项目的实施中，青岛市各级农发办抓住改土治水两个重点，因地制宜，采取综合措施，实施配套建设。一是以水利建设为重点，全面推行节水灌溉，发展节水农业和旱作农业。在继续搞好大中型农田水利基础设施建设的同时，加大对小型农田基础设施建设的投入力度。同时，继续推进节水灌溉，大力发展喷

灌、滴灌、地下输水管道和混凝土渠道灌溉。在丘陵山区，因地制宜发展平塘、大口井、小型蓄水池等设施，充分利用各种水资源。从2005年起，对农民兴建小微型水利设施和购买节水设备、推广先进实用节水技术的给予适当补助；其中，市财政从预算内新增财政收入中安排1 000万元专项补助资金。二是在水利建设的同时，实施综合措施，建成规模较大的高产、稳产农田。2005年，青岛市继续落实了国有土地出让金纯收益的20%以上用于农业土地开发和高标准基本农田建设政策。三是通过调整农业种植结构和优化种植模式，改造传统农业；通过区域化种植和规模开发，实现规模效益。通过上述综合配套建设，项目区产量大幅增加，农业综合开发生产能力得到明显提高，为项目区的增产增效和农民增收创造了有利条件。

（三）大力发展产业化经营，积极培育主导产业，进一步延伸开发效益

2005年青岛市各级农发办积极鼓励城乡工商资本、民间资本和青岛市以外的各种资本进入，采取多种方式发展农产品加工业。发挥郊区中小企业区位优势，大力发展农产品加工、贮藏、保鲜和运销，扩大规模，提高竞争力。培植农产品加工企业集群，推进青岛出口食品加工区建设，加大对农产品加工龙头企业的扶持力度。全面落实有关减免税赋、出口退税等支持农业产业化企业的优惠政策。继续安排好市财政用于农业产业化龙头企业发展的1 000万元贴息扶持资金。发挥比较优势，不断调整优化果品、蔬菜、茶叶、花卉等优势产品的品种、品质结构，大力发展优质高效特色农业。突出发展水产、畜牧两大主导产业，2005年两大产业占农业总产值的比重要超过60%。

同时，科学规划，合理布局，建立健全功能完善、管理规范、高效畅通的农产品市场流通体系。年内重点抓了城阳蔬菜水产品批发市场、平度南村果菜批发市场、莱西东庄头蔬菜批发市场、崂山枯桃花卉市场等10处规模较大辐射带动能力强的市场建设，促其做大做专做强。

（四）加强科技推广示范，提高开发科技含量

根据区域经济特点，规划建设以承担公益性职能为主的郊区市辖农业技术推广中心站。加快建立以农民教育培训、科技成果转化、科技进村入户和科技服务网络建设为重点的农村科技服务平台，提高农业科技新知识普及率。进一步加强农机化培训基地建设，提高农机职业技能培训能力。加强农业科技示范园区和生产基地建设。围绕畜牧、水产、粮油、蔬菜、花卉、林果等产业，加快建设集引进、试验、示范、推广为一体的农业科技示范园区，充分发挥其辐射带动作用。

（五）注重生态环境建设，努力实现可持续发展

按照农业综合开发“两个着力，两个提高”的指导思想，青岛市各级农发办把提高农业综合生产能力和与保护农业生态环境紧密结合起来，把植树造林、资源的合理利用，作为开发的重点来抓，在开发区内，积极探索发展节水农业，实施配套节水，保护和节约各种水资源。同时，坚决防止新的水土流失和环境污染，各项目区大力发展防护林、水土涵养林，丘陵山区的山林绿化与经济林建设紧密结合，既发展了经济又改善了生态环境。

（六）进一步完善了各项规章制度，加强管理

1. 健全管理制度。起草了《青岛市农业综合开发项目公示制暂行规定》、《青岛市农业综合开发项目法人责任制暂行规定》、《青岛市农业综合开发项目工程招标投标暂行规定》、《青岛市农业综合开发项目工程建设监理暂行规定》、《青岛市农业综合开发项目评估工作操作规程》等五项规章制度，为规范项目管理奠定基础。在贯彻以上制度的基础上，还将制定完善项目库建设制度、项目立项操作规程、项目建设过程督查制度、项目建后管护制度等。通过制度建设进一步规范农业综合开发项目的选项、立项、项目建设、项目建后管护等程序，真正做到选出好项目，建设高标准，发挥高效益。

2. 严格选项立项程序，择优选定项目。青岛市本着集中投入、突出重点、规模开发，建设高标准基本农田的原则，于5月20日召开了“2005年全市农业综合开发土地治理项目申报和计划编制会议”，对2005年的农业综合开发土地治理项目的申报工作做了说明和布置。2005年青岛市农业综合

开发土地治理项目和粮食示范区项目资金捆绑使用，为了更好地指导各市区配套资金的分配使用，9月26日，组织召开了全市农业综合开发工作会议，详细阐述了2005年农业综合开发土地治理项目和粮食示范区项目资金捆绑使用的原则和资金分配方法。依据国农办［2005］25号通知要求，组织了各市上报项目的审核，严格要求每个项目每项指标都符合要求，对于存在不符合要求的项目，及时与各市农发办沟通后及时修正，使每个项目均达到了国家农发办的指标要求。

根据《国家农发办关于2005年农业综合开发产业化经营项目申报有关事宜的通知》精神，通过《青岛财经日报》、农经网等新闻媒体面向社会公布了《青岛市2005年国家农业综合开发产业化经营项目申报指南》，积极主动地指导各市区农发办开展申报工作。青岛市农发办和财政局邀请有关专家组成产业化项目评估小组，对各市区的申报项目进行了可行性研究的评估论证和申报材料的审核，对每个项目提出了评估意见和评估分数，形成了书面的评估论证书，为项目的筛选提供了依据。在整个选项和立项过程中，始终坚持科学、合理、客观，公正、公开、公平的原则，充分尊重专家的意见，严格按照《青岛市农业综合开发评估工作规程（试行）》的要求操作，认真把好选项、立项关，真正筛选出经济效益高，带动农民致富能力强的好项目。

3. 加强项目管理，强化监督检查。坚持公开发布立项申报（招商）指南，扩大选项范围。建立项目评审责任制，严格评审标准，实现择优选项。修订完善了土地治理项目、产业化经营项目建设标准。加强与财政部门协作配合，坚持监督检查工作经常化、制度化、规范化。在加强日常检查的同时，抓了中期检查、专项检查和竣工项目验收工作。督促各级财政资金及时到位，确保项目资金建设单位全面执行农业综合开发项目管理规章制度，如期完成建设项目，发挥项目建设效益。完善了建后项目或工程管护制度，落实了管护责任，确保已建成的项目长期发挥效益。

4. 认真组织第五期农业综合开发项目的验收，迎接国家验收考评。2005年的农业综合开发项目验收工作，首次改为由各省级农发办进行验收，国家农发办统一组织进行组织验收考评。为了搞好这次验收，迎接国家的验收考评，7月份青岛市农发办会同市财政局对各市区2002～2004年度农业综合开发项目进行了督查。同时，根据《国家农发办关于加强国家农业综合开发项目竣工验收工作的指导意见》的指示精神，市农发办和市财政局联合下发了《关于下达2002～2004年度国家农业综合开发竣工项目验收方案的通知》，制定了周密的验收计划。8月10日召开了全市农业综合开发会议，通报了督查情况，对各市、区项目建设中存在的问题，提出整改指导意见，并要求各市区落实责任，采取有力措施，尽快整改，本着“缺什么补什么”的原则，严格按照国家农发办的要求完成建设任务。8月12日对验收组成员进行了集中培训，学习有关文件，熟悉有关政策，统一验收方法和标准，力求使验收工作做到客观、公正。8月13日至8月23日，组织进行了2002～2004年度竣工项目的全面验收。验收组人员以市农发办和市财政局相关人员为主，邀请市审计局、监察局、水利局、林业局、海洋与渔业局、畜牧局、农机局等部门的有关专家参加分为项目组和资金组。验收内容包括：项目前期准备情况、项目计划执行和工程质量、项目管理及运行机制、资金管理、项目效益等方面，验收工作采取听汇报、查阅文档、实地考察、质询答疑等方法，按验收方案制定的评分标准进行打分，按照得分情况进行等级评定，做出验收结论，写出验收报告。9月19日召开了全市农业综合开发工作会议，对这次验收工作进行了全面总结，公布了各市区验收结果和审定意见。通过对该期项目全面、认真地检查验收，圆满完成了国家农发办批复的2002～2004年项目建设任务，达到了项目建设标准较高，工程质量较好，资金使用合理，管理比较规范，竣工项目移交、运行管护措施初步落实，取得了明显的经济效益、社会效益和生态效益。

（七）严格资金管理

1. 按因素法分配农业综合开发资金，体现奖

优罚劣和公平、公正、公开。青岛市中央财政资金和省级配套资金各市区投资控制指标的分配采用综合因素法。按照各地基础资源因素（主要测评中低产田资源、水资源、农业主产区、生态建设、配套能力、农业投资产出率、重点项目区等7项指标）和工作质量因素（主要测评计划编报、项目实施、竣工验收、项目统计、资金配套、资金回收、资金拨付、资金审计、总结报告、机构及人员管理、其他等11项因素）的综合情况进行测评和考核。由市农发办按照项目第一责任人制度进行评分，经农业综合开发小组会议研究确定资金分配方案，报市领导审定。实行因素法分配农业综合开发资金，体现了奖优罚劣的原则，实现了农业综合开发资金分配环节的公平、公正、公开，也在一定程度上激发了广大农发干部的工作热情，各市、区项目和资金管理水平明显提高。

2. 建立完善的资金管理制度。在资金管理上，青岛市完善了以县级财政报账制为主体的各项资金管理规章制度，继续实行财政资金"专户直拨"制度，对项目建设单位坚持"三专、四定、五统一"的管理原则，有效地解决了农业综合开发资金被挤占、挪用的问题。通过实行工程预算决算制度和县级报账制，使农业综合开发资金的使用处在农发办的严密监控之下，确保了农发资金能够用到项目建设上，提高了资金的使用效益。

3. 采取有效措施，加大有偿资金回收力度。作为因素法分配农发资金的重要因素，青岛市各级农发办的领导都十分重视农发有偿资金的回收工作，确定了常年抓有偿资金回收的方针。采用及时下发有偿资金还款文件、加强调度、包片人亲自督促、对农发有偿资金还款能力进行一年一摸底等强有力的措施，使有偿资金能够及时、足额收回。

4. 加强农发资金使用的内外部监督。青岛市每年都抽调财务专业技术人员对农业综合开发资金使用情况进行一次检查，通过检查摸清各级农发办在农发资金的拨付和使用等方面存在的问题，并及时对查出的问题进行整改，达到了有效地加强资金管理的目的，加强了农发资金使用的内部监督。并配合审计局对农业综合开发资金使用情况进行了审计，加强了农业综合开发资金使用管理的外部监督。

（八）理顺各方面关系。农业综合开发工作涉及多个部门、多种行业，必须得到国家农发办的支持，得到各级财政、审计等部门的配合，得到各市、区农发办的理解和贯彻执行。为此，青岛市农发办注意加强了与国家农发办的联系，与相关部门的沟通并加强了对各市、区农发办的指导和督察，实现各方面关系理顺。特别是在三年一度的开发项目验收工作中，因为有了市财政局的积极配合和市监察局、审计局、水利局、海洋与渔业局、林业局、农机局、畜牧局等单位的大力支持，项目和资金验收的各项工作开展的较为顺利。

（青岛市农业综合开发领导小组办公室供稿，谭勇执笔）

河 南 省

一、工作总体思路

2005年河南省农业综合开发工作的总体思路是：结合河南的实际情况，围绕优势农产品基地和产业带建设，向农业主产区和粮食生产大县倾斜；围绕推进农业产业化发展，向优质粮食加工和畜产品生产加工基地建设倾斜。坚持以改造中低产田、推动农业结构调整、加强队伍建设和项目资金管理为重点，着力提高农业综合生产能力，提高农民收入水平，提高农业综合开发管理水平。

二、开发任务及投资情况

2005年国家批复河南省农业综合开发总投资(含土地、产业化、科技)14.23亿元,其中中央财政投资3.7亿元,地方财政配套资金1.95亿元(省级财政配套1.5亿元,市县配套4 477万元),群众筹资投劳和企业自筹资金6.9亿元,银行贷款9 000万元,整合资金7 533.19万元。年度农业综合开发共涉及81个开发县。在总投资中,用于土地治理项目投资6.68亿元,安排改造中低产田142.84万亩,其中24个重点县土地治理项目投资4.14亿元,安排改造中低产田89.1万亩,非重点县土地治理项目投资2.53亿元,安排改造中低产田53.74万亩;用于科技推广项目440万元,安排科技项目1个;用于产业化经营项目资金7.51亿元,安排产业化经营项目44个,其中,一般产业化经营项目33个,重点产业化经营项目8个,投资参股经营项目3个。在这些项目中,种、养基地项目25个,农产品加工项目18个,流通设施类项目1个。

三、项目及资金完成情况

(一)2004年度项目建设任务及资金结转完成情况

1. 土地治理项目。2004年度结转土地治理项目建设任务35.77万亩,结转各类资金1.45亿元,其中财政资金1.24亿元,结转的土地治理项目建设任务全部完成,结转的各类资金全部落实到位。

完成结转中低产田改造任务35.25万亩,落实结转各类资金1.43亿元,其中财政资金1.23亿元。共修建拦河坝11座,排灌站14座,新打和修复配套机井3 665眼,衬砌渠道99.23公里,修建渠系建筑物4 565座,发展喷灌18 500亩,微灌800亩;实施改良土壤5.58万亩,建设良种基地1.49万亩,修建良种仓库1 077平方米,良种晒场7 370平方米,购良种32.03万公斤;修机耕路423.69公里,购置农业机械565台(套);植树造林4.25万亩,建设苗圃675亩;实施技术培训7.59万人次,购置仪器设备4台、件,示范推广14.78万亩。

完成结转土地沙化治理项目建设任务0.52万亩,落实各类资金177.19万元,其中财政资金169.19万元。共新打和修复配套机井73眼,造林0.22万亩,实施技术培训1 500人次。

2. 产业化经营项目。2004年度共结转产业化经营项目19个(含投资参股项目1个),结转各类资金1.45亿元,其中财政资金6 932.2万元,结转的产业化经营项目建设任务全部完成,结转资金全部落实到位。

完成结转种植项目4个、资金1 146万元,其中财政资金701万元,共发展设施蔬菜720亩,其他设施种植项目0.44万亩;

完成结转养殖项目9个、资金1 704.7万元,其中财政资金1 261.2万元,共发展大牲畜年出栏1.15万头,年末存栏0.51万头;发展禽类年出栏180万只,年末存栏2.12万只;

完成结转加工项目5个、资金1.08亿元,其中财政资金4 310万元。一是完成结转新建项目4个,资金9 819.64万元,其中财政资金3 710万元(含投资参股项目1个,资金7 671万元,财政资金2 550万元);二是改建项目1个,资金977万元,其中财政资金600万元;

完成结转产地批发市场项目1个、资金869万元,其中财政资金660万元。

3. 科技示范项目。2004年度结转科技推广综合示范项目资金724.9万元,其中财政资金704万元;18个新品种、新技术引进、示范及推广项目,2万亩示范及推广项目,1 700人(次)的技术培训任务全部完成。

(二)2005年度项目计划建设任务及资金完成情况

1. 土地治理项目。2005年度计划实施土地治理项目建设任务144.24万亩(含4万亩自然灾害损毁工程修复项目),计划投资6.32亿元,其中财政资金4.05亿元。实际完成土地治理项目建设任务128.56万亩,占2005年度项目计划建设任务的89.13%。实际完成投资5.54亿元,占2005年度项目计划总投资的87.59%,其中财政资金3.39亿

元，占2005年度项目计划财政投资的83.65%。

完成修建小型水库6座，拦河坝20座，排灌站25座，新打和修复配套机井1.45万眼，衬砌渠道557.16公里，修建渠系建筑物1.39万座，发展喷灌4.23万亩，微灌500亩；

完成实施改良土壤62.41万亩，建设良种基地4.37万亩，修建良种仓库4 278.76平方米，良种晒场1.64万平方米，购良种497.87万公斤；

完成修机耕路4 106.5公里，购置农业机械1 137台、套；

完成植树造林4.75万亩，建设苗圃844亩，实施技术培训48.81万人次，购置仪器设备273台、件，示范推广83.85万亩。

2. 产业化经营项目。2005年度共安排产业化经营项目41个，计划投入各类资金4.95亿元，其中财政资金9 818万元，实际完成产业化项目31个，占2005年度产业化经营项目计划的75.61%。完成投资4.54亿元，占2005年度产业化经营项目计划总投资的91.67%，其中财政资金7 490.2万元，占2005年度产业化经营项目计划财政投资的76.29%。

完成产业化种植项目6个，完成投资2 596万元，其中财政资金1 035万元。共发展经济林100万亩，设施蔬菜100亩，设施花卉200亩，其他设施种植项目3.13万亩。

完成产业化养殖项目13个，完成投资9 654万元，其中财政资金2 843万元。实现年出栏大牲畜8.87万头，年末存栏4.69万头，年出栏禽类123.2万只，年末存栏21万只。

完成产业化加工项目11个，完成投资3.27亿元，其中财政资金3 462.2万元。

完成产业化储藏保鲜项目1个，完成投资375万元，其中财政资金150万元。

3. 科技示范项目。2005年度安排国家科技示范项目1个，计划投资440万元，其中财政资金340万元，自筹资金100万元。项目工程全部完成，资金全部落实到位。完成技术推广、品种推广3项(个)，示范及推广面积0.69万亩，技术培训2 450人次。

四、主要做法

(一) 集中财力，向农业主产区和粮食生产大县倾斜

为了解决农业综合开发项目分散，开发效果不明显的问题，河南省在安排农业综合开发项目时，实行了“两个集中、两个打破”。两个集中：一是集中资金，向农业主产区倾斜。河南省地处黄淮海平原的周口、商丘、驻马店、南阳、信阳等5个省辖市是典型的农业大区，耕地面积5 745万亩，占全省的56.3%，2005年共向5市投资34 943万元，其中安排土地治理项目中央、省级财政资金21 790万元，占全省土地治理项目中央、省级财政投资的41%。二是集中资金向粮食大县倾斜。河南省有70个《国家优质粮食产业工程建设规划》的粮食生产大县。2005年共向这些粮食大县投资4.91亿元，其中安排土地治理项目中央、省级财政资金3.11亿元，占中央、省级财政投资的59%。

两个打破：一是打破了长期以来土地治理单个开发项目面积小而分散的状况。2004年平均单个项目开发面积由2003年的0.46万亩提高到0.9万亩，2005年平均单个项目开发面积提高到1.2万亩。二是打破了长期以来开发县年年安排任务的“终身制”和“铁饭碗”。2005年全省在安排土地治理存量资金项目时，结合工作绩效考核和验收评价情况，对23个开发县实行了“末位轮休”。

(二) 突出开发重点，建设高标准农田，合力打造粮食核心产区

为认真贯彻落实2005年中央农村工作会议精神和《中共中央、国务院关于进一步加强农村工作，提高农业综合生产能力若干政策的意见》，深入贯彻财政部《关于改革和完善农业综合开发若干政策措施的意见》和国家农发办年度工作要点，在省政府主要领导的高度重视下，2005年1月份提出了“集中资金，加快中低产田改造，打造河南省核心产粮区域”的工作思路，形成了工作方案，并下发了《关于集中农业综合开发资金，加快中低产田改造，建设河南省粮食主产区高标准基本农田的实施意见》，决定集中70%的中央、省级农业综合

开发土地治理项目资金，连续三年投入到耕地在130万亩以上、中低产田100万亩以上、粮食产量10亿斤以上、商品粮6亿斤以上的24个农业综合开发重点县，实行规模开发。这24个县从人口上看，占全省农业人口的35%；从粮食产量看，占全省的38.7%，商品粮占全省的55.4%；从中低产田面积看，占全省的32.1%。事实证明，选择这24个县，确实抓住了河南粮食生产的关键。

为了扎扎实实地做好24个重点县的农业综合开发工作，省开发办重点做了以下四个方面的工作：一是举办项目规划培训班。4月12日至13日，省开发办和财政厅举办了18个省辖市和24个县（市）农业综合开发办主任和财政局主管人员参加的项目规划培训班，就现行项目安排和资金使用等政策规定、项目区的选择、工程建设标准、规划编制要求等进行了全面培训，为做好项目建设的前期工作奠定了良好的基础。二是做好项目规划的指导、论证和审核工作。在各重点县现场勘测编制规划期间，省开发办和财政厅组织有关人员深入重点县帮助和指导规划编制工作，并于5月9日至16日邀请省直有关部门、农业科研、教学单位的相关专家，对24个重点县的3年规划进行了评估论证；6月上旬，又请农业综合开发系统的专家，对24个县的规划进行了认真的审核把关，在此基础上，经省农业综合开发领导小组批复到县。三是拟定重点县管理办法。省开发办以《国家农业综合开发资金和项目管理办法》为依据，结合重点县的实际，从组织管理、资金筹措、项目建设、监督检查、竣工验收、绩效评价等方面制定了《河南省农业综合开发重点县管理暂行办法》，作为重点县项目建设的保证措施之一。四是建立了重点县项目建设责任体系。为明确任务，严格责任，高标准、高质量完成重点县项目建设任务，拟定了重点县领导责任、项目工程建设责任、部门责任等三大责任体系。9月29日省政府分管省长与11个省辖市分管市长和3个直管县（市）长在郑州签订了《农业综合开发重点县建设核心粮食主产区任务责任书》，责任书明确了省、市、县三级政府的不同责任。同时，各重点县的县长也分别与县直部门、开发乡镇及项目建设单位签订了责任书。

2005年，河南省在集中资金、突出抓好24个重点县中低产田改造的同时，还注意抓好非重点县的中低产田改造，将1.46亿元的中央、省级财政资金安排了56个县，每个平原县不低于1万亩、山区丘陵县不低于5 000亩的开发任务，最大限度地兼顾到县市之间的利益关系。

（三）严格选择产业化项目，推动农业产业化发展

省开发办在实施农业综合开发产业化经营项目方面，一是发布农业综合开发产业化项目申报投资指南，做好项目的前期准备工作。二是扎实搞好项目的考察、评审工作，实行县级现场考察、市级抽查并组织专家评估，省级组织行业专家评估论证，保证所选项目真实可行、效益明显和带动力强。三是项目选择体现了河南特色，重点扶持优质专用小麦加工和畜产品、优质农产品加工企业。四是坚持扶优、扶大、扶强的原则，重点扶持国家和省级农业产业化龙头企业。经过连续二、三年的扶持，使部分龙头企业成为河南省乃至全国农产品生产加工的品牌企业。五是注意催生培育农业产业化龙头企业。适当扶持一批正在成长上升、企业资源优势明显、经营效益好、市场前景广阔、带动农民致富能力强、中小规模的农业产业化企业及农民专业合作经济组织。

（四）积极探索，认真做好投资参股经营试点工作

省开发办重点做了以下几方面工作：一是择优选择资产运营机构。选定具有资本运作和股权投资经验、熟悉农业产业化发展政策的河南省农业综合开发投资公司作为国有资产运营机构。二是明确部门职责。按照《国家农业综合开发投资参股经营试点管理暂行办法》及《公司法》等法律法规有关规定，制定了《关于开展农业综合开发经营性开发试点工作的实施意见》，明确界定了财政、开发、国有资产运营机构的职责和权限，严格遵循经营性开发扶持原则。三是国有资产运营机构尽早介入立项工作。在企业自愿申报、平等竞争、择优扶持的前提下，尽早让国有

资本运营机构参与项目的选择、立项和评估，及早与拟参股企业进行投资参股的意向性沟通，并全过程参与资产的评估和认定，以便更详细地了解企业情况，更准确地与企业进行出资范围、股权设置等方面的谈判，确保项目选择的科学性、合理性，实现国有股权的保值、增值。四是慎重选择参股企业，并建立对拟参股项目的预评估制度。在企业自愿申报项目的基础上，省财政、农发办和资产运营机构一起对企业拟参股资产及建设项目建立预评估制度，对企业的财务状况和资产状况作进一步核实，落实项目企业出资资产，维护国有股权益，确保国有资产的保值增值。五是委派董事、监事和财务总监。为了加强对试点企业的监管，省开发办要求国有资产运营机构要根据每个企业的实际情况选派董事和监事，参与企业的经营决策。此外，根据试点企业股东较少的实际情况，在试点企业还特别委派了独立董事参与企业的经营管理，对部分企业还委派了专职财务总监。六是完善企业规章制度。为了参股企业规范运作，国有资产运营机构与参股企业一道制定了《公司章程》、《股东大会议事规则》、《董事会议事规则》、《财务管理基本规则》、《总经理工作制度》等基本的管理制度，并报财政部门审定，为试点企业的规范管理和成功运作奠定了基础。七是规范对参股企业的管理。对参股企业一方面帮助其完善规章制度、委派董事和独立董事，另一方面在实际操作过程中，为及时掌握参股经营项日资产运营情况，保证财政参股资金安全有效运行，还采取了要求企业建立重大事项报告制度、定期报送财务报表、定期进行实地考察等多种措施，对企业进行监管。

（五）抓好科技示范项目建设，不断提高农业综合开发科技含量

一是坚持把科技推广渗透到农业综合开发项目建设的各个环节，不断提升农业综合开发的科技含量。二是以科技项目为载体，组织农业院校、科研、推广单位的专家，深入农业综合开发项目区推广农业新成果、新技术。三是以土地治理项目区为基地，抓好对当地群众的农业技术培训工作。全年共印发各种技术资料21万多册，共培训项目区农民23万多人次，使科技项目区农民年人均纯收入增加400多元。四是进一步加大科技的投入力度，扩大科技示范项目的覆盖面和辐射力。科技措施投入占土地治理项目投资的比例逐年提高，由2003年的2.6%提高到2005年的4.6%。五是抓好国家科技示范项目的建设和管理工作，增强科技示范项目的辐射带动作用。国家安排河南的4个科技推广综合示范项目、4个高新科技示范项目全部按计划完成建设任务。

（六）创新管理机制，加强资金和项目的监督管理

在农业综合开发投入机制方面：一是引入竞争机制。具体项目区的确定采取竞争办法，一方面与优质农产品布局相结合，另一方面与群众积极性相结合，哪个地方农民积极性高、基础工作做得好，就在哪个地方开发，由“要我干”变为“我要干”。二是引入利益驱动机制。将项目建设中的可移动设施及井、渠、林等采取设施使用权、管理权落实到户到人，由农户投资，国家给予补助，较好地解决了农民筹资投劳难问题和项目建成后的管护运营问题。

在项目和资金管理方面：一是所有工程项目都实行公示公告制、招投标制、项目监理制、群众全程参与制、项目竣工决算验收制。二是全面推行财政资金县级报账制，全部项目资金在县级财政实行专人、专账、专户“三专”封闭管理，杜绝大额提现及违规开支。三是搞好项目监督检查，发现问题及时整改。加强暗访、抽查、复验的力度，督促各地真正把农业综合开发项目建成群众满意工程和现代农业引领、示范工程。四是对重点开发项目进行重点监管。

在开发机制创新方面：一是探索竞争开发机制，调动农民筹资投劳积极性。二是探索以农业综合开发投资为导向，整合农、林、水、科技、扶贫、农机等部门资金集中投入机制。三是探索以中央和省财政投资吸引市县财政增加农业综合开发投入机制。四是探索采用贴息、奖励、补助等手段吸引金融资本、社会资金扶持农业产业化龙头企业机

制。五是探索建立农业综合开发绩效评价机制和项目县适时退出、违规暂停、末位淘汰机制，促进农业综合开发项目县全面提升开发管理水平。

（河南省农业综合开发领导小组办公室供稿）

湖　北　省

2005年，湖北省农业综合开发工作紧紧围绕“提高农业综合生产能力、保障国家粮食安全、促进农民增收”的目标，按照“深化改革、加强管理”的要求，取得了新的业绩，粮食综合生产能力显著提高，项目区农民收入稳步增长，为建设农村小康社会作出了积极贡献。

一、农业综合开发基本情况

2005年，湖北省农业综合开发涉及83个县（市、区、场），全年共完成农业综合开发资金10.34亿元，其中财政资金5.63亿元、银行贷款8 182万元、自筹资金3.89亿元。土地治理项目完成投资5.78亿元，其中财政资金3.92亿元；产业化经营项目完成投资4.42亿元，其中财政资金1.63亿元、银行贷款7 782万元；科技示范项目完成投资1 401.50万元，其中财政资金786万元、银行贷款400万元。全年共完成土地治理项目222个、126.73万亩，比2004年增加14多万亩；实施产业化经营项目67个，建设科技示范项目3个。

二、精心开发，成效显著

2005年，湖北省农业综合开发工作加强了中低产田改造，突出了农业综合开发高产农田建设，努力提高粮食生产能力，保障国家粮食安全，促进农民收入稳步增长；大力支持了优势农产品产业带建设和龙头企业发展，努力提高农业综合效益，延长产业链条，拓展农民增收渠道。一年来，农业综合开发项目建设取得了显著成效。

（一）改善了农业基本生产条件，推进了农业综合生产能力建设

湖北省按照集中资金办大事、突出重点抓关键的原则，将全省农业综合开发土地治理项目资金全部安排用于中低产田改造项目，重点支持了46个粮食主产县（市）的中低产田改造，特别是20个水稻生产重点县（市）的高产农田建设，坚持按灌区、流域或某一相对完整连片的水稻生产农田进行分年实施、总体推进。年度项目建成后，共扩建加固小型水库15座，建设拦河坝65座，修建排灌站623座，新打机电井122眼，输变电线路配套139公里，开挖疏浚渠道3 680公里，衬砌渠道1 607公里，埋设管道42公里，修建渠系建筑物29 856座，新建小型蓄排水工程278座，扩建加固小型蓄排水工程220座，购置农（牧）业机械1 340台（套），营造防护林7万亩；可新增灌溉面积31万亩，改善灌溉面积62万亩，新增除涝面积19万亩，改善除涝面积40万亩；预计可年新增粮食7 960万公斤、棉花86万公斤、油料1 195万公斤；新增种植业总产值1.69亿元，项目区农民收入增加总额8 526万元。

（二）支持龙头企业发展，扎实推进了农业产业化经营

2005年湖北省重点扶持了特色水产品养殖、无公害蔬菜种植以及大米、油料、蔬菜、禽蛋加工等重点产业化经营项目9个。项目建成后，可提供蔬菜1 980万公斤，淡水产品40万公斤，加工粮油12 750万公斤；年新增总产值45 083万元，新增利税5 410万元，年直接受益农户10.36万户；年新增农村劳动力就业1 218人。同时支持了武汉市江夏区五元杂交瘦肉型牲猪生产、阳新县万亩连片珍珠立体循环养殖、京山县绿壳蛋鸡养殖及推广以及

大冶市磊山湖莲籽加工、英山县优质蚕丝加工等26个产业化经营项目。项目建成后，可提供蔬菜1 500万公斤，淡水产品115.63万公斤，肉类产品238.2万公斤，蛋249.6万公斤，奶类制品150万公斤；提供种畜（禽、苗）15.4万头（只）；加工粮油6 000万公斤，加工果蔬200万公斤；年新增总产值4.1亿元、利税7 514.63万元，安排农村劳动力1.57万人。

（三）推进了农业综合开发投资参股经营试点，拓宽了农民增收渠道

2005年湖北省重点扶持了洪湖市德炎水产食品有限公司、枣阳市湖北金华麦面集团和仙桃市湖北绿生畜牧科技发展有限公司等3家企业，为拓宽农民增收渠道、实现滚动开发机制探索了新的途径。目前，3个项目运行顺利，效益逐步体现。

三、科学管理，建立了项目和资金管理制度体系

2005年湖北省以完善制度、健全机制为出发点和着力点，以强化管理制度体系建设为手段，加强了对项目和资金的全过程、全方位管理。

（一）建立和完善项目管理制度体系

建立健全了以项目库管理、项目专家评审制、项目法人制、工程物资政府采购、项目招投标制、公示公告制、竣工项目后续管理、投资参股经营管理等为主要内容的项目管理制度体系。一是积极推行了项目立项招投标制。省农发办在《湖北日报》等新闻媒体发布了2005年产业化经营项目申报指南，向社会公开招标立项，扩大了选项范围，力争把最能带动农民增收、效益最好的企业和项目纳入扶持范围。二是严格实行项目库管理。各开发县对照《2005年国家农业综合开发产业化经营项目申报指南》要求，积极准备和筛选产业化经营项目，并将企业申报项目纳入湖北省农业综合开发项目管理系统。三是实行了严格的专家评审制。市、州农发办对拟申报的产业化经营项目进行了严格现场审查和专家初步评审，省农发办对各地2005年上报的96个一般产业化和重点产业化经营项目及8个投资参股经营项目，按项目类别，分别组织种植、养殖、畜牧、农产品加工、财务等方面的专家进行严格评审、严格把关，择优选定了43个社会、经济及生态效益好、经营机制灵活、科技含量高、具有发展前景且带动能力强、还款有保障的项目，向国家农发办申报，确保了项目的真实性和可行性。四是全面推行项目工程招投标制。严格执行《国家农业综合开发项目招投标管理暂行办法》，加强了项目工程建设招投标和工程物资政府采购工作，确保了项目工程建设质量和效益。五是制订了规范的农业综合开发投资参股经营试点管理办法。在总结开展农业综合开发投资参股经营试点经验的基础上，参照国家有关政策要求，出台了《湖北省农业综合开发投资参股经营试点管理实施办法》，明确了农业综合开发投资参股经营试点应遵循的原则，细化了项目申报和审批的程序，明晰了申报投资参股经营项目必须具备的条件，明确了各级财政和投资参股经营公司的责权利和国有股投资收益管理的具体内容和办法，以及国有股转让及适时退出的形式。六是完善了竣工项目工程建后管护制度。在全面总结以往经验并广泛征求意见的基础上，制订出台了《湖北省农业综合开发项目工程建后管护办法(试行)》，进一步规范了农业综合开发竣工项目工程的管护对象、管护组织与制度、管护责任和措施、管护资金来源及奖惩约束，为加强竣工项目工程建后管护、确保发挥工程长远效益提供了制度保障。

（二）建立和完善资金管理制度体系

湖北省实施了农业综合开发综合因素分配办法，建立和完善了以县级报账制、项目资金公示制、“三专”制（专账核算、专人管理、专款专用)、国库集中收付制等为主要内容的财务管理制度体系。一是实施了科学合理的资金分配办法。除对20个水稻生产重点县市按省政府的规划部署分配农业综合开发高产农田建设资金外，对其他非水稻生产重点县市，综合考虑其常用耕地面积、商品粮、工作质量、专项奖励和处罚等综合因素，确定了2005年土地治理项目财政投资控制指标，充分体现了资金分配的科学化。二是实行项目资金直达制。继续实行专人、专账、专款专用的“三专”管

理制度，严格实行国库集中收付制。省级财政将农业综合开发资金全部直接拨付到县（市）农业综合开发资金专户，县（市）农发办按规定将资金直接拨付到项目建设单位，大大减少资金运行的中间环节，有效地避免了项目资金滞留、挪用现象，确保了项目资金安全和效益。

四、讲求实效，强化监督检查

湖北省建立和完善了以专项检查、竣工项目检查验收、项目工程监理、项目专管员、工作综合考核等为主要内容的监督检查和考核体系，完善了监督管理机制，增强了工作责任，加大了整改力度。

（一）开展经常性的专项检查

2005年7~8月，省农发办组成多个检查组，对2004年度农业综合开发高产农田建设管理情况进行了专项检查和督导。检查组通过核查账目、实地查看项目区、走访农民等方式，认真检查了土地治理项目的建设和资金到位、使用情况。对检查发现的问题，督促有关县、市强化整改，不断提高管理水平。

（二）建立规范的竣工项目检查验收制度

根据《国家农业综合开发资金和项目管理办法》及国家农发办关于农业综合开发竣工项目检查验收的指导性意见，省农发办制订了《湖北省农业综合开发竣工项目验收暂行办法》，对验收内容、验收程序、验收组织、验收标准、验收责任及验收奖惩等作出了明确规定。按照该办法，各市、州对辖区县（市）的所有项目进行了全面验收。在此基础上，省农发办组织有关工程及财务专家，分两批先后对全省32个县、市2004年度农业综合开发土地治理项目和产业化经营项目进行了严格的重点检查验收。为督促有关县市及时整改被检查出来的问题，省财政厅在仙桃市召开了20个水稻生产重点县市2004年度项目检查验收情况通报会，全面总结了项目实施的经验教训，通报了检查验收情况，研究部署了下一阶段农业综合开发高产农田建设项目实施工作，督促各地迅速整改到位，推进农业综合开发各项管理工作的规范化、制度化、科学化。

（三）积极推行了项目专管员制度

为了进一步加强农业综合开发项目和资金跟踪监督管理，规范工作行为，强化工作职责，确保高标准、高质量完成农业综合开发工作任务，制订了《湖北省农业综合开发项目专管员管理暂行办法》，全省绝大多数农业综合开发项目均实行了财政专管员管理，特别是县级项目专管员均实行领导带队，全员参与，分片（市、州）包干、责任共担的管理办法；各级农发办按照管理权限，定期对农业综合开发项目专管员的德、能、勤、绩进行全面考核，重点考核工作实绩，考核结果作为对项目专管员奖惩的依据。项目专管员制度的建立，对提高农发项目质量发挥了积极作用。

（四）全面实行了项目工程监理制

省农发办制订了《湖北省农业综合开发土地治理项目工程建设监理实施办法》，界定了农业综合开发土地治理项目工程监理的范围和内容，明确了监理公司的资质条件，规范了监理程序，明晰了监理的责任和义务，明确了监理费使用管理的程序和办法，做到了项目工程监理有章可依、有章必依。为确保水稻生产重点县市2005年土地治理项目工程建设质量，省农发办通过在《湖北日报》公开发布公告的形式，在全省范围内择优选择了5家具有农田水利监理丙级以上资质的监理公司，直接委派到9个重点县市实施规范的工程监理。

五、注重宣传调研，夯实开发基础

湖北省全年编发《湖北农业综合开发》信息简报10多期，在《湖北日报》、湖北电视台、《财政改革与发展》等新闻媒体大力宣传了湖北的农业综合开发工作；多次深入基层、深入实际调查研究，剖析解决农业综合开发热点难点问题，实地了解和解决了基层农发工作中的难题。

（湖北省农业综合开发办公室供稿，郭士敏、黄先林、葛松涛执笔）

湖　南　省

2005年，湖南省农业综合开发系统认真贯彻《中共中央　国务院关于进一步加强农村工作　提高农业综合生产能力若干政策的意见》和全国农业综合开发工作会议精神，全面落实科学发展观，加强科学管理，创新工作机制，取得了较好的成效，各项工作迈上了一个新的台阶。

一、基本情况

湖南省农业综合开发涉及14个市州的84个县（市、区、场）。全年共完成农业综合开发项目总投资12.09亿元，其中财政资金6.01亿元，银行专项贷款1.44亿元，单位和群众自筹资金4.57亿元，其他资金700万元。共立项支持了110个土地治理项目，15个重点产业化经营项目，32个一般产业化经营项目，3个投资参股经营项目，17个自然灾害损毁工程修复项目。共改造中低产田115.71万亩，生态综合治理1.6万亩，种植经济林4.82万亩，设施蔬菜1.11万亩，中药材6 600亩，设施花卉889亩，其他设施种植项目7.55万亩，发展水产养殖3.32万亩；年出栏畜类12.62万头、禽类1 510万只，改扩建农副产品加工项目18个；支持了一批农业科技示范推广项目和农林水等部门项目，取得了显著的经济、社会和生态效益。

一是改善了农业生产基本条件。围绕农业基础设施建设，共新建、维修和加固小型水库75座，新建和改造排灌站360座，修建拦河坝206座，打机电井61眼，硬化衬砌灌排渠道3 557.87公里，渠系建筑物2.07万座，发展喷灌2 250亩，修建机耕路998.37公里，建设良种基地3.91万亩，改良土壤28.96万亩，造林9.27万亩，建设苗圃1 410亩，购置农业机械2 502台（套），新增和改善灌溉面积92.83万亩，新增和改善除涝面积33.5万亩，新增节水灌溉面积20.7万亩，增加农田林网防护面积7.61万亩，增加机耕面积25.21万亩，项目区农业基础设施和农业生态环境大为改善，防灾抗灾能力明显增强。

二是提高了农业综合生产能力。通过实施农业综合开发，项目区共新增粮食生产能力1.38亿公斤，棉花108.68万公斤，油料1 027.76万公斤，糖料273万公斤，干草640万公斤，干鲜果2 230.12万公斤，花卉460万枝，肉类336万公斤，水产品140万公斤，药材640万公斤，奶46万公斤，蔬菜3 195万公斤，蛋65万公斤；新增农产品加工转化能力1.95亿公斤。

三是增加了农民收入。通过集中部分农业综合开发资金对有资源优势和比较优势、有区域特色和市场前景、有知名品牌和科技含量的农业产业化龙头企业予以重点扶持，对优势农产品和特色农产品开发予以积极支持，促进了农业规模经营和农业产业化发展，带动了农业结构调整和农民增收。据统计，农业综合开发项目直接受益农户53.07万户，直接受益农民年纯收入增加总额7.14亿元，年人均纯收入增加363元。

二、主要工作措施

（一）理清工作思路，明确工作目标

2005年年初，湖南省农业综合开发办公室提出了“1234”的工作思路，即开好一个会（全省农业综合开发工作会议），办好两个点（农业综合开发规模开发示范点、投资参股经营试点），抓好三个培训（农业综合开发主任培训、项目和资金管理培训、统计工作培训），加大四个力度（中低产田改造力度、龙头项目带动力度、资金监管力度、机制创新力度）。3月中旬，在长沙召开了全省农业综合开发工作会议，传达了全国农

业综合开发工作会议精神，研究提出了湖南省贯彻落实会议精神的具体措施和意见，总结交流了农业综合开发的新成就、新经验和新方法，全面部署了2005年全省农业综合开发工作。通过这次会议，统一了思想，明确了目标，增强了信心，落实了任务。

（二）创新工作机制，开展两项试点

1.开展农业综合开发规模开发示范点。按照集中资金办大事、形成规模出效益、办好示范促面上的要求，在充分调查、科学论证、认真研究的基础上，湖南省在永州市祁阳县和益阳市赫山区创办了农业综合开发规模开发示范点。通过总体规划，整合资金，集中投入，规模开发，计划用五年时间，集中连片建设10万亩以上高标准基本农田；同时，扶持龙头，建设基地，发展产业化经营，推广先进科技，做大做强优势产业，稳定增加农民收入，培植地方财源，不断提高农业综合开发的影响力和辐射力。8月至9月，湖南省财政厅分别与祁阳县人民政府、赫山区人民政府签订了农业综合开发规模开发示范点建设责任书，明确了双方的责任，实行目标管理。示范点建设的各项工作按责任书的要求稳步推进，两个县（区）均制订了示范点建设五年总体规划和年度实施计划。祁阳县2005年投入农业综合开发财政资金1 166万元（其中：土地治理项目财政资金641万元，产业化经营项目财政资金525万元），整合国土资源、交通、农业、水利、卫生、农机等部门支农资金651.2万元。赫山区2005年投入农业综合开发财政资金2 268万元（其中：土地治理项目财政资金768万元，产业化经营项目投资参股资金1 500万元），整合国土资源、水利、卫生、农业、林业等部门支农资金1 430万元。

2.开展农业综合开发投资参股经营试点。按照创新农业综合开发投入机制和管理模式、扶大扶强农业产业化龙头企业的要求，湖南省积极稳妥地开展了农业综合开发投资参股经营试点。2005年3月，湖南省农业综合开发办公室在认真考察评估、组织专家论证的基础上，择优上报了4个投资参股经营试点项目，经国家农发办审定，有3个项目获得批准。之后，组织人员专程赴四川省学习其开展投资参股经营试点的经验和做法，并结合湖南省实际，制订了《湖南省农业综合开发投资参股经营试行办法》，择优选定了资产运营机构，签订了资本运营委托协议，3个投资参股经营试点项目按计划顺利实施。

（三）增加资金投入，扩大开发规模

为了扩大农业综合开发规模，湖南省农业综合开发办公室经多方争取支持，取得了较好成绩。2005年国家安排湖南省农业综合开发财政投资4.764亿元，比上年增加3 275万元，增长7.4%；省本级年初预算增加1 000万元，年中追加2 000万元，增长22.5%；在回收难度越来越大的情况下，通过积极催收，共回收到期有偿资金1.58亿元；正式启动了12个世行贷款农业科技项目，2005年共投入财政资金3 949万元。全年农业综合开发项目总投资达13.01亿元，比上年增加2.81亿元，增长27.5%。

（四）突出开发重点，提高开发效益

2005年湖南省进一步加大了对粮食主产区和农业产业化经营的支持力度。

一是向粮食主产县倾斜，重点支持《国家优质粮食产业工程建设规划》中的41个粮食主产县和10个农业主产县，新增农业综合开发财政资金安排用于粮食主产县的部分达到80%。在每个开发县，优先选择农业资源潜力大、水土资源条件好、干部群众热情高、投入产出效益好的乡镇作为项目区，集中连片，规模开发。同时，突出农业基础设施建设，集中70%以上的农业综合开发财政资金用于土地治理，土地治理项目财政资金用于中低产田改造项目的投入达99.3%，大力改善农业生产基本条件，建设高产稳产、旱涝保收、节水高效的高标准基本农田。全年共投入农业综合开发资金6.39亿元（其中财政资金4.35亿元）用于农业基础设施建设。

二是向农业产业化龙头企业倾斜，大力扶持辐射带动作用强、科技含量比较高的龙头企业，着力推进农业产业化经营，促进农民增收。财政投资8 175万元重点扶持了15个有一定规模、产品有市

场竞争优势、经济效益比较好、与农户联系比较紧密、带动作用比较强的国家级、省级农业产业化龙头企业；投资6 178万元扶持了32个一般产业化经营项目，发展优质特色农产品的种植、养殖和加工；投资4 500万元扶持了3家龙头企业开展投资参股经营试点工作。

（五）完善规章制度，加强规范管理

2005年湖南省农业综合开发系统不断强化、规范项目、资金和系统管理，狠抓《湖南省农业综合开发资金财政报账实施细则（试行）》、《湖南省农业综合开发项目县轮换暂停制实施方案》和《关于进一步加强农业综合开发系统管理工作的意见》等三个办法的贯彻执行，严格实行农业综合开发资金专户储存、专人管理、专账核算、专款专用，严格实行规范的财政报账制；严格实行开发县总量控制、比例暂停、公平竞争、规范管理；严格实行项目立项和工程建设招投标制、评审责任制、工程监理制、项目和资金公示制；逐步理顺农业综合开发机构设置，切实加强农业综合开发干部队伍建设，并加强检查指导和督促落实，取得了明显成效。9月，湖南省农业综合开发办公室组织5个验收组，采取随机抽样的方式，从项目建设、资金管理、综合管理等方面，对全省2004年度农业综合开发竣工项目进行了全面的检查验收，并根据验收情况进行了综合评比。同时，对验收中发现的问题及审计反映的情况，提出了具体、明确的整改要求，督促各地及时、认真地进行整改。针对部门项目管理比较混乱、职责不清的问题，在充分调查研究、座谈讨论的基础上，制定了《关于加强农业综合开发部门项目管理的通知》；针对项目竣工验收工作不够规范的问题，下发了《关于进一步规范农业综合开发项目竣工验收工作有关问题的通知》；针对内部工作职责不够明确、管理不够规范的问题，制订了《湖南省农业综合开发办公室工作职责及内部管理制度》。

（六）加强干部培训，提高队伍素质

2005年湖南省以提高农发干部队伍整体素质为目标，提高农业综合开发工作能力为核心，以专题业务培训和更新知识培训为重点，不断改进培训的方式和方法，增强培训内容的针对性，取得了良好的效果。全年共举办农业综合开发统计工作培训班、资金管理和项目管理培训班、主任培训班、世行贷款农业科技项目采购和报账培训班等4个培训班，重点就农业综合开发重要政策制度、如何当好农发办主任、农业综合开发项目和资金管理办法、农业综合开发项目规划设计和评估论证、财务会计知识、资金和项目检查实务、统计报表、世行项目招投标采购、提款报账、监测评价等问题进行了培训。其中农业综合开发资金管理和项目管理培训班是湖南省农业综合开发十七年来规模最大的业务培训班，参加培训的有全省各市（州）、开发县（市、区、场）从事农业综合开发资金和项目管理的人员，共计300多人；农业综合开发主任培训班采取讲课与现场参观学习相结合的形式，效果非常好。

（七）加强调查研究，提高工作水平

2005年湖南省农业综合开发办公室围绕农业综合开发工作中的重大问题，组织开展了一系列调查研究，主要有：

一是开展了农业综合开发资金投入情况的调研，提出了扩大农业综合开发投入规模、建立农业综合开发资金投入的良性循环、整合支农资金投入、集中力量办大事的建议和对策。

二是开展了农业综合开发扶持农民专业合作经济组织情况的调研，提出了规范农民专业合作经济组织的发展、找准农业综合开发扶持农民专业合作经济组织的切入点及支持重点的建议和对策。

三是开展了农业综合开发科技推广资金使用情况的调研，提出了改进科技推广资金的安排方式、突出科技推广资金的支持重点、规范科技推广资金的管理等建议和对策。

四是开展了农业综合开发投资参股情况的调研，提出了积极开展农业综合开发投资参股经营、切实选准选好参股企业、参股项目和资产运营机构、规范投资参股项目管理等建议和对策。

三、存在的主要问题

（一）省级财政配套压力大

农业综合开发实行中央与地方资金配套安排。

按照中央政策规定，湖南省地方财政配套资金比例为中央财政资金的1:0.5，其中省本级财政需承担地方财政配套资金的80%，而且国家级和省级贫困县的财政配套资金也都由省级财政承担。随着中央农发资金规模不断扩大，省级财政配套任务越来越重，压力越来越大。

（二）有偿资金回收压力大

由于农产品价格比较低迷，农业比较效益低下，市场形势变化很快，加上自然灾害频繁，致使部分产业化经营项目的有偿资金难以回收，有些甚至已形成呆账。另外，2003年以前投入农业基础设施建设的有偿资金，虽然社会效益较好，但债权债务难以落实到千家万户，资金回收已不可能。这些呆账和债务已使地方各级财政部门背上了沉重的包袱，影响到开发项目的顺利实施和整个农业综合开发的良性发展。

（三）部分农发机构队伍与所承担的工作任务不相适应

湖南省有相当一部分市、县农发机构设置不完备，归口管理不统一，工作协调比较难，人员管理不规范，经费来源无保障，在一定程度上影响了农业综合开发事业的健康顺利发展。

（湖南省农业综合开发办公室供稿，龚次元执笔）

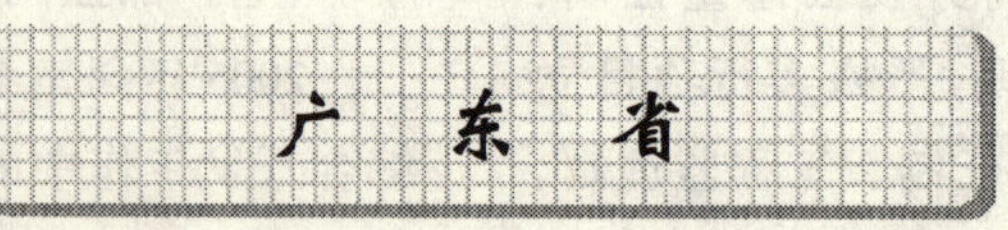

广东省

2005年，广东农业综合开发坚持全面落实科学发展观，紧紧围绕“资金安全、项目安全、干部安全”的目标，强化管理，创新机制，狠抓落实，顺利地完成了各项工作任务，取得了显著的工作成效。

一、农业综合开发的基本情况

（一）开发县情况

2005年广东共有国家农业综合开发县38个，占全省县（市、区）总数的31%。经国家农发办《关于广东省新增和适时退出国家农业综合开发县的批复》批准，从2005年起，鹤山市、高明区、增城市、省监狱农场退出开发范围，恩平市、遂溪县、和平县、蕉岭县成为新增开发县。

（二）投资完成情况

广东省2005年农业综合开发实际完成总投资5.18亿元，较2004年增长60.3%，其中：财政资金2.96亿元，自筹资金1.97亿元，银行贷款0.25亿元，财政资金及自筹资金分别比2004年增长62.27%、136.03%、银行贷款比2004年减少56.6%。土地治理项目完成投资2.74亿元，其中：财政资金2.02亿元，自筹资金0.72亿元（含投工投劳折资0.3亿元）；产业化经营项目完成投资2.16亿元，其中：财政资金0.82亿元，自筹资金1.14亿元，银行贷款0.2亿元；科技及现代化示范项目完成投资0.28亿元，其中：财政资金0.12亿元，自筹资金0.1亿元，银行贷款0.05亿元。

（三）建设任务完成情况

土地治理项目方面，完成改造中低产田51.54万亩，其中：扩建加固小型水库3座，修筑拦河坝34座，修建排灌站72座，修建机电井32眼，衬砌渠道1 285.64公里，修筑渠系建筑物7 353座，改良土壤39.74万亩，修建机耕路602.7公里，购置农业机械738台，造林3.2万亩。产业化经营项目方面，共建设项目34个（包括上年项目17个，本年度项目17个），实际完成项目12个（其中：种植项目1个，养殖项目1个，加工项目9个，产地批发市场项目1个）。科技及现代化示范项目方面，广州市天河区优质黄羽肉鸡高新科技示范项目基本

完成了建设任务；佛山市高明区科技推广综合示范项目和高明区现代化示范项目分别完成了部分建设任务；肇庆高要市现代化示范项目申报项目变更，项目建设中止。

二、农业综合开发项目取得的效益

（一）加强了农业基础设施建设

通过对土地治理项目区进行山水田林路综合治理，建成了一批“田成方、树成行、路相通、渠相连、旱能灌、涝能排”的高产稳产农田，改善了农业生产条件。共新增和改善灌溉面积44.56万亩，新增和改善除涝面积21.51万亩，新增节水灌溉面积21.22万亩，年节约用水量4 179.73万立方米，增加机耕面积3.25万亩，新增农机总动力2 720.03千瓦，年新增粮食生产能力5 215.27万公斤。

（二）提高了农业产业化经营水平

通过建设种植、养殖、加工和流通设施等产业化经营项目，年新增蔬菜生产能力92万公斤，新增水产品加工能力570万公斤，推进了农业产业化进程，优化了农业产业结构，提高了经济作物种植和优质水产品、畜产品养殖的比例，特别是农产品加工项目的实施，有效解决了农产品增产滞销的问题。

（三）推动了项目区农业科技进步

通过科技推广费的使用和科技及现代化项目的实施，大力推广先进适用的品种和技术，农民科学知识水平得到了显著提高。共扶持农技服务站28个，完善农产品质量检测体系8个，完成技术培训5.49万人次，示范推广16.88万亩。项目区已成为农业产业结构调整的示范点，良种覆盖率和农产品优质品率达到95%以上。

（四）实现了农业增效和农民增收

全年各类项目共新增总产值7.05亿元，新增增加值3.1亿元，新增利税0.67亿元；增加农民收入2.78亿元，受益农民113万人，人均增收245.7元。其中产业化经营项目人均增收310.9元，新增就业人数1.13万人，其中农村劳动力就业人数0.89万人。

（五）促进了农业的可持续发展

通过实施冬种绿肥和稻秆还田等农业措施，改善了土壤理化指标，提高土壤有机质含量及土壤保肥保水能力，减少了农业生产污染，有效改善了农业生态环境；促进了项目区田园方格化、排灌自流化、耕作机械化，提高了农业生产效率，增强了可持续发展能力。

三、主要措施

（一）以提高农业综合生产能力为根本，着力抓好项目管理的各项工作

一是狠抓在建项目的建设工作。督促全省各地在项目建设过程中认真执行工程招投标、监理、项目和资金公示制，加大监督检查力度，保证了项目质量和效益。出台了《广东省土地治理项目工程建设监理实施细则》，明确由市级农发办统一选定一家监理单位承担全市的监理任务。二是狠抓项目前期工作。加强了土地治理项目的规划设计工作，制定了规划设计要点；严格项目专家评审制，对土地治理项目和产业化经营项目均召开了有关的专家评审会，开展了实地考察评估，提高了选项立项的质量。三是加强开发县的管理。对2004年度新增开发县进行了检查考核，适时办理了新增和退出开发县的有关手续。四是启动投资参股经营试点工作。选定了广东粤财投资控股有限公司作为资产运营机构；召开了试点工作研讨会；赴四川、河南两省进行了考察学习，组织工作小组对一批企业进行了考察，最终向国家申报2个投资参股项目。

（二）以资金安全为核心，努力抓好资金管理的薄弱环节

一是制定了处罚措施，促使各地认真落实财政配套资金和事业费。对分配投资指标时仍未落实上一年配套资金的，予以扣减财政投资指标100万元，对一年内不落实的，予以暂停开发县资格。二是从6个会计师事务所聘请了43名注册会计师对全部开发县的财务管理进行了一次现场指导帮扶，此后又有重点地聘请了数名注册会计师进行巡查指导，帮助基层财务人员提高业务水平。三是召开了年度财务会审会议。组织各市、县财政局、农发办财务人员80余人在经过培训之

后，交叉会审了2004～2005年有关会计账簿、凭证及报账手续、预决算、招投标文件、施工合同等资料，互相查找存在的问题，并统一反馈到有关单位及时进行整改。通过会议的召开，统一和加深了各地财务人员对政策制度的理解，解决了多年来财务管理的欠账问题。四是对历年来借出和回收的财政有偿资金进行了全面清理和催收。五是组织各市、县申报了中央财政有偿资金呆账核销，经国家批准，共核销1 116万元。六是配合审计部门开展审计工作。对去年审计报告中指出的问题进一步跟踪落实整改情况，督导各地逐一整改；组织各县（市、区）配合审计机关完成了2004年度项目资金审计工作。

（三）以务求必胜的工作态度，做好迎接国家验收考评的相关工作

一是开展了省级自验。下发了省级验收通知，统一了验收材料的制作要求，制定了省级验收工作方案和验收标准；在市、县自验的基础上，从省直有关单位抽调人员并聘请了7名注册会计师组成了7个省级验收组，分2批对17个地级以上市2001～2003年度项目进行了省级抽验，对被抽验的市、县分别予以了打分和评价，并向当地反馈了验收情况；抽验工作完成后，对全省的情况进行了汇总、自评，并向国家农发办报送了验收材料。二是召开了项目验收统计会审会议，核准了全省验收统计数据。三是对2001～2003年项目建设进行了系统的总结与反思，形成了自验报告和汇报材料。四是制作了项目专题片《开发展宏图　激情创伟业》。五是绘制了土地治理项目和产业化经营项目竣工示意图。六是对历年项目档案进行了整理归档，实现了微机管理。七是督导市、县做好迎接国家验收考评工作。八是召开了验收考评汇报会及情况通报会。

（四）以加强管理为宗旨，积极探索科学管理的新办法

一是完善投资分配机制。建立了土地治理项目投资分配“基数＋综合因素法”，即按照向粮食主产区倾斜、向综合条件较好的地区倾斜的原则，以指标总额的45%确定各开发县的平均投资基数，另55%的指标按粮食年播种面积、历年累计投入、工作表现、财政配套情况等9个因素进行投资分配，特别是将各地工作绩效分成4个等次纳入分配因素，打破了平均主义，体现了奖优罚劣，增强了投资分配的科学性。二是创新检查机制。推行了会审这一新的工作机制，即将各地的业务主办人员全部集中起来，先就有关政策、工作要求和方式方法等进行培训，再交叉分组进行审查，互相查找问题，及时反馈纠正。全年先后召开了土地治理和产业化经营项目计划、年度统计、验收统计及验收材料、财务管理、规划设计等8次会审会，收到了良好的效果。三是健全管理制度。出台了《开发县管理实施细则》、《工程监理实施细则》、《财务管理实施细则》、《报账制实施细则》及《广东省农业综合开发模拟账套》，其中《模拟账套》以一个县的农业综合开发项目收支为实例，从总账、明细账、日记账、凭证管理、核算方法等多个方面进行模拟示范，深入浅出、简明易懂，深得基层财务人员的欢迎和好评。三是推行简政放权。省级将土地治理项目可行性研究和扩初设计“合二为一”，直接编制规划设计方案；先后将土地治理项目建议书批复权、评估权、监理单位选择权、财政资金50万元以下的项目调整审批权、部分项目的验收权等多项职能下放到市级行使并加强监督，方便了基层，提高了效率。四是积极借助外力。省级建立了由100多名各类专家组成的专家库，聘请他们参与项目评估和重大政策的制定；在日常管理活动中经常邀请农业、水利、审计等单位派员参与，抽调市、县农发办的业务骨干参加；聘请会计师事务所负责参与财务管理工作；委托科研单位开发软件、编写资料，实现了借人之力，强我之能。五是推进信息化建设。基本完成了项目管理模块和广东省农业综合开发信息网的开发任务。六是完善监督体系。组织开展了邀请人大代表、政协委员视察农业综合开发的活动，主动接受人大、政协监督。

（五）以提升整体战斗力为目标，加强干部队伍建设

一是完成了省级农发机构的划转工作。经省编委2005年6月批准，省级农发办事机构成建制从

农业厅划转财政厅管理，2005年11月，两厅正式完成了移交工作，省农发办及省农发评估中心自此归属财政厅管理。二是强化了业务培训。先后举办了2004年度产业化经营项目和资金管理业务培训班、全省农业综合开发项目统计培训班、2004～2005年度新增开发县培训班以及多次业务会审培训班，培训人员达500余人次。三是认真开展了先进性教育活动。全省各级农发机构积极参与先进性教育活动，做到一手抓先进性教育，一手抓业务工作，做到“两手抓，两不误，两促进”。四是加强廉政建设。严格执行党风廉政建设的有关规定，制定了“不准违规立项和安排资金，不准接收红包礼金和有价证券，不准到基层索拿卡要”三个不准，做到了廉洁自律、干净干事。

2005年，广东农业综合开发仍然存在一些问题，开发县数量和中央投资总量偏少；个别项目由于前期工作不足，效益不够明显；财政有偿资金回收情况不够理想；人手少、任务重的矛盾没有得到有效的缓解；有的基层农发干部在等待观望机构变动，存在一定的不稳定情绪等。

（广东省农业综合开发办公室供稿，宋俊华执笔）

广西壮族自治区

2005年，广西的农业综合开发工作围绕农民增收和产业增效，继续加大农业基础设施建设和生态环境建设，提高农业综合生产能力，推进农业和农村经济结构的战略性调整，提高农业综合效益，健全机制，规范管理，取得了扎扎实实的工作成绩。

一、资金规模和预算执行

2005年广西农业综合开发县共有70个，占全自治区109个县（市、区）的64%，其中：国家立项的开发县61个，自治区立项的农业综合开发县9个。项目区涉及全自治区的14个市，项目所涉及到的农业人口309.44万人，其中直接受益农业人口数达62万人。

（一）资金规模

2005年广西农业综合开发项目资金规模达到6.13亿元，其中：财政资金4.32亿元（其中有偿资金6 213万元），自筹资金1.81亿元。

1.中央立项项目规模。2005年广西农业综合开发中央立项项目资金规模达到5.37亿元（不含中央部门项目，下同），其中：中央财政资金2.37亿元（其中有偿资金3 744万元），地方财政资金1.19亿元（其中有偿资金1 997万元）。该项用于三个方向。一是61个项目县的土地治理项目4.02亿元（包括环江县新增土地治理项目606万元），其中：财政资金2.78亿元。重点扶持优质糖料基地项目22个和粮食基地项目19个，财政资金总额为1.88亿元。二是扶持23个产业经营项目1.25亿元（其中有偿资金5 741万元），财政资金总额7 488万元（其中有偿资金5 741万元），其中：重点产业经营项目4个，财政资金3 750万元；一般产业经营项目19个，财政资金3 738万元。三是自然灾害损毁工程修复项目440万元，其中：财政资金300万元，主要用于梧州市水灾损毁工程修复。

2.中央农口部门立项项目。2005年，中央农业部门项目财政资金规模为2 256万元，其中：中央财政资金1 530万元（有偿资金360万元），地方财政配套资金726万元（有偿资金112万元）。主要用于：①水利项目2个，中央财政资金730万元；②林业项目1个，中央财政资金100万元（其中有偿资金70万元）；③科技推广综合示范项目2个，中央财政资金400万元（其中有偿资金80万元)；④秸秆养畜项目2个，中央财政资金300万元（其中有偿资金210万元）。

3. 自治区立项项目规模。自治区立项项目共安排财政资金5 335万元，其中：①土地治理项目2 400万元；②淮山“定向结薯”科技示范项目1 300万元；③扫尾项目1 515万元；④其他120万元，包括灵川县种猪养殖20万元，凌云县扶贫联系点茶叶和八角低改20万元，隆安县丁当养殖项目80万元。

（二）预算执行

2005年，全自治区农业综合开发财政实际支出4.51亿元。其中中央立项开发的项目财政支出3.50亿元（包括地方财政配套资金支出），占同期支出的77.50%；地方立项开发的项目财政支出1.02亿元，占同期支出的22.50%。在总支出中，用于土地治理项目财政支出3.58亿元，其中国家立项的土地治理项目支出3.01亿元，自治区立项的土地治理项目支出5 650万元。用于产业经营项目财政支出6 711万元，其中国家立项的产业化经营项目财政支出4 330万元，自治区立项的产业化经营项目财政支出2 381万元。用于高新科技示范项目财政支出2 365万元，其中国家立项的高新科技示范项目财政支出528万元，自治区立项的高新科技示范项目财政支出1 837万元。用于自治区立项项目的贷款贴息等其他支出288万元。

二、主要成效和做法

2005年广西农业综合开发工作取得了显著成效。具体表现在项目区的农业生产条件、生态环境得到了改善，农业综合生产能力、农民收入都有了进一步的提高。据统计，全年自治区共改造中低产田77.08万亩，新增和改善灌溉面积46.65万亩，新增和改善除涝面积17.35万亩；控制水土流失5.59平方公里；新增节水灌溉面积14.85万亩，年节约水量911万立方米；新增农机总动力9 814千瓦；扩大良种种植面积28.42万亩，优势农产品种植面积11.39万亩；新增粮食生产能力11 946万公斤，糖料30 586万公斤，油料173万公斤。项目区直接受益人口数达62万人。产业化经营项目年新增总产值2.53亿元，年新增利税4 035万元，年新增就业人口3 970人。

（一）落实配套政策，确保农业综合开发资金及时、足额到位

一是落实配套资金。根据国家对广西农业综合开发项目资金安排的批复，及时配足了由自治区财政本级配套的9 447万元资金，比上年增长2.11%，做到了早计划、早安排、早落实，同时督促项目开发县也按规定配足应配的资金，杜绝了项目资金上的假配套。

二是及时拨款。加强预算执行，结合农业生产季节及时拨付资金，确保了农发资金的及时足额到位。

三是强化对农民筹资投劳的管理。根据“国家引导、配套投入、民办公助、滚动开发”的投入原则，结合广西的实际，对农民筹资投劳应负担的比例，实行现金及实物折资与投工投劳折资为0.1:0.9的比例。其中农民筹措的现金部分要上缴到农业综合开发资金专户存储，统一核算，专款专用；实物折资以及农民投工投劳登记造册并保存备查，以此督促和引导农民参与农业综合开发。

（二）集中财力，突出重点，强化农业基础设施建设

2005年，自治区农发办继续把甘蔗主产区和粮食主产区作为农业综合开发的重点，在资金和项目安排上进一步加大倾斜力度。在实施开发过程中，始终坚持以改造中低产田为重点，努力改善项目区的农业生产条件和生态环境，进一步提高农业综合生产能力和抗灾减灾能力，促进农业可持续发展。各开发县兴建了一批农业基础设施，新建、修建、加固小型水库17座，新打、修复机电井11眼，新（扩）建排灌站53座，衬砌渠道1 382公里，完成改良土壤46万亩，修建机耕路632公里，营造防护林3万亩。通过实施农业综合开发，有效地改善了项目区农业生产的基本条件，增强了农业抗御自然灾害的能力。

（三）大力扶持农业综合开发产业化经营，促进农民增收

2005年广西农业产业化经营项目的安排，坚持

以农业增效、农民增收为目标，坚持土地治理的基础设施建设与建设产业化龙头基地和优质高效创汇农业示范基地的基础设施有机结合起来，积极支持具有名、特、优等特色农业以及科技含量高的农业产业化龙头企业的发展，以此推动广西农业结构的战略性调整，促进农业可持续发展。全年共扶持产业化经营项目23个，其中：重点产业化经营项目4个，一般产业化经营项目19个；种植业项目6个，养殖业项目7个，加工业项目10个。据统计，产业化经营项目直接受益农户2 098户，直接受益农业人口数4.4万多人，年收入增加总额3 567万元。

（四）加强管理和监督，不断提高农业综合开发管理水平

一是规范管理。资金管理方面，农业综合开发资金严格执行“三专”（专人、专户、专账）管理制度，坚持专款专用，防止挤占挪用。对农业综合开发资金无偿部分，严格实行县级财政报账制。积极推行农业综合开发资金公示制度。完善现行的有偿资金财产担保抵押制度，加强农业综合开发财政有偿资金的清理回收工作。项目管理方面，加强项目前期准备工作，完善项目库管理制度，全面推行项目专家评审责任制。同时，严格项目县的管理，实施规模开发。

二是开展专项检查。2005年6～7月，自治区农发办积极配合自治区审计厅对广西2002～2004年农业综合开发项目资金管理和使用情况进行了专项检查。针对检查发现的问题，2005年10月18日自治区财政厅印发了《关于对2002～2004年农业综合开发项目资金审计情况进行整改的紧急通知》，及时提出了整改意见，收到了预期的效果。2005年10月下旬至11月上旬国家农发办验收考评组对广西2002～2004年农业综合开发4个开发县进行重点抽验考评。经国家验收考评组的验收考评基本得以通过。

三是大力推行财产担保抵押制度，保证财政有偿资金的安全。在加大农业综合开发财政有偿资金的清理回收力度的同时，注意总结完善现行的财产担保抵押制度，从制度上确保财政有偿资金按期足额回收，化解和降低财政风险，维护财政政策的严肃性。截至2005年12月31日，应回收本年到期有偿资金7 498.14万元，本年实际回收4 496.86万元，回收率59.97%；应回收累计到期有偿资金5.71亿元，累计回收4.34亿元，累计回收率76.11%。

三、存在的问题

广西农业综合开发尽管取得一定成绩，但由于多方面的原因，目前仍面临着一些亟待解决的问题。一是中低产田改造任务还很艰巨，全自治区已经改造的中低产田还不到1/5，而且剩下来没有改造的中低产田相对分布较散，生态环境较差，土壤障碍因素较多，需要解决的问题和改造难度更大。二是如何引导农民根据市场需求调整和优化产业结构，发展高产、优质、高效农业，发展贸工农一体化的农业生产化经营，提高农业综合开发效益的问题有待进一步研究。三是项目的评审、招标、监理、验收还不够规范，组织程度不高。四是个别开发县财政配套资金难以到位，农民自筹资金到位率低，无法与项目实施投入同步到位，一定程度上影响了工程进度和质量。

（广西壮族自治区农业综合开发办公室供稿，李丽琪、曹延斌执笔）

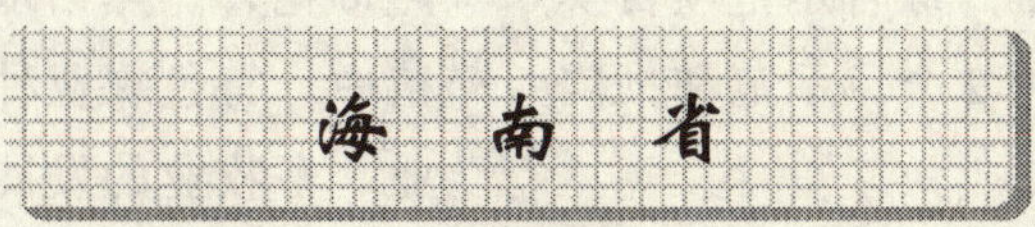

海　南　省

2005年，海南省农业综合开发继续深化改革，加强管理，创新机制，完善政策，坚持以提高农业

综合开发生产能力为基本任务，重点抓好中低产田改造项目建设，大力加强基础设施建设，巩固和提高农业综合生产能力。同时继续抓好产业化经营项目，提升全省产业化经营水平，带动和促进农民增收。

一、基本情况

2005年海南省农业综合开发项目共涉及18个县（市），项目区直接受益农户20.5万户，直接受益农业人口87.31万人。

2005年全省共投入农业综合开发资金4.31亿元，其中：财政资金2.88亿元，自筹资金1.43亿元。

土地治理项目共投入开发资金2.94亿元，其中：财政资金2.04亿元，自筹资金8 961万元。全省共完成中低产田改造52.49万亩。建设拦河坝16座，排灌站14座，新打机电井119眼，衬砌渠道1 739.11公里，配套桥、涵、闸等建筑物8万座。通过稻秆还田、增施有机肥、治酸治碱等措施改良土壤15.64万亩，建设良种基地2.17万亩，修建机耕路801.52公里，购置耕整机、收割机等农业机械467台（套）。营造农田防护林0.5万亩，建设林业苗圃70亩。进行农业实用技术和适用品种示范和推广6.74万亩，购置仪器和设备26台(套)，培训农民13.8万人次。

产业化经营项目共投入开发资金1.33亿元。其中：财政资金8 016万元，自筹资金5 271万元。完成种植项目2个，建设花卉基地200亩。完成养殖项目2个，年出栏家畜7.2万头，年末存栏2.3万头。完成加工项目3个。新建储藏保鲜项目1个和产地批发项目2个。

高新科技项目共投入开发资金470万元。其中：财政资金370万元，自筹资金100万元。2005年是陵水县农业综合开发科技推广综合示范项目实施的最后一年，共引进示范品种2个，示范和推广技术2项，培训农民5 000人次。

二、主要成效

（一）改造了一批中低产田

海南省由于地方财力有限，对农业基础设施的投入主要用于水库的除险加固和解决水源问题而对农田的灌溉、排涝、田间道路和土地平整几乎没有投入过。农业综合开发实施以来，加大了对中低产田改造的投入。凡是农业综合开发投入资金进行整治的农田，都达到了渠相连、路相通、地平整，旱能灌、涝能排的高标准基本农田要求。2005年整治的33片农田在投资规模、建设标准上都比2004年有所提高。2005年新增和改善灌溉面积38.13万亩，新增和改善除涝面积15.48万亩，有效地改善了农业生产条件。

（二）加快了特色农产品的开发

海南是个天然大温室，又是全国最大的国家级无规定动物病疫区。为了充分发挥海南的资源优势，2005年农业综合开发加大了对热带花卉、水果、水产品和家禽家畜产业的投入，加快了特色农产品的开发。一是发展花卉产业。在乐东县新建热带兰花种植基地，新建温室1.55万平方米，配套喷、滴灌系统4套，加快了花卉的开发。二是发展家禽家畜养殖业。在海口市大致坡镇新建文昌鸡养殖基地300亩，做大做强文昌鸡这个海南的著名品牌。同时，利用国家级无规定动物病疫区的优势，通过建设种猪场，向农民提供优质种猪，加快养猪业的发展。三是发展农产品加工。在万宁市新建水产品加工厂，在陵水县新建热带农副产品加工基地项目，在乐东县新建果蔬包装纸箱厂。四是加强农产品流通配套设施建设。在万宁市新建农产品批发市场，在琼中县新建绿橙保鲜库。

（三）优化了产业经济结构

农业生产条件的改善为农业产业结构调整和产业升级打下了良好的基础。凡是农业综合开发整治过的农田，都实行了合理轮作，实现了一年三熟制，提高了土地的利用率和产生率。冬季瓜果菜、热带花卉、热带水果等得到了全面发展。在农业种植中，特色农业种植业比例不断提高。再加上水产业、畜牧业的发展，整个大农业经济结构不断得到升级。

（四）实现了农业增效、农民增收

根据统计，2006年土地治理项目区新增粮食

生产能力 8 027.6 万公斤，油料 113.12 万公斤，糖料 1 483 万公斤；项目区直接受益农户 18.69 万户，直接受益农业人口 85.4 万人；直接受益农民年纯收入增加总额 1.43 亿元。产业化经营项目新增花卉 68 万支，新增肉类产量 780 万公斤；年新增总产值 10.57 亿元；直接受益农户 2.52 万户，直接受益农业人口 7.73 万人；直接受益农民年纯收入增加总额 7 355.44 万元。

三、主要工作措施

（一）深入贯彻落实全国农业综合开发办暨财务工作会议精神

2005 年 3 月 10～12 日，在琼海市召开全省农业综合开发主任会议，深入贯彻落实全国农业综合开发工作会议精神，同时围绕加强对农业综合开发项目管理的新要求，调整农业综合开发工作思路，以规范管理为目标，扎实做好 2005 年农业综合开发各项工作。

（二）加强项目立项评估工作

根据国家农业综合开发办公室下达海南省 2005 年农业综合开发中央财政资金控制规模，积极做好项目上报的前期准备工作，指导各县（市）认真编制项目建议书，选定项目，并编制项目可行性研究报告。在项目立项工作中，重点是抓好项目立项公示、评估和宣传发动群众等基础性工作以及可行研究报告的编写，要求项目市县在项目立项过程中，充分尊重农民群众意见，把项目建设内容、方案选择和投资规模进行公示，为合理提出项目建设方案提供依据。同时，省农业综合开发办公室在各市县编制可行性研究报告的基础上，于 2005 年 4 月 22 日召开全省农业综合开发计划编制工作会议，加强对项目市县可行性研究报告编写的指导，要求各市县要客观真实地提出项目建设方案、内容，投资建设标准要合理，实事求是地做好项目投资预算，所附的材料要全。经筛选上报国家农业综合开发土地治理项目 18 个，国家组织专家评估组对上报的三亚市农业综合开发土地治理改造中低产田项目、屯昌县农业综合开发土地治理改造中低产田项目等 2 个项目进行现场评估，同意立项项目 18 个。2005 年上报产业化经营项目 10 个，国家组织实地考察评估项目 4 个，同意立项项目 8 个。

在积极做好存量项目计划项目立项申报的同时，还完成了《海南省 2005 年农业综合开发抗旱设施项目计划》、《海南省 2005 年农业综合开发自然灾害损毁工程修复项目计划》、《陵水县 2005 年农业综合开发高新科技项目计划》等计划编制上报工作，会同省农业厅完成《海南神农大丰超高产杂交水稻种子产业化项目计划》、会同海洋与渔业厅完成《海南省深海抗风浪升降式网箱养殖基地综合开发项目可行性研究报告》、会同省水务局完成《海南省 2005 年中型灌区水利骨干工程项目可行性研究报告》等部门项目立项工作。

（三）及时汇报灾情

海南省从 2004 年夏季开始，遭遇了 50 年一遇的旱情，农业生产遭受巨大的损失。为缓解旱情对农业生产的影响，省农业综合开发办公室积极向国家农业综合开发办公室报告，请求给以资金支持。国家农业综合开发办公室同意追加中央财政农业综合开发资金 300 万元，用于农业生产水源设施建设。2005 年下半年，在遭受 50 年一遇的旱情后，海南省又连续遭受 8 号热带风暴和 18 号强台风的袭击。一方面，海南省农业综合开发办及时组织发动项目区农民组织开展生产自救工作，另一方面，及时将项目区农业生产设施损毁情况上报，争取国家农业综合开发资金支持。国家追加中央财政农业综合开发资金 300 万元，用于灾后生产恢复。

（四）进一步完善农业综合开发工程招投标、委托监理工作

农业综合开发工程招投标工作是规范管理的重要组成部分，为规范搞好农田整治项目工程的招投标工作，从制度上做到规范化，在《国家农业综合开发项目招投标管理办法》的基础上，修改制定《海南省农业综合开发农田整治工程招投标细则》、《海南省农业综合开发农田整治工程施工合同文本》，为招投标工作的顺利开展提供制度上的保证。为加强对工程建设的监督管理，在《海南日报》上公开招标，在全省范围内选择有资质的监理单位实行工程监理，选择四家有资质的监理单位负责 18

个县（市）农业综合开发农田整治工程监理工作。为进一步健全制度，加强管理，完善农业综合开发项目管理工作，还根据实际情况的变化，修订《海南省农业综合开发农田整治工程扩大初步设计报告编制提要》、《扩大初步设计概算》等规范化管理的文本。

（五）继续完善农业综合开发农田整治工程检查评比

为促进各县（市）高标准完成农业综合开发农田整治工程建设任务，在2005年1月，组织开展全省农业综合开发农田整治工程检查评比工作，全省评出陵水县、琼海市等11个2004年度农田整治工作先进县（市）。

（六）大力做好宣传报道工作

2005年国家农业综合开发简报第七期《一流的工程　显著的成绩》、第十三期《昔日四洋旱涝保无常　今朝洼地变良田》分别介绍海南省农业综合开发取得的成效。按照国家农业综合开发办公室的统一部署开展农村专业经济组织调查、农业综合开发农民筹资投劳调查。撰写并向国家农发办报送了《海南省农业综合开发农民筹资投劳的调研报告》。撰写了《海南省农业综合开发农机补贴情况调查》。

（七）开展农业综合开发有偿资金清理工作

从2005年5月开始，组织在全省范围内开展历年农业综合开发有偿资金清理工作，积极采取措施，努力化解和降低财政有偿资金的债务风险。在全省范围内开展历年财政有偿资金清理工作，主要摸清三个方面问题：一是实际回收情况；二是财政垫付资金情况和资金的来源情况；三是对尚未回收资金进行清理、归类，分清公益性项目和经营性项目有偿资金。通过清理，摸清了历年农业综合开发有偿资金的发放、回收和管理情况，为组织资金回收，化解财政借款风险打好基础。

（八）积极化解财政借款风险，促进农业综合开发资金运行的良性循环

加强了对各市县化解财政农业综合开发借款风险工作的指导，主动了解情况，主动提出建议，做好服务。一是在有偿资金清理的基础上，按照公共财政的原则，对土地治理项目等具有公益性质的项目，建议市县从预算中安排资金还款，逐步消化历史挂账。二是认真组织有关材料，积极向国家农业综合开发办公室申请核销部分呆坏账。根据《财政部关于申报2002～2004年到期中央财政农业综合开发有偿资金呆账处理事项的通知》（财发［2005］11号）文件精神，组织市县认真做好项目呆账材料准备工作。主要工作步骤是：召开会议，对申报2002～2004年到期中央有偿资金呆账核销工作进行布置；市县调查，组织上报呆账申请材料，对灾情的认定、项目受损失情况的统计和确认、民政等有关部门的证明材料，都要完整和严谨；按照实事求是、认真负责、材料完整、数据准确、证明有力的要求，经过反复修改补充，较好地完成了海南省2002～2004年中央财政到期有偿资金呆账核销材料的准备工作；及时将呆账材料上报财政部，由于海南省材料准备得比较完整，所上报的呆账核销项目全部得到认可。

（九）积极做好2006年农业综合开发财政投资参股经营试点工作

一是及时向财政厅党组汇报会议精神。会议结束后，立即以书面形式向省财政厅党组汇报会议精神。二是迅速召开会议传达贯彻会议精神。三是调查摸底，掌握情况。从2005年9月份开始，对全省国家级和省级龙头企业进行全面的调查了解，基本掌握了省级以上农业产业化龙头企业的基本情况，加强了与龙头企业的联系，为顺利开展投资参股经营打好了基础。四是制定方案，分步实施。为做好海南省2006年国家农业综合开发投资参股经营试点工作，研究制定了《海南省申报2006年农业综合开发投资参股经营试点项目工作方案》，对投资参股工作，从政策的发布、项目考察、项目评审、资产运营机构的选择、管理办法的制订等等，都做了详细的安排和部署。五是召开政策介绍会。投资参股经营是财政扶持龙头企业的一种全新的方式，是财政资金和民营资本在平等的基础上的有效结合。只有让所有农业产业化龙头企业都了解和熟悉财政投资参股经营的投资机制，了解财政投资参股的目

的、规定和做法，才能调动广大龙头企业参与的积极性，才能在广泛的基础上选择优质的企业和项目进行财政资金投资参股经营试点，确保国有资产在投资参股中得到保值和增值。

（海南省农业综合开发办公室供稿，梁振强执笔）

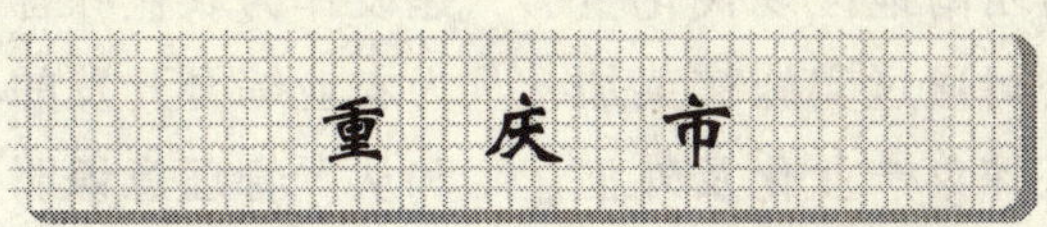

重庆市

一、农业综合开发概况

2005年重庆市农业综合开发计划投资8.3亿元，其中财政投资3.42亿元，自筹资金3.56亿元，贷款1.34亿元。

计划实施的土地治理项目有45个，治理面积58.68万亩。其中：中低产田改造项目41个，开发面积54.92万亩；小流域治理项目4个，开发面积3.76万亩。土地治理项目的总投资为3.63亿元，其中：中央财政资金1.42亿元，市级资金9 740万元，区县配套2 236万元，自筹资金1.01亿元。

计划建设的产业化经营项目有22个。其中：国家级重点产业化经营项目7个，分别由7家市级重点龙头企业承担实施；一般产业化经营项目15个。产业化经营项目总投资为4.69亿元，其中：中央财政资金5 033万元，地方配套资金693万元，市级有偿资金2 327万元，企业自筹2.55亿元，银行贷款1.34亿元。

二、农业综合开发成效

2005年农业综合开发项目的建设实施，取得了比较明显的经济效益、社会效益和生态效益。突出表现在：

进一步改善了农业基础条件，提高了农业综合生产能力。项目建设中，项目资金的60%以上投入了以水利、道路等为主的农业基础设施建设，项目区物质装备得以加强，农业基础设施水平进一步提高。项目区水利排灌、农机耕作、交通运输、土壤肥力等农业生产条件和农业生态环境继续得到改善，保土、保水、保肥能力增强，农业综合生产能力和可持续发展能力大大提高，受到了广大农民群众的高度赞扬。初步建成了如潼南县朱家坝、大足县雍溪、永川市何埂、巫溪县白鹿后坪、梁平城西大坝、南川市大观和南风灌区等一批生产条件好、综合生产能力较强的农业综合开发项目区。据统计，全市项目区新增粮食8 829.17万公斤、油料404.1万公斤生产能力。

进一步优化了农业农村经济结构，提高了农业效益。农业综合开发结合全市推进的农业产业化“百万”工程建设，大力引导农业结构调整。项目区开发治理后，优质粮油、水果、蔬菜、花椒、花卉苗木、中药材等特色农产品迅速发展，项目区农业区域特色进一步凸显。忠县、万州、奉节、云阳等三峡库区县紧紧围绕柑橘优势农产品实施农业综合开发，全力打造柑橘特色产业带，成为带动区域经济发展的一大产业。潼南、南川、梁平、秀山等平坝优质粮油区初步形成了耕地田园化、灌溉水利化、耕作机械化、种植标准化、经营产业化、服务社会化的格局，为提高农业效益、稳定增加农民收入提供了样板。九龙坡、北碚、渝北等主城周边花卉苗木产区基地规模进一步发展壮大，带动了当地观光农业的发展。

进一步促进了龙头企业发展，提高了农业产业化经营水平。农业综合开发通过产业化经营项目的实施，扶持了今普食品公司、恒河集团、德佳食品公司、二圣茶厂、鱼泉榨菜、三牧集团等一大批农业产业化龙头企业，增强了企业的实力及带动力，有效地促进了重庆市柑橘、生猪、榨菜、茶叶等特色产业基地的发展，农业产业化经营水平进一步提高。如今普食品有限公司通过实施国家重点产业化经营项目，建成了年屠宰生猪200万~300万头的全套德国进口屠宰线和每小时分割生猪胴体260头的韩国进口分割线1条，以及法国、美国、日本、英国进口的精深加工线4条，成为西南地区现代化生猪屠宰企业的代表。鱼泉榨菜公司通过实施榨菜加工产业化龙头项目，带动了库区榨菜产业化及外汇农业的发展。德佳食品公司、恒河集团、二圣茶厂等龙头企业通过实施产业化经营项目，为重庆市生猪、柑橘、茶叶等产业化发展都发挥了重要作用。

进一步增加了农民收入，提高了农民生活水平。坚持改善农民生产生活条件和提高农民素质并重，把推进农业综合开发的过程，作为向农民传播先进技术、科学知识和现代文明生活方式的过程。项目建设时，把土地治理与农村水利建设、道路建设、生态建设和环境整治有机结合起来，在项目区营造了比较优美的自然环境，建成了较为完善的水利设施，构建了相对通达的道路网络，既改善了农业生产条件，也改善了乡村面貌，美化了农民生活环境。同时，项目实施中，把加强生产技能、市场知识和法律等培训作为重要内容，项目区农民科技文化素质和思想道德素质进一步提高。经过开发治理，农业综合开发项目区农民收入明显多于非项目区、农民生活条件明显优于非项目区、农民素质明显高于非项目区，为全市社会主义新农村建设起到了典型示范作用。据统计，项目区农民年人均纯收入比非项目区高出280元以上，一些项目区要高出500~1 000元。

三、主要做法

2005年，重庆市农业综合开发的主要做法是：

（一）提高认识，强化正确的开发理念

针对一些区县对农业综合开发的宗旨和根本任务认识不清，对开发政策制度把握不准、执行不力，开发目标错位的情况，全市农综系统认真组织学习中央一号文件及市委二届七次全会精神，对如何正确处理扶持农民与支持业主、粮食安全与农民增收、基础设施建设与农业结构调整、执行国家政策规定与地方发展要求的关系进行了着重强调。全市农综系统进一步统一了思想，澄清了农业综合开发中长期存在的一些错误倾向和模糊认识，从根本上解决了农业综合开发该干什么和怎么干的问题，使各地从思想认识上真正把加强农业综合生产能力建设作为农业综合开发的基本任务，把开发为民作为农业综合开发的根本目的，各区县开发宗旨意识和从严管理意识明显增强。

（二）积极争取，尽力增加开发投入

一是努力增加中央和市级财政资金。今年国家安排重庆市中央财政资金1.95亿元，增幅达到13.6%；市级财政配套1.06亿元（其中土地出让金安排3 000万元），比上年增加2 800万，为历年最多的。二是及时核实上报因暴雨损毁的项目区工程损失情况，国家水毁补助资金650万元。三是采取贴息办法吸引了银行贷款。市财政拿出350万元，对15个企业的项目专项贷款进行贴息，共调动了银行贷款1.23亿元用于农业综合开发建设。四是积极申报财政资金投资参股经营项目，向国家申请核销有偿资金呆坏账。国家已核销重庆市2002~2004年度到期有偿资金呆坏账1 900万元。

（三）突出重点，提高规模开发效益

按照集中资金办大事的要求，进一步突出了开发重点，向重点地区、重点产业倾斜，有效促进了项目布局集中和建设规模的扩大。一是从严控制项目个数。通过严格审查，全市土地治理项目从2004年的51个减少为45个。二是扩大了重点项目区县（市）。继续保持了6个重点柑桔生产优势区县市，优质粮油重点县从2004年的4个增加到10个。16个重点县的投入占到了全市土地项目财政资金的60%左右。三是继续把中低产田改造作为投入重点。将财政资金的75%投入土地治理，土地治理项目资金的90%用于中低产田改造。四是积极支持“百万工程”建设。发展花卉基地3万多亩，香料基地6万多亩。

（四）完善管理，促进开发规范运行

及时组织学习《国家农业综合开发资金和项目管理办法》，结合重庆实际初步制定了相应的管理办法。按照国家管理办法的新要求，进一步加强了

项目前期、中期和竣工验收等全过程管理，全面推行了“四制”，制定出台了关于工程招投标制、项目监理制、项目与资金公示制、检查组组长负责制和问责制等一系列制度办法，促进了农业综合开发管理制度化、规范化、程序化。

（五）创新机制，不断增强开发活力

在开发实践中不断探索，逐步建立了一些新机制。一是构建了竞争机制。对重点项目县、产业化经营项目、工程监理单位，采取公开的办法，通过竞争的方式择优选定。二是完善了激励机制。在项目资金安排上坚持奖优罚劣，完善了基数加因素的分配办法。严格对工作不力、违规违纪的区县（市）扣减投资，对工作先进、项目建设成效明显的区县（市）增加投资。三是初步建立了联合机制。在全市优质粮油重点县建设中，按照“两增、六化、一提高”的目标要求，与财政、农业、农机等相关部门密切配合，初步形成了联合确定、联合投入、联合检查、联合考核的制度，使优质粮油重点项目成为了整合农业资金和项目的有效平台。

（六）建好队伍，切实保障开发

在推进农业综合开发中，始终把机构队伍建设作为一项十分重要的工作，努力增强农综人员力量和素质，为农综事业的发展提供有力保障。一是转变作风，强化“为民开发”。在项目立项选址、规划设计、建设实施、检查验收等各个环节，各级各地都十分注重了解、倾听、征求、尊重农民群众的意见和建议，把项目区最广大农民群众是否受益贯穿于项目实施的全过程，使农民群众及时地、长久地、更多地享受到开发成果。二是加强培训，提高业务素质。每年组织2～3次全市专门的业务培训。通过系统的学习培训，进一步规范了项目和资金管理，提高了广大干部的业务能力、管理才能和工作指导水平。三是严格要求，抓好机关建设。市里和各区县农综办都扎实开展了先进性教育活动，全市农业综合开发更加务实高效。市里制定出台了系统年度工作目标考核办法，实行了绩效考核。实行了机关处室分片联系服务区县工作责任制。各地加强了政务管理，树立了农综系统良好的机关形象。

（重庆市农业综合开发办公室供稿，古正国执笔）

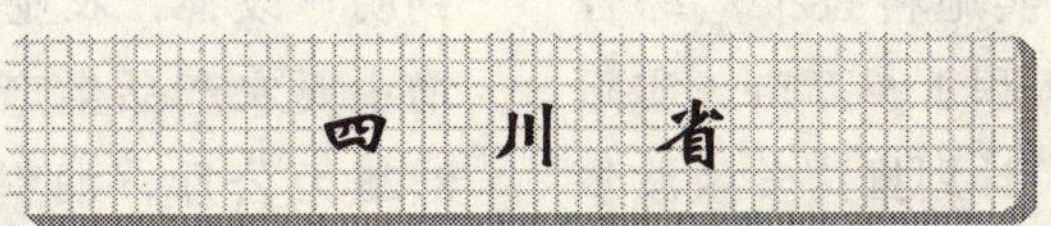

四川省

2005年，四川农业综合开发工作围绕提高农业综合生产能力这个基本任务和农民增收这个根本目标，以农业主产区为重点，突出抓好中低产田改造，改善农业基本生产条件；大力扶持骨干龙头企业和优质农产品基地建设，更好地促进农业产业化经营，带动农民增收；继续改革创新，进一步强化管理和监督，狠抓落实，保证财政资金的安全运行和有效使用，取得了明显的成效。

一、2005年农业综合开发项目计划投资和建设情况

2005年，经国家农业综合开发办公室批准，广元市元坝区、巴中市南江县、泸州市叙永县新增加为国家农业综合开发项目县，全省农业综合开发项目县由2004年的107个增加为110个，占全省总县数的60%。

（一）2005年项目计划投资及完成情况

2005年四川省农业综合开发实施的项目包括中央立项的土地治理、产业化经营、专项科技示范项目。项目计划总投资20.96亿元，其中财政投资11.90亿元。按项目年度划分：2005年项目总投资12.96亿元，其中财政资金6.67亿元，农民和企业自筹投资4.84亿元，银行贷款1.45亿元。在财政投资中，中央财政投资4.42亿元，地方财政投资

2.25亿元；2004年结转投资8.00亿元。

据统计（计划数系按项目年度统计并包括上年结转数，完成数系按会计年度统计，下同），2005年中央立项实施的土地治理、产业化经营、专项科技示范三类项目完成总投资13.13亿元，为计划的62.66%。其中：土地治理完成投资8.39亿元，为计划的67.66%；产业化经营完成总投资4.54亿元，为计划的54.54%；专项科技示范项目完成总投资1 939.56万元，为计划的88.55%。未完工程结转下年度跨年实施。

（二）2005年项目建设情况

1.土地治理项目。2005年四川农业综合开发土地治理项目包括改造中低产田、草原（场）建设和中型灌区节水配套改造项目。计划改造中低产田218.48万亩（2004年结转82.7万亩），完成149.52万亩，为计划的68.44%；草原（场）建设计划12.04万亩（2004年结转2.28万亩），完成10.69万亩，为计划的88.79%；中型灌区节水配套改造项目由于项目批复较晚，项目建设进度较慢。

2.产业化经营项目。2005年产业化经营项目计划总任务为26个（2004年结转13个），建设完工11个，建设期内的在建项目15个。

3.科技示范项目。2005年实施科技推广综合示范项目1个。计划示范推广面积1.5万亩，实际完成1.2万亩，为计划的80%；计划推广养殖波尔－南江黄羊杂交羊1.50万只，实际完成1.40万只，为计划的93%；配套完善良种羊基地基础设施2 350平方米，实际完成2 500米，为计划的106%；计划引进新品种4个，完成4个，为计划的100%，计划引进新技术4项，完成3项，为计划的75%。

4.部门项目。会同省级农口主管部门，完成水利骨干工程、水土保持、良种科研推广和名优经济林、优势特色种植养殖等一批部门项目。安排各级财政投资1.00亿元，项目总投资为1.27亿元。

5.水毁工程修复项目。川东北等地遭受特大暴雨洪灾后，省财政安排水毁工程修复资金1 200万元，支持了达州、广安、巴中、乐山、凉山、绵阳等市（州）17个县部分重灾区的农发水毁工程修复。

6.完成四项农业综合开发专项扶贫工作。按照党中央和省委关于“把朱德故乡建设好”和张中伟省长在仪陇县思德水库渠系配套现场办公的指示精神，省农发办安排资金1 135万元，对仪陇县思德水库渠系配套、优质生猪和獭兔养殖示范基地建设予以支持；按照省政府关于帮助解决升钟水库淹没区农民群众生产生活困难会议的决定，省农发办分两年共安排资金130万元，帮助南部县水库淹没区太坪镇五一村进行基础设施建设；按照全国农发工作会议的布置和省财政厅对口定点帮县的分工，省农发办安排资金100万元，在马边县继续进行支农资金项目整合试点工作。

（三）项目效益。据统计，项目区通过实施农业综合开发土地治理项目，新增和改善灌溉面积114.23万亩，新增和改善除涝面积35万亩，新增节水灌溉面积44.01万亩，增加农田林网防护面积19.25万亩，新增农机总动力48 887千瓦，扩大良种种植面积67.04万亩，扶持农技服务站74个，完善农产品质量检测体系30个。

通过以改造中低产田土为重点的土地治理项目的实施，使项目区农业基本生产条件和生态环境得到明显改善，农业综合生产能力得到明显提高。新增主要农产品生产能力：粮食2.01亿公斤，棉花8.25万公斤，油料1 634.46万公斤，糖料935.15万公斤，干草644.8万公斤，饲料作物1 502.9万公斤，项目区农民纯收入增加总额4.58亿元。

农业综合开发产业化经营项目的实施，有效的促进了项目区农业、农村经济结构调整和农业产业化经营进程，带动农户增加了收入。据统计，2005年农业综合开发产业化经营项目的实施，新增主要农产品生产能力：肉8 550万公斤。加工转化农产品1.27亿公斤，年新增总产值17.92亿元，年新增利税1.68亿元，带动农户16.53亿户，增加就业人数2.82万人，农民新增纯收入总额4.43亿元。

通过科技示范项目的实施，扩大良种种植面积3.43万亩，新增农业总产值5 746万元，利税782万元，新增农民纯收入总额1 815万元，年培训合

格劳动力3.36万人。

二、优化投资结构，突出开发重点，改革完善开发管理机制

（一）围绕任务和目标，公正透明，合理安排农业综合开发项目财政资金

2005年农业综合开发项目的财政资金的安排，一是按照“一倾斜，一突出”的资金安排原则，进一步优化区域布局，向农业主产区倾斜，增量资金用于农业主产区的比重达到了85%以上（国家规定80%以上）；着力改善农业基本生产条件，突出农业基础设施建设，土地治理项目占全部项目的投资比重达到了75%以上（国家规定70%以上）。二是根据资金安排的原则，按照统一的标准和口径，土地治理项目财政资金全部采用公式计算分配，并在对各市州下达指标时，全面公开了计算过程，进一步增强财政资金分配的透明度。

（二）围绕改善农业基本生产条件，突出中低产田改造

2005年全省用于中低产田改造的财政资金5.16亿元，占全部土地治理项目财政资金的比重达到了96.81%，在全省按计划改造中低产田土166片，面积135.78万亩。

（三）开展大中型专用基地建设试点

按照省委农村工作会议建好“第一车间”，促进我省农业产业化的健康发展，更多的带动农民群众增加收入的要求，经过深入的调查研究，并报经省农发领导小组同意，四川省启动了为特定龙头企业提供原料的农业综合开发大中型专用基地项目建设试点。为了规范专用基地项目和财政资金的管理，省农发办制定了《四川省农业综合开发大中型专用基地项目实施和管理暂行规定》，实行“省级立项，市州监管，县乡组织，任务到村，分户实施，竣工验收”的实施和管理模式。安排各级财政资金3 060万元，扶持了大邑县出口蘑菇基地、遂宁市出口生猪基地、资阳市出口生猪基地、仪陇县优质生猪和獭兔养殖示范基地等项目。重点对种养殖农户必备的适度规模经营设施建设、引种、农民培训、病害防治进行了扶持，并加强了对农户的培训工作。项目涉及8个县、43个乡、1.47万个农户。通过项目区农户直接广泛的参与，既实现了龙头企业所需原料生产的标准化、专业化和规模化，加速了区域优势产业的形成。又更好地发挥了龙头企业对农民增收的直接带动作用，项目实施以来，项目区农户积极性高涨，农民共投入资金4 904万元。在项目区周边地区产生了较大的辐射带动效应。

（四）启动中型灌区节水配套改造项目

针对四川省已成中型水利工程基本建设欠账多，渠系不配套，有水用不上的状况，省农发办在确保切实加强中低产田土改造的前提下，启动已成中型灌区节水配套改造项目。2005年，在土地治理项目中安排财政资金200万元，对彭州的渝红堰和阆中的石板滩已成水利工程进行渠系配套建设，充分发挥水利骨干工程的作用，提高农业基础设施建设的综合效益。

（五）全面改革项目竣工验收制度

从2005年起，国家农发办将项目验收工作和验收责任下放到省，国家农发办对各省的验收工作进行考评。为适应验收制度的重大改革，规范四川省农发项目的验收工作，省农发办分别制定了土地治理项目和产业化经营项目的验收办法，明确了各级职责分工和省级抽验比例，制定了统一的评分方法和标准，建立了验收工作责任制，并把验收结果纳入了年度农发工作绩效考核范围。

2005年10月23日至11月5日，国家农发办验收考评组对四川省2002～2004年度农业综合开发项目进行了全面验收考评。验收考评组检查了彭州、富顺、泸县、洪雅等4个项目县，对5个土地治理项目、2个产业化经营项目、1个科技示范项目的项目建设、资金使用及效益等验收情况进行了考评。

（六）深入探索完善投资参股试点工作

2005年，省农发办把投资参股管理工作重心放在进一步改革完善项目筛选机制上。在坚持实地考察、专家评审、部门会商、投票表决、领导审批的立项程序的基础上，采取了三条新的措施：一是建立了申报企业资产预评估制度。凡是申请投资参股扶持的项目，须委托中介机构进行一次资产预评

估，尽量消除申报企业资产不实和会计信息失真的问题，努力提高申报的成功率；二是在省级部门联审过程中，实行了差额投票表决的办法，进一步增强了竞争性，更好地体现了科学、公正的原则。三是加大政务公开力度，实行项目公示制度。为使农发产业化项目的扶持体现公开、透明，省农发办对拟建的投资参股项目，在正式上报国家之前在《四川日报》上进行了登报公示，自觉接受社会的监督。2005年8月，国家农发办在四川召开投资参股试点，工作现场暨培训会议，四川省交流了投资参股的经验和做法。

三、加强管理、强化监管，进一步提高农发项目建设和管理水平

（一）进一步规范土地治理项目规划实施

一是在布局上坚持集中连片，整体推进，注重发挥规模效应；二是在工程措施上，以小型农田水利措施为主，有针对性地解决干旱缺水这个主要障碍因素，提高综合生产能力；三是通过宣传，按照“一事一议”的原则，在农民群众完全自愿的前提下适当投工投劳，充分保障农民群众的知情权、决策权、参与权和监督权，调动了农民群众的积极性；四是制定了《项目实施方案编制大纲》，统一了全省土地项目规划编制的基本要求，进一步提高了项目规划的科学性、可操作性和适用性。

（二）继续坚持一系列行之有效的管理方法和管理制度

在项目布局和规划上坚持集中连片，整体推进；在项目选择和安排上要坚持民主发动，竞争立项；在项目实施和建设上要坚持招标投标和工程监理；对大宗材料采购实行政府采购或集中采购制度；在项目资金管理上要坚持县级报账制。

（三）组织搞好全省农发竣工项目验收工作

2005年，按照验收工作计划的安排，省农发办组织农发领导小组成员单位并抽调部分市（州）、县农发干部，组成8个土地项目验收工作组、6个产业化项目验收工作组、1个科技项目验收工作组，从7月11日起，至7月26日止，对32个项目县的土地治理项目（占全省107个项目县的30%），22个重点产业化项目和3个科技项目进行了省级抽验和验收。

（四）严肃纪律，强化绩效考核

对2004年省级验收检查中发现的违纪违规问题，给予了严肃处理，通报全省，并纳入绩效考核的内容，与2005年土地治理项目控制指标分配进行了挂钩。

四、加强宣传工作

组织拍摄制作了《四川农业产业化项目集锦》电视专题片，对近几年来四川农业综合开发通过借款、投资参股扶持农业产业化经营的情况进行了宣传。

五、完成《四川省农业综合开发“十一五”规划》草案编制工作

按照党的“五中全会”对建设社会主义新农村的要求，在认真总结“十五”期间我省农业综合开发工作的基础上，就“十一五”期间四川省农业综合开发的主要任务、开发规模、资金来源、机制创新、规范管理进行了规划。

（四川省农业综合开发领导小组办公室供稿）

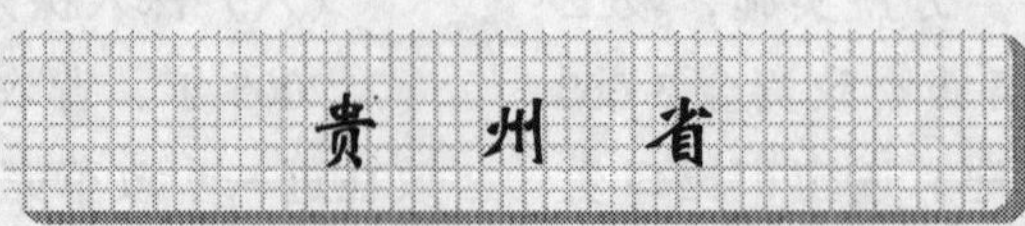

贵州省

按照2005年中央1号文件精神的要求，贵州省2005年农业综合开发工作以构建和谐社会，提高粮食产量、增加农民收入，建设社会主义新农村为目标，认真完成农业综合开发各项工作任务，取

得了较好的成绩。

一、2005年贵州省农业综合开发基本情况

（一）计划投资批复及完成情况

贵州省2005年农业综合开发项目区涉及全省9个市（州、地）62个县（市、区、特区）以及贵州省监狱管理局和贵州省林业厅所属的5个农、林场，共67个开发单位。2005年，国家农业综合开发办公室共批复贵州省农业综合开发项目计划总投资4.89亿元，其中，土地治理项目总投资3.24亿元（财政资金2.15亿元，自筹资金1.08亿元，其他资金128.7万元）；产业化经营项目总投资1.59亿元（财政资金7 181万元，自筹资金8 108.25万元，银行贷款620.63万元）；科技推广综合示范项目总投资511.82万元（财政资金310万元，自筹资金201.82万元）。2005年底，共完成投资4.45亿元（其中，财政资金2.59亿元），占计划的91%。其中，土地治理项目完成投资3.17亿元（其中，财政资金2.07亿元），占计划的98%；产业化经营项目完成投资1.17亿元（其中，财政资金4 592.31万元），占计划的73.6%；科技推广综合示范项目完成投资1 089.38万元（其中，财政资金608万元），占计划的212.8%。

（二）项目建设情况

1. 土地治理项目完成情况。截至2005年12月31日，贵州省农业综合开发土地治理项目共改造中低产田（土）55.55万亩，占计划的98.5%；小型水库6座，占计划的150%；排灌站33座，占计划的127%；衬砌渠道793.16公里，占计划的77.1%；改良土壤5.65万亩，占计划的240%；良种繁育基地2.1万亩，占计划的875%；技术培训7.88万人（次），占计划的164%；生态综合治理项目0.53万亩，占计划的160.6%。

2. 产业化经营项目完成情况。贵州省农业综合开发2005年在建产业化项目51个，分别在9个市（州、地）的32个县和1个国营农场。到2005年12月底，共完成项目28个，占计划的103.7%。其中，种植项目10个，养殖业项目3个，加工项目12个，储藏保鲜项目1个，产地批发市场项目2个。建成经济林1.46万亩，花卉63.5万亩，药材0.29万亩，畜禽养殖13.59万头（只）。

3. 科技推广综合示范项目完成情况。贵州省农业综合开发2005年共完成科技推广面积1.43万亩，技术培训8 800人次，占计划的76.5%。

（三）效益情况

1. 经济效益。贵州省2005年农业综合开发项目区新增和改善灌溉面积27.37万亩，新增和改善除涝面积10.93万亩，新增节水灌溉面积5.62万亩，增加机耕面积12.02万亩，扩大良种种植面积9.9万亩。新增农机总动力5 206千瓦，新增粮食生产能力4 343.54万公斤，新增油料生产能力828.46万公斤，新增饲料生产能力754.08万公斤。年新增鲜奶生产能力1 579万公斤，新增药材生产能力18.02万公斤，年新增干鲜果186万公斤，肉类200万公斤。项目区农民人均纯收入2 308元，比2004年的2 076元增长11.2%。

2. 生态效益。贵州省2005年农业综合开发项目区控制水土流失面积71.19平方公里，治理小流域面积0.53万亩，增加农田林网防护面积1.43万亩。同时，通过生态沼气池等设施的配套建设，改善了项目区生态环境和农民生活环境，项目区生态环境明显改善。

（四）配套资金完成及有偿资金回收情况

截至2005年12月底，全省2005年度农业综合开发项目各级财政共配套资金8 316万元，其中：省级财政配套6 815万元，占计划的100%；地县配套1 501万元，占计划的100%。共回收财政有偿资金7 547.53万元，为当年应还任务的100.4%。

（五）财政有偿资金呆账核销情况

2005年，按照财政部的要求，贵州省农业综合开发办根据各地上报的材料，筛选了70个农业综合开发项目上报国家农发办，其中：产业化经营项目68个，高新科技示范项目2个，共计资金2 747万元上报财政部。财政部批复我省呆账核销资金共2 075万元，其中：产业化经营项目53个，资金2 035万元，高新科技示范项目2个，资金40

万元。

二、主要成绩及做法

按照国家农业综合开发办的要求，贵州省农业综合开发办认真组织实施了2005年度农发项目，较好地完成了计划批复的投资和建设任务。农业综合开发项目区经济效益、社会效益、生态效益明显提高。

（一）做好新时期农业综合开发工作，建设社会主义新农村

结合贵州实际，按照“生产发展、生活宽裕、乡风文明、村容整洁、管理民主”的要求，2005年，贵州省农业综合开发为改善农业生产基本条件，提高农业综合生产能力，促进农民增收做出了积极贡献。在农业综合开发项目区建设中，努力为社会主义新农村建设打下基础。如遵义市开展的“四在农家”（富在农家增收入，学在农家长智慧，乐在农家爽精神，美在农家展新貌）创建活动，为农村发展注入了新的活力。从2002年开始，遵义市农业综合开发在项目区以“四在农家”为载体，要求全市10个农发县（市、区），每县在当年的农业综合开发项目区必须选定一个自然村作为“小康村”建设示范点，实行山水林田路综合治理，实施“五通三改三建”（通水、通路、通电、通电话、通广播电视；改灶、改厕、改环境；建图书阅览室、建文体场所、建宣传栏），改善人居环境和生产条件，改变农民精神面貌，提高农村文明水平。项目的实施，改善了项目区农业生产条件，推进了农业结构调整和农业产业化经营，提高了农业综合生产能力，增加了农民收入，为社会主义新农村做出了积极贡献。

（二）坚持选项原则，明确投资方向

2005年，贵州省农业综合开发办结合实际，坚持“实际、实用、实效”的立项原则，认真按照国家农业综合开发办的要求，以构建和谐社会为目标，以加强农业基础设施建设，提高农业综合生产能力，改善生态环境为出发点，抓住贵州工程性缺水的主要障碍因素，以小流域、小灌区和小坝区治理为主，实施以水利为主的农田基础设施，努力改善农业基本生产条件，投资主要向粮食主产区和优势农产品产区倾斜。在产业化经营项目的选项过程中，坚持“统筹规划，突出重点，择优扶持，强化科技，注重效益，富裕农民”的指导思想，以增加农民收入，促进产业结构为出发点，坚持扶优、扶大、扶强，投资主要向种养业、加工业和市场流通三个方面倾斜，财政资金投入在地域分布上重点向经济较发达地区和产业化经营发展较快的地区倾斜。2005年，贵州省产业化经营单个项目的投资额较以前大幅上升。在对2006年的农业综合开发项目进行审查和筛选时，坚持从实际出发，土地治理项目严格按国家农业综合开发办下发的《土地治理项目管理流程图》进行审查和筛选，产业化经营项目在选项前对所有项目申报单位进行了考察、调研和初选。

（三）加强督促检查，深入基层调研

2006年3、4月份，贵州省农业综合开发办组织各处人员到全省各市（州、地）对2005年度实施的农业综合开发项目进行中期检查和督促，及时指出问题，提出整改意见，保证了项目实施进度，提高了项目工程质量，为2005年国家验收考评工作打下了良好的基础。在中期检查的同时，还开展了调查研究工作，不少同志下基层检查工作的时间都在100天以上，并写出调研报告10多篇，在《贵州省农业综合开发简报》上登载。其中，在《中国农业综合开发》上发表的有3篇。

（四）实行组长负责制，强化项目验收工作

贵州省农业综合开发办于2005年7月20日～8月6日组织对全省2004年度的农发项目进行了省级验收。按照30%的抽验率，对全省24个县级农发单位进行了检查验收。同时，对2002～2004年度的项目实施总体情况进行了考察。在项目验收中，为避免走过场，严格实行组长负责制，对项目数量和质量实地检查、测量，对资金使用情况进行凭证式核查，及时发现问题，限期进行整改。2005年国家农业综合开发验收考评组对贵州省进行验收考评后，对贵州省农业综合开发取得的成绩给予了充分肯定。

（五）加强业务培训，提高工作质量

2005年4月，召开了贵州省农业综合开发统计报表工作会议，采取以会代训的形式对市（州、地）业务骨干进行培训，提高了统计报表质量。2005年5月，在遵义市召开了全省农业综合开发产业化经营项目经验交流会，在总结经验的基础上，对参会者进行了现场培训。2005年7月14～17日，又举办了全省农业综合开发土地治理项目可行性研究报告编制培训班，对相关负责人和业务人员进行培训。培训内容涉及灌区水量平衡计算、防洪排涝工程设计、灌溉渠系工程、水利工程勘查基础、旱地灌溉工程规划与设计、水利工程造价与经济评价等6个方面。在培训之前，对培训教材与专家进行沟通和最后审定，提高了项目可研报告质量，为项目评估工作提供了科学依据。

（六）认真组织项目评估，确保评估质量

2005年，贵州省评估咨询服务中心共完成了2005年度农发项目的调整复核工作，14个重点产业化项目的初评工作和2006年度农业综合开发项目的评估工作。对2006年度农业综合开发项目的评估，采取“谁评估、谁负责”的跟踪问责制，公平、公正、公开地开展项目评估工作，减少了评估工作的随意性和盲目性，增强了工作的客观性和科学性。在项目评估方式上努力创新，对土地治理项目和一般产业化项目采取专家评估和领导政策把关相结合的方法，既有政策的导向性，又有经济技术的可行性和合理性。对国家组织评估的重点产业化项目的初评，采取封闭式评审方法，纪检部门到场监督，既保证专家评估的独立性，又保证工作程序的合法性。在工作中，贵州省项目评估咨询服务加强了对内对外的各种联系与合作。对内，注重与省办各业务处室的协调，加强与各市（州、地）级农发部门和各县级农发部门的沟通和配合，保证了项目评估业务工作的正常开展。对外，积极接受省直相关职能部门的管理和咨询协会业务部门的检查，在各管理部门和业务部门的政策范围内开展工作，在不违背原则的情况下，最大限度地获取政策空间，为争取工作的主动性创造了条件，推动了全省评估工作的有序、健康发展。

（七）继续坚持“基数+因素”法，资金分配更趋合理

一是土地治理项目继续坚持“基数+因素”的资金分配法。在2006年的土地治理项目资金安排上，除各县相同的基数外，将各地资金配套、有偿资金回收、日常工作、项目验收及事业费安排作为因素考核内容，对项目资金的增减进行公开、公平、公正的计算，得到了各级农业综合开发办的好评。同时，根据审计提供的数据，按照挤占挪用项目资金1:3，其他违纪违规资金1:1的比例扣减预安排项目资金，做到资金扣减原因有据可查，资金分配更趋合理。二是产业化经营项目财政资金的安排更加合理。根据各项目县以往项目实施的质量，市、县级项目配套资金的落实情况，到期财政有偿资金的归还情况以及项目前期工作的扎实程度等因素实行竞争立项。

（八）认真进行整改，不断提高管理水平

按照《贵州省审计厅关于贵州省2002～2004年度农业综合开发项目建设资金和综合报告》的内容，贵州省农业综合开发办组织对项目验收和审计中发现的问题进行了认真的整改。整改工作从规范资金使用管理、提高资金的使用效益两方面着手，对各地提出了切实的整改要求和整改措施。通过督促各地整改，提高了各级农发、财政部门对农业综合开发资金管理的认识，使农业综合开发项目资金管理更加规范化和制度化。

（九）进一步加强专家管理，不断强化专家队伍建设

为了进一步优化专家结构，强化专家队伍建设，2005年，贵州省项目评估咨询服务中心在全省范围内增补了20多名有实际工作经验、责任心强、专业符合要求的专家，涉及水利、农业、林业、经济、建筑、医药、农产品储藏加工、畜牧业养殖等专业。根据《贵州省农业综合开发评估专家管理办法》对专家进行管理，成立了专家委员会，建立了专家档案，制定和完善了专家管理制度，界定和落实了专家责任，进一步提高了项目评估质量。

（十）进一步加强项目管理，不断提高工作水平

在2005年的农业综合开发工作中，贵州省始终坚持按程序申报项目，项目管理更加规范。第一，在土地治理项目管理中，按照《农业综合开发土地治理项目流程图》的要求，坚持按程序管理项目，取得了较好的效果。产业化经营项目坚持按程序申报，通过在贵州省级报刊及相关网站上发布申报指南，扩大择优选项范围，提高选项透明度，使项目的申报逐步程序化、规范化和制度化。第二，在加强项目前期工作方面，2005年贵州省农业综合开发前期工作从规划和选择项目区开始，在勘察、设计、编报项目建议书和可行性研究报告等各个环节上认真把关，切实做到规划项目合理，设计可行。第三，在全省进一步推广项目区立项竞争制和招投（邀）标制。公平公正确定施工单位，确保工程质量。第四，完善监督检查制度，进一步推广项目工程监理制。2005年贵州省评估咨询服务中心与具备国家资质的监理部门签定合同，先后在遵义市、黔东南州、黔南州和毕节地区进行统一监理试点工作，指派专人对项目实施进行全程监督检查，对不符合设计和质量要求的，坚决返工。并要求县级农业综合开发办对国家立项实施的、年度财政资金投入在10万元以上的单个土地治理项目，进行工程建设监理。第五，坚持和完善项目和资金公示制。在土地治理项目的建设过程中和竣工后，将项目和资金管理情况及时向项目区受益农户公示，保证了群众的知情权和参与权。第六，坚持竣工验收制度。在每个单项工程完工后，各县都进行了单项工程验收。并在项目区整体工程完工后组织财政、水利、质监、监察等有关方面的专家和人员进行了项目整体竣工验收。针对国家农业综合开发办由验收变为验收考评的转变，已要求各级农业综合开发办要加强对项目建设、档案资料的完整性和归档情况的中期检查。第七，加强工程项目的后期管护。2005年在对2004年度的项目进行验收时，加强了工程项目管护的检查力度，同时对以往年度实施的项目区的管护情况进行了重点检查。

（十一）产业化项目效益明显，逐步成为农民增收的主要途径

一是产业化经营项目带动农户的面越来越广。近年来贵州省重点扶持的奶牛养殖、生猪养殖、中药材种植、蔬菜种植等项目，直接吸收千家万户的农民参与。2005年产业化项目实施完成后，直接带动农户9.09万户。农民新增纯收入总额1.69亿元。二是产业化经营项目建成后的效益越来越好。如湄潭县“茅贡米”生产加工项目，由于与农民签订了收购合同，按订单种植茅贡牌优质稻谷，农民种植水稻从2002年600亩的订单，发展到2005年1.5万亩的种植订单，2005年收购优质稻谷100多吨，平均每亩比种植传统水稻多增收350元，为企业带来利润的同时又为农民带来了实惠。

总之，贵州省2005年农业综合开发取得了一定成绩，但仍然存在一些不足和困难。农业综合开发实施十五年来，政策和制度逐步规范，但由于贵州省基层农业综合开发干部队伍变更频繁，有的地方对农业综合开发政策的理解和学习不够，对农业综合开发的重要性认识不足，个别地方片面强调财政困难，存在配套资金不按时到位的情况。又由于全省各地区间人员素质不同，导致各地的管理水平也参差不齐，个别地方甚至对农业综合开发操作规程不熟悉，及时发现问题和处理问题的能力较弱，业务水平不适应工作的需要。因此，在2006年的工作安排中，为加强政策水平，提高业务能力，贵州省农业综合开发办已经把培训工作列入了重要日程，将在2006年以提高人员素质和政策、业务水平为重点，分别对不同层次、不同工作类别的管理干部、技术人员及项目区农民进行政策、业务知识的培训。

（贵州省农业综合开发办公室供稿，杨长萍执笔）

云　南　省

2005年，云南省农业综合开发工作紧紧围绕农业和农村工作重点，以农业增效、农民增收为目标，着力加强农业基础设施和生态建设，努力提高农业综合生产能力；着力推进农业和农村经济结构的战略性调整，加快农业产业化经营步伐，提高农业综合效益，增加农民收入；着力改革完善投资政策和工作机制，切实加强项目和资金管理，努力开创农业综合开发工作新局面，为云南省构建和谐社会和新农村建设作出新的贡献。

一、基本情况

（一）开发范围

2005年，云南省农业综合开发土地治理项目涉及16个州（市）共67个县，直接受益农户30.46万户，直接受益农业人口数121.35万人；产业化项目涉及全省15个州（市）共30个县，直接受益农户16.11万户，直接受益农业人口数51.83万人。

（二）投资任务计划情况

2005年，云南省农业综合开发项目计划总投资7.22亿元，其中：财政资金4.40亿元；自筹资金2.31亿元（包括投工投劳折资9 025.13万元）；银行贷款5 121万元。

1. 土地治理项目。计划建设任务为94.34万亩（中低产田改造项目91.04万亩，生态治理项目3.3万亩），项目总投资4.63亿元，其中：财政资金3.23亿元；自筹资金1.40亿元（含投工投劳折资9 025.13万元）。

2. 产业化经营项目。产业化经营项目34个，其中重点产业化经营项目14个。项目计划总投资2.59亿元，其中：财政资金1.17亿元；自筹资金9 020.82万元；银行贷款5 121万元。

（三）项目实施完成情况

2004年未完项目结转投资总额3.88亿元（其中财政资金2.55亿元），2005年实际完成农发资金支出6.54亿元（其中：财政资金3.98亿元；自筹资金2.18亿元，含投工投劳折资8 738.78万元；银行贷款3 684万元），结转下年4.55亿元（其中财政资金2.97亿元）。

1. 土地治理项目。其中包含中低产田改造和生态综合治理两类项目。

中低产田改造项目：任务量上年结转57.31万亩，本年计划91.04万亩，调增任务量0.03万亩，本年完成89.69万亩，结转下年58.69万亩；投资上年结转2.94亿元，本年计划4.47亿元，调增投资额135.63万元（财政资金27.94万元、自筹资金106.36万元），本年完成4.43亿元，结转下年2.99亿元。

生态综合治理项目：任务量上年结转0.56万亩，本年计划3.3万亩，本年完成2.26万亩，结转下年1.6万亩；投资上年结转223.33万元，本年计划1.64亿元，调减投资额1.33万元，本年完成1 010.23万元，结转下年847.77万元。

2. 产业化经营项目。其中包含种植、养殖、加工和储藏保鲜四类项目。

种植项目：上年结转项目10个，本年计划6个，本年完成12个，结转下年4个；上年结转投资3 514.89万元，本年计划1 995万元，调增投资额10万元（企业自筹资金），本年完成4 033.41万元，结转下年1 486.48万元。

养殖项目：上年结转项目2个，本年计划3个，本年完成3个，结转下年2个；上年结转投资496万元，本年计划2 125万元，完成804万元，结转下年1 817万元。

加工项目：上年结转项目9个，本年计划24个，本年完成13个，结转下年20个；上年结转投资4 577.74万元，本年计划20 996万元，调减投资416.86万元（减少银行贷款500万元、调减财政投资54万元、增加企业自筹资金137.14万元），完成1.4亿元，结转下年1.11亿元。

储藏保鲜项目：上年结转项目1个，本年计划1个，本年完成2个；上年结转投资139万元，本年计划750.82万元，调增投资180.85万元（企业自筹资金），本年完成687.87万元，结转下年382.8万元。

二、取得的主要成绩

（一）改善了农业基础设施，农业综合生产能力显著提高

2005年，全省共进行以围绕优势农产品基地建设为重点的中低产田改造106万亩，改良土壤25万亩。新（扩）建水库3座，机电井7眼，小型蓄排水工程1 645座，开挖衬砌灌排渠道1 021公里，埋设管道253公里，配套渠系建筑物2 435座处，机耕路535公里，购置农业机械和设备32台套，新增机耕面积6万亩，完善农业生产服务体系18个，新建良种仓库9 360平方米，新增和改善灌溉面积78万亩，新增和改善除涝面积15万亩，新增节水灌溉面积15万亩。农业综合开发项目区由于农业生产条件的改善，增强了抗御自然灾害的能力，从根本上解决了制约农业生产发展的主要障碍因素，大部分耕地建成了优质、节水、安全、高产和高效农田，农业综合生产能力大幅提高，新增粮食16 425万公斤，新增糖料32 546万公斤，新增油料230万公斤，新增果品、蔬菜、饲料（草）、茶叶、咖啡、蚕茧、肉类、蛋奶等优质农产品12亿公斤。

（二）优化了农业产业结构调整，项目区农民收入明显增加

2005年共投入农发资金2.52亿元，重点建设了优质稻、优质蔬菜、优质饲料（草）、蚕桑、经济林果、茶叶、咖啡、天然药材、吨糖田、马铃薯、花卉、亚麻和魔芋等优质农产品基地69万亩。并围绕优势农产品区域布局，将中低产田改造项目与产业化开发项目相结合，使基础设施建设更好地为产业开发服务，初步形成了以滇中、滇南、滇西南为主的优质稻米、甘蔗、茶叶、咖啡和经济林果产业区；以滇东南为主的经济林果产业区；以蚕桑基地县为主的蚕桑产业区。通过农业综合开发，优化了项目区农业产业结构调整，由过去主要追求增加农产品产量转变到发展优质、高效农业上来，增加了农民收入。2005年农业综合开发项目区农民人均收入增加了150～220元。

（三）壮大了一批农业龙头企业，农业产业化经营步伐进一步加快

2005年，云南省农业综合开发共投入产业化经营资金2.59亿元，扶持了14个重点产业化经营项目和20个一般产业化经营项目。通过项目实施，德宏州宏天咖啡公司、瑞丽宏瑞柠檬公司、保山茧丝绸公司、宣威火腿集团有限责任公司、昭通市长江丝绸有限公司、思茅龙生集团、丽江得一食品有限公司等一批龙头企业得到快速成长，企业实力进一步增强，极大地推动了全省优势、特色农业的快速发展。

（四）发挥了财政资金的引导作用，农业综合开发的投入不断增加

2005年，国家安排云南农业综合开发财政资金2.9亿元，比上年增长率15%；省级配套资金1.47亿元，比上年增长10.95%，全省农业综合开发总投资达到8.27亿元，比上年增长率30%。通过农业综合开发，充分发挥了财政资金的导向作用，多渠道、多形式地吸引各类资金投入云南农业生产，确保了开发项目的顺利实施，使农业综合开发成为全省农业基础设施建设的重要力量和推进农业产业结构调整、加快农业产业化经营的主力军之一。

（五）推进了农业科技进步，项目区科技对农业的支撑力不断提升

2005年共安排科技推广费2 531万元，占财政资金的5%左右（其中，安排623万元用于25个省级科技推广示范项目），主要推广了以良种为龙头、效益为主导的优质、高产、高效技术，以提高产品安全性为主导的绿色食品生产技术，以提高水资源利用为主导的节水灌溉技术，以节本增效，发展“四季农业”为主导的设施农业技术，以提高资源综合利用率和农产品附加值为主导的加工、保鲜、储运技术。通过以上先进技术的推广，提升了科技对农业的贡献率，促进了农业综合生产能力的提高。

（六）规范和完善项目资金管理的规定和制度，农业综合开发管理水平不断增强

根据国家农发办的要求和省政府的统一部署，结合实际工作需要，云南省加强了调研工作，制定和完善了农业综合开发项目、资金的有关管理规定和制度。

一是编写了《云南省农业综合开发资金和项目管理办法实施细则》初稿。

二是与省委政研室协作编写了《云南省农业综合开发“十一五”规划》初稿，对云南省农业综合开发“十一五”期间的主要开发目标、任务、开发区域布局和重点及投资提出了意见和建议。

三是制定了云南省农业综合开发农民筹资投劳管理试行规定，重新合理确定了农民筹资和投劳的比例。

四是加强和规范资金管理。严格按项目管理资金，实行项目和资金管理有机结合，以资金投入确定项目规模，并严格按照规定的范围和用途使用，确保资金跟着项目走，强化资金管理和监督。

五是加强对财务人员的培训，提高业务水平和工作能力。2005 年初，云南省采取集中学习统一培训的方式，对全省农业综合开发系统财务人员进行了培训，不仅对《农业综合开发资金会计制度》进行了培训，还对农业综合开发资金决算，季度报表及统计报表等方面的知识进行了讲解，进一步拓宽了财务人员的知识面、提高了业务水平和工作能力。

六是探索了财政贴息的有关做法，为今后做好财政贴息项目积累经验。

七是研究制定省级农发办对龙头企业的审定意见，把国家级、省级和省农发办审定的龙头企业作为支持的重点，并严格坚持国家规定的相关支持条件。

八是完善竞争机制。在全省范围内，将产业化经营项目、优势农产品基地建设项目、省级科技推广项目和生态治理项目作为竞争类项目，实行同类项目之间竞争立项。

九是完善以农民为主体的机制。对土地治理项目的确立，坚持以“农民要办”为前提，采取民主的方法，听取农民的意见，充分尊重农民的意愿，维护农民在开发中的主体地位，让农民切实感受到农业综合开发是自己的事业。

十是扎实稳妥开展投资参股项目工作。首先，选定了云南产业投资管理有限公司作为国有资产运营机构，委托其对财政投资形成的国有资产进行运营管理。同时，召开了全省农业综合开发办公室主任会议，向各地开发办主任传达了政策精神，要求各地开发办在当地主要媒体上刊登 2006 年农业综合开发产业化经营项目申报指南，宣传投资参股项目的各项方针政策。随后在全省范围内展开了农业综合开发投资参股项目的申报工作，全省共上报投资参股项目 12 个。最后，与云南产业投资管理有限公司经过多次协商，按照《国家农业综合开发投资参股经营试点管理办法》和《2006 年国家农业综合开发投资参股经营项目申报指南》的有关规定，初步筛选出 6 个基本满足投资参股经营申报条件的项目，下一步将进入实际调研阶段，为我省投资参股项目的成功申报打好基础。

十一是实行了农业综合开发项目初步设计和具体实施方案省级备案制。

十二是进一步探索和实行农口项目的配合机制。在配合中，农业综合开发始终坚持服从大局，尽力尽责，保持特色，彰显功效，并为不断丰富和完善项目配合机制做出应有的努力和贡献；

十三是加强土地治理项目监理工作。2005 年已初步拟定工作方案。

（七）2002～2004 年农业综合开发项目顺利通过国家的验收考评

2005 年，云南省以 93 分顺利通过了国家验收考评组对 2002～2004 年农业综合开发项目的验收考评。为了弘扬先进，树立典型，激发斗志，促进农业综合开发事业的发展，云南省农业综合开发领导小组于 2005 年 11 月 29 日在昆明市召开表彰大会，授予昭通市农业综合开发办公室等 37 个单位“云南省农业综合开发先进单位”荣誉称号；授予苏云波等 82 名个人“云南省农业综合开发先进个人”荣誉称号；授予省农业厅等 10 个单位“协作单位奖”。

三、主要做法和经验

2005年，云南省农业综合开发在继承和发扬以往好的做法的基础上，积极探索，勇于创新，大胆实践，积累了工作经验，工作思路和工作方法日臻完善和成熟。

（一）始终抓牢助农增收这个主题

云南省在农业综合开发中，始终把带动和促进农发增收作为农业综合开发的主线。在立项环节，把能否带动农民增收作为前提条件；在建设环节，着力加强农业基础设施和生态环境建设，着力支持优势农产品基地建设和以农产品加工为重点的龙头企业的发展壮大，为增加项目区农民收入奠定基础；在项目验收环节，把带动多少农民增收、增收多少作为考核项目效益的核心指标，把农民是否满意作为衡量农业综合开发工作成败与好坏的基本尺度。由于注重了农民增收，形成了广大农民群众大力支持，踊跃参与农业综合开发的良好态势。

（二）始终坚持把改善农业生产条件和提高农业综合生产能力作为首要任务

多年的农业综合开发实践表明，改善农业生产条件，是解除制约农业生产障碍因素的治本之策；提高农业综合生产能力，是打牢粮食安全、结构调整、产业培植基础的关键。农业综合开发的指导思想和方针政策随着时代的变化进行了多次调整，但坚持改善农业生产条件和提高农业综合生产能力这个首要任务不动摇，把它作为农业综合开发的立足之本，既符合云南省实际情况，也是云南省农业农村经济社会发展的需要，今后仍要长期坚持，常抓不懈。

（三）坚持采取综合措施、进行综合治理、取得综合效益

要尊重自然规律和经济规律，实行山水田林路综合治理、农林牧副渔综合开发、人财物和科技等要素综合投入，推进贸工农一体化、产加销一条龙经营，实现经济、社会、生态等综合效益的整体提高，这是农业综合开发的一条基本经验。

（四）坚持产业化开发，形成规模效益

在农业综合开发实践中，云南省把土地治理项目和产业化经营项目有机结合起来，立足区域性优势资源，因地制宜；把农业基础设施建设、农产品原料基地建设和农产品加工流通体系建设一起统一规划，统筹安排，同步实施，一扶一个产业，一扶一片区域，全方位地推进优势农产品的规模化开发、基地化建设、标准化生产、产业化经营，全面提高了农业的整体效益和农业的竞争力。

（五）突出开发重点，择优集中投入

云南省农业综合开发始终遵循“有所为，有所不为”的原则，利用资金优势，突出重点，择优开发。根据《云南省优势农产品区域布局规划》，选择优势农产品主产区为支持重点，推动全省优势农产品产业带的形成；坚持扶大、扶优、扶强，对国家级、省级认定的和省农发办审定的农业产业化重点龙头企业，加大支持力度，带动优势产业的发展；以提高农产品质量为重点，在培育和引进新品种、采用先进技术设备和生产工艺等方面给予大力支持，充分发挥了科技在农业产业化经营中的关键作用。

（六）建立严格规范的资金和项目管理制度

云南省严格实施《农业综合开发项目与资金管理试行办法实施细则》等一批管理办法，进一步加强和完善了项目前期评估论证工作，加强了项目中期检查和竣工验收，推行了“项目资金县级报账制”管理和财政有偿资金委托投放。通过以上工作，项目、资金管理更加规范化、制度化，选项更加科学，项目建设的监督力度加大，工程建设质量进一步提高，地方配套资金比例更符合实际，同时，建立起一套项目竞争立项、奖优罚劣的机制。

（七）坚持各部门密切配合，形成开发合力

农业综合开发建立了各部门共同参加、联合携手搞开发的工作机制，集中使用各部门的技术力量，发挥各部门的技术优势，使各项措施有机结合在一起，形成了发展农业的合力。

（云南省农业综合开发办公室供稿，刘斌执笔）

西藏自治区

2005年，西藏自治区农业综合开发工作围绕全面建设小康社会的总目标，以增加农牧民收入为中心，以农牧业结构调整为主线，突出重点，统筹规划，整合资源，创新管理机制，加大督查调研，强化服务职能，各项工作进展顺利，呈现出良好的发展态势。

一、狠抓基础设施建设，积极落实开发任务

2005年，全区安排17个农业综合开发区，建设总规模28.09万亩，其中中低产田改造7.25万亩，草（原）场建设20.84万亩，造林700亩。良种推广面积8.3万亩，其中建优质青稞基地2.6万亩，优质冬麦基地0.5万亩，优质油菜基地2.5万亩，优质牧草基地2.5万亩。批复下达总投资1.69亿元。同时，农发项目安排突出了与涉农单位的资源整合和相互配合，而且引入了黄改、造林育苗和新品种油菜推广等农牧科技服务项目，圆满完成了各项建设任务。并对全区七地（市）2004年度农发项目进行了初验。

二、加强组织引导，项目区农牧民收入继续保持加快增长的态势

按照国家农发办和区党委、政府有关要求，全区农业综合开发工作从组织引导农牧民参与项目建设和狠抓项目效益两个方面入手，认真落实增收措施。研究下发了动员农牧民参与工程建设的文件，要求组建农牧民施工队，细分各项建设内容，将所有能由农牧民建设的工程都交由农牧民建设。各地（市）积极探索各种形式的贯彻落实措施，在继续将土地（草场）治理项目全部交由群众施工的同时，又创造了一些组织引导农牧民群众参与施工的好经验。在组织引导农牧民群众参与建设增收的同时，还安排了一批促进群众增收效益显著的项目。如农区种草养畜、油菜种植、养鸭、肉乳加工等项目，结构调整、多种经营、进城务工等渠道继续发挥对农牧民增收的作用，多元化的增收局面开始呈现。

三、积极培育合作经济组织，促进农牧业结构进一步优化

2005年西藏的农业综合开发突出了特色产业、多种经营和农牧民合作经济组织的建设，进一步体现了优势区域、优势产业、优先发展。目前，全区共成立农牧民专业合作经济组织9个，成为农牧区群众发展农村经济的有益载体，群众参与农业综合开发、提升开发水平的积极性空前高涨，促进了全区优质油菜种植、奶类生产、禽类养殖、林下资源采集等特色产业的快速发展，加快了农牧业结构的进一步优化升级，取得了较好工作成效。

四、加强调查研究，编好专业规划

为了全面完成“十五”目标、做好“十一五”规划工作，自治区农发办在认真做好“十五”建设任务实施的基础上，按照科学规划的要求，围绕国家农发办确定的若干重点问题，进行了深入调研，并组织专门人员编制了“十一五”规划，并向国家相关部门进行了汇报衔接，得到了国家有关部门的初步认可，为“十一五”农业综合开发理清了工作思路，描绘了宏伟蓝图，确定了工作重点，制定了工作措施。

五、加强培训工作，提高农发干部队伍的素质和农牧民群众的致富能力

按照谋跨越、奔小康主题教育活动的统一部署，西藏自治区农发办安排了对农牧民群众建筑和种养等增收技能培训，计划举办各级各类培训班

400多期，培训各级各类干部和农牧民群众3万多人次。同时，邀请国家农发办领导专家进藏对全区七地（市）农发干部进行了农发项目管理、实施等方面知识的培训，更新了农发干部，特别是基层农发干部的知识结构，开拓了思路，增强了做好农发工作的信心和决心。

2005年，西藏自治区按照国家农发办和自治区党委、政府的要求，进一步解放思想，完善措施，提高效益，呈现出诸多新特点：一是全局意识更强、工作定位更准确，攻难点、做亮点意识更加增强；二是抓住制定农业综合开发“十一五”规划、农发管理办法调整的机遇，开始了从微观的项目管理转向宏观的政策调控转移；三是注意了研究加强项目管理体制机制问题，积极探索切实有效的项目管理和项目资产管理的模式；四是抓住机构改革、自身建设等机遇，大力加强内部建设。从强调责任意识、组织意识、大局意识、服务意识入手，转变机关作风，提高工作效率，稳步推进农业综合开发工作迈上新台阶；五是农业综合开发与保持共产党员先进性教育活动“两促进、两发展”，以送温暖、献爱心、保稳定、促发展的“主题实践”活动开展得有声有色，掀起了农发系统干部职工献身农发事业、促进农牧民增收的高潮，达到了互促互进的效果。

从总体情况看，2005年全区农业综合开发工作进展顺利，为全面完成今年的工作任务奠定了基础。但工作中仍然存在一些困难和问题需要引起高度重视。一是面对新时期新任务，对农业综合开发工作的地位、作用、标准和目标的理解还有差距，对责任感和紧迫感的理解还不一致，工作创新和工作着力点转移的力度还不够；二是农业综合开发队伍的动员程度还不够，能力建设还有很大差距，一整套的管理办法和工作机制还没有建立起来，农业综合开发干部队伍和素质还需要进一步提高；三是还缺少一批试点示范精品项目，缺少指导新时期农业综合开发工作的样板，缺少推进产业结构调整、扶持龙头企业的经验，系统创新的步伐还缓慢。

（西藏自治区农牧开发建设办公室供稿）

陕　西　省

2005年，陕西省农业综合开发认真贯彻落实中央1号文件和国家农业综合开发工作会议精神，以全面推进农村小康社会建设为目标，以提高农业综合生产能力为主题，加大粮食主产县中低产田改造力度，积极扶持产业化经营和龙头企业建设，全面启动农业综合开发世界银行贷款项目，加强项目和资金管理，全面完成了年初确定的各项任务。

一、农业综合开发基本情况

2005年，陕西省农业综合开发项目区涉及西安市、铜川市等10市和杨凌示范区的76个县（区），以及省农垦总公司、省监狱管理局的2个国营农场。全年共投入资金9.44亿元，其中财政资金3.79亿元，自筹资金4.52亿元，银行贷款1.12亿元。完成土地治理面积93.4万亩，种植经济林0.11万亩、药材0.12万亩、蔬菜210亩，畜禽养殖101万头，建设农付产品加工项目16个，储藏保鲜项目3个。

二、农业综合开发项目取得的效益

一是农业基础设施建设力度进一步加大。2005年，陕西省共完成中低产田改造面积93.75万亩，新增和改善灌溉面积88.9万亩，新增节水灌溉面积79.75万亩，新增机耕面积19.86万亩，项目区全年新增粮食生产能力1.04亿公斤，棉花302.10万公斤，油料383.77万公斤。

二是龙头企业带动作用不断增强。2005年，陕西省农业综合开发扶持重点产业化经营项目8个，一般产业化经营项目24个，新增干鲜果品1 616万公斤，蔬菜502万公斤，药材12万公斤，肉366.5万公斤。加快了特色优势产业发展，增强了龙头企业的辐射带动功能，完善了农业产业化体系，促进了农产品基地、龙头企业和服务体系建设的协调发展。

三是可持续发展能力稳步提高。2005年，陕西省农业综合开发共完成小流域治理面积8.51万亩，增加农田林网防护面积87.64万亩，年节约用水量5 405.70万立方米，控制水土流失面积189.07平方公里，治理沙化土地面积0.5万亩，改善了农业生态环境，增强了农业抵御自然灾害的能力。

四是农民收入持续增加。2005年，陕西省通过农业综合开发产业化经营项目建设，新增总产值11.3亿元，项目区农民年纯收入增加总额5.84亿元。

三、农业综合开发采取的措施和做法

(一) 强化组织领导，理清工作思路，提早安排部署农业综合开发工作

陕西省各级党委、政府始终把农业综合开发作为促进农村经济发展和推动农村小康社会建设的具体措施列入重要议事日程，省委省政府将农业综合开发的主要任务列入全省考核目标，并签订责任书，进一步加大考核力度。

2005年3月份，陕西省农业综合开发领导小组办公室（以下简称“农综办”）组织召开了全省农业综合开发工作会议，传达了全国农业综合开发工作会议精神，认真总结了2004年的农业综合开发工作，交流了各地的典型经验，提出了“分类指导、分区开发、整合项目、突出效益、综合示范”的工作思路，明确了要以农业综合开发项目区为平台，以加快农村小康建设为目标，通过政府统筹，整合项目，捆绑使用各项涉农资金，提高综合效益，增加农民收入，大力改善项目区农民群众生产生活条件，积极探索不同地域农业综合开发的新模式。

各市、县（区）都按照要求，加强了对农业综合开发工作的组织领导，把项目实施的好坏作为年度考核的重要依据之一，并明确要求项目乡镇要组建专门的领导和工作班子，由主要领导负总责，分管领导具体负责，层层落实考核责任。在全面落实地方财政配套资金的基础上，还普遍采用借、欠、垫等方式，提早启动项目工程，为实现当年任务当年完成争取了时间。

(二) 改善生产条件，突出整体效益，着力提高农业综合生产能力

2005年，陕西省农业综合开发工作以提高农业综合生产能力为总体目标，以中低产田改造为重点，大力扶持龙头企业，积极启动农业综合开发世行项目，不断加大科技推广力度，全面提高项目区整体效益，为加快农村经济发展奠定了基础。

一是加大中低产田改造投入力度，强化农业基础设施建设，提高农业综合生产能力。坚持把提高农业综合生产能力、确保粮食安全作为农业综合开发的重要任务。土地治理项目计划编制坚持“保证重点、集中连片、整体推进、突出效益”为原则，确立以中低产田改造为重点，加大对粮食主产县和农业重点县的投入力度，提高中低产田改造项目投资比例。全年共完成投资4.2亿元，其中用于中低产田改造项目的资金达到3.8亿元，占全省土地治理项目的90%以上。实施土地治理总面积93.4万亩，其中改造中低产田面积85.8万亩，小流域治理面积7.6万亩。

二是坚持扶大扶优扶强，不断提高龙头企业的辐射带动能力，促进农业结构调整，稳定增加农民收入。为了充分发挥龙头企业的带动功能，发展壮大区域优势产业，加快优势农产品生产基地建设，稳定地提高农民收入，我们按照过去有基础，市场有销路，农业能增效，农民能增收的原则，明确主攻方向，重点支持粮食主产县和农业重点县的优势农产品基地、农产品加工企业，积极培育和扶持确实能带动一方产业和农民增收的龙头企业。同时，还加强了项目前期工作，聘请专家对各市上报的2005年重点产业化项目和一般产业化项目全面进行了评估、论证，提高了选项的科学性和项目申报

的成功率。

三是认真组织实施农综世行科技项目，全面提升农业和农村经济发展层次。陕西省农综世行项目管理一手抓体系和制度完善，一手抓项目建设。在管理体系和制度建设方面，积极协调，进一步理顺和完善了省市县三级项目管理、采购、提款报账和项目监测体系，制定印发了《农业综合开发世行项目追溯计划项目实施管理暂行办法》，并积极研究制定世行项目管理办法、采购管理办法、资金和提款报账管理办法，为项目规范实施管理创造了条件。在项目建设方面，组织各地完成了全省各子项目社区参与采购实施程序的编制和上报，7个追溯报账项目承建单位涉及建设任务已经完成。

（三）强化措施，规范管理

2005年，陕西省以国家三年验收考评为契机，进一步强化和规范项目管理，把检查监督和省级验收工作作为提高项目和资金管理水平的突破口，并派出工作组进行监督检查和指导。

一是抓项目前期工作。在土地治理项目立项时，根据陕西省地域特点，确立了不同的治理模式，并加以引导和推荐。同时，制定了立项四原则：即项目区必须集中连片；群众有开发意愿，自筹首先到位；项目区为粮食主产区或优势产业区；有水源保障。陕西省农综办还派出考察组对一些重点项目进行现场考察，使土地治理项目的立项和选址不断向科学化合理化的方向转变。产业化经营项目在编制计划前，就下发了项目申报指南，明确了扶持重点、申报条件及扶持政策，加强了对申报工作的指导。申报立项时，陕西省农综办组织相关专家对项目逐个评估，严格把关，从中筛选出一批辐射带动强、市场潜力大、竞争优势明显的项目予以扶持。

二是抓规章制度的完善和落实。继续完善项目法人制、招标投标制和公示制，积极推行工程监理制和大宗物资集中采购制，拟定了《关于陕西省农业综合开发土地治理项目招投标和工程监理有关事项的通知》，完善和规范了土地治理项目招投标和工程监理工作，进一步提高了推行招投标和工程监理制可操作性。继续深入推行项目管理“末位惩罚”制，把竣工验收与年度任务安排挂钩，公开评价指标，实行量化管理，打破基数限制，扩大因素比例，对任务完成好的奖励开发规模，对工作不力、完成任务差的扣减开发规模。通过奖优罚劣，激发了干劲，促进了任务完成。

三是抓资金配套落实。为了减轻地方财政配套困难，陕西省财政加大了配套力度，拿出9 751万元支持农业综合开发，较往年增加489万元，并继续推行国家级贫困县“零配套”政策。市、县也在完善投入机制、规范县级财政报账制、加强资金配套、提高资金使用效益等方面，采取了行之有效的管理办法和措施。各地都以项目管理为核心，普遍推行了资金拨付“直通车”制度，确保了财政资金及时足额到位，并进一步规范和完善了县级报账制，制定了县级财政报账制实施细则，对财政无偿资金全部实行县级报账，落实专人管理、专账核算、专款专用的“三专”管理。

四是抓内业管理。陕西省针对农发系统长期存在重外业，轻内业的问题，在2005年着重抓了内业管理工作：一是建立了土地治理和产业化经营项目库。二是对2002~2004年度的文书、科技档案进行了整理、装订。三是编制了2002~2004年度的农业综合开发资料汇编。

（四）适应新形势，加强调查研究，探索农业综合开发新路子

2005年，陕西省农综办积极适应新形势，调整思路，明确重点，把开展调查研究作为深化改革，推动开发工作深入开展的重大举措。元月份，下发了《关于开展农业综合开发调查研究活动的通知》，有针对性地确定了调研重点课题，提出了调查研究的方法和要求，先后组织全系统围绕农业综合开发如何进一步提高农业综合生产能力、如何促进农村小康社会建设、如何支持农村合作经济组织发展以及关中、陕南、陕北三片和二黄灌区治理模式、土地治理项目科技推广费使用和管理情况、编制“十一五”规划等进行专题调研。3月份，组织三个调研组，深入各地走访基层干部和项目区群众，采取座谈、讨论、问卷调查等多种方式，了解和掌握第一手资料，总结了经验，发现了问题，提

出了解决长期困扰开发工作的焦点、难点问题的对策与措施。

为了积极探索不同区域农业综合开发治理模式，陕西省农综办还有针对性地安排了农业综合开发试点工作。与市县共同研究制定示范点总体规划，审定具体建设内容，在开发规模和投资标准上，对示范点适当予以倾斜。根据不同地域条件，分别实施了渭北旱塬沟壑区农业综合开发试点、土地治理项目与产业化经营项目结合试点、中型灌区配套项目试点、农业综合开发与扶贫开发结合试点、川塬地带农业综合开发试点、陕北丘陵沟壑区农业综合开发试点、长城沿线风沙区农业综合开发试点等11个试点项目，并初步总结了一些好的经验模式。

（五）围绕工作重心，强化宣传信息和统计，为农业综合开发工作提供良好的舆论氛围

2005年，陕西省农综办在宣传工作上狠下功夫，先后制作了电视专题片和宣传画册，在陕西日报开辟专版，办领导发表署名文章介绍各地开发成功经验。陕西省电视台对农业综合开发取得的成绩进行了系列报道。全年共编辑《陕西农业综合开发简报》13期，向省委省政府办公厅报送信息10多条。积极与《中国农业综合开发》杂志联系，为基层投稿创造良好的外部条件，收集整理了部分市、县的稿件，严格把关、集中投寄，全年共组织稿件30多篇，刊发10多篇，其中办领导的署名文章以及汉中市和杨凌等市县在项目和资金管理方面的经验性材料被刊发后，产生了较大影响。

（陕西省农业综合开发领导小组办公室供稿，来国超、冯晓峰执笔）

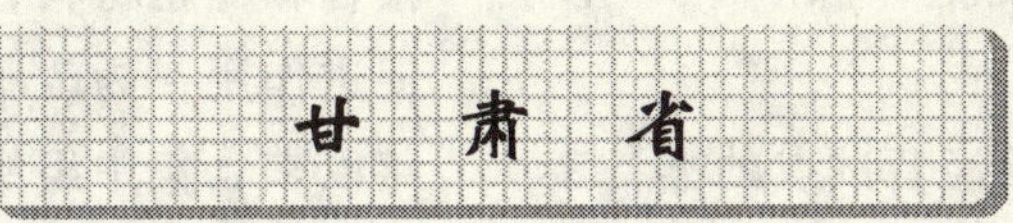

甘肃省

2005年，甘肃省农业综合开发各项工作进展顺利，项目建设取得了显著成效，为加强农业基础设施建设、提高农业综合生产能力、促进农业持续增效和农民稳定增收做出了重要贡献。

一、基本情况

2005年，甘肃省农业综合开发县总数为48个，其中有44个开发县，4个国营农（牧）场。完成总投资5.25亿元，其中：财政资金2.78亿元，银行贷款0.665亿元，农民和企业自筹1.81亿元。总投资中，安排土地治理项目资金3.21亿元，其中财政资金2.17亿元；安排产业化经营项目资金1.91亿元，其中财政资金0.54万元。

土地治理共安排项目52个，实际完成开发面积63.07万亩，其中：中低产田改造项目44个，实际完成开发面积54.36万亩；生态综合治理项目7个，实际完成开发面积8.71万亩；中型灌区节水配套改造项目1个。衬砌渠系工程1 264公里，新建和维修机电井751眼，修建机耕道路1 005.84公里，改良土壤47.57万亩，开展农民技术培训15.2万人次。产业化经营项目共安排17个，其中农副产品加工项目15个、养殖基地项目2个，实际完成项目9个，在建项目8个。

项目建成后，预计新增和改善灌溉面积39.08万亩，新增农田林网防护面积28.45万亩，扩大良种种植面积19.41万亩；新增粮食综合生产能力3 065万公斤，项目区农民人均纯收入总额增加621万元。通过项目实施，进一步改善了农业生产基本条件和生态环境，提高了农业综合生产能力和土地综合产出率，促进了特色优势农产品发展和农业产业化经营，为建设社会主义新农村增强了物质基础条件。

二、主要措施和做法

一是千方百计筹措落实地方财政配套资金。

2005年，国家农发办确定甘肃省为财政配套保障改革试点省份之一。为了切实搞好这项工作，在积极汇报争取省级财政增加配套的同时，花大力气督促项目区市县落实配套资金，取得了一定的成效。尤其是通过采取严格措施，促使市、县落实配套比往年有了较大幅度的增加。

二是认真扎实地开展前三年竣工项目验收。按照国家农发办的新规定，2005年对2002~2004年竣工项目实行省级全面验收、国家农发办抽验考评的办法进行。7月份，甘肃省农发办利用1个月时间，组织了开展市、县自查和省级验收工作，对发现的问题及时进行了督促整改。10月下旬，迎接了国家农发办的验收考评。从省级验收和国家考评情况看，前三年农发项目和资金管理明显好于往年，工程质量和开发效益普遍提高。国家农发办验收考评组对项目成效和工作经验给予了肯定和好评。通过省内检查验收和国家农发办考评，进一步促进了规范管理工作，为搞好2006年和“十一五”时期的工作打下了基础。

三是积极进行开展投资参股经营试点的准备工作。遵照财政部大力倡导农业综合开发投资参股经营试点的要求，甘肃省农发办认真学习，提高认识，积极主动地进行各方面的准备工作。8月下旬，国家农发办在四川成都召开了投资参股现场暨培训会议，省农发办认真学习传达会议精神并抓紧布置安排有关工作。为了增强实际操作性，还分别组织人员先后专门赴四川、吉林、河北、安徽等省进行了实际学习考察。初步考虑，“十一五”期间拟选择推荐10家企业进行投资参股经营项目试点。

四是全面实施英国政府赠款支持的农民用水者协会项目。在皋兰、靖远、安西三县新建和完善农民用水户协会25个，帮助农民制定了协会章程、水费征收管理办法等管理制度，举办培训班40次，培训农民1.3万人次。项目实施中，已报账提款80万元。2005年，国家农发办、世界银行赴甘进行了3次检查，均认为甘肃省项目实施质量高，财务管理规范，实施效果明显。

五是有针对性有重点地加大业务培训力度。2005年，针对市县农发部门财务工作中的薄弱环节，重点对财务人员进行了资金管理和财务制度培训。4月份举办了全省农业综合开发统计报表培训班，促使各级农发办计划财务人员全面掌握了国家农业综合开发新统计报表的填报方法。为进一步加强农业综合开发资金管理，规范执行财政资金县级报账制，12月份举办了全省市县农发办会计人员培训班，对农业综合开发会计基础知识、县级报账制实施程序等政策规定与操作技能，进行了系统讲解和交流学习。

六是深入开展调查研究，精心编制“十一五”发展规划。2005年，围绕贯彻落实党中央、国务院、甘肃省委和省政府一系列有关农业和农村工作的政策措施，紧密结合农业综合开发工作实际，甘肃农发办认真组织研究了农业综合开发在全面建设小康社会中的作用、农业综合开发树立和落实科学发展观、农业综合开发加强支持产业化经营项目促进农民增收等问题，形成了一批有较高价值的调研报告和专题材料，对加强和改进工作起到了良好的促进作用，为改革创新机制提供了参考依据。后半年以来，集中组织力量，认真深入开展了对未来五年我省农业综合开发改革和发展思路及“十一五”发展规划调查研究。

七是规范项目和资金管理措施到位。2005年，全省农业综合开发高度重视管理工作，不断规范审批立项和资金拨付使用行为，坚持完善和创新项目投入运行机制，逐步提高了谋划运作项目、组织实施项目、协调管理项目的水平，在做实项目前期工作、增强项目筹资能力和确保项目建设质量等诸多方面，积累了一套比较完整系统的管理办法和措施。通过全面开展深化农业综合开发规范管理年活动，对这些办法和措施进一步督促落实到位，并且以加强和规范农业综合开发管理工作意见的形式作为规章制度巩固下来，指导全省的农发项目建设工作。

三、取得的成效

一是加强农业基础设施建设重点突出，显著提高了农业综合生产能力。2005年，农业综合开发始终坚持以改造中低产田为重点，突出针对消除干

旱缺水、生态脆弱、耕作条件差等制约农业发展的主要障碍因素，采取有力措施进行综合配套治理。通过修渠打井、造林、改良土壤、拓建机耕路和灌区节水配套改造等大规模的农业基础设施建设，改善了项目区的农业生产基本条件，大幅度提高了农业综合生产能力，为稳步提高粮食产量和大力发展特色农业做出了重要贡献。在实践中逐步形成的"按流域或灌区统一规划、突出重点规模投入、集中连片大面积开发"的中低产田改造建设模式，有效防止了资金"撒胡椒面"。由于严格控制坚持每个项目县只安排一个土地项目，且集中连片规模，在平原地区不少于1万亩、丘陵山区不少于5 000亩的做法，使得成效更为显著。

二是对推进农业产业化经营抓住了关键，促进了农业增效和农民增收。2005年，甘肃省农业综合开发坚持根据市场需求变化，立足于资源比较优势，积极调整农业结构，重点扶持发展优势特色农产品生产基地和加工转化。通过项目建设，发展了一批优势特色农产品种植基地、草畜养殖基地，较大幅度地提高了农产品加工转化能力，使项目区农民人均纯收入比其他地区高出260多元。这些工作和成效，有力地推进了项目区的农业产业化经营，加快促进了农业持续增效和农民稳定增收。

三是引进推广的农业先进科技切合实际，积极推动了项目区农业增长方式的转变。2005年，甘肃省农业综合开发增加了科技投入，加大力度开展了项目区农民培训，集中引进试验和综合示范推广了一大批优良品种和农业先进适用技术，促使项目区的农业新技术应用率、良种覆盖率和农业科技进步贡献率都走在全省的前列，农民群众的科技意识、生产技能和科学种田水平普遍有了较大的提高。农业综合开发在引进推广农业科技和培训农民中，充分考虑本省农业农村总体科技文化欠发达和广大农民群众接受新知识新技术基础有限的现状，采取因地制宜、因材施教的做法，避免了"花架子"和形式主义。引进推广的新品种新技术大多数发挥了增产增效的作用，产生了良好的示范带动效应，切实提高了农民素质，促进了项目区农业增长方式的转变，加快了农业现代化进程。

（甘肃省农业综合开发办公室供稿，周明执笔）

青海省

2005年，青海省农业综合开发工作紧紧围绕加强农牧业基础设施建设，促进农牧业产业化经营，提高农牧业综合生产能力，促进农牧业增效和农牧民增收的开发目标，积极争取落实农业综合开发资金，继续深化项目管理改革，努力开拓创新农业综合开发工作，合理安排项目布局，狠抓项目建设进度，切实加强资金监管，比较好地完成了各项工作和任务。

一、基本情况

（一）开发布局

2005年在保持开发县总量不增的前提下，按照退场进县扩大农牧民受益的原则，退出农场1个，调进农业县1个，开发县场总数仍为34个（县30个，农牧场4个）。按照行政区划和隶属关系，开发县包括西宁市（城东、城西、城北、大通、湟中、湟源6个区县），海东地区（民和、乐都、化隆、循化、互助、平安6个县），海北州（门源、祁连、海晏、刚察4个县和同宝牧场1个场），海西州（天峻、都兰、乌兰、格尔木、德令哈5个县市和莫河牧场1个场），海南州（共和、同德、贵德、贵南4个县），果洛州（达日、班玛2个县），玉树州（玉树、囊谦2个县），黄南州（尖扎1个县），省三江集团公司下属的同德、贵德

2个牧场。按照区域优势和资源特色，在农业县和农业比重较大的半农半牧县集中安排了中低产田改造项目，全部按灌区或流域进行流一规划；在牧业县集中安排了草场改良项目，全部按村集中连片规划，实行整村推进；产业化经营项目主要在城镇郊区实施。

（二）资金投入

2005年青海省落实农业综合开发投资（含部门项目）33 036.08万元，其中：中央财政资金1.34亿元（无偿资金1.07亿元，有偿资金2 746万元），地方财政配套资金6 061.8万元（省级4 650万元，州县1 411.8万元），项目单位和项目区农牧民筹资投劳1.09亿元，银行贷款2 598.35万元。农业综合开发投入保持了持续增长。

经过全省上下的共同努力，完成投资3.27亿元（不含部门项目）。其中，完成财政资金1.91亿元、项目单位和项目区农牧民筹资及投劳折资1.09亿元、银行贷款2 598.35万元。

（三）项目安排

2005年青海省安排实施国家农业综合开发项目58个，其中：中低产田改造项目27个，草原生态治理项目14个，产业化经营项目13个，科技示范项目1个，部门项目3个。中低产田改造项目大都选择在优势农产品产区，单个项目开发治理面积都在0.5万亩以上，最大的达到1.8万亩；草原生态治理项目大都选择在牧民已经定居的冬春草场，单个项目连片治理面积都在1万亩以上，最大的达到8万亩；产业化经营项目财政投资都在150万元以上，较大的龙头加工项目财政资金达到980万元。项目安排实现了规模开发。

（四）项目建设

2005年，青海省各级农发办加大项目督促检查力度，狠抓项目建设管理，确保年度开发任务完成。土地治理项目区完成中低产田改造31.17万亩，完成草场改良52.44万亩，完成生态治理1.23万亩；产业化经营项目建成种植基地2处，养殖基地2处，扶持加工龙头项目5个。土地治理项目区，水利措施完成小型水库1座，引水闸坝3座，防渗灌溉渠道1 378.74公里，电站11座；农业措施完成土壤改良17万亩，良种基地0.38万亩，种子仓库250平方米，农机具2 201台件，田间道路156.45公里；林业措施完成防护林0.65万亩，苗圃120亩，水保林1.08万亩；草业措施完成围栏32.83万亩，标准化棚圈47.3万平方米；科技措施完成农民培训5.8万人次，仪器设备24台件，示范推广12.28万亩。产业化经营项目建设日光温室蔬菜基地289.4亩，花卉基地300亩，增养牲畜0.08万头只。科技示范项目推广新品种15个，示范推广技术15项，完成示范推广面积4.1万亩。这些基础设施的建成，极大地改善了项目区的生产条件，有效地促进了项目区农业结构调整，提高了项目区综合生产能力，推进了项目区农业产业化经营。

二、主要做法

（一）改革投入政策，突出开发重点，把加强基础设施建设和提高综合生产能力作为首要任务

一是坚持退场进县，对开发县实行动态管理。二是突出中低产田改造，集中80%的土地治理项目资金安排中低产田改造项目。三是加大对粮食主产县的投入，在34个开发县中，省上确定了10个粮食主产县，集中70%的中低产田改造项目资金，安排10个粮食主产县的项目，并在同等条件下优先选择粮食主产县的产业化经营项目。四是控制项目数量，除在财政投资650万元以上的粮食主产县安排2个土地治理项目外，其他开发县每县只安排1个项目，把项目做大，实行连片改造治理。五是突出基础设施建设。中低产田改造项目突出了农田水利工程和农业良种工程，用于水利措施的投资占到70%；草场改良项目突出了草场围栏和牲畜棚圈工程，用于围栏的投资占到24%，用于棚圈的投资占到68%；产业化经营项目突出了日光温室、养殖暖棚、加工车间设备等生产设施的建设。六是按照工作绩效分配资金，省对县不定投资基数，土地治理项目资金向项目建设进度快、质量好、成效大、管理比较规范的县倾斜，产业化经营项目全省实行竞争立项。

（二）加强项目前期工作，搞好项目规划设计，

提高项目选择立项的科学性

一是组织开发县按照县域比较优势，围绕培育主导产业，开发优势产品开展项目前期工作，所有项目都由具有相应资质的工程咨询和设计单位编制可研报告和扩初设计；二是组织编制农业综合开发“十一五”规划，及时调整充实农业综合开发项目库；三是采取现场考察和专家评审相结合的方式，严格审查项目可研和实施方案，把好项目筛选立项关，提高项目建设方案的科学性和可操作性。在专家评审中，推行了同类型项目集中封闭论证的评审新方式，量化细化了项目评审内容，提高项目评审质量，建立择优选项的立项机制；四是对技术性较强的水利工程扩初设计委托省水利厅统一审批，充分利用行业主管部门把好工程技术关。

（三）积极落实配套资金

把项目建设提高到地方政府加强农牧业基础，提高农牧业综合生产能力、促进农牧民增收的战略高度，积极落实省、州（地、市）县三级财政配套资金。省级率先垂范，年初预算安排配套资金4 100万元，下半年追加预算550万元，足额完成了包括部门项目在内的配套资金。省对县加大配套资金考核力度，把配套资金落实与项目安排挂钩，州县充分认识到项目建设的重要性，采取积极措施全力落实配套资金。

（四）狠抓项目建设管理，确保按时保质完成建设任务

一是及时组织审批州县的项目实施计划，国家批复立项后一个月内批复了州县的项目计划，并提前下达省级配套资金，尽早组织项目实施；二是督促州县严格执行工程招投标制和项目法人责任制，建立健全工程进度、工程质量责任制；三是经常督促检查项目实施进度，确保项目如期完成。

（五）规范项目资金管理，提高资金使用效益

一是严格执行项目资金公示制。青海省对每个项目的投资规模、资金构成、建设任务、效益目标向社会进行公示，项目县严格按照《农业综合开发资金和项目公示暂行规定》，分阶段将项目规划申报情况、立项情况、实施完成情况给项目区农民进行公示，积极主动地接受监督。二是严格执行“三专”管理制度。每个项目县设置农业综合开发资金专户，专门用于县级报账和核算资金支出，每个项目设置资金专账，核算工程成本，确保项目资金规范使用、专款专用。三是严格执行县级报账制。进一步完善县级报账方法，规范报账程序，严格报账审签，做到按项目、按工程、按资金投向报细账、报实账，坚决杜绝白条入账、大额支现和向个人账户转付工程款等违规现象，确保项目资金安全有效运行。四是进一步完善有偿资金借用、回收分离运行的机制。在新项目有偿资金借用中，积极推行委托放款、抵押担保、合同公证等防范风险的措施，切实落实好债务和还款计划。五是严格按照《农业综合开发资金会计制度》建立项目专账、设置会计科目、核算工程成本，规范财务行为。六是积极推行政府采购和国库集中支付，在有条件的项目州县，开展项目工程所需的建筑材料和机械设备等实行政府采购和国库集中支付试点工作。七是积极推行项目财务会计电算化管理，提高工作效率和工作水平。

（六）切实加强监管工作，努力提高项目建设水平

按照“一手抓项目、一手抓监管”的工作思路和“以查促管”的原则，突出监管重点，改进监管方式，对项目建设实行全程监管。一是建立健全省、州（地、市）和开发县三级农发办事机构的工作责任，一级抓一级，层层抓落实，经常深入项目区督促施工进度，检查工程质量，及时解决施工中遇到的新问题。二是改革创新工程监理工作机制，制定印发了《农业综合开发项目工程监理实施细则》，全面启动了农业综合开发项目工程监理省级招标委派的工作机制，规范了监理行为。三是严格执行项目资金审计制度，在坚持开发县审计部门自审的基础上，积极主动协商审计厅制定了《2005年农业综合开发资金审计方案》，由审计厅组织省、州（地、市）县审计部门采取上审下、交叉审、同级审等多种方式，对（2002～2004）三年农业综合开发项目资金进行全面审计，加大了审计监督力度。四是积极开展项目绩效监督评价，把农业综合开发作为财政专项资金绩效监督评价的主要项目，对促进州县建

好管好项目起到了积极的推动作用。五是认真组织开展项目检查验收工作，将项目验收量化为20条测评考核，聘请中介机构五联会计事务所，抽调州、地、市项目管理人员组成联合检查组，全面检查验收了（2002~2004）三年的农业综合开发项目。

三、开发成效

2005年通过实施土地治理项目，新增和改善灌溉面积33.11万亩，增加节水灌溉面积28.37万亩，年节约水量5 289.26万立方米；扩大良种种植面积9.61万亩，新增农机动力261千瓦，增加机耕面积1.15万亩，增加林网防护面积3.39万亩，完善农村服务体系1个；新增生产能力：粮食1 524.52万公斤，油料499.32万公斤，干草2 343.89万公斤，增加农牧民收入总额4 515.23万元，有45个乡镇212个村28.1万农牧民得到受益，人均增加收入160元。通过产业化经营项目建设，新增蔬菜294万公斤、肉1.8万公斤、奶139万公斤，加工转化农产品8 280万公斤，新增产值54 578万元、利税7 188.6万元，安排农村剩余劳动力2 343人，带动农户80 817户，增加农民收入总额4 880.14万元，户均增收604元。

（青海省农业综合开发办公室供稿，杨珠生执笔）

宁夏回族自治区

2005年，宁夏农业综合开发工作在自治区党委、政府的高度重视和国家农业综合开发办公室的大力支持下，围绕提高农业综合生产能力，促进农民增收的中心任务，突出中低产田改造，强化项目和资金管理，促使农业综合开发工作取得了显著成效。

一、基本情况

2005年，国家农发办批复宁夏农业综合开发中央财政资金指标1.32亿元（含有偿资金2 377万元），涉及土地治理项目35个、产业化经营项目15个、科技推广综合示范项目1个、部门项目3个，计划总投资3.62亿元。项目涉及引黄灌区中卫市的中卫城区、中宁县，吴忠市的利通区、青铜峡市、同心县、盐池县、红寺堡开发区，银川市的兴庆区、金凤区、西夏区、永宁县、贺兰县、灵武市，石嘴山市的大武口区、平罗县、惠农区以及南部山区固原市的原州区、彭阳县18个市、县（区）及农垦系统的灵武、黄羊滩、巴浪湖、暖泉、前进农（牧）场和监狱系统的惠农农场等6个国营农（牧）场。

（一）土地治理项目计划安排情况

2005年国家农发办批复宁夏农业综合开发土地治理项目计划总投资1.89亿元，其中：中央财政无偿资金9 062万元，地方财政配套资金3 625万元（自治区本级配套2 900万元，县级配套725万元），单位及群众自筹资金6 344万元（含投工投劳折资）。批复项目35个，其中：中低产田改造项目32个，计划改造面积37.2万亩；生态土地沙化治理项目3个，治理面积2.7万亩。项目区涉及乡镇26个，行政村32个，农业人口17.3万人。

在区域布局上，一是以引黄灌区为重点开发区。2005年的土地治理项目计划中，安排引黄灌区的开发治理面积和财政投资占全区的90%，其中银北灌区占全区的50%。二是突出重点开发县。投资重点向产粮大县倾斜，安排8个产粮大县改造面积占全区改造面积的67%，安排投资占全区土地项目投资的73%，其中青铜峡市、平罗县、农垦局安排中央财政资金均超过1 000万元，其他均

在400万元以上。

在开发重点上，一是以改造中低产田为重点。土地治理项目财政投资的92%用于改造中低产田，其余部分用于生态综合治理项目。二是在具体治理措施上，突出水利措施，注重发展节水灌溉农业。在整个土地治理项目安排的过程中，没有采取节水措施的项目区不予立项，财政投资的80%用于水利基础设施建设，其中50%以上用于发展节水灌溉农业。集中资金扶持发展以喷、滴灌为主的高效节水农业示范区3.8万亩，发展暗管排水面积6万亩。南部山区重点对井、库灌区进行完善配套，发展节水灌溉和旱作农业。三是注重将改造中低产田与调整农业结构、培植优势特色农产品特别是优质粮食生产基地紧密结合起来，以科技为先导，通过工程措施、生物措施的综合治理，使项目区成为发展优势农产品特别是优质粮食生产的基地。用于科技推广措施财政资金比例占土地治理项目财政资金的6%。

（二）产业化经营项目计划安排情况

2005年国家农发办批复宁夏农业综合开发产业化经营项目计划总投资1.48亿元，其中：中央财政资金2 696万元（有偿资金2 022万元，无偿674万元），地方财政配套资金1 078万元（自治区配套862万元，含有偿646万元；市县配套216万元），企业自筹资金7 511万元，银行贷款3 500万元。共安排项目15个。

按投资规模划分，用于重点产业化经营项目投资4 747万元，其中安排中央财政资金1 240万元，占产业化经营项目中央财政资金指标的46%；安排重点产业化经营项目4个，其中农产品加工项目2个（中宁县早康公司枸杞系列产品深加工项目，农垦局60万只清真肉羊加工项目），流通设施项目2个（银川市灵汉渔业联合社优质水产品流通市场建设项目，同心县天启薯业公司马铃薯批发市场建设项目）。用于一般产业化经营项目投资1亿元，其中安排中央财政资金1 456万元，占产业化经营项目中央财政资金指标的54%。安排一级产业化经营项目11个，其中种植养殖基地项目9个，农产品加工项目2个。

项目的筛选和确定，严格按照国家农发办《关于下达2005年中央财政农业综合开发资金投资控制指标的通知》和《关于2005年农业综合开发产业化经营项目申报有关事宜的通知》要求，结合宁夏实际，围绕自治区党委、政府制定的《宁夏优势特色农产品区域布局及发展规划》，采取分类、分层次扶持，集中资金、整合资源，重点扶持发展自治区确定的枸杞、清真羊（牛）肉、牛奶、马铃薯4大战略性主导产品，积极扶持淡水鱼、蔬菜、牧草及秸秆饲料、玉米、优质麦稻、酿酒葡萄6大区域性优势产品，适度扶持若干地方性特色产品。严格项目申报程序，加强项目评审管理，优化投资结构，解决突出问题，集中财力办大事，重点扶持国家级和自治区级产业化龙头企业，适当扶持正在成长上升、确能带动农民致富、较小规模的龙头企业及农民专业合作组织。对各项目市县所申报的项目全部进行了实地考察，对初选项目逐一进行了专家评审，最后提请自治区农业综合开发领导小组审议通过报国家农发办审定，体现了公开、公正、公平和科学合理的选项原则。

（三）科技推广综合示范项目

2005年续建吴忠市利通区奶牛科技推广综合示范项目1个，计划投资500万元，其中中央财政资金200万元（含有偿40万元），地方财政配套资金200万元，银行贷款100万元。重点是奶牛良繁中心建设。

（四）部门项目

2005年国家农发办批复宁夏农业综合开发部门项目3个，计划总投资2 036万元，其中中央财政资金1 300万元（含有偿315万元），地方财政配套资金459万元，自筹资金277万元。按部门划分，其中水利部水土保持项目中央财政资金700万元，涉及西吉县、隆德县、原州区；农业部良种繁育和优势特色种养项目450万元，涉及银川市兴庆区、平罗县、灵武市；国土资源部土地复垦项目150万元（盐池县）。部门项目计划编报和组织实施主要由各厅局负责，财政部门和农发办主要负责拨借中央财政资金，监督项目实施。

二、主要工作及成效

(一) 围绕国家农业综合开发指导思想和自治区党委、政府战略部署，认真组织实施农业综合开发项目

1. 研究制定宁夏引黄灌区百万亩中低产田改造项目实施意见和规划，开展了灌区耕地土壤盐渍化和中低产田调查工作。围绕提高农业综合生产能力和增加农民收入两大主题，在深入调查研究的基础上，制定了"引黄灌区百万亩中低产田改造项目初步实施意见"。从2005年开始，利用三年时间对灌区102万亩中低产田进行治理改造，重点在银北灌区，改造面积50万亩。

2. 认真实施2005年度农业综合开发项目计划，组织开展了全区农业综合开发项目建设大会战。在时间紧、任务重的情况下，自治区农发办积极组织协调自治区有关部门和各项目市县，认真实施2005~2006年度农业综合开发项目计划，特别是按照《自治区人民政府办公厅关于印发2005年度全区农田水利建设实施方案的通知》的要求，积极筹备组织和有效开展了全区农业综合开发项目建设大会战工作，为全区农田基本建设大会战拉开了序幕，奠定了基础。

3. 认真开展农业综合开发项目资金检查验收工作。为及时发现和纠正项目和资金执行中存在的问题，除平时检查了解掌握的情况外，2005年先后三次对2004年度全区农业综合开发项目和资金进行了督查和验收。一是聘请社会中介机构进行资金审计。6月份，聘请宁夏瑞衡会计事务所对全区各市县2004年度农业综合开发资金到位及使用情况进行了审计，为全面检查验收奠定了基础。二是对2004年全区农业综合开发项目资金进行全面检查验收。7~8月，专门组织有关项目和资金管理人员，在各市县（区、局）自验和中介机构资金审计的基础上，对全区2004年度农业综合开发项目和资金进行全面检查验收。三是及时跟踪督查。12月上旬，针对年度检查验收中提出的存在问题和整改要求，在各市县提交整改报告的基础上，又专门组织复验工作组，对各市县的整改情况进行了复验。复验结果表明，各市县对检查验收中存在的问题，进行了认真整改，达到了预期目的。

4. 积极做好农业综合开发有偿资金呆账核销工作。按照国家农发办有关政策规定和要求，2005年全面完成了财政部下达的1 183万元农发有偿资金呆账核销工作任务。

5. 进一步加强农业综合开发产业化经营项目管理工作。在做好常规的以有偿资金和无偿资金相结合的方式申报产业化经营项目的基础上，积极申报财政贴息产业化经营项目，按照国家农发办关于申报财政贴息产业化经营项目的有关规定，在各市县申报项目的基础上，通过专家评估论证，全区共上报了5个财政贴息产业化经营项目，国家农发办实际批复3个。同时，积极开展投资参股试点准备工作，申报了3个投资参股经营项目，转发了《国家农业综合开发办公室关于2006年度农业综合开发投资参股经营项目申报指南》，研究制定了《宁夏农业综合开发投资参股经营试点管理暂行办法》，筛选确定了资产运营管理机构，起草了与运营机构合作的监督实施办法、操作规程、代理协议等，为做好农业综合开发产业化经营投资参股试点工作创造了前提。

(二) 做好日元贷款宁夏重点风沙区生态环境综合治理项目建设工作

在做好农业综合开发工作的同时，宁夏农发办还积极配合自治区外债办做好与农业综合开发生态综合治理项目配套实施的日元贷款宁夏重点风沙区生态环境综合治理项目建设工作。2005年是该项目实施的第四年，各县、市、区在总结前三年项目执行经验的基础上，进一步加强了项目管理工作，加大了项目工程的实施力度。全年共完成治理沙化土地1.39万公顷，占年度计划的99%。其中：实施围栏封育草场6 746公顷，种植防风固沙林3 423公顷，种植人工牧草1 363公顷，种植生态经济林1 846公顷，种植沙生中药材75公顷，苗圃450公顷。完成工程投资1.97亿元，占计划的116%。其中：利用日本协力银行贷款14.32亿日元。

（三）加大宣传工作力度

2005年，宁夏农发办主动加强与新闻媒体的联系，充分发挥各类大众传媒的优势，力求荧屏上有形象，广播上有声音，报刊上有文章，简报上有信息，利用广播、电视、信息、简报等形式，对农业综合开发进行全方位、多角度的宣传报道。

（宁夏自治区农业综合开发办公室供稿，畦克仁执笔）

新疆维吾尔自治区

2005年，新疆农业综合开发在资金投向及项目安排上，继续加大对农业主产区特别是粮食主产区的扶持力度，提高粮食综合生产能力，增加农牧民收入。农业综合开发财政资金60%用于土地治理项目，重点投向37个重点县（市）的粮食生产基地建设，共安排优势农产品区中低产田改造项目51.26万亩；40%投向以棉花为主的优势特色产品基地建设及生态综合治理等建设项目。

一、农业综合开发基本情况

2005年，新疆农业综合开发有73个项目县，农业综合开发项目共涉及全区15个地（州、市）、69个行政县（市、区）、98个乡（镇、场），1个监狱农场及1个劳教所，其中有2个项目县农发项目轮空。

2005年，新疆农业综合开发财政资金投入3.93亿元，其中：中央财政资金2.99亿元，比上年增长7%；地方财政配套资金9 342.37万元（其中：区本级财政配套资金5 906.56万元，地州级财政配套资金1 613.12万元，县级财政配套资金1 822.69万元），完成计划1.08亿元的87%，比上年增长了9%。预算内安排全区农业综合开发事业费833.46万元，比上年增长34%。

二、2005年农业综合开发项目、资金管理情况

（一）农业综合开发财政资金支出情况

2005年，新疆农业综合开发财政资金支出3.96亿元，其中：中央拨借款支出3.01亿元，地方财政配套资金支出9 511.68万元。在地方财政配套资金中，自治区本级财政配套资金支出5 906.56万元，地州级财政配套资金支出1 845.72万元，县级财政配套资金支出1 759.4万元。

（二）农业综合开发项目建设情况

1. 土地治理项目。2005年，新疆土地治理项目计划投资6.73亿元，占全年总投资的53.59%，其中：（1）上年结转2.53亿元（含财政资金结转1.81亿元）；（2）本年度计划4.20亿元（其中：财政资金2.81亿元；农牧民群众筹资投劳金1.39亿元）；（3）投资额调整－240.27万元（其中：财政资金调整－358.43万元，自筹资金调整增加118.16万元）。在当年安排的2.81亿元财政资金计划中，中央财政资金2亿元、地方财政配套资金8 041万元（其中：区级配套6 545.8万元，占地方财政配套资金的81.4%；地州级配套764.4万元，占9.5%；县市级配套730.8万元，占9.1%）。2005年，新疆实际完成土地治理项目总投资4.38亿元，完成计划的65.07%，其中：财政资金2.95亿元；自筹资金1.43亿元；项目区群众投工投劳474.52万工日，折资1亿元。结转下年资金2.33亿元，其中财政资金1.64亿元。

2005年，新疆计划完成土地治理项目156.75万亩，其中：上年结转工程量58.79万亩，本年度计划97.96万亩。计划安排土地治理项目97.96万亩，其中：中低产田改造项目89.26万亩、草原（场）建设项目0.7万亩、土地沙化治理项目8万

亩。全年实际完成土地治理项目104.24万亩，完成计划的66.5%，未完工作量52.86万亩。

2.产业化经营项目。2005年，新疆产业化经营项目计划投资5.69亿元，占全年总投资的45.29%，其中：上年结转1.26亿元，本年度计划4.43亿元，投资额调整-2 712.68万元。上年结转投资中财政资金4 960.12万元。在本年度计划4.43亿元中：财政资金1.08亿元（中央财政资金7 696万元；地方财政配套资金3 078.4万元，其中区级2 476.72万元），自筹资金2.42亿元，银行贷款9 323万元。投资额调整数中财政资金调整-1 512.16万元，自筹资金增加1 154.48万元，银行贷款调整-2 355万元。计划安排重点产业化经营项目5个，一般产业化经营项目23个。计划实施目标为：种植经济林0.69万亩，设施蔬菜488亩，其他设施种植项目4.45万亩，养殖项目18个，计划养殖项目水产0.01万亩；畜禽计划年出栏21.08万头（只），加工项目18个，储藏保鲜项目6个，产地批发市场项目1个。分类型看：

5个重点产业化经营项目计划总投资2.76亿元。其中，中央财政资金4 700万元（有偿资金3 525万元，无偿资金1 175万元），地方财政配套资金1 880万元，银行贷款7 782万元，自筹资金13 234万元。

23个一般产业化经营项目包括：种养殖基地项目16个（其中重点产业化经营项目2个），农产品加工项目8个（其中重点产业化经营项目3个），流通领域项目4个。项目涉及伊犁、塔城、阿勒泰、昌吉、吐鲁番、巴音郭楞、阿克苏、喀什、柯孜勒苏、乌鲁木齐、石河子等11个地、州、市和1个厅（局）单位。

2005年，新疆全年完成总投资1.47亿元，完成多种经营项目计划数的25.82%，其中：财政资金5 873.93万元，自筹资金7 972.29万元，银行贷款740.4万元。结转下年资金3.95亿元，其中财政资金8 248.43万元。

2005年，新疆实际完成种植经济林0.65万亩，设施蔬菜388亩，其他设施种植项目完成2.25万亩；完成项目建设7个，完成水产养殖0.01万亩；完成畜禽养殖出栏8.46万头（只），年末存栏2.26万头（只）；完成加工项目7个；完成储藏保鲜项目1个。完成的5个重点产业化经营项目是：阜康市绿色天山草鸡生态养殖基地项目；伊宁市中洲乳制品深加工项目；新疆生命红食品有限公司加工型脱水蔬菜项目；新疆优质棉种子繁育与加工基地建设项目；哈密肉羊综合养殖繁育基地项目。

3.高新科技示范项目。2005年，新疆计划投资高新科技示范项目1 405.97万元，其中：上年结转1 019.97万元，财政投资479.35万元。本年度计划386万元中，财政资金304万元，自筹资金82万元。

高新科技示范项目全年完成总投资863.37万元，完成高新科技示范项目计划数的61.41%，其中：财政资金591.75万元，自筹资金82万元，银行贷款189.62万元。结转下年资金542.6万元，其中财政资金191.6万元。

三、农业综合开发的主要成效

2005年，新疆农业综合开发全面完成了2004年的结转项目和2005年85%的农业综合开发建设任务，农牧民当年获得了较好收益。

（一）土地治理项目成效

土地治理项目的实施，提高了项目区主要农产品生产能力，其中：粮食4 591.64万公斤、棉花730.97万公斤、油料154.54万公斤、糖料1 422.2万公斤、干草2 152.78万公斤、饲料作物776.32万公斤。项目区年直接受益农户9万户，年直接受益农业人口47.4万人，农民新增纯收入总额8 834.12万元。土地治理项目的建成，显著地改善了项目区农业生产条件：新增和改善灌溉面积81.61万亩，新增和改善除涝面积0.17万亩，新增节水灌溉面积39.46万亩，年节约水量6 473.46万立方米，增加机耕面积9.66万亩，扩大良种种植面积19.02万亩，新增农机总动力6 536.09千瓦，扶持农技服务站13个，完善农产品质量检测体系3个，优质农产品种植面积40.27万亩。

新疆地处欧亚大陆腹地，空气干燥，风沙侵蚀严重，地表植被脆弱。通过2005年度项目建设，

新增林网防护面积47.29万亩，控制水土流失面积29.81平方公里，新增节水灌溉面积39.46万亩。同时农业综合开发的投入，为巩固边防、稳定社会做出了应有的贡献。

（二）产业化项目成效

2005年竣工投产的产业化经营项目年新增总产值2.8亿元，年新增增加值1.33亿元，年新增利税6 925.41万元，直接受益农户2.2万户，年直接受益农业人口5.1万人，直接受益农民年收入增加总额1.03亿元，年新增就业人数1.5万人。通过产业化经营项目的建成，生产能力得到改善，其中：干鲜果品530万公斤、蔬菜95.1万公斤、药材180万公斤、肉243.44万公斤、蛋126万公斤、奶393.9万公斤，水产品12.2万公斤，加工转化农产品1 118.1万公斤。极大地带动了区域名、优、特商品基地建设，加快了项目区农牧业产业化的发展进程。

（三）科技示范项目成效

2005年年新增总产值5 829.98万元，年新增增加值553.85万元，年新增利税325.36万元，项目区直接受益农民纯收入增加总额580万元，年培训合格劳动力7 228人。示范项目的实施，扩大良种种植面积1.74万亩，为农业生产向更高层次发展提供了样板。

四、农业综合开发采取的主要措施和做法

新疆农业综合开发办在认真学习落实国家农发办有关政策和制度的基础上，积极制定了有关结合新疆实际的实施细则，进一步明确了工作目标，突出工作重点，紧密结合实际，制定具体措施，努力把农业综合开发工作落到实处。

第一，强化项目审查评审工作。2005年，自治区农发办较好地完成了上报国家的36个农业综合开发产业化经营项目的评审工作。主要是重视组建项目评审专家库，按照“本人自愿、部门推荐、农发办筛选、动态管理”的原则选定专家，对选定的专家实行聘任制。做实项目评审前期准备工作，围绕项目评审，认真做好组织领导、管理服务、专家分组、专家组评审；合理安排了评估时间，从工作量确定、工作程序、工作要求、回避制度、资料配置等方面做了大量的前期工作，建立健全了项目评审意见评价反馈机制，科学确定了项目。

第二，积极落实地方财政配套资金，加大投入力度。一是积极主动向财政厅党组汇报农业综合开发工作情况，争取年初预算足额落实地方财政配套资金，2005年度预算安排了4 700万元，比2004年增加500万元，递增了10.64%。二是针对不同地区财力，制定了不同的财政配套政策。如对乌鲁木齐市、克拉玛依市、石河子市和昌吉州等财力较好的地州，调整了区本级与地县财政配套比例，使其视财力情况多承担配套资金。三是按开发县积极性，以及能够足额落实地方财政配套资金的县市的实际，多安排项目资金。四是年初自治区在安排项目时，拿出部分土地治理项目在全区范围内招标，对有积极性、基础工作做得较好、能够及时足额落实配套资金的项目县给予项目支持。同时，自治区从本级农发基金中拿出部分资金，作为本级配套资金，取得了明显的效果。

第三，加强项目实施的管理措施。按照自治区农发办批复的项目实施计划，严格对各县上报的项目实施方案进行审批，使实施方案建设内容与批复的实施计划内容相一致。项目在实施建设中，严格按实施方案确定的内容建设，对实施方案内容与自治区农发办批复的计划内容不符的或超出实施方案建设内容的部分项目县，采取了暂停项目县或取消项目县资格等措施。

第四，项目实施严格实行了工程招投标制和工程建设监理制。自治区农发办要求凡是符合招标要求的工程必须由县农发办负责或委托中介机构进行公开招投标。并根据国家农发办工程建设监理规定，统一委托监理单位对各地项目工程建设进行了监理。

第五，加强项目检查工作。自治区农发办和地、县级农发办加强对项目的检查力度，检查工作经常性、全面化，对发现的问题解决及时、有效。自治区农发办对项目采取定期和不定期检查，对发生的问题采取了跟踪式检查，强化了资金监督管理力度，实行资金年度审计制度。一是对农业综合开发项目资金严格实行“三专”管理，即专人管理、专账核算和专款专用的原则，对资金的使用、项目的实施情况进行跟踪检查。二是区、地、县三级农发办对2005年农业综合开发项目实施情况和资金使用情况组织专人进行中期检查，发现问题及时纠正，防止资金挤占挪用，使有限的资金充分发挥了使用效益。三是坚持农业综合开发资金年度审计制度。2005年各级审计部门对农业综合开发资金从使用的合理性、拨付的及时性、与执行项目的一致性等方面进行专项审计，并对存在的问题，提出了限期整改意见，从而有力地保证了农业开发资金在各环节上的安全投放和有效运用。

第六，加强调查研究和宣传工作。通过调查研究和宣传，为制定农业综合开发政策，提供科学有力的依据，让更多的农民，进一步了解农发，参与农发，支持农业综合开发工作。

（新疆农业综合开发办公室供稿，杨晓杰、高文举执笔）

新疆生产建设兵团

2005年，新疆生产建设兵团加强农业基础设施建设，提高农业综合生产能力，大力发展节水型生态农业，积极扶持主导产业和龙头企业，促进农业结构调整，提高农业综合效益。通过农业综合开发项目建设，取得了明显的经济效益、社会效益和生态效益。

一、农业综合开发基本情况

2005年兵团农业综合开发项目区涉及13个师71个项目单位，各类农发项目76个。其中土地治理项目团场67个，安排中低产田改造项目67个；产业化经营项目单位8个，安排建设各类项目8个，其中种植项目1个，养殖项目3个，加工项目2个，储藏保鲜项目2个；科技推广综合示范项目1个。

2005年兵团农业综合开发项目计划总投资3.23亿元（不含上年结转数，下同），其中：中央财政资金1.56亿元，银行贷款300万元，自筹资金1.64亿元（其中：投工投劳17.26万工日，折资590.05万元）。截至12月底，完成总投资2.76亿元（不含上年结转投资的完成数，下同），完成计划的85.6%。其中：完成中央财政资金1.37亿元，为计划的87.74%；自筹资金1.39亿元（其中：投工投劳10.09万工日，折资339.87万元），为计划的85.12%。未完工项目结转下年计划投资4 985.83万元，为计划的15.46%，其中中央财政资金1 910.8万元，银行贷款200万元；自筹资金2 875.03万元（其中：投工投劳0.48万工日，折资19.68万元）。

土地治理项目计划投资2.61亿元，其中：中央财政资金1.3亿元，兵团三级自筹资金1.3亿元（其中：投工投劳17.26万工日，折资590.05万元）。本年实际完成投资2.55亿元，完成计划的97.64%，其中：完成中央财政资金1.27亿元，为计划的96.7%；自筹资金1.29亿元（其中：投工投劳10.09万工日，折资339.87万元），为计划的98.59%。自筹资金530.41万元（其中：投工投劳0.48万工日，折资19.68万元）。2005年兵团中低产田改造项目计划任务55.28万亩。截至12月底，完成改造中低产田面积53.11万亩，完成计划的95.62%，结转下年2.42万亩。

产业化经营项目计划投资5 520万元，其中：中央财政资金2 309万元，银行贷款200万元，兵团自筹资金3 011万元。截止到2005年12月底，累计完成投资1 498.24万元，完成计划的27.14%（其中：中央财政资金830万元，自筹资金668.24

万元）。其中完成种植项目1个，完成投资196.79万元；养殖项目2个，完成投资801.45万元；加工项目1个，完成投资300万元；储藏保鲜项目完成投资200万元。未完工项目结转下年计划投资4 023.62万元，为计划的72.89%（其中：中央财政资金1 479万元，银行贷款200万元，自筹资金2 344.62万元）。未完工项目在2006年可全部完成建设任务。

科技推广综合示范项目计划投资614万元，其中：中央财政资金200万元，银行贷款100万元，兵团三级自筹资金314万元。实际完成投资604.8万元，完成计划的98.5%，其中：完成中央财政资金200万元，兵团三级自筹资金404.8万元。

二、农业综合开发取得的成效

（一）加强了农业基础设施建设，进一步提高了农业综合生产能力

2005年兵团农业综合开发土地治理项目坚持大力发展节水型生态农业，项目团场农业基础设施建设得到了进一步加强。全年（不含上年结转数）建设滴灌30.5万亩，喷灌1.9万亩，建设以衬砌渠道为主要建设内容的中低产田改造20.7万亩(衬砌渠道189.12公里)。同时完成的主要配套工程有：新打和修复机电井157眼，输变电线路配套55.73公里，开挖疏浚渠道211.83公里，渠系建筑物697座，改良土壤14.51万亩，良种繁育基地1.7万亩，机耕道路173.95公里，购置农用动力机械、配套农机具32台、套，营造农田防护林0.79万亩，技术培训55 202人次，仪器设备133台、套，示范推广27.19万亩等。通过土地治理项目的实施，充分发挥了项目示范带动作用，改善了农业生产基本条件和生态环境，全面地提高了农业综合生产能力和综合效益，实现了职工增收、团场增效的目标。项目实施后，改善灌溉面积53.11万亩，新增节水灌溉面积32.4万亩，年节约水量5 734万立方米，增加农田林网防护面积7.9万亩，优质农产品种植面积53.11万亩。预期可增加主要农产品生产能力为粮食326.1万公斤、棉花920.9万公斤、油料10.5万公斤、糖料135万公斤、其他农产品1 086.50万公斤，受益农户11 600户，受益农业人口40 574人，年纯收入增加总额2 390.88万元。

（二）积极扶持主导产业和龙头企业，推进了农业产业化经营，加快兵团农业结构调整步伐

2005年兵团农业综合开发围绕区域特色产业安排项目，农业综合效益显著提高。通过产业化经营项目建设，有效地促进了当地农产品转化增值，带动了一方产业，实现了项目区和职工双增收的目标。2005年兵团共安排建设种植、养殖、加工、储藏保鲜等项目8个，年内全部完成建设项目4个。通过产业化经营项目的开发建设，可新增干鲜果品400万公斤、肉32万公斤，加工有机色素菊花200万公斤。预计可新增产值4 190万元，增加值2 060万元，新增利税870万元，新增净利润720万元，新增固定资产1 210万元，受益农户294户，受益农业人口1 080人，年纯收入增加总额210万元，新增就业100人。

（三）积极发挥科技项目的示范带动作用，进一步加大科技开发力度，促进农业科技进步

2005年农业科技推广综合示范项目实际完成技术示范投资24.5万元，其中示范品种1个，示范技术5项，示范面积0.03万亩。技术推广投资24.3万元，其中推广品种1个，推广技术10项，推广面积0.35万亩。技术服务体系投资233.6万元，其中良种基地1万亩，投资199.6万元；技术培训3 000人次，投资5万元；其他技术服务投资29万元。配套设施投资322.4万元，其中购置农业机械6台、套，投资55万元，其他配套设施投资266.8万元。通过科技示范项目的实施，扩大良种种植面积1万亩，新增农机总动力78千瓦，新增总产值890万元，增加值530万元，新增利税24万元，受益农户1 820户，受益农业人口6 723人，年纯收入增加总额120万元，培训合格劳动力3 000人。

三、农业综合开发采取的主要措施和做法

（一）理顺机构，加强农发队伍建设

2005年是深化和落实兵团各师、团场机构改革的关键性一年。为积极配合兵团机构改革，调整

理顺兵、师、团农发办事机构关系，同时参照国家农发办及兵团农发办机构设置的模式，各师农发办及相关业务统一归口各师财务局，年内大部分师的机构调整完成，保证了各项农发工作地顺利进行。同时通过理顺机构隶属关系，进一步强化了机构建设和农发队伍建设，明确了兵团各级农发办事机构的工作职能，为铸造一支政治坚定、业务精通、廉洁高效、作风优良的优秀团队，圆满完成2005年及今后的工作任务，提供了有效的组织保证。

（二）坚持基本任务不动摇，突出重点搞开发

加强农业基础设施建设，改善农业生产条件，提高农业综合生产能力，始终是兵团农业综合开发的基本任务。2005年兵团农发办围绕这一基本任务，突出重点，积极开展工作，取得了较好的成绩。

一是以改造中低产田为重点，实行田林渠路滴灌区域综合治理。兵团农业综合开发大力发展节水农业、生态农业，坚持田林渠路滴灌综合治理，农业、林业、水利措施综合配套，结合优势农产品产业带建设，建设优质、高产、稳产、节水、高效基本农田，实现经济、社会、生态效益的统一。2005年兵团土地治理项目投资全部用于中低产田改造，年内实际完成改造中低产田面积达到53.11万亩。

二是以扶持兵团棉花主产区为重点，加强优质农产品基地建设。做大做强棉花产业和发展优势农产品产业化经营是兵团经济和社会发展的战略重点，也是兵团农业综合开发扶持的重点。兵团作为全国的棉花主产区之一，棉花播种面积和总产量均占到全疆的50%以上。2005年土地治理项目涉及59个植棉团场，占兵团项目团场总数的88%。同时结合兵团优势农产品产业带建设和优势农产品产业化经营，大力促进粮食、酱用蕃茄等优势产区的发展，围绕粮、酱用番茄等特色优势农产品生产基地建设安排土地治理项目。2005年兵团土地治理项目全部安排在棉花主产区以及兵团的粮食、酱用番茄等特色优势产区。

三是以滴灌等现代化节水措施为重点，实现农业资源开发与农业生态环境保护相结合。发展现代高效节水农业是兵团农业可持续发展的必由之路。兵团农业综合开发在项目建设上始终坚持以发展现代化农业为中心，以滴灌建设为重点，注重生态环境建设，开发与保护相结合，实行田林渠路滴灌区域综合治理，建设高标准的优质、高产、高效、节水、生态农田。全年农发项目区累计建设滴灌30.5万亩，累计完成配套资金1.83亿元，分别占当年土地治理项目完成建设任务和投资的57.4%和70.1%。

四是以重点团场为载体，整合各类项目和投资，增强农发项目的示范、引导和带动作用。兵团农业综合开发按照连片开发，集中投入、扶优扶强和突出重点的原则，分别确立了兵、师两级重点项目团场，要求至少三年以上保持不变，保证重点项目区持续稳定。在建设任务和资金安排上，予以重点扶持，避免项目小而散，规定重点项目团场年度实施滴灌建设的规模不得低于1万亩标准。

（三）立足结构调整，加大对优势产业的扶持

2005年兵团农业综合开发产业化经营项目遵循市场经济规律，因地制宜，科学规划，合理利用资源，实行规模开发，发挥区域特色优势，扶持优势农副产品种养加基地和产业化经营项目建设，培育新的产业增长点，大力推进项目区农业产业化经营，提高农业竞争力，推进兵团农业经济结构的战略性调整，促进了兵团种植业、果蔬园艺业、畜牧养殖业“三足鼎立”农业发展格局的形成。

（四）依靠科技进步，提升农发项目科技含量，促进农业增长方式的转变

兵团农业综合开发科技推广工作和科技示范项目，一方面注重实效，紧紧围绕解决制约当地农业生产发展的瓶颈，在项目区示范推广了一批先进适用的新品种、新技术，实实在在地提升了农发项目科技含量。另一方面，前瞻性地引进了一些高新科技措施，重视发挥科技创新在农业生产中的主导作用，促进高新科技成果转化，提高农业综合开发的科技含量，引导和示范带动兵团农业科技整体水平的提升，积极促进了农业增长方式的转变。

（五）进一步加强和完善了农业综合开发项目的资金管理工作，提高了资金的使用效益

一是农发财政资金拨付及时，自筹资金及时足

额到位，保证了项目的实施。加强了资金核算，严格实行农业综合开发资金专人管理、专户储存、专账核算、专款专用，有效避免了项目资金的截留、滞留和挤占挪用现象。二是根据兵团实际情况，积极申报2002～2004年农业综合开发中央财政有偿资金呆账核销，促进兵团农发资金良性运转。三是坚持放得出、用得好、收得回的原则，加强了对有偿资金的管理工作，至2006年初回收到期有偿资金9 303.2万元，回收率达92%。

（六）认真抓好项目管理，高标准、高质量地完成了农业综合开发的各项工作

完善农发项目管理工作，是搞好农业综合开发工作的核心。兵团各级农发机构在工作中，严把“五关”：一是严把项目前期的规划论证关，充分体现一个“精”字，结合当地实际情况，在充分调查研究、实地勘测、广泛征求各方意见的基础上，合理规划、择优立项、科学论证。二是严把项目工程实施关，体现一个“高”字，高标准、高质量地组织施工建设，在项目实施过程中，严格执行项目法人制、工程建设招标制、工程监理制和项目公示制，从源头上堵住劣质工程，确保工程质量。三是严把竣工验收关，在验收中体现一个“细”字，做到平时检查与年度验收相结合，对单项工程，严格按照验收程序，竣工一项，验收一项，对发现问题及时纠正，不留后患。四是严把竣工项目管护关，在实际工作中体现一个“勤”字，即勤检查、勤维修，做到工程交工，管护上马，建管并重，尽可能的延长工程使用寿命。五是严把内业管理关，体现一个“全”字，严格按照国家有关规定进行内业管理和项目建设资料的归档、整理、装订工作。

（新疆生产建设兵团农业综合开发办公室供稿，王冀执笔）

黑龙江省农垦总局

一、开发任务和投资计划完成情况

2005年，国家农发办批复黑龙江省农垦总局农业综合开发土地治理项目61个，产业化经营项目11个，科技推广综合示范项目1个，涉及61个农场。计划总投资4.24亿元，其中：中央财政资金2.12亿元，自筹资金2.11亿元，银行贷款200万元。实际完成总投资4.1亿元（不含上年结转数），完成计划的97%，其中：中央财政资金2.09亿元，完成计划的99%；自筹资金1.99亿元，完成计划的94%；银行贷款200万元，完成计划的100%。

全局2005年计划完成中低产田改造85.6万亩，实际完成83.9万亩，为计划的98%。通过项目实施，建设了一大批农业基础设施，包括：修建小型水库2座，修建拦河坝1座，修建排灌站9座，机电井694眼，开挖和疏浚灌排渠道3 191公里，衬砌渠道31.06公里，修建渠系建筑物1 362座，新增5.78万亩喷灌设施；改良土壤36.44万亩，新建良种仓库1.75万平方米，良种晒场39.21万平方米，新修机耕路612.35公里，购置农业机械1 266台（套），其中购置具有国际先进水平的大马力现代化农机具63台套，装备现代化农机试验区16个；造林1.89万亩，建苗圃100亩；开展技术培训2.62万人次，科技示范推广83.95万亩。同时，通过产业化经营项目的实施，建设了设施种植蔬菜基地20亩，畜类养殖基地10个，畜类年出栏4.25万头，年末存栏0.83万头。科技推广综合示范项目1个。这些项目建设内容完成的都比较好，特别是新增和改善的灌溉和除涝土地面积，分

别比2004年增长65.3%和9.5%。

二、农业综合开发取得的成效

在2005年农业综合开发工作中，黑龙江农垦总局充分发挥垦区耕地面积大、农业现代化水平高的特点，坚持以中低产田改造为主，大力加强国家商品粮基地和绿色食品生产建设，加快现代化农业步伐。同时，积极培育和发展区域主导产业，大力发展优质水稻、高油大豆、专用小麦、生猪、肉牛和牛奶等农产品，为龙头企业建设原料生产基地。把加强管理、创新机制和依靠科技进步贯穿在全年工作中，农业综合开发管理水平不断提高，在垦区的现代化建设中发挥了应有的作用。

（一）农业基础建设得到加强，农业生产条件得到改善

作为垦区商品粮基地建设重要组成部分的农业综合开发，始终将中低产田改造作为核心任务。2005年，通过加强以农田水利建设为主，结合农业、农机和科技等综合措施，使农业基础设施建设得到进一步加强，农业生产基本条件得到进一步改善，农业科技转化为生产力的进程进一步加快，农业抗灾能力显著增强。全年新增和改善灌溉面积42.33万亩，新增和改善除涝面积41.07万亩，新增节水灌溉面积6.78万亩，年节水量320万立方米，新增农田林网防护面积19.98万亩，新增农机总动力3.09万千瓦。

（二）农业综合生产能力提高，职工收入增加

2005年，黑龙江省农垦总局农业综合开发因地制宜，充分发挥本地资源优势，借助国家的惠农政策，依靠科技进步，进一步调整农业结构，提高和完善农业基础设施建设标准，使项目区农业综合生产能力提高，粮食增产，企业增效，职工增收。在这方面所采取的主要做法，一是以改造中低产田为主，注重改善农业基本生产条件，提高农业抗灾和粮食生产能力，为企业增效打牢基础。全年共完成中低产田改造83.9万亩。二是发挥区域资源优势，大力发展优势农产品，提高农产品的市场竞争力和附加值，同时解决了卖粮难的问题，也为垦区龙头企业提供了充足和高品质的原料，为职工增收创造了有利条件。三是依靠科技进步，增加粮食产量和职工收入。在项目区大力推广和应用先进的农业技术和农作物新品种，显著提高了项目区的农业科技水平，并带动了全垦区农业科技贡献率的提高。项目区的科技贡献率已达到64.4%。据统计，全年项目区农业综合开发新增粮食生产能力7.32万吨，职工新增纯收入总额4 805万元，人均新增纯收入1 264元。

（三）农业结构优化升级，农业产业化进程加快

2005年，黑龙江省农垦总局农业综合开发在确保垦区粮食稳定增长的同时，以优化品种、提高质量和增加效益为中心，以市场为导向，促进了农业结构优化升级，加快了农业产业化进程。通过引进、选育和推广优良品种，加强优势农产品基地库房和水泥晒场等基础设施建设，装备大马力拖拉机、收割机和粮食处理机械，及推广新技术和新肥药，大幅度提高高油大豆、优质水稻和专用小麦等优势农产品的产量和质量。在优质农产品种植面积中，优质粮食种植面积占98.5%。为落实黑龙江省农垦总局党委确定的“主辅换位”战略，以发展“二牛一猪”为重点，大力发展畜牧业。农业综合开发连续多年，对完达山乳业、北大荒肉业和北大荒牛业等龙头企业的奶源、生猪和肉牛生产基地建设进行了大力扶持。2005年建成了奶牛养殖基地3个，生猪养殖基地2个，种猪繁育基地2个，肉牛养殖基地2个和肉牛繁育基地1个等共10个高水平产业化经营项目。通过农业综合开发，垦区农业结构得到进一步优化，为垦区经济发展做出了重大贡献。

（四）农业科学技术推广加快，开发的科技含量提高

2005年，黑龙江省农垦总局农业综合开发，通过中低产田改造中的科技推广措施，培训职工2.62万人次，推广新技术85万亩次，农业新技术和新肥药得到普遍应用。部分项目农场还结合中低产田改造的各项措施，建立了农业科技示范园区和科技示范户，引导职工科学种田。许多科技示范区已成为当地农业新技术的展台，职工学习、普及农

业新技术的课堂；科技示范户正在成为学科学、用科学和致富的带头人。在实施北方农区高产奶牛科技推广综合示范项目的过程中，通过12项技术的综合组装配套应用，总结出了北方农区高产奶牛科技推广示范模式，为垦区奶牛科学养殖提供了切实可行的经验，有力地推动了垦区养殖技术的普及和推广，加快了垦区畜牧业发展步伐。

（五）农机化水平提高，农业现代化步伐加快

2005年，垦区农业综合开发充分利用国家对农机购置的扶持政策，详细规划、合理布局，集中1 000多万元财政资金，扶持和引导职工购置了63台套具有国际先进水平的大马力农机具，重点建设16个耕地规模在3万亩左右的现代化农机装备试验区。通过大马力农机具的引进，项目区实施了以土壤深松、秸秆残茬覆盖、免耕播种和化学控制杂草为主要内容的保护性耕作措施，一是大幅度提高了田间作业标准化水平、机械化程度和工作效率，二是有效地改善了土壤结构和土壤蓄水保墒能力，解决了耕地的旱、涝、污染、水土流失等问题，三是改变了传统的耕作模式，有利于农业的可持续发展，四是粮食产量和质量大幅度提高，作业成本大幅度降低，农业生产效益提高，五是科学种田和农业机械化水平得到进一步提高，加快了农业现代化的步伐。

三、农业综合开发采取的措施和做法

（一）用科学发展观统领农业综合开发工作

科学发展观是全面建设小康社会、推进社会主义现代化进程的重要指导思想，也是抓住机遇、加快推进农业综合开发的指导思想和基本原则。2005年，垦区各级农发工作人员认真学习和落实科学发展观，统一思想，提高认识，理清工作思路，找准工作重点，做到以科学发展观统领农业综合开发工作，增强机遇意识、创新意识、规范意识和忧患意识，把为职工谋福利作为农业综合开发的出发点和立足点。坚持改革创新机制，探索农业综合开发的有效管理方式，充分发挥市场机制作用，实行政府引导和市场机制相结合，以加强农业基础设施建设为手段，大力改善农业生产条件和优化生态环境，服从和服务于“三农”工作的全局，集中资金，突出重点，紧紧围绕提高农业综合生产能力这个首要任务开展工作，大力发展优势农产品生产，推进产业化经营，在保证垦区国家商品粮基地加快建设的同时，积极推进农业结构调整，努力增加职工收入。

（二）强化项目管理，提高农业综合开发整体水平

2005年，黑龙江省农垦总局农业综合开发工作，把强化项目管理作为关系到农业综合开发前途和命运的大事来抓，并把强化项目管理贯穿项目建设的全过程。一是健全和完善规章制度，规范项目管理。2005年，对几年来制定的10项规章制度进行了修改和完善，为垦区农业综合开发管理工作的规范化、制度化和科学化提供了可靠依据。二是严把立项关，切实提高项目选择的准确性。各项目农场都建立了项目库。申请立项时，必须严格履行申报手续，并经有关专家进行现场勘察和评估。三是加强质量管理，严格执行项目法人制、招投标制、工程监理制、公示制和检查验收制。项目农场农发办要全程跟踪检查；各分局进行不定期检查，年末全面检查验收；总局于2006年上半年进行了抽验。四是加强资金管理，切实做到按“三专”规定管理财政资金，严格执行场级报账制和资金的使用审核、批准、检查和审计制度，并落实好自筹资金和职工投工投劳。五是抓好项目运行管护制度的落实，确保工程长期发挥效益。六是加强开发农场的管理。遵循总量控制、适度进出、奖优罚劣和分级管理的原则，总局对2004年各项目农场，进行了阶段检查验收、资金审计和绩效考核，并进行了资源开发潜力等情况的综合评价，对有的农场实行了轮换制，而对存在严重问题的农场，则给予了“末位暂停”的处理。2005年有7个项目农场实行了轮换，对项目农场产生了很大的震动。实践证明，国家农发办提出的“末位暂停”和“适当轮换开发资格”的措施，是对项目农场进行动态管理、提高农业综合开发管理水平的有效手段。

（三）全力支持畜牧业发展，加快农业结构调整

为落实总局确定的“主辅换位”战略，2005年农业综合开发，以发展“二牛一猪”为重点，大力支持发展畜牧业，加快农业结构调整步伐。根据总局畜牧业发展总体规划，全力支持奶牛、生猪和肉牛养殖基地建设，新增优质鲜奶863万公斤，生猪和肉牛4.25万头，同时建设了种猪和肉牛繁育基地3个，为生猪和肉牛的快速发展打下良好的基础。畜牧业的发展，一方面实现了粮食过腹转化增值，增加职工收入；另一方面为垦区龙头企业提供了充足的原料。2005年垦区产业化经营项目新增产值8 381.8万元，新增增加值3 113.3万元，新增利税1 413.8万元，新增就业人数3 198人。

（四）加大农业综合开发宣传力度，创造良好发展环境

黑龙江省农垦总局农发办，坚持把开展宣传工作作为新阶段农业综合开发工作的重要手段，加大垦区宣传工作力度，取得了明显效果。一是继续加强与宣传部门的合作，对全年宣传工作进行统一部署，明确主题，突出重点，有针对性地开展宣传工作；二是总局和各分局农发部门与宣传部门联合建立了宣传网络，明确分工，各自发挥作用；三是落实责任，明确任务，提高宣传工作的实效，并根据宣传工作质量和稿件刊登情况，制定了奖励标准。据统计，全垦区2005年在《中国农业综合开发》杂志上发表文章5篇，在总局以上其他报刊杂志上发表有关农业综合开发的文章52篇；在总局以上电视台报道的专题有40篇。

（黑龙江省农垦总局农业开发办供稿，秦金浩、李耀华执笔）

水利部（水土保持项目）

2005年国家农业综合开发水土保持项目建设范围为山西、江西、湖南、重庆、四川、陕西、宁夏7省（自治区、直辖市）的55个项目区，涉及67个县。项目按照《国家农业综合开发部门项目管理办法》等要求实施，基本完成年度任务，达到预期效益。

一、项目实施情况

（一）治理任务与投资完成情况

2005年农发水保项目计划财政总投资1.70亿元，其中中央投资1.12亿元，地方财政配套5 776.34万元，下达治理任务1 872.29平方公里。

截止到2006年2月底，项目共完成投资1.63亿元，治理水土流失面积1 846.83平方公里，分别占计划的95.78%和98.60%。其中完成中央投资1.12亿元，占计划的100%；地方财政配套5 061.37万元，占计划的87.62%。治理措施中改造坡耕地9.46万亩，营造水土保持林67.57万亩，发展经济果林30.29万亩，种草6.90万亩，封禁治理105.60万亩，保土耕作57.21万亩，修建了2.94万座（处）小型水土保持工程，包括塘堰、谷坊、拦沙坝、蓄水池，灌排水渠、截水沟、沉沙池等，完成土石方量1 374.14万立方米。

（二）项目效益情况

项目完成水土流失初步治理面积1 846.83平方公里，土壤侵蚀量减少574万吨，植被覆盖率提高13.58%，项目区水资源利用效益提高32%，土地生产力提高28%。水土保持工程在减少水土流失，改善农业生产条件和生态环境，夯实农村发展基础等方面发挥了重要作用。通过连续治理，项目区基本实现了梯田数量、粮食产量、群众收入“三增加”，农业生产条件、群众生活水平、生态环境“三改善”，水土流失量、坡耕地、贫困人口“三减少”，有效促进了农业稳定增产、农民持续增收和

农村经济社会全面发展，为实现水土资源的可持续利用和生态环境的可持续维护提供了保障。项目实施取得了显著成效，深受地方干部群众的欢迎和好评，被誉为山区群众的“致富工程”。

二、主要做法及经验

(一) 各级领导重视，责任机制明确

项目区各级政府高度重视农发水保项目，普遍成立了项目领导小组，加强协调，研究解决工作中的重大问题，保证了项目的顺利实施；推行了项目建设目标责任制，将农发水保纳入了领导任期目标和年度工作考核的重要内容，层层签订责任书，严格考核；建立了水土保持工作报告制度，由水行政主管部门定期向同级人大报告水土保持工作情况，主动接受人大监督。

宁夏区固原市在项目启动时就成立了以主管市长为组长，财政、计划、农、林、牧、水等相关部门为成员的项目领导小组，项目所在县（区）同时成立了相应的领导机构，加强对项目的组织、协调与领导。2005 年，市领导小组先后几次深入项目区检查指导工作，总结经验，部署工作；自治区水利厅多次深入项目区进行检查指导、协调工作，确保了 2005 年项目的顺利完成。

(二) 管理制度完善，项目管理规范

水利部以办公厅文转发了《国家农业综合开发部门项目管理办法》，并就进一步加强项目管理提出了具体要求，增强项目管理的规范化和制度化。江西、山西等项目省予以转发。同时，召开了项目管理座谈会，一方面学习贯彻《国家农业综合开发部门项目管理办法》，另一方面根据《国家农业综合开发部门项目管理办法》的最新精神，修订了《国家农业综合开发水土保持项目管理实施细则》，并以水保［2005］359 号文与国家农发办联合颁发，进一步完善了农发水保项目的管理制度，保证资金安全和工程的质量，促进了项目效益的发挥。

一是完善制度建设。项目区普遍出台了相关政策，制定了专门的管理办法。湖南省制定印发了《湖南省水土保持生态工程验收试收办法》，对项目划分、验收组织、验收程序、资料整编等方面做出了详细规定。山西省制定了《山西省国家农业综合开发水土保持项目实施细则》和《山西省农业综合开发水土保持项目资金实行“报账制”的实施办法》，并与省农发办联合下发了《关于进一步规范农业综合开发水土保持项目财务管理的通知》。四川省水利厅下发了《关于切实做好 2005 年水土保持苗木采购工作的通知》、《四川省水土保持苗木采购管理办法（暂行）》和《四川省水土保持预防监督一票否决制考核办法（试行）》。

二是强化资金管理。在资金使用上，各项目区严格按照《国家农业综合开发项目和资金管理办法》的有关规定执行，做到按项目管理资金，按规定的使用范围安排资金，对项目资金实行统一管理，做到专账核算、专人管理、专款专用，并严格按照工程进度拨付资金。江西省坚持“工程安全、资金安全、干部安全”的原则，突出强化资金管理，实行市局分管领导负责制，县级资金使用应报市局备案，并在年度检查中，把财务检查放在首位。

三是加强机制创新。各项目区在全面推行基本建设“三制”的基础上，大力推行工程公示制、群众投劳承诺制、资金报账制、建设监理制和产权确认制，提升项目管理水平和工程质量。四川省大英县根据《水土保持重点工程农民投劳管理暂行规定》要求，结合本县实际，明确了投劳任务、投劳组织、投劳性质、投劳原则、投劳细则等五个投劳方向，保证了工程投劳的落实。

(三) 依法加强监管，保护生态环境

各地坚持综合治理和预防保护两手抓，依法加强监督执法，遏制人为造成新的水土流失产生，保护水土流失防治成果，推动开发建设与生态保护同步。一是制定和完善了地方性配套法规，增强可操作性，有法可依；二是加强执法队伍建设，提高工作素质，依法行政，执法必严；三是加强了水保方案编报制度和水保设施“三同时”制度，加大了典型违法案件的查处力度；四是划分并由县级人民政府公告了水土保持重点保护区、重点监督区、重点治理区，明确防治重点；五是落实加强监督检查，重点是水土保持方案的落实情况和治理成果的管护。

江西省通过强化预防监督管理、抓好水保方案的申报审批工作，有效保护和巩固了重点治理成果。一年来，上犹县共审批水保方案15件，方案申报率达100%，开展水保巡查工作45次，查处水保违法案件132起，结案率100%。宁夏各县普遍加强了治理成果管护工作。隆德县为防止人为破坏苗木和整地工程，项目区每个流域雇用1~3名管护人员进行工程管护，并建立了县、乡、村三级管理体系，以确保各项治理措施发挥效益。

（四）制定优惠政策，引导社会参与

农发水保项目坚持以地方和群众投入为主体，国家适当补助的投入机制，弥补了国家投入的不足。同时，通过发动社会各界参与水土流失治理，增强了全社会的水土保持意识，营造了农发水保建设的良好氛围，实现国家和个体的双赢。

陕西省通过制定优惠政策，采取承包、租赁、股份合作等形式，筹集社会资金，引导和鼓励全社会参与流域治理。宝鸡市金台区北坡治理工程，通过各方面协调，2003~2005年共整合水利、交通、林业、国土、园林、市政、环保等部门项目资金2 500多万元，吸纳社会资金1 000多万元，使过去荒无人烟、杂草丛生的荒坡变成了今日绿树成荫、环境优美的城市广场，起到了积极的示范带动作用。

（五）加强基础工作，夯实工作基础

一是加强项目前期工作。2005年是2003~2005年农发水保项目实施的最后一年，经水利部水土保持司商国家农发办同意，水利部抓紧组织开展了2006~2008年项目的前期工作。各地水利部门会同财政部门，积极编制项目可研，按程序申报项目。水利部组织专家召开了项目可研审查会，并以水利部办公厅文审批了四川芝溪河等近80个项目的可研，为后三年项目实施做好了前期工作储备。

二是加强培训工作。各地采取形式多样的培训方式，提高项目管理人员、技术人员和基层工作者的素质。四川省举办了为期三天农发项目前期工作培训班，一次性培训人员96人。

三是加强宣传，营造良好工作氛围。各地通过电视、电台、报纸、网络等多种媒体，进一步加大宣传力度，增强全社会水土保持意识。重庆市采取了多层次、全方位的宣传活动，共计在报纸、电视、电台等新闻媒体宣传142次，在长江航道、铁路、公路沿线、城市入口等处制作了一批水保标牌、水保标语，以及制作了展板、光盘、画册。

（水利部水土保持司供稿）

水利部（中型灌区节水配套改造项目）

2005年，水利部认真贯彻中央1号文件精神，以农业主产区特别是粮食主产区为重点，着力加强农业水利基础设施建设，加强农业综合开发中型灌区节水配套改造项目（以下简称“中型灌区改造项目”）建设管理，努力改善农业生产基本条件，不断提高农田抗御旱涝等自然灾害的能力，为粮食安全提供基础性保障，促进农业增效、农民增收，努力实现灌区工程改造、管理体制改革、用水效率及效益提高的目标。

一、中型灌区改造项目安排及投资情况

2005年中型灌区改造项目安排的基本原则是：

1. 以党的十六大、十六届三中全会、十六届四中全会以及中央农村工作会议精神为指针，贯彻落实《中共中央国务院关于进一步加强农村工作提高农业综合生产能力若干政策的意见》文件精神。

2. 紧密结合国家农业综合开发中低产田改造，加强农业基础设施建设，改善农业生产条件，提高

农业综合生产能力，保障国家粮食安全。

3. 为农业综合开发中低产田改造项目区提供灌排骨干工程条件，对重点中型灌区（灌溉面积5万~30万亩）骨干工程设施的节水配套改造建设起到示范带动作用，促进农业节水灌溉发展，提高灌溉水利用效率，并通过项目的建设实施，推进和深化灌区管理体制改革。

4. 符合《国家农业综合开发部门项目管理办法》、《国家农业综合开发中型灌区节水配套改造项目管理实施办法》的有关规定，项目前期工作基础较好。

5. 总体布局适当向农业主产区特别是粮食主产区以及水资源紧缺地区倾斜，对2004年因资金规模原因未能安排项目的省份，亦给予适当优先考虑。

根据上述原则，水利部和国家农业综合开发办公室共安排扶持农业综合开发中型灌区改造项目22个，涉及22个省（自治区、直辖市），项目计划总投资4.199亿元，其中中央财政农发资金1.91亿元，地方财政配套资金1.077亿元，地方自筹资金1.212亿元。

二、中型灌区改造项目主要效益

2005年中型灌区改造项目的效益主要体现在以下几个方面。

1. 改善了农业生产基本条件。22个中型灌区改造项目全部建成后，预计可新增灌溉面积66.98万亩，改善灌溉面积162.67万亩。这些项目的建设实施，将大大改善当地的农业生产基本条件，为农业综合开发中低产田改造提供灌排骨干工程保障。

2. 增加了主要农产品生产能力。中型灌区改造项目的实施，将为增加受益区的主要农产品生产能力创造条件。据测算，22个项目建成后，预计可新增粮食等主要农产品生产能力1.44亿公斤。

3. 节约了水资源。中型灌区改造项目建设始终注意突出节约用水这一核心主题。特别是北方水资源紧缺地区的项目，一般均要求对干支渠等骨干渠道进行全面衬砌防渗，以减少输水过程中的水量损失，提高渠系水利用系数。据统计，22个项目建成后，预计每年可节约灌溉用水量约7.59亿立方米。通过节约灌溉用水量，减少了对地表水资源的引用量，加大了河流的下泄水量，从而为改善当地的生态环境提供了条件。

三、项目管理的主要做法和经验

1. 以规章制度规范项目管理。2005年，水利部配合国家农发办研究修订并印发了《国家农业综合开发资金和项目管理办法》、《国家农业综合开发部门项目管理办法》；由国家农发办和水利部联合印发了《国家农业综合开发中型灌区节水改造配套项目管理实施办法》、《关于进一步加强农业综合开发中型灌区节水配套改造项目管理的通知》，以及由水利部农发办印发了《农业综合开发中型灌区节水改造配套项目可行性研究报告编制提纲》的通知。这些项目和资金管理办法等重要规章制度的修订颁发，对于进一步加强和规范农业综合开发中型灌区节水改造配套项目管理，扩大投资规模，保证项目建设顺利实施，提高农业综合开发投资效益，具有十分重要的指导和推动作用。

2. 坚持为农业综合开发项目区服务的选项原则。在项目选择上，坚持项目必须位于或跨越农业综合开发县（市、区），而且项目受益区已经或计划列入农业综合开发项目区，从而使中型灌区改造项目建设与面上农业综合开发中低产田改造紧密结合，力求做到同步建设实施、同步发挥效益。

3. 积极推行“三制”，严格工程质量管理。中型灌区改造项目包含的单元工程较多，技术难度较大，质量要求较高，并且往往是当地重要的农业基础设施建设项目，对当地的农业经济发展起着至关重要的作用。因此，水利部农发办在项目管理中始终十分注重工程质量问题，要求每个项目都要积极推行“三制”（项目法人制、招标投标制、工程监理制），做到建设单位、施工单位、监理单位、质检单位层层把关，坚决避免“豆腐渣”工程，确保项目工程质量符合国家的有关规定和要求。并且通过招标投标，选择优良施工队伍，降低工程造价，使项目建设投资控制在批复的投资计划内。

4. 加强项目建设资金管理。现行财政体制要求项目建设资金通过财政部门层层下拨。作为项目管理部门，水利部农发办十分重视项目的资金管理，在中央财政资金、地方财政配套及自筹资金到位、拨付和使用等方面提出严格要求。根据国家农发办的有关规定，要求项目资金实行报账制。同时，通过中期检查、临时抽查等方式，及时发现问题并加以纠正。在项目竣工验收时，要求对项目资金的使用管理进行专项审计。通过采取这些措施，不断加强和规范项目建设资金的管理，减少和杜绝违规违纪现象的发生。

5. 重视项目后期检查评价工作。为全面总结中型灌区改造项目建设与管理的经验，进一步明确今后中型灌区改造项目建设的指导思想、基本原则、建设重点，加强项目建设全过程的检查力度，2005年水利部农发办组织开展了“农业综合开发中型灌区节水配套改造项目综合评价工作”。评价的范围是2001～2004年国家立项的78个中型灌区节水改造项目，共涉及28个省（区、市）。通过综合评价工作，督促各省进一步将有关管理工作做细做实，不断提高项目管理水平。

（水利部农业综合开发办公室供稿，阎存立、李召祥执笔）

农业部

2005年，农业部农业综合开发工作围绕“完善制度建设和手段建设，强化前期工作和项目管理”的工作目标，切实加强项目和资金管理，扎扎实实地开展了各项工作，取得了较好的工作成效。

一、农业综合开发项目安排情况

2005年在国家农业综合开发办公室的大力支持下，农业部依据农业综合开发的总体要求，围绕农业主产区和农产品优势产业带建设，把保护和提高粮食综合生产能力与促进农业结构调整、增加农民收入相结合，继续加大了农作物、畜禽、水产品良种繁育基地建设的力度。2005年度共下达项目资金4.54亿元，安排各类项目129个，其中“良种繁育”、“优势特色种养示范”两类专项项目资金4.14亿元，安排项目120个，海南农垦天然橡胶项目资金4 003万元，安排项目9个。共利用中央财政农业综合开发资金2.09亿元，带动地方配套投资1.08亿元，自筹资金1.37亿元。

在2005年度项目安排上，农业部力求做到“四个突出”：一是突出向农业主产区，特别是粮食主产区倾斜，2005年约70%的资金安排在农业主产区；二是在产业化经营项目上，突出向优势特色农产品和产区倾斜，并加大增量资金的投入，以增强优势特色产品的竞争力，促进农业结构调整，增加农民收入；三是突出行业优势和特点，重点扶持种子种苗等关键环节，提高科技含量和产品质量；四是突出扶优扶强，重点扶持产业化龙头企业，降低投资风险，增强项目的辐射带动功能。主要成效是：

1. 进一步加快了粮棉油等新品种的推广速度。2005年农业部安排农作物原原种基地16个、良种繁育基地11个，重点扶持位于农业主产区特别是我部确定的优势农产品区域内的优质水稻（超级稻）、专用小麦、专用玉米、高油大豆等四大粮食作物新品种的原原种、原种扩繁和制种优势区域内的水稻、玉米等粮食作物的良种繁育及加工。通过项目建设，形成制种基地近32.5万亩，新增原原种、原种生产能力5 570.95万公斤，良种生产能力1.04亿公斤，有力地推动了项目区粮棉油作物的生产，保护和提高了大宗农产品综合生产能力。

2. 进一步提高了优势特色农产品良种覆盖率和综合生产能力。2005年农业部围绕农产品优势产区及种养业良种工程，重点安排蔬菜、果茶、花卉良种繁育与标准化生产示范基地19个，畜禽良种繁育基地11个，水产品种苗基地14个。通过项目建设，建成了一批蔬菜、果茶、中药材种苗基地和畜禽、水产良种场，使优势农产品供种能力和良种覆盖率进一步提高，加速品种改良步伐，带动了产业化发展，为农产品竞争力增强发挥了积极的作用。据统计，共建成种植业基地近1.16万亩，畜禽棚舍3.84万平方米，水产养殖基地2 873.1亩；为农民提供了种苗13亿多株，种畜1.8万头（只），新增水产品生产能力702.11万公斤。

3. 有针对性地扩大牧草种子生产、加工能力，缓解我国牧草种子供不应求的矛盾。2005年农业部以强化牧草种子繁育体系为重点，按照牧草制种的生态适宜性原则，重点安排东中部农区结构调整所需的牧草种子繁育项目。建成草种基地约3.4万亩，新增草种生产能力175.74万公斤，大大地提高了项目区及其周边地区的草地生产力。项目的建设，进一步满足了东中部农区种草养畜和牛羊肉、奶业发展对草种的需求，扩大了牧草种子生产、加工能力，在一定程度上缓解了我国牧草种子供不应求的矛盾，为农区草食畜牧业发展提供优质饲草，促进了当地农业结构调整。

4. 推进农作物秸秆资源开发利用，促进农区畜牧业的快速发展。2005年农业部共安排秸秆养畜项目41个。在区域布局上，东中部地区以中原、东北为重点；西部地区重点选在农牧交错带等有条件的地区，主要推行秸秆养畜与种草养畜相结合，以舍饲取代放牧，集中连片的示范县建设。通过项目建设，2005年实现青贮、氨化秸秆1 503.27万吨，项目区牛、羊出栏量分别达到405.78万头和795.71万只。使项目区成为国内主要的牛羊肉及奶类商品产业化生产基地，同时减少了秸秆焚烧现象，经济效益和生态效益十分显著。

二、农业综合开发工作情况

2005年农业部农业综合开发工作按照国家农发办各项部署和有关要求，进一步明确工作重点，力求各项工作有所提高、有所改进、有所创新。在做好日常工作的同时，重点开展了以下几项工作：

1. 在完善制度建设方面，修订了一个《细则》。2005年7月，根据新的《国家农业综合开发部门项目管理办法》，农业部开始着手原《农业部专项项目管理实施细则（试行）》的修订工作，9月《国家农业综合开发资金和项目管理办法》颁布后，又进行了对照修改和完善，经征求各方面意见，形成了新的《农业综合开发农业部专项项目管理实施细则》，待报部领导审定后即可印发。

2. 在完善手段建设方面，开通了一个“系统”。为探索项目科学管理的有效方式，实现建设项目管理的科学化、规范化、网络化，2005年初，农业部开通并运行了“农发项目管理系统”。该系统运用先进的信息技术手段，以项目申报审批、实施管理、监督检查为主线，相关信息服务为支撑，可对项目建设全程进行信息收集和处理。2005年度统计报表的收集汇总工作、项目计划报表填报工作及2006年项目申报工作都通过该系统完成，已显现出了方便、快捷和准确的优势，今后其将在项目管理的各个环节发挥作用。

3. 在强化前期工作方面，修订了一套报表。由于新的部门项目管理办法对项目资金使用范围及费用重新做了一些调整，根据新的规定，农业部及时对各专项计划报表进行了相应的修订。同时，为使项目的建设内容更加规范化和标准化，还组织有关专家对各专项项目提出了仪器设备指导性清单，使地方在编制项目初步设计时有据可依。

4. 在强化项目管理方面，建立了一个联系点。确定了河北丰宁的秸秆养畜项目作为农业部农发项目的专家联系点，组织经济、工程等专家赴实地进行了一次考察。今后2年，专家将在该县开展连续技术服务、巡回指导，加强对项目建设全过程的服务与管理。该项制度的建立，旨在针对目前该专项建设思路不甚清晰的情况，进一步完善项目的选建条件、建设内容和运行模式，提高项目建设的标准化和规范化程度；探索通过秸秆资源的科学有效利用，如何推进农业产业结构调整和农业循环经济发展。

三、农发工作四点突破

1. 将农发项目管理纳入农业部整体项目管理工作中。以往由于农发项目在资金渠道、管理制度上的相对独立，导致在项目管理方面一直与农业部整体的建设项目管理结合不够紧密。2005年农业部积极协调沟通，通过统一制订项目管理行动方案、统一印发项目验收、检查文件等方式，将农发项目管理纳入了农业部整体项目管理工作中，加强了农发项目管理。

2. 打破专项的资金分配基数。针对部分专项项目执行过程中问题较多、效果不够理想等情况，在2006年专项资金分配中，农业部农发办事机构顶住压力，扣减了这部分项目400万元的专项基数，体现了项目管理奖优罚劣的原则，以促进这些专项项目加强管理。

3. 适时调整项目建设重点。根据农业各行业的发展变化，调整了部分专项项目建设重点，在2006年项目指南中增加了对网箱养殖、小杂粮和啤酒大麦良种繁育的扶持，受到地方各级农业部门的好评。

4. 建立专家评审意见反馈制度。从2005年开始，农业部改进项目评审工作，建立了专家评审意见反馈制度。即将专家评审意见反馈给项目建设单位，要求其对照专家意见编制和完善初步设计，提高了政府工作的透明度，也促使项目单位提高了项目前期工作的水平。

（农业部发展计划司供稿，罗旭执笔）

国土资源部

国土资源部认真贯彻落实中央农村工作会议和中央一号文件精神，牢固树立和认真落实科学发展观，坚持以“十分珍惜和合理利用每一寸土地，切实保护耕地”的基本国策为指导，在国家农业综合开发办公室（以下简称国家农发办）的大力支持下，2005年以粮食主产区为重点，以恢复利用工矿废弃地，增加农用地特别是耕地面积，提高农民收入等为主要目标，继续组织实施了农业综合开发土地复垦项目（以下简称土地复垦项目）。

一、土地复垦项目安排及投资情况

2005年土地复垦项目的设置，体现了近年来国家农业综合开发联席会议精神和国家农发办“整合项目，提高单个项目投资规模”的要求。根据各地的复垦潜力和效益、地方各级政府对土地复垦工作的重视程度、群众的积极性以及历年来土地复垦项目的完成情况等因素，在中央财政投资维持不变的情况下，通过整合项目，共安排辽宁铁岭市、调兵山市等9个省（自治区）的20个县（市、区）实施2005年度项目，并严格按照《国家农业综合开发部门项目管理办法》的要求，将单个项目的中央财政资金年度投资规模提高到了150万元，年度单个项目复垦面积控制在1 000亩以上。

2005年土地复垦项目计划总投资5 839.81万元，其中：中央财政投资3 000万元，地方财政配套资金2 040万元，自筹资金（含投工投劳和实物折资）799.81万元。上述资金用于水利措施1 337.81万元，其中财政投资1 245.16万元；用于农业措施3 933.47万元，其中财政投资3 363.51万元；用于林业措施309.64万元，其中财政投资297.13万元；用于科技推广措施75.3万元，其中财政投资65.3万元；用于其他支出183.15万元，其中财政投资60.9万元。

项目的建设内容主要有：水利措施，新建扩建

小型水库12座，修建拦河坝3座，排灌站11座，新打机电井7眼，修复配套机电井25眼，输变电线路配套39.71公里，开挖疏浚渠道132.88公里，衬砌渠道22.41公里，埋设管道6.79公里，修建渠系建筑物191座等；农业措施，改良土壤2.09万亩，修建田间机耕路74.84公里，补贴购置农机具80台套、农用动力机械4台套等；林业措施，营造农田防护林0.09万亩、水土保持林0.12万亩、水源涵养林0.003万亩、经济林0.27万亩，修建苗圃300亩等；科技推广措施，开展技术培训2.3万人次、购置仪器设备17台件、开展示范推广3项等。

二、土地复垦项目的主要工作成效

通过实施农业综合开发土地复垦项目，项目区在社会效益、经济效益、生态效益等方面均取得了较好的成效。

（一）增加了耕地面积，缓解了人地矛盾

通过土地复垦，已被破坏废弃的土地资源重新得到恢复利用，缓解了人地矛盾。采取工程措施进行复垦整治后，既使废弃土地得到了恢复利用，增加了耕地面积，又提高了土地的人口承载力，解决了项目区农民无地可种的生产生活问题。2005年，项目计划复垦土地2.45万亩，新增农用地1.96万亩，其中耕地1.13万亩。实际完成复垦土地2.1万亩，新增耕地1.5万亩。按人均1亩地估算，能安置1.86万个无地农民。

（二）改善生产条件，提高了产出率

土地复垦建设以平整土地、配套完善农田水利设施、改善农业基本生产条件作为重点，以建设高标准的基本农田为目标。通过复垦整治，改变了以前塌陷土地高低不平、积水成涝、农田水利不配套或配套设施严重破坏的现象，使项目区土地得到平整，机械化耕作和集中灌溉成为可能；桥、涵、闸、田间排灌沟渠基本完善配套，实现了排灌化；田间道路规范、平整，实现了四通八达；机电井设施得以配套完善；部分项目区农田防护林成行、整齐，生态林、经济林成片，起到了防风、固沙和调节小气候的作用。项目区农业生产条件得到明显改善，土地的产出能力也得到显著提高。

（三）促进了社会稳定，增加了农民收入

复垦前，由于土地被破坏，农民利益受到了侵害，工农矛盾经常发生。复垦后，土地得到增加，工农矛盾由此明显减少，社会稳定有了保障。加之配套设施完善，农民通过承包经营土地和鱼塘，发展多种经营和优质高效农业，生产生活问题不仅得到解决，还逐步走向小康。通过2005年土地复垦项目的实施，预计可使项目区新增粮食739.3万公斤，油料40.95万公斤，蔬菜133.5万公斤，水产品168.57万公斤，干草35万公斤，果品115万公斤；新增农业总产值2 689.31万元，农民人均纯收入增加270元左右。

（四）复垦了废弃土地，改善了生态环境

通过土地复垦，项目区农业生态环境得到根本改善。项目区的土地在复垦整治前，土地高低不平，跑水、跑土、跑肥，道路不畅，桥涵断裂，农田积水，茅草丛生，沼泽成片，污水倒灌，尾矿、煤矸石堆积，粉尘飞扬，生态环境破坏和大气污染现象非常严重。通过平整土地、填充造地、土壤改良、增施有机肥、修砌沟渠、营造林木等工程措施和生物措施相结合的方法综合复垦整治，使项目区水土资源得到了合理利用，土壤肥力增强，林木覆盖率得到较大的提高，水土流失现象得到根治，生态环境破坏和大气污染现象明显改善。

三、实施土地复垦项目的基本经验和做法

2005年，土地复垦项目进展顺利，这一成绩的取得与各级政府、国土资源部门和各有关部门以及广大群众的共同努力密不可分。主要可以归结为以下几点：

（一）领导高度重视，组织高效有力

领导重视、组织有力是土地复垦项目得以顺利实施的重要保证。各级国土资源部门自论证阶段开始，就对项目给予高度重视。从组织编制可行性研究报告、规划设计、投资预算到组织开展项目中期检查、竣工验收，每一项工作都认真对待。在人员紧张、任务繁重的情况下，均能安排专人负责此项任务，以确保复垦工作的连贯性和时效性。

为使土地复垦项目更顺利地开展，项目区结合各自特点，组成专门的办事机构，专项从事项目的实施和管理。大部分项目区均由主管国土资源的副书记（副县长）牵头，由国土资源、财政（农发）、农业、水利、林业等部门和项目区所在乡镇政府的领导为成员，成立领导小组，通过下设的办公室对项目实行全方位管理。一旦工作中需要多个部门相互配合，领导小组（或办公室）便立即进行沟通、协调，确保项目得以顺利实施。

（二）多方筹集资金，提高项目标准

自从设立土地复垦项目，通过"国家投入、地方配套、群众自筹"的三结合方式，使土地复垦资金紧张的问题得以部分解决，各地治理工矿废弃地的想法也逐步得以实施。项目区充分发挥财政资金的"酵母"作用，干部认真组织、合理安排，群众主动投工投劳，企业积极筹措费用，在短时期内就汇集了大量自筹资金，进一步提高了项目建设，使更多的废弃地得到恢复、利用，更多的群众从中获益。如安徽省淮北市杜集区和濉溪县两项目区，通过鼓励群众投工投劳和吸引社会各方力量，分别筹集了100余万元资金，全部用于各项水利、农业基础设施的建设上，使项目区的建设水准上了一个新的台阶。项目的顺利实施，不仅使塌陷区面貌焕然一新，废弃土地得以利用，基础设施得到配套，群众收入稳步提高，更多次受到省、市领导的表扬，成为安徽省农业综合开发的亮点和样板，对类似项目的开展，起到了示范和带动的作用。

（三）科学合理规划，认真组织实施

土地复垦项目以"统一规划、合理布局、因地制宜、综合治理"为原则；以恢复利用废弃土地，增加农用地特别是耕地面积，提高粮食综合生产能力为主要目标，兼顾保护和改善生态环境。因此各项目区紧紧围绕这一中心，深刻把握政策实质，结合各地实际情况，科学规划、精心组织、合理安排，"宜农则农、宜林则林、宜养则养、宜渔则渔"，使项目取得了良好效果。

山东枣庄、安徽淮南、江苏徐州、黑龙江鸡西等项目区，利用复垦后形成农地、大棚、鱼塘、水面，结合农业结构调整，发展精品农业、观光农业、林果业、水产养殖业，在利用废弃土地的同时，增加了群众的收入，改善了失地农民的生活。又如宁夏银川市西夏区土地复垦项目在废弃的砂石矿区植树种草，大量植物起到了防风固沙、改善环境的作用，又为群众提供了良好的旅游、休闲场所，项目的实施得到了自治区党委主要领导同志的肯定。

（四）健全"造血"机能，加强后期管护

由于农业综合开发土地复垦项目的资金是一次性投入，如何确保项目实施过程中修建的沟渠、道路、鱼塘、水井、排灌站等基础设施以及种植的苗木等能发挥长期效益，就成为项目能否最终取得成功的关键。为此，各项目区都结合自身不同特点，进行了积极地探索。山东枣庄峄城区、江苏徐州贾汪区、安徽淮北杜集区和濉溪县等地将复垦后形成的部分耕地、鱼塘等通过招标、租赁等形式承包给群众，明确双方的权利、义务，每年收取一定费用。一方面通过承包户自身的投入，解决后期管护问题，另一方面通过收取承包费，逐步积累滚动开发资金，弥补自身"造血"机能不足的问题。

（五）严格资金管理，确保资金用在项目上

各项目区均按照农业综合开发项目资金管理的要求，设立项目资金专账，安排专人进行管理，做到了专账核算，专款专用。为规范财务运作程序，项目区主动实行报账制。单项工程完成后，经监理或相关技术人员验收、签字后，由施工单位填写报账单，说明工程名称、位置、数量、金额等内容，再经复垦项目领导小组办公室负责日常工作的领导签字后，在县级财政（农发）部门设立的专户内报销。通过这种分层把关、相互制约的财务管理制度，有效杜绝了挤占、挪用项目资金和虚报工程数量、套取资金行为的发生。此外，部分项目区根据《国家农业综合开发项目资金管理办法》，建立、完善了一系列规章制度。如江苏徐州等市制定了《资金管理暂行办法》、《财务管理制度》、《廉政建设制度》等规定。

在建立、完善各项财务制度后，各项目区对资金管理、使用的监督丝毫没有松懈。除了项目完成后，邀请具有资质的会计师事务所进行财务审计并

出具审计报告外，在实施过程中，各省国土资源厅也多次深入现场进行业务指导和中期检查。对检查和审计中发现的问题，各地都能高度重视、深刻剖析、认真整改、严肃处理，从而保证了复垦项目的顺利实施。

（国土资源部耕地保护司供稿，朱晓冬执笔）

国家林业局

2005年国家林业局继续深入贯彻中央农村工作会议及国家农业综合开发办公室主任会议精神，坚持以提高农业综合生产能力，改善农村生态环境，调整农村产业结构以及促进农民增收为根本任务，不断加大对农业主产区及生态环境恶劣地区项目资金的投入力度，扎扎实实完成了2005年农业综合开发林业建设各项工作。

一、林业项目建设基本情况

（一）投资完成情况

2005年，国家林业局共完成农发部门项目投资3.06亿元，占计划投资3.69亿元的82.97%。其中：完成财政投资2.14亿元，占总投资的69.87%；自筹资金8 518万元，占总投资的27.80%；银行贷款316万元，占总投资的1.03%；其他资金404万元，占总投资的1.32%；群众投工投劳189.757万个工日，折资5 052.79万元。2005年，国家林业局农发项目共涉及24个省（区、市）及新疆生产建设兵团、龙江森工集团公司181个县（市）。

1．林业生态示范项目

2005年农业综合开发林业生态示范项目共完成投资1.64亿元，占计划投资1.81亿元的90.74%。其中：完成财政投资1.26亿元，占总投资的76.91%；自筹及其他资金为3 793.66万元，占总投资的23.09%。项目建设范围分布在13个省、自治区、直辖市110个县（市、区）。

2．名优经济林花卉示范项目

2005年农业综合开发名优经济林花卉示范项目共完成投资1.42亿元，占计划投资1.88亿元的75.53%。其中：完成财政投资8 777.2万元，占总投资的61.72%；银行贷款316万元，占总投资的2.22%；自筹及其他资金5 128.3万元，占总投资的36.06%；群众投工投劳90.357万个工日，折资2 215.59万元。项目建设范围分布在22个省、自治区、直辖市及新疆生产建设兵团、龙江森工集团公司71个县（市、区）。

（二）项目建设情况

2005年，农业综合开发林业项目共下达计划任务160.66万亩，截止到2005年底，完成年度建设任务126.79万亩，占计划下达的78.92%。其中，林业生态示范项目118.30万亩，包括人工造林（草）56.84万亩，封山（沙）育林（草）20.4万亩，飞播造林3.2万亩，低效林改造0.24万亩，其他37.62万亩，分别占完成任务的48.05%、17.25%、2.70%、0.20%、31.80%；名优经济林示范项目8.49万亩，占计划任务10.5万亩的80.86%。共建设各类经济林和花卉基地71个，其中：水果类项目24个，干果类项目12个，木本油料类项目3个，竹类项目4个，药材项目4个，茶叶项目2个，花卉项目13个，其他项目9个。

通过工程项目的实施，对各项目区生态环境的改善，林业产业的发展及壮大集体经济、增加农民收入等方面发挥了重要的示范带动作用，对地方经济社会及人与自然的和谐发展起到了积极的促进作用。

二、开展的主要工作

2005年，国家林业局农发办按照国家农业综合开发办公室全年工作重点，充分结合林业工作实际，在林业生态建设和产业发展等方面做了大量的、富有成效的工作。

（一）编制了《农业综合开发林业建设“十一五”规划》

根据党的“十六届五中全会精神”，积极结合党中央、国务院关于社会主义新农村建设这一重大决策，进一步做好新时期农业综合开发林业工作，充分发挥农业综合开发林业项目在促进农村经济发展、加快林业生态和产业两大体系建设以及建设社会主义新农村中的积极作用，组织编制了《农业综合开发林业建设“十一五”规划》。截止目前，该《规划》在反复征求国家农业综合开发办公室、各有关省（区、市）及相关司局、单位意见，并召开座谈会研究讨论的基础上，经过了多次修改、完善后，正式形成了《农业综合开发林业建设“十一五”规划》。

（二）组织编制了《农业综合开发林业生态示范项目建设标准》

为科学、客观地反映林业生态示范项目建设的实际投入，反映不同区域、不同项目类型存在的差异，也为了科学管理和指导项目建设规范化、标准化运作，正确评价并核算项目建设的投资成本，组织有关业务司局编制了《农业综合开发林业生态示范项目建设标准》。该标准包含项目建设技术标准、项目投资定额标准、项目检查验收标准等，为各省农业综合开发林业生态示范项目建设工作的顺利有效进行提供了详细的书面说明和指导，有力于各省的农业综合开发林业生态示范项目进行和快速发展。

（三）赴安徽、江西、湖南三省开展2001～2004年农业综合开发林业项目调研工作

为贯彻党中央、国务院关于建设社会主义新农村的战略决策，5月30日～6月10日，国家林业局农发办会同各有关部门赴安徽、江西、湖南三省开展了专题调研。通过走访、汇报、看现场、座谈等形式，对“十五”期间农业综合开发项目实施情况进行了深入调查研究，有针对性地提出“十一五”期间国家林业局农业综合开发项目的工作重点，并在此基础上形成调研报告。

（四）对全国省级林业农发工作人员进行了培训

2005年7月8日，在国家林业局项目和资金管理培训班上，对来自全国各省、自治区、直辖市林业厅（局）及新疆生产建设兵团林业局的农发工作人员进行了统一培训，对《国家农业综合开发部门项目管理办法》和我国农业综合开发面临的新形势、新任务进行了详细讲解和分析，并通过座谈、讨论等形式对农业综合开发林业建设的有关工作和问题进行认真研究，达到了很好的效果。

三、基本经验

（一）坚持领导挂帅、群众参与、分工负责

为确保项目建设任务全面落实，保证工程建设质量，各地党委和政府都给予高度重视，坚持领导挂帅，把农发林业项目建设作为改善生态环境，调整农业产业结构，促进地方经济发展和农民增收的重点工程来抓，并且将其纳入当地社会经济发展的总体规划通盘考虑。以领导重视为先导，明确责任，认真落实各项建设任务，真正做到“总体规划有位置，年度计划有安排，日常工作有活动”。林业生态示范项目县都成立了以主管领导为组长，林业、财政、农发等部门负责人为成员的项目建设领导小组，切实加强了各部门间的沟通协作，广泛动员群众积极参与，落实项目法人责任制，保证了工程建设顺利实施。

（二）坚持与六大工程建设有机结合

六大林业重点工程的实施，对调整和优化林业生产力布局，促进林业的快速发展和整体管理水平的提高起到了积极的作用，形成了全面加快林业发展的良好态势，林业建设的速度和效益明显上升。农发林业项目抓住这一有利契机，充分利用六大工程建设的外部环境和政策导向，既突出重点各有侧重，又相辅相成彼此呼应，因此很好地落实了建设任务，有效地发挥了财政资金的示范、带动和扶持作用，保证了项目建设质量。

（三）坚持以机制创新促发展

随着林业改革的逐步深入，林业分类经营改革

迈出了实质性步伐，开展了国有林区改革、林业产权制度改革和经营机制改革。在中央《决定》和全国林业工作会议精神指导和推动下，各地纷纷出台了有关的配套政策，从而有效地激发了林业的内在活力，各种生产要素向林业聚集，非公有制林业迅猛发展。林业建设呈现出投资主体多元化、经营形式多样化的新格局。在此基础上，农发林业项目在有条件的地方，引入了新的管理机制，强化了项目法人的直接责任，实行按项目结算制度，明显地提高了项目建设成效。

（四）坚持加强资金管理和监督

2005年，国家林业局严格按照《国家农业综合开发部门项目管理办法》要求，加强对项目建设的组织领导，明确专人负责工程建设，做到目标明确，责任落实。严格项目建设管理程序，制定阶段性发展规划，项目承建单位定期向项目主管单位或监管单位汇报项目的实施情况，实行奖优罚劣，以投代奖，做到资金与工程建设任务、质量和效益挂钩，充分调动地方广大干部群众建设工程的积极性。另外，进一步调减项目数量，提高投资标准，严格按照“规模治理、重点投入、建设一个、成效一个”的指导思想进行项目选择。项目区通过项目资金管理，使有限的资金真正用在项目上，充分发挥其投资效能，确保了工程建设质量，保证了财政资金的安全运行。

（五）坚持项目建设与管理并重

为了把好项目立项关口，同时也为使各个项目单位清楚如何按要求申报项目，通过发布项目申报指南，为项目单位的申报订立标准，并严格在规划范围内筛选项目，真正做到公开、公正、公平。同时，针对农发林业项目规模小、资金少，建设地域不集中等特点，在项目初审后，广泛听取业务部门的意见，并召开项目专家评审论证会，充分吸收专家意见，确保了项目立项阶段的客观、公正。在项目进入实施阶段后，会加大指导和检查的力度，组织技术人员深入田间地头进行实地指导，尽量解决、减少项目建设过程中出现的问题。及时组织完工项目的竣工验收，对存在严重问题的项目县坚决停止安排新的农发项目，直至整改合格，以严格的管理确保项目按计划实施并取得实效。

（六）坚持推广应用新技术、新品种，对项目实行标准化管理

随着林业科技的快速发展，各地有针对性地研究出了许多新技术、新品种和技术标准。特别是生态脆弱区的植被恢复技术、干旱区的造林技术、经济林花卉新品种及栽培技术和相关国家、行业的标准，对提高生态工程质量和经济林花卉项目效益具有十分重要的意义。2005年，农发林业项目质量明显高于以往项目建设，新技术、新品种应用及项目的标准化管理功不可没。

（国家林业局农业综合开发办公室供稿，王新凯、韩非执笔）

第四部分

基层农业综合开发工作交流

强化工程运行管护　充分发挥工程效益

山西省晋中市农业综合开发办公室

工程运行管护是工程建设的延续，是农业综合开发健康发展、持续发挥效益的关键。晋中市自实施农业综合开发项目以来，始终把加强工程运行管护作为一项重点工作来抓，围绕建立和完善项目运行管护机制进行了不断探索，并指导各项目县（市、区）制定出台了适合当地农业综合开发项目建设的管护办法和制度，取得了明显成效，特别是近年来，通过不断深化农业综合开发管理体制改革，创新运行管护机制，强化工程建后管护，确保了农业综合开发工程长效作用的发挥，推动了农业综合开发事业的健康发展。

一、晋中市工程管护运行的主要形式

晋中市在农业综合开发项目工程建设管护中，各县因地制宜，根据各项目村的实际情况，结合当地水利、林业体制改革的情况，本着“谁受益、谁管理”的原则，在工程竣工验收合格，办理移交手续，明确产权归属后，主要采用拍卖个人管理、租赁承包、股份经营等几种管护形式，与管护单位或个人签订管护协议，落实管护主体，充分调动管护主体的积极性和自觉性，确保农业综合开发项目工程建后管护工作真正落到实处。

（一）水利设施管护

水利设施管护，以祁县为代表，主要有租赁承包经营模式、产权拍卖或个体经营模式、联户管理或股份经营模式和集体经营模式等四种管护模式。

1.租赁承包经营模式。即采取“村有户管”的办法，把机电井租赁承包给农户，由农户负责经营管理，产权归村集体所有。机井及其附属设施，如水泵、节水管道（出水口、消力池）、井台、井房、高低压线路等根据设施随井的原则移交给农户，由该农户管理，承包期一般为三至五年。由村委与农户签订租赁承包合同，合同期内，承包农户负责机井和设施的正常使用及管护工作，水费收取必须严格执行物价部门的有关规定，不得随意更改。灌溉必须在村委会统一指导下，按单井控制面积的顺序，保证种植户适时灌溉。

2.产权拍卖或个体经营模式。即采取一次性出卖方式，在工程竣工移交后，由村委会组织将机井拍卖，并根据设施随井的原则，将节水管道（出水口、消力池）、井台、井房、低压线路等附属设施均交由该农户管理，村委会根据实际情况与购买户签订拍卖管护协议，明确产权关系，确定管护职责，制订限制条件，特别是水费价格不得超过县物价部门规定的指导价，灌溉要最大程度地满足群众，方便群众，不得自行随意制定办法。

3.联户管理或股份经营模式。即村委会把机井及其相关设施一次性分配给几十个受益农户，产权归受益农户所有，并以入股的形式进行管理和使用。一般是由受益农户共同推举一位既有专业技术、又能热心为大家服务的有威望、有组织能力的农民，负责机井设备的运行使用和管护保养、安排灌溉事宜，筹集管护资金等。在维护费用上，由受益农户共同出资进行保养，只给召集管护人抽取少量的报酬。

4.集体经营模式。就是采取“村有村管”的方式进行管理，由村集体统一进行维护和保养，由农户出义务工或村委会雇专人进行维修。采用这种模式的一般村集体具有较强的经济实力。

（二）农田林网管护

农田林网管护，目前晋中市大部分项目县（市、区）采取的主要有三种模式。

1. 农户承包经营模式。项目区内的农田林网由村委会统一提供树苗，统一栽植，产权归村集体所有。栽植成活后，由村委会选择有经验、有责任性的农户对项目区的农田林网进行承包管护。这种模式只适用于集体经济实力较强的项目村。

2. 农户所有经营模式。项目区内路两旁的树木由村委会统一提供树苗，个人栽植。依据树随地走、谁栽谁有的原则，其产权归栽种者个人所有，树木成材后，收益按 2:8 或 3:7 比例分成。这种模式目前是农田林网管护的主要模式。

3. 整路拍卖承包模式。对农田林网实行整路拍卖、承包方式进行管理。拍卖期一般 10～15 年。从近年农田林网管护效果看，以上两种模式虽然落实了管护责任，但由于农户受益不直接或时间较长，管护效果不很理想。2004 年，以太谷为代表，经过摸索实践，提出了“以路为单位，整体拍卖、承包，统一管理”的新思路。通过拍卖，置换林网产权，建立起适应市场经济的“产权清晰、权责明确、管理科学”的农田林网经营新机制，从管护效果看，这种模式较直观。在拍卖合同中，明确林网保存率低于 90%时，林木经营者要限期进行补植；低于 60%时，村组有权收回拍卖的树木。

（三）机耕路管护

机耕路的管护主要有集体管理和个户承包两种模式。

集体管理模式。即由村集体出资，指定专门的村干部负责道路的统一维护和保养，由农户出义务工或由村委会雇专人进行维修。采用这种模式的主要是村集体经济实力较强的项目村。

农户承包模式。即由村委会和农户签订承包管护协议，村委会每年付给农户一定的道路管护费。承包人负责对所管辖的路段经常维修养护，保持路面的清洁和平整。对不维修养护路面致使路面损坏者，村委会将按路面损坏的程度从承包人的管护报酬中扣除一定费用，雇人整修。由于机耕路管护经费落实有困难，也有项目县（市）采取林网、路、渠统一承包方式。

（四）农机具管护

项目区农业机械全部是由项目县农业综合开发办公室以财政补贴的办法扶持项目村购置完成的，在管护上采取产权移交给农机户个人所有，村集体与购机户签订农机管护协议，在协议期限内，农机户需保证农机的完好，保证作业质量，实行有偿服务，并且优先、优惠服务于项目区的农机作业，平均每亩比非项目区优惠 1～2 元。

二、加强工程管护的主要做法

（一）加强组织领导，明确管护责任

为保证项目工程运行管护工作的规范化、制度化，在深入调研，广泛征求意见，参观学习先进地区经验的基础上，制定农业综合开发项目工程建后管护办法，把农业综合开发项目工程运行管护作为项目管理的一项重要内容，并提出了具体的要求和措施，为搞好工程建后管护工作提供了制度保障。以村为单位的工程由项目村组织管理，跨村工程由项目乡镇组织管理，跨乡镇工程由项目县农业综合开发办公室协调管理。项目区乡镇成立工程建设和管护领导机构，并与县农业综合开发办公室签订工程建设责任书，明确了建设和管护责任，制定了奖惩制度，从而形成了集建设、管理，自我积累、自我发展于一体的农业综合开发运行管理机制，保证了项目的正常运转。

（二）尊重农民意愿，发动群众积极参与

广大农民群众的积极参与对项目工程建成后的运行管护起决定作用。实践证明，工程的实施只要是符合了农民意愿，群众都能够积极主动参与，后期管护做的都比较好。为充分调动项目区广大农民群众参与农业综合开发项目建设和管护的积极性，农业综合开发重点从四个方面入手，保证群众对项目建设有“发言权”、“知情权”、“参与权”和“监督权”。一是实行立项公示。农业综合开发项目工程建设不搞强迫命令，项目立项实行公示制、招投标制。确立项目区时，拟投标乡镇或村要在确立的项目村内进行立项公示，广泛听取农民群众意见，真正做到选准项目。二是做好规划设计。项目县农业综合开发办公室在安排工程布局、进行规划设计时，深入项目区进行充分调查研究，倾听农民呼声，了解群众要求，切实把解决农民群众生产生活

所需列入工程规划的重点，坚决不搞“形象工程”、“花架子工程”。设计合理、工程好用、实用、耐用，就会受到农民的欢迎，农民就会珍惜它、爱护它。三是加强项目宣传发动。项目建设中通过召开“两委”会、村民代表会、干部群众座谈会，宣传农业综合开发政策。同时，采取广播、印发宣传材料等形式进行广泛宣传，营造农业综合开发氛围，使农民踊跃参加到农业综合开发项目工程建设和管护中来。四是实行资金项目公示。在项目完工后，通过制作标志牌，设立公示栏或公示墙、印发宣传单等形式，对项目建设情况、资金投入使用情况、工程建设及管护情况进行广泛公示，提高项目运行的透明度，最大限度地让每一位农户都知晓，接受广大群众的监督。

（三）拓宽筹资渠道，落实管护资金

对已建成的项目工程，除明晰产权归属、落实管护主体、建立必要的运行管理制度外，还要有必要的管护资金，才能保证项目工程的正常运转。为确保项目村工程管护资金的真正落实，根据“谁受益、谁负担、谁管理、谁维修”的原则，目前该市已形成了多层次、多渠道筹集落实管护资金的做法。

在集体筹集管护基金方面，主要有三种渠道。一是以农养农式。即在国家规定的农民群众负担范围内，由村委会每年从收取的土地、树木等农业承包、租赁费中提取一部分，纳入管护基金，作为项目工程维修管护费用。二是以工补农式。即村委会每年从村办企业经营收入或企业上缴的收入中提取一部分资金纳入管护基金，作为项目工程维修管护费用。三是以工养工式。即村委会从项目工程的承包、拍卖收入中提取一部分资金纳入管护基金，作为项目工程维修管护费用。

在个人筹集管护资金方面，则主要采取“谁受益、谁管护”，以工程养工程的办法，即由受益户个人从工程运营收入中拿出一定比例的资金，用于工程管护，走自我积累、自我发展的路子。如：机井所有人从机井运营的每度电价中可以抽取0.25元，每年可抽取资金4 500元，以此作为了机井所有人的人工费和机井及相关设施的维修费，确保了机井的良好运行。

健全制度　强化管理
确保有偿资金的安全有效运行

山西省祁县农业综合开发办公室

农业综合开发实行“国家引导、配套投入、民办公助、滚动开发”的投入政策，对农业综合开发项目设立部分有偿资金，是农业综合开发区别于其他财政支农项目的显著特征。如何加强有偿资金的科学管理，确保有偿资金的安全有效运行，最大限度地发挥财政资金的使用效益，已成为农业综合开发工作中的一个重要课题。

祁县自2001年被正式列为国家农业综合开发县以来，在有偿资金的使用管理上，认真按照国家关于农业综合开发资金和项目管理方面的有关规定和办法，在深入调研、广泛探讨、多方征求意见的基础上，制定出台了《祁县农业综合开发财政有偿资金管理使用办法》等一系列规章制度，实现了有偿资金的制度化、科学化、规范化管理，取得了明显的成效。在2001年到2005年的五年间，农业综合开发项目共投放有偿资金878.5万元，截至2005年10月到期本息共260.6万元，现已全部足额回收，并及时足额归还了上级财政部门，实现了财政有偿资金的安全有效运行。

一、统一思想认识，培养有偿资金偿还的自觉性

多年来，社会上存在着一种错误的观念，认为财政资金无论有偿无偿都无须归还，加上一些有偿资金按政策规定予以核销后，还款的意识更淡漠了。就连一些搞开发的同志也对偿还财政有偿资金的必要性、重要性缺乏正确的认识，认为国家的钱只要能为我所用，只要能发展一方经济，富一方百姓，还不还无所谓。特别是1998年财政周转金的清理挂账，使几年来好不容易形成的一点偿还意识再度出现回落。为了彻底打消部分借款户存在的这种侥幸心理，避免这种现象的出现，祁县通过召开专题会议、印发制度、政策文件和管理技术培训等多种手段，积极宣传有偿资金“谁受益，谁负担；谁用款，谁还款；谁投放，谁回收”的管理使用原则，向项目单位宣传有偿资金要偿还的必要性和重要性，使其明白有偿资金到期不归还不但会使农业综合开发资金自我积累、滚动开发的目标难以实现，而且会严重降低企业的信誉度，“一损俱损、一荣俱荣”，事实上最终的结果对项目单位今后的发展并没有好处，从而较大地提高了有偿资金使用单位的还款自觉性，促进了有偿资金的按时足额归还。

二、规范选项程序，提高项目选择的科学性

选好项目，是建好项目、化解资金风险的基础。祁县把项目的选项、立项作为农业综合开发工作中最为重要的一环来抓。首先，推行选项公告制，搭建竞争平台。坚持公开、公正、公平的选项原则，通过新闻媒体发布公告、印发选项申报指南等形式，面向社会广泛征选项目单位，建立规范的项目库，扩大了选项范围，提高了选项透明度。其次，实行专家评审制，严格立项条件。每年由县农业综合开发办公室组织农口部门及相关单位的专家，对申请有偿资金扶持的单位或项目，进行严格评审，根据产业政策和效益优先的原则，选准企业。第三，采用实地考察制，择优选定项目。组织财政、农业综合开发办公室和有关单位专家、技术人员深入项目单位，进行实地考察，详细调查，把发展前景好、效益高、带动能力强的项目列入有偿资金扶持的对象，并建立项目库。这样就能够有效地把握好有偿资金项目的立项申报关，做到从源头上控制有偿资金的发放，确保有偿资金放得出，收得回，实现良性循环和滚动式发展。

三、严格立项资格，确保资金投放的可靠性

对照立项条件和有偿资金的使用原则，祁县在有偿资金投放之前，对借款单位进行了六个方面的借贷资格审查。一是审查借款项目是否在项目区内，是否与投资计划相一致。二是审查借款单位的财务状况，有无资金偿还能力。三是审查产业化经营项目承建企业的章程、营业执照、组织形式和管理体制等情况。四是审查财政供养人员担保书的真实性。五是审查为借款单位提供担保的企业的财务状况、净资产状况、生产效益以及借款单位财产抵押单的可靠性。六是审查考察人员对项目考察情况所提供资料的完整性。

四、制定操作程序，增强有偿资金借贷的规范性

为确保有偿资金按时足额回收，经过反复研究探讨，祁县制定了一套严谨有序的放款、回收办法，明确落实财政及用款单位应承担的责任，全面规范资金投放和回收程序。有偿资金的投放有五个步骤：第一步由用款单位提出申请；第二步由财政局、农业综合开发办公室共同考察，农业综合开发办公室出具项目考察报告；第三步由借款人提供企业财产抵押单、财政供养人员担保书以及企业担保公证书；第四步由财政局与借款人签订借款合同；最后经财政局长审核签字后，借款专户拨付资金，投放有偿资金。有偿资金回收的具体程序是：当借款到期前一个月，由县财政局下达有偿资金催款通知书，督促企业积极筹备资金；当借款到期后未能按时足额偿还借款时，由财政局农财股根据借款人提供的《财政供养人员担保书》，通知预算股（工资统发处）暂时停发担保人员工资，迫使担保人督

促借款人尽快归还借款；在借款归还后，由预算股恢复发放并补足担保人工资。

五、建立制约机制，树立担保抵押人员的责任性

如何实现有偿资金担保的制约性，是确保有偿资金能够按时足额回收的关键。祁县从立项开发以来，有偿资金之所以做到了按时足额回收、足额归还，最关键的一条就是改变了传统的借款方式，采取担保、抵押、法律公证等手段强化还款责任，即有偿资金使用单位必须提供财政供养人员的担保书、企业的担保书以及财产抵押清单，通过以上各种有效的手段，确保担保责任真正落实到人。依据不同的借款额度，采取相应的担保措施。一般情况下，只允许财政供养人员每人担保金额3万～5万元的个人担保，并且个人担保必须经本人和所在单位盖章同意。特殊情况的，还需提供企业担保，企业担保必须经公证处公证。此外，有偿资金使用单位还必须提供财产抵押清单，抵押清单需经财产所有人签字同意。通过采取上述机制，增强了担保抵押人员的责任性，不仅对企业还款有了足够的制约，而且通过对财政供养人员担保考察、企业担保考察，间接而真实地检验了企业的效益度、信誉度和企业法人的诚信度，对企业按时足额还款也是一种促进。比如2001年农业综合开发养牛产业化经营项目有偿资金49.38万元到2003年8月3日到期。到期后，其中有3户借款户未能按期偿还。根据担保协议，财政局及时向借款人下发了催款通知书，并对为其提供担保的7个财政供养人员做出暂时停发工资的决定，下发了扣发工资通知书。由于担保手续完善，担保人积极履行担保承诺，促使借款人在规定期限内偿还了全部借款。

六、实行专户专管，确保有偿资金借贷的完整性

根据县级农业综合开发机构的资金运行现状，祁县意识到，在企业无法归还借款的情况下，农业综合开发机构根本没有替企业垫付资金、偿还借款的能力，一旦项目有偿资金归还出现问题，农业综合开发办公室只能用新年度项目资金垫付的办法解决，从而造成新年度项目资金的短缺，严重影响项目的实施，更谈不到资金的使用效益。为此，祁县经过同财政部门反复研究协商，在有偿资金的投放中，严格执行了财政统借统还制度，在财政设立有偿资金专户，配备专人管理，实行专账核算。实践证明，由于实行了专户专管及财政统借统还制度，不但保证了有偿资金的专款专用，而且在企业无法按期归还借款时，一方面可以利用财政工资统发的优势，使担保责任得以真正落实，另一方面，可以做到边回收，边用县级机动财力或其他可用资金抵垫归还上级财政，确保有偿资金及时足额归还上级财政部门。

七、加强监管问效，坚持资金滚动使用的长期性

由于企业经营有赔有赚，经营绩效不易确定，财政有偿资金回收具有一定的风险。为了克服过去支农资金中普遍存在的“重投放、轻监管，重支出、轻问效”的弊端，保证资金有效运行，祁县在有偿资金使用管理过程中，除了做到科学选项、择优选项、严格借款担保手续外，还建立完善了有效的实时监管和跟踪问效机制。一方面，会同有关部门加强对有偿资金使用情况的监督管理，及时了解企业经营管理动向、生产经营和市场营销、资金运行情况等，并针对企业存在的问题，及时提出合理化的整改措施，确保企业生产的正常运行；另一方面，加大跟踪问效力度，定期、不定期深入借款单位监督检查企业的经营管理状况，发现问题及时处理，从而有效地规避了企业因经营不善及不良投资造成的恶性后果，保证资金投放最大限度地发挥效益，为财政有偿资金的按时足额回收奠定坚实基础。

加快机制转换　提高中低产田改造效益

内蒙古自治区察右中旗农业综合开发办公室

察右中旗是内蒙古自治区乌兰察布市的一个半农半牧旗县，农牧业资源十分丰富。2005年，察右中旗紧紧围绕农业增效、农民增收的目标，认真总结前几年农业综合开发的成功经验，积极借鉴其他地区好的做法，着力加快机制转换步伐，狠抓制度建设，有效提高了工程建设质量和效益。截至2005年底，该旗当年建设任务全部完成。新打配套机电井18眼，维修配套旧机电井44眼，埋设管道110公里，改造中低产田1.45万亩；架设输变电线路12公里；修建机耕道路30公里；建设农田防护林800亩，取得了明显的社会、经济和生态效益。

在中低产田改造项目建设方面，察右中旗的主要做法是：坚持"一个标准"，抓好"两个公开"，严格把好"三关"，搞活"四个机制"，建立五项工作制度。

"一个标准"。即认真执行国家农业综合开发中低产田改造项目的建设标准，严格按标准进行规划设计和施工建设。也就是在农业基础设施、生产条件的改善和提高上狠抓达标，达到"田成方、树成行、渠成网、路相通，集中连片，规模种植，能排能灌，旱涝保收"高产农田的要求。

"两个公开"。一是公开中低产田改造项目的立项条件。项目申报前，将立项条件以书面形式下发到各乡镇，凡符合条件的乡镇均可申报项目。二是公开评审，择优选择项目区。由旗农业综合开发办公室组织有关部门技术人员，对各申报项目乡镇拟建项目区的水利工程、农田林网和田间生产道路的规划情况及群众筹资投劳积极性等情况进行综合评比打分，得分第一名的作为当年的立项单位。这种做法从机制上保证了项目的公平竞争，排除了干扰，让农民群众积极性高、有开发实力的乡镇优先立项。未立项的乡镇也鼓足了干劲，各级创造条件，争取在下一年度立项，形成全旗上下共谋开发的良好局面。

严把"三关"。一是规划设计关。项目规划设计坚持按资金安排工程量和因地制宜等原则，优先安排解决农民群众长期盼望解决，一家一户又不可能解决的问题，如项目区灌溉水源、输水管道、输电线路、机耕道路、农田林网等。二是施工质量关。即将工程质量与工程款拨付及工程监理人员、检查验收人员职责紧密挂钩，层层负责，责任到人。哪一级出现问题由哪一级负责，坚决杜绝"豆腐渣工程"和半拉子工程。三是验收关。即严格验收程序、工程决算和建后移交手续，做到单项工程阶段性验收重点抓质量和完善手续，项目总体验收重点抓项目建设标准和综合效果。

"四个机制"。一是工程招投标制，全面推行"阳光工程"。主要单项工程的勘察设计、施工和主要设备、材料的采购实行公开招标，政府采购。2005年的机电井、地埋输水管道、防护林建设等全部进行了公开招标，机、泵、管、线等水利设施材料均实行了政府采购。工程招标及政府采购财政资金达到373万元，占财政总投资的87.4%。二是工程监理制。单项工程投资10万元以上的全部列入监理范围。所有工程监理人员均由有资质的专业技术人员组成，明确分工，责任到人。技术总监负责工程整体质量，其他监理人员分工分片包工程，谁出了问题谁负责。对每项工程一律预留质量保证金，不经过质量监理员检验，不组织验收，不予报账提款。三是项目公示和群众监督制。即项目实施前公示项目计划的工程量、投资额，项目实施中公

示工程进展情况，项目实施后公示工程完成情况、投资完成情况、工程质量、效益情况等，以接受群众的监督。同时，项目工程规划定位、施工质量检查、工程竣工验收等主要环节，农业综合开发办公室、项目乡镇和项目村负责人都现场参加，现场集体定案，进一步增强项目建设的透明度。四是县级报账制。在每个项目开工前，根据工程报账提款实施方案，先拨付项目总投资20%的预付资金，保证工程的顺利开工和正常运转。工程建设过程中，项目实施单位每完成一项工程，就填制农业综合开发项目提款申请书及农业综合开发项目工程进度审核表，申请验收。验收组接到申请后，组织监理人员及其他有关人员到现场查看，形成验收意见。符合标准的，允予报账提款，反之不予拨款。对验收组实行责任追究制，谁签字谁对工程质量负责，防止虚假验收。

“五项工作制度”。一是严格执行计划制度。即强调执行计划的严肃性，任何单位和个人都不准随意变更项目。施工单位必须严格按照项目设计和施工图纸进行施工。确有特殊原因需变更的，要根据审批权限及时上报变更申请。二是从“早”从“快”实施项目制度。改造中低产田是一项系统工程，施工季节性很强，一旦错过施工季节，就只能将工期拖到下一年度。为了保证工程进度，要求突出一个“早”字，体现一个“快”字，确保当年项目，当年建成，当年发挥效益。每年的下半年，旗农业综合开发办公室组织各乡镇提前申报下一年度的项目，并组织有关人员公开评审，做出结论。上级农发办下达上报计划通知时，随时可从项目库提取材料上报。年度计划一经落实，旗领导小组就及时召开专题会议作出部署和动员，农业综合开发办公室和财政部门及时做好有关业务的培训工作，项目实施乡镇及时拿出实施方案，组织群众启动投工投劳工程。在资金尚未到位的情况下，旗农发办采取赊欠的办法，提前启动各项工程。同时，旗领导小组经常组织各有关部门深入项目区检查督促项目实施进度，旗农发办人员坐镇项目区直接指导，有力地推进了工程进度。三是软件建设制度。从规划设计到立项实施，硬件软件“两手抓，两手都要硬”，工程质量不含糊，软件建设不马虎。在项目档案建设上，文、图、表、声像资料等从始至终及早归集，旗、乡两级都要有专人负责，按标准统一整理，做到全面规范，组卷科学有序。在项目建设上，沟渠道路、林网和配套工程按高标准农田设计要求统一规划建设，既实用又美观。四是资金管理制度。严格按照《农业综合开发资金和项目管理办法》管理和使用资金。在资金使用上，坚持“专人管理，专账登记，专户储存，专款专用”。在资金拨付上，坚持“一支笔”审批，严格按工程进度和质量拨款，实行分段检查拨款，银行汇票到工程，减少中间环节。施工前先预付20%的工程款，确保工程顺利开工；工程竣工验收合格后，拨付其余资金；留10%的资金作为质量保证金，从而保证了工程进度和质量。五是严格执行建后管护制度。项目建成移交后，及时办理工程移交手续，移交手续一式三份，旗农发办、乡镇政府、村委会各执一份。村委会为管护主体，旗农发办、乡镇政府负责监督。根据开发项目工程类别，结合管护工作实际，将项目区管护对象分为机电井、输水管道、防护林和田间路工程四大类。机电井按照“谁投资，谁受益”的原则，产权一次性落实到户；输水管道在谁田间、地头，谁负责管护、维修；防护林在谁田间、地头，产权归谁所有，谁管理谁受益；田间路由村委会集体管护，并按照一事一议办法，定期组织村民养护。同时，村委会成立工程管护小组，落实专人监督、检查管护情况。

打造一流团队　争取各方支持
营造良好的农业综合开发氛围

江苏省扬州市农业资源开发局

一、用新的理念指导新时期农业综合开发实践

实践证明，要提高农业综合开发工作水平，必须解放思想，不断推进理念创新、机制创新和制度创新。坚持用工业理念开发农业，用市场机制运作农业，用国际惯例管理农业。

在用工业理念开发农业方面，着重强化“四个意识”：一是规划的意识。扬州市通过分析区域比较优势和开发潜力，提出“大力开发沿江、重点突破沿河、加快丘陵和高沙土开发，兼顾特色农业发展”的思路，先后组织编制了区域和主导产业的发展规划，并坚持按照既定的规划有序组织实施。二是项目的意识。一切围绕项目，多争严管。三是招商的意识。坚持把招商引资作为份内工作，壮大投资规模。四是服务的意识。通过加强项目建设各个环节的服务，保证预期效益的实现。

在用市场机制运作农业方面，主要采取“五项措施”：一是引入竞争机制。鼓励“先干的”，扶持“真干的”，奖励“干出成效的”。二是扩大对多种成份建设主体的扶持范围。三是采取多样化的运营机制。四是以市场为导向，以效益为目标，确立扶持重点。五是积极推行产权制度的改革。

在用国际惯例管理农业方面，努力做到“三个坚持”：一是对立项、施工、设备采购等坚持公开透明运作。二是坚持资金和项目规范管理，并逐步形成自己的特色。三是按照发展现代农业的要求，大力加强标准化、信息化和办公自动化建设。

在新的理念指导下，农业综合开发工作的思路更宽，工作的措施更扎实，工作的责任更明确，工作的成效也进一步凸现。全市开展了工程建设、宣传信息和招商引资三面流动红旗竞赛活动，有效地促进了项目建设水平的提高。局机关全体工作人员都有明确分工，与项目区建立直接的工作联系。平时对基层的督查和验收实行严格的问责制，特别是市级验收实行终身负责制，增强了大家的责任意识。在项目建设的不同阶段，扬州市都要开展形式多样的促进活动，如土方会战，施工突击月、决战月，现场观摩会等，抓进度、保质量，提高整体建设水平。为了更好的发挥财政资金“四两拨千斤”的引导作用，近年来，扬州市农业资源开发局每年都要受市政府委托，在外省承办大的农业招商引资活动。对已在项目区落户的项目，主动帮助解决困难、协调矛盾。2003年以来，全系统实现招商引资8.5亿元。目前，扬州市开发项目到哪里，招商引资就跟到哪里，其他涉农项目也纷纷向项目区集聚，形成了多元投入，共同开发的良好局面。

二、用拼搏奉献的精神铸造一流团队

农业综合开发是直接面向农村、服务农民的一项光荣而艰巨的工作。只有热爱农发事业，才能做好农发工作。近几年，扬州市农业资源开发局始终把打造一支团结务实、拼搏奉献的队伍作为首要任务来抓。

(一) 加强教育引导，大力弘扬“双系双为”的开发精神

为了凝聚人心，增强活力，提高队伍战斗力，扬州市开展了各种教育活动，大力弘扬“心系三农、情系开发，事在人为、敢为人先”的“双系双

为”开发精神，激发大家投身农发事业的热情和争创一流的进取心。在保持共产党员先进性教育活动中，全系统开展了“立党为公、开发为民”思想大讨论，把党员先进性标准具体为“六带头、四联系”，即带头争取开发任务、带头服务基层、带头勤俭节约、带头遵纪守法、带头团结互助、带头勤政廉政，密切联系实际、联系党员、联系群众、联系项目区。请专家教授作农业和农村形势发展的辅导报告，请项目区乡镇的领导介绍基层工作的“苦与乐”，增强大家的使命感和责任感。全系统每年都要开展评先创优活动，对“想干事、能干事、干成事、不出事”的先进集体和个人予以表彰，命名“开发之星”，形成人人争先的氛围。为了促进勤政廉政建设，局党组一班人响亮喊出“向我看齐、对我监督”的口号。近年来，扬州市农业资源开发局多次成为扬州市市级机关廉勤公示、政务公开、机关作风建设的先进典型。在全市行风热线评议中，实现了农业开发工作零投诉。

（二）注重培养锻炼，不断提高管理干部的业务素质

为了做好新时期农业开发工作，扬州市农业资源开发局把提高干部业务素质，作为加强队伍建设的一项重要内容。以此促进项目建设和管理水平的不断提升。围绕提高干部的业务素质和管理水平，扬州每年都要对业务干部进行集中培训，有计划地组织年轻人到大专院校进修，分批安排他们到项目区乡镇挂职锻炼；在内部分工和工作安排上，优化组合，注意发挥老同志传帮带的作用；2004年市局编印了《农业综合开发百题知识问答》，分发全系统学习讨论，年底又开展了知识竞赛，通过丰富多彩的活动形式，寓教于乐，使大家更好地掌握农业综合开发的各项政策，熟悉各个环节的管理工作，提高业务水平。针对工作中存在的热点、难点问题，扬州每年还组织开展调研活动，人人带着课题下基层调查研究，每年全市都形成一本调研文集。通过学习、培养和锻炼，培养出一大批业务尖子、管理能手，他们熟悉情况，钻研业务，大胆创新，突破传统思维定式和工作方法，创造性开展工作。在事业发展的同时，自身价值也得到体现。三年来，市局已有一名同志被提拔为县处级干部，提拔了四名正科级干部，两位同志转编为公务员，发展了五名新党员。基层县局和项目区乡镇一批作出积极贡献的同志也被推上了新的领导岗位。

（三）重视文化建设，努力营造和谐向上的发展氛围

为了努力打造先进的开发文化，积极营造宽松和谐的工作氛围，扬州市农业资源开发局根据形势和任务的变化，每年提出一副对联，明确目标，鼓舞士气。这几年的对联分别是：“凝心聚力搞开发、一心一意谋发展，争创一流”；“赞扬声中找差距，荣誉面前迈大步，勇攀高峰”；“集中资金办大事，突出重点抓关键，规模开发”；“创新奉献务实干、和谐开发上台阶、一流团队”。扬州市还创作了《农业开发之歌》，通过高唱、合唱自己的歌，抒发开发人的壮志豪情。2003年，扬州市成功组织了全系统文艺汇演。通过自编自演文艺节目，唱农业开发人、讲农业开发事、演农业开发戏、弘扬农业开发精神。2005年12月，又举办了全系统首届运动会，通过比赛陶冶情操，愉悦身心。为了树典型、扬正气，2004年，扬州市对系统内6位同志的先进事迹组织演讲团到项目区巡回演讲，并被邀请至省农业资源开发局机关作专场报告。《中国农业开发》杂志2005年第九期还刊载了扬州市农业资源开发局许厚祺同志的先进事迹，这些都在系统内和社会上产生了强烈的反响。生活中，细微之处更能体现组织的关怀和温暖。在市局，每位同志过生日，工会都及时送上一束鲜花和一个大蛋糕。年终岁末，全体职工和家属聚一次餐、开一次座谈会，这已成为惯例。局党组还组织职工家属参观项目区，让他们在分享农发事业成功喜悦的同时，对农发工作多一份理解，多一份支持。

三、用真情和实绩赢得社会的关注与支持

农业综合开发是一项系统工程，离不开方方面面的支持与配合。近年来，扬州市农业开发系统用真情和实绩赢得社会的关注，营造了全社会关心农业开发、支持农业开发、参与农业开发的良好环境。

（一）以主动超前的工作争取市委、市政府的支持

扬州农业开发系统在实践中深切体会到，农业开发要争取到当地党委政府的支持，就必须站在支撑全市“三农”工作，促进现代规模农业发展的高度，积极策应党委政府的发展战略，变领导布置为主动超前做工作，这样才能与市委市政府中心任务相吻合，才能赢得领导的认可。2003年，扬州市开始实施新一轮区域开发战略。早在年初，扬州市农业资源开发局就邀请专家、深入调研，编制了沿江农业综合开发规划，确立了“无公害蔬菜、特种水产养殖、经济林果”三大主导产业十个万亩基地建设，率先启动实施，为扬州在全省沿江开发中争得了先机，得到了市委、市政府的高度重视。沿江开发还促进了其他地区的发展，在沿河地区形成了“一带两园十大基地”，在高沙土地区，启动实施了“六五一”工程；在丘陵贫困地区，加大小流域治理力度，促进了区域经济协调发展。在“以国资引三资，四资共同打造农业综合开发”，“做大规模、做优产业、做响品牌”等方面，也为政府指导农业招商引资发挥了引导作用。扬州市委、市政府高度评价农业开发工作，不断加任务、压担子。市委书记季建业亲自为农业开发撰写文章，发表在《中国农业综合开发》杂志2005年首期上，市长王燕文、副市长纪春明也多次为开发争取项目，不仅确保配套资金及时足额到位，还帮助全系统改善了办公条件。市人大组织视察调研，安排专题审议。市政协领导和一些老干部也十分关注，主动献计献策。

（二）以突出的工作成绩取得县乡党委政府的信赖

在工作中，农业开发部门注重发挥区域资源优势，与当地党委、政府的发展思路相贴近、互促进，突出“一县一品”，将县乡的优势产业做大做强，以项目建设带动地方经济发展。先后扶持了优质稻米、鹅鸭经济、荷藕加工等一批重点产业化龙头企业。在项目区培植了18个专业经济合作组织，通过它们推进产业化进程，实现农民收入的快速增长，许多项目区成为现代规模农业的先导区，实现了项目园区化、农民工人化、生产标准化，提高了组织化程度。高邮市司徒项目区实施国家高新科技项目后，农民人均收入由原来全县的倒数第三上升到前三名。登月湖项目区通过与科研院所合作，引进9个系列60多个果树新品种示范种植，带动周边5个乡镇发展经济林果，形成3万亩规模基地。这些开发成效提高了县乡党委政府对农业开发的认识和重视程度，使他们争取项目、争取投资的愿望更加迫切。

（三）以精心打造的群众满意工程赢得项目区干群的赞誉

坚持把改善农业基本生产条件，提高综合生产能力作为首要任务，70%以上的资金用于基础设施建设，加强水利配套，改善交通条件，让项目区干群充分感受到公共财政的阳光雨露，激发他们参与农业开发的热情。2004年10月，在界首项目区成功组织了万人土方会战，开工时县、乡主要领导都带头参加劳动，营造了浓烈的农业开发氛围。全镇共平整土地1 154亩，平迁坟头2 141座，拆除危房38间、土地庙29座，项目区不仅新增耕地面积986亩，而且面貌焕然一新。一位年过花甲的老农民感慨地说：过去我敬了十几年的土地庙，也没有盼到水泥路、灌溉渠，还是农业开发办了实事。国家出钱、我们出力，一百个愿意。

（四）以形式多样的宣传扩大农业开发的影响

为了宣传农业开发，农业开发部门通过广播对农民进行科普系列讲座，通过电视在春节期间为项目区干群点歌慰问，通过报纸经常报道农业综合开发成效，2005年扬州农业综合开发还走进了央视。过去，很多人不知道农业综合开发是干什么的。现在，全社会关注的人多了，支持的人多了，赞誉的人多了。良好的农业开发氛围，为农业综合开发工作顺利开展，创造了有利条件。

多管齐下　多策并举
开创农民筹资投劳新局面

河南省浚县农业综合开发办公室

近年来，浚县积极探索，大胆尝试，初步摸索总结出了以“谁投资、谁经营、谁受益”为宗旨，以“自愿互利、注重实效、控制标准、严格规范”为原则，以“抓宣传、抓公示、抓管理、抓创新、抓总结”为抓手，以“三榜一补”为主要内容的筹资投劳新模式，确保了农业综合开发农民筹资投劳工作的顺利进行。2005 年度浚县农业综合开发项目区农民群众共投工 12.3 万个，筹资 204.35 万元。

一、主要做法

（一）抓宣传，调动农民筹资投劳的积极性

一是采取召开村民大会或村民代表大会宣讲有关政策、印发宣传册等办法，让群众了解掌握农业综合开发政策；通过召开广播会、现场会、张贴标语、印发宣传资料等农民群众喜闻乐见的形式，宣传农业综合开发的方针政策。同时，组织党员、干部和群众代表到外县项目区和浚县老项目区参观学习，通过开发村与未开发村村容村貌和生产条件的比较，开发后与开发前的经济效益算账等方法，充分调动广大农民群众参与农业综合开发的积极性。二是在拟建项目区召开多种形式的座谈会，听取村组干部和群众意见，了解群众生产、生活中最想解决的实际问题。三是工程技术人员在实地勘察确定项目规划、治理方案和建筑物定位时，也认真听取项目区群众的建议，尊重他们的意愿。在确保项目规划设计标准的前提下，尽量满足群众生产生活方面的需要，通过提高农民对项目建设的参与程度和解决他们急需解决的问题，进一步提高农民筹资投劳的积极性。项目区普遍形成了不等不靠、早组织、早动手，党员干部积极带头，群众热情高的新气象，形成了国家拨款未到群众已开始积极筹资投劳的开发热潮。

（二）抓公示，让农民参与项目实施全过程

浚县农业综合开发采取“三榜一补”的办法，激活项目区农民群众筹资投劳的积极性，变“要我开发”为“我要开发”。所谓“三榜”，一是立项前在项目开发村村务公开栏中对本村建设任务、财政拨款、农民筹资数额、投工数量进行张榜公布，充分听取广大农民群众的意见。二是项目计划批复后，按照“谁受益，谁负担”的原则，对项目开发村每户村民应筹资投劳的任务数量予以张榜公布。三是工程竣工后，项目开发村村委会及时将筹资投劳使用情况向村民张榜公布，让广大农民群众了解项目建设和资金使用情况。所谓“一补”，就是对项目区农户购置大型农机具进行补贴。

（三）抓管理，还农民一个明白

浚县农业综合开发严格项目资金管理，提高工作的透明度，堵塞各种漏洞。县开发办每年都配合审计部门定期检查农民筹资投劳的使用和管理情况。通过检查，及时纠正出现的问题。

（四）抓创新，积极探索筹资投劳新办法

按照“自愿互利，注重实效，控制标准，严格规范”的原则，积极探索新时期农民投工投劳改善农业生产条件的新办法。在实际工作中，不搞“一刀切”，坚持因地制宜，区别对待。允许有资集资、有劳投劳、有物捐物，实行以物折资，以劳代资。区别不同情况，采取灵活多样的形式。对经济困难的农户，可以给施工单位物料顶替筹资，也可到施工队干活顶替筹资。对主要人员外出打工的农户，可以按当地劳动力价格交钱顶替投劳。

（五）抓总结，不断提高筹资投劳工作水平

筹资投劳是一项群众性很强的工作。形势的变化，农民需要的变化，要求筹资投劳的方式方法也要随之改变。近年来，浚县开发办经常深入基层，及时了解农民的实际想法和愿望，不断总结筹资投劳的新方法、新途径。2005年11月19日，县开发办在王庄乡召开了农业综合开发农民筹资投劳政策座谈会，县乡村干部和农民代表56人参加了座谈。乡镇领导、村委干部和部分群众代表发表了各自的看法，为今后不断改进筹资投劳手段和方法提供了宝贵资料。

二、主要成效

浚县农业综合开发工作通过引导农民群众投工投劳，不仅促进了开发工作的顺利进行，而且实现了项目区经济效益和社会效益的“双赢”。

（一）项目区农民群众的思想观念有了转变

在项目实施过程中，通过大力宣传国家农业综合开发有关方针政策，鼓励农民群众积极投工投劳参与项目建设，有效地调动了农民参与改善农业基本生产条件的积极性。

（二）项目区农民收入稳定增长有了保证

通过对项目区水、土、田、林、路综合治理，提高了农业综合生产能力，推动了农业和农村经济结构的调整，农民收入增长有了保证。同时，通过在项目区举办各种农业实用技术培训班，大大提高了劳动力素质。

（三）项目区干群关系有了改善

在项目前期准备阶段，村干部按照项目工程扩初设计书，针对项目所需筹资投劳任务召开村民代表会议，采用“一事一议”的方式由村民自己决定任务分配方案，规范了“民主决策”、“民主管理”的程序和原则，拉近了干群距离，密切了干群关系。

大力推行工程监理制度　全面提升工程质量

湖南省常德市农业综合开发办公室

湖南省常德市农发办摸索完善农业综合开发工程监理工作，规范管理，取得了良好的效果。

一、夯实三项基础

（一）开展“三个大讲”，夯实思想基础

推行工程监理制，是确保工程建设质量，提高资金使用效益的有效途径。基于以上思想认识，常德市农发办为统一全市各个开发区县思想认识，及时将《国家农业综合开发土地治理项目工程建设监理办法》转发各地，先后多次召开开发区县主任会议，反复强调工程监理的意义、重要性，集中开展“三个大讲”：一是大讲农业综合开发工程推行监理制是国家农发办加强项目管理的重要规定；二是大讲推行工程监理制是全面提升工程质量的有力举措，是规范项目建设的重要机制；三是大讲推行工程监理制既是改革形势之所需，也是广大人民群众强烈呼声之所在。通过会议强调、学习讨论，切实提高了各地对土地治理项目工程推行监理制重要性的认识。各开发区县普遍认为，监理有利于提高工程建设质量，加快工程建设进度，规范项目资金报账，对提升农业综合开发项目建设水平有着举足轻重的作用。

（二）抓住四项措施，夯实工作基础

一是择优选择监理单位。受省农发办的委托，经多方比较，常德市农发办招标选择了市利安水利水电工程监理公司担负全市年度农业综合开发土地

治理项目的监理任务。二是签订监理合同。市农发办与利安监理公司签订2005年度农发项目工程建设监理协议，监理公司与各区县农发办签订监理合同，明确各方的责任、权利及义务，制定必要的奖惩措施，严格按合同办事。三是及时组织培训。结合农业综合开发工程特点，对各开发区县监理人员进行培训，使其了解农业综合开发项目特点，熟悉农业综合开发项目工程监理操作规程，切实提高工程监理的作用。四是加强目标考核。为了使工程监理制落到实处，取得实效，常德市农发办把是否执行《监理办法》作为年度考核开发县项目管理工作的重要内容，其考核结果作为年底评先评优的重要依据。

（三）组织三支队伍，夯实组织基础

一是建立项目工程监理部。为切实做好监理工作，监理公司和市农发办共同组建了项目工程监理部，并选派了具有监理资质的专业人员担任总监、副总监，其他现场监理人员均持证上岗。二是组建旁监队伍。为了加强监理力量，由市监理部、区县农发办联合选派了20多名专业人员，开展现场监理工作。三是建立群众监督队伍。为杜绝“豆腐渣”工程，进一步查漏补缺，每个项目村都选派了1—2名对工程比较内行的农民作义务监督员，对工程实行全程监督，充分发挥群众的积极性。2005年，全市聘请农民义务监督员100多名。

二、严格操作程序

国家及省农发办对农业综合开发工程监理的范围、内容、监理程序及监理费用等作了原则性的规定，为了使监理工作更加具有操作性，常德市农发办结合本地农业综合开发工作实际，制定了《常德市农业综合开发项目工程监理实施细则》，进一步明确了工程监理的目的、范围、职责及工作程序等内容。

（一）明确监理的内容

农业综合开发工程监理内容主要有以下六个方面：一是工程建筑材料质量的监理。施工单位执行材料进场检验、抽样试验和报监理工程师认可制度；二是工程施工进度计划的监理。包括审批施工单位报送的施工进度计划、监督检查进度计划的实施及调整进度计划并督促实施；三是土石方工程施工监理；四是浆砌石工程、混凝土工程施工监理；五是工程变更监理。施工单位不能随意变更工程内容及规格，确需调整或变更的工程内容，要履行变更手续，按相应的审批权限，批准后方可实施；六是工程合同计量与支付监理。

（二）明确监理的方法

现场监理人员从合同签订之日起至工程现场施工完成，每月除正常休假4天外，必须驻守工程现场，因特殊原因需要请假的，应先向监理部请假。监理部总监必须保证每月一次巡视各项目区。旁监要协调配合做好监理和管理工作，监理部在每月初向市农发办提供上月监理月报、监理资料和工作情况汇报。

（三）明确监理的权利

监理人员对施工材料、设备质量有检验权，对不能满足施工质量要求的，督促项目承包单位采取措施限期解决；对工程质量有严格把关权，发现不合格工程下达停工令，要求限期整改到位；有签字认可权，凡未经监理人员签字认同的，建筑材料、预制构配件和设备不得在工程上使用和安装，不得进入下一道工序的施工，不得拨付工程进度款项，不得进行工程竣工验收。

三、正确处理三个关系

（一）正确处理主管部门与监理公司的关系

主管部门既全面领导和指导，又支持维护监理公司履行职能。监理部每月召开1次碰头会，并以监理月报的形式向市农发办报告前期工程进度、工程质量概况、工程建设中的主要问题及处理情况、工程建设进度统计评分表、下月工作计划及建议等，让市农发办及时掌握全市各开发区县工程建设状况。市农发办组织各区县与监理部签订合同，深入各项目区县协调关系，指导县农发办主动配合监理部门搞好监理。

（二）正确处理专业公司监理与农民群众监督的关系

坚持做到既发挥监理公司的主导作用，又注重发挥农民群众的监督作用。农业综合开发工程有着项目小、工程分散、线长面广的特点，为了加大监管力度，除发挥现场监理与旁监的作用外，农民群众的监督同样必不可少。澧县2005年大堰垱项目区涉及10个村，每村选派了2名农民义务监督员，县农发办发文制订了义务监督员职责，规定义务监督员随时监督并向指挥部汇报。义务监督员的主要任务是：盯搅拌，看配比到位了没有；盯现场，看振捣到位了没有。桃源县2005年实行严格的监管，建立健全监理公司、开发项目乡镇干部、村组及农民四级监督网络，对材料、质量、进度等严格把关，做到了开发一项、成功一项、见效一项，有效保证了工程建设的顺利完成。

（三）正确处理监理机制的运用和其他机制组装配套的关系

为了进一步加强全市农业综合开发项目资金管理力度，提高项目投资的社会效益和经济效益，常德市农发办从2005年3月份开始，委托常德中正工程造价咨询事务所，对全市10个开发区、县(市)2004年土地治理项目开展年度工程造价审计。制定了《常德市农业综合开发项目工程造价审计方案》，明确了农业综合开发项目工程审计的范围、内容及程序。每年对项目区重点审计1至2个投资大、涉及面广的单项工程，并对工程监理的质量和工程建设招投标制执行情况进行监督。发现问题，及时通报委托单位，重大问题在审计结论报告中予以披露。

四、充分利用监理成果

（一）把监理成果作为问题整改的依据

监理人员对发现的不合格工程可下达停工令，限期整改到位，否则不予验收。每月一期的监理月报及时向市农发办反馈工程建设情况，市农发办根据掌握的项目建设动态，采取相应的措施，提高工程质量，加快工程进度。

（二）把监理成果作为资金拨付、竣工结算的依据

要求对工程先验收，后计量，签字认可后再报账，通过控制资金的报支，达到了促进工程进度和提高工程质量的目的。同时，真正做到了按工程进展情况分期分批拨资金，避免了资金被截留挪用。

（三）把监理成果作为评选优秀建筑队伍的依据

为了进一步提升全市工程质量，把好的工程队留住，常德市农发办进行了优秀建筑队伍的评选活动，制定了优秀建筑队伍标准。对于在监理过程中发现问题拒不整改或整改不到位者，取消评选资格。优秀建筑队伍由市农发办统一认定发文，并参与全市招投标，年度项目验收考核时，还可享受一定的加分待遇。

（四）把监理成果作为年度目标考核的依据

市农发办对各区、县（市）农发办2005年度目标管理考核，把监理制实行情况作为一项重要内容。

发挥用水户协会作用　探索设施管护新路

湖北省当阳市农业综合开发办公室

近几年来，当阳市农业综合开发办公室大力实施以末级渠系建设为载体的农民用水户协会参与农业综合开发项目设施管理，为破解农业综合开发建后管护难题开启了新思路。该市已正式挂牌成立(即法人注册登记）的农民用水者协会有33个，覆盖120个村、2.7万个农户、25.4万亩耕地。

一、挖掘协会筹资潜能，保证农发项目的维护资金

市农发办充分利用协会较强的筹资功能，把农发项目交给协会直接管理、使用和维护，有效解决了农发项目维护资金无着落的问题。在协会管理农发项目上，主要筹资形式有四种：一是水费返还。由水源单位在正常的水价范围内，适当让利于协会，作为其工作经费。二是会员分摊。动员协会会员自愿捐资，主要用于大型基础设施的非常规性维修投入。一般由协会执委（理事）或代表以现场踏勘等形式，依据轻重缓急程度，筛选若干工程项目，交由会员大会讨论决定，然后制定预算，按田亩数平均分摊到会员。三是争取外援。积极争取其他投入渠道资金，用于修补和维持农发项目工程。四是通过多种经营创收。通过创办经济实体增加工程维持费用。如黄林支渠农民用水者协会通过种柑桔、水库养鱼、养猪等方式，每年收入10万元，从中拿出一部分用于维持。

二、发挥协会自律作用，实现农发项目的民主管理

一是农发项目设施的维修实现民主化。在农发项目交给协会管理之前，维修与否决定权在地方政府，与真正的使用者、受益者没有多大关系，维修者不使用，使用者不维修，权利与义务相脱节。交给协会管理后，维修决定权发生了根本的变化，农民自己决定设施的维修与否，真正实现权利和义务的统一。二是农发项目设施的管理实现全员化。按正常的管护、使用、农发设施都有一定的使用寿命，过去政府管理，群众认为是政府的，有时只图自己方便，人为损失严重。农发项目设施交给协会管理后，由于协会会员的主人翁意识增强，农民把农发项目设施真正当作“自己”的东西进行爱护、保护，人人都增强管护意识，管护变成了农民的自觉行为，无形中使设施的使用寿命得到延长。三是农发项目设施的使用实现制度化。协会通过制定《协会章程》、《灌溉管理制度》、《工程管理制度》等一系列的制度规范工程设施管理。放水秩序明显好转，争水、抢水等设施使用的无秩序化状态得到改变。如东风三干渠，在协会成立前，一个村组放水一次需动用镇村干部、群众劳力150多人全力以赴护渠押水。协会管理后，用灌溉、工程管理制度进行科学使用、调度，放水走向有序，护渠管水只需7人。

三、利用协会法人地位，落实农发项目的管护责任

协会是独立的法人主体，是政府与农民之间的桥梁、纽带和抓手。当阳市农发办充分利用协会法人主体特性，将设施移交给协会具体管理、使用，并以书面形式落实责任。制定设施管护责任考评办法，实行每年对所管理的设施进行综合考评的办法，对协会责任落实情况进行考核，使农发项目设施管理从虚无走向具体，真正落实了农发项目的设施管护责任主体。

四、结合协会主体功能，提高农发项目的综合效益

一是强化了节水意识。协会直接管理水利基础设施，责任主体更加明晰和具体，农民的节水意识增强。以黄林支渠为例，亩用水由原来的634立方米下降到300立方米。农民投资投劳、交水费的积极性提高。水费收缴率由过去的60%左右提高到98%以上。二是改善了灌溉质量。由于水利设施得到改善，渠系过水能力提高，灌溉质量明显改善。黄林支渠原来最大流量仅0.7，现增加到1；放水时间（渠首至渠尾）由原来的一天半缩短为半天；轮灌周期从成立时的10天缩短为5天。三是减轻了农民负担。以东风三干渠为例，协会成立前，亩水费负担14元，现仅10元左右。四是提高了效益。实行协会管理后，以前割不断的水费拖欠问题，得到有效解决，水管单位有了一定的资金投入，水利建设走上了良性循环发展的路子。

抓基地　强龙头　建机制
农业综合开发助推资阳农业产业化

四川省资阳市农业综合开发办公室

资阳市位于四川盆地中心区域，所辖四个县（市、区）均为百万人口的大县，属典型的人多、地少、资源匮乏、农民增收难度大的丘陵农业区。近年来，该市立足丘陵地区实际，围绕特色农业，用抓工业的理念来抓农业，把推进农业产业化作为解决“三农”问题的突破口，在起步迟、基础差、困难多的情况下，借助国家农业综合开发搭建的平台，着力扶持和培育了一批重点农产品加工龙头企业和标准化农产品生产基地，龙头企业集群初步形成，特色农产品基地初具规模，有效地带动了广大农民增收，取得了比较明显的成效。2005年，资阳市荣获全国农业产业化经营先进市称号。

一、结合实施农业综合开发土地治理项目，建设高标准农产品生产基地，着力打造农业产业化经营“第一车间”

为提高农产品质量和市场竞争力，为农业产业化发展奠定坚实的基础，该市充分利用实施农业综合开发土地治理项目的有利条件，将土地治理项目与优势农产品产业带建设进行了有机结合，在优势农产品生产基地配套建设提、蓄、截、灌、排等水利设施，改良土壤，建设机耕道路，解决制约基地发展的“瓶颈”障碍因素。通过实施土地治理项目，以及农业综合开发产业化经营项目，建立了一大批标准化、专业化、集约化的农产品生产基地，并辐射周边农村，壮大了优势产业，满足了农业产业化龙头企业的原料需求，收到了产业发展、企业增效、农民增收的良好效果。一是大力支持柠檬标准化示范园和生产基地建设。几年来，借助农业综合开发项目实施，累计支持建设柠檬生产基地20万亩。二是大力支持优质粮食生产基地建设。在农业综合开发的支持下，简阳市围绕若男食品公司建立了5万亩“川麦36号”、“川麦39号”小麦生产基地，乐至县围绕德发粮油公司建立了10万亩“双低”油菜生产基地。三是大力支持优质果蔬基地的发展。雁江区丰裕镇的优质椪柑生产基地、松涛镇董家坝的优质蔬菜基地，在农业综合开发的支持下，生产条件明显改善，果蔬产量和品质明显提高，农民收入稳步增加。农业综合开发支持的简阳市大地公司10万亩“青见”、“不之火”、“津之香”等优质柑桔生产基地，带动周边2万户农户参与种植，产品成为畅销各大城市超市的高档水果。四是支持畜牧业“千万工程”建设。实施农业综合开发土地治理项目，在简阳市建设了优质饲料饲草示范基地4万亩，通过引导种植优质牧草，既解决了规模养殖场的饲草保障问题，又为农民找到了一条增收门路。通过实施农业综合开发产业化经营项目，依托国家级农业产业化龙头企业——四海集团公司，建立了198家专业养殖场、38个村级标准化饲养基地，年出栏商品猪30万头。

通过不懈努力，目前，该市已建成各类绿色食品和无公害产品标准化生产基地178多万亩，其中有龙头企业参与建设的种植、养殖基地200多个，全市初步构建起了优质生猪、优质山羊、优质粮油、优质柠檬、调味品、茧丝绸、棉纺、特色中药材、薯类食品和绿色蔬菜“十条龙”产业。

二、积极扶持重点龙头企业，增强带动能力，促进农民持续增加收入

近年来，该市秉承“扶持龙头企业就是扶持农民”的理念，把龙头企业作为产业化经营的关键环节，按照“设备一流、技术领先、产品绿色、市场外向”的要求，大力支持重点龙头企业发展，着力增强龙头企业对农民增收的带动能力。农业综合开发项目特别是产业化经营项目集中向重点龙头企业倾斜，集中资金培育壮大了一批起点高、规模大、带动力强的国家级或省级大型龙头企业。在龙头企业发展过程中寻找合适的切入点，构建产业支撑，充分发挥龙头企业在开拓市场、科技创新、加工增值、标准化生产等方面的重要作用，初步形成了“大产业、大项目、大企业、大发展”的发展格局。如四海公司通过农业综合开发的连续支持，建成了年屠宰加工300万头生猪的现代化生产线，同时启动了年产3万吨熟肉食品项目的建设。2005年，该公司总资产达5.91亿元，实现销售收入20.1亿元，仅在资阳就收购加工生猪210万头，直接带动2万农户发展生猪产业。又如大业公司通过农业综合开发的扶持，2005年引导企业和金融投入资金3 405万元，建成了年产3万吨的节粮型颗粒羊专用饲料厂和黑山羊原种场，直接带动2.8万农户养羊增收。

目前，该市已有各类产业化龙头企业229户，市级以上重点龙头企业81家，其中国家级3家，省级8家；销售收入上亿元的17家；绿色食品认证企业6家。2005年，全市规模以上农产品加工企业130户，实现销售收入78亿元，较上年增长85%，占全市规模以上工业企业销售收入的43.87%。龙头企业直接带动40%以上的农户实现人均增收500元以上。

三、以完善利益联结机制为重点，扎实推进机制创新，为农业产业化经营发展增添活力

为推动农业产业化经营持续、健康、快速发展，增强发展后劲，资阳市围绕推进农业产业化着力创新了四大机制：

——创新利益联结机制。该市在推进农业产业化过程中，始终坚持“自愿、平等、互利”原则，充分尊重企业和农户在市场经济中的平等地位，积极探索多形式的利益联结机制，努力引导龙头企业与农户结成“风险共担、利益共享”的共同体，实现企业与农民的利益互动。在实践中，探索了五种深受农户欢迎的模式：一是协会联结、会员得利。四海公司对加入DLY猪业协会的专业户实行仔猪、饲料、防疫“三赊销”，并按保护价与协会签订收购合同。对DLY优质生猪按比市场高2%～5%的价格收购。对常年存栏10头以上、年出栏30头以上的规模养殖户，在圈舍建设上公司补助120元；对资金有困难的还可提供2万～3万元的流动资金借款。协会还组建专业运输队，深入农户收猪，方便群众售猪。二是订单收购、二次返利。建元油脂公司对原料实行订单保底收购加二次返利，经营利润按4:6比例与农户分成，确保了农户的利益，促进了农民收入的增加。三是寄养取酬、联养分利。大业公司依托“羊业家园”，将种羊寄养到农户，公司负责防疫免疫、配种、提供精料，农户负责草料和按公司要求饲养，公司支付饲养户报酬。正东农牧集团将种羊发放给农户实行联养，公司统一培训技术、指导饲养和防疫免疫，农户负责饲养管理，获取收益。四是保底收购、优价让利。若男公司垫资购买专用优质小麦种子提供给农民种植，并按高于市场价的价格收购。五是配套服务、互动互利。富旺公司统一为基地农户优价提供DLY种猪，实行全程技术服务，保护价回收仔猪，企业实现了快速扩张，农户也从多环节获得了更高的收益。

——创新财政支农资金投入机制。为充分发挥包括农业综合开发资金在内的财政支农资金的引导作用，该市创立了财政控股的农业产业化信用担保公司，通过农业担保发挥财政资金的放大作用，带动大量民间资本和金融资金投向农业产业化。目前，担保公司的资本金已近5 000万元，按照“保一贷五”的放大比例为龙头企业和业主提供信贷额度，已累计为四海、大业等60余家龙头企业和大地、七环等200余户业主以及“六方合作”等3 000多家协会提供了产业化信用担保2.5亿元，带动民间资金投入约6亿元，为农业和农村经济发展注入了强大的活力。有效地解决了发展农业产业化流动资金短缺、贷款无抵押等问题，充分发挥了财政资金“四两拨千斤”的作用。

——创新金融政策支农机制。该市与省农发行、省农村信用社签订3年授信60亿元的农业政策性金融信贷合作协议，通过政府信用、公司担保、土地质押等多种渠道对农业产业化龙头企业和基地农户予以信贷支持。积极用好用活政策性储备贷款，探索建立了粮油产业化“三方合作机制”，由粮食加工龙头企业与粮食部门签订代储粮食合同，农业发展银行为企业提供储备贷款，企业再与农户签订收购订单，实行库贷挂钩、滚动轮换、封闭运行，政府给予“以奖代补”。今年，该市又创造性地推出了养殖业“六方合作”新机制，即“担保公司+饲料生产企业+金融机构+种畜场+协会农户+肉食品加工企业”的新型产业化模式。其基本运作方式是：政府向饲料加工企业和种畜场下达饲料粮储备计划，农发行等金融机构向饲料加工企业和种畜场发放低息储备粮贷款，市农业产业化担保公司为饲料加工企业贷款提供信用担保，饲料加工企业向协会农户赊销、配送优质饲料，种畜场向协会农户提供质优价廉的仔畜，协会农户按标准化要求饲养并按订单向肉食品加工企业交售优质无公害商品肉畜，肉食品加工企业按“优质优价”原则收购协会农户养殖的商品畜并代饲料加工企业扣收协会农户赊销的饲料款。通过这一合作，实现了“一方致富、二方拓展、三方搞活、四个效果”。“一方致富”，即农民多环节增收，实现养殖致富。“二方拓展”，即金融机构拓展农村信贷业务，担保公司拓展担保业务并吸纳资本金提升实力。“三方搞活”，即饲料加工企业搞活饲料直销市场，种猪场搞活农村仔猪市场，肉食品加工企业搞活优质无公害出口肉畜基地建设。“四个效果”，即一是直接为企业贷款，间接为农民融资，突破金融支农的“瓶颈”制约；二是推动生猪等出口原料基地建设，推动生产方式的转变；三是调动农民生产积极性，增强企业发展动力，加快构建肉食品产业强市；四是留守老年劳动力得到充分利用，有效地破解了农村青壮劳动力外出务工后，农村劳动力不足、品种改良困难、饲养水平难以提高等制约现代畜牧业发展的瓶颈问题。目前，首批合作已有5个饲料加工企业、6个种畜场、2个肉食品加工企业、39个养殖协会与农发行、信用联社、农业产业化担保公司签订了合作协议，共带动39个村4 000多农户规模化发展生猪产业。

——创新农业保险机制。本着政府引导、政策支持、农民自愿、公司经营、以险养险的原则，该市把农业政策性保险与商业性保险有机结合，在全省率先开展生猪养殖保险，按照政府补贴一点、业主缴纳一点、保险公司优惠一点的办法筹集保费，并推出了不同费率不同保障的模式供农民选择，进一步增强了农业规模化生产后抗御自然风险的能力。

第五部分

重要法规选编

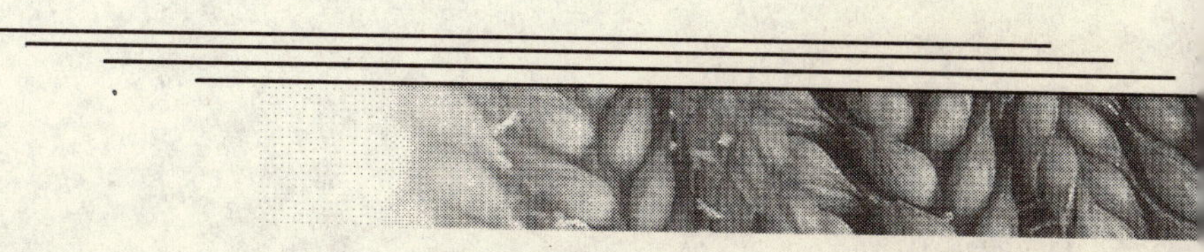

国家农业综合开发资金和项目管理办法

中华人民共和国财政部令

第29号

《国家农业综合开发资金和项目管理办法》已经2005年8月17日部务会议讨论通过，现予公布，自2005年10月1日起施行。

部长　金人庆

二〇〇五年八月二十二日

第一章　总　则

第一条　为了促进国家农业综合开发资金和项目管理科学化、制度化、规范化，保证资金安全运行和有效使用，保证项目顺利实施，根据国家有关法律、行政法规，制定本办法。

第二条　本办法所称农业综合开发是指中央政府为保护、支持农业发展，改善农业生产基本条件，优化农业和农村经济结构，提高农业综合生产能力和综合效益，设立专项资金对农业资源进行综合开发利用的活动。

第三条　农业综合开发的任务是加强农业基础设施和生态建设，提高农业综合生产能力，保证国家粮食安全；推进农业和农村经济结构的战略性调整，推进农业产业化经营，提高农业综合效益，促进农民增收。

第四条　农业综合开发项目包括土地治理项目和产业化经营项目。

土地治理项目，包括稳产高产基本农田建设、粮棉油等大宗优势农产品基地建设、良种繁育、土地复垦等中低产田改造项目，草场改良、小流域治理、土地沙化治理、生态林建设等生态综合治理项目，中型灌区节水配套改造项目。

产业化经营项目，包括经济林及设施农业种植、畜牧水产养殖等种植养殖基地项目，农产品加工项目，储藏保鲜、产地批发市场等流通设施项目。

第五条　农业综合开发应创新机制，强化管理，实行与社会主义市场经济、公共财政相适应的管理机制和投资政策。

第六条　农业综合开发实行“国家引导、配套投入、民办公助、滚动开发”的投入机制。

农业综合开发资金安排应遵循以下原则：

（一）效益优先，兼顾公平；

（二）突出重点，兼顾一般；

（三）集中投入，不留缺口；

（四）奖优罚劣，激励竞争。

农业综合开发以资金投入控制项目规模，按项目管理资金。

第七条　农业综合开发项目管理应遵循以下原则：

（一）因地制宜，统筹规划；

（二）规模开发，产业化经营；

（三）依靠科技，注重效益；

（四）公平竞争，择优立项。

农业综合开发项目实行自下而上申报。

第八条　依照统一组织、分级管理的原则，合理划分国家农业综合开发办公室（以下简称国家农发办）和省、自治区、直辖市、计划单列市、新疆生产建设兵团、黑龙江农垦总局（以下简称省）农业综合开发办事机构（以下简称农发机构）的管理权限和职责。

第二章 扶持重点

第九条 农业综合开发主要扶持农业主产区，重点扶持粮食主产区。农业主产区按主要农产品产量和商品量以省为单位确定。

非农业主产区的省应确定本地区重点扶持的农业主产县（包括不设区的市、市辖区、旗及农场，下同）。

第十条 土地治理项目以中低产田改造为重点，结合优势农产品产业带建设，建设旱涝保收、稳产高产基本农田。坚持山水田林路综合治理，农业、林业、水利措施综合配套，实现经济、社会、生态效益的统一。

第十一条 产业化经营项目应参照国家制定的优势农产品区域布局规划，根据当地资源优势和经济发展状况，确定重点扶持的优势农产品产业。通过加强优势农产品基地建设，扶持产业化龙头企业，提高农业生产组织化程度和农业产业化经营水平。

第十二条 土地治理项目扶持对象应以农民为重点。

产业化经营项目扶持的对象包括国家级和省级农业产业化龙头企业（含省级农发机构审定的龙头企业）以及农民专业合作组织等。

第十三条 由国家农发办确定纳入扶持范围的农业综合开发县，并按照“总量控制、适度进出、奖优罚劣、分级管理”的原则进行管理。

第三章 资金管理

第十四条 中央财政根据财力可能逐年增加用于农业综合开发的资金。

第十五条 财政部依据各地财力状况分别确定各省地方财政资金与中央财政资金的配套比例。

省级财政承担的配套资金总体上不低于地方财政配套资金的80%。省级财政可以在确保地方财政配套资金的前提下根据地（包括设区的市、自治州、盟，下同）、县财力状况确定不同的配套比例。

地方各级财政配套资金应列入同级财政年度预算。

国家扶贫开发工作重点县以及乡级财政不承担资金配套任务。

第十六条 农业综合开发的扶持对象应有必要的投入。

土地治理项目的农村集体和农民筹资（含以物折资）投劳，要严格按照“农民自愿，量力而行，民主决策，数量控制”和“谁受益、谁负担”的原则进行筹集，并纳入村内“一事一议”范畴，实行专项管理。

产业化经营项目的自筹资金应不低于财政投资的50%。

第十七条 农业综合开发可以采取补贴、贴息、有偿扶持等多种形式，吸引金融资金、民间资本、工商资本以及外资，逐步扩大农业综合开发资金投入。

第十八条 中央财政农业综合开发资金的分配以综合因素法为主，按资源条件和工作质量测算各省中央财政资金投资指标。

各省产业化经营项目中央财政资金投资规模根据项目申报情况确定。

第十九条 每年新增中央财政农业综合开发资金重点用于农业主产区。各省农业综合开发财政资金应对农业主产县进行重点投入。

第二十条 农业综合开发财政资金原则上70%以上用于土地治理项目，30%以下用于产业化经营项目，具体投入比例根据各省资源状况和经济发展要求确定。

农业综合开发应逐步加大科技投入力度，提高财政资金中科技投入所占比重。

第二十一条 用于土地治理项目的中央财政资金全部无偿投入。

用于产业化经营项目的中央财政资金实行有偿和无偿扶持相结合，以有偿扶持为主。财政资金可以投资参股产业化经营项目，具体办法由财政部另行制定。

第二十二条 用于土地治理项目的农业综合开发资金的使用范围包括：

（一）总库容在 1 000 万立方米以下的小型水库、塘坝及拦河坝的改建、扩建、加固、新建；总装机容量在 5 000Kw 以下的机电排灌站的改造、续建、新建及其配套的 35KV 以下输变电设备；新打、修复机电井及配套的机、泵和 10KV 以下的输变电设备；灌排渠道开挖、疏浚、衬砌及配套建筑物；发展节水灌溉所需的建材、管材及喷滴灌设备。中型灌区节水配套改造项目资金的使用范围及其管理办法由国家农发办另行制定。

（二）修建农田机耕路所需沙石料、改良土壤所需绿肥种子及秸秆还田机械设备、机械平整土地的施工；优良品种的购置、繁育及加工所需的工程设施、配套设备；推广优良品种和先进实用技术所需的小型仪器设备及示范、培训；购置农业机械及配套农机具的补助等。

（三）营造农田防护林、防风固沙林、水源涵养林、水土保持林等所需的苗木购置（或苗圃建设）及工程设施；牧区改良草场所需种子购置、灌溉设施、草场围栏、青贮窖、饲料加工、牲畜棚圈等。

第二十三条 用于产业化经营项目的农业综合开发资金的使用范围包括：

（一）经济林及设施农业种植基地所需的灌排设施、农用道路、输变电设备及温室大棚，品种改良、种苗繁育设施，产品整理、分级、清洗、包装等采后处理设施，质量检测设施，新品种、新技术的引进、示范及培训等。

（二）养殖基地建设所需的灌排设施、农用道路及输变电设备等，种苗繁育、品种改良设施，养殖基地生产设施，专用饲料小型生产设施，疫病防疫设施，废弃物处理及隔离环保设施，质量检测设施，新品种、新技术的引进、示范及培训等。

（三）农产品加工项目所需的生产车间、辅助车间、包装车间、成品库、原料库、低温库、加工设备、辅助设备及配套的供水、供电、道路设施；质量检验设施，废弃物处理等环保设施，卫生防疫及动植物检疫设施，引进新品种、新技术，对基地的农户进行技术培训等。

（四）农产品产地批发市场、储藏保鲜项目所需的气调库、预冷库、低温库、设备购置安装及配套的供水、供电、道路设施，产品质量检测设施，卫生防疫与动植物检疫设施，废弃物配套处理设施，农产品产地批发市场的交易场所建设等。

产业化经营项目的财政无偿资金应用于：项目可行性研究、初步设计或实施方案（以下简称初步设计）所需费用，新品种、新技术的引进、示范及培训所发生的费用，部分必要的公益性基础设施建设投入补助。

第二十四条 农业综合开发资金的其他使用范围包括：

（一）贷款贴息。从中央财政农业综合开发资金中单独安排资金，专项用于符合农业综合开发扶持范围的贷款项目的贴息。贴息资金管理办法由财政部另行制定。

（二）县级农发机构项目管理费。按土地治理项目财政投资的一定比例提取使用：财政投资 500 万元以下的按 3.5%提取，1 000 万元以下的其超过 500 万元的部分按 1.5%提取，超过 1 000 万元的其超过部分按 0.5%提取。项目管理费从地方财政配套资金中列支，主要用于项目实地考察、检查验收、业务培训、项目及工程招标、资金和项目公示以及土地治理项目可行性研究、土地治理项目一般工程初步设计等方面的支出，不得用于人员工资、补贴、购置车辆等行政经费开支。地、省级农发机构和国家农发办由木级财政预算单独安排事业费用于项目管理各项支出，不得另提项目管理费。

（三）土地治理项目主要单项工程监理费及其勘察设计费。从地方财政配套资金中列支，按实际支出数计人项目工程成本。具体办法由国家农发办参照国家有关规定制定。

第二十五条 农业综合开发财政资金实行专人管理、专账核算、专款专用，严格按照农业综合开发财务、会计制度进行管理，按规定范围使用资金，严禁挤占挪用。

第二十六条 财政无偿资金通过财政部门，按有关规定及时、足额拨付。有偿资金通过财政部门履行承借手续，按规定程序支付，逐级统一归还。

各级财政部门应根据已批准的项目计划、初步设计、工程建设进度及时拨借资金。

第二十七条 财政无偿资金的使用实行县级报账制。项目实施单位要严格按照规定的程序和手续及时办理报账。报账资金的拨付实行转账结算，严格控制现金支出，严禁白条入账。

县级农发机构借出财政有偿资金，要落实还款责任，借款单位或个人须有担保。对确实难以偿还的财政有偿资金实行呆账核销，具体办法由财政部制定。

第二十八条 各级农发机构应采取自查、委托社会中介机构等方式，加强对资金拨借、使用情况的监督检查。

各级农发机构应积极配合审计和财政监督机构等部门的审计和监督检查工作。

第二十九条 国家农发办对经查明的挤占、挪用农业综合开发资金及虚报农业综合开发项目等违规违纪问题，应责令改正，追回资金，并追究有关单位和责任人的相关责任。

第四章 项目管理

第三十条 农业综合开发项目的前期准备是指项目正式申报前的准备工作，包括制定开发规划、建立项目库、编制项目可行性研究报告等。前期准备工作应做到经常化、制度化。

第三十一条 各级农发机构应依据农业发展中长期规划和国家农业综合开发政策，制定本地区农业综合开发总体规划及阶段性开发方案，并在此基础上，建立土地治理项目库和产业化经营项目库。

第三十二条 存入项目库的项目应达到项目建议书的要求。项目建议书的主要内容包括：

（一）土地治理项目：开发的必要性及条件，建设范围、规模及主要治理措施，投资估算及来源（含农民筹资投劳计划），效益预测。

（二）产业化经营项目：建设条件，建设单位基本情况，市场分析与销售方案，项目建设方案，投资估算与资金筹措，财务评价。

项目建议书经省级或地级农发机构实地考察合格，可存入项目库，拟扶持项目从项目库中择优选择。

第三十三条 农业综合开发项目可行性研究报告应由具备相应资质的单位编制或组织有关专家编制。

可行性研究报告的主要内容包括：

（一）土地治理项目：项目背景，包括自然、社会、经济等现状；水土资源评价；项目建设的必要性及可行性；治理范围、地点、规模；工程量及主要工程、农艺措施；项目区现状及工程平面布置图；投资估算及筹资方案；经三分之二以上农户签字同意或村民代表大会通过的农民筹资投劳计划及自愿开发证明材料；综合效益评价；组织实施和运行管理。

（二）产业化经营项目：项目背景及必要性，建设条件，建设单位基本情况，市场分析与销售方案，项目建设方案，投资估算与资金筹措，财务评价，环境影响评价，农业产业化经营与农民增收效果评价，项目组织与管理。

第三十四条 农业综合开发项目申报单位一般应在上年度申报下年度的农业综合开发项目。

各级农发机构应区别各类项目不同情况，积极推行项目招商或项目招投标，发布项目申报指南，在较大范围内择优选项。

第三十五条 国家农发办和省级农发机构应按职责分工组织项目评估，对拟建项目可行性研究报告采取定量分析和定性分析相结合，动态分析和静态分析相结合的方法，对项目建设的必要性、技术可行性、经济合理性、资金配套与偿还能力的可靠性进行审查和综合评价，为项目确立提供决策依据。

国家农发办和省级农发机构应对产业化经营项目申报单位附报的社会中介机构出具的审计报告、城郊新建项目征用土地的批准文件以及干旱地区中低产田改造项目申报单位附报的水利部门出具的水资源条件鉴定意见等进行审查和评价。

项目评估采取专家评议、现场答辩、实地考察等形式。对虚报材料或财务经营状况不清的，实行一票否决。

项目评估应建立责任制，明确专业评估人员的评估责任。评估人员应对评估项目的技术可行性、经济合理性等作出客观真实的评价。因评估结论失实影响项目正确决策的，评估人员及其所属评估机构应当承担相应责任。

第三十六条　土地治理项目立项应符合以下条件：

（一）中低产田改造项目应符合土地利用规划，有明确的区域范围，按流域或灌区统一规划；项目区水源有保证，防洪有保障，排水有出路，灌排骨干工程基本具备；开发治理的地块集中连片，具有较大的增产潜力。年度单个项目相对连片开发面积，原则上平原地区不低于1万亩、丘陵山区不低于5 000亩。

（二）生态综合治理项目应有明确的区域范围，治理区面积集中连片，具有一定开发治理条件，对改善农业生产条件和生态环境具有明显的效果。年度单个项目相对连片治理面积，天然草场5 000亩以上，人工草场1 000亩以上，小流域治理和土地沙化治理5 000亩以上。

（三）中型灌区节水配套改造项目应符合区域水资源利用总体规划和节水灌溉发展规划；直接为农业综合开发项目区提供水利灌排条件；灌区设计灌溉面积一般不低于5万亩、不超过30万亩。

第三十七条　产业化经营项目立项应符合以下条件：

（一）项目申报单位或其控股单位具有独立的法人资格，经营期在两年以上，有一定的经营规模和经济实力，有较强的自筹资金能力，能保证资金安全运行；近两年资产负债率小于70%，银行信用等级A级以上（含A级，未向银行贷款的除外）；开发产品科技含量高，市场潜力大，竞争优势明显；带动能力强，与农户建立了紧密、合理的利益联结机制；建立了符合市场经济要求的经营管理机制；项目安排一般限于农业综合开发县。

（二）除具备前项规定的条件外，种植养殖基地项目须有明显的资源优势和特色；农产品加工项目须有优势农产品基地作依托，向农户采购的原料占所需原料的70%以上；储藏保鲜、产地批发市场项目须为项目区提供与生产和加工相关的服务。

（三）以省为单位，产业化经营项目年度中央财政资金的50%以上用于中央财政投资300万元（除重庆外的直辖市和计划单列市不低于200万元，下同）以上的单个产业化经营项目，其他产业化经营项目的单个项目年度中央财政投资一般不低于100万元。

第三十八条　中型灌区节水配套改造项目及中央财政年度投资或分年投资合计在500万元以上的其他土地治理项目和中央财政年度投资在300万元以上的产业化经营项目由国家农发办组织评估、审定。

其他农业综合开发项目一般由省级农发机构组织评估、审定，部分项目可以委托地级农发机构组织评估、审定，国家农发办进行指导、监督和抽查。

第三十九条　在项目评估可行的基础上，按照项目管理权责，由国家农发办或省级农发机构根据财力可能，遵循合理布局的原则，择优确定所扶持项目并编入项目计划。

第四十条　农业综合开发项目计划原则上实行一年一定的办法。国家农发办逐年下达中央财政投资控制指标，作为省级农发机构编制年度项目实施计划的依据。

第四十一条　农业综合开发项目初步设计应由具备相应资质或能力的单位编制，其内容包括：项目总体设计，主要建筑物设计，机械、设备及仪器购置计划，配套设施设计，主要工程概算，项目区现状图和工程设计图等。

初步设计由省级或地级农发机构组织审定，或委托相关技术部门审定。

第四十二条　地方农发机构应逐级编制、汇总年度项目实施计划。年度项目实施计划的主要内容包括：

（一）编制说明书。包括开发范围及变更情况、区域布局与开发重点、投资规模及资金来源构成、开发任务与项目安排、主要治理措施及投资构成、预期效益目标等。

（二）项目计划表。各类项目计划表的格式由国家农发办统一制发。

（三）附件：省级财政对承担配套资金、按期归还财政有偿资金的承诺意见。

第四十三条 国家农发办主要批复土地治理项目年度实施计划的开发范围、任务及投资额等。省级农发机构根据国家农发办的批复向下批复项目年度实施计划，并报国家农发办备案。

产业化经营项目年度实施计划300万元以上的由国家农发办批复，其他项目年度实施计划由省级农发机构批复。

省级农发机构应按照国家农发办规定的时间向国家农发办申报项目年度实施计划或备案其批复的项目年度实施计划，国家农发办应及时批复或核查。国家农发办对省级农发机构报送备案的项目年度实施计划在一个月内未提出异议的，视为同意。批复或备案的年度项目实施计划，作为拨借中央财政资金和进行检查验收的依据。

第四十四条 年度项目实施计划进行调整、变更和终止的，应按照以下规定进行。

（一）凡建设内容调整涉及财政资金额度达到100万元以上的，应在项目初步设计重新审定后逐级报经国家农发办批准；低于100万元的，应由组织审定该项目初步设计的省级或地级农发机构批准。

（二）项目变更（指项目性质、建设地点、项目实施单位的任何一项变更）或终止，须逐级报经组织该项目评估审定的国家农发办或省级农发机构批准。由省级农发机构批准变更或终止的项目，需报国家农发办备案。因项目变更而实施的新项目需按本办法第三十五条第二款的规定附报新建单位相关证明材料。

（三）项目变更、终止经国家农发办或省级农发机构批准后，县级农发机构应及时将项目变更或终止的决定正式通知项目实施单位或农民，并说明变更或终止的理由。

（四）经批准终止的项目的中央财政资金，县级农发机构须在收到项目终止正式通知一个月内逐级上缴国家农发办。

（五）终止项目及因项目变更取消的项目，其已发生的有关费用支出，原则上由项目实施单位自行负担。

（六）所有项目的调整、变更或终止，应在项目立项当年年底或次年6月底之前集中申报，逾期由国家农发办逐级收回资金。

第四十五条 农业综合开发项目建设期为1—2年。凡纳入计划的项目，应如期建成，并达到国家规定的建设标准。

第四十六条 农业综合开发项目应当推行项目法人制、招投标制、工程监理制、资金和项目公示制。

土地治理项目主要单项工程的勘察设计、施工、监理、主要设备和材料的采购，实行公开招标。主要单项工程的施工，由具备相应资质或能力的单位进行监理。

农业综合开发财政资金及农村集体、农民自筹资金使用情况，项目建设主要内容，应推行公示制。

第四十七条 项目实施单位应按照经批准的初步设计组织实施，施工单位应严格按照设计图纸施工，不得擅自变更建设地点、规模、标准和主要建设内容。

第四十八条 各级农发机构要加强项目实施过程中的检查监督，进行定期检查或专项检查，发现问题及时纠正，确保工程质量和资金使用效益。

第四十九条 省级农发机构应在每年3月底前向国家农发办报送上年度项目实施计划完成情况统计表。

第五十条 农业综合开发竣工项目验收的主要依据包括国家制定的农业综合开发方针政策、规章制度及工程建设标准，项目年度实施计划批复、调整及资金拨借文件以及经批准的项目初步设计。

第五十一条 农业综合开发竣工项目验收的主要内容包括执行国家农业综合开发政策的情况，项目建设任务与主要经济技术指标完成情况，主要工程建设的质量情况，资金到位及农民筹资投劳情况、资金使用和回收落实情况，工程运行管理和文

档管理情况等。

第五十二条 农业综合开发竣工项目一般由省级农发机构进行验收，部分竣工项目可以委托地级农发机构验收。

县级农发机构和项目实施单位应做好项目竣工验收前的准备工作，由地级农发机构进行督查。

第五十三条 国家农发办对项目竣工验收每3年进行一次考评。省级农发机构在对竣工项目组织验收的基础上向国家农发办提交验收考评申请并附验收总结报告。国家农发办按一定比例随机抽样确定考评县或项目的数量和名单，采取直接组织和委托的方式进行考评。

国家农发办对竣工验收项目考评后，按考评标准作出是否合格的综合评价。

第五十四条 农业综合开发项目竣工验收后，应当明确管护主体，及时办理移交手续。

管护主体应建立健全各项运行管护制度，保证项目正常运转，长期发挥效益。

各级农发机构应做好后期项目监测评价工作，为改进项目管理提供依据。

第五十五条 农业综合开发项目区应按照“谁受益谁负担”、“以工程养工程”的原则筹集项目运行管护费用；推行建立自主管理灌排区的投资、养护管理机制；采取拍卖、租赁、承包等方式对形成的资产实行有效管理。

第五十六条 对因自然灾害造成的农业综合开发项目区损毁工程，其修复所需资金原则上由各省自行解决。遇有特大灾情，国家农发办视财力情况予以适当补助。

第五十七条 实行农业综合开发县末位暂停制度。对存在严重违规违纪问题的农业综合开发县，国家农发办应当暂停或取消其开发县资格。

国家农发办应对竣工项目验收考评不合格的省予以通报批评，限期整改。在限期内未能认真整改的，国家农发办可以不予安排新增资金、调减现有投资规模或者暂停投资。

第五章　附　　则

第五十八条 本办法所称“以上”、“以下”均含本数。

第五十九条 省级农发机构可根据本办法，结合本地区的实际情况，制订具体实施办法，报财政部备案。

第六十条 中央农口部门农业综合开发项目管理办法由国家农发办另行制定。

第六十一条 本办法自2005年10月1日起施行，原《国家农业综合开发项目和资金管理暂行办法》同时废止。

财政部关于印发《国家农业综合开发投资参股经营试点管理办法》的通知

（2005年10月10日　财发［2005］39号）

各省、自治区、直辖市、计划单列市财政厅（局）、农业综合开发办公室，新疆生产建设兵团财务局、农业综合开发办公室，农业部（农业综合开发办公室）：

现将修订的《国家农业综合开发投资参股经营试点管理办法》印发给你们，请遵照执行。执行中有何问题和建议，请及时反馈我部。

附件：国家农业综合开发投资参股经营试点管理办法

附件

国家农业综合开发投资参股经营试点管理办法

第一章 总 则

第一条 为规范国家农业综合开发投资参股经营项目（以下简称投资参股经营项目）管理，保证财政投资参股资金安全、有效运行，创新和完善农业综合开发投入机制，根据《国家农业综合开发资金和项目管理办法》及国家相关法规制度，制定本办法。

第二条 本办法所称投资参股经营项目，是指中央和各省、自治区、直辖市、计划单列市（以下简称省级）财政资金以参股形式投入的农业综合开发产业化经营项目。

第三条 投资参股经营应遵循以下原则：

1. 自愿申报、平等竞争、择优扶持；
2. 谁投资、谁所有、谁受益、谁承担风险；
3. 政企分开、委托监管、授权运营；
4. 规范操作、稳步推进、适时退出。

第四条 实行投资参股经营的项目，省级财政应按规定比例足额安排参股资金投入。中央和省级财政按其实际投入比例分享投资收益、承担投资风险。

第五条 投资参股经营项目原则上实行一年一定的办法。

第六条 投入到投资参股经营项目中的财政资金只参股、不控股，不做第一大股东，财政（农发）部门根据需要授权资产运营机构进行资本运营。

第二章 项目申报和审定

第七条 投资参股经营项目应具备以下条件：

1. 属于国家农业综合开发产业化经营项目的扶持范围；
2. 资源丰富独特，技术优势明显，市场销售顺畅，投入产出率高；
3. 项目辐射面广，与农民建立起紧密利益联结机制，带动农民增收效果明显；
4. 项目申报单位原则上应为项目实施单位，且是依法注册的公司法人，产权明晰、管理规范，有良好的资产负债状况，资信度高，近两年连续盈利。

第八条 中央财政每年专项安排农业综合开发投资参股经营项目资金。省级财政（农发）部门据实申报项目。

第九条 省级财政（农发）部门要在规定时间内申报投资参股经营项目，同时提交以下材料：

1. 项目可行性研究报告和专家初步论证意见；
2. 项目申报单位近两年经中介机构审计的财务会计报告和资信材料；
3. 项目申报单位现有的股权结构；
4. 项目申报单位同意国家财政投资参股的决议；
5. 其他相关材料。

第十条 投资参股经营项目采取自下而上逐级申报的办法。所有中央财政资金投资参股经营项目，经省级财政（农发）部门初选后，报国家农发办评审审定。

对省级财政（农发）部门申报的投资参股经营项目，国家农发办组织专家评审、资产评估可行后，下达最终审定意见，并与省级财政部门签订委托监管协议，中央财政据此下拨投资参股资金。

第三章 管理职责

第十一条 建立权责明确的投资参股经营项目国有资产管理、监督和运营体系，明确有关各方的职责。

第十二条 国家农发办的主要职责：

1. 确定投资参股经营项目中央财政资金投资规模；

2. 审定中央财政资金投资参股经营项目；

3. 委托省级财政（农发）部门对财政资金投资参股经营项目进行监管；

4. 负责中央财政资金国有股权处置的审批。

第十三条　省级财政（农发）部门的主要职责：

1. 按照评估权限组织项目的初步评估论证，编制上报投资参股经营项目等有关材料；

2. 接受国家农发办委托，对财政资金投资参股的项目通过授权资产运营机构进行监管；

3. 负责地方财政资金国有股权处置的审批和中央财政资金股权处置方案的核报；

4. 负责资产运营机构的选定，并依据办法对其投资参股经营项目的运营情况进行考核，建立奖惩激励机制。具体考核办法由国家农发办另行制定。

第十四条　省级财政（农发）部门和资产运营机构应将投资参股经营项目财政资金及时拨付到位。凡有违反规定滞留、挤占、挪用的，依法追究法律责任。

第十五条　建立国有资产运营跟踪问效机制。省级财政（农发）部门每半年向国家农发办报送国有资产运营情况报告，国家农发办对国有资产运营情况定期进行跟踪问效。

第四章　国有股投资收益管理

第十六条　用于投资参股财政资金形成的投资收益，由省级财政（农发）部门向资产运营机构每年按照实际收益率计算和收缴。中央财政投资参股资金形成的投资收益，由省级财政（农发）部门负责收缴并上交中央财政，具体办法另行制定。

第十七条　资产运营机构与项目实施企业之间，按照《公司法》有关规定确认国有股投资收益。

第十八条　国家投资参股经营的企业清算破产的，按照国家有关规定处理。

第五章　国有股权转让管理

第十九条　建立国有股权适时退出机制。投资参股经营项目建成并正常运转后，国有股权应按照市场经济规则，适时从项目实施企业退出。

第二十条　国有股权转让应按照国家有关企业国有产权转让管理的规定执行。中央财政资金投入形成的国有股权，转让前须经国家农发办审核同意；地方财政资金投入形成的国有股权，转让前须经省级财政（农发）部门审核同意。中央财政的国有股权转让收入，由省级财政（农发）部门负责收缴并上交中央财政，具体办法另行制定。

第六章　附　　则

第二十一条　省级财政（农发）部门可根据本办法，结合本地区的实际情况，制订具体实施办法，报财政部备案。

第二十二条　本办法自2005年11月1日起施行。原《国家农业综合开发投资参股经营试点管理暂行办法》（财发［2004］24号）同时废止。

财政部关于印发《农业综合开发财政资金违规违纪行为处理暂行办法》的通知

（2005年12月24日　财发［2005］68号）

各省、自治区、直辖市、计划单列市财政厅（局）、农业综合开发办公室（局），新疆生产建设兵团财务局、农业综合开发办公室，农业部，水利部，国土资源部，国家林业局：

现将《农业综合开发财政资金违规违纪行为处理暂行办法》印发给你们，请遵照执行。执行中有何问题，请及时向国家农业综合开发办公室反馈。

附件：农业综合开发财政资金违规违纪行为处理暂行办法

附件

农业综合开发财政资金违规违纪行为处理暂行办法

第一条　为进一步强化农业综合开发财政资金管理，提高资金使用效益，根据《财政违法行为处罚处分条例》、《国家农业综合开发资金和项目管理办法》以及其他有关政策规定，制定本办法。

第二条　本办法所称农业综合开发财政资金违规违纪行为（以下简称违规违纪行为），是指各级农业综合开发办事机构在开展农业综合开发工作过程中，违反国家有关财政法律、法规、规章以及国家农业综合开发资金管理制度的行为。

第三条　对于违规违纪行为及相关责任人，应按照《财政违法行为处罚处分条例》的规定，由县级以上人民政府财政部门及审计机关、省级以上人民政府财政部门的派出机构、审计机关的派出机构、监察机关及其派出机构在各自的职权范围内进行处理、处罚、处分。

对于违规违纪行为，除按上款规定进行处理、处罚外，还应由上级农业综合开发办事机构按照管理权限，根据权责统一、分级管理的原则，依照本办法给予处理。

第四条　违规违纪行为一经发现，应及时制止、纠正，并根据事实和情节轻重，分别给予扣减财政资金投资指标、暂停违规违纪开发县（市、区、旗、农场，以下简称开发县）资格直至取消开发县资格等处理。

暂停或取消开发县资格，按照《国家农业综合开发县管理暂行办法》的规定办理。

第五条　年度项目实施计划经批复后，未按规定程序报批，擅自批准对项目计划进行调整、变更和终止的，按调整项目涉及财政资金数额等额扣减下一年度财政资金投资指标。

第六条　地方财政配套资金未按批复计划足额落实的，按未配套资金数额的10%以上50%以下扣减下一年度财政资金投资指标。

第七条　挤占、挪用农业综合开发财政资金

的，按挤占、挪用财政资金数额的3倍扣减下一年度财政资金投资指标。其中单个开发县挤占、挪用财政资金累计10万元以上100万元以下的，暂停开发县资格；挤占、挪用财政资金累计超过100万元的，取消开发县资格。

第八条　无正当理由滞留上级农业综合开发财政资金，其中在本级滞留时间不足半年的，按滞留资金数额的10%以上30%以下扣减下一年度财政资金投资指标。在本级滞留时间半年以上，至检查或验收时已经拨付的，按滞留资金数额的50%扣减下一年度财政资金投资指标；至检查或验收时仍未拨付的，除给予上述处理外，还应逐级全额收回滞留的财政资金（含财政有偿资金占用费）。

第九条　无正当理由未能按期足额归还上级财政有偿资金的，按未还资金数额的10%以上50%以下扣减下一年度财政资金投资指标。

第十条　用当期项目财政资金抵顶到期应归还上级财政有偿资金的，按抵顶资金数额的50%扣减下一年度财政资金投资指标。

第十一条　随意提高财政有偿资金占用费率的，多收的占用费应如数退还，并按多收占用费数额的3倍扣减下一年度财政资金投资指标。

第十二条　将无偿使用的财政资金变为有偿使用的，按违规违纪资金数额等额扣减下一年度财政资金投资指标。

第十三条　扩大财政资金开支范围、提高开支标准的，按违规违纪资金数额等额扣减下一年度财政资金投资指标。

第十四条　违反国家农业综合开发资金和项目管理规定，多结工程价款，虚列投资完成额，或者以虚假的经济业务事项、资料进行会计核算的，按违规违纪资金数额的3倍扣减下一年度财政资金投资指标。

第十五条　大额现金支付、使用不合格发票以及白条入账的，按违规违纪资金数额的10%以上50%以下扣减下一年度财政资金投资指标。

第十六条　违反国有资产管理的规定，未能客观、真实界定和登记农业综合开发国有资产，以及擅自占有、使用、处置农业综合开发国有资产的，按违规违纪资金数额的3倍扣减下一年度财政资金投资指标。

第十七条　未按规定实行农业综合开发资金专账核算或财政无偿资金县级报账制的，取消开发县资格。

第十八条　至检查或验收时，违规违纪行为已经得到纠正的，可以从轻处理。

第十九条　违规违纪行为经查证后，被检查单位必须按有关规定，对存在的问题进行认真整改，并及时向上级主管部门报送整改报告，同时附报整改的相关原始凭证复印件。

被检查单位未能按期对存在问题进行整改的，对其违规违纪行为从重处理。

第二十条　国家农业综合开发办公室组织开展的项目验收考评、中期检查、专项检查以及其他形式的检查当中，发现被抽查的单位有未被查出的违规违纪行为；或虽经查出，但未能按期整改，且其上级单位未做出相应处理的，除根据本办法责令其上级单位给予处理外，还应根据事实和情节轻重，按照违规违纪资金数额的1—3倍扣减所在省（自治区、直辖市、计划单列市、新疆生产建设兵团）下一年度中央财政资金投资指标。

第二十一条　对农业综合开发办事机构依照规定组织的考评、检查、验收，被检查单位应当给予配合，如实反映情况，及时提供有关资料，不得拒绝、阻挠、拖延。

被检查单位违反前款规定的，对检查出的违规违纪行为从重处理。

第二十二条　对于国家财政、审计部门开展的农业综合开发资金检查、审计发现的违规违纪行为，或违规违纪行为被新闻媒体曝光造成恶劣影响的，除按照本办法由其上级单位给予处理外，还应根据事实和情节轻重，由国家农业综合开发办公室按照违规违纪资金数额的1—3倍扣减所在省（自治区、直辖市、计划单列市、新疆生产建设兵团）下一年度中央财政资金投资指标。

第二十三条　对违规违纪行为进行处理，应将处理结果以正式文件的形式告知被处理单位，并在一定范围内进行通报。

第二十四条 本办法所称资金数额“以上”、“以下”均包含本数。

第二十五条 省级农业综合开发办事机构可根据本办法，制定具体实施办法，并报国家农业综合开发办公室备案。

第二十六条 本办法自发布之日起执行。

财政部关于印发《利用世界银行贷款农业科技项目管理办法》的通知

（2005年12月22日 财发［2005］70号）

安徽、湖南、黑龙江、陕西省财政厅、农业综合开发办公室（局）：

为了加强利用世界银行贷款农业科技项目的管理，确保项目的顺利实施，我部制定了《利用世界银行贷款农业科技项目管理办法》，现印发给你们，请遵照执行。执行中有何问题和意见，请及时反馈。

附件：利用世界银行贷款农业科技项目管理办法

附件

利用世界银行贷款农业科技项目管理办法

第一章 总 则

第一条 为了保证利用世界银行贷款农业科技项目（以下简称项目）的顺利实施，规范项目管理，实现项目目标，根据国家发展和改革委员会、财政部有关规定，财政部与世界银行签订的《贷款协定》、《项目协定》，世界银行的《项目评估报告》，以及国家农业综合开发的规章制度，结合项目的特点，制订本办法。

第二条 项目鼓励创新和完善农业高新技术推广体系和转化机制，鼓励发展农民专业合作经济组织。

第三条 本办法适用于安徽、湖南、黑龙江、陕西四省利用世界银行贷款农业科技项目的实施管理。

第二章 组织管理

第四条 国家农业综合开发办公室作为项目的管理机构，下设项目管理办公室（以下简称国家项目办），负责项目日常管理工作。

第五条 地方各级应成立项目领导小组和项目管理办公室。项目领导小组负责本地区项目重要事项的决策和协调工作。项目管理办公室（以下简称地方项目办）设在农业综合开发办公室（局），具体负责项目的实施管理工作。各级项目办应配备一定数量的专职人员，并保持人员相对稳定。

第六条 各级项目办在同级项目领导小组领导下开展工作，并接受上一级项目办的业务指导。各级项目办要加强与有关业务部门的协调和配合，共同做好项目的实施工作。

第三章 计划管理

第七条 本项目实行计划管理，地方各级项目办应根据项目实施计划、可行性研究报告和上级项目办下达的年度投资控制指标，结合各地具体情况，逐级编制、汇总项目年度计划。项目年度计划应包括资金筹措和使用、招标采购、科研、培训考察等内容。

第八条 项目年度计划按程序逐级上报，由国家项目办审批后，及时下达执行。

第九条 项目年度计划一经批准，必须严格执行，不得随意变更。如确需变更，按《国家农业综合开发资金和项目管理办法》规定程序报批。

第十条 地方项目办应根据项目的具体情况，与项目承建单位签订“项目实施协议”，明确双方的责任与义务。

第四章 资金管理

第十一条 各级财政部门负责配套资金筹措、资金拨付、有偿资金借出和回收、资金使用的监督检查、会计核算以及提款报账等工作。世行贷款及地方财政配套资金应实行“专人、专账、专户”管理。

第十二条 世行贷款由财政部统借统还，执行国家农业综合开发政策。世行贷款（中央财政资金）与地方财政资金配套比例为1:0.5；项目自筹资金比例不得低于中央财政资金的70%。

第十三条 世行贷款（中央财政资金）有偿、无偿比例为20:80。有偿资金部分由省财政部门与国家农业综合开发办公室在每年6月30日和11月30日分别签订借款合同。借款自合同生效起第五年开始还款，每年偿还50%，第六年还清，不收取资金占用费。

第十四条 项目资金必须按《贷款协定》、《项目评估报告》以及《国家农业综合开发资金和项目管理办法》规定的范围使用。投向农户的财政无偿资金不得少于财政资金总额的50%，该资金的具体使用范围主要有：

（一）用于农民的种植、养殖业基地建设所需的灌排设施、农用道路、输变电设备等配套基础设施建设支出；

（二）扶持农村专业合作经济组织方面的建设支出，包括建成后资产归属于农民或农村专业合作经济组织的温室大棚、种苗繁育设施、简易加工设备、圈舍、饲料生产设施、防疫检疫设施、质量检测设施等；

（三）农业技术服务体系建设支出，包括农业技术示范与推广、技术服务市场、农产品质量检测等公益性项目建设；

（四）良种补贴，农民购置畜禽补贴，以及示范和培训所发生的费用。

第十五条 各省按项目财政资金的3.5%提取项目管理费。项目管理费由省财政部门从省级财政配套资金中统一提取，市（地）、县不得重复提取，省以下各级分配比例由各省自定。

第十六条 各级财政部门和项目办应及时完成年度财务决算工作，并接受审计部门审计。

第五章 采购管理

第十七条 各级项目办负责项目招标采购的管理工作，各级财政部门应参与招标采购管理工作。

第十八条 各级项目办应根据项目实施计划，编制年度采购计划，报送国家项目办和世界银行审批，并严格按照世界银行《采购指南》和国内有关采购方面的规定，组织项目采购活动。

第十九条 各级项目办应加强采购物资的管理，定期检查、监督采购物资的使用情况，严禁挪用、倒卖等弄虚作假行为。

第二十条 省级项目办负责组织本省的国际、国内竞争性招标采购。国家项目办负责办理进口货物涉及的国内审批手续。

第六章 监测评价与统计

第二十一条 各级项目办应确定专人负责项目实施情况的监测评价和统计工作，提供相应的经费和工作条件，并做好相关人员的业务培训。

第二十二条 各级项目办应按《项目协定》、《项目评估报告》和项目实施计划的要求，制定监测评价方案，对项目实施进度、经济、社会和环境等各项数据进行采集、整理、审查、汇总，并按时报送监测评价报告。

第二十三条 各级项目办应按国家农业综合开发统计工作的有关规定和要求，及时上报统计报表。

第七章 检查与验收

第二十四条 国家项目办与世界银行每年对项目进行定期检查，地方各级项目办除对项目进行定期检查外，还应对项目进行经常性检查，掌握项目实施情况，发现问题，及时解决。

第二十五条 省级项目办应根据国家农业综合开发项目建设标准、计划批复、设计文件及项目实施协议，组织专家对项目进行验收，编写验收报告，并报国家项目办备案。国家项目办根据各省项目验收情况，对竣工项目进行验收考评。

第二十六条 竣工验收的主要内容应包括：项目建设任务与主要经济技术指标完成情况，工程建设的质量情况，资金到位、使用和回收情况，工程运行管护和文档管理情况等。

第八章 附 则

第二十七条 国家农业综合开发办公室依据本办法，制定招标采购、财务管理、会计核算、提款报账等具体管理办法。

第二十八条 本办法由财政部负责解释。

第二十九条 本办法自发布之日起执行。

财政部关于印发《农业综合开发投资参股资产运营机构考核办法（试行）》的通知

（2006 年 3 月 9 日 财发［2006］1 号）

各省、自治区、直辖市、计划单列市财政厅（局）、农业综合开发办公室，新疆生产建设兵团财务局、农业综合开发办公室，农业部（农业综合开发办公室）：

现将《农业综合开发投资参股资产运营机构考核办法（试行）》印发给你们，请遵照执行。执行中有何问题和建议，请及时反馈我部。

附件：农业综合开发投资参股资产运营机构考核办法（试行）

附件

农业综合开发投资参股资产运营机构考核办法（试行）

第一章 总 则

第一条 为明确资产运营机构职责，建立奖惩激励机制，规范和推进农业综合开发投资参股经营试点工作，根据《国家农业综合开发资金和项目管理办法》、《国家农业综合开发投资参股经营试点管理办法》及国家有关法律法规，制定本办法。

第二条 本办法所称资产运营机构，是指在农

业综合开发投资参股经营试点过程中，经财政部门授权，进行国有资产投资及运营的企业法人组织。

第三条 资产运营机构代表国家投入财政参股资金，享有出资人权利，履行出资人义务，维护国有出资人的基本权益。

第四条 财政部门对资产运营机构的考核，应本着“客观公正、科学合理、实事求是”的原则进行，根据考核结果予以奖惩。

第二章 资产运营机构的选择

第五条 资产运营机构原则上由省级财政部门选择确定。

第六条 资产运营机构应具备以下条件：

（一）具有较强的资本实力，健全、有效的内部财务管理制度；

（二）能有效执行农业综合开发政策制度；

（三）具有参与投资参股经营项目评选的能力；

（四）具备履行出资人职责的人力资源（如派出董事、监事、财务总监等）；

（五）有良好的经营业绩、诚信记录和丰富的资本运营经验。

第七条 省级财政部门应当采用公开招标或谈判的方式选择确定资产运营机构。

采用公开招标方式的，省级财政部门应提出明确的资格条件，在全省公开招标。

采用谈判方式的，由省级财政部门同符合条件的资产运营机构通过谈判选择确定。

第八条 选择确定的资产运营机构应为省级资产运营机构。选择确定省级资产运营机构确有困难的，报经国家农业综合开发办公室（以下简称国家农发办）批准同意后，省级财政部门可直接选择确定符合条件的市级资产运营机构，但不得选择确定县级资产运营机构。

第九条 资产运营机构确定后，省级财政部门应报国家农发办备案，并与其签订《授权协议》，明确双方权利、责任、义务等。

第三章 资产运营机构的职责

第十条 资产运营机构的主要职责：

（一）维护国有出资人权益，实现国有资产保值增值；

（二）参与投资参股经营项目的选项；

（三）提出农业综合开发财政参股资金持股比例及股权处置的申请；

（四）按照《授权协议》的要求，及时规范完成投资参股经营相关手续，签订相关协议；

（五）及时拨付财政参股资金，督促投资参股经营项目企业自筹资金落实到位；

（六）向投资参股企业派出股东代表，行使国有股权出资人的权利，履行监管义务；

（七）每季度向授权方书面报告投资参股企业及资产运营情况，每半年向授权方报送投资参股企业财务会计报告，遇有重大事项及时报告；

（八）对投资参股企业财务状况恶化或发现有损国有股权益的行为，采取有效措施进行干预和制止，并及时报告授权方；

（九）负责财政参股资金投资收益、股权转让收入收缴。

第四章 资产运营机构的考核

第十一条 财政部门对资产运营机构的考核，以其授权运营的全部国有资产保值增值率为指标进行考核。

前款所称的国有资产，是指财政部门授权资产运营机构进行的农业综合开发财政参股投资以及投资收益形成的，或者依法认定为国有的企业所有者权益，具体包括资本金、资本公积金、盈余公积金和未分配利润等。

第十二条 国有资产保值增值率 =（期末国有资产总额/期初国有资产总额）×100%。国有资产保值增值考核，以考核期投资参股企业经中介机构审计的财务会计报告为依据，同时应将国家政策变化等客观因素造成的增值或减值部分进行调整。

第十三条 国有资产保值增值率等于100%，为国有资产保值；大于100%，为国有资产增值；小于100%，为国有资产减值。

第十四条 投资参股企业国有资产保值增值考核一般以年度作为考核期。由于特殊原因需要缩短

或延长的，由省级财政部门决定，并报国家农发办备案。

第十五条 考核年度终了，资产运营机构应当对国有资产保值增值指标的完成情况和资产运营情况进行年度总结分析，并在考核年度终了90日内将总结分析报告报送省级财政部门。

第十六条 省级财政部门应及时对资产运营机构报送的年度总结分析报告进行审核复查，并于收到总结分析报告45日内提出对资产运营机构国有资产保值增值完成的确认与评价意见。

省级财政部门的确认和评价意见，应报国家农发办备案。国家农发办30日内未提出异议的，视为同意。

第五章 资产运营机构的运营费用与奖惩

第十七条 省级财政部门每年可按不高于投资参股经营项目财政参股投资额3‰的比例，核定授权资产运营机构的运营费用。该项运营费用从国有股权收益分红中列支或由财政预算单独安排。

第十八条 对资产运营机构实行分段差额累进奖励政策。

年国有资产保值增值率100%以下（含100%）的，不予奖励；

年国有资产保值增值率达到100%—105%（含105%）的，省级财政部门可核准资产运营机构提取该部分当年国有股权收益分红的20%作为奖励；

年国有资产保值增值率达到105%—110%（含110%）的，除执行前款规定外，省级财政部门还可核准资产运营机构提取超过前款部分当年国有股权收益分红的25%作为奖励；

年国有资产保值增值率达到110%以上的，除执行前两款规定外，省级财政部门还可核准资产运营机构提取超过前两款部分当年国有股权收益分红的30%作为奖励。

第十九条 为充分发挥公共财政职能，体现国有股权适时退出、滚动开发的原则，对经资产运营机构资本运营实现国有股权有效退出，其股权增值部分，视具体情况对资产运营机构给予适当奖励。

第二十条 资产运营机构连续三年未完成国有资产保值的，省级财政部门应当撤销其授权运营的资格。

第二十一条 资产运营机构因对投资参股企业监管不力或违规操作，造成财政参股资金重大损失的，应承担相应的赔偿责任；直接责任人员和主管领导，应追究行政责任。

第二十二条 资产运营机构挤占、挪用财政参股资金的，依照《财政违法行为处罚处分条例》给予处罚、处理、处分。

第六章 附 则

第二十三条 省级财政部门可根据本办法，结合本地区的实际情况，制定具体实施细则，报财政部备案。

第二十四条 本办法自2006年4月1日起施行。

财政部关于印发《利用世界银行贷款加强灌溉农业三期项目管理办法》的通知

（2006年3月15日　财发［2006］2号）

河北、内蒙古、吉林、江苏、安徽、山东、河南、重庆、宁夏、云南省（区、市）财政厅（局）、农业综合开发办公室（局）：

为强化利用世界银行贷款加强灌溉农业三期项目管理，确保项目顺利实施，我部制定了《利用世界银行贷款加强灌溉农业三期项目管理办法》，现印发给你们，请遵照执行。执行中有何问题和意见，请及时反馈。

附件：利用世界银行贷款加强灌溉农业三期项目管理办法

附件

利用世界银行贷款加强灌溉农业三期项目管理办法

第一章　总　　则

第一条　为保证利用世界银行贷款加强灌溉农业三期项目（以下简称项目）的顺利实施，规范项目管理，根据我国政府与世界银行签订的《贷款协定》、《项目协定》、世界银行《项目评估报告》，国家批准的项目可行性研究报告，以及财政部《国家农业综合开发资金和项目管理办法》（财政部令第29号），并结合世行贷款项目的特点，制定本办法。

第二条　项目旨在通过改造中低产田，加强农业基础设施建设，改善农业基本生产条件，提高农业综合生产能力，并通过引进世行项目管理的先进理念和管理经验，提高农业综合开发项目管理水平。

第三条　本办法适用于河北、江苏、安徽、山东、河南等省项目的实施管理。项目实施应贯彻国家财经、水利、农业、林业、国土、环保、利用外资等方面有关政策法规和规定。

第二章　组织管理

第四条　国家农业综合开发办公室（以下简称国家农发办）作为项目的管理机构，下设项目管理办公室（以下简称国家项目办），负责项目的日常管理工作。

第五条　地方各级财政部门和农业综合开发办事机构联合成立项目领导小组，下设项目管理办公室（以下简称项目办）。项目领导小组负责本级项目重要事项的决策和协调工作。项目办设在农业综合开发办事机构，具体负责项目的实施管理工作。各级项目办应配备一定数量的专职人员，并保持稳定。

第六条 地方各级项目办在同级项目领导小组的领导下开展工作，并接受上一级项目办的业务指导。各级项目办要加强与有关业务部门的协调和配合，共同做好项目的实施工作。

第三章 计划管理

第七条 经过世行确定的评估计划及中调计划，不得擅自变动。

第八条 地方各级项目办负责编制、审查项目年度实施计划，并按程序逐级上报（农发与财政分设的省份应联合上报），由国家农发办审批后下达执行。

第九条 项目年度实施计划应根据项目总体实施计划、可行性研究报告和上级项目办下达的年度投资控制指标，结合各地具体情况，在项目初步设计的基础上编制。

第十条 项目年度实施计划一经批准，必须严格执行。如确需变更，按《农业综合开发项目调整、变更和终止有关事项的规定》（国农办［2003］193号）执行。

第四章 资金管理

第十一条 世行贷款由财政部统借统还，执行国家农业综合开发相关政策。

第十二条 各级财政部门负责配套资金筹措、资金拨付、资金使用的监督检查、会计核算以及提款报账等工作。世行贷款及地方财政配套资金应实行“专人、专账、专户”管理。

第十三条 各省按项目财政资金的3.5%从省级财政配套资金中统一提取项目管理费，由省项目办统筹安排，用于省、市（地）、县（市、区）项目管理的相关支出，市（地）、县（市、区）不得重复提取。

第十四条 各级财政部门和项目办应及时完成年度财务决算工作，并接受审计部门审计。

第五章 采购管理

第十五条 各级项目办负责项目招标采购的管理工作，各级财政部门参与招标采购管理工作。

第十六条 地方各级项目办应根据项目实施计划，编制年度采购计划，报送国家项目办和世界银行审批，并严格按照世界银行《采购指南》，组织项目采购活动。

第十七条 各级项目办应加强采购货物的管理，定期检查、监督采购货物的使用情况，严禁挪用、倒卖等弄虚作假行为。

第十八条 省级项目办负责组织本省招标采购活动。国家项目办负责办理进口货物涉及的国内审批手续。

第六章 工程管理

第十九条 项目工程应当推行项目法人制、招投标制、工程监理制、资金和项目公示制。

第二十条 各级项目办应做好工程项目实施的日常检查工作，加强管理。

第二十一条 地方各级项目办应按照国家农发办的规定建立和实行项目竣工验收制度，国家项目办负责项目竣工验收情况的考评。

第二十二条 工程竣工验收后必须及时办理移交手续，落实管护主体，保证工程正常运转，持续发挥效益。

第七章 监测评价和统计

第二十三条 各级项目办应确定专人负责项目实施情况的监测评价和统计工作，提供相应的经费和工作条件，并做好相关人员的业务培训。

第二十四条 各级项目办应按《项目协定》、《项目评估报告》和项目实施计划的要求，制定监测评价方案，对项目实施进度、经济、社会和环境等各项数据进行采集、整理、审查、汇总，并按时报送监测评价报告。

第二十五条 各级项目办应按国家农业综合开发统计工作的有关规定和要求，及时编报统计报表。

第八章 附 则

第二十六条 国家农发办依据本办法，制定财务管理、招标采购、工程管理、会计核算等管理办

法。

第二十七条　本办法由财政部负责解释。

第二十八条　本办法自 2006 年 3 月 15 日起执行。

国家农业综合开发办公室关于 2005 年国家农业综合开发项目竣工验收考评的通知

（2005 年 7 月 15 日　国农办［2005］154 号）

山西、上海、福建、青岛、广东、广西、四川、重庆、贵州、云南、陕西、甘肃、青海省（区、市）财政厅（局）、农业综合开发办公室，水利部、农业部农业综合开发办公室：

国家农业综合开发办公室拟于 2005 年 8 月下旬，对农业综合开发项目竣工验收情况开展考评。为了做好今年的验收考评工作，现将有关事项通知如下：

一、验收考评范围

验收考评的范围包括 2002—2004 年国家农业综合开发土地治理项目、产业化经营项目、科技示范项目和中央农口部门项目（详见附件）。

二、验收考评依据

验收考评的依据是国家农业综合开发办公室制定的农业综合开发方针政策、规章制度、项目建设标准和相关部门行业规范，各类项目计划的批复和调整备案文件，以及按计划批复编制的项目扩初设计。

三、验收考评内容

验收考评内容包括省级或中央农口部门农业综合开发的基础工作、资金管理、项目管理和验收工作。

（一）基础工作。主要包括制度建设、项目库和专家库建设情况，项目工程和财务档案资料管理情况等。

（二）资金管理。主要包括农业综合开发资金管理制度的执行情况，各类项目资金到位、拨借及使用情况，有偿资金投放与回收情况，农业综合开发事业费落实与使用情况，会计核算情况等。

（三）项目管理。主要包括农业综合开发项目管理制度的执行情况，项目前期准备工作情况，项目建设任务完成、工程质量和效益情况，工程预（决）算、工程管护情况，农业综合开发国有资产的认定和登记等。

（四）验收工作。主要包括验收程序和内容、验收结果、审计及验收发现问题的整改情况等。

四、有关要求

（一）各地、各部门农业综合开发办事机构要高度重视验收考评工作。要切实负起责任，认真组织开展项目竣工验收工作，扎扎实实地做好验收考评前的各项准备。

（二）对于在验收工作中发现的问题，要深入查找原因，认真进行整改，不断总结经验，努力提高管理水平。

（三）按时报送申请验收考评材料。无特殊原因的省份，要在 2005 年 7 月 30 日前，向国家农业综合开发办公室报送验收考评申请、验收报告、审计报告和验收统计表（使用 2004 年年度统计参

数）。因自然灾害等原因，已向国家农业综合开发办公室提出推迟验收考评申请的，要抓紧组织完成验收工作任务，最迟于9月15日前报送验收考评材料。

附件：2005年国家农业综合开发项目竣工验收考评名单

附件

2005年国家农业综合开发项目竣工验收考评名单

一、地方项目

省　份	项目名称	批复时间
山西省	农业综合开发项目	2002、2003、2004
上海市	农业综合开发项目	2002、2003、2004
	奉贤科技推广综合示范项目	2002
福建省	农业综合开发项目	2002、2003、2004
	自然灾害损毁项目	2004
	漳浦科技推广综合示范项目	2002
青岛市	农业综合开发项目	2002、2003、2004
	城阳科技推广综合示范项目	2002
广东省	农业综合开发项目	2001、2002、2003
	珠海高新科技示范项目	2001
	高州科技推广综合示范项目	2002
广西自治区	农业综合开发项目	2002、2003、2004
四川省	农业综合开发项目	2002、2003、2004
	自然灾害损毁项目	2004
	简阳科技推广综合示范项目	2002
	米易优质枇杷基地建设项目	2003
重庆市	农业综合开发项目	2002、2003、2004
	自然灾害损毁项目	2004
贵州省	农业综合开发项目	2002、2003、2004
云南省	农业综合开发项目	2002、2003、2004
	自然灾害损毁项目	2004
	富民高新科技示范项目	2002
陕西省	农业综合开发项目	2002、2003、2004
	小流域治理项目	2001、2002、2003
	杨凌肉牛良种繁育项目	2001
甘肃省	农业综合开发项目	2002、2003、2004
	永昌科技推广综合示范项目	2002
	张掖真空冻干蔬菜项目	2004
青海省	农业综合开发项目	2002、2003、2004

二、部门项目

省　份	项 目 名 称		批 复 时 间
农业部	原原种扩繁项目（涉及18个省）		2000—2002
	良种繁育项目（涉及18个省）		2000—2002
	育草基金项目（涉及16个省）		2000—2002
水利部	中型灌区配套改造项目	山西省原平阳武河灌区项目	2001
		山西省侯马东郊灌区项目	2002
		内蒙古察尔森水库灌区项目	2001
		内蒙古托县毛不拉灌区项目	2002
		湖北省安陆解放山水库灌区项目	2001

国家农业综合开发办公室　水利部关于进一步加强农业综合开发中型灌区节水配套改造项目管理的通知

（2005年8月12日　国农办［2005］221号）

各省、自治区、直辖市、计划单列市、新疆生产建设兵团财政（务）厅（局）、农业综合开发办公室（局）、水利（水务）厅（局），农业部农业综合开发办公室：

近些年实施的农业综合开发中型灌区节水配套改造项目（以下简称“中型灌区项目”），对于加强农业水利基础设施建设，改善农业生产基本条件，为农业综合开发项目区中低产田改造创造水利上的外部环境发挥了积极作用。但也有少数项目进展不够理想，存在着地方配套资金到位差、不能按期竣工验收等问题。出现这些问题，除了原规定的地方配套资金比例偏高外，与少数地方重申报、轻配套，重立项、轻监管，以及部门之间协调配合不力有很大关系。为了进一步加强中型灌区项目管理，特发如下通知：

一、进一步提高对中型灌区项目建设重要性的认识

中型灌区项目建设是农业综合开发的一个重要组成部分，是充分利用现有地表水资源的一项有效措施，是为农业综合开发项目区中低产田改造提供灌排条件的上游工程。对绝大多数省份来讲，当前和今后相当长时期内，干旱缺水仍然是制约农业生产的主要障碍因素，也是制约农业综合开发中低产田改造的障碍因素之一，更应充分利用现有水资源。地方各级水利、农业综合开发办事机构或财政部门，对于中型灌区项目建设务必予以高度重视，并把主要精力放在项目工程监管和解决实际问题上，不断提高项目建设水平。

二、把落实地方配套资金作为搞好项目建设的关键措施

实践证明，地方配套资金能否及时足额到位是项目能否顺利实施和按期竣工的关键。今后要把地方配套资金能否足额落实，有无可靠的配套资金来源，作为项目立项的重要条件之一。对已批准立项的在建项目，地方水利部门和农业综合开发办事机构或财政部门应认真履行承诺，严格按照项目计划批复的要求，及时足额落实地方配套资金。对拟申报的新项目，地方各级各有关部门都必须有可靠的配套资金来源，不准搞假承诺。为促使地方配套资金及时足额到位，从2005年起，对新批准立项的项目，第一年拟主要使用地方配套资金进行项目建设，中央财政农发资金只拨付少部分；剩余的中央财政农发资金，则视第二年地方配套资金的到位情况再予拨付。

三、各有关部门要协调一致搞好项目建设

搞好中型灌区项目建设，不单是地方水利部门一家的事，也不是地方农业综合开发办事机构或财政部门一家的事，而是地方各有关部门共同的责任。地方农业综合开发办事机构或财政部门不仅要保证地方财政配套资金的落实到位，还要积极参与项目的考察、选项、申报、管理和验收等重要环节的工作；地方水利部门不仅要做好项目的建设和管理工作，还应按规定落实相应的配套资金。地方水利和农业综合开发办事机构或财政部门要进一步加强配合协调，按各自的责任和分工，齐心协力搞好各项管理工作。

四、今后项目扶持要真正体现奖优罚劣

为促使各地搞好中型灌区项目建设，今后对中型灌区项目的扶持要进一步体现奖优罚劣。对具备以下条件的省份将优先安排新项目：已批准立项的项目配套资金足额到位、工程建设质量好、能按时竣工验收；新申报中型灌区项目有可靠的配套资金来源，不仅基层有积极性，省级也有积极性。反之，不具备上述条件的，则暂缓安排新项目。

五、适当推迟项目竣工验收时间

考虑到中型灌区项目建设内容较多，工程量较大，拟适当推迟项目的竣工验收时间，即从项目立项之年起，第四年上半年进行竣工验收。各地要认真实行项目法人制、招标投标制、工程监理制和项目公示制，加快项目建设实施进度，保证按期完成各项建设任务。今后，如无特殊原因，一律不得借故推迟项目竣工验收时间。

国家农业综合开发办公室关于印发《2006年国家农业综合开发产业化经营项目申报指南》的通知

(2005年8月16日　国农办［2005］225号)

各省、自治区、直辖市、计划单列市财政厅（局），农业综合开发办公室（局），新疆生产建设兵团、黑龙江省农垦总局农业综合开发办公室：

现将《2006年国家农业综合开发产业化经营项目申报指南》印发给你们，请据此认真做好项目前期准备工作。

附件：2006年国家农业综合开发产业化经营项目申报指南

附件

2006年国家农业综合开发产业化经营项目申报指南

根据《关于改革和完善农业综合开发若干政策措施的意见》（财发［2003］93号）文件精神，2006年国家农业综合开发办公室将继续安排部分资金用于扶持农业产业化经营项目。为在更大范围内择优选项，提高选项透明度，鼓励符合条件的农业产业化龙头企业积极申报项目，现将国家农业综合开发产业化经营项目申报事宜通知如下：

一、指导思想

坚持把增加农民收入作为根本出发点和落脚点。通过扶持具有明显竞争优势和辐射带动作用的农业产业化龙头企业，促进优势农产品基地建设，发展区域主导产业，提高农业生产组织化程度和农业产业化经营水平，推进农业和农村经济结构调整，提高农业综合生产能力，促进农业增效、农民增收。

二、扶持范围和重点

农业综合开发产业化经营项目扶持范围包括：经济林及设施农业种植、畜牧水产养殖等种植养殖基地项目；粮油、果蔬、畜禽等农产品加工项目；储藏保鲜、产地批发市场等流通设施项目。项目安排一般限于农业综合开发县。

农业综合开发产业化经营项目扶持的重点产业包括：优质水稻、专用小麦、专用玉米、高油大豆、双低油菜、棉花、糖料、经济林、蔬菜、茶叶、花卉、蚕桑、畜牧、淡水水产及特色农产品等。

三、扶持对象

重点扶持国家级和省级农业产业化龙头企业（含省级农发办事机构审定的龙头企业），同时适当扶持正在成长上升、确能带动农民致富、较小规模的龙头企业及农民专业合作经济组织。

四、立项条件

国家农业综合开发产业化经营项目应具备以下条件：符合国家产业政策和行业发展要求；资源优势突出，区域特色显著；开发产品科技含量高，竞争优势明显，市场潜力大；项目辐射带动能力强，加工项目向农户采购的原料占所需原料的70%以上；项目建设用地落实；符合环保要求；项目预期经济效益好，有较强的抗风险能力，财政有偿资金还款有保障。

项目实施单位应具备以下条件：具有独立的法人资格；经营期在两年以上并连续两年盈利，有一定的经营规模和经济实力，有较强的自筹资金能力；近两年资产负债率小于65%，银行信用等级A级以上（含A级，未向银行贷款的除外）；建立了符合市场经济要求的经营管理机制，能保证财政资金安全、有效运行；与农户建立了紧密、合理的利益联结机制。

五、扶持政策

1. 国家农业综合开发产业化经营项目采取有偿无偿投入相结合、投资参股、贷款贴息三种扶持方式。同一项目实施单位只能申报其中一种扶持方式。

2. 有偿无偿投入相结合的扶持方式。以有偿资金扶持为主，还款期限一般为5—6年；对新品种、新技术的引进、示范和培训，部分必要的公益性基础设施建设以及前期工作费，适当给予无偿资金补助。

3. 有偿无偿投入相结合扶持方式的产业化经营项目，根据项目实际需要和财力可能确定投资规模。其中，重点项目的年度中央财政资金不低于300万元，直辖市（不含重庆）和计划单列市不低于200万元；一般项目的年度中央财政资金不低于100万元。地方财政按政策规定相应落实配套资金。项目实施单位的自筹资金（不包括银行贷款）不得低于申请财政资金总额的50%。

4. 贷款贴息项目扶持方式。根据《农业综合开发中央财政贴息资金管理办法》，申请贴息资金的项目原则上限于固定资产贷款项目，一般应落实银行贷款1 000万元（含）以上。中央财政对落实银行贷款5 000万元（含）以下的部分予以贴息，贴息期限原则上为1年，贴息比率为人民银行当年公布的同档次正常贷款基准利率。

5. 投资参股项目申报指南另行发布。

六、其它事宜

1. 按照属地管理和自下而上的原则逐级申报项目。项目实施单位要保证申报材料的真实性。

2. 省级农发办事机构向国家农业综合开发办公室申报重点产业化经营项目之前，原则上应在省级报刊进行公示。

3. 项目实施单位向所在地农发办事机构申报有偿无偿投入相结合项目，应提供以下材料：项目可行性研究报告，由社会中介机构出具的企业近两年财务审计报告，银行信用等级证明，新征用土地的批准文件，养殖、加工等项目的环保部门意见等。

4. 项目实施单位申报贷款贴息项目，应提交贷款银行对该项目的评估论证报告、立项批准文件、贷款协议书等项目立项及落实贷款的有关文件。

5. 有偿无偿投入相结合的产业化经营项目，项目实施单位要于2005年10月底之前向所在地农发办事机构申报；贷款贴息项目，项目实施单位要于2006年10月底之前向所在地农发办事机构申报。

6. 申报项目的可行性研究报告编写提纲和有关资料，请向当地农发办事机构索取；不明事项，委托省级农发办事机构负责解释。

国家农业综合开发办公室关于印发《农业综合开发土地治理项目管理流程图》的通知

（2005年8月24日　国农办［2005］234号）

各省、自治区、直辖市、计划单列市财政厅（局）、农业综合开发办公室（局）、新疆生产建设兵团财务局、农业综合开发办公室，农业部农业综合开发办公室：

为进一步规范农业综合开发土地治理项目管理工作，根据国家农业综合开发有关政策规定和各地反映的实际情况，国家农业综合开发办公室研究制定了《农业综合开发土地治理项目管理流程图》，现随文印发，请按此执行。在执行中有何问题和意见，请及时向国家农业综合开发办公室反馈。

附件：农业综合开发土地治理项目管理流程图

附件

农业综合开发土地治理项目流程图

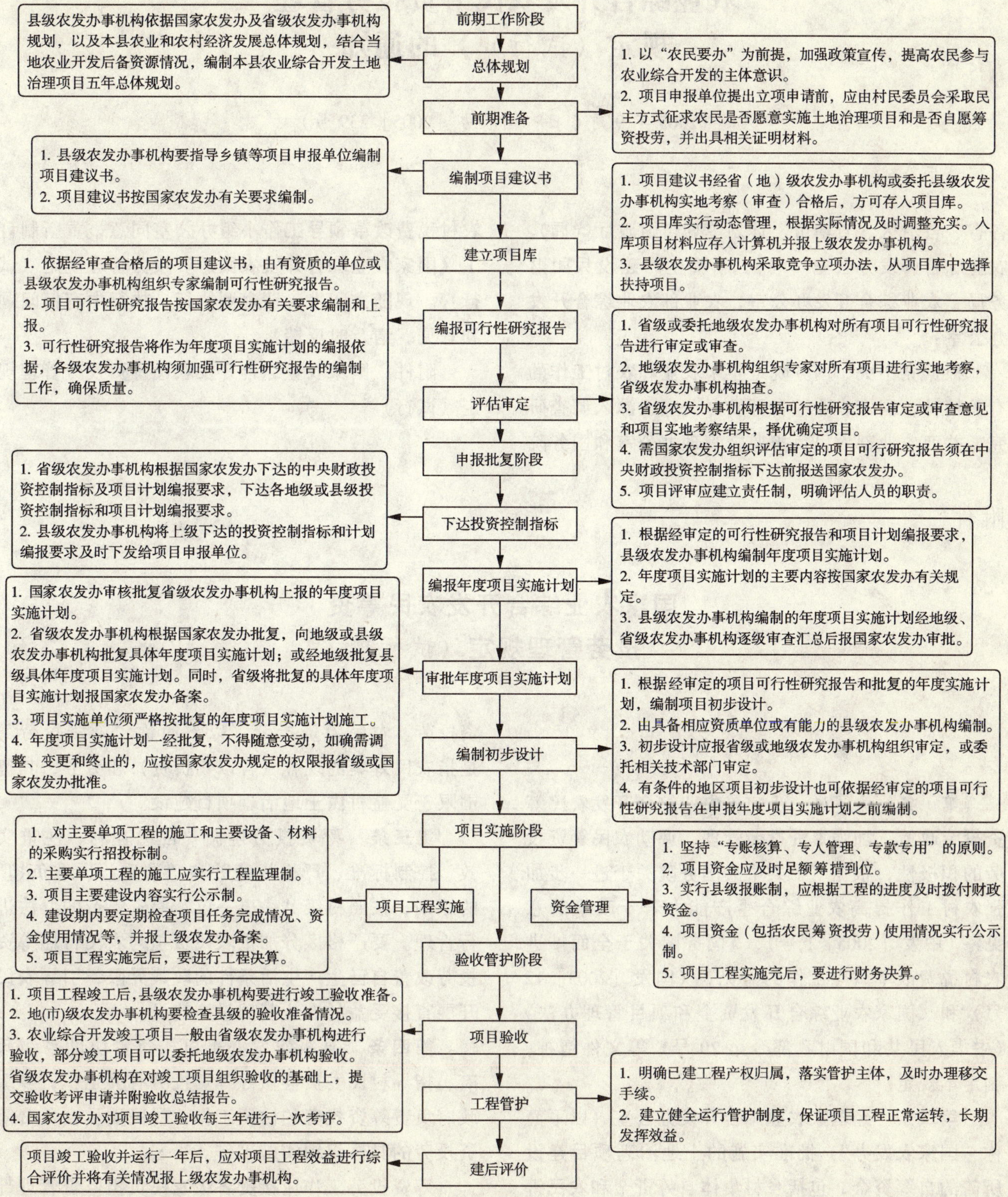

前期工作阶段

总体规划

县级农发办事机构依据国家农发办及省级农发办事机构规划，以及本县农业和农村经济发展总体规划，结合当地农业开发后备资源情况，编制本县农业综合开发土地治理项目五年总体规划。

前期准备

1. 以“农民要办”为前提，加强政策宣传，提高农民参与农业综合开发的主体意识。
2. 项目申报单位提出立项申请前，应由村民委员会采取民主方式征求农民是否愿意实施土地治理项目和是否自愿筹资投劳，并出具相关证明材料。

编制项目建议书

1. 县级农发办事机构要指导乡镇等项目申报单位编制项目建议书。
2. 项目建议书按国家农发办有关要求编制。

建立项目库

1. 项目建议书经省（地）级农发办事机构或委托县级农发办事机构实地考察（审查）合格后，方可存入项目库。
2. 项目库实行动态管理，根据实际情况及时调整充实。入库项目材料应存入计算机并报上级农发办事机构。
3. 县级农发办事机构采取竞争立项办法，从项目库中选择扶持项目。

编报可行性研究报告

1. 依据经审查合格后的项目建议书，由有资质的单位或县级农发办事机构组织专家编制可行性研究报告。
2. 项目可行性研究报告按国家农发办有关要求编制和上报。
3. 可行性研究报告将作为年度项目实施计划的编报依据，各级农发办事机构须加强可行性研究报告的编制工作，确保质量。

评估审定

1. 省级或委托地级农发办事机构对所有项目可行性研究报告进行审定或审查。
2. 地级农发办事机构组织专家对所有项目进行实地考察，省级农发办事机构抽查。
3. 省级农发办事机构根据可行性研究报告审定或审查意见和项目实地考察结果，择优确定项目。
4. 需国家农发办组织评估审定的项目可行研究报告须在中央财政投资控制指标下达前报送国家农发办。
5. 项目评审应建立责任制，明确评估人员的职责。

申报批复阶段

下达投资控制指标

1. 省级农发办事机构根据国家农发办下达的中央财政投资控制指标及项目计划编报要求，下达各地级或县级投资控制指标和项目计划编报要求。
2. 县级农发办事机构将上级下达的投资控制指标和计划编报要求及时下发给项目申报单位。

编报年度项目实施计划

1. 根据经审定的可行性研究报告和项目计划编报要求，县级农发办事机构编制年度项目实施计划。
2. 年度项目实施计划的主要内容按国家农发办有关规定。
3. 县级农发办事机构编制的年度项目实施计划经地级、省级农发办事机构逐级审查汇总后报国家农发办审批。

审批年度项目实施计划

1. 国家农发办审核批复省级农发办事机构上报的年度项目实施计划。
2. 省级农发办事机构根据国家农发办批复，向地级或县级农发办事机构批复具体年度项目实施计划；或经地级批复县级具体年度项目实施计划。同时，省级将批复的具体年度项目实施计划报国家农发办备案。
3. 项目实施单位须严格按批复的年度项目实施计划施工。
4. 年度项目实施计划一经批复，不得随意变动，如确需调整、变更和终止的，应按国家农发办规定的权限报省级或国家农发办批准。

编制初步设计

1. 根据经审定的项目可行性研究报告和批复的年度实施计划，编制项目初步设计。
2. 由具备相应资质单位或有能力的县级农发办事机构编制。
3. 初步设计应报省级或地级农发办事机构组织审定，或委托相关技术部门审定。
4. 有条件的地区项目初步设计也可依据经审定的项目可行性研究报告在申报年度项目实施计划之前编制。

项目实施阶段

项目工程实施

1. 对主要单项工程的施工和主要设备、材料的采购实行招投标制。
2. 主要单项工程的施工应实行工程监理制。
3. 项目主要建设内容实行公示制。
4. 建设期内要定期检查项目任务完成情况、资金使用情况等，并报上级农发办备案。
5. 项目工程实施完后，要进行工程决算。

资金管理

1. 坚持“专账核算、专人管理、专款专用”的原则。
2. 项目资金应及时足额筹措到位。
3. 实行县级报账制，应根据工程的进度及时拨付财政资金。
4. 项目资金（包括农民筹资投劳）使用情况实行公示制。
5. 项目工程实施完后，要进行财务决算。

验收管护阶段

项目验收

1. 项目工程竣工后，县级农发办事机构要进行竣工验收准备。
2. 地(市)级农发办事机构要检查县级的验收准备情况。
3. 农业综合开发竣工项目一般由省级农发办事机构进行验收，部分竣工项目可以委托地级农发办事机构验收。省级农发办事机构在对竣工项目组织验收的基础上，提交验收考评申请并附验收总结报告。
4. 国家农发办对项目竣工验收每三年进行一次考评。

工程管护

1. 明确已建工程产权归属，落实管护主体，及时办理移交手续。
2. 建立健全运行管护制度，保证项目工程正常运转，长期发挥效益。

建后评价

项目竣工验收并运行一年后，应对项目工程效益进行综合评价并将有关情况报上级农发办事机构。

国家农业综合开发办公室关于印发《国家农业综合开发农民筹资投劳管理规定（试行）》的通知

（2005年9月6日　国农办［2005］239号）

各省、自治区、直辖市、计划单列市财政厅（局）、农业综合开发办公室（局），新疆生产建设兵团财务局、农业综合开发办公室，农业部农业综合开发办公室：

根据党中央、国务院近年来农业和农村工作的有关精神，国家农业综合开发办公室经深入调查研究，并商农业部农民负担监督管理办公室和国务院农村税费改革领导工作小组办公室同意，重新制订了《国家农业综合开发农民筹资投劳管理规定（试行)》。现随文印发，请遵照执行。执行中有何问题和意见，请及时反馈。

附件：国家农业综合开发农民筹资投劳管理规定（试行）

附件

国家农业综合开发农民筹资投劳管理规定（试行）

第一章　总　　则

第一条　为了进一步完善农业综合开发农民筹资投劳政策，加强筹资投劳管理，调动农民筹资投劳的积极性，根据《中共中央国务院关于进一步加强农村工作提高农业综合生产能力若干政策的意见》（中发［2005］1号)、《国务院关于全面推进农村税费改革试点工作的意见》（国发［2003］12号）和《国家农业综合开发资金和项目管理办法》（中华人民共和国财政部令第29号）等文件精神，制定本规定。

第二条　经国家农业综合开发办公室（以下简称“国家农发办”）批准实施的土地治理项目建设所需的自筹资金，包括乡村集体自筹资金和农民筹资投劳。农民筹资投劳（以下简称“筹资投劳”）是指农民筹集的现金（含以物折资）和劳务，其范围限于受益村内土地治理项目建设。

第三条　筹资投劳遵循“自愿互利、注重实效、控制标准、严格规范”和“谁受益、谁负担”的原则，按照村级“一事一议”筹资筹劳的办法进行管理。要严格区分加重农民负担与农民自愿筹资投劳改善自己生产生活条件的政策界限，引导农民开展直接受益的农业基础设施建设。

第四条　县级农发办事机构负责协助乡级政府、指导村民委员会做好筹资投劳有关工作，乡级政府负责筹资投劳的协调工作，村民委员会负责筹资投劳的具体组织实施工作。

筹资投劳工作应接受各级农民负担监督管理部

门的监督管理。

第二章　筹资投劳的程序

第五条　乡级政府向县级农发办事机构提出项目立项申请前，须经村民委员会采取民主方式征求农民自愿筹资投劳的意见，并出具相关的证明材料。

第六条　县级农发办事机构根据上级下达的财政投资控制指标、农业综合开发有关政策及土地治理项目计划编报的有关要求，协助乡级政府，指导村民委员会做好筹资投劳有关工作。

第七条　村民委员会将土地治理项目所需筹资投劳总量、分户任务、筹集方式、预计财政投资总额以及主要建设内容和开发预期效益等事项，以预案方式向村民张榜公布。预案公布后，村民委员会应及时召开村民会议，或经村民会议授权召开村民代表会议对预案内容进行审议和表决。

村民会议应有三分之二以上户的代表参加，村民代表会议应有五分之四以上的代表参加。决议须由村民委员会负责人和参会三分之二以上的人员签字同意。

项目区受益范围较小的，可以村民小组为单位议事，参照上述程序执行。

第八条　村民会议或村民代表会议决议一经通过，预案经乡级政府审核后，报县级农民负担监督管理部门批准。预案一经批准，乡级政府应及时组织编制项目实施计划，批准意见应随同项目实施计划报县级农发办事机构。

第九条　土地治理项目逐级报经国家农发办批准立项后，乡级政府应根据批准的项目投资计划、建设内容，将筹资投劳任务分解到各行政村，并将分解到各行政村的筹资投劳方案及整个项目的财政投资总额、筹资及以劳折资额占中央财政投资额的比例报县级农民负担监督管理部门备案。由省级农民负担监督管理部门及时汇总各项目的上述情况，上报农业部农民监督管理办公室备案。

第十条　村民委员会要将分解到受益农户的筹资投劳任务重新张榜公布，并组织落实，村民应自觉履行筹资投劳义务。

第三章　筹资投劳的筹集

第十一条　筹资投劳要以“农民自愿”为前提。地方各级特别是县级农发办事机构应结合本地实际情况，通过宣传发动、政策引导、典型示范等多种形式，鼓励农民群众自觉自愿筹资投劳用于土地治理项目建设。要积极探索在社会主义市场经济条件下农业综合开发筹资投劳的新机制、新办法。包括实行财政补贴，如对购置农机具、新打和修复机电井及其配套设备等按一定比例补贴财政资金；实行产权制度改革，如对排灌站、机电井、农机、苗圃和农田林网等工程设施建设，通过明晰产权（或经营权）、落实责任，调动农民筹资投劳建设和管好工程设施的积极性；等等。鼓励经济条件好的地区，由乡村集体或企业多承担项目建设所需的筹资任务。

第十二条　农业综合开发项目区农民自愿筹资投劳应作为土地治理项目立项的条件之一。各省（区、市）土地治理项目的自筹资金分别达到土地治理项目中央财政资金以下比例的，予以优先扶持。

1. 北京、天津、河北、上海、江苏、浙江、福建、河南、湖南、广东和大连、宁波、青岛、厦门、深圳等省（市）以及广东省农垦总局为60%。

2. 山西、辽宁、安徽、江西、山东、湖北、海南、重庆、陕西等省（市）为50%。

3. 内蒙古、吉林、黑龙江、广西、四川、贵州、云南、西藏、甘肃、青海、宁夏、新疆等省（区）以及新疆生产建设兵团、黑龙江省农垦总局为40%。

筹资投劳原则上以投劳为主，个别筹资确有困难的也可以全部投劳，但筹资和投劳折资额不得突破上述比例。筹资与投劳折资的比例由各地根据实际情况自行确定。

农民筹资投劳执行省级人民政府批准的“一事一议”筹资筹劳限额标准。项目区受益村的“一事一议”筹资筹劳应优先用于农业综合开发土地治理项目建设。土地治理项目跨年度实施，其筹资投劳可在项目实施年度按“一事一议”筹资筹劳限额标准筹集。

第十三条 筹资投劳的具体筹集形式应根据省级人民政府关于“一事一议”筹资筹劳有关规定，由村民会议或经村民会议授权召开村民代表会议讨论决定。采取按田亩分摊的，要根据项目区各受益农户承包土地面积核定；采取按人口分摊的，筹资以农户现有人口为基数核定，投劳以农户现有劳动力为基数核定。

第十四条 严禁强迫农民以资代劳。农民自愿以资代劳的，可由本人出资雇人出工，或者由本人书面委托村民委员会代为雇人完成投工任务。

第四章 筹资投劳的使用

第十五条 筹资投劳按照“公开透明”和“自筹自用”的原则，由村民委员会根据批准的项目计划安排使用。

第十六条 投劳主要用于田间排灌渠道及微型蓄水工程开挖、土地平整、田间机耕路（牧道）修筑以及植树等所需的劳务；筹资主要用于工程建设所需的材料、设备等。对项目区农民（业主）购置农机具、修建机电井等予以财政补贴，农民出资部分可视同筹资（属于生产性投入），不受“一事一议”限额标准限制。

第十七条 筹集现金部分由村民委员会编制预算方案，原则上以村为单位自筹自用。投劳和以物折资部分由村民委员会根据工程项目建设计划统一安排使用，要编制详细用工及物料安排计划，并登记造册。

第十八条 筹资投劳应在土地治理项目实施期内安排完毕。项目实施期结束应立即停止筹资投劳，不得成为固定筹集项目，不得跨项目使用或结转下一个工程项目使用。

第十九条 不得跨村平调劳动力。项目区内确需跨村使用劳动力的，应坚持有偿用工或借工、换工。乡级政府须做好相关协调工作。

第二十条 向农民筹集现金的，应向农民出具农民负担监督管理专用的票据。筹资投劳数额应在农民负担监督卡上登记。

第二十一条 应由地方财政承担的配套资金，不准转嫁到农民身上。

第五章 筹资投劳的管理与监督

第二十二条 县级农发办事机构、乡级政府、村民委员会应严格按照经审查同意的方案筹资投劳，不准擅自加码、扩大范围；筹资投劳专项用于土地治理项目，不准侵占、挪用。

第二十三条 筹资和投劳折资（按当地劳动力市场价格计算）纳入农业综合开发总投资计划。项目建设单位应建立台账，严格规范管理。村民委员会要及时将筹资投劳的使用情况向村民张榜公示，接受村民监督。

第二十四条 地方各级农发办事机构应与有关部门密切配合，检查筹资投劳的筹集、使用和管理情况。

第二十五条 对违反本规定要求筹资投劳的，农民有权拒绝。对有下列行为之一的，县级或上级农发办事机构要责令限期改正，逾期不改正的，停止项目实施。

1. 违反“一事一议”议事程序，未达规定的村民会议或村民代表会议同意签字人数的；

2. 超出筹资投劳受益和使用范围的；

3. 筹资投劳管理混乱，有弄虚作假、强迫农民出资出劳或以资代劳行为的。

第二十六条 对违反“一事一议”筹资筹劳有关规定的，应由县级以上地方人民政府农民负担监督管理部门按相关规定处理。

第六章 附 则

第二十七条 本规定从2006年新立项目起开始执行。2003年印发的《国家农业综合开发农民筹资投劳管理暂行规定》自本规定施行之日起废止。

国家农业综合开发办公室关于县级农发办事机构提取项目管理费问题的通知

（2005年9月20日 国农办［2005］246号）

各省、自治区、直辖市，计划单列市财政厅（局）、农业综合开发办公室，新疆生产建设兵团财务局、农业综合开发办公室，农业部农业综合开发办公室：

《国家农业综合开发资金和项目管理办法》（中华人民共和国财政部令第29号）颁布后，一些省农发办纷纷来电话询问县级农发办事机构可否在2005年提取项目管理费问题。经研究，现就该问题明确规定如下：

考虑到地方各级财政部门已根据原规定将2005年农业综合开发事业费列入了本级财政预算，而且各省土地治理项目计划已全部确定，因此，县级农发办事机构在2005年不得提取项目管理费。县级农发办事机构提取项目管理费的规定，从2006年起开始执行。

国家农业综合开发办公室关于印发《2006年国家农业综合开发投资参股经营项目申报指南》的通知

（2005年9月26日 国农办［2005］250号）

各省、自治区、直辖市、计划单列市财政厅（局）、农业综合开发办公室（局），新疆生产建设兵团财务局、农业综合开发办公室，农业部农业综合开发办公室：

现将《2006年国家农业综合开发投资参股经营项目申报指南》印发给你们，请据此认真做好项目前期准备工作。

附件：2006年国家农业综合开发投资参股经营项目申报指南

附件

2006年国家农业综合开发投资参股经营项目申报指南

2006年国家农业综合开发办公室将继续安排部分中央财政资金开展农业综合开发投资参股经营试点。为在更大范围内择优选项，提高选项透明度，鼓励符合条件的农业产业化龙头企业积极申报项目，现将2006年国家农业综合开发投资参股经营项目（以下简称“投资参股经营项目”）申报要求公告如下：

一、选项的指导思想和基本原则

（一）指导思想。把农民增收作为根本出发点和落脚点，集中投入具有明显资源和竞争优势、辐射带动作用强的农业产业化龙头企业，通过做大做强龙头企业，培育壮大区域主导产业，促进农业结构调整，增加农民收入，提高农业综合开发效益。

（二）基本原则。财政投资只参股、不控股；自愿申报、平等竞争、择优扶持；谁投资、谁所有、谁受益、谁承担风险；政企分开、委托监管、授权运营；规范操作、稳步推进、适时退出。

二、扶持对象和重点

扶持对象包括国家级和省级农业产业化龙头企业（含省级农发机构审定的龙头企业），重点扶持粮食等主要农产品的加工、转化以及对当地主导产业建设起积极促进作用的其他产业化经营项目。

三、立项条件

（一）开展农业综合开发投资参股经营试点的省（包括自治区、直辖市和计划单列市，下同）应具备以下条件：1. 高度重视投资参股经营试点工作，思想统一，积极性高，领导得力，干部队伍适应相关管理要求；2. 具有符合要求的资产运营机构，能够有效地贯彻落实农业综合开发方针政策；3. 省级财政能按规定比例，及时足额落实配套的参股资金投入。

（二）投资参股经营项目应具备以下条件：1. 属于国家农业综合开发产业化经营项目的扶持范围；2. 资源丰富独特、技术优势明显，市场销售顺畅，投入产出率高；3. 项目辐射面广，带动农民增收效果明显；4. 项目建设符合环境保护和农业可持续发展要求；5. 项目建设用地落实，原材料供应有保障，加工所需的原材料70%以上来自农户；6. 自筹资金来源有保障，筹资方案切实可行；7. 项目采用技术路线先进合理，技术依托可靠，产品具有较强的市场竞争能力；8. 项目投资经济合理，有较强的抗风险能力，投资利润率、财务内部收益率高于同行业基准收益率和银行基准收益率，能够实现国有资产保值增值。

（三）投资参股经营项目申报单位应具备以下条件：1. 项目申报单位原则上应为项目实施单位，且为依法注册、具有独立公司法人的股份有限或有限责任公司，产权明晰，管理规范；2. 经营期须在两年以上，总资产规模5 000万元以上，固定资产规模不低于2 500万元，实收资本不低于1 500万元，年销售收入6 500万元以上；3. 近两年连续盈利，发展前景良好，有较强的自筹资金能力；4. 财务状况良好，资产负债率低于60%；5. 银行信用等级AA级以上（含AA级，未有银行贷款的除外）；6. 企业净资产报酬率高于同期银行存款利率；7. 企业不欠税、不欠工资、不欠社会保险金；8. 建立了符合市场经济和现代企业制度要求的经营管理机制，企业法人代表信誉良好，具备与完成项目建设和经营相适应的经营管理能力。

四、申报材料

申报投资参股经营项目须提供以下材料：单个项目的可行性研究报告（一式四份），由社会中介

机构出具的项目申报单位2003、2004年的财务审计报告（包括资产负债表、损益表和现金流量表），项目申报单位新征用土地的批准文件，项目申报单位营业执照复印件、银行信用等级评定证明，项目申报单位具备的技术水平证明材料（包括专利、成果、专有技术资料和技术依托单位证明等）、公司章程、现有的股权结构（包括前5位股东及持股数量）以及同意国家财政资金投资参股的股东大会或股东代表大会决议。

项目申报单位提交的上述申报材料应确保真实、可靠、准确，如存在弄虚作假的，一经发现立即取消立项资格，5年内不得再行申报农业综合开发项目。

五、扶持政策

（一）在坚持财政投资只参股、不控股的前提下，按照投资参股经营项目实际状况确定具体投资规模。

（二）单个投资参股经营项目中央财政参股投入原则上不低于1 000万元、不高于3 000万元。对于部分投资参股经营项目根据项目的经济社会效益、投资风险、参股比例等情况，中央财政参股投入可高于3 000万元。

（三）财政投资参股后，在企业原有股权较为分散的情况下，国有股本不做第一大股东；在企业原有股权相对集中的情况下，国有股本占投资参股企业总股本的比例，原则上应控制在30%以内。

（四）所有财政投资参股资金，由省级有关部门授权资产运营机构进行资本运营，并享有相应权益和承担相应责任。

（五）投资参股经营项目建成并正常运转后，国有股权应按照市场经济规则，适时从投资参股企业退出。

六、其他事宜

（一）按照属地管理和自下而上的原则逐级申报。国家农业综合开发办公室对申报的投资参股经营项目采取公平竞争、择优选项办法。

（二）省级农发办事机构向国家农业综合开发办公室申报本省投资参股经营项目之前，原则上应在省级报刊等新闻媒体上进行公示。

（三）项目申报单位须于2005年11月底之前向所在地农发办事机构申报。逾期报送的，不予受理。

（四）申报投资参股经营项目的可行性研究报告编写提纲和有关资料，请向当地农发办事机构索取；不明事项，委托省级农发办事机构负责解释。

国家农业综合开发办公室关于外资项目出国培训　考察有关问题的通知

（2005年10月10日　国农办［2005］254号）

安徽、湖南、黑龙江、陕西、河北、江苏、山东、河南、吉林、四川、宁夏、内蒙、新疆、重庆、云南、甘肃省（自治区、市）农业综合开发办公室（局）：

国家农业综合开发外资项目，包括利用世界银行贷款农业科技项目、利用世界银行贷款加强灌溉农业三期项目和利用英国赠款面向贫困人口的农村水利改革项目等，均已进入实施阶段。为了充分借鉴和吸收国外的先进技术和经验，创新项目管理方法，提高项目管理水平，项目实施期间，将有计划的组织项目人员赴国外考察或培训学习。现将有关事宜通知如下：

一、各项目省要根据项目可行性研究报告和实施计划，上报年度出国考察或培训计划。各项目省年度出国计划一经财政部批准，要严格按照财政部和外事部门的有关文件规定执行。

二、出国团组费用由国家农业综合开发办公室（以下简称国家农发办）统一管理。

出国团组境外费用，包括住宿费、伙食费、公杂费、交通费、零用费等，出国前须到国家农发办预领。费用预算必须严格按照《财政部　外交部关于印发〈临时出国人员费用开支标准和管理办法〉的通知》（财行［2001］73号）标准执行，不得超标。预领费用前要将申请文件，出国任务计划批复文件，出国任务批件，对方邀请函，考察或培训提纲、日程安排（出国路线）等报国家农发办审核。

出国团组的往返机票由国家办统一预订，回国后随同境外发生其他费用一并报销。

三、考察或培训团组回国后，必须在一个月内到国家农发办办理报销手续，逾期不报者，取消该团组所在项目省下一出国团组。报销时，机票费用凭规定购票点开具的专用发票及机票，据实报销；境外费用凭标明各项费用支出明细的境外发票，据实报销。

四、考察或培训团组回国后，必须在一个月以内上报考察或培训报告（中英文各3份）。

国家农业综合开发办公室关于转发《关于加强农民用水户协会建设的意见》的通知

（2005年12月7日　国农办［2005］307号）

河北省、内蒙古自治区、吉林省、江苏省、安徽省、山东省、河南省、四川省、重庆市、云南省、甘肃省、宁夏回族自治区、新疆维吾尔自治区财政厅（局）、农业综合开发办公室（局）：

为贯彻落实党中央、国务院关于加快农村小型基础设施产权制度改革的精神，积极培育农民用水合作组织，进一步深化农村水利基层群管组织体制改革，促进小型水利工程的良性运行和充分发挥效益，水利部、国家发展和改革委员会、民政部联合颁发了《关于加强农民用水户协会建设的意见》（以下简称《意见》）。农业综合开发利用世界银行贷款加强灌溉农业三期项目和利用英国国际发展部赠款实施的“面向贫困人口农村水利改革项目”的重要内容之一，就是大力推广农民用水户协会建设。为了保证项目的顺利实施，促进项目区农民用水户协会的健康发展，现将《意见》转发给你们，希望各地认真学习，深刻领会文件精神，并以指导项目区农民用水户协会建设的各项工作。

附件：水利部　国家发展和改革委员会　民政部《关于加强农民用水户协会建议的意见》

附件

关于加强农民用水户协会建设的意见

（2005年10月31日 水利部 国家发展和改革委员会 民政部 水农［2005］502号）

各省、自治区、直辖市水利（水务）厅（局）、发展改革委、物价局、民政厅（局），各计划单列市水利（水务）局、发展改革委、物价局、民政局，新疆生产建设兵团水利局、发展改革委、民政局：

根据《中共中央 国务院关于进一步加强农村工作 提高农业综合生产能力若干政策的意见》（中发［2005］1号）关于加快农村小型基础设施产权制度改革的精神，以及《水利工程管理体制改革实施意见》（国办发［2002］45号）中“积极培育农民用水合作组织”，“探索建立以各种形式农村用水合作组织为主的管理体制”的要求，为进一步深化农村水利基层群管组织体制改革，促进工程的良性运行和充分发挥效益，现就加强农民用水户协会建设提出以下指导意见。

一、充分认识加强农民用水户协会建设的重要性

农村水利基础设施在增强农业抗御自然灾害能力、改善农业生产条件、提高农业综合生产能力、促进农民增收、发展农村经济中发挥着十分重要的作用。在农村水利建设与管理的改革中，鼓励和引导农民自愿组织起来，互助合作，承担直接受益的农村水利工程的建设、管理和维护责任，可以解决农村土地家庭承包经营后集体管水组织主体“缺位”问题；解决大量小型农田水利工程和大中型灌区的斗渠以下田间工程有人用、没人管，老化破损严重等问题；是适应农村取消“两工”（劳动积累工和义务工）新形势，建立农村水利建设运行新机制的需要；是巩固灌区续建配套节水改造成果，保证灌区工程设施充分发挥效益的需要。加强农民用水户协会建设，对培育和提高农民自主管理意识和水平，明晰农村水利设施所有权，建立现代高效的管理体制和运行机制，具有十分重要的意义。

近年来，许多地方在总结过去基层群众管水组织改革成功经验和学习借鉴国外先进用水管理方法的基础上，试点并推广农民用水户参与灌溉管理，在增强农民民主管理意识、密切供用水双方的关系、改善田间工程管理和维护状况、改进田间灌排服务水平、促进节药用水、提高水费收取率、减轻农民不合理负担、降低农业生产成本、保证农民增收等方面取得了明显成效，也探索出了很多好的经验。实践证明，推进农民用水户协会的发展和改革，深受地方政府、灌区管理单位和农民的欢迎。田间灌排工程由农民用水户协会管理，是灌区管理体制改革的方向。各有关部门和灌区管理单位应进一步提高认识，统一思想，增强改革的自觉性，采取切实有效的措施，加强和积极培育、支持农民用水户协会建设。

二、加强农民用水户协会建设的指导思想和基本原则

加强农民用水户协会建设的指导思想是：

以邓小平理论、“三个代表”重要思想为指导，坚持以人为本，全面、协调、可持续的发展观，贯彻中央关于“三农”问题的方针政策，通过加强、培育和支持农民用水户协会建设，解决多年来农村水利管理“主体”缺位，责任、权利、义务界定不清，效率和效益发挥不理想的问题，依靠互助合作集体的力量，自主兴办和管理农村水利工程设施，提高农村水利基础设施抗灾能力和管理水平，促进节约用水，提高农业综合生产能力，增加农民收入，实现灌区人口、资源、环境和经济社会的和谐

发展，保障农业和农村经济的可持续发展。

加强农民用水户协会建设的基本原则是：

一是因地制宜，分类指导。从各地灌区管理的历史习惯、目前做法、管理水平、存在问题等实际出发，坚持管理体制改革的方向和原则，结合本地具体情况，制订加强农民用水户协会建设的具体措施。不应生搬硬套，搞一个模式、“一刀切”。

二是积极稳妥、注重实效。要采取积极措施加快改革步伐，加强、培育和发展农民用水户协会建设，同时要讲求实效，确保改革一处，成功一处，发挥效益一处，由点到面，逐步推广。

三是政府指导，自主管理。各级政府要加强对农民用水户协会建设的指导、扶持，要真正放权，把农村水利工程设施管理的部分或全部权利与责任都移交给用水户自主管理。

四是自愿组合、互利互惠。加强和培育、支持农民用水户协会建设必须坚持自愿组织、自愿参加、民主议事、民主决策、互利互惠的原则，避免行政机构越俎代庖，强迫命令。

三、农民用水户协会的职责和任务

农民用水户协会是经过民主协商、经大多数用水户同意并组建的不以营利为目的的社会团体，是农民自己的组织，其主体是受益农户。在协会内成员地位平等，享有共同权利、责任和义务。农民用水户协会的宗旨是互助合作、自主管理、自我服务。

农民用水户协会的职责是以服务协会内农户为己任，谋求其管理的灌排设施发挥最大效益，组织用水户建设、改造和维护其管理的灌排工程，积极开展农田水利基本建设，与供水管理单位签订供用水合同，调解农户之间、协调农户与水管单位之间的用水矛盾，向用水户收取水费并按合同上缴供水管理单位。

农民用水户协会的任务是建设和管理好农村水利基础设施、合理高效利用水资源，不断提高用水效率和效益，为当地农户提供公平、优质、高效灌排服务，达到提高农业综合生产能力、增加农民收入、发展繁荣农村经济、保护和改善生态环境的目的。

农民用水户协会在国家法律和协会章程规定范围内，享有其管理的灌排设施所有权、经营权和管理权，接受水行政主管部门和社团登记管理机关的政策指导和灌区管理单位的业务技术指导，同时监督灌区的建设和管理工作，并参与有关水事活动。农民用水户协会与灌区管理单位在水利工程设施的建设与管理中是相互合作关系，在水的交易中是买卖关系。

四、农民用水户协会的组建程序

一是广泛宣传发动，组织培训。在充分尊重农民意愿的前提下，引导农民自愿组建农民用水户协会。农民用水户协会的组建要因地制宜，充分考虑当地灌溉排水的特点，根据农民群众的实际需要，选择适当的活动方式。

二是合理确定农民用水户协会的管理区域。为便于用水合理调配，统一组织工程维护，提高水的利用效率和效益，农民用水户协会管理的灌溉边界，按水系、渠系并结合行政区划的原则，由地方政府、村民委员会、水管单位以及农民用水户代表协商确定。协会的规模要与承担的任务相适应，方便用水户之间互助、合作，力求低成本和高效率。

三是建章立制。对农户情况进行调查和登记，划分用水小组，选举用水户代表，推选执委会候选人，召开用水户代表大会，选举执委会成员，制订章程以及供水管理、工程维护、水费收缴、财务管理等规章制度和办法，明确有关各方权利、责任、义务。农民用水户协会负责人的产生应严格按章程规定，民主选举，选出有能力、办事公道、热心公益事业、农民信得过的人。规章制度要经过用水户民主讨论，最后表决通过。

四是登记。农民用水户协会由县级人民政府民政部门登记管理，业务主管单位为县级人民政府水行政主管部门。业务主管单位可以将有关管理事务委托给乡镇水管部门。

农民用水户协会的登记条件和程序按照民政部《关于加强农村专业经济协会培育发展和登记管理工作的指导意见》等文件中的有关规定执行。

五、农民用水户协会的运作和能力建设

所有农民用水户都有节约用水、维护工程和交纳水费的责任和义务。农民用水户协会的成员在灌排工程建设和管理中，既要发扬热心公益事业的奉献精神，又要坚持按劳分配、公平合理的原则。协会成员的劳动补贴标准，由执委会或代表大会通过，报乡镇政府和灌区管理单位备案。

农民用水户协会所属工程的管理可采取灵活多样的经营机制。可以由协会集体管理，也可以采用承包等方式交给个人或小组具体负责。

农民用水户协会要坚持“民办、民管、民受益”的原则，要加强组织机构和内部制度建设，使协会运作民主、公开、有效、规范。

农民用水户协会要建立健全监督机制。所有涉水事务、财务状况、人员聘用等都要公开透明，接受广大用水户、当地政府和社会的监督。要定期向会员代表会报告工作，并在醒目位置设置公告栏，向用水户公开水费标准、用水量、水费收入与支出等情况。农民用水户协会要财务独立。规模较大的用水户协会应建立监事会。

要有意识地发现和培养妇女骨干，更多地发挥妇女在用水户参与灌溉管理中的作用。

农民用水户协会要加强自身能力建设，积极参加水行政主管部门和灌区管理单位组织的政策、技术及业务知识培训，提高业务技能和综合素质。要加强协会内成员的学习、培训和管理，提高业务水平和管理能力。

六、切实营造农民用水户协会的良好发展环境

推进灌排工程管理体制改革，为农民用水户协会的组建、发展创造有利条件是政府职责。各有关部门同时也应在政策、资金、技术等方面给予扶持。各级水行政主管部门要主动向政府提出推进改革的意见和建议，取得各级政府的重视和支持；要加强与发展改革、价格、财政、民政、农业和政策研究等有关部门的沟通协调，分工配合，共同做好农村水利基层群管组织体制改革工作。

各地在总结本地经验、学习借鉴外地做法和经验基础上，及时出台地方政策法规，明确农民用水户协会的性质、任务，以及政府有关部门、灌区管理单位等有关各方在灌溉排水事务中的责任、权利、义务，为农民用水户协会的建设提供良好的政策法规环境。当地水行政主管部门要积极主动与民政部门沟通协调，共同做好登记管理工作。

各级水行政主管部门和灌区管理单位要做到信息公开，为农民用水户协会的发挥作用创造条件。加强对农民用水户协会中骨干力量的培训，提高其业务技能和综合素质。通过宣传典型、成效与经验，提高农民用水户协会的社会地位，扩大影响。要采用各种切实可行的办法为用水户参与灌溉管理的发展创造条件。要为用水户提供发表见解、表达诉求的场合。与用水户利益关系密切的重大事务决策、灌排项目规划、水量调配、水价制订、水费收缴、工程建设和管理维护等事务，必须充分听取农民用水户协会的意见。

各级发展改革、价格、水行政等有关部门要按照中央有关政策，深化农业水价改革，促进落实农民用水户协会的运行管理及工程运行维护经费来源。要统筹考虑需要和可能，将灌排设施配套改造逐步纳入农村水利工程建设计划，多方筹措资金予以实施，改善田间工程设施状况。

在农民用水户协会的发展过程中，水行政土管部门要加强组织领导，发挥业务主管部门的职能作用，加强监督检查，建立健全目标考核制度。要制定规划和实施方案，做好信息交流、技术指导、资金补助等方面的服务，及时发现和解决改革中的困难和问题。要深入实际，调查研究，总结经验，发现典型，以点带面，全面推动农民用水户协会的健康有序发展。

国家农业综合开发办公室关于2006年农业综合开发产业化经营项目申报事宜的通知

(2006年1月5日　国农办［2006］3号)

各省、自治区、直辖市、计划单列市财政厅(局)、农业综合开发办公室(局),新疆生产建设兵团财务局、农业综合开发办公室,农业部农业综合开发办公室:

根据《国家农业综合开发资金和项目管理办法》、《2006年国家农业综合开发产业化经营项目申报指南》(国农办［2005］225号)、《国家农业综合开发投资参股经营试点管理办法》(财发［2005］39号)、《2006年国家农业综合开发投资参股经营项目申报指南》(国农办［2005］250号)和《国家农业综合开发办公室关于下达2006年中央财政农业综合开发资金投资控制指标的通知》(国农办［2005］313号)要求,现就2006年产业化经营项目申报事宜通知如下:

一、指导思想

围绕农业综合开发基本任务,积极调整农业和农村经济结构,发展农业产业化经营,培育壮大区域优势产业,促进农民增收致富,为社会主义新农村建设做出积极贡献。

二、基本原则

国家农业综合开发产业化经营项目申报应遵循以下基本原则:统筹规划,突出重点,择优选项;市场导向,科技支撑,效益优先;严格条件,竞争立项,据实申报;创新机制,多元扶持,规范运作。

三、扶持范围

2006年农业综合开发产业化经营项目的扶持范围包括:经济林及设施农业种植、畜牧水产养殖等种植养殖基地项目,粮油、果蔬、畜禽等农产品加工项目,储藏保鲜、产地批发市场等流通设施项目。

有偿无偿结合产业化经营项目安排一般限于农业综合开发县。

四、重点产业

2006年农业综合开发产业化经营项目扶持的重点产业包括:优质水稻、专用小麦、专用玉米、高油大豆、双低油菜、棉花、糖料、经济林、蔬菜、茶叶、花卉、蚕桑、畜牧、淡水水产及特色农产品等。投资参股经营项目重点扶持粮食等主要农产品的加工、转化以及对当地主导产业建设起积极促进作用的其他产业化经营项目。

五、扶持对象

重点扶持国家级和省级农业产业化龙头企业(含省级农发办事机构审定的龙头企业),同时适当扶持正在成长上升、确能带动农民致富、较小规模的龙头企业及农民专业合作组织。

六、扶持方式

2006年中央财政对产业化经营项目继续实行有偿无偿相结合、投资参股经营和贷款贴息三种扶

持方式。

（一）有偿无偿结合扶持方式

2006年产业化经营项目以有偿无偿结合的扶持方式为主。中央财政有偿无偿资金的比例为75:25；中央财政有偿资金的还款期限和占用费，按照《关于调整农业综合开发资金若干投入比例的规定》（财发［2004］2号）的有关规定执行。

（二）投资参股经营扶持方式

2006年中央财政将进一步加大对投资参股经营的扶持力度，扩大试点范围。投资参股经营项目坚持财政投资只参股、不控股；自愿申报、平等竞争、择优扶持；谁投资、谁所有、谁受益、谁承担风险；政企分开、委托监管、授权运营；规范操作、稳步推进、适时退出。

（三）贷款贴息的扶持方式

2006年中央财政将继续通过贴息方式，扶持能够取得银行贷款、符合农业综合开发产业化经营立项条件的项目。贷款贴息项目扶持政策仍按照《农业综合开发中央财政贴息资金管理办法》（财发［2005］4号）有关规定执行。

同一项目申报单位不得同时申报两种或两种以上扶持方式。

七、项目申报规模

（一）有偿无偿结合项目

各省（区、市）按照《国家农业综合开发办公室关于下达2006年中央财政农业综合开发资金投资控制指标的通知》（国农办［2005］313号）中下达的产业化经营项目指导性指标安排有无偿结合的产业化经营项目，并按照指导性投资控制指标的130%进行项目申报。

单个项目的中央财政资金要按照项目的实际需要确定，不得平均分配资金“撒胡椒面”。以省（区、市）为单位，要将中央财政产业化经营项目存量资金的50%以上用于重点产业化经营项目，其余用于一般产业化经营项目。

（二）投资参股经营项目

为鼓励有条件的省（区、市）积极进行试点，2006年中央财政新增资金用于安排投资参股经营项目。各省（区、市）在坚持财政投资“只参股、不控股”的前提下，按照投资参股经营项目实际状况确定具体投资规模。单个投资参股经营项目中央财政参股投入原则上不低于1 000万元、不高于3 000万元。所有投资参股经营项目必须按规定比例，足额落实地方财政配套资金，并全部由省级财政承担。

各省（区、市）农发办事机构要本着实事求是的原则，严格按照《2006年国家农业综合开发投资参股经营项目申报指南》规定的投资参股项目立项条件，如实进行项目申报，凡不符合投资参股经营项目申报条件的不得上报。为提高项目申报质量，对于2006年之前已进行试点的省份，项目申报数量原则上不超过10个；对于2006年之前未进行试点的省份，项目申报数量原则上不超过5个。

（三）贷款贴息项目

各省（区、市）按照国家农发办下达的2006年中央财政产业化经营项目指导性投资控制指标5%的额度择优筛选贴息项目。

八、项目评审

按照权责统一、分级管理的原则，有偿无偿结合的重点产业化经营项目、投资参股经营项目和贷款贴息项目，经省级农发办事机构初评后，报国家农发办评估审定；其他项目由省级农发办事机构评估审定，报国家农发办备案。

凡上报国家农发办评审的项目，省级农发办事机构要对其进行初评把关，并保证项目申报材料真实、可靠、准确、齐全。如发现弄虚作假，即取消该项目的立项资格，并等额扣减所在省份下年度中央财政投资指标。

由省级农发办事机构负责组织评审的项目，不得逐级下放评审权力。各省级农发办事机构要建立和完善专家评审制度，严格评审标准，坚持择优选项，切实把好立项关。2006年产业化经营项目评审要重点加强项目建设用地落实情况、产品市场风险情况、项目单位资产和财务情况等方面的审查核实。

九、投资规模的确定

对于有偿无偿结合项目，国家农发办根据各省（区、市）项目申报和评审情况，确定其中央财政投资规模。如某省经审定合格的项目较少，导致有偿无偿结合项目中央财政指导性投资指标结余，则结余指标25%转作本省土地治理项目，其余在全国范围内调剂用于其他省经审定合格的产业化经营项目。

对于投资参股经营项目，国家农发办根据各省（区、市）项目申报、评审和资产评估情况，确定其投资参股经营项目中央财政投资规模。

对于贷款贴息项目，国家农发办经过审核、确认后，在2007年中央财政农业综合开发产业化经营项目资金中予以安排。

十、项目申报材料

（一）有偿无偿结合项目

1. 重点产业化经营项目

省级农发办事机构向国家农发办申报重点产业化经营项目材料包括：单个项目的可研报告（一式三份）、由社会中介机构出具的项目申报单位近两年财务审计报告、银行信用等级证明、项目建设用地的批准文件、环保部门出具的项目环评意见、省级专家初步论证意见等。同时，另附报项目申报汇总说明（包括选项重点和布局、项目类型、重点产业化经营项目中央财政投资比例、项目初评情况等）、重点产业化经营项目基本情况表（附件一）和重点产业化经营项目申报单位基本情况表（附件二）。

2. 一般产业化经营项目

省级农发办事机构向国家农发办报送一般产业化经营项目备案材料包括：项目评审总的说明（包括选项的原则、依据、重点，项目涉及的区域，项目类型，投资构成，项目评估审定情况等）、一般产业化经营项目基本情况表（附件三）及每个项目的省级专家评审意见表（附件四）等。

（二）投资参股经营项目

省级农发办事机构向国家农发办申报投资参股经营项目材料包括：单个项目的可行性研究报告（一式四份）；省级专家初步论证意见；由社会中介机构出具的项目申报单位2003、2004年度财务审计报告；项目申报单位新征用土地的批准文件；项目申报单位营业执照复印件、银行信用等级评定证明；项目申报单位具备的技术水平证明材料（包括专利、成果、专有技术资料和技术依托单位证明等）、公司章程、现有的股权结构（包括前5位股东及持股数量）以及同意国家财政资金投资参股的股东大会或股东代表大会决议。同时，另附报项目申报汇总说明（包括选项重点、区域布局、项目类型、申请中央财政参股资金数额、项目初评情况等）、投资参股经营项目基本情况表（附件五）和投资参股经营项目申报单位基本情况表（附件六）。

十一、申报时间

各省（区、市）农发办事机构要于2006年3月10日前，向国家农发办报送有无偿结合产业化经营项目和投资参股经营项目申报（备案）材料及软盘（所有附表均用Excel格式）。

贷款贴息项目其他申报事宜另行通知。

附件：1. 有无偿结合重点产业化经营项目基本情况表

2. 有无偿结合重点产业化经营项目申报单位基本情况表

3. 有无偿结合一般产业化经营项目基本情况表

4. 有无偿结合一般产业化经营项目省级专家评审意见表

5. 投资参股经营项目基本情况表

6. 投资参股经营项目申报单位基本情况表

附件 1

有无偿结合重点产业化经营项目基本情况表

项目类型	项目名称	建设地点	项目申报单位	龙头企业认定级别	建设性质	主要建设内容	投资（万元）					
							总投资	财政资金			企业自筹	银行贷款
								申请中央财政投资	地方财政配套资金			
									小计	其中：省级		

附件 2

有无偿结合重点产业化经营项目申报单位基本情况表

项目名称	项目申报单位	注册时间（年\月）	注册资金	资产总规模（万元）		上年净利税（万元）	资产负债率（%）	银行信用等级	法人代表及联系方式
				合计	其中：固定资产				

附件 3

有无偿结合一般产业化经营项目基本情况表

项目类型	项目名称	建设地点	项目申报单位	建设性质	主要建设内容	投资（万元）					
						总投资	财政资金			企业自筹	银行贷款
							申请中央财政投资	地方财政配套资金			
								小计	其中：省级		

附件4

有无偿结合一般产业化经营项目专家初步论证意见表

项目名称：　　　　　　　　　　　　　　　　　　　　　　　　　　　　　单位：万元

申报单位			单位性质	
项目总投资		申请中央财政资金		
评估专家	姓名	工作单位	职称职务	专业

专家评估意见

一、项目建设的必要性

是否符合国家的产业政策、行业规划，是否具有资源优势，是否是当地的主导产业，对调整产业结构的作用，能否带动当地农民的增收和促进当地经济的发展。

二、项目的建设条件

项目厂（场）址选择是否合理——项目所选建设地点及所在地区的自然条件、资源条件、社会经济条件能否满足项目建设的需要，项目建设及各类建设内容是否符合地方政策、城乡规划、土地规划等；建设用地是否落实；交通、水、电、通讯等基础条件、配套设施是否具备等。

三、项目单位状况

是否符合国家农业综合开发产业化经营项目申报单位的有关条件，是否建立了现代企业制度，管理模式是否先进，人员结构是否合理，是否具有较强的研发能力和良好的企业资信等；要特别关注项目申报单位的财务状况，严格核查会计（审计）师事务所出具的审计报告的真实性。

四、产品的市场状况和前景

产品市场定位是否合理，市场对本产品的近期和远期需求量如何，本项目产品在市场上与同类产品的竞争力如何、产品抗风险能力等。

五、项目建设方案

项目建设目标是否符合行业发展的要求，同时认真审查项目建设任务与规模、规划与布局、生产技术方案与工艺流程、项目实施进度安排等是否科学合理。

六、投资估算与资金筹措

投资估算依据是否科学，投资结构是否合理，财政无偿资金的使用是否符合国家农业综合开发的有关规定；资金筹措方案是否可行，自筹资金、银行贷款等能否落实。

七、财务分析

相关的取费标准是否符合规定、是否合理，项目的财务内部收益率、财务净现值、投资回收期等是否客观、真实、合理，项目是否具有较强的抗风险能力及有偿资金偿还能力等。

八、环境影响评价

项目对周围环境产生影响的阐述是否清楚，是否采取了有效的治理措施，当地环保部门是否出具了环保证明等。

九、示范带动作用

企业与农民是否建立了合理的利益联结机制，项目建设能否带动农民增收、促进财政增长和当地经济稳定协调发展等。

十、主要问题及建议

该项目存在的主要问题及建议。建议要具体、准确、有针对性。

十一、附件是否齐全

根据《多种经营项目可行性研究报告编写大纲》、《2006年国家农业综合开发产业化经营项目申报指南》、《2006年国家农业综合开发产业化经营项目申报通知》的要求，一一对照。

十一、评估结论

评估结论要客观、科学、公正，并用精炼、准确的语言阐明项目可行性的程度，一般分为可行、基本可行和不可行三种情况。

专家签名：

附件 5

投资参股经营项目基本情况表

项目名称	建设地点	项目申报单位	建设性质	主要建设内容	计划投资（万元）					带动农户（户）	带动基地（万亩）	专家初步论证意见
					小计	其中：中央财政	省级财政	申报单位自筹	银行贷款			
合计												

附件 6

投资参股经营项目申报单位基本情况表

单位：万元

项目名称	项目申报单位	注册时间（年\月）	注册资金	实收资本	资产总规模		上年销售收入	上年净利润	资产负债率（%）	银行信用等级	法人代表及联系方式
					合计	其中：固定资产					

国家农业综合开发办公室关于农业综合开发项目竣工验收考评的通报

（2006年1月11日　国农办［2006］4号）

各省、自治区、直辖市、计划单列市财政厅（局）、农业综合开发办公室（局），新疆生产建设兵团财务局、农业综合开发办公室，水利部、农业部、国土资源部、国家林业局农业综合开发办公室：

2005年10月—12月，国家农业综合开发办公室（以下简称国家农发办）对山西、上海、福建、青岛、广东、广西、四川、重庆、贵州、云南、陕西、甘肃、青海等13个省（区、市）和水利部、农业部农业综合开发项目竣工验收及相关工作进行了考评。现将验收考评情况通报如下：

一、验收工作和项目建设情况

13个省（区、市）和水利部、农业部农业综合开发办事机构，按照国家农发办关于加强项目竣工验收工作的指导意见和验收考评通知要求，较好地组织开展了农业综合开发项目竣工验收工作，农业综合开发项目建设任务和主要技术经济指标基本完成，主要工程建设质量和管护达到了要求，资金管理较为规范，没有出现严重违规违纪问题，各项基础管理工作不断加强，资金和项目管理水平有了进一步提高。

山西、四川、重庆、甘肃等省（市）及时完成验收任务，工作比较扎实；福建、贵州、云南、陕西、青海等省项目基础管理工作较为规范，建设任务完成较好；上海、青岛、广东、广西等省（区、市）项目工程建设质量较高，效益较为显著。

二、存在的主要问题和处理意见

验收考评发现，各地和有关部门在执行农业综合开发政策规定方面也存在一些问题。为了严肃纪律，强化农业综合开发资金和项目管理，按照有关规定，提出以下处理意见：

（一）山西、福建、青岛、广东、四川、重庆、贵州、陕西、甘肃、青海等省（市）未严格执行农业综合开发地方财政配套资金投入政策，其中福建省、青岛市未按政策规定的比例承担省（市）本级财政应配套资金；上海市、福建省个别地方擅自调整项目计划；福建、青岛、四川等省（市）个别地方违规使用财政资金；上海、广东、四川、贵州、云南、陕西等省（市）个别地方滞留财政有偿资金1年以上；山西、广西、云南等省（区）个别项目未严格实行项目资金专人管理、专账核算、专款专用制度。对此，予以通报批评。

（二）对于未按计划足额落实地方财政配套资金、擅自调整项目计划和滞留财政有偿资金的省（市），按照有关规定，相应扣减下一年度中央财政资金投资指标。至验收考评时仍未借出的财政有偿资金，限期于2006年2月底之前收回。

（三）陕西省未按要求对农业综合开发资金进行审计。限期于2006年3月底之前完成审计，并将审计报告报送国家农发办。

（四）山西、上海、青岛、广东、四川等省（市）个别项目存在尾工，限期于2006年3月底之前完成。

（五）水利部、农业部部分项目存在地方财政配套资金未足额到位、擅自调整项目计划、挤占和挪用财政资金、财务管理不规范、工程管护不到位等问题，予以通报批评（另行提出处理意见）。

三、整改意见

验收考评发现的问题，说明个别地方和有关部门在资金和项目管理工作中仍存在薄弱环节。各省（区、市）和有关部门要高度重视这些问题，采取有力措施，认真加以整改。

（一）加强项目前期论证和规划设计工作，坚持科学立项，规范工程招投标和监理工作，严格实行项目大宗建设物资政府集中采购制度，在保证质量的前提下加快工程建设进度，规范文档资料管理，加强竣工项目工程管护，切实提高农业综合开发项目管理水平。

（二）严格实行农业综合开发资金专人管理、专账核算、专款专用，规范财政无偿资金县级报账制，及时拨借财政资金，加强财政有偿资金管理，进一步规范财务管理制度和会计核算，提高工作人员业务素质，强化农业综合开发资金管理工作。

（三）在加强日常检查的同时，抓好中期检查、专项检查和竣工项目验收工作。坚持监督检查工作经常化、制度化、规范化，探索完善监督检查和验收工作新机制、新方式，提高监督检查和验收工作的效果。

（四）13个省（区、市）要将验收考评中发现问题的整改情况，于2006年4月底之前报国家农发办。国家农发办将按考评标准作出是否合格的综合评价。

特此通报。

国家农业综合开发办公室关于印发《关于加强农业综合开发土地治理项目科技推广费管理工作的指导意见》的通知

（2006年1月26日　国农办［2006］13号）

各省、自治区、直辖市、计划单列市财政厅（局）、农业综合开发办公室（局），新疆生产建设兵团财务局、农业综合开发办公室，农业部财务司，农业综合开发办公室：

为提高农业综合开发土地治理项目科技推广费的使用效益，切实管好用好该项资金，增加土地治理项目科技含量，发挥科技进步对农业特别是粮食生产的支撑作用，增强农业综合开发为社会主义新农村建设服务的能力，根据《中华人民共和国农业技术推广法》、《国家农业综合开发资金和项目管理办法》及《农业综合开发财务管理办法》的有关规定，在充分调查研究和广泛征求意见的基础上，我办研究制定了《关于加强农业综合开发土地治理项目科技推广费管理工作的指导意见》，现印发给你们，请遵照执行。执行中如有问题和建议，请及时反馈我办。

附件：关于加强农业综合开发土地治理项目科技推广费管理工作的指导意见

附件

关于加强农业综合开发土地治理项目科技推广费管理工作的指导意见

为提高农业综合开发土地治理项目科技推广费（以下简称科技推广费）的使用效益，根据《中华人民共和国农业技术推广法》、《国家农业综合开发资金和项目管理办法》及《农业综合开发财务管理办法》的有关规定，现就加强科技推广费管理和使用工作提出如下指导意见。

一、管好用好科技推广费的重要性

科技推广是农业综合开发土地治理项目的一项重要措施。农业综合开发土地治理项目科技推广措施，是指通过示范、培训、指导以及咨询服务等，把优良品种和先进适用技术普及应用于项目区农业生产的过程。

加强土地治理项目科技推广工作，是将农业、林业、水利等措施形成的生产能力转化为产品的重要途径。改善农田基本生产条件，解决粮食由低产到中产，由中产到高产，关键要靠良种、良法的推广和应用。同时，加强农业综合开发科技推广工作，也是推进农业生产节本增效，转变农业增长方式，建设节约型农业，减少农业生产污染，改善农村生活环境，培养新型农民的一项重要措施。

管好用好科技推广费，对于提高科技推广工作的效率，增加土地治理项目科技含量，发挥科技进步对农业特别是粮食生产的支撑作用，增强农业综合开发为社会主义新农村建设服务的能力，都具有十分重要的意义。

二、科技推广费的安排和使用原则

科技推广费的安排和使用，应坚持以下原则：

（一）专款专用，专项用于土地治理项目。

（二）集中投入，突出解决关键技术和品种推广。

（三）注重普及应用，扶持先进、适用、成熟的新品种和综合配套技术推广。

（四）主要用于大宗农产品新品种和综合配套种植技术推广。

（五）面向项目区广大群众，提高农民科技素质。

（六）促进农业结构调整。

三、科技推广费的安排比例

（一）以省（自治区、直辖市、计划单列市、新疆生产建设兵团、农业部农垦局，下同）为单位，当年安排的科技推广费，不超过当年土地治理项目财政资金投入总额的8%。根据推广工作进度，当年未支出的科技推广费，可以结转到下一年度使用。如果没有明确的推广内容，没有具备条件的技术依托单位和推广服务机构，或项目区有其他渠道的科技投入，有关各地农发办事机构可以不安排或少安排科技推广费。

（二）以省为单位计算，省级、地（市）级集中安排的科技推广费应控制在全省当年按比例安排科技推广费总额的30%以内，并且要以省级集中安排为主，省级和地（市）级分别集中安排的比例，由各省自定。

（三）以省为单位计算，随项目下达到县的科技推广费不能低于全省当年按比例安排科技推广费总额的70%。

四、科技推广费扶持的推广内容

（一）粮、棉、油、糖、蔬菜、瓜果、牧草新品种和良种繁育技术。

（二）测土配方和科学施肥技术。

（三）作物栽培技术。

（四）土壤改良和培肥地力技术。

（五）农作物病虫害防治技术。

（六）旱作节水农业技术。

（七）牧区草地种植和改良技术。

（八）生态农业技术。

五、科技推广费的开支范围

（一）科技推广费主要用于示范、培训、指导以及咨询服务等推广工作环节中发生的下列费用：

1. 生产资料费：（1）用于购买建设示范田块所需的种子、种苗、肥料、农药、薄膜的费用，（2）用于建设示范田块租用耕地当年的租赁费用的补助，（3）用于项目区内较大面积推广种植新品种的种子、种苗补贴；

2. 培训费：用于培训项目区农民或县级农技人员的讲课费、教材资料费、场地租用费、培训设备租赁费及必要的食宿费；

3. 检测化验费：用于测土配方施肥中土样采集、化验分析、数据处理、印制施肥配方等方面的费用；

4. 小型仪器设备费：用于购置或租赁推广工作必需的小型仪器设备的费用；

5. 差旅费：用于科技人员到项目区开展推广工作的交通、食宿等费用；

6. 劳务费：用于推广工作中发生的专家咨询费和雇用人工费。

上述各类费用的开支标准，由各省自定。

（二）科技推广费不能用于下列支出：

1. 各级农发办事机构的事业费支出；

2. 科技成果转让费、购买专利费；

3. 推广多年生林果、畜牧水产养殖品种和技术的费用；

4. 进行基础性农业科学研究以及非成熟品种、技术的试验的费用；

5. 示范田块农田基础设施、大棚设施等的建设费用；

6. 农民接受培训时的误工费；

7. 其他与土地治理项目科技推广措施无关的费用。

六、科技推广费的使用单位

（一）农业院校、农业科研院所。省级、地（市）级集中安排科技推广费，主要用于选择农业院校、农业科研院所为技术依托单位，支持这些单位的科技人员到项目区开展科技推广工作，工作重点是培训县级农技推广人员、建立示范田块和技术咨询服务。

（二）各类农技推广服务机构。随项目下达到县的科技推广费，主要用于支持地（市）、县（市）级农技推广服务机构开展技术推广工作，工作重点是培训项目区农民，推动良种、良法进村入户。

（三）农民专业合作组织。在有条件的地区，农发办事机构可以优先选择农民专业合作组织，扶持其通过各种形式向项目区内成员农户开展科技推广服务。

（四）科技推广示范农户。有关农业院校、科研院所、农技推广服务机构、合作经济组织，应当对承担农业综合开发土地治理项目科技推广示范任务的农户，进行适当的补贴。具体补贴标准，由各省自定。

七、科技推广费的管理

（一）纳入计划管理。各省在编制土地治理项目年度实施计划时，先按比例测算省、地（市）、县（市）可安排科技推广费控制额度，再根据控制额度确定科技推广内容，统一编入全省土地治理项目年度计划报国家农发办审批。省级、地（市）级集中安排的科技推广费，必须在计划中用单独的文字和表格，说明和列出资金安排的数额、推广内容、实施单位和地点等。当年安排的科技推广费，主要用于当年安排的土地治理项目区，也可以安排少部分资金用于以前年度的土地治理项目区。具体比例，由各省自定。

（二）制定推广方案。各级农发办事机构，安排单项金额在10万元以上的科技推广费支出，事先必须制定推广工作方案，主要内容包括：

1. 拟推广的品种和技术内容；

2. 拟选择的推广单位应具备的资质或推广能力；

3. 拟推广的地点、范围；

4. 预期经济、生态效益；

5. 经费支出预算；

6. 验收考核指标。

（三）择优选择推广单位。各级农发办事机构，安排单项金额在10万元以上的科技推广费支出，都采取多方比较的方法，引入竞争机制，择优选择推广单位。

（四）实行合同管理。推广单位确定后，有关农发办事机构要根据事先拟定的推广方案，与推广单位、项目区乡镇三方签订合同，明确三方的权利、责任、义务及考核办法，对科技推广费的使用实行合同管理。

（五）实行报账制管理。随项目下达到县的科技推广费，实行县级报账制管理。省级、地（市）级集中安排的科技推广费，原则上实行同级财政核报管理，不能以拨代报，具体报账方式，由各省自定。核报时要执行会计核算凭证管理的有关规定，并以推广方案、合同、项目区乡镇政府签署同意报账的意见为依据。培训费支出，可以采取由农发机构向项目区农民发放培训券，推广单位凭收取的培训券报账的方式。

（六）加强监督检查。各级财政部门、农发办事机构要加强对科技推广费使用情况的监督检查。在土地治理项目竣工验收及验收考评工作中，要将科技推广费使用情况作为一项重要核查内容。对查出的违规、违纪问题，要及时纠正，并按照《农业综合开发资金违规违纪处理暂行办法》的有关规定严肃处理。

国家农业综合开发办公室关于印发《国家农业综合开发县管理办法》的通知

（2006年2月8日　国农办［2006］14号）

各省、自治区、直辖市、计划单列财政厅（局）、农业综合开发办公室（局），新疆生产建设兵团财务局、农业综合开发办公室，农业部农业综合开发办公室：

为进一步加强和规范国家农业综合开发县管理工作，国家农业综合开发办公室研究制定了《国家农业综合开发县管理办法》并业经部领导批准，现印发给你们，请认真遵照执行。在执行中有何问题和意见，请及时反馈。

附件：国家农业综合开发县管理办法

附件

国家农业综合开发县管理办法

第一章　总　　则

第一条　为规范和加强国家农业综合开发县（市、区、旗、县级国有农牧场，以下统称“开发县”）管理，根据《国家农业综合开发资金和项目管理办法》（财政部令第29号）和财政部《关于改革和完善农业综合开发若干政策措施的意见》（财发［2003］93号）的有关规定，制定本办法。

第二条　本办法所称开发县管理是指开发县的新增、恢复、暂停、取消、适时退出、行政区划变更确认等事项的管理。

第三条　开发县管理遵循总量控制、适度进出、奖优罚劣、分级管理原则。

（一）总量控制。以2005年国家农业综合开发办公室（以下简称“国家农发办”）批复核定各省（区、市，新疆生产建设兵团，黑龙江省农垦总局，以下简称“各省级单位”）开发县总数为基础，实行开发县总量控制。

（二）适度进出。各省级单位申请新增开发县，除西部等少数省（区）外，必须相应先退出等量开发县。

（三）奖优罚劣。工作绩效突出的开发县要受到奖励。项目和资金管理工作滞后或存在严重违规违纪问题的，要受到暂停1年或取消开发县的处罚。

（四）分级管理。国家农发办审定开发县的新增、取消、适时退出、因违规违纪问题暂停开发县及相应恢复、行政区划变更确认等。省级农发办事机构审定末位暂停开发县及相应恢复。

第二章　新增开发县

第四条　新增开发县是指符合农业综合开发立项条件的非农业综合开发县，按规定程序申报，由国家农发办审定为农业综合开发县。

第五条　原有开发县适时退出后，允许其他开发潜力较大的农业大县（包括被取消的开发县对存在问题整改到位后，重新申请立项）等量申请新增。

第六条　新增开发县申报条件。

（一）农业自然资源丰富，农业灌溉水源有保证，农田防洪有保障，水利灌排骨干工程基本具备；耕地资源比较充足，平原地区的耕地面积在20万亩以上，丘陵地区的耕地面积在10万亩以上，待开发治理的耕地相对集中连片；种植业、养殖业资源优势明显，具备一定产业基础；开发后有利于提高农业综合效益，增加农民收入。

（二）县级政府和有关部门重视农业综合开发工作，农发办事机构人员配备适应工作的需要；地方财政配套资金有保障（政策规定不承担配套任务的县除外，下同）；农民群众自愿搞开发的积极性高，农民筹资投劳有保证。

（三）被取消的开发县申请重新立项必须对存在问题整改到位。

第七条　新增开发县的申报和审定程序。

（一）县级人民政府逐级向地级、省级农发办事机构提出农业综合开发立项申请（包括重新立项，下同），立项申请附带：本地农业综合开发五年规划，第一年度项目可行性研究报告，县级财政部门对本级配套资金的承诺意见，县级水利部门对本地水资源条件的鉴定意见，被取消的开发县对存在问题的整改情况等。

（二）地级、省级农发办事机构负责对县级立项申请进行审核。经审核合格后，由省级农发办事机构向国家农发办报送立项申请（附报县级和地级农发办事机构出具的相关材料）。

（三）国家农发办负责对省级农发办事机构报送的立项申请进行审核和实地考察评估（也可授权省级农发办事机构进行实地考察评估）。经评审合格并报部领导审定同意后，国家农发办正式向省级农发办事机构下达新增开发县通知。

第八条　新增开发县的试行期为1年。1年试行期满后，国家农发办组织或授权省级农发办事机构对新增开发县的开发机构设置、人员配备、工作绩效等情况进行考核。经考核合格的，正式批准为农业综合开发县；经考核不合格的，取消开发县资格。

第三章　恢复开发县

第九条　恢复开发县是指在各省级单位开发县总数内的开发县因工作滞后或违规违纪问题被暂停1年，1年后对存在问题整改到位，申请恢复开发县。

第十条　恢复开发县的申报和审定程序。

（一）末位暂停的开发县，对存在问题整改到位后，由省级农发办事机构负责其恢复工作，恢复开发县情况报国家农发办备案。国家农发办自收文之日起1个月内不提出异议，即视为同意。

（二）因违规违纪被暂停的开发县，对存在问题整改到位后，由县级农发办事机构（或县级人民政府）逐级向地级、省级、国家农发办事机构报送恢复申请，由国家农发办审定恢复。

第四章　暂停开发县

第十一条　暂停开发县是指因工作滞后或存在违规违纪问题，由省级农发办事机构或国家农发办按程序暂停项目立项1年的开发县。暂停整改期限超过1年的，按取消开发县管理。

第十二条　凡有下列情形之一的，应暂停开发县。

（一）因工作滞后受到末位暂停处罚。以省为单位，每年暂停开发县比例不超过开发县总量的10%。具体标准由各省级农发办事机构负责制定，并报国家农发办备案。

（二）因违规违纪问题受到暂停处罚。凡有下列情形之一的，应暂停开发县。

1. 由于申报失实、选项不准、实施不力等原因，致使项目建设失败甚至无法实施，造成项目财政资金损失。

2. 超越权限擅自调整已批复的项目实施计划，包括变更项目性质、建设地点、实施单位和调整项目建设内容，未按要求逐级报经省级农发办事机构或国家农发办批准，以及先调整后报批，情节严重的。

3. 以开发县为单位，挤占挪用项目财政资金累计在10万元以上（含）、100万元（含）以下。

4. 省级农发办事机构组织竣工项目验收时，被评为“不合格”的开发县；国家农发办组织竣工项目验收考评时，被评为“不合格”的开发县。

5. 对国家农发办检查、验收、人民来信核查，审计和财政监督部门检查中发现的问题，未按要求及时整改到位。

6. 违反《国家农业综合开发农民筹资投劳管理规定（试行）》（国农办［2005］239号），项目申报前未按规定程序征求项目区农民意愿。

第十三条　暂停开发县的整改期限为1年。1年内整改措施不到位的，取消开发县。1年内对存在问题整改完毕后，可逐级申请恢复开发县。

第十四条　暂停开发县的审定程序。

（一）国家农发办负责对因违规违纪问题被暂停开发县的审定。国家农发办认定确需暂停某开发县，可直接向省级农发办事机构下达暂停该开发县的通知。

（二）省级农发办事机构认定确需暂停某开发县，可以向国家农发办提出建议，并报送有关材料（附报开发县违规违纪问题的调查报告和相关证明材料）。国家农发办审定后，正式向省级农发办事机构下达暂停该开发县的通知。

（三）省级农发办事机构负责末位暂停开发县的审定，其审定结果报国家农发办备案。国家农发办自收文之日起1月内不提出异议，即视为同意。

第五章　取消开发县

第十五条　取消开发县是指对因项目和资金管理存在严重违规违纪问题、造成重大损失或恶劣影响的开发县，由国家农发办按程序取消其项目立项和资金安排的开发县。

第十六条　凡有下列情形之一的，应取消开发县。

（一）项目申报和实施中弄虚作假，如采用“以旧顶新”、“以虚冒实”等手段，套取上级财政资金；搞形象工程，欺骗上级部门和项目区农民群众。

（二）不执行农业综合开发财政无偿资金县级报账制，不实行专账核算、专人管理和专款专用，违规用大额现金开支项目资金，财务管理混乱。

（三）以开发县为单位，挤占挪用项目财政资金累计达100万元以上。

（四）因项目和资金管理中存在的问题，在社会上造成重大恶劣影响，败坏农业综合开发声誉。

（五）强迫农民筹资投劳，并突破农业综合开发农民筹资投劳数额上限规定。

第十七条　被取消的开发县整改期限为2年，2年后对存在问题整改到位，措施得力的，允许按新增开发县程序逐级申请立项。

第十八条 取消开发县的审定程序。

（一）国家农发办负责对取消开发县的审定。国家农发办认定确需取消某开发县，可直接向省级农发办事机构下达取消该开发县的通知。

（二）省级农发办事机构认定确需取消某开发县，可以向国家农发办提出建议，并报送有关材料（附报开发县违规违纪问题的调查报告和相关证明材料）。国家农发办审定后，正式向省级农发办事机构下达取消该开发县的通知。

第六章 适时退出

第十九条 适时退出是指已无开发潜力、缺乏继续进行开发积极性或在综合考评中排名末位的开发县，及时退出农业综合开发范围。

第二十条 凡有下列情形之一的开发县，应适时退出。

（一）以开发县为单位，待改造中低产田面积，平原区低于1万亩，丘陵山区低于5 000亩，不足安排1年土地治理任务的开发县应适时退出。

（二）县级有关部门或农民群众缺乏继续进行开发积极性，或不愿执行农业综合开发政策制度的开发县，应适时退出。

（三）允许各省级农发办事机构在对本区域内的开发县进行比较规范的综合考评的基础上，每年按不超过开发县数量5%的比例对排名末几位的开发县实行“末位退出”，并允许相应等量新增开发县。

第二十一条 适时退出的申报审定程序。

（一）国家农发办负责开发县适时退出的审定。

（二）征求所在地级农发办事机构意见后，省级农发办事机构提出拟适时退出开发县名单，报送国家农发办审定。

（三）缺乏继续进行开发积极性的开发县应以县级农发办事机构（或县人民政府）正式文件形式，向所在地级、省级农发办事机构提出申请，省级农发办事机构报送国家农发办审定。

第二十二条 因无开发潜力适时退出的开发县，在退出开发范围后，仍允许申报国家农业综合开发产业化龙头项目。

第二十三条 在不超过各省级单位核定开发县总数的前提下，适时退出的开发县相应允许以新增或恢复开发县方式进行等量补充，新增和恢复开发县应按有关规定程序申报。

第七章 行政区划变更确认

第二十四条 行政区划变更确认是指因国务院批准行政区划变更（包括撤消、合并和分离）后（以国务院正式文件为准），需要重新确认的开发县。行政区划变更确认由国家农发办负责审定。

第二十五条 对行政区划变更后原有开发县一分为二或多个的，只确认其中一个开发任务最多或开发潜力最大的作为开发县。

第八章 附 则

第二十六条 省级农发办事机构负责被暂停、取消、退出开发县和因行政区划变更未被确认的原开发县的后续管理工作，尤其要落实财政有偿资金的还款责任，确保财政有偿资金的按期、足额偿还，并要向当地干部和农民群众做好说明解释工作，确保各类在建项目工程的顺利完工。

第二十七条 除末位暂停开发县及相应恢复外，省级以下（含省级）农发办事机构未经国家农发办批准不得擅自调整开发县。

第二十八条 省级农发办事机构可根据本办法，结合本地区的实际情况，制定实施细则，报国家农发办备案。

第二十九条 本办法由国家农发办负责解释。

第三十条 本办法自发布之日起执行。原《国家农业综合开发县管理暂行办法》（国农办［2004］26号）同时废止。此前其他有关开发县管理的规定与本办法相抵触的，以本办法为准。

国家农业综合开发办公室关于编报2006年国家农业综合开发土地治理项目计划的通知

(2006年2月22日　国农办［2006］15号)

各省、自治区、直辖市、计划单列市财政厅（局)、农业综合开发办公室（局)，新疆生产建设兵团财务局、农业综合开发办公室，农业部农业综合开发办公室：

根据《国家农业综合开发资金和项目管理办法》（财政部令第29号）的相关政策规定及2006年全国农业综合开发工作暨培训会议有关要求，现就编报2006年国家农业综合开发土地治理项目计划的有关事项通知如下：

一、指导思想

认真贯彻落实中央农村工作会议、中央1号文件和全国财政工作会议精神，紧紧围绕社会主义新农村建设，立足农业综合开发基本任务，重点支持粮食主产区进行中低产田改造和中型灌区节水配套改造，着力加强农业基础设施建设，提高农业特别是粮食综合生产能力。在资金投入和项目安排上，重点向粮食主产县倾斜，努力打造全国粮食生产核心区。继续深化改革，创新机制，加强管理，积极探索农业综合开发支持社会主义新农村建设的新举措。

二、主要原则

（一）突出粮食主产县。适应建设全国粮食生产核心区的需要，各地应着重加大对粮食主产县的扶持力度。各粮食主产省（区）要进一步向《国家优质粮食产业工程建设规划》确定的重点县倾斜，非粮食主产省（区、市）也要向本地区粮食主产县倾斜。各地在重点支持粮食主产县的同时，适当兼顾非粮食主产县。

（二）突出中低产田改造。土地治理项目财政投资应主要用于中低产田改造。除内蒙古、青海、河北3省（区）外，以省（区、市、新疆生产建设兵团、黑龙江省农垦总局、广东省农垦总局，以下简称“各省级单位”）为单位，用于中低产田改造（含中型灌区节水配套改造）财政投资不得低于土地治理项目财政总投资的90%。

（三）适当加大对中型灌区节水配套改造的投入，兼顾生态综合治理。今年各地除继续申报水利部中型灌区节水配套改造项目外，可在本地区土地治理项目投资规模内适当安排该类项目，其中：原则上允许农业主产区省份申报2个，其他省份申报1个。

内蒙古、青海两省（区）用于生态综合治理财政投资可按不超过土地治理项目财政投资的30%安排。从今年起，河北省坝上生态项目不再单独立项，该省用于生态综合治理项目财政投资比例可略高于10%，高出部分安排用于坝上地区生态建设。

（四）完善以农民为主体的运行机制。土地治理项目的确立，以农民要办为前提，充分尊重农民意愿，采用民主方式，主动让农民参与项目规划、建设和运行的全过程，调动农民参与项目工程建设的积极性，发挥农民的创造力。鼓励各地采用农民质量监督员方式，发挥好农民对项目工程建设的监督作用。

（五）大力发展节水灌溉。各地要因地制宜在

项目区全面推行节水灌溉。地下水资源紧缺地方，要严格控制新打机电井的数量。有条件的地方应积极探索农民用水户协会管理模式，增强农民参与灌溉管理的能力，提高农民节水意识。

（六）积极探索支持新农村建设的新措施。土地治理项目的安排，要自觉服从和服务于推进社会主义新农村建设的大局。各地要在坚持农业综合开发基本任务的前提下，围绕当地新农村建设中最需要解决的问题，积极稳妥地开展试点工作，因地制宜地探索农业综合开发支持新农村建设的新措施。

三、关于项目安排

（一）项目数量。凡用于土地治理项目的财政投资在500万元以下的开发县，只能安排1个项目；财政投资在500万元（含）至1 000万元的，原则上可安排2至3个项目；财政投资在1 000万元（含）以上的，原则上可安排4至5个项目。

（二）治理面积。土地治理项目区要统筹规划，集中连片。原则上年度单个中低产田改造项目区的治理面积，平原地区不低于10 000亩，丘陵山区不低于5 000亩；生态综合治理中的天然草场不低于5 000亩、人工草场不低于1 000亩，小流域治理和土地沙化治理不低于5 000亩。如丘陵山区等受自然条件限制，年度单个项目区治理面积达不到上述要求的，可在同一小流域或同一灌区范围内选择2至3个地块作为一个项目区。

（三）建设标准和投资标准。土地治理项目的建设标准，要严格按《国家农业综合开发土地治理项目建设标准》（国农办［2004］48号）的有关规定执行。中低产田改造项目的亩投资标准（含中央和地方财政资金、乡村集体自筹资金、农民筹资和投劳折资）执行2005年的亩投资标准（平原地区、丘陵山区分别为440元/亩、570元/亩）。各地可依据以上亩投资标准，对不同地方、不同条件的中低产田改造项目实行区别对待，但各省级单位加权平均计算，原则上不得超过上述标准。个别地区确需提高，可按不超过上述亩投资标准10%的幅度掌握。生态综合治理项目参照2005年的亩投资标准执行。中型灌区节水配套改造项目申报中央财政农业综合开发资金补助金额、地方财政配套资金和水利部门筹资比例等，严格按《国家农业综合开发中型灌区节水配套改造项目管理实施办法》（国农办［2005］26号）有关规定执行。

四、关于农民筹资投劳

严格执行《国家农业综合开发农民筹资投劳管理规定（试行）》（国农办［2005］239号，以下简称《规定》）有关政策规定，实际执行中应注意把握以下几个方面：

（一）注重机制创新。发挥好国家投入的引导作用，运用利益机制，激发农民自愿筹资投劳的积极性。

（二）明确相关口径。《规定》确定的农民筹资投劳比例，是将乡村集体自筹资金、农民筹资和投劳折资合并计算的，而不是单独计算农民筹资投劳所占比例。

（三）实行分类管理。农民筹资投劳按村级“一事一议”筹资筹劳的办法进行管理，乡村集体自筹资金可不按村级“一事一议”办法管理。

（四）注意筹集年限。《规定》中“土地治理项目跨年度实施，其筹资投劳可在项目实施年度按‘一事一议’筹资投劳限额标准筹集”，是指中低产田改造和生态综合治理项目建设一般需跨年度实施，可按项目建设涉及两个自然年度的村级“一事一议”筹资投劳限额标准，将两年的筹资投劳数量一次筹集或用足，集中用于项目建设。此项规定是否执行，取决于项目区绝大多数农民群众的意愿。

（五）尊重农民意愿。农民筹资投劳问题，政策性很强，各级农发办事机构应高度重视，加强宣传发动，项目申报前期要充分征求农民意见，不准政府包办，不得强迫命令，不得强行以资代劳。

五、关于科技推广

严格执行《关于加强农业综合开发土地治理项目科技推广费管理工作的指导意见》（国农办［2006］13号）相关规定，实际执行中应注意以下几个方面：

（一）各省级单位的科技推广费，应按不超过当年土地治理项目财政资金投入总额8%的比例安排。如不具备条件，可不安排或少安排科技推广费。

（二）省级、地（市）级集中安排的科技推广费应控制在全省当年按比例安排资金的30%以内，以省级集中安排为主；随项目下达到县的科技推广费不能低于全省当年按比例安排资金的70%。

（三）科技推广费重点用于粮、棉、油、糖、蔬菜、瓜果、牧草新品种和良种繁育，测土配方和科学施肥等技术推广，不得用于推广多年生林果、畜牧水产养殖品种和技术。省级农发办事机构应将省、地（市）级集中安排的科技推广费填报科技推广费安排情况表（附件1）。省、地（市）级集中安排的科技推广费具体安排情况，应作专门说明，并于2006年3月底前报送国家农发办审核。

六、关于农机具购置补贴

用于购置农业机械、配套机具以及苗圃建设的财政补贴，除黑龙江（含黑龙江省农垦总局）、吉林两省可按不超过土地治理项目财政投资10%的比例安排外，其他各省级单位均不得超过5%。

七、积极稳妥地开展试点工作

各地要按全国农业综合开发工作暨培训会议有关要求，立足农业综合开发基本任务，积极稳妥地开展试点工作，探索支持社会主义新农村建设的新措施。

（一）开展土地治理项目围绕龙头企业建设大宗优势农产品生产基地的试点。为探索“政府推动、市场化运作、龙头企业带动、农民组合”新机制，今年各省级单位可选择一个开发县，开展统筹安排土地治理、产业化经营两类项目的试点，土地治理项目要围绕有利于为龙头企业提供生产原料、有利于龙头企业建基地来安排；龙头企业要能够带动农民进行土地治理、改善农业生产基本条件。

（二）开展农业综合开发资金与其他支农资金统筹安排使用的试点。各省级单位至少要选择一个开发县，开展农业综合开发资金与扶贫开发、农业生态建设、农村中小型基础设施建设等其他支农资金相互配合、统筹安排使用的试点。以农业综合开发资金为载体形成项目平台或产业平台，在县域范围内积极统筹安排其他支农资金。

（三）开展扶持项目区农民专业合作经济组织的试点。坚持民办、民管、民受益的原则，允许具有法人资格的农民专业合作经济组织作为项目主体申报土地治理项目。同时，各省级单位可选择具有科技推广、营销服务功能的农民专业合作经济组织，用随项目下达到县的科技推广费适当进行扶持。

除上述试点外，各省级单位可在保证土地治理项目投入重点的前提下，结合本地新农村建设的实际需要，适当安排扶持连接乡村道路与田间道路的路段建设、农村沼气、人畜饮水工程等试点。各项试点安排情况，应作专门说明，并于2006年3月底前报送国家农发办审核。

八、关于项目评审

所有土地治理项目经评审合格后，方能编入土地治理项目年度计划。按现行规定，国家农发办负责组织评审中型灌区节水配套改造项目、年度中央财政投资额在500万元（含）以上的单个中低产田改造和生态综合治理项目，省级农发办事机构负责组织评审其他土地治理项目。按照“谁评审，谁负责”的原则，要认真进行项目评估、审定。由国家农发办负责评审的项目可行性研究报告须于2006年3月底前报送。

九、关于计划编制

各地要依据国家农发办下达的2006年中央财政农业综合开发资金投资控制指标，由具备相应资质的设计单位编制拟建项目初步设计或实施方案，经省级或地级农发办事机构审定后，编制项目年度计划。省级农发办事机构报送项目计划应包括计划编制说明书、计划报表及附件。计划编制说明书主要内容及附件按国家农发办2005年的有关要求执行。计划报表（含汇总报表软盘）中的“汇总表”增加“国农办计7土地治理项目管理费安排情况表（二〇〇六年度）”（附件2），应按要求填报。

十、关于计划报批

各地须在2006年4月底前向国家农发办报送年度项目计划。项目计划一经批复，地方各级农发办事机构不得擅自变动，如确需调整，应按审批权限，分别报送国家农发办或省级农发办事机构批准。调整项目需经国家农发办批准的，应在项目批准立项的当年12月底或次年6月底之前报送。调整项目由省级农发办事机构批准的，需报国家农发办备案。

各省级农发办事机构要高度重视，精心组织，统筹安排，在规定时限内保质保量地完成2006年土地治理项目计划编报工作。

附件：1. 科技推广费安排情况表

2. 国农办计7土地治理项目管理费安排情况表（二〇〇六年度）

附件1

科技推广费安排情况表

项目名称	行次	地点	金额（万元）	具体推广内容	技术依托单位
×××					
×××					
合计					

一、为准确反映省级和地（市）级集中安排的科技推广费使用情况，须在“久其报表数据管理系统”的基层数据库中，新设置“省直科技推广”或“地（市）直科技推广”栏目。同时，在国农办计3“开发县土地治理项目计划安排基本情况表（汇总表）”中，新设置“省直科技推广”或“地（市）直科技推广”栏目。

二、省直和地（市）直科技推广的项目名称代码均由9位阿拉伯数字组成，前6位为计划编制单位代码，第7—9位为项目序号（流水号），其中：省直科技推广编制单位代码的前两位为省行政区划代码的前两位，第3—6位为“0000”。地（市）直科技推广编制单位代码的前四位为市行政区划代码的前四位，第5—6位为“91”。

三、省级和地（市）级集中安排科技推广费所需的地方财政配套资金应足额落实，其中：省级集中安排的，由省级财政负责落实；地（市）级集中安排的，由省、地（市）两级财政分别负责落实。

附件2

国农办计7土地治理项目管理费安排情况表（二〇〇六年度）

（汇总表）

县（区）	行次	计划安排项目管理费	财政投资	项目管理费提取上限	是否符合（是为0，否为1）
		1	2	3	4
合计	1				
××县	2				
××县	3				

纵表头为全国范围的列入年度计划的开发县名单，横表头分别为：

一、第1栏“计划安排项目管理费”：指安排用于项目（不含中型灌区节水配套改造项目）实地考察、检查验收、业务培训、项目及工程招标、资金和项目公示及土地治理项目可行性研究，土地治理项目一般工程初步设计等方面的资金。

二、第2栏“财政投资”：指开发县全部土地治理项目财政资金（不含中型灌区节水配套改造项目），包括中央财政资金和地方财政配套资金。

三、第3栏“项目管理费提取上限”：指根据《国家农业综合开发资金和项目管理办法》第二十四条中的“（二）县级农发机构项目管理费。按土地治理项目财政投资的一定比例提取使用：财政投资500万元以下的按3.5%提取，1 000万元以下的其超过500万元的部分按1.5%提取，超过1 000万元的其超过部分按0.5%提取。”一个县（市、区）如有多个项目，应按县（市、区）总财政投资提取。

四、第4栏“是否符合（是为0，否为1)”：指当第1栏“计划安排项目管理费”小于等于第3栏“项目管理费提取上限”时，显示为0，则表示符合要求；当第1栏“计划安排项目管理费”大于第3栏“项目管理费提取上限”时，显示为1，则表示不符合要求。

国家农业综合开发办公室关于印发《国家农业综合开发项目评估办法》的通知

（2006年3月29日　国农办［2006］26号）

各省、自治区、直辖市、计划单列市财政厅（局）、农业综合开发办公室（局），新疆生产建设兵团财务局、农业综合开发办公室，水利部、农业部、国土资源部、国家林业局农业综合开发办公室：

为进一步加强和规范国家农业综合开发项目评估工作，国家农业综合开发办公室研究制定了《国家农业综合开发项目评估办法》，现印发给你们，请认真遵照执行。在执行中有何问题和意见，请及时反馈。

附件：国家农业综合开发项目评估办法

附件

国家农业综合开发项目评估办法

第一章　总　　则

第一条　为加强和规范国家农业综合开发项目评估（以下简称项目评估）工作，实现项目评估科学化，根据《国家农业综合开发资金和项目管理办法》（财政部令第29号）和有关政策规定，制定本办法。

第二条　本办法所称项目评估是指依靠专家，对拟建农业综合开发项目进行评议审查，并作出综合评价的活动。

第三条　农业综合开发项目立项应经过项目评估。未经评估的项目，不予立项。

第四条　项目评估应以国家农业综合开发政策规定和有关法律法规、行业标准为依据，遵循客观公正、科学规范、择优选项的原则。

第五条　项目评估采取集中评议、现场答辩、实地考察等形式，注重定性分析和定量分析相结合、动态分析和静态分析相结合。

第二章　项目评估权限

第六条　项目评估由国家农业综合开发办公室(以下简称国家农发办)，各省、自治区、直辖市、计划单列市、新疆生产建设兵团财政（务）厅(局)、农业综合开发办公室（局）(以下简称省级农发办事机构)，中央农口部门农业综合开发办公室（以下简称中央农口部门农发办）负责组织管理，一般采取委托的方式具体实施。

第七条　国家农发办组织评估以下项目：

(一) 中央财政年度投资或分年投资合计在500万元以上的土地治理项目；

(二) 中型灌区节水配套改造项目；

(三) 中央财政年度投资在300万元（除重庆外的直辖市和计划单列市200万元）以上的产业化经营项目；

(四) 国家农发办认定需要进行评估的其他项目和事项。

第八条　第七条规定以外的其他农业综合开发项目，一般由省级农发办事机构和中央农口部门农发办组织评估，部分项目可以委托地级农发办事机构组织评估。

第九条　国家农发办应对省级农发办事机构和中央农口部门农发办项目评估工作进行指导、监督和检查。

第十条　省级农发办事机构和中央农口部门农发办，应积极配合国家农发办项目评估，提供申报项目的相关材料和初步意见。

第三章　项目评估内容

第十一条　农业综合开发土地治理项目和产业化经营项目评估应包括以下内容：

(一) 建设必要性；

(二) 技术可行性；

(三) 建设内容和规模；

(四) 预期效益；

(五) 投资估算和资金筹措；

(六) 财务评价；

(七) 组织和管理；

(八) 环境影响评价。

第十二条　土地治理项目评估应增加以下内容：

(一) 项目区主要制约因素及治理措施；

(二) 开发治理的目标及建设标准；

(三) 水、电、耕地、土壤、气候等资源条件；

(四) 项目区农民自愿筹资投劳及参与项目建设的积极性；

(五) 当地政府对农业综合开发工作的重视情况；

(六) 运行管护措施；

(七) 其他情况。

第十三条　产业化经营项目评估应增加以下内容：

(一) 产业政策及区域产业规划；

(二) 项目带动农民增收、促进农业结构调整和优化情况；

(三) 企业资信、财务状况及法人资格；

(四) 产品市场前景及风险；

(五) 生产、建设条件；

(六) 生产工艺和设备选型；

(七) 项目建设用地落实情况；

(八) 项目建设环保措施；

(九) 项目运行机制及企业内部经营管理机制；

(十) 其他情况。

第四章　项目评估程序

第十四条　项目评估包括评估准备、集中评议、现场答辩、实地考察、形成结论等。

评估准备是指初步审核评估资料，拟定评估方案，从专家库中选择评估专家并确定专家组组长，向专家说明有关政策和评估要求。

集中评议是指在专家个人独立审阅项目可行性研究报告，提出书面审查意见的基础上，专家组集中讨论，提出集体评议意见。集体评议意见分为项目可行、基本可行或不可行。

现场答辩是指对集体评议为基本可行的部分项目，采取答辩形式，由项目建设单位和技术依托单位等相关人员介绍项目情况并回答有关问题，专家组根据答辩情况提出意见。

实地考察是指对集体评议为基本可行和可行的部分项目进行实地查勘、核实等。

形成结论是指整理、归纳、总结集中评议、现场答辩、实地考察等意见，作出项目可行或不可行的结论。

第十五条 项目可行是指项目建设有必要、技术可行、经济合理、资金配套与偿还能力可靠。

项目基本可行是指项目基本符合立项条件，但专家对某个方面存在疑问或认为某些问题需进一步了解。

项目不可行是指项目建设没有必要、技术不可行、经济不合理、资金配套与偿还能力可靠性差。

第十六条 存在下列情况之一的，直接评为项目不可行：

（一）违反国家相关法律法规的；

（二）不符合国家产业政策或农业综合开发有关政策规定的；

（三）弄虚作假，财务状况不清，资产状况不良的；

（四）农民不能从中受益的；

（五）破坏生态环境的；

（六）其他不符合评估规定要求的。

第五章 项目评估职责和违规违纪处理

第十七条 国家农发办、省级农发办事机构和中央农口部门农发办应履行如下职责：

（一）制订农业综合开发项目评估有关规章制度，提出项目评估要求，提供并初步核实项目评估资料，对项目评估工作进行组织、监督和指导；

（二）建立健全专家库，并对专家库实行动态管理；

（三）抽查复核部分评估结论为可行的项目；

（四）办理其他与项目评估有关的工作；

（五）支付项目评估费用。项目评估费用按《农业综合开发事业费使用管理若干规定》（财发字[1999] 102号），从同级财政安排的农业综合开发事业费中列支。

第十八条 专家应履行以下职责：

（一）按要求完成集中评议、现场答辩、实地考察等项目评估任务；

（二）客观公正地提出项目评估意见，并对评估结论负责；

（三）严格遵守项目评估工作纪律及其他有关规定。

第十九条 国家农发办、省级农发办事机构和中央农口部门农发办工作人员不得向专家提出倾向性意见，不得隐瞒、篡改评估结论。违者应根据情节轻重，按有关规定严肃处理。

第二十条 专家不履行职责或违反有关规定的，应根据情节轻重，采取取消项目评估资格、向所在单位通报、追究相关法律责任等方式处理。

第二十一条 项目申报单位和项目所在开发县应对申报材料的真实性负责。对提供虚假材料的项目申报单位，取消项目立项资格；项目所在开发县按《国家农业综合开发县管理办法》（国农办[2006] 14号）有关规定处理。

第六章 附 则

第二十二条 本办法所称“以上”均含本数。

第二十三条 省级农发办事机构和中央农口部门农发办可依据本办法制订实施细则，并报国家农发办备案。

第二十四条 本办法由国家农发办负责解释。

第二十五条 本办法自发布之日起施行。2002年12月20日国家农业综合开发办公室印发的《国家农业综合开发项目评估暂行办法》（国农办[2002] 284号）同时废止。

国家农业综合开发办公室关于开展《国家优质粮食产业工程建设规划》涉及开发县中低产田改造项目检查的通知

（2006 年 4 月 26 日　国农办［2006］30 号）

河北、内蒙古、辽宁、吉林、黑龙江、江苏、安徽、江西、山东、河南、湖北、湖南、四川省（区）财政厅、农业综合开发办公室（局），农业部农业综合开发办公室：

经国务院批准的《国家优质粮食产业工程建设规划》（以下简称《规划》）共涉及黑龙江等 13 个粮食主产省（区）（含黑龙江省农垦总局，下同）。《规划》中明确要求，“中央财政农业综合开发资金原投资渠道、管理体制、建设内容和投资标准不变，在《规划》范围内所进行的中低产田改造，作为完成的标准粮田建设任务”。近年来，国家农业综合开发办公室（以下简称“国家农发办”）对《规划》落实高度重视，要求各粮食主产省（区）加大《规划》中涉及开发县中低产田改造的投入。今年 6 或 7 月份，国家有关部门拟对《规划》的落实情况进行重点检查。为认真总结经验，查找不足，迎接这次重点检查，请各粮食主产省（区）农发办事机构认真开展检查。现就开展检查的有关事项通知如下：

一、检查的依据

主要依据《国家农业综合开发资金和项目管理办法》（部令第 29 号）、《国家农业综合开发项目竣工验收工作的指导意见》（国农办［2005］64 号）、国家农发办关于土地治理项目计划编报通知及批复文件，省级批复土地治理项目计划和扩初设计等文件。

二、检查的范围

2004、2005 年度农业综合开发扶持《规划》中确定的重点县（同时属于开发县）的中低产田改造项目实施情况。重点县的名单详见《国家农业综合开发办公室关于下达 2004 年中央财政农业综合开发土地治理项目增量资金投资控制指标及编报项目计划的通知》（国农办［2004］181 号）。

三、检查的主要内容

（一）资金管理情况。主要包括：各级财政资金到位、拨付和使用情况，乡村集体和农民筹资投劳情况，资金“三专”管理和县级报账制的执行情况，会计核算情况等。

（二）项目管理情况。主要包括项目前期准备工作情况，项目计划的执行和变更情况，各项工程设计情况，工程招标投标制、工程合同制、工程建设监理和项目资金公示制执行情况，工程质量和工程管护情况。

（三）文档管理情况。主要包括制度建设、项目工程和财务档案资料管理情况等。

四、有关要求

（一）各有关省（区）农发办事机构要高度重视，切实负起责任，认真组织开展好此次检查工作，不得走过场。对于在检查过程中发现的问题，要深入查找原因，及时进行整改，不断总结经验，进一步提高管理水平。

（二）检查中发现项目区未设立公示牌或主要工程建筑物上没有农业综合开发标志的，一律补齐。有关农业综合开发公示牌设立和标志的具体要求，按《国家农业综合开发土地治理项目和资金公示制暂行规定》（国农办［2004］35号）执行。

（三）各有关省（区）开展检查的时间为2006年4—5月。检查情况请于5月底之前以书面形式上报国家农发办。

国家农业综合开发办公室关于印发《利用世界银行贷款农业科技项目财务管理办法》的通知

（2006年5月19日　国农办［2006］65号）

黑龙江、安徽、湖南、陕西省财政厅，农业综合开发办公室（局）：

现将《利用世界银行贷款农业科技项目财务管理办法》印发给你们，请遵照执行。执行中有何问题和建议，请及时向国家农业综合开发办公室反馈。

附件：利用世界银行贷款农业科技项目财务管理办法

附件

利用世界银行贷款农业科技项目财务管理办法

第一章　总　　则

第一条　为做好利用世界银行贷款农业科技项目财务管理工作，规范财务行为，提高资金使用效益，保证项目顺利实施，制定本办法。

第二条　本办法以世界银行有关规定、财政部利用世界银行贷款有关文件、财政部《利用世界银行贷款农业科技项目管理办法》及国家农业综合开发资金管理制度为依据。

第三条　本办法适用于黑龙江、安徽、湖南、陕西四省利用世界银行贷款农业科技项目（以下简称项目）财务管理工作。

第二章　组织管理

第四条　国家农业综合开发办公室（以下简称国家农发办）作为项目管理机构，下设国家项目管理办公室（以下简称国家项目办），财务管理机构设在国家项目办，配备具备资质的会计人员。省及省以下项目办财务管理工作由同级财政部门负责，配备具备资质的会计人员。

第五条　国家项目办财务管理职责：

（一）办理世界银行贷款提款报账工作；

（二）负责世界银行贷款美元专用账户的日常管理工作；

（三）负责招标采购、国内外培训考察费用的

审核、结算和资金拨付工作；

（四）制定财务管理、会计核算、提款报账等办法；

（五）审核、汇总省级财务会计报表，编制项目资金决算，分析、反映项目资金使用情况；

（六）负责省级项目办财务管理人员的业务培训和指导。

第六条　省级项目办财务管理职责：

（一）组织本省世界银行贷款提款报账工作；

（二）筹措省级财政配套资金，监督检查下级财政配套资金到位和项目资金使用情况；

（三）办理本省项目资金的拨付；

（四）提取和分配全省项目管理费；

（五）负责本级项目资金会计核算、年度资金预决算及全省财务会计报表审核、汇总、上报工作；

（六）对省以下项目办财务管理人员和会计人员进行业务培训与指导；

（七）参与本省项目计划管理和招标采购工作。

第七条　省以下项目办财务管理职责，参照省级项目办财务管理职责确定。

第八条　项目资金实行专户存储、专账核算、专人管理、专款专用。

第九条　各级项目办应保持财务管理人员和会计人员的连续性和稳定性，严格执行国家财务会计制度。

第三章　资金筹措

第十条　本项目资金包括世界银行贷款（即中央财政资金，下同）、地方财政配套资金及自筹资金。

第十一条　世界银行贷款由财政部统借统还，对地方视同中央财政资金投入。地方财政配套资金由地方财政部门负责筹措，执行国家农业综合开发资金投入比例的有关规定。各级财政配套资金应列入年度财政预算，保证及时足额到位。

第十二条　自筹资金包括项目区企业、集体自筹资金和农民筹资投劳。

第四章　世界银行贷款支付与偿还

第十三条　世界银行贷款只支付项目实际发生的合格费用，由国家项目办统一向世界银行办理提款报账（提款报账管理办法另行制定）。提款报账应严格按照项目《贷款协定》规定办理。

第十四条　项目发生的土地征用费、罚款、保险及贷款账户关闭日后发生的费用等，世界银行贷款不予支付。

第十五条　世界银行贷款实行无偿与有偿相结合的方式投入，无偿、有偿比例为80∶20。有偿资金不收取资金占用费，借款合同签订与偿还执行国家农业综合开发有偿资金管理有关规定。

第五章　世界银行贷款无偿资金使用范围

第十六条　投向农户的财政无偿资金不得少于财政资金总额的50%，其中：世界银行贷款无偿资金使用范围主要有：

（一）农民种植、养殖基地所需的灌排设施、农用道路、输变电设备等配套设施建设费用；

（二）扶持农民专业合作经济组织，包括建成后资产归属于农民或农民专业合作经济组织的温室大棚、种苗繁育设施、简易加工设备、圈舍、饲料生产设施、防疫检疫设施、质量检测设施建设补助等；

（三）农业技术服务体系建设支出，包括农业技术示范与推广、农业技术服务市场建设、农产品质量检测费用等；

（四）农民购置良种、畜禽补贴等；

（五）示范、培训费用等。

第十七条　投向项目建设单位的世界银行贷款无偿资金使用范围主要有：

（一）引进新品种、新技术、示范及培训费用；

（二）购置技术研发的实验仪器设备费用；

（三）必要的公益性基础设施建设投入补助等。

第十八条　地方财政配套无偿资金使用范围参照第十六条、第十七条规定执行。

第六章　管理费提取与使用

第十九条　各省按项目财政资金的3.5%从省

级财政配套资金中统一提取项目管理费，由省项目办统筹安排，用于省、市（地）、县项目管理支出，市（地）、县不得重复提取。

第二十条 管理费主要用于项目前期准备、实地考察、检查验收、业务培训、招标采购、资金和项目公示、专家咨询以及一般工程初步设计等方面支出。不得用于人员工资、补贴、购置车辆等行政经费开支。

第二十一条 管理费各项开支应执行国家有关标准，并编制管理费年度资金决算。

第七章 资金占用管理

第二十二条 资金占用管理是指各级项目办为实施项目建设所占有或使用的、能以货币计量的经济资源。包括现金、银行存款、应收款项、有偿资金放款、借出有偿资金、借出世行贷款、器材、在建工程、拨出农发资金、拨出世行贷款、交付使用资产等。

第二十三条 现金是指用于项目建设必要的库存现金。现金收支应执行《现金管理暂行条例》，应严格控制现金结算，严禁白条入账。

第二十四条 银行存款是指项目办存入银行用于项目建设的款项。支付工程款应实行银行转账结算。各级项目办应建立和健全银行存款管理制度。

第二十五条 应收款项是指项目管理部门应收回的待结算款项。年终，要做好应收款项的清理结算工作，不得长期挂账。

第二十六条 有偿资金放款是指按年度项目计划借给用款单位应按时回收的财政有偿资金。

第二十七条 借出有偿资金是指上级项目办借给下级项目办用于项目建设需要偿还的财政配套资金。

第二十八条 借出世行贷款是指上级项目办借给下级项目办用于本项目建设需要偿还的世界银行贷款。

第二十九条 器材是指为项目工程建设而储存的各种物资。

第三十条 在建工程是指项目各项工程建设费用，包括土地征用及拆迁补偿费、基础设施费、建筑安装工程费、配套设施费、勘测设计费、咨询服务与考察培训费等。

第三十一条 拨出农发资金是指上级项目办拨付给下级项目办无需偿还的地方财政配套资金。

第三十二条 拨出世行贷款是指上级项目办拨付给下级项目办无需偿还的世界银行贷款。

第三十三条 交付使用资产是指项目单位已经完成购置、建造过程，并交付或结转给项目受益单位或个人使用的各项资产。

第八章 资金来源管理

第三十四条 资金来源管理是指各级项目办为实施项目而收到的各类资金及需要以资产来偿还的债务。包括短期借款、借入有偿资金、借入世行贷款、应付款项、本级有偿资金、拨入世行贷款、拨入省级、地级、县级财政资金、自筹资金缴入等。

第三十五条 短期借款是指项目单位从银行或其他来源取得归还期限在1年以下（含1年）的各种借款。

第三十六条 借入有偿资金是指下级项目办从上级项目办借入的财政有偿资金。各级项目办从本级预算资金中列支的有偿资金，不能作为借入有偿资金管理。

第三十七条 借入世行贷款是指项目办收到的需要偿还的世界银行贷款。

第三十八条 应付款项是指项目办在项目报账或竣工结算后，应付未付承包商或供货商的款项。

第三十九条 本级有偿资金是指项目办收到本级财政提供需要偿还的财政配套资金。

第四十条 拨入世行贷款是指项目单位收到无需偿还的世界银行贷款。

第四十一条 拨入省级、地级、县级财政资金分别是指项目单位收到无须偿还的省级、地级、县级财政配套资金。

第四十二条 自筹资金缴入是指项目办收到项目受益单位和个人缴入作为项目配套资金的现金、器材和劳务。

第九章 财务监督

第四十三条 严格执行各项财经管理制度，建立健全项目资金审批、使用，管钱、管账相分离的内部监督控制机制，确保资金专款专用。建立违规违纪追究制度，依法追究有关人员的责任。

第四十四条　密切配合审计等有关部门工作，对项目资金筹集、管理和使用进行监督检查。

第四十五条　凡发生下列情况之一的除暂停报账外，依据国家农业综合开发有关违规违纪处理办法进行相应处理：虚报冒领项目资金；截留、挤占、挪用项目资金；严重滞留项目资金；配套资金不足；账务处理混乱；审计和检查中发现问题不及时整改等。

第十章　附　　则

第四十六条　本办法由国家农业综合开发办公室负责解释。

第四十七条　本办法自公布之日起执行。

国家农业综合开发办公室关于印发《利用世界银行贷款农业科技项目提款报账管理办法》的通知

（2006年5月19日　国农办［2006］66号）

黑龙江、安徽、湖南、陕西省财政厅，农业综合开发办公室（局）：

现将《利用世界银行贷款农业科技项目提款报账管理办法》印发给你们，请遵照执行。执行中有何问题和建议，请及时向国家农业综合开发办公室反馈。

附件：利用世界银行贷款农业科技项目提款报账管理办法

附件

利用世界银行贷款农业科技项目提款报账管理办法

第一章　总　　则

第一条　为做好利用世界银行贷款农业科技项目提款报账工作，规范财务行为，制定本办法。

第二条　本办法以世界银行有关规定、财政部利用世界银行贷款有关文件、财政部《利用世界银行贷款农业科技项目管理办法》及国家农业综合开发资金管理制度为依据。

第三条　本办法适用于黑龙江、安徽、湖南、陕西四省利用世界银行贷款农业科技项目的提款报账工作。

第四条　各级财政部门负责利用世界银行贷款农业科技项目（以下简称项目）提款报账工作。

第二章　费用类别及支付比例

第五条　项目发生费用须按我国政府与世界银行签订的《贷款协定》规定类别和比例报账。具体如下：

类　别	世界银行贷款支付比例
(一)土建	50%
(二)货物	国外支出的 100% 国内出厂价支出的 100% 当地支出的 75%
(三)农户基础建设补助	100%
(四)专家咨询服务	91%
(五)培训和考察	100%

第三章　提款报账程序

第六条　各级财政部门根据项目实际支出，使用项目管理信息系统编制三份提款申请书（附表一）、费用报表（附表二）及摘要表（附表三），并附相关证明材料，逐级上报、汇总。省级财政部门汇总后附电子版报表一份上报国家农业综合开发项目管理办公室（以下简称国家项目办）。

第七条　费用报表及摘要表应有省级农业综合开发项目管理办公室（以下简称省项目办）财务负责人签字；提款申请书由省级财政部门填制，省级项目办主任签字盖章（农业综合开发管理机构与财政部门分设的，须有两家审核意见及签章）。

第八条　国家项目办对省级财政部门上报的提款申请书审核确认后，返还一份提款申请书作为付款通知，并从专用账户向省级财政部门拨付款项。各级财政部门应在 40 个工作日之内将款项拨付至垫付单位。

第九条　本项目发生的国外咨询、培训、考察费用及国家项目办和省级项目办统一招标采购的物资分别由国家项目办和省级项目办负责填制报账表格，由国家项目办向世界银行统一办理提款。

第四章　提款报账证明文件

第十条　提款报账原始资料保留在费用发生单位。提款报账证明文件严格按项目《贷款协定》规定办理。对不符合要求的开支，不予报账。

第十一条　单项合同金额在 100 万美元以上（含 100 万美元）的土建工程报账，应附三份合同、发票复印件、进度报告、世界银行不反对意见函和摘要表。

第十二条　单项合同金额在 20 万美元以上（含 20 万美元）的货物报账，应附三份合同、发票复印件、货运验收单、世界银行不反对意见函和摘要表。

第十三条　单项合同金额在 10 万美元以上（含 10 万美元）的咨询单位采购报账，及单项合同金额在 5 万美元以上（含 5 万美元）的单个咨询专家采购报账，应附三份合同、发票复印件和摘要表。

第十四条　单项合同在世界银行规定限额以下的土建、货物、咨询服务、国内培训考察报账应附三份费用报表。

第十五条　农户基础建设补助无偿资金采用费用报表方式报账。

第十六条　出国团组境外费用需到国家项目办预领，往返机票由国家项目办统一预订，回国后随同境外发生其他费用一并报账。

第五章　附　　则

第十七条　本办法由国家农业综合开发办公室负责解释。

第十八条　省项目办可根据本办法制定实施细则。

第十九条　本办法自发布之日起执行。

附表一

利用世界银行贷款农业科技项目提款申请书

申请书编号：　　　　　　　　　　　　　　日期：　　　　　　　　　　　　　　贷款号：

申请用款单位：			贷款额度：	
联系人：		电话：	邮编：	地址：
申　请　内　容				
类别编号	类别内容	发票金额	支付比例（%）	申请金额
1	土建工程		50	
2	货物		100	
2	货物（当地支出）		75	
3	咨询服务		91	
4	农民无偿资金		100	
5	培训考察		100	
申请币种			申请金额小写：	
申请金额大写				
付款方式	上述款项请汇至： 户　名： 开户银行： 账　号： 附　言：			

本提款签字人及所在单位在此承诺：

1. 提款（承诺）申请书所有支付文件真实、合法；并愿意承担因其不合法、不真实而引起的付款责任。
2. 提款（承诺）申请书中申请金额未从该账户提取过，所提款项将全部用于贷款协定规定之用途。
3. 提款（承诺）申请书所申请金额，完全符合贷款协定及转贷、转赠协议中规定的类别及限额，并承担因审核有误所导致的类别超支责任。

农发部门：　　　　　　　　　　提款签字人签字：

（单位印章）　　　　　　　　　（申请单位印章）

年　月　日　　　　　　　　　　年　月　日

批准金额大写：	批准金额小写：
支付当日美元兑换人民币汇率：	折合美元：
上级单位审核意见：	

注：申请单位应一式三份提交上级项目办，付款完毕后，上级项目办退下级项目办作为用款通知。

提款申请书填写说明

1. 申请书编号：同一财政部门的申请书连续编号。编号由“行政区划编码”与“申请书顺序号”两部分组成。“行政区划编码”按计算机管理信息系统的规定执行。“申请书顺序号”从0001开始连号。

2. 填写要求支付的货币名称及金额。

3. 根据不同类别的摘要表和费用报表的合计数分类别填写，并计算出合计数。合计数应与要求支付世界银行贷款数完全一致。

4. 填写收款单位的全称、收款单位在开户银行的全称、收款单位的银行账号、开户银行的联行号。

5. 附言：需要特别提示的要求或说明。

6. 签字人：省级由省财政厅负责本项目资金管理的领导签字并加盖财政部门公章，市（地）、县（市）、乡（镇）级参照省级确定签字人并加盖财政部门公章；财政、开发机构分设的，应同时有两家审核意见及签字盖章。

7. 填写签字日期：以签字人签字当日的日期为准。

8. 联系人：填写与提款申请书有关的联系人名称，以便国家项目办联系。

9. 电话：填写联系人的电话。

10. 通讯地址：填写提款财政部门的通信地址和邮政编码，以便国家项目办寄回付款通知。

附表二

China Agriculture Technology Transfer Project

利用世界银行贷款农业科技项目

Statement of Expenditure 费用报表（SOE）

Date 日期：

Application NO. 申请书号：

Loan NO. 贷款号：

Currency 币种：RMB

Sheet NO. 表号：　　　　（共　　页）

Payments made during the period from 费用发生期间从　　to 到

Category 支付类别：*

1	2	3	4	5	6	7	8	9	10	11
Item No.	Category No.	Name and Country of Construction/ Supplier/ Consultants	Contract or Purchase Order No.	Total Cost of Contract	Brief Description of Works, Goods or Services	Currency and totalamount of invoice Covered by Application (Net of retention)	Eligible	Amount Eligible for Financing	Currency and Amount Paid Form Special Account	Exchange rate (col 8 divided col 9)	Remarks
序号	类别号	合同商/供货商/咨询人 姓名和国家	合同编号	合同总金额	工程、货物或服务摘要	本次申请发票金额	支付比例%	应支付金额	从专用账户支付的金额	汇率（=8/9）	备注
	Total 合计									

此费用报表（SOE）的证明文件保存在费用发生地。　　　　签字人：

注：本报表由项目管理信息系统软件自动生成。

附表三

China Agriculture Technology Transfer Project

利用世界银行贷款农业科技项目

Summary Sheet 摘要表

Date 日期：

Application NO. 申请书号：

Loan NO. 贷款号：

Currency 币种：RMB

Currency 币别：

Sheet NO. 表号：　　　　（共 Total Pages 页）

Payments made during the period from 费用发生期间从　　to 到

Category 支付类别：*

1	2	3	4	5	6	7	8	9	10	11	12	13
Item No.	Name and Country of Construction/ Supplier/ Consultants	Contract or Purchase Order No.	Category No.	Brief Description of Works, Goods or Services	Currency and Total amount of Contract	Currency and total amount of invoice Covered by Application (Net of retention)	Eligible	Currency and Amount Paid	Cumulative Amount Paid to date	US$ Equivalent Amount charged to Special Account (if any)	Date of Payment	Remarks (including no-objection Telex Date
序号	合同商/供货商/咨询人姓名和国家	合同或购货单号	类别号	工程、货物或服务摘要	合同总金额	本次申请发票金额	支付比例 %	本次应支付金额	累计支付金额	从专用账户支付的等值美元 $	付款日期	备注：（包括世界银行批准的无反对意见电传日期）
	Totals 合计											

签字人：

注：本报表由项目管理信息系统软件自动生成。

附表四

China Agriculture Technology Transfer Project

利用世界银行贷款农业科技项目

培训考察明细报表

Date 日期：

Application NO. 申请书号：

Loan NO. 贷款号：

Currency 币种：RMB　　　　Currency 币别：

Sheet NO. 表号：　　（共　　页）

Payments made during the period from 费用发生期间从　　to 到　　　　Category 支付类别：5

1	2	3	4	5	6	7	8	9	10	11
序号	培训考察内容	举办单位	地点	天数	参加人数	总费用	支付比例%	本次应支付金额	从专用账户支付的等值美元 $	备注
	Totals 合计									

签字人：

注：本报表由项目管理信息系统软件自动生成。

国家农业综合开发办公室关于印发《利用世界银行贷款农业科技项目会计核算办法》的通知

（2006年5月19日　国农办［2006］67号）

黑龙江、安徽、湖南、陕西省财政厅，农业综合开发办公室（局）：

现将《利用世界银行贷款农业科技项目会计核算办法》印发给你们，请遵照执行。执行中有何问题和建议，请及时向国家农业综合开发办公室反馈。

附件：利用世界银行贷款农业科技项目会计核算办法

附件

利用世界银行贷款农业科技项目会计核算办法

第一章　总　　则

第一条　为规范利用世界银行贷款农业科技项目会计核算工作，加强资金管理，根据世界银行有关规定、《世界银行贷款项目会计核算办法》、《农业综合开发资金会计制度》及《利用世界银行贷款农业科技项目管理办法》，制定本办法。

第二条　本办法适用于黑龙江、安徽、湖南、陕西四省利用世界银行贷款农业科技项目（以下简称项目）的会计核算工作。

第三条　本办法所称世界银行贷款（以下简称世行贷款）均指中央财政资金。

第四条　各级财政部门负责项目会计核算工作，遵循权责发生制原则，设置总分类账和明细分类账。总分类账、明细分类账、财务报表及实物之间应做到账账相符、账表相符、账实相符。各项会计记录，都应据实逐笔登记，做到手续完备，内容完整，准确及时。

第五条　省级财政部门应于次年4月15日前向国家农业综合开发项目管理办公室（以下简称国家项目办）报送年度财务报表，由国家项目办审定、汇总后上报国家审计署。

第六条　会计凭证、会计账簿、财务报表和其他会计资料应按国家有关规定妥善保管。

第七条　会计核算期间为公历1月1日至12月31日。

第八条　会计核算采用借贷记账法。

第九条　会计核算以人民币为记账本位币。

第十条　记账凭证、账簿、财务报表采用中文书写。

第二章　会计科目

第十一条　各级项目办使用的主要会计科目如下：

会计科目表

资金占用类科目			资金来源类科目		
序号	科目代码	科目名称	序号	科目代码	科目名称
1	111	现金	1	201	短期借款
2	112	银行存款	2	211	借入有偿资金
3	121	应收款项	3	212	借入世行贷款
4	131	有偿资金放款	4	221	应付款项
5	133	借出有偿资金	5	241	其他应付款
6	134	借出世行贷款	6	251	待冲基建支出
7	141	预付款项	7	311	本级有偿资金
8	151	器材	8	412	拨入世行贷款
9	162	待处理财产损溢	9	413	拨入管理费
10	171	在建工程	10	421	拨入省级财政资金
11	511	拨出农发资金	11	422	拨入市级财政资金
12	512	拨出世行贷款	12	423	拨入县级财政资金
13	525	交付使用资产	13	431	自筹资金缴入
14	542	管理费支出	14	451	其他收入
15	551	其他支出			

第十二条　会计科目使用说明如下：

一、资产占用类

第111号科目　现金

1. 本科目核算利用世行贷款农业科技项目管理办公室（以下简称项目办）用于项目建设的库存现金。

2. 收入现金时，借记本科目，贷记“银行存款”、“自筹资金缴入——现金”等有关科目；支出现金时，借记有关科目，贷记本科目。

3. 本科目应设置“现金日记账”，由出纳人员根据收、付款凭证，按照业务发生顺序，逐笔登记。

每日终了，应计算当日的现金收入合计数、现金支出合计数和结余数，并将结余数与实际库存数进行核对，做到账款相符。

第112号科目　银行存款

1. 本科目核算项目办存入银行用于项目建设的款项。

2. 项目办将款项存入银行时，借记本科目，贷记有关科目；提取或支付银行存款时，借记“现金”等有关科目，贷记本科目。

3. 项目办应设置“银行存款日记账”，由出纳人员按照业务发生顺序逐笔登记。银行存款日记账应及时与银行对账单进行核对。月份终了，账面余额与银行对账单余额之间如有差额，必须逐笔查明原因。除了未达账项所发生的正常差额以外，属于银行对账单差错的，应立即通知银行查明更正；属于本单位错记漏记的，应作更正分录或补记入账。

4. 现金存入银行，根据银行盖章退回的交款回单编制现金付款凭证，登记“现金日记账”和“银行存款日记账”，不再编制银行收款凭证；向银行提取现金，根据支票存根编制银行付款凭证，登记“银行存款日记账”和“现金日记账”，不再编制现金收款凭证，以免重复记账。

按规定收取的银行存款利息，借记本科目，贷记“其他收入——银行存款利息”科目。

5. 项目办应指定专人签发银行支票，不得签发空头支票和远期支票，不准出租、出借支票或将支票转让给别的单位或个人使用，不准将支票交给供货商或承包商代为签发。

第121号科目　应收款项

1. 本科目核算临时支付、应收回结算的款项。

2. 发生应收款项时，借记本科目，贷记“银行存款”等有关科目；收回应收款项时，借记‘银行存款’科目，贷记本科目。

3. 本科目应按债务单位或个人进行明细核算。

第131号科目　有偿资金放款

1. 本科目核算项目办借给项目受益单位，需定期收回的款项。

2. 项目办将项目形成的资产交付受益单位使用，并与之签订协议落实债务时，按债务额借记本科目，贷记“待冲基建支出”科目；同时按资产总值借记“交付使用资产”，贷记“在建工程”等有关科目。

3. 本科目应按债务单位进行明细核算。

第133号科目　借出有偿资金

1. 本科目核算上级项目办借给下级项目办用于项目建设需要偿还的财政配套资金。

2. 上级项目办借出有偿资金时，借记本科目，贷记“银行存款”等科目。

3. 本科目应按下级项目办进行明细核算。

第134号科目　借出世行贷款

1. 本科目核算上级项目办借给下级项目办用于项目建设需要偿还的世行贷款。

2. 上级项目办借出世行贷款时，借记本科目，贷记有关科目。

3. 本科目应按下级项目办进行明细核算。

第141号科目　预付款项

1. 本科目核算项目办预付给项目承包商的工程款和备料款，以及预付给供货商的购货款。

拨付给承包商抵作备料款的器材，也在本科目核算。

2. 预付款项时，借记本科目，贷记“银行存款”、“器材”等科目。结算工程价款时，从工程款中扣回预付的工程款和备料款，借记“在建工程”科目，贷记本科目。

预付货款时，借记本科目，贷记“银行存款”

等科目。收到所购器材的发票账单，根据发票账单金额结算款项时，从货款中扣回预付货款，借记“器材”科目，贷记本科目。

3. 本科目可设置“预付工程款”及“预付货款”两个明细科目，并按承包商和供货商进行明细核算。

第 151 号科目　器材

1. 本科目核算为项目建设而储存的各种设备和材料的实际成本。

2. 购入、转账拨入、自筹缴入并已验收入库的设备和材料时，借记本科目，贷记有关科目。

3. 盘盈的材料和设备，借记本科目，贷记“待处理财产损溢”科目。

4. 领用材料和出库交付安装的设备，借记“在建工程”科目，贷记本科目；出库直接交付使用的设备，借记“交付使用资产”科目，贷记本科目。

5. 转账拨出的材料和设备，借记有关科目，贷记本科目。

6. 盘亏和毁损的材料和设备，借记“待处理财产损溢”科目，贷记本科目。

7. 器材出库的核算采用先进先出法。

第 162 号科目　待处理财产损溢

1. 本科目核算项目办在清查财产过程中查明的材料和器材盘亏、毁损和盘盈。

2. 盘亏和毁损时，借记本科目，贷记“器材”等科目。

3. 盘盈时，借记“器材”等科目，贷记本科目。

4. 盘亏、毁损和盘盈的材料和设备在查明原因后按程序报经批准进行转销和转账。

转销盘亏和毁损时，借记“交付使用资产科目”，贷记本科目。

转账盘盈时，借记本科目，贷记“交付使用资产”科目。

5. 本科目应按“在途物资”科目、“库存物资”科目设置明细账，进行明细核算。

第 171 号科目　在建工程

1. 本科目核算项目各项工程建设费用，包括土地征用及拆迁补偿费、基础设施费、建筑安装工程费、配套设施费、勘测设计费、咨询服务与考察培训费等。

2. 根据“工程价款结算单”支付工程进度款时，借记本科目，贷记“银行存款”等有关科目。从工程进度款中按比例扣回工程预付款时，借记本科目，贷记“预付账款——预付工程款”科目。从工程进度款中按比例扣留质量保证金时，借记本科目，贷记“应付款项——应付质量保证金”科目。

3. 本科目应按项目内容设置明细科目，按单项工程进行明细核算。

第 511 号科目　拨出农发资金

1. 本科目核算上级项目办拨付给下级项目办的无需偿还的财政资金。

2. 上级项目办拨出资金时，借记本科目，贷记“银行存款”等科目。

3. 本科目应按下级项目办进行明细核算。

第 512 号科目　拨出世行贷款

1. 本科目核算上级项目办拨付给下级项目办的无需偿还的世行贷款。

2. 上级项目办拨出世行贷款时，借记本科目，贷记“银行存款”、“器材”等科目。

3. 本科目应按下级项目办进行明细核算。

第 525 号科目　交付使用资产

1. 本科目核算项目单位已经完成购置、建造过程，并交付或结转给项目受益单位或个人使用的各项资产，包括固定资产、不够固定资产标准的工具、器具、家具等流动资产、无形资产和递延资产。

2. 工程竣工后，办妥竣工验收和资产交接手续，才能作为交付使用资产入账。项目办在办理竣工验收和资产交接手续工作前，根据“在建工程”等科目的明细记录，计算交付使用资产的实际成本，编制交付使用资产明细表竣工决算报告两份，交接双方签章后，其中一份为项目受益单位或个人入账依据，另一份由项目办作为本科目的记账依据。

3. 办理交接手续的交付使用资产，借记本科目，贷记“在建工程”等科目。使用有偿资金完成的资产，根据有关债务金额同时借记“有偿资金放款”科目，贷记“待冲基建支出”科目。

4. 本科目按“固定资产”、“流动资产”、“无形资产”、“递延资产”、“管理费”、“信息费及其他支出”等进行明细核算。

第542号科目　管理费支出

1. 本科目用以核算项目办为开展项目管理活动而发生的费用支出。

2. 发生管理费时，借记本科目，贷记“银行存款”等科目。本科目应按支出内容进行明细核算。

3. 本科目余额应在年底转入“交付使用资产”科目，借记“交付使用资产——管理费”，贷记本科目。

第551号科目　其他支出

1. 本科目核算项目办发生的不包括在上述支出范围内的其他支出。

2. 项目办发生其他支出时，借记本科目，贷记“银行存款”等科目。

本科目余额应在年底转入“交付使用资产”科目，借记“交付使用资产——息费及其他支出”科目，贷记本科目。

二、资金来源类

第201号科目　短期借款

1. 本科目核算从银行或其他来源取得归还期限在1年以下（含1年）的各种借款。

2. 取得借款时，借记“银行存款”等科目，贷记本科目；归还借款时作相反分录。

短期借款发生的利息不在本科目核算。

3. 本科目应按债权人进行明细核算。

第211号科目　借入有偿资金

1. 本科目核算项目办收到上级财政借入需要偿还的财政配套资金。

2. 收到上级财政有偿资金时，借记“银行存款”等科目，贷记本科目。

第212号科目　借入世行贷款

1. 本科目核算项目办收到的需要偿还的世行贷款。

2. 收到世行贷款时，借记“银行存款”、“器材”等科目，贷记本科目。

第221号科目　应付款项

1. 本科目核算项目办应付未付承包商或供货商的款项。

2. 发生应付款项时，借记“在建工程”、“器材”科目，贷记本科目。支付应付款时，借记本科目，贷记“银行存款”科目。

3. 本科目应按工程款、器材款、质量保证金等进行明细核算。

第241号科目　其他应付款

1. 本科目用于核算除上述应付款项以外的其他应付款。

2. 发生其他应付款时，借记有关科目，贷记本科目。

3. 本科目应按债权人进行明细核算。

第251号科目　待冲基建支出

1. 本科目是备抵科目，核算交付使用资产中待冲销的各种需要偿还资金。

2. 用需要偿还资金形成资产交付使用时，借记“有偿资金放款”科目，贷记本科目；同时，按资产总值借记“交付使用资产”科目，贷记“在建工程”科目。

第311号科目　本级有偿资金

1. 本科目核算项目办收到本级需要偿还的财政配套资金。

2. 收到款项时，借记“银行存款”科目，贷记本科目。

第412号科目　拨入世行贷款

1. 本科目用以核算收到无需偿还的世行贷款。

2. 收到世行贷款时，借记“银行存款”、“器材”等科目，贷记本科目。

第413号科目　拨入管理费

1. 本科目用以核算收到的项目管理费。

2. 收到管理费时，借记“银行存款”等科目，贷记本科目。

第421号科目　拨入省级财政资金

1. 本科目用以核算项目办收到无需偿还的省级财政配套资金。

2. 收到省级财政配套资金时，借记“银行存款”科目，贷记本科目。

第 422 号科目　拨入地级财政资金

1. 本科目用以核算项目办收到无需偿还的地（市）级财政配套资金。

2. 收到地（市）级财政配套资金时，借记“银行存款”科目，贷记本科目。

第 423 号科目　拨入县级财政资金

1. 本科目用以核算项目办收到的无需偿还的县级财政配套资金。

2. 收到县级财政配套资金时，借记“银行存款”科目，贷记本科目。

第 431 号科目　自筹资金缴入

1. 本科目用以核算项目办收到项目受益单位和个人缴入作为项目配套资金的现金、器材和劳务。

2. 收到缴款时，借记“现金”科目，贷记本科目。收到实物时，借记“器材”等科目，贷记本科目。收到农民劳务时，借记“在建工程”、“交付使用资产”等科目，贷记本科目。

3. 本科目应按“现金”、“器材”、“劳务”设置明细科目并按村进行明细核算。

第 451 号科目　其他收入

1. 本科目核算项目办收到的银行存款利息、合同索赔收入等款项。

2. 收到有关款项时，借记“银行存款”科目，贷记本科目。

3. 本科目应按“银行存款利息”、“合同索赔收入”等科目进行明细核算。

第三章　财务报告

第十三条　财务报告包括财务情况说明书和会计报表。财务报告应依次编制页数，加具封面，装订成册，加盖公章。封面须注明：单位名称、项目名称及贷款号、报表所属年度、报送日期等，并有单位负责人、会计机构负责人、主管会计的签章。

第十四条　财务情况说明书主要包括项目基本情况、贷款执行情况、配套资金落实情况、专用账户使用情况、往来账户使用情况、往来款项结算情况及其他需要说明的问题。

会计报表包括资金平衡表、项目进度表、贷款协定执行情况表、专用账户收支表。

第十五条　会计报表格式。详见会世 01、02、03、04 表。

利用世界银行贷款农业科技项目

资金平衡表

（　　年度）

会世 01 表　　　　编报单位：　　　　　　　　单位：人民币元

资金占用	行次	期初数	期末数	资金来源	行次	期初数	期末数
一、项目支出合计	1			一、项目拨款合计	27		
1. 交付使用资产	2			其中：捐赠款	28		
2. 在建工程	3			二、联营拨款	29		
3. 其他支出	4			三、项目借款合计	30		
二、应收生产单位投资借款	5			1. 项目投资借款	31		
其中：应收生产单位世界银行贷款	6			(1) 世界银行贷款	32		
三、拨付所属投资借款	7			其中：国际开发协会	33		
其中：拨付世行贷款	8			国际复兴开发银行	34		
四、器材	9			技术合作信贷	35		

续表

资金占用	行次	期初数	期末数	资金来源	行次	期初数	期末数
其中：待处理器材损溢	10			联合融资	36		
五、货币资金合计	11			（2）国内借款	37		
1. 银行存款	12			2. 其他借款	38		
其中：专用账户存款	13			四、上级拨入投资借款	39		
2. 现金	14			其中：拨入世行贷款	40		
六、预付及应收款合计	15			五、企业债券资金	41		
七、有价证券	19			六、待冲基建支出	45		
八、固定资产合计	20			七、应付款合计	46		
固定资产原价	21			八、未交款合计	47		
减：累计折旧	22			九、上级拨入资金	48		
固定资产净值	23			十、留成收入	49		
固定资产清理	24				50		
待处理固定资产损溢	25				51		
资金占用合计	26			资金来源合计	52		

利用世界银行贷款农业科技项目资金平衡过渡表（　　年度）

会世01表附表　　编制单位：　　单位：人民币元

资金占用	会计科目	科目代码	期初数	期末数	资金来源	会计科目	科目代码	期初数	期末数
一、项目支出合计					一、项目拨款合计				
1. 交付使用资产	交付使用资产	525				拨入省级财政资金	421		
2. 在建工程	在建工程	171				拨入地级财政资金	422		
3. 其他支出						拨入县级财政资金	423		
二、应收生产单位投资借款	有偿资金放款	131				自筹资金缴入	431		
其中：应收生产单位世行贷款					其中：捐赠款				
三、拨付所属投资借款					二、联营拨款				
	借出有偿资金	133			三、项目借款合计				
	借出世行贷款	134			1. 项目投资借款				
	拨出农发资金	511			（1）世界银行贷款				
	拨出世行贷款	512			其中：国际开发协会				
	管理费支出	542			国际复兴开发银行	借入世行贷款	212		
其中：拨付世行贷款	拨出世行贷款	512			技术合作信贷				
四、器材					联合融资				
	器材	151			（2）国内借款				
	待处理财产损溢	162				借入有偿资金	211		

续表

资金占用	会计科目	科目代码	期初数	期末数	资金来源	会计科目	科目代码	期初数	期末数
其中：待处理器材损溢	待处理财产损溢					本级有偿资金	311		
五、货币资金合计					2. 其他借款	短期借款	201		
1. 银行存款	银行存款	112			四、上级拨入投资借款	拨入世行贷款	412		
其中：专用账户存款					其中：拨入世行贷款	拨入世行贷款	412		
2. 现金	现金	111			五、企业债券资金				
六、预付及应收款合计					六、待冲基建支出				
	应收款项	121			七、应付款合计				
	预付款项	141				应付款项	221		
七、有价证券					其中：应付世行贷款利息				
八、固定资产合计					应付世行贷款承诺费				
固定资产原价					应付世行贷款资金占用费				
减：累计折旧					八、未交款合计				
固定资产净值					九、上级拨入资金				
固定资产清理						拨入管理费	413		
待处理固定资产损溢					十、留成收入	其他收入	453		
资金占用合计					资金来源合计				

利用世界银行贷款农业科技项目项目进度表

（　　年度）

会世 02 表　　　　编报单位：　　　　单位：人民币元

项目工程内容	概算金额	项目借（拨）款				项目支出						
		累计	世行贷款	配套资金		累计	交付使用资产				在建工程	其他支出
				有偿配套资金	无偿配套资金		固定资产	流动资产	无形资产	递延资产		
项目投资												
种植业项目												
林果业项目												
养殖业项目												
加工业项目												
新产品、新技术类												
综合类												
创新基金												
能力建设、项目管理与监测评价												
合　计												

利用世界银行贷款农业科技项目贷款协定执行情况表

（　　年度）

会世03表　　编报单位：　　单位：美元，人民币元

类　别	核定贷款金额美元	本年度提款数		累计提款数	
		美元	折合人民币	美元	折合人民币
1. 土建工程					
2. 货物					
3. 对子项目的无偿资金					
4. 专家咨询服务					
5. 培训和考察					
6. 先征费					
7. 待分配					
8. 专用账户					
总计					

补充资料：

1. 专用账户首次存款＿＿＿＿＿＿＿美元，折合＿＿＿＿＿＿＿人民币元。
2. 折合汇率：1美元＝＿＿＿＿＿＿＿人民币。

利用世界银行贷款农业科技项目专用账户收支表

会世04表　　信贷/贷款号：

开户行：　　账号：

会计期间：　　货币名称和单位：

编制单位：

A. 本期专用账户收支情况	金　额
期初余额	
加：1. 本期世行回补总额	
2. 本期利息收入总额	
3. 本期不合格支出归还总额	
减：1. 本期支付总额	
2. 本期末包括在支付额中的服务费支出	
期末余额	

B. 专用账户调节	
世行首次存款总额	
减：1. 世行回收总额	
2. 本期期末专用账户首次存款净额	
3. 专用账户期末净额	
加：1. 截至本期期末已申请报账但尚未回补金额	
2. 截至本期已支付但尚未申请报账金额	
3. 服务费累计支出（如未含在1和2栏中）	
减：利息收入	
本期期末专用账户首次存款净额	

第十六条　报表编制说明

一、资金平衡表（会世01表）

（一）本表反映项目单位期末全部资金来源和占用情况。

（二）本表首先由各级项目办根据各自的年度会计决算进行编制。下级项目办应将编制好的本表报送上级项目办。上级项目办应对下级项目办报送的本表进行审核汇总，然后再与本级的本表进行合并。合并本表时应注意将上下级项目之间往来项目相互抵消。

（三）本表“期初数”栏的数字，应根据上期末本表“期末数”栏内所列数字填列。

（四）本表各项目的内容和填列方法如下：

1.“项目支出合计”项目，反映项目单位期末项目建设支出或其他支出余额。项目应根据本表“交付使用资产”、“在建工程”和“其他支出”项目的合计数填列。

2.“交付使用资产”项目，反映项目单位期末已经完成购置、建造过程，并经验收合格交付或结转项目受益单位或个人使用的各项资产的实际成本总额，包括各种固定资产、为生产准备的不够固定资产标准的工具、器具、家具等流动资产、无形资产和递延资产的实际成本。

本项目应根据“交付使用资产”科目的期末余额填列。

3.“在建工程”项目，反映项目单位期末各种在建工程成本的余额。

本项目应根据“建安工程投资、设备投资、待摊投资和其他投资”科目的其他费用期末余额填列。

4.“其他支出”项目，反映不能列入“交付使用资产”“在建工程”科目下的期末余额。

5.“应收生产单位投资借款”项目，反映项目办应向项目受益单位和个人收回的项目投资。

本项目应根据“有偿资金放款”、“借出世行贷款”科目的期末余额填列。

6.“拨付所属投资借款”项目，反映上级项目办提供给下级项目办用于项目建设的各种资金。

本项目应根据“借出有偿资金”、“借出世行贷款”、“拨出农发资金”、“拨出世行贷款”等科目的期末余额合计填列。

“拨付所属世行贷款”项目，反映上级项目办提供给下级项目办用于项目的无需偿还的世行贷款。

本项目应根据“拨出世行贷款”科目的期末余额填列。

上级项目办合并本表时，该项目数字应与下级项目办本表中的“上级拨入世行贷款”项目数字相互抵消。

7.“器材”项目，反映项目单位期末结存在库的各项设备和材料的实际成本。

本项目应根据“器材”和“待处理财产损溢”科目的期末余额合计填列。

“待处理器材损溢”项目，反映项目单位设备、器材的盘亏及毁损情况。

本项目应根据“待处理器材损溢”科目的期末余额填列。

8.“货币资金合计”项目，反映项目办期末库存现金、银行存款合计数。项目应根据本表“银行存款”、“现金”项目的合计数填列。

9.“银行存款”项目，反映项目办期末在银行的存款余额。

本项目应根据“银行存款”科目的期末余额合计填列。

“专用账户存款”项目，反映国家项目办开设的世行贷款专用账户期末存款余额。

本项目应根据“银行存款”科目所属专用账户明细科目的期末余额填列。

10.“现金”项目，反映项目办期末库存现金的余额。

本项目应根据“现金”科目的期末余额填列。

11.“预付及应收款合计”项目，反映项目办期末各种预付和应收账款，包括预付备料款、预付工程款、预付大型设备款、应收票据和其他应收款等。

本项目应根据“应收款项”和“预付账款”科目的期末余额合计填列。

12.“项目拨款合计”项目，反映项目单位收到的各种不需要偿还的配套资金，包括财政配套资金和项目受益单位和个人的投入。

本项目应根据“拨入省级财政资金”、“拨入地级财政资金”、“拨入县级财政资金”、“自筹资金缴入”等科目的期末余额合计填列。

13.“捐赠款”、“联营拨款”等项目，无需填列。

14.“项目借款合计”项目，反映项目单位为完成项目建设按规定借入的各种款项。

本项目应根据本表“项目投资借款”和“其他借款”项目的合计数填列。

15.“项目投资借款”项目，反映项目单位收到的各种形式借款的期末余额。

本项目应根据本表“世行贷款”和“国内借款”项目的合计数填列。

16.“世行贷款”项目，反映项目单位收到的需要偿还的世行贷款。

本项目应根据“国际复兴开发银行”、“技术合作信贷”和“联合融资”等项目的期末余额合计数填列。

“国际开发协会”项目，无需填列。

“国际复兴开发银行”项目，反映项目办收到的需要偿还的国际复兴开发银行贷款。

本项目应根据“借入世行贷款”科目的期末余额填列。

“技术合作信贷”和“联合融资”项目，无需填列。

17.“国内借款”项目，反映项目单位收到的需要偿还的财政配套资金。

本项目应根据“借入有偿资金”和“本级有偿资金”等科目的期末余额合计填列。

18.“其他借款”项目，反映项目单位向银行借入的除项目投资借款外的其他各种借款的期末余额。

19.“上级拨入投资借款”项目，反映项目单位收到的由上级部门承担还款责任的借款。

本项目应根据“拨入世行贷款”等科目的期末余额填列。

20.“拨入世行贷款”项目，反映项目单位收到的由上级部门承担还款责任的世行贷款。

本项目应根据“拨入世行贷款”科目的期末余额填列。

21.“企业债券资金”项目，无需填列。

22.“待冲基建支出”项目，反映项目单位完成的所有待冲销的交付本项目受益单位和个人使用的资产价值。

本项目应根据“待冲基建支出”科目的期末余额填列。

23.“应付款合计”项目，反映项目单位期末各种应付未付款项，包括应付器材款、应付工程款、应付票据和其他应付款等。

本项目应根据“应付工程款”、“应付器材款”、“应付质量保证金”和“其他应付款”科目的期末余额合计填列。

24.“上级拨入资金”项目，反映项目单位收到的上级部门拨入的供项目单位组织和管理项目活动使用的资金。

本项目应根据“拨入管理费”科目的期末余额填列。

25.“留成收入”项目，反映项目单位各种银行存款的利息和合同索赔等收入。

本项目应根据“其他收入”科目的期末余额填列。

详见“会世01表附表”。

二、项目进度表（会世02表）

（一）本表反映项目单位自项目开始建设起到本期末累计拨入、借入的项目建设资金以及这些资金的使用情况。编制本表是为了检查项目概算执行情况、考核和分析投资效果，并为编制竣工决算提供资料。

（二）本表首先应由各级项目办根据各自的年度会计决算进行编制。下级项目办应将各自编制好的本表报送上级项目办。上级项目办应先对下级项目办报送的本表进行审核汇总，然后再与本级的本表进行合并。

（三）本表各栏内容及填列方法如下：

1.“概算金额”栏，即评估金额，反映项目所需要的全部资金，本栏应根据项目评估报告中所列的评估金额逐行填列。

2.“项目借款（拨）款”栏，反映项目自开始建设起到本期末累计收到的借拨款额。

“累计”项目，反映项目办收到的拨入、借入的各种项目资金。

本项目应根据“世行贷款”、“有偿配套资金”和“无偿配套资金”项目的合计数填列。

“世行贷款”项目，反映项目办收到的拨入、借入的全部世行贷款。

本项目应根据“借入世行贷款”和“拨入世行贷款”科目的期末余额合计填列。

“有偿配套资金”项目，反映项目办借入各种配套资金。

本项目应根据“短期借款”、“借入有偿资金”及“本级有偿资金科目的期末余额合计填列。

“无偿配套资金”项目，反映项目办收到的不需要偿还的各种配套资金。

本项目应根据“拨入省级财政资金”、“拨入地级财政资金”、“拨入县级财政资金”、“自筹资金缴入”和“上级拨入资金”等科目的期末余额合计填列。

3.“项目支出”栏，反映自项目开始建设到本期末累计完成购置、建造过程，并已交付生产单位使用的各项资产。

“固定资产”栏，反映项目单位期末已经完成购置、建造过程并经验收合格交付生产使用单位的各项固定资产的实际成本。

本项目应根据“交付使用资产”科目的“固定资产”明细科目的期末余额填列。

“流动资产”栏，反映项目单位期末已经完成购置并经验收合格交付生产使用单位的不够固定资产标准的工具、器具等流动资产的实际成本。

本项目应根据“交付使用资产”科目的“流动资产”明细科目的期末余额填列。

“无形资产”栏，反映项目单位期末已经完成购置过程并经验收合格单独交付生产使用单位的土地使用权、专利权、专有技术等无形资产的实际成本。

本项目应根据“交付使用资产”科目的“无形资产”明细科目的期末余额填列。

“递延资产”栏，反映项目单位在建设期间发生的并已单独结转生产使用单位的各项递延资产的实际成本，如生产职工培训费、样品样机购置费、农业开荒费用等。

本项目应根据“交付使用资产”科目的“递延资产”明细科目的期末余额填列。

“在建工程”栏，反映项目单位期末各种在建工程的余额。

本项目应根据“在建工程”科目的期末余额填列。

“其他支出”栏，根据本科目的期末余额填列。

三、贷款协定执行情况表（会世03表）

（一）本表反映项目本年度和累计使用的世行贷款资金的执行情况。

（二）本表由国家项目办负责编制。

（三）本表各栏内容及填列方法：

1.“核定贷款金额”栏，即贷款协定签订时核定的贷款额，本栏根据项目协定中所列的贷款金额逐行填列。

2.“本年度提款金额”栏，反映本项目本年度世行贷款资金的使用情况。

3.“累计提款金额”栏，反映本项目自开始建设起到本年年末止累计使用世行贷款资金的情况。

四、专用账户收支表（会世04表）

（一）本表反映本年度专用账户收支情况。

（二）本表由国家项目办负责编制。

（三）本表主要内容及填列方法：

1.“期初余额”项目，反映年初专用账户的期初余额。本项目应根据上年度专用账户的期末余额填列。

2.“世行回补”项目，反映本年度从世行提取的贷款数。

3.“利息收入”项目，反映专用账户的利息收入情况。

4. “本期支付”项目，反映通过专用账户支出世行贷款各类别资金的金额。

5. “利息支出”项目，反映专用账户的利息使用情况。

6. “世行回收”项目，反映世行从专用账户回收的金额。本项目应根据世行实际回收金额填列。

7. “期末余额”项目，反映专用账户的年末余额。本项目应根据专用账户的期末余额填列。

第四章 附 则

第十七条 本办法由国家项目办负责解释。

第十八条 本办法自下发之日起执行。

国家农业综合开发办公室关于印发《利用世界银行贷款农业科技项目采购管理办法》的通知

（2006年5月19日 国农办［2006］68号）

黑龙江、安徽、湖南、陕西省财政厅，农业综合开发办公室（局）：

现将《利用世界银行贷款农业科技项目采购管理办法》印发给你们，请遵照执行。执行中有何问题和建议，请及时向国家农业综合开发办公室反馈。

附件：利用世界银行贷款农业科技项目采购管理办法

附件

利用世界银行贷款农业科技项目采购管理办法

第一章 总 则

第一条 为做好利用世界银行贷款农业科技项目的采购管理工作，保证项目顺利实施，根据财政部与世界银行签订的《贷款协定》、《项目协定》以及《国际复兴开发银行贷款和国际开发协会信贷采购指南》（以下简称《采购指南》）、财政部颁发的招标采购文件范本及《利用世界银行贷款农业科技项目管理办法》等有关规定，制定本办法。

第二条 本办法适用于黑龙江、安徽、湖南、陕西省利用世界银行贷款农业科技项目（以下简称项目）的采购管理工作。

第三条 项目采购遵循程序公开、机会均等、公平竞争以及经济、适用、高效的原则。

第四条 项目采购按照《项目协定》、《项目评估报告》和《采购指南》中确定的方式和规定的程序进行。

第二章 组织管理

第五条 各级农业综合开发世界银行贷款项目管理办公室（以下简称项目办）负责组织和管理项目采购工作。

第六条　国家项目办的采购管理职责：

（一）指导、监督、检查各省项目采购工作；

（二）审核项目年度采购计划，汇总采购进度报告；

（三）组织对项目采购管理人员的业务培训工作；

（四）办理进口货物涉及的国内报批手续。

第七条　省级项目办的采购管理职责：

（一）组织和管理本省项目采购工作，指导、监督、检查省以下各级项目采购工作；

（二）制定采购管理细则，确定本省市（地）、县级项目办采购管理职责；

（三）编报本省项目年度采购计划并组织实施，协调与有关部门的工作关系；

（四）选择、委托有资质的招标代理机构，组织本省竞争性招标采购活动；

（五）组织编写招标文件，参加相关的评标、合同谈判及签订合同；

（六）及时向国家项目办报告本省项目采购情况，按时提交项目采购进度报告。

第八条　地方各级项目办应指定专人负责项目采购管理，人员保持相对稳定。各级财政部门应参与项目采购管理工作。

第三章　采购方式

第九条　项目土建工程与货物采购采用国际竞争性招标、国内竞争性招标、国内询价、直接签订合同以及社区参与采购等五种方式。

第十条　土建工程采购方式的选择：

（一）单个合同估算金额在1 000万美元以上（含1 000万美元）的工程，采用国际竞争性招标采购；

（二）单个合同估算金额在1 000万美元以下的工程，采用国内竞争性招标采购；

（三）单个合同估算金额低于10万美元的工程，采用国内询价采购。

第十一条　货物采购方式的选择：

（一）单个合同估算金额在50万美元以上（含50万美元）的货物，采用国际竞争性招标采购；

（二）单个合同估算金额在50万美元以下的货物，采用国内竞争性招标采购；

（三）单个合同估算金额低于10万美元的货物，采用国内询价采购。

第十二条　社区参与采购，是以社区（乡镇、村组）或受益农户直接参与的方式进行的项目采购活动。负责组织该项采购活动的项目办应制定选择社区（受益农户）的标准，并会同项目承建单位，与社区（受益农户）签订“社区参与采购合同”，明确建设地点、建设内容、建设标准、补助标准、验收方式等内容。

第十三条　咨询机构的聘用，采用基于质量和费用的选择、基于质量的选择、基于咨询机构资历的选择等三种方式；个体咨询专家的聘用，采用基于专家资历的选择、单一来源的选择等两种采购方式。

第十四条　咨询机构聘用方式的选择：

（一）单个合同估算金额20万美元以上（含20万美元）的咨询机构的聘用，采用基于质量和费用的选择或基于质量的选择；

（二）单个合同估算金额在20万美元以下的咨询机构聘用，采用基于咨询机构资历的选择。

第十五条　下列采购需报世界银行前审：

（一）合同估算金额在100万美元以上（含100万美元）的土建工程采购；

（二）合同估算金额在20万美元以上（含20万美元）的货物采购；

（三）合同估算金额在10万美元以上（含10万美元）的咨询机构的聘用；

（四）合同估算金额在5万美元以上（含5万美元）的咨询专家的聘用；

（五）直接签订合同采购。

第四章　计划编报与审批

第十六条　地方各级项目办要严格按照项目投资概算、年度实施计划，编制项目年度采购计划，逐级上报，由国家项目办汇总后，报世界银行审批。

第十七条　项目采购计划经批准后，原则上不得变动，如确需调整，按程序报批。

第十八条 地方各级项目办对本级项目采购内容的必要性和技术适用性负责。

第五章 招标文件的编写和审定

第十九条 招标文件的商务部分，统一使用财政部和世界银行共同编制的标准文本。

第二十条 招标文件的技术部分，由各级项目办组织相关技术人员编制。

第二十一条 招标文件编制完成后，根据审批权限，逐级报批。需世界银行前审的，逐级送审。

第二十二条 招标文件经批准后，不允许对其技术规格进行更改。

第二十三条 国际竞争性招标文件编写完成后，按国内有关程序，报送国家有关部门审查。

第六章 评 标

第二十四条 根据采购管理职责的划分，各级项目办负责组织本级项目招标采购的评标工作。

第二十五条 评标要严格执行世界银行《采购指南》的规定，严肃评标纪律，遵循最低评标价中标的原则。

第二十六条 需世界银行前审的项目评标结果和合同，应报国家项目办审核后报世界银行批准。

第七章 合同支付、索赔与国内费用

第二十七条 项目采购合同金额的支付和结算，按照财政部的有关规定和项目财务管理办法执行。

第二十八条 如果发生索赔事件，项目办应会同招标代理机构共同办理。

第二十九条 地方各级项目办应按照实际发生的采购合同金额，向招标代理机构支付一定比例的招标代理费。

第三十条 招标采购过程中，涉及进口货物的关税、增值税，以及发生其他相关的国内费用，由货物使用单位支付。

第八章 附 则

第三十一条 地方各级项目办应加强采购货物的管理，定期检查、监督采购货物的使用情况，严禁挪用、倒卖等弄虚作假行为。

第三十二条 地方各级项目办应妥善保管项目采购活动中的全部文件资料，整理归档，以备检查。

第三十三条 本办法由国家农业综合开发办公室负责解释、修订、补充。

第三十四条 本办法自发布之日起执行。

国家农业综合开发办公室关于印发《利用世界银行贷款加强灌溉农业三期项目工程管理办法》的通知

（2006年5月19日 国农办［2006］69号）

河北、江苏、安徽、山东、河南省财政厅，农业综合开发办公室（局）：

现将《利用世界银行贷款加强灌溉农业三期项目工程管理办法》印发你们，请遵照执行。执行中有何问题和建议，请及时向国家农业综合开发办公室反馈。

附件：利用世界银行贷款加强灌溉农业三期项目工程管理办法

附件

利用世界银行贷款加强灌溉农业三期项目工程管理办法

第一章　总　则

第一条　为做好利用世界银行贷款加强灌溉农业三期项目的工程管理工作，顺利实现项目目标，制定本办法。

第二条　本办法依据财政部《利用世界银行贷款加强灌溉农业三期项目管理办法》及国家农业综合开发的有关政策规定制定。

第三条　本办法所指的工程，包括列入项目实施计划中的节水灌溉、农业标准化与组织化建设、农业生态环境建设与管理、机构发展与支持的全部内容。

第四条　本办法适用于河北、江苏、安徽、山东、河南等省利用世界银行贷款加强灌溉农业三期项目（以下简称项目）的工程管理。

第二章　组织管理

第五条　工程管理由各级项目管理办公室（以下简称项目办）负责，财政部门参与工程管理工作。上级项目办负责指导、监督下级项目办的工作。

第六条　各级项目办应指定专人负责工程管理工作，人员保持相对稳定。

第七条　各级项目办应充分发挥农业、林业和水利等有关行业部门技术专家的作用。

第三章　实施条件

第八条　工程实施必须依据项目可行性研究报告和国家农业综合开发办公室（以下简称国家农发办）批复的项目年度实施计划。

第九条　工程招投标必须遵循《国际复兴开发银行贷款和国际开发协会信贷采购指南》和国家农发办制定的项目采购管理办法。

第十条　工程建设应有合格技术人员的全过程参与，并对参与自营工程的农民进行必要的培训，使他们了解施工标准和要求，以保证施工质量。

第十一条　凡涉及征地、移民安置和青苗补偿的子项目，必须按照本项目“移民安置政策框架”的有关规定处理后方可施工。

第四章　建设管理

第十二条　工程设计应按本项目确定的目标和行业部门的设计规范进行。设计单位应择优确定，以保证设计质量，并及时解决施工中的设计问题。

第十三条　超过一定限额的工程项目，必须按照项目确定的采购管理办法，采用规定的方式公开选择施工单位。

第十四条　施工单位必须严格按照合同要求和设计文件施工，设计内容不得随意更改。

第十五条　工程建设标准执行农业、林业和水利等部门有关的行业技术规范及国家农发办制定的《国家农业综合开发土地治理项目建设标准》（国农办［2004］48号）。

第十六条　工程建设监理执行《国家农业综合开发土地治理项目工程建设监理办法（试行）》（国农办［2004］49号）以及《国家农业综合开发土地治理项目工程建设监理办法（试行）的补充规定》（国农办［2004］295号）。

第十七条　各级项目办应对工程进度和质量实施监督、检查，发现问题，及时解决。

第十八条　项目主要建设内容及投资应实行公示制。

第十九条　工程完成后，应及时进行工程决算。

第二十条　所有工程应由各省统一制定标志。工程编号应与项目竣工图编号一致。

第五章　竣工验收

第二十一条　单项工程完工后，应由县（市、区）级项目办组织技术人员对工程进行验收，并在验收单上签字。施工质量不符合有关工程技术规范要求的，应立即返工。验收合格后方可报账。

第二十二条 全部项目竣工后由省级项目办进行验收，部分竣工项目可以委托地级项目办验收。县级项目办和项目实施单位应做好项目竣工验收前的准备工作，由地级项目办进行督查，国家农发办对项目竣工验收进行考评。

第二十三条 竣工验收依据国家农业综合开发方针政策、规章制度、项目建设标准和相关行业部门技术规范、项目计划批复和调整文件、工程设计文件以及建设单位与施工单位签订的合同。

第六章 运行管理

第二十四条 工程竣工验收后必须及时办理移交手续，明确管护主体，落实管护责任，制定管护措施，保证工程的正常运行，充分发挥效益。

第二十五条 项目区应按照“谁受益谁负担”、“以工程养工程”的原则筹集运行管护费用;在有条件的项目区积极推行农民用水户协会的灌溉管理模式。

第七章 附 则

第二十六条 本办法由国家农业综合开发办公室负责解释。

第二十七条 本办法自发布之日起执行。

国家农业综合开发办公室关于印发《利用世界银行贷款加强灌溉农业三期项目采购管理办法》的通知

（2006年5月19日 国农办［2006］70号）

河北、内蒙古、吉林、江苏、安徽、山东、河南、重庆、宁夏、云南省（区、市）财政厅（局），农业综合开发办公室（局）:

现将《利用世界银行贷款加强灌溉农业三期项目采购管理办法》印发你们，请遵照执行。执行中有何问题和建议，请及时向国家农业综合开发办公室反馈。

附件：利用世界银行贷款加强灌溉农业三期项目采购管理办法

附件

利用世界银行贷款加强灌溉农业三期项目采购管理办法

第一章 总 则

第一条 为做好利用世界银行贷款加强灌溉农业三期项目的采购管理工作，保证项目顺利实施，根据财政部与世界银行签订的《贷款协定》、《项目协定》以及《国际复兴开发银行贷款和国际开发协

会信贷采购指南》（以下简称《采购指南》）、财政部颁发的招标采购文件范本及《利用世界银行贷款加强灌溉农业三期项目管理办法》等有关规定，制定本办法。

第二条　本办法适用于河北、江苏、安徽、山东、河南等省利用世界银行贷款加强灌溉农业三期项目（以下简称项目）的采购管理工作。

第三条　项目采购遵循程序公开、机会均等、公平竞争以及经济、适用、高效的原则。

第四条　项目采购按照《项目协定》、《项目评估报告》和《采购指南》中确定的方式和规定的程序进行。

第二章　组织管理

第五条　各级农业综合开发世界银行贷款项目管理办公室（以下简称项目办）负责组织和管理项目采购工作。

第六条　国家项目办采购管理职责：

（一）指导、监督、检查各省项目采购工作；

（二）审核项目年度采购计划，汇总项目采购进度报告；

（三）组织对项目采购管理人员的业务培训工作；

（四）办理进口货物涉及的国内报批手续。

第七条　省级项目办采购管理职责：

（一）组织和管理本省项目采购工作，指导、监督、检查省以下各级项目办采购工作；

（二）制定采购管理细则，确定本省市（地）、县级项目办采购管理职责；

（三）编报本省项目年度采购计划并组织实施，协调与有关部门的工作关系；

（四）选择、委托有资质的招标代理机构，组织本省竞争性招标采购活动；

（五）组织编写招标文件，参加相关的评标、合同谈判及签订合同；

（六）及时向国家项目办报告本省项目采购情况，按时提交项目采购进度报告。

第八条　地方各级项目办应指定专人负责项目采购管理，人员保持相对稳定。各级财政部门应参与项目采购管理工作。

第三章　采购方式

第九条　项目土建工程与货物采购采用国际竞争性招标、国内竞争性招标、询价三种方式。

第十条　土建工程采购方式的选择：

（一）单个合同估算金额在1 000万美元以上（含1 000万美元）的工程，采用国际竞争性招标采购；

（二）单个合同估算金额在1 000万美元以下的工程，采用国内竞争性招标采购；

（三）单个合同估算金额低于10万美元的工程采用国内询价采购。

第十一条　货物采购方式的选择：

（一）单个合同估算金额在50万美元以上（含50万美元）的货物，采用国际竞争性招标采购（不包括聚氯乙烯管件的采购）；

（二）单个合同估算金额在50万美元以下的货物，采用国内竞争性招标采购；

（三）单个合同估算金额低于10万美元的货物采用国内询价采购。

第十二条　下列采购需报世界银行前审：

（一）单个合同估算金额20万美元以上（含20万美元）的货物采购；

（二）单个合同估算金额100万美元以上（含100万美元）的工程采购；

（三）各省单个合同估算金额低于20万美元的前两个货物采购；

（四）各省单个合同估算金额低于100万美元的第一个工程采购；

（五）各省新项目县单个合同估算金额低于100万美元的第一个工程采购。

第四章　计划编报与审批

第十三条　地方各级项目办根据项目年度实施计划，编制项目年度采购计划，逐级上报，由国家项目办汇总后，报世界银行审批。

第十四条　项目采购计划经批准后，原则上不得变动，如确需个别调整，按程序报批。

第十五条 地方各级项目办对本级采购内容的必要性和技术适用性负责。

第五章 招标文件的编写和审定

第十六条 招标文件的商务部分，统一使用财政部和世界银行共同编制的标准文本。

第十七条 招标文件的技术部分，由各级项目办组织相关技术人员编制。

第十八条 招标文件编制完成后，根据审批权限，逐级报批。需世界银行前审的，逐级送审。

第十九条 招标文件经批准后，不允许对其技术规格进行更改。地方各级项目办对技术规格的准确性及适用性负责。

第二十条 国际竞争性招标文件编写完成后，按国内有关程序，报送国家有关部门审查。

第六章 评 标

第二十一条 根据采购管理职责的划分，各级项目办负责组织本级项目招标采购的评标工作。

第二十二条 评标要严格执行世界银行《采购指南》的规定，严肃评标纪律，遵循最低评标价中标的原则。

第二十三条 需世界银行前审的评标结果和合同，应报国家项目办审核后报世界银行批准。

第七章 合同支付与索赔

第二十四条 项目采购合同金额的支付和结算按照财政部的有关规定和本项目财务管理办法执行。

第二十五条 如果发生索赔事件，地方各级项目办应会同招标代理机构共同办理。

第二十六条 地方各级项目办应按照实际发生的采购合同金额，向招标代理机构支付一定比例的招标代理费。

第八章 附 则

第二十七条 地方各级项目办应加强采购货物的管理，定期检查、监督采购货物的使用情况，严禁挪用、倒卖等弄虚作假行为。

第二十八条 地方各级项目办应妥善保管所有项目采购活动中的全部文件资料，整理归档，以备检查。

第二十九条 本办法由国家农业综合开发办公室负责解释。

第三十条 本办法自发布之日起执行。

国家农业综合开发办公室关于印发《利用世界银行贷款加强灌溉农业三期项目财务管理办法》的通知

（2006年5月19日 国农办［2006］71号）

河北、内蒙古、吉林、江苏、安徽、山东、河南、重庆、宁夏、云南省（区、市）财政厅（局）、农业综合开发办公室（局）：

现将《利用世界银行贷款加强灌溉农业三期项目财务管理办法》印发你们，请遵照执行。执行中有何问题和建议，请及时向国家农业综合开发办公室反馈。

附件：利用世界银行贷款加强灌溉农业三期项目财务管理办法

附件

利用世界银行贷款加强灌溉农业三期项目财务管理办法

第一章　总　则

第一条　为做好利用世界银行贷款加强灌溉农业三期项目财务管理工作，规范财务行为，提高资金使用效益，保证项目顺利实施，制定本办法。

第二条　本办法以世界银行有关规定、财政部利用世界银行贷款有关文件、财政部《利用世界银行贷款加强灌溉农业三期项目管理办法》及国家农业综合开发资金管理制度为依据。

第三条　本办法适用于河北、江苏、安徽、山东、河南等省利用世界银行贷款加强灌溉农业三期项目（以下简称项目）的财务管理工作。

第二章　组织管理

第四条　国家农业综合开发世界银行贷款项目管理办公室（以下简称国家项目办）负责项目日常财务管理工作，配备具备资质的会计人员。省及省以下项目办财务管理工作由同级财政部门负责，配备具备资质的会计人员。

第五条　国家项目办财务管理职责：

（一）办理世界银行贷款提款报账工作；

（二）负责世界银行贷款美元专用账户的日常管理工作；

（三）负责办理招标采购货物、国内外培训考察费用的审核、结算和资金拨付工作；

（四）制定财务管理、会计核算、提款报账办法；

（五）编制国家项目办本级资金决算，审核、汇总省级财务会计报表，编制项目资金决算，分析、反映项目资金使用情况；

（六）负责省级项目办财务管理人员的业务培训和指导。

第六条　省级项目办财务管理职责：

（一）组织本省世界银行贷款提款报账工作；

（二）负责省级配套资金的落实，监督检查下级财政配套资金的到位和项目资金的使用情况；

（三）办理本省项目资金的拨付；

（四）负责全省项目管理费的提取和分配；

（五）负责本级项目资金的会计核算、年度资金预决算及全省财务会计报表的审核、汇总、上报；

（六）负责省以下项目办财务人员的业务培训和指导；

（七）参与本省项目计划管理和招标采购工作。

第七条　省以下项目办财务管理的职责，参照省级项目办财务管理职责确定。

第八条　各级项目办应保持财务会计人员的连续性和稳定性，严格执行国家财务会计制度。

第九条　项目资金实行专户存储、专账核算、专人管理、专款专用。

第三章　资金筹措

第十条　本项目资金包括世界银行贷款（即中央财政资金，下同）、地方财政配套资金及自筹资金。

第十一条　世界银行贷款由财政部统借统还，视同农业综合开发土地治理项目资金管理。

第十二条　地方财政配套资金由地方财政部门负责筹措，执行国家农业综合开发资金投入比例的有关规定。各级财政配套资金应列入年度财政预算，保证及时足额到位。

第十三条　自筹资金包括项目区集体自筹资金和农民筹资投劳。

第四章　世界银行贷款的支付

第十四条　世界银行贷款只支付本项目实际发生的合格费用，由国家项目办统一向世界银行办理提款报账（提款报账管理办法另行制定）。

第十五条　项目发生的土地征用费、罚款、保险及贷款账户关闭日后发生的费用等，世界银行贷款不予支付。

第五章　管理费的提取与使用

第十六条　管理费是实施本项目管理工作所必需的费用，各省按项目财政资金的3.5%从省级财政配套资金中统一提取，并由省项目办统筹安排，用于省、市（地）、县项目管理的相关支出，市（地）、县不得重复提取。

第十七条　管理费主要用于项目前期准备、实地考察、检查验收、业务培训、招标采购、资金和项目公示、专家咨询以及一般工程初步设计等方面的支出，不得用于人员工资、补贴、购置车辆等行政经费开支。

第十八条　管理费的各项费用开支应按照国家有关标准执行，并编制年度资金使用决算。

第六章　资金占用管理

第十九条　资金占用管理是指各级项目办为实施项目建设所占有或使用的、能以货币计量的经济资源，包括现金、银行存款、应收款项、器材、在建工程、拨出农发资金、拨出世行贷款、交付使用资产等。

第二十条　现金是指用于项目建设的库存现金。对工程款项的支付要实行转账结算，现金收支要执行《现金管理暂行条例》，严格控制现金结算，严禁白条入账。

第二十一条　银行存款是指项目办存入银行的用于项目建设的各种款项。各级项目办要建立和健全银行存款等货币资金的内部管理制度。

第二十二条　应收款项是指因项目建设需要而发生的各种临时支付、应收回结算的款项。年终要做好应收款项的清理结算工作，不得长期挂账。

第二十三条　器材是指为项目工程建设而储存的各种物资。

第二十四条　在建工程是指项目中的各项工程建设费用，包括土地征用及拆迁补偿费、基础设施费、建筑安装工程费、配套设施费、勘测设计费、咨询服务与考察培训费等。

第二十五条　拨出农发资金是指上级项目办拨付给下级项目办的无需偿还的地方财政配套资金。

第二十六条　拨出世行贷款是指上级项目办拨付给下级项目办的无需偿还的世界银行贷款。

第二十七条　交付使用资产是指项目单位已经完成购置、建造过程，并交付或结转给项目受益单位或个人使用的各项资产。

第七章　资金来源管理

第二十八条　资金来源管理是指各级项目办为实施项目而收到的各类资金及需要以资产来偿还的债务，包括短期借款，应付款项，拨入世行贷款，拨入省级、地级、县级财政资金，自筹资金缴入等。

第二十九条　短期借款是指项目单位借入的期限在1年以内的各种借款。

第三十条　应付款项是指项目办在项目报账或竣工结算后，应付未付承包商或供货商的款项。

第三十一条　拨入世行贷款是指项目单位收到的无需偿还的世界银行贷款。

第三十二条　拨入省级、地级、县级财政资金分别是指项目单位收到的无需偿还的省级、地级、县级财政配套资金。

第三十三条　自筹资金缴入是指项目办收到的项目区集体和个人缴入的作为项目配套资金的现金、器材和劳务。

第八章　财务监督

第三十四条　各级项目办要严格执行各项财经管理制度，建立健全项目资金审批、使用制度，建立内部监督制约机制，确保资金专款专用。

第三十五条　各级项目办要密切配合审计等有关部门工作，定期对项目资金的筹集、管理和使用

进行监督检查。

第三十六条　在财务管理工作中发现虚报冒领项目资金、挤占挪用项目资金、严重滞留项目资金、配套资金不足、账务处理混乱、审计和检查中发现问题不及时整改等情况之一的将暂停报账，并按农业综合开发财政资金违规违纪行为处理办法进行处理。

第九章　附　　则

第三十七条　本办法由国家农业综合开发办公室负责解释。

第三十八条　本办法自发布之日起执行。

国家农业综合开发办公室关于印发《利用世界银行贷款加强灌溉农业三期项目提款报账管理办法》的通知

（2006年5月19日　国农办［2006］72号）

河北、内蒙古、吉林、江苏、安徽、山东、河南、重庆、宁夏、云南省（区、市）财政厅（局），农业综合开发办公室（局）：

现将《利用世界银行贷款加强灌溉农业三期项目提款报账管理办法》印发你们，请遵照执行。执行中有何问题和建议，请及时向国家农业综合开发办公室反馈。

附件：利用世界银行贷款加强灌溉农业三期项目提款报账管理办法

附件

利用世界银行贷款加强灌溉农业三期项目提款报账管理办法

第一章　总　　则

第一条　为做好利用世界银行贷款加强灌溉农业三期项目提款报账工作,规范财务行为,制定本办法。

第二条　本办法以世界银行有关规定、财政部利用世界银行贷款有关文件、财政部《利用世界银行贷款加强灌溉农业三期项目管理办法》及国家农业综合开发资金管理制度为依据。

第三条　本办法适用于河北、江苏、安徽、山东、河南等省利用世界银行贷款加强灌溉农业三期项目（以下简称项目）的提款报账工作。

第四条　各级财政部门按本办法规定负责世界银行贷款的提款报账工作。

第二章　费用类别及支付比例

第五条　项目建设期所发生的合格费用须按项目《贷款协定》所规定的类别和比例报账。具体类别和比例如下：

类　别	世界银行贷款支付比例
（一）土建	
河北省	32%
江苏省	49%
安徽省	68%
山东省	14%
河南省	53%
（二）货物	100%
（三）农民专业协会/用水户协会	100%
（四）培训和考察	100%

第三章　提款报账程序

第六条　地方各级财政部门根据项目费用的实际支出，应用项目管理信息系统编制三份提款申请书（附表一）、费用报表（附表二）及摘要表（附表三），后附相关证明材料，由省级财政部门汇总，并由负责人签字盖章（财政、农业综合开发办事机构分设的，应由两家共同签字盖章）后上报国家农业综合开发世界银行贷款项目管理办公室（以下简称国家项目办）。

第七条　国家项目办对省级财政部门报来的提款申请书进行审核确认后，返还一份提款申请书作为付款通知，并从专用账户向省级财政部门拨付款项。各级财政部门应在40个工作日之内将款项逐级拨付至项目资金垫付单位。

第八条　国外培训、考察费用及国家项目办和省项目办统一招标采购的货物分别由国家项目办和省项目办负责填制规定表格，由国家项目办向世界银行统一办理提款。

第四章　提款报账证明文件

第九条　单项合同金额在100万美元以上（含100万美元）的土建工程报账，应分别附三份合同、发票复印件、监理认可的工程进度报告、世界银行不反对意见函和摘要表。

第十条　单项合同金额在20万美元以上（含20万美元）的货物报账，应分别附三份合同、发票复印件、货运单、世界银行不反对意见函和摘要表。

第十一条　单项合同金额在上述限额以下的土建及货物报账应附三份费用报表。

第十二条　农民专业协会/用水户协会报账应附三份费用报表。

第十三条　国内培训考察报账应附三份费用报表，并填报三份培训考察明细报表（附表四）。

第十四条　出国团组境外费用需到国家项目办预领，往返机票由国家项目办统一预订，回国后一并报销。

第十五条　提款报账证明文件原件统一保留在项目单位，按相关规定保管及使用。

第五章　附　　则

第十六条　本办法由国家农业综合开发办公室负责解释。

第十七条　省级财政部门可根据本办法制定实施细则。

第十八条　本办法自发布之日起执行。

附表一

利用世界银行贷款加强灌溉农业三期项目提款申请书

申请书编号：　　　　　　　　　　　　日期：　　　　　　　　　　　　贷款号：

申请用款单位：			贷款额度：	
联系人：		电话：	邮编：	地址：
申　请　内　容				
类别编号	类别内容	发票金额	支付比例（%）	申请金额
1	土建工程			
2	货物		100	
3	农民专业协会/用水户协会		100	
4	培训考察		100	
申请币种			申请金额小写：	
申请金额大写				
付款方式	上述款项请汇至： 户　　名： 开户银行： 账　　号： 附　　言：			

本提款签字人及所在单位在此承诺：

1. 提款（承诺）申请书所有支付文件真实、合法；并愿意承担因其不合法、不真实而引起的付款责任。

2. 提款（承诺）申请书中申请金额未从该账户提取过，所提款项将全部用于贷款协定规定之用途。

3. 提款（承诺）申请书所申请金额，完全符合贷款协定及转贷、转赠协议中规定的类别及限额，并承担因审核有误所导致的类别超支责任。

提款签字人签字：

（单位印章）

年　月　日

批准金额大写：	批准金额小写：	
支付当日美元兑换人民币汇率：	折合美元：	
上级单位审核意见：		

注：申请单位应一式三份提交上级项目办，付款完毕后，上级项目办退下级项目办作为用款通知。

提款申请书填写说明

1. 申请书编号：同一财政部门的申请书连续编号。编号由“行政区划编码”与“申请书顺序号”两部分组成。“行政区划编码”按计算机管理信息系统的规定执行。“申请书顺序号”从0001开始连号。

2. 填写要求支付的货币名称及金额。

3. 根据不同类别的摘要表和费用报表的合计数分类别填写，并计算出合计数。合计数应与要求支付世界银行贷款数完全一致。

4. 填写收款单位的全称、收款单位在开户银行的全称、收款单位的银行账号、开户银行的联行号。

5. 附言：需要特别提示的要求或说明。

6. 签字人：省级由省财政厅负责本项目资金管理的领导签字并加盖财政部门公章，市（地）、县（市）、乡（镇）级参照省级确定签字人并加盖财政部门公章；财政、开发机构分设的，应同时有两家审核意见及签字盖章。

7. 填写签字日期：以签字人签字当日的日期为准。

8. 联系人：填写与提款申请书有关的联系人名称，以便国家项目办联系。

9. 电话：填写联系人的电话。

10. 通讯地址：填写提款财政部门的通信地址和邮政编码，以便国家项目办寄回付款通知。

附表二

Irrigated Agriculture Intensification Ⅲ Project

利用世界银行贷款加强灌溉农业三期项目

Statement of Expenditure（SOE）Forms 费用报表（SOE）

Date 日期：

Application No. 申请书号：

Currency 币种：

Loan 贷款号：4803 - CHA

Payments made during the period from 费用发生期间从　　to 到

Summary Sheet No 表号：

1	2	3	4	5	6	7	8	9	10	11
Item No.	Category No.	Name and Country of Contractor/ Supplier/ Consultants	Contract or Purchase Order No.	Brief Description of Works, Goods or Services	Unit	Quantity	Currency and total amount of Invoice Covered by Application (Net of retention)	Eligible %	Amount Eligible for Financing (8*9)	Remarks
序号	类别号	合同商/供货商/咨询人的名称和国籍	合同或购货单号	工程、货物或服务摘要	单位	数量	本次申请发票金额	支付比例%	应支付的金额（8*9）	备注
1										
2										
3										
4										
	合计：									

Supporting documents for this SOE retained at the happened place.

此费用报表（SOE）的证明文件保存在费用发生地。

注：本报表由项目管理信息系统软件自动生成。

附表三

Irrigated Agriculture Intensification Ⅲ Project

利用世界银行贷款加强灌溉农业三期项目

Summary Sheet 摘要表

Date 日期：________

Application No. 申请书号：________

Loan 贷款号：4803 - CHA

Category No. 类别号　　　Currency 币种：　　　Summary Sheet No 摘要表号：

1	2	3	4	5	6	7	8	9	10	11	12
Item No.	Name and Country of Contractor/ Supp lier/ Consultants	Contract or Purchase Order No. &Date（or other Reference）	Brief Description of Works，Goods or Services	Unit	Quantity	Currency and Total Amount of Contract	Currency and total amount of Invoice Covered by Application（Net of retention）	Eligible %	Currency and Amount Paid（8＊9）	Cumulative Amount Paid to date	Remarks（including noobjec－tion telex date）
序号	合同商/供应商 咨询专家 名称和国家	合同或采购单号	工程/货物或服务 的简要说明	单位	数量	合同总金额	本次申请发票金额	支付比例	本次应支付的金额和货币（8＊9）	到目前为止累计所付的金额	备注
1											
2											
3											
4											
合计：											

注：本报表由项目管理信息系统软件自动生成。

附表四

利用世界银行贷款加强灌溉农业三期项目培训考察费用报表

日期：

申请书编号：

币种：　　　贷款编号：4803 - CHA

费用发生期间从　　　到　　　汇总表编号：

1	2	3	4	5	6	7	8	9	10	11
序号	培训考察内容	参加单位	地点	天数	培训、考察人数	总成本	支付比例％	本支付金额	从专用账户支付的等值美元	备注
1										
2										
3										
4										
5										
合计：：										

此费用报表（SOE）的证明文件保存在费用发生地。

注：本报表由项目管理信息系统软件自动生成。

国家农业综合开发办公室关于印发《利用世界银行贷款加强灌溉农业三期项目会计核算办法》的通知

（2006年5月19日　国农办［2006］73号）

河北、内蒙古、吉林、江苏、安徽、山东、河南、重庆、宁夏、云南省（区、市）财政厅（局），农业综合开发办公室（局）：

现将《利用世界银行贷款加强灌溉农业三期项目会计核算办法》印发你们，请遵照执行。执行中有任何问题和建议，请及时向国家农业综合开发办公室反馈。

附件：利用世界银行贷款加强灌溉农业三期项目会计核算办法

附件

利用世界银行贷款加强灌溉农业三期项目会计核算办法

第一章　总　　则

第一条　为规范利用世界银行贷款加强灌溉农业三期项目会计核算工作，加强资金管理，根据世界银行有关规定、财政部《世界银行贷款项目会计核算办法》、《农业综合开发资金会计制度》以及《利用世界银行贷款加强灌溉农业三期项目管理办法》，制定本办法。

第二条　本办法适用于河北、江苏、安徽、山东、河南等省利用世界银行贷款加强灌溉农业三期项目（以下简称项目）的会计核算工作。

第三条　本办法所称世界银行贷款（以下简称世行贷款）均指中央财政资金。

第四条　各级财政部门负责项目会计核算工作，遵循权责发生制原则，设置总分类账和明细分类账。总分类账、明细分类账、财务报表及实物之间应做到账账相符、账表相符、账实相符。各项会计记录，都应据实逐笔登记，做到手续完备，内容完整，准确及时。

第五条　省级财政部门应于次年4月15日前向国家农业综合开发世行贷款项目管理办公室（以下简称国家项目办）报送年度财务报表，由国家项目办审定、汇总后上报国家审计署。

第六条　会计凭证、会计账簿、财务报表和其他会计资料应按国家有关规定妥善保管。

第七条　会计核算期间为公历1月1日至12月31日。

第八条　会计核算采用借贷记账法。

第九条　会计核算以人民币为记账本位币。

第十条　记账凭证、账簿、财务报表采用中文书写。

第二章　会计科目

第十一条　各级财政部门使用的主要会计科目

如下：

会计科目表

资金占用类科目			资金来源类科目		
序号	科目代码	科目名称	序号	科目代码	科目名称
1	111	现金	1	201	短期借款
2	112	银行存款	2	212	借入世行贷款
3	121	应收款项	3	221	应付款项
4	141	预付款项	4	241	其他应付款
5	151	器材	5	412	拨入世行贷款
6	162	待处理财产损溢	6	413	拨入管理费
7	171	在建工程	7	421	拨入省级财政资金
8	511	拨出农发资金	8	422	拨入地级财政资金
9	512	拨出世行贷款	9	423	拨入县级财政资金
10	525	交付使用资产	10	431	自筹资金缴入
11	542	管理费支出	11	451	其他收入
12	551	其他支出			

第十二条　会计科目使用说明如下：

一、资金占用类

第111号科目　现金

1. 本科目核算项目办用于项目建设的库存现金。

2. 收入现金时，借记本科目，贷记“银行存款”、“自筹资金缴入——现金”等有关科目；支出现金时，借记有关科目，贷记本科目。

3. 本科目应设置“现金日记账”，由出纳人员根据收、付款凭证，按照业务发生顺序，逐笔登记。

每日终了，应计算当日的现金收入合计数、现金支出合计数和结余数，并将结余数与实际库存数进行核对，做到账款相符。

第112号科目　银行存款

1. 本科目核算项目办存入银行的用于项目建设的各种款项。

2. 项目办将款项存入银行时，借记本科目，贷记有关科目；提取或支付银行存款时，借记“现金”等有关科目，贷记本科目。

3. 项目办应按开户银行、存款种类和存款币种设置“银行存款日记账”，由出纳人员根据收款凭证和付款凭证，按照业务发生的顺序逐笔登记。银行存款日记账的记录，应及时与银行对账单进行核对。月份终了，账面结存数与银行对账单上结存数之间如有差额，必须逐笔查明原因。除了未达账项所发生的正常差额以外，属于银行对账单差错的，应立即通知银行查明更正；属于本单位错记漏记的，应作更正分录或补记入账。

4. 以现金存入银行，应根据银行盖章退回的交款回单编制现金付款凭证，登记“现金日记账”和“银行存款日记账”，不再编制银行收款凭证；向银行提取现金，应根据支票存根编制银行付款凭证，登记“银行存款日记账”和“现金日记账”，不再编制现金收款凭证，以免重复记账。

按照规定收取的银行存款利息，根据银行通知，借记本科目，贷记“其他收入——银行存款利息”科目。

5. 项目办应指定专人签发银行支票，不得签发空头支票和远期支票，不准出租、出借支票或将支票转让给别的单位或个人使用，不准将支票交给

供货商或承包商代为签发。

第121号科目　应收款项

1. 本科目核算项目办因项目建设需要而发生的各种临时支付、应收回结算的款项。

2. 发生应收款项时，借记本科目，贷记“银行存款”等有关科目；收回应收款项时，借记“银行存款”科目，贷记本科目。

3. 本科目应按债务单位或个人进行明细核算。

第141号科目　预付款项

1. 本科目核算项目办按照工程合同预付给项目承包商的工程款和备料款，以及按照购货合同预付给供货商的购货款。

拨付给承包商抵作备料款的器材，也在本科目核算。

2. 预付工程款或备料款时，借记本科目，贷记“银行存款”、“器材”等科目。项目办与承包商结算工程价款时，应从工程款中扣回预付的工程款和备料款，借记“在建工程”科目，贷记本科目。

预付货款时，借记本科目，贷记“银行存款”等科目。收到所购器材的发票账单，并根据发票账单金额支付款项时，应从货款中扣回预付货款，借记“器材”科目，贷记本科目。

3. 本科目可设置“预付工程款”及“预付货款”两个明细科目，并按承包商和供货商进行明细核算。

第151号科目　器材

1. 本科目核算为项目建设而储存的各种设备和材料的实际成本。

2. 购入、转账拨入、自筹缴入并已验收入库的设备和材料时，借记本科目，贷记有关科目。

已经验收入库，但发票账单尚未到达，没有付款的器材，可暂不记账，待发票账单到达时，再按发票账单金额记账。

发票账单已到，而器材未验收，可暂不记账，待器材验收合格入库时，再按发票账单金额入账。

3. 盘盈的材料，借记本科目，贷记“其他收入——财产盘盈”科目。

4. 领用的材料和出库交付安装的设备，借记“在建工程”科目，贷记本科目；出库直接交付使用的设备，借记“交付使用资产”科目，贷记本科目。

5. 转账拨出的材料和设备，借记有关科目，贷记本科目。

6. 盘亏和毁损的材料和设备，借记“待处理财产损溢”科目，贷记本科目。

7. 器材出库的核算采用先进先出法。

第162号科目　待处理财产损溢

1. 本科目核算项目办在清查财产过程中查明的物资的盘亏、毁损和盘盈。

2. 库存物资盘亏和毁损时，借记本科目，贷记“器材”科目。

3. 库存物资盘盈时，借记“器材”科目，贷记本科目。

4. 盘亏、毁损和盘盈的物资按程序报经批准后进行转销和转账。

转销盘亏和毁损时，借记“交付使用资产科目”，贷记本科目。

转账盘盈时，借记本科目，贷记“交付使用资产”科目。

5. 本科目应按“在途物资”科目、“库存物资”科目设置明细账，进行明细核算。

第171号科目　在建工程

1. 本科目核算项目中的各项工程建设费用，包括土地征用及拆迁补偿费、基础设施费、建筑安装工程费、配套设施费、勘测设计费、咨询服务与考察培训费等。

2. 项目办根据承包商送来的“工程价款结算单”支付工程进度款时，借记本科目，贷记“银行存款”等有关科目。项目办从工程进度款中按比例扣回工程预付款时，借记本科目，贷记“预付款项——预付工程款”科目。项目办从工程进度款中按比例扣留质量保证金时，借记本科目，贷记“应付质量保证金”科目。

3. 本科目应按项目内容设置明细科目，并按单项工程和单位工程进行明细核算。

第511号科目　拨出农发资金

1. 本科目核算上级项目办拨付给下级项目办的无需偿还的地方财政配套资金。

2. 上级项目办拨出资金时，借记本科目，贷记“银行存款”等科目。

3. 本科目应按下级项目办进行明细核算。

第512号科目　拨出世行贷款

1. 本科目核算上级项目办拨付给下级项目办的无需偿还的世行贷款。

2. 上级项目办拨出世行贷款时，借记本科目，贷记“银行存款”、“器材”等科目。

3. 本科目应按下级项目办进行明细核算。

第525号科目　交付使用资产

1. 本科目核算项目单位已经完成购置、建造过程，并交付或结转给项目受益单位或个人使用的各项资产，包括固定资产、为生产准备的不够固定资产标准的工具、器具、家具等流动资产、无形资产和递延资产的实际成本。

2. 工程竣工后，必须按照有关规定编制竣工决算，办妥竣工验收和资产交接手续，才能作为交付使用资产入账。项目办在办理竣工验收和资产交接手续工作以前，必须根据“在建工程”等科目的明细记录，计算交付使用资产的实际成本，编制交付使用资产明细表等竣工决算报告，经交接双方签证后，其中一份由项目受益单位或个人作为资产入账依据，另一份由项目办作为本科目的记账依据。

3. 已经办理交接手续的交付使用资产，借记本科目，贷记“在建工程”等科目。

4. 本科目按“固定资产”、“流动资产”、“无形资产”、“递延资产”、“管理费”、“信息费及其他支出”、“财产损耗”等进行明细核算。

第542号科目　管理费支出

1. 本科目用以核算项目办为开展项目的管理活动而发生的费用支出。

2. 项目办发生管理费时，借记本科目，贷记“银行存款”等科目。本科目应按本级项目办管理费支出内容进行明细核算。

3. 本科目余额应在年底结账前全额结转入“交付使用资产”科目，借记“交付使用资产——管理费”，贷记本科目。

第551号科目　其他支出

1. 本科目核算项目办发生的不包括在上述支出范围内的其他支出。

2. 项目办发生其他支出时，借记本科目，贷记“银行存款”等科目。

本科目余额应在年底结账前全额转入“交付使用资产”科目，借记“交付使用资产——息费及其他支出”科目，贷记本科目。

二、资金来源类

第201号科目　短期借款

1. 本科目核算项目单位借入的期限在1年以内的各种借款。

2. 项目单位取得借款时，借记“银行存款”等科目，贷记本科目；归还借款时作相反分录。

短期借款发生的利息不在本科目核算。

3. 本科目应按债权人进行明细核算。

第212号科目　借入世行贷款

1. 本科目核算国家项目办收到的需要偿还的世行贷款。

2. 项目办收到世行贷款时，借记“银行存款”、“器材”等科目，贷记本科目。

第221号科目　应付款项

1. 本科目核算项目办在项目报账或竣工结算后，应付未付承包商或供货商的款项。

2. 发生应付款项时，借记“在建工程”、“器材”科目，贷记本科目。支付应付款时，借记本科目，贷记“银行存款”科目。

3. 本科目应按工程款、器材款、质量保证金等进行明细核算。

第241号科目　其他应付款

1. 本科目用于核算除上述应付款项以外的其他应付款。

2. 发生其他应付款时，借记有关科目，贷记本科目。

3. 本科目应按债权人进行明细核算。

第412号科目　拨入世行贷款

1. 本科目用以核算项目单位收到的无需偿还的世行贷款。

2. 项目单位在收到世行贷款时，借记“银行存款”、“器材”等科目，贷记本科目。

第413号科目　拨入管理费

1. 本科目用以核算项目单位收到的项目管理费。

2. 项目单位在收到管理费时，借记“银行存款”等科目，贷记本科目。

第421号科目　拨入省级财政资金

1. 本科目用以核算项目办收到的无需偿还的省级财政配套资金。

2. 项目办收到省级财政配套资金时，借记“银行存款”科目，贷记本科目。

第422号科目　拨入地级财政资金

1. 本科目用以核算项目办收到的无需偿还的地级财政配套资金。

2. 项目办收到地级财政配套资金时，借记“银行存款”科目，贷记本科目。

第423号科目　拨入县级财政资金

1. 本科目用以核算项目办收到的无需偿还的县级财政配套资金。

2. 项目办收到县级财政配套资金时，借记“银行存款”科目，贷记本科目。

第431号科目　自筹资金缴入

1. 本科目用以核算项目办收到的项目区集体和个人缴入的作为项目配套资金的现金、器材和劳务。

2. 项目办收到集体和个人缴款时，借记“现金”科目，贷记本科目。收到群众投入的实物时，借记“器材”等科目，贷记本科目。收到农民劳务时，借记“在建工程”、“交付使用资产”等科目，贷记本科目。

3. 本科目应按“现金”、“器材”、“劳务”设置明细科目并按行政单位进行明细核算。

第451号科目　其他收入

1. 本科目核算项目办收到的银行存款利息、合同索赔收入、财产的盘盈等款项。

2. 收到有关款项时，借记“银行存款”科目，贷记本科目。盘盈的财产按实际成本，借记“器材”科目，贷记本科目。

3. 本科目应按“银行存款利息”、“合同索赔收入”、“财产盘盈”等科目进行明细核算。

第三章　财务报告的编制

第十三条　项目的财务报告包括财务情况说明书和会计报表。财务报告应依次编制页数，加具封面，装订成册，加盖公章。封面上应注明：项目名称及贷款号、单位名称、报表所属年度、报送日期等，并由项目单位负责人、会计机构负责人、主管会计签名并盖章。

第十四条　财务情况说明书的内容主要包括项目基本情况、贷款执行情况、配套资金落实情况、专用账户使用情况、往来账户使用情况、往来款项结算情况及其他需要说明的问题。

会计报表包括资金平衡表、项目进度表、贷款协定执行情况表、专用账户收支表。

第十五条　会计报表格式。详见会世01、02、03、04表。

利用世界银行贷款加强灌溉农业三期项目

资金平衡表

（　　年度）

会世01表　　　　编报单位：　　　　单位：人民币元

资金占用	行次	期初数	期末数	资金来源	行次	期初数	期末数
一、项目支出合计	1			一、项目拨款合计	27		
1. 交付使用资产	2			其中：捐赠款	28		
2. 在建工程	3			二、联营拨款	29		
3. 其他支出	4			三、项目借款合计	30		

续表

资金占用	行次	期初数	期末数	资金来源	行次	期初数	期末数
二、应收生产单位投资借款	5			1. 项目投资借款	31		
其中：应收生产单位世行贷款	6			(1) 世界银行贷款	32		
三、拨付所属投资借款	7			其中：国际开发协会	33		
其中：拨付世行贷款	8			国际复兴开发银行	34		
四、器材	9			技术合作信贷	35		
其中：待处理器材损失	10			联合融资	36		
五、货币资金合计	11			(2) 国内借款	37		
1. 银行存款	12			2. 其他借款	38		
其中：专用账户存款	13			四、上级拨入投资借款	39		
2. 现金	14			其中：拨入世行贷款	40		
六、预付及应收款合计	15			五、企业债券资金	41		
七、有价证券	19			六、待冲基建支出	45		
八、固定资产合计	20			七、应付款合计	46		
固定资产原价	21			八、未交款合计	47		
减：累计折旧	22			九、上级拨入资金	48		
固定资产净值	23			十、留成收入	49		
固定资产清理	24				50		
待处理固定资产损失	25				51		
资金占用合计	26			资金来源合计	52		

利用世界银行贷款加强灌溉农业三期项目资金平衡过渡表

会世01表附表　　编制单位：　　单位：人民币元

资金占用	会计科目	科目代码	期初数	期末数	资金来源	会计科目	科目代码	期初数	期末数
一、项目支出合计					一、项目拨款合计				
1. 交付使用资产	交付使用资产	525				拨入省级财政资金	421		
2. 在建工程	在建工程	171				拨入地级财政资金	422		
3. 其他支出						拨入县级财政资金	423		
二、应收生产单位投资借款						自筹资金缴入	431		
其中：应收生产单位世行贷款					其中：捐赠款				
三、拨付所属投资借款					二、联营拨款				
	借出世行贷款	134			三、项目借款合计				
	拨出农发资金	511			1. 项目投资借款				
	拨出世行贷款	512			(1) 世界银行贷款				

续表

资金占用	会计科目	科目代码	期初数	期末数	资金来源	会计科目	科目代码	期初数	期末数
	管理费支出	542			其中：国际开发协会				
其中：拨付世行贷款	拨出世行贷款	512			国际复兴开发银行	借入世行贷款	212		
四、器材					技术合作信贷				
	器材	151			联合融资				
	待处理财产损溢	162			（2）国内借款				
其中：待处理器材损失	待处理财产损溢	162			2. 其他借款	短期借款	201		
五、货币资金合计					四、上级拨入投资借款	拨入世行贷款	412		
1. 银行存款	银行存款	112			其中：拨入世行贷款	拨入世行贷款	412		
其中：专用账户存款					五、企业债券资金				
2. 现金	现金	111			六、待冲基建支出				
六、预付及应收款合计					七、应付款合计				
	应收款项	121				应付款项	221		
	预付款项	141			其中：应付世行贷款利息				
七、有价证券					应付世行贷款承诺费				
八、固定资产合计					应付世行贷款资金占用费				
固定资产原价					八、未交款合计				
减：累计折旧					九、上级拨入资金				
固定资产净值						拨入管理费	442		
固定资产清理									
待处理固定资产损失					十、留成收入	其他收入	453		
资金占用合计					资金来源合计				

利用世界银行贷款加强灌溉农业三期项目项目进度表

（　　年度）

会世02表　　编报单位：　　单位：人民币元

项目内容	概算金额	项目借（拨）款			项目支出						
		累计	世行贷款	配套资金	累计	交付使用资产				在建工程	其他支出
						固定资产	流动资产	无形资产	递延资产		
项目投资											
节水灌溉											
农业标准化和组织化建设											
农业生态环境建设和管理											
机构支持和项目管理											
合　计											

利用世界银行贷款加强灌溉农业三期项目贷款协定执行情况表

（　　年度）

会世03表　　　　编报单位：　　　　单位：美元，人民币元

类　别	核定贷款金额	本年度提款数		累计提款数	
	美元	美元	折合人民币	美元	折合人民币
1. 土建					
2. 货物					
3. 农民专业协会/用水户协会 （1）项目省份 （2）参与省份					
4. 培训和考察					
5. 先征费					
总计					

补充资料：

1. 专用账户首次存款＿＿＿＿＿美元，折合＿＿＿＿＿人民币元。

2. 折合汇率：1美元＝＿＿＿＿＿人民币。

利用世界银行贷款加强灌溉农业三期项目专用账户收支表

会世04表　　　　信贷/贷款号：

开户行：　　　　账号：

会计期间：　　　　货币名称和单位：

编制单位：

A. 本期专用账户收支情况	金　额
期初余额	
加：1. 本期世行回补总额	
2. 本期利息收入总额	
3. 本期不合格支出归还总额	
减：1. 本期支付总额	
2. 本期末包括在支付额中的服务费支出	
期末余额	

B. 专用账户调节	金　额
世行首次存款总额	
减：1. 世行回收总额	
2. 本期期末专用账户首次存款净额	
3. 专用账户期末净额	
加：1. 截至本期期末已申请报账但尚未回补金额	
2. 截至本期已支付但尚未申请报账金额	
3. 服务费累计支出（如未含在1和2栏中）	
减：利息收入	
本期期末专用账户首次存款净额	

第十六条　会计报表编制说明

一、资金平衡表（会世01表）

（一）本表反映项目单位期末的全部资金来源和占用情况。

（二）本表首先由各级项目办根据各自的年度会计决算进行编制。下级项目办应将编制好的本表报送上级项目办。上级项目办应对下级项目办报送的本表进行审核汇总，然后再与本级的本表进行合并。合并本表时应注意将上下级项目之间往来项目相互抵消。

（三）本表"期初数"栏的数字，应根据上期末本表"期末数"栏内所列数字填列。

（四）本表各项目的内容和填列方法如下：

1．"项目支出合计"项目，反映项目单位期末项目建设支出或其他支出余额。本项目应根据本表"交付使用资产"、"在建工程"和"其他支出"项目的合计数填列。

2．"交付使用资产"项目，反映项目单位期末已经完成购置、建造过程，并经验收合格交付或结转项目受益单位或个人使用的各项资产的实际成本总额，包括各种固定资产、为生产准备的不够固定资产标准的工具、器具、家具等流动资产、无形资产和递延资产的实际成本。

本项目应根据"交付使用资产"科目的期末余额填列。

3．"在建工程"项目，反映项目单位期末各种在建工程成本的余额。

本项目应根据"在建工程"科目的期末余额填列。

4．"其他支出"项目，无需填列。

5．"应收生产单位投资借款"项目，反映项目办应向项目受益单位和个人收回的项目投资。无需填列。

6．"拨付所属投资借款"项目，反映上级项目办提供给下级项目办用于项目建设的各种资金。

本项目应根据"拨出农发资金"、"拨出世行贷款"等科目的期末余额合计填列。

"拨付所属世行贷款"项目，反映上级项目办提供给下级项目办用于项目的无需偿还的世行贷款。

本项目应根据"拨出世行贷款"科目的期末余额填列。

上级项目办合并本表时，该项目数字应与下级项目办本表中的"上级拨入世行贷款"项目数字相互抵消。

7．"器材"项目，反映项目单位期末结存在库的各项设备和材料的实际成本。

本项目应根据"器材"和"待处理财产损溢"科目的期末余额合计填列。

"待处理器材损失"项目，反映项目单位设备、器材的盘亏及毁损情况。

本项目应根据"待处理器材损失"科目的期末余额填列。

8．"货币资金合计"项目，反映项目办期末库存现金、银行存款合计数。本项目应根据本表"银行存款"、"现金"项目的合计数填列。

9．"银行存款"项目，反映项目办期末在银行的存款余额。

本项目应根据"银行存款"科目的期末余额合计填列。

"专用账户存款"项目，反映国家项目办开设的世行贷款专用账户期末存款余额。

本项目应根据"银行存款"科目所属专用账户明细科目的期末余额填列。

10．"现金"项目，反映项目办期末库存现金的余额。

本项目应根据"现金"科目的期末余额填列。

11．"预付及应收款合计"项目，反映项目办期末各种预付和应收款项，包括预付工程款、预付货款和其他应收款等。

本项目应根据"应收款项"和"预付款项"科目的期末余额合计填列。

12．"项目拨款合计"项目，反映项目单位收到的各种不需要偿还的配套资金，包括财政配套资金和项目受益单位和个人的投入。

本项目应根据"拨入省级财政资金"、"拨入地级财政资金"、"拨入县级财政资金"、"自筹资金缴

入”等科目的期末余额合计填列。

13.“捐赠款”、“联营拨款”等项目，无需填列。

14.“项目借款合计”项目，反映项目单位为完成项目建设按规定借入的各种款项。

本项目应根据本表“项目投资借款”和“其他借款”项目的合计数填列。

15.“项目投资借款”项目，反映项目单位收到的各种形式借款的期末余额。

本项目应根据本表“世行贷款”和“国内借款”项目的合计数填列。

16.“世行贷款”项目，反映项目单位收到的需要偿还的世行贷款。本项目应根据“国际复兴开发银行”、“技术合作信贷”和“联合融资”等项目的期末余额合计数填列。

“国际开发协会”项目，无需填列。

“国际复兴开发银行”项目，反映项目办收到的需要偿还的国际复兴开发银行贷款。本项目应根据“借入世行贷款”科目的期末余额填列。

“技术合作信贷”和“联合融资”项目，无需填列。

17.“国内借款”项目，反映项目单位收到的需要偿还的财政配套资金。地方各级项目办无需填列。

18.“其他借款”项目，反映项目单位向银行借入的除项目投资借款外的其他各种借款的期末余额。

19.“上级拨入投资借款”项目，反映项目单位收到的由上级部门承担还款责任的借款。

本项目应根据“拨入世行贷款”等科目的期末余额填列。

20.“拨入世行贷款”项目，反映项目单位收到的由上级部门承担还款责任的世行贷款。

本项目应根据拨入世行贷款科目的期末余额填列。

21.“企业债券资金”项目，无需填列。

22.“待冲基建支出”项目，反映项目单位完成的所有待冲销的交付项目受益单位和个人使用的资产价值。无需填列。

23.“应付款合计”项目，反映项目单位期末各种应付未付款项，包括应付器材款、应付工程款、应付质量保证金和其他应付款等。

本项目应根据“应付款项”和“其他应付款”科目的期末余额合计填列。

24.“上级拨入资金”项目，反映项目单位收到的上级部门拨入的供项目单位组织和管理项目活动使用的资金。

本项目应根据“拨入管理费”科目的期末余额填列。

25.“留成收入”项目，反映项目单位各种银行存款的利息和合同索赔等收入。

本项目应根据“其他收入”科目的期末余额填列。

详见“会世01表附表”。

二、项目进度表（会世02表）

（一）本表反映项目单位自项目开始建设起到本期末累计拨入、借入的项目建设资金以及这些资金的使用情况。

编制本表是为了检查项目概算执行情况、考核和分析投资效果，并为编制竣工决算提供资料。

（二）本表首先应由各级项目办根据各自的年度会计决算进行编制。下级项目办应将各自编制好的本表报送上级项目办。上级项目办应先对下级项目办报送的本表进行审核汇总，然后再与本级的本表进行合并。

（三）本表各栏内容及填列方法如下：

1.“概算金额”栏，即评估金额，反映项目所需要的全部资金，本栏应根据项目评估报告中所列的评估金额逐行填列。

2.“项目借款（拨）款”栏，反映项目自开始建设起到本期末累计收到的借拨款额。

“累计”项目，反映项目办收到的拨入、借入的各种项目资金。本项目应根据“世行贷款”和“配套资金”项目的合计数填列。

“世行贷款”项目，反映项目办收到的拨入的全部世行贷款。本项目应根据“拨入世行贷款”科目的期末余额合计填列。

“配套资金”项目，反映项目办收到的不需要偿还的各种配套资金。本项目应根据“拨入省级财政资金”、“拨入地级财政资金”、“拨入县级财政资金”、“自筹资金缴入”和“拨入管理费”等科目的期末余额合计填列。

3，“项目支出”栏，反映自项目开始建设到本期末累计完成购置、建造过程，并已交付生产单位使用的各项资产。

“固定资产”栏，反映项目单位期末已经完成购置、建造过程并经验收合格交付生产使用单位的各项固定资产的实际成本。

本项目应根据“交付使用资产”科目的“固定资产”明细科目的期末余额填列。

“流动资产”栏，反映项目单位期末已经完成购置并经验收合格交付生产使用单位的不够固定资产标准的工具、器具等流动资产的实际成本。本项目应根据“交付使用资产”科目的“流动资产”明细科目的期末余额填列。

“无形资产”栏，反映项目单位期末已经完成购置过程并经验收合格单独交付生产使用单位的土地使用权、专利权、专有技术等无形资产的实际成本。本项目应根据“交付使用资产”科目的“无形资产”明细科目的期末余额填列。

“递延资产”栏，反映项目单位在建设期间发生的并已单独结转生产使用单位的各项递延资产的实际成本，如生产职工培训费、样品样机购置费、农业开荒费用等。本项目应根据“交付使用资产”科目的“递延资产”明细科目的期末余额填列。

“在建工程”栏，反映项目单位期末各种在建工程的余额。本项目应根据“在建工程”科目的期末余额填列。

“其他支出”栏，无需填列。

4.“项目内容”列，反映项目单位期末各项投资内容的建设进度，按“节水灌溉”、“农业标准化和组织化建设”、“农业生态环境建设和管理”及“机构支持和项目管理”分项填列。

三、贷款协定执行情况表（会世03表）

（一）本表反映项目本年度和累计使用的世行贷款资金的执行情况。

（二）本表由国家项目办负责编制。

（三）本表各栏内容及填列方法：

1.“核定贷款金额”栏，即贷款协定签订时核定的贷款额，本栏根据项目协定中所列的贷款金额逐行填列。

2.“本年度提款金额”栏，反映项目本年度世行贷款资金的使用情况。

3.“累计提款金额”栏，反映项目自开始建设起到本年年末止累计使用世行贷款资金的情况。

四、专用账户收支表（会世04表）

（一）本表反映本年度专用账户收支情况。

（二）本表由国家项目办负责编制。

（三）本表主要内容及填列方法：

1.“期初余额”项目，反映年初专用账户的期初余额。本项目应根据上年度专用账户的期末余额填列。

2.“世行回补”项目，反映本年度从世行提取的贷款数。

3.“利息收入”项目，反映专用账户的利息收入情况。

4.“本期支付”项目，反映通过专用账户支出世行贷款各类别资金的金额。

5.“利息支出”项目，反映专用账户的利息使用情况。

6.“世行回收”项目，反映世行从专用账户回收的金额。本项目应根据世行实际回收金额填列。

7.“期末余额”项目，反映专用账户的年末余额。本项目应根据专用账户的期末余额填列。

第四章　附　　则

第十七条　本办法由国家农业综合开发办公室负责解释。

第十八条　本办法自发布之日起执行。

第六部分

统计资料

统计资料说明

一、本部分收集了农业综合开发2005年的统计数据及1988～2005年的汇总统计数据。

二、统计范围仅限于国家立项的农业综合开发项目，其他农业综合开发项目未统计在内。

三、统计资料分为“农业综合开发基本情况表”、“全国农业综合开发项目统计表”、“农业综合开发外资项目统计表”、“农业综合开发部门项目统计表”等四个部分，每个部分都附有各项统计指标的相关解释和说明。

四、“农业综合开发基本情况表”中各项统计指标的数据，均为农业综合开发地方项目、外资项目、部门项目统计数据的合计数。

五、在“全国农业综合开发项目统计表”中，“2005年全国农业综合开发项目投入情况表”及“1988～2005年全国农业综合开发项目投入情况表”中各指标的统计数据，为农业综合开发地方项目、外资项目、部门项目统计数据的合计数；其他统计表中各指标的数据均指地方项目的统计数据。

六、农业综合开发外资项目包括农业综合开发世界银行项目和农业综合开发利用英国国际发展部赠款面向贫困人口农村水利改革项目。

七、黑龙江省农垦总局农业综合开发项目是由农业部负责组织实施的部门项目，但由于该项目一直比照地方项目管理，因此，将其视同一个省级单位统计在“全国农业综合开发项目统计表”中，在“农业综合开发部门项目统计表”中未作统计。

八、2004年，国家农业综合开发办公室修订了农业综合开发统计报表格式及指标，因而本部分也作了相应调整，表格样式、指标及指标说明基本与《中国农业综合开发年鉴（2005）》相同，个别变动见具体指标解释。

农业综合开

1988～2005 年全国农业综

年份	开发范围（个）		资金投入（万元）					改造中低产田（万亩）
	开发县（市、区、农场）总数	其中：开发县数	合计	中央财政资金	地方财政配套资金	银行贷款	自筹资金	
1988	746	495	178 368.70	50 267.00	37 324.10	23 332.30	67 445.30	944.90
1989	949	658	347 770.38	100 858.00	77 694.60	61 236.00	107 981.78	2 189.58
1990	1 101	796	495 558.13	140 563.90	113 782.37	96 663.42	144 548.44	3 167.95
1991	1 092	864	566 910.25	152 508.30	139 653.07	111 549.48	163 199.40	2 736.26
1992	1 293	1 060	622 907.52	157 720.90	139 149.17	109 288.29	216 749.16	2 557.97
1993	1 335	1 106	720 708.58	182 138.90	153 749.40	129 552.33	255 267.95	2 755.15
1994	1 399	1 177	682 714.80	182 136.80	167 871.77	111 807.79	220 898.44	1 599.84
1995	1 441	1 197	871 689.40	235 224.00	226 903.00	122 120.57	287 441.83	2 022.59
1996	1 531	1 270	1 198 520.50	305 263.00	258 913.00	197 321.55	437 022.95	2 563.75
1997	1 547	1 335	1 291 707.54	293 129.00	302 841.00	199 825.54	495 912.00	2 623.41
1998	1 675	1 470	1 642 497.92	421 135.00	409 431.70	191 805.30	620 125.92	3 039.82
1999	1 745	1 516	1 887 745.37	472 563.81	468 367.80	210 188.94	736 624.82	3 647.36
2000	1 802	1 559	1 972 322.32	676 790.91	572 010.20	120 612.84	602 908.37	3 742.75
2001	1 884	1 645	2 065 077.22	708 629.60	594 679.90	182 712.12	579 055.60	3 058.76
2002	2 023	1 786	2 374 018.23	761 896.82	615 948.40	255 688.60	740 484.41	2 818.44
2003	2 101	1 864	2 379 916.78	867 132.39	625 027.81	203 686.30	684 070.28	1 711.16
2004	2 106	1 872	2 566 991.19	856 504.12	582 983.51	213 373.26	914 130.30	2 415.13
2005	2 109	1 882	3 067 780.62	1 018 301.48	627 123.01	261 254.31	1 161 101.82	3 062.17
合计	—	—	24 933 205.45	7 582 763.93	6 113 453.81	2 802 018.94	8 434 968.77	46 656.99

注：本表中各指标的统计数据均为由地方组织实施的农业综合开发土地治理项目、产业化经营项目、科技示范项目和利用世界银行贷款加计数据的合计数。

合开发基本情况表

主要建设内容								
生态综合治理（万亩）			开垦宜农荒地（万亩）	优质粮食基地（万亩）	优质饲料粮基地（万亩）	经济林、蔬菜、药材等种植面积（万亩）	水产养殖面积（万亩）	农产品加工和农业生产服务项目（个）
草原（场）建设	小流域治理	土地沙化治理						
58.20			168.00			31.25	1.25	60
163.63			289.60			28.15	12.25	15
231.97			382.83			45.79	10.36	42
176.03			329.95			44.16	6.11	56
309.17			374.15			103.96	21.75	77
261.57			281.99			166.48	49.91	108
222.12			154.06			123.98	27.36	166
244.02			169.85			156.31	32.68	297
326.43			242.17			162.84	55.16	547
245.03			284.70			138.40	60.05	527
205.05			227.07			149.19	41.81	374
178.95			84.16	49.35	23.40	171.28	44.76	395
265.55				197.26	104.63	194.43	43.62	419
296.68				430.65	82.10	190.21	72.32	433
345.87				461.50	90.57	127.83	118.57	516
301.66				988.65	228.73	91.60	39.17	668
254.46	96.54	49.85				70.36	56.39	429
307.59	93.10	62.32				46.84	17.59	526
4 393.98	189.64	112.17	2 988.53	2 127.41	529.43	2 043.06	711.11	5 655.00

强灌溉农业二期项目，利用英国国际发展部赠款面向贫困人口农村水利改革项目以及由中央农口有关部门组织实施的农业综合开发项目统

续前表

年份	改善农业生产条件				新增主要农产品生产能力（万公斤）			
	新增和改善灌溉面积（万亩）	新增和改善除涝面积（万亩）	增加农田林网防护面积（万亩）	新增农机总动力（万千瓦）	粮食	棉花	油料	糖料
1988	917.50	387.10	874.10	40.60	130 549.00	5 878.80	3 507.40	42 638.70
1989	2 033.40	1 047.35	1 368.39	80.31	405 362.80	10 919.10	21 480.00	102 580.10
1990	2 636.08	1 610.88	2 411.61	97.83	522 038.20	13 089.90	19 159.80	91 947.70
1991	2 456.89	1 250.27	2 104.48	86.98	461 672.87	9 825.10	21 329.20	463 941.70
1992	2 202.97	1 181.93	2 102.86	98.83	450 494.36	11 261.50	17 768.78	324 520.00
1993	2 420.42	1 371.86	2 133.07	93.55	549 904.29	10 345.95	22 808.57	269 605.80
1994	1 284.87	752.61	1 344.14	76.31	305 218.50	9 384.33	21 745.15	106 523.30
1995	1 733.06	1 024.50	1 736.94	94.53	367 578.72	8 851.51	25 432.17	159 105.60
1996	2 327.90	1 153.71	1 747.69	114.39	531 918.14	12 833.29	29 117.82	266 256.90
1997	2 777.21	1 176.92	1 432.25	110.06	571 254.99	8 374.54	28 368.01	154 802.10
1998	3 019.23	1 298.67	1 813.90	262.30	592 407.33	8 647.51	30 225.39	124 592.70
1999	3 378.24	1 363.64	1 955.73	120.47	661 025.04	9 646.31	31 440.78	76 140.53
2000	3 460.87	1 398.41	2 394.31	101.99	644 201.96	9 774.41	33 630.60	60 060.25
2001	2 785.89	1 069.41	1 885.23	104.72	556 625.51	7 664.29	28 247.59	46 321.35
2002	2 655.03	866.64	1 525.99	83.38	498 229.60	5 145.62	22 662.10	39 955.23
2003	2 144.54	737.03	1 189.73	229.83	356 427.75	6 707.25	19 130.88	82 040.90
2004	2 082.55	717.75	1 041.33	95.81	308 533.62	5 095.46	15 641.43	54 771.07
2005	2 905.88	1 007.13	1 300.80	55.85	366 324.11	6 122.84	19 194.53	55 506.33
合计	43 222.53	19 415.81	30 362.55	1 947.74	8 279 766.79	159 567.71	410 890.20	2 521 310.26

新增其他农产品产量（万公斤）					新增其他农产品产值（亿元）		农民人均纯收入（元）		项目区直接受益农民人均增收额（元）
肉	蛋	奶	水产品	干鲜果品、蔬菜、药材等	畜禽产品产值	水产品产值	项目区	项目区高于全国农民人均纯收入	
4 253.00	13.09	35.15	69.79	19 119.00					
10 094.90	13.15	222.82	709.40	6 164.00					
17 241.60	523.57	365.91	3 754.20	24 324.20					
19 781.03	309.14	166.54	1691.00	20 909.40					
15 533.17	891.50	225.42	5 247.43	28 525.85					
23 316.65	41.28	99.68	7 612.72	32 506.50					
33 717.35	2 336.02	389.47	5 072.87	38 072.54					
36 856.16	2 591.01	887.77	21 087.48	211 708.30					
37 350.54	3 274.59	2 793.08	8 766.55	84 180.31					
22 691.36	5 089.12	7 232.80	11 284.15	120 745.36					
29 288.17	2 934.15	3 109.09	17 400.88	153 464.82			2 400.00	238.02	
84 546.83	3 207.78	4 674.47	57 314.89	212 888.26			2 472.00	261.66	
				383 118.16	18.81	11.95	2 465.00	211.58	
				329 834.01	15.64	9.12	2 544.00	177.60	
					26.88	21.60	2 696.00	220.00	
59 012.62	1 425.95	49 268.22	29 501.18	132 382.96			2 782.57	160.57	
12 706.92	1 470.55	24 948.25	5 715.49	51 951.51					350.36
31 121.12	3 204.60	28 735.04	4 692.94	37 465.20					383.44
437 511.42	27 325.50	123 153.71	179 920.97	1 887 360.38	61.33	42.67			

全国农业综合

2005 年全国农业综合

地　　区	开发范围（个）		合　　计
	项目县（市、区、农场）总数	其中：项目县（市、区）数	
全国合计	2 109	1 882	3 067 780.62
北京	10	10	35 316.38
天津	11	11	32 322.58
河北	121	114	132 751.93
山西	66	62	78 521.39
内蒙古	86	78	111 804.04
辽宁	66	60	267 293.68
其中：大连	7	7	68 517.21
吉林	63	61	184 360.94
黑龙江	87	84	141 536.10
上海	7	7	24 680.79
江苏	79	71	114 979.51
浙江	63	61	162 176.58
其中：宁波	9	9	27 803.53
安徽	93	84	113 191.94
福建	54	54	99 070.77
其中：厦门	1	1	17 448.17
江西	77	73	97 162.83
山东	123	122	159 824.97
其中：青岛	8	8	20 802.00
河南	121	121	134 821.95
湖北	83	75	107 259.14
湖南	90	88	128 825.62
广东	40	40	64 854.00
其中：深圳	2	2	5 078.48
广西	61	61	61 091.57
海南	18	18	39 856.00
重庆	35	34	91 837.75
四川	110	110	145 225.76
贵州	67	62	48 919.36
云南	67	67	78 583.41
西藏	17	17	17 588.00
陕西	78	76	105 867.68
甘肃	48	44	54 716.58
青海	34	30	34 303.18
宁夏	25	16	56 400.87
新疆	74	71	62 706.42
新疆兵团	67		31 220.60
黑龙江农垦	66		44 755.98
部门项目	2		2 000.00
国家办			1 952.32

注：1. 本表中各指标的统计数据均为由地方组织实施的农业综合开发土地治理项目、产业化经营项目、科技示范项目和利用世界银行贷目统计数据的合计数。

2. “部门项目”栏中央财政资金、地方财政资金数据，仅统计了海南农垦总局天然橡胶基地项目的数据，其他部门项目数据含在各

3. “国家办”栏指农业综合开发利用世界银行贷款加强灌溉农业二期项目、利用英国国际发展部赠款面向贫困人口农村水利改

开发项目统计表

开发项目投入情况表

资金投入（万元）			
中央财政资金	地方财政配套资金	银行贷款	自筹资金
1 018 301.48	627 123.01	261 254.31	1 161 101.82
7 785.00	16 835.00		10 696.38
7 283.00	15 390.20	200.00	9 449.38
46 008.52	20 049.55	9 614.00	57 079.86
25 527.00	13 332.10	8 679.94	30 982.35
45 847.00	16 534.60	8 000.00	41 422.44
56 993.00	42 483.90	45 763.93	122 052.85
7 527.00	15 030.00	15 598.00	30 362.21
52 575.00	27 638.44	20 793.50	83 354.00
62 538.00	26 820.00	1 030.00	51 148.10
6 684.00	12 361.79	200.00	5 435.00
35 955.00	36 467.50	2 382.83	40 174.18
33 987.00	57 351.13	17 134.00	53 704.45
6 238.00	13 156.17		8 409.36
52 013.00	24 451.18	5 665.68	31 062.08
21 869.40	25 387.57	18 137.00	33 676.80
1 190.00	2 700.00	2 300.00	11 258.17
37 398.00	18 865.39	9 091.00	31 808.44
43 293.71	42 513.99	5 950.00	68 067.27
2 725.00	2 254.00	3 550.00	12 273.00
40 834.26	24 855.15	9 000.00	60 132.54
39 388.00	20 774.65	8 182.00	38 914.49
45 580.00	22 483.00	14 350.00	46 412.62
18 362.00	22 352.73	2 474.40	21 664.87
455.00	2 610.00		2 013.48
27 097.00	13 884.51		20 110.06
18 494.00	7 030.00		14 332.00
24 381.00	13 308.03	14 761.00	39 387.72
60 287.00	26 752.52	10 696.47	47 489.77
21 603.00	8 699.37	851.49	17 765.50
29 209.50	23 841.36	3 684.00	21 848.55
10 133.00	3 830.00		3 625.00
26 993.00	13 357.00	16 070.00	49 447.68
20 834.53	9 165.60	6 648.70	18 067.75
14 912.40	5 844.50	2 598.35	10 947.93
11 796.00	5 119.88	18 166.00	21 318.99
30 105.00	9 342.37	930.02	22 329.03
15 728.84			15 491.76
22 854.00		200.00	21 701.98
2 000.00			
1 952.32			

款加强灌溉农业二期项目、利用英国国际发展部赠款面向贫困人口农村水利改革项目、以及由中央农口有关部门组织实施的农业综合开发项

（区、市）的数据中。

革项目中，国家农业综合开发办公室用于机构支持与发展的资金。

2005 年全国农业综合开发

地　区	土地治理项目					产业化经	
	小计	财政资金	其中：中央财政资金	银行贷款	自筹资金	小计	财政资金
全国合计	1 625 151.76	1 123 835.33		2 580.00	498 736.43	1 323 436.16	419 708.52
北京	14 080.70	11 477.00			2 603.70	18 335.18	10 242.50
天津	14 408.87	11 425.14			2 983.73	17 383.00	11 423.00
河北	69 911.08	49 618.05			20 293.03	66 326.22	20 327.39
山西	33 558.33	22 923.15			10 635.18	39 111.03	10 895.92
内蒙古	67 303.85	44 878.21			22 425.64	40 512.77	13 615.97
辽宁	94 601.19	62 083.46		2 580.00	29 937.73	166 072.87	31 700.84
其中：大连	14 648.67	11 929.56			2 719.11	53 571.94	10 953.84
吉林	67 988.24	44 030.24			23 958.00	105 659.50	27 176.00
黑龙江	89 688.00	62 873.00			26 815.00	49 327.00	24 177.00
上海	13 938.73	10 864.91			3 073.82	9 136.16	6 574.98
江苏	84 778.94	63 046.34			21 732.60	38 814.27	18 442.61
浙江	77 438.33	57 012.82			20 425.51	75 512.31	25 824.37
其中：宁波	15 878.05	11 863.14			4 014.91	10 196.05	5 801.60
安徽	68 278.37	46 978.50			21 299.87	31 725.94	16 383.55
福建	36 701.87	26 793.44			9 908.43	51 506.07	10 879.85
其中：厦门	1 997.12	1 603.10			394.02	14 418.00	1 770.00
江西	58 112.38	40 203.24			17 909.14	35 944.35	12 954.05
山东	90 117.98	67 996.01			22 121.97	82 434.59	30 734.29
其中：青岛	10 839.00	8 787.00			2 052.00	20 569.00	6 798.00
河南	69 915.13	46 357.63			23 557.50	59 876.54	14 422.40
湖北	57 841.89	39 206.18			18 635.71	44 182.72	16 337.44
湖南	63 886.81	43 475.29			20 411.52	55 030.05	15 572.95
广东	30 117.71	22 309.42			7 808.29	24 829.14	10 021.66
其中：深圳	2 727.48	2 115.00			612.48	3 201.00	1 800.00
广西	43 736.84	30 253.86			13 482.98	15 398.18	9 091.65
海南	29 380.00	20 419.00			8 961.00	13 287.00	8 016.00
重庆	43 774.62	30 077.60			13 697.02	47 124.00	8 279.60
四川	83 927.29	58 931.51			24 995.78	45 471.04	13 086.61
贵州	31 742.58	20 723.80			11 018.78	11 709.14	4 592.31
云南	45 274.68	31 354.94			13 919.74	19 629.08	8 256.27
西藏	11 283.00	11 273.00			10.00	6 883.00	3 268.00
陕西	45 883.74	31 266.76			14 616.98	60 649.06	10 366.03
甘肃	32 095.53	21 681.95			10 413.58	19 055.93	5 379.20
青海	22 430.56	15 001.21			7 429.35	10 010.08	3 992.95
宁夏	26 648.24	18 388.25			8 259.99	35 807.00	5 466.00
新疆	43 796.13	29 471.39			14 324.74	14 636.62	5 973.93
新疆兵团	26 059.95	12 871.43			13 188.52	3 502.44	1 604.00
黑龙江农垦	36 450.20	18 568.60			17 881.60	8 553.88	4 629.20

注：农业综合开发利用世界银行贷款加强灌溉农业二期项目、利用英国国际发展部赠款面向贫困人口农村水利改革项目、由中央农口有

分项目投资完成情况表

单位：万元

营项目			科技示范项目				
其中：中央财政资金	银行贷款	自筹资金	小计	财政资金	其中：中央财政资金	银行贷款	自筹资金
	254 148.99	649 578.65	45 667.57	28 355.51		4 525.32	12 786.74
		8 092.68					
		5 960.00	1 825.65	1 120.00		200.00	505.65
	9 614.00	36 384.83	2 964.58	2 562.58			402.00
	8 479.94	19 735.17	1 719.00	907.00		200.00	612.00
	8 000.00	18 896.80	490.00	390.00			100.00
	43 183.93	91 188.10	2 630.02	1 703.00			927.02
	15 598.00	27 020.10	1 962.00	1 339.00			623.00
	20 793.50	57 690.00	3 826.44	2 120.44			1 706.00
	1 030.00	24 120.00	1 421.10	1 208.00			213.10
	200.00	2 361.18	350.00	350.00			
	2 219.00	18 152.66	1 930.17	1 477.42		163.83	288.92
	16 860.00	32 827.94	1 962.31	1 237.31		274.00	451.00
		4 394.45	72.80	72.80			
	5 665.68	9 676.71	406.93	321.43			85.50
	17 665.00	22 961.22	2 640.85	1 361.70		472.00	807.15
	2 100.00	10 548.00	956.15	440.00		200.00	316.15
	9 091.00	13 899.30	230.00	230.00			
	5 950.00	45 750.30	830.00	635.00			195.00
	3 550.00	10 221.00					
	9 000.00	36 454.14	1 164.90	1 044.00			120.90
	7 782.00	20 063.28	1 401.50	786.00		400.00	215.50
	13 750.00	25 707.10	1 970.00	1 076.00		600.00	294.00
	1 974.40	12 833.08	2 753.00	1 229.50		500.00	1 023.50
		1 401.00					
		6 306.53	1 055.84	735.29			320.55
		5 271.00	470.00	370.00			100.00
	14 620.00	24 224.40	3 507.30	1 900.00		141.00	1 466.30
	10 131.60	22 252.83	1 939.56	1 133.53		564.87	241.16
	851.49	6 265.34	1 089.38	608.00			481.38
	3 684.00	7 688.81	450.00	210.00			240.00
		3 615.00					
	16 070.00	34 213.03	1 151.24	533.57			617.67
	6 228.70	7 448.03	1 315.70	689.56		420.00	206.14
	2 598.35	3 418.78	237.80	138.00			99.80
	17 766.00	12 575.00	2 084.40	1 200.40		400.00	484.00
	740.40	7 922.29	863.37	591.75		189.62	82.00
		1 898.44	604.80	200.00			404.80
	200.00	3 724.68	381.73	286.03			95.70

关部门组织实施的农业综合开发项目，本表中未作统计。

2005年全国农业综合开发土地

地　　区	开发任务（万亩）					
	改造中低产田	生态综合治理项目			中型灌区改造（个）	修建小型水库（座）
		草原（场）建设	小流域治理	土地沙化治理		
全国合计	3 062.17	243.85	93.10	26.61	3.00	516.00
北京	25.73		1.30			
天津	30.38					1.00
河北	107.05	1.87	6.98	13.25		9.00
山西	65.09		4.71			
内蒙古	118.90	131.53				
辽宁	157.55	0.63	16.27			2.00
其中：大连	21.23	0.42	2.45			
吉林	141.67	2.20			2.00	18.00
黑龙江	186.32	13.90	6.30	2.60		3.00
上海	16.24					
江苏	179.67				1.00	15.00
浙江	110.62		14.36			42.00
其中：宁波	22.68		3.90			4.00
安徽	136.96		11.10			50.00
福建	62.67		2.18			7.00
其中：厦门	1.76					2.00
江西	97.21		6.45			160.00
山东	215.07		3.19	0.85		31.00
其中：青岛	18.90					23.00
河南	163.81			0.52		6.00
湖北	126.73					13.00
湖南	115.71	1.60				75.00
广东	53.09					3.00
其中：深圳	1.55					
广西	77.08					17.00
海南	52.49					
重庆	65.56		5.14			19.00
四川	149.52	10.69				29.00
贵州	55.55		0.53			6.00
云南	89.69		2.26			3.00
西藏	7.25	20.84				
陕西	93.75		8.51			2.00
甘肃	54.36	5.28	2.19	1.24		2.00
青海	31.17	52.44	1.23			1.00
宁夏	40.95			1.90		
新疆	94.97	2.87	0.15	6.25		
新疆兵团	53.99					
黑龙江农垦	85.37		0.25			2.00

注：农业综合开发利用世界银行贷款加强灌溉农业二期项目、利用英国国际发展部赠款面向贫困人口农村水利改革项目、由中央农口有

治理项目主要建设内容完成情况表

主要措施							
水利措施		农业措施			林业措施	科技措施	
灌排渠系建设（公里）	新打和配套完善机电井（眼）	改良土壤（万亩）	机耕路（公里）	农机购置（台、套）	造林（万亩）	扶持农技服务站（个）	技术培训（万人次）
124 001.89	68 524.00	1 334.91	46 343.99	33 118.00	213.62	2 206.00	875.20
1 025.76	595.00	2.55	282.20	106.00	0.99	4.00	2.06
1 671.75	519.00	1.00	155.29	3.00	2.59	15.00	0.00
7 414.69	7 241.00	23.51	3 261.76	785.00	9.92	69.00	30.00
2 203.40	1 251.00	32.66	1 117.87	858.00	6.95	20.00	20.43
6 287.03	4 847.00	91.77	3 512.98	1 640.00	8.94	134.00	31.59
5 932.80	10 548.00	42.11	1 677.46	419.00	19.40	57.00	65.63
758.81	96.00	6.80	401.95	7.00	4.43		0.00
1 858.15	1 966.00	83.02	1 460.15	853.00	4.27	13.00	17.11
3 315.94	2 269.00	57.86	2 512.40	2 575.00	8.43	22.00	33.34
891.92		4.42	406.77	30.00	0.10	24.00	0.59
6 908.68	428.00	65.86	1 577.57	1 230.00	7.61	79.00	23.96
4 119.05		41.23	2 137.47	454.00	9.08	113.00	15.90
415.05		1.67	400.97	30.00	2.97	14.00	1.23
5 211.85	5 372.00	79.67	1 800.26	2 743.00	14.71	86.00	81.46
2 128.03	95.00	5.44	727.94	102.00	1.64	25.00	13.67
34.50	1.00	1.06	59.80				0.34
7 170.33	144.00	9.76	1 300.99	150.00	7.16	52.00	17.51
11 442.55	10 195.00	145.74	5 686.30	940.00	15.94	69.00	82.77
187.62	190.00	4.75	454.30	200.00	2.67		2.60
5 742.36	18 197.00	67.99	4 530.19	1 702.00	9.22	51.00	56.55
4 785.28	116.00	26.36	2 506.25	1 921.00	6.20	134.00	37.05
6 438.83	61.00	28.96	988.37	2 502.00	9.27	65.00	12.61
3 837.35	46.00	40.05	621.21	738.00	3.33	28.00	5.88
40.18	14.00	0.31	18.51		0.13		0.39
2 688.60	44.00	46.41	631.63	228.00	3.33	49.00	46.69
3 138.91	119.00	13.64	801.52	467.00	0.50	3.00	13.84
1 782.29	13.00	18.57	937.62	384.00	10.58	14.00	20.80
8 411.60	156.00	82.83	1 840.97	3 588.00	7.18	74.00	106.47
1 286.23	2.00	5.65	316.51	362.00	0.39	13.00	7.88
1 522.22	2.00	23.00	390.71	67.00	10.07	13.00	42.58
277.21		4.73	137.22	86.00	0.21		1.40
3 296.13	2 302.00	78.31	1 411.04	293.00	13.23	42.00	32.96
1 745.18	785.00	49.27	1 112.84	4 146.00	5.87	18.00	16.47
2 812.12		17.00	165.65	2 230.00	1.73	1.00	5.80
1 363.88	91.00	5.50	10.00	17.00	4.09	906.00	1.92
3 580.65	269.00	85.99	1 524.28	201.00	7.95	13.00	20.91
400.95	157.00	15.61	177.22	32.00	0.85		6.72
3 310.17	694.00	36.44	623.35	1 266.00	1.89		2.67

关部门组织实施的农业综合开发项目，本表中未作统计。

2005 年全国农业综合开发土地

地　区	中低产田改造	草原（场）建设	小流域治理	土地沙化治理	中型灌区改造	
						修建小型水库
全国合计	1 500 682.31	42 507.31	56 231.51	16 447.36	9 283.27	13 714.85
北京	12 704.30		1 376.40			
天津	14 408.87					64.70
河北	53 238.91	893.84	5 899.60	9 878.73		169.87
山西	30 322.41		3 235.92			
内蒙古	52 454.93	14 848.92				
辽宁	75 852.59	11 432.20	7 316.40			676.00
其中：大连	12 991.27	304.00	1 353.40			
吉林	62 373.24	399.00			5 216.00	961.00
黑龙江	82 416.00	4 215.00	1 884.00	1 173.00		240.80
上海	13 938.73					
江苏	83 503.80				1 275.14	130.74
浙江	65 035.25		10 481.78		1 921.30	1 696.52
其中：宁波	14 356.77		1 521.28			138.49
安徽	62 650.80		5 627.57			461.34
福建	35 349.67		1 192.20		160.00	268.52
其中：厦门	1 997.12					116.40
江西	53 468.88		4 643.50			4 137.30
山东	88 626.78		1 177.20	314.00		504.42
其中：青岛	10 839.00					355.00
河南	69 737.94			177.19		94.56
湖北	57 841.89					265.89
湖南	63 455.76	431.05				532.32
广东	30 117.71					31.03
其中：深圳	2 727.48					
广西	43 736.84					627.31
海南	29 380.00					
重庆	38 645.53		5 129.09			61.20
四川	81 913.73	1 900.73			112.83	680.68
贵州	31 304.58		438.00			576.00
云南	44 264.45		1 010.23			653.50
西藏	9 215.00	2 068.00				
陕西	41 519.49		4 364.25			70.21
甘肃	28 198.92	1 056.30	1 693.17	942.14	205.00	36.40
青海	17 669.10	4 320.46	441.00			248.40
宁夏	23 878.64		157.00	2 219.60	393.00	
新疆	41 063.77	941.81	47.85	1 742.70		
新疆兵团	26 059.95					
黑龙江农垦	36 333.85		116.35			526.14

注：农业综合开发利用世界银行贷款加强灌溉农业二期项目、利用英国国际发展部赠款面向贫困人口农村水利改革项目、由中央农口有

治理项目主要建设内容投资完成情况表

单位：万元

水利措施		农业措施			林业措施	科技措施
灌排渠系建设	新打和配套完善机电井	改良土壤	机耕路	农机购置	造林	技术培训
540 630.07	100 018.98	94 155.90	182 682.55	45 184.47	65 619.72	20 327.18
2 805.55	1 171.82	678.05	3 459.64	240.00	921.51	54.70
5 001.07	2 275.26	40.00	978.34	4.50	571.82	
19 387.44	12 303.09	2 461.59	10 734.86	1 755.35	5 012.17	552.73
7 022.29	5 390.43	3 571.85	4 127.69	816.89	3 444.19	661.81
19 852.76	8 575.26	4 631.67	4 080.01	2 552.04	3 762.65	597.31
13 199.54	9 968.05	4 585.77	5 770.11	918.60	4 378.18	1 323.50
2 827.85	1 048.71	1 144.66	1 209.56	5.60	807.03	
14 468.80	5 216.00	3 451.00	6 275.00	2 121.00	2 201.00	966.24
12 512.10	10 815.36	1 639.40	10 003.12	8 174.60	3 048.64	866.00
6 587.35		1 069.90	4 172.09	40.00	298.71	49.00
30 374.20	617.48	3 099.39	11 129.50	833.23	2 213.76	1 282.69
28 488.68		6 728.74	16 142.29	564.79	2 811.40	610.34
5 865.93		213.11	4 716.50	68.94	1 390.10	139.08
14 244.25	3 379.52	3 947.01	9 103.26	4 634.88	3 248.28	418.43
17 288.63	130.45	907.17	7 626.12	138.00	528.93	377.89
341.20	5.30	262.00	784.50			44.00
25 173.06	369.50	1 943.28	5 378.31	325.00	1 226.60	1 182.10
26 490.06	8 573.55	5 927.25	7 378.19	644.66	4 610.04	1 429.56
1 811.50	281.20	727.10	962.80	6.00	605.50	91.80
16 346.80	13 498.69	2 301.62	9 205.04	3 440.29	2 742.26	1 057.94
20 865.92	684.36	5 308.72	6 711.42	741.37	1 422.94	961.93
33 487.19	64.35	2 307.24	7 405.77	1 763.67	1 883.73	603.65
17 754.87	168.50	2 567.16	3 550.10	219.26	401.63	201.96
654.72	103.00	310.81	265.36		161.05	39.12
20 870.69	259.83	4 951.86	6 023.61	307.55	923.40	897.05
17 381.60	239.50	594.00	3 395.00	884.00	244.00	233.00
19 844.86	1.80	2 331.89	8 189.54	259.78	3 242.82	601.18
35 797.22	155.49	8 645.50	8 666.66	1 120.29	1 851.38	879.01
17 128.02	30.20	584.31	3 909.97	230.58	121.00	605.57
21 738.22	0.51	2 958.15	6 130.33	101.40	2 618.17	679.63
6 333.34		1 272.50	241.76	309.00	34.90	178.00
14 065.49	7 388.75	1 610.30	3 349.09	567.80	3 561.15	719.02
9 188.63	2 579.69	5 510.97	2 917.76	350.00	3 003.48	797.93
10 787.85		652.33	297.80	229.33	459.47	126.01
11 239.02	616.31	114.60	175.00	47.00	1 043.23	267.00
16 245.46	2 836.86	6 248.77	4 001.47	789.90	3 089.28	596.36
3 208.34	1 357.57	805.46	343.78	191.83	309.68	271.69
5 450.77	1 350.80	708.45	1 809.92	9 867.88	389.32	277.95

关部门组织实施的农业综合开发项目，本表中未作统计。

2005年全国农业综合开发产业化经营

地区	种植项目（万亩）			
	经济林	蔬菜	花卉	药材
全国合计	27.61	4.55	0.89	6.40
北京	0.20	0.20		
天津				
河北		0.03		
山西		0.06		
内蒙古		0.04	0.02	
辽宁	0.24		0.07	
其中：大连			0.04	
吉林		0.06		0.50
黑龙江		0.01		
上海	0.36			
江苏	0.30	0.02	0.03	
浙江	0.76	0.35	0.03	0.45
其中：宁波				
安徽	0.31	0.40	0.11	0.01
福建	7.24	1.24		
其中：厦门		0.10		
江西	2.46	0.02	0.30	2.00
山东	1.13	0.13	0.02	0.55
其中：青岛				
河南	0.01	0.08	0.02	
湖北	1.54	0.17		0.57
湖南	4.82	1.11	0.09	0.66
广东		0.12		
其中：深圳				
广西	0.94	0.02		
海南			0.02	
重庆			0.13	0.68
四川				
贵州	1.46	0.09	0.01	0.29
云南	4.05		0.01	0.27
西藏		0.02		0.05
陕西	0.74	0.03		0.32
甘肃		0.05		
青海		0.03	0.03	
宁夏		0.25		
新疆	0.65	0.04		
新疆兵团	0.40			
黑龙江农垦				0.05

注：农业综合开发利用世界银行贷款加强灌溉农业二期项目、利用英国国际发展部赠款面向贫困人口农村水利改革项目、由中央农口有

项目主要建设内容完成情况表

养殖项目		加工项目（个）		农业生产服务项目（个）
水产养殖（万亩）	畜禽养殖（万头、只）	新建项目	改扩建项目	
17.59	23 128.23	150.00	328.00	48.00
0.01	0.37	2.00	3.00	3.00
0.02	6.35	2.00	1.00	3.00
	202.04	2.00	15.00	3.00
	2 006.03		15.00	4.00
	4 938.12	5.00	5.00	
4.66	1 983.68	18.00	24.00	4.00
3.04		6.00	4.00	1.00
0.03	248.35	6.00	19.00	
0.19	49.07	11.00	5.00	4.00
		1.00	3.00	1.00
1.01	1 597.05		30.00	
6.25	2 261.70	6.00	15.00	
	0.14	3.00	7.00	
0.06	872.43	7.00	17.00	
0.13	131.90	3.00	15.00	
		1.00	2.00	
0.78	8.17	11.00	13.00	2.00
0.29	744.77	15.00	36.00	2.00
		4.00	11.00	
0.01	341.52	6.00	10.00	2.00
0.75	463.37	4.00	14.00	
3.32	1 533.27		18.00	
	262.30	5.00	4.00	1.00
0.01	413.13	6.00	4.00	
	9.50	2.00	1.00	3.00
	3 655.10	5.00	3.00	1.00
	385.00	1.00	6.00	
0.02	13.59	4.00	8.00	3.00
	91.50	6.00	7.00	2.00
	2.97	1.00	2.00	
	160.37	5.00	12.00	4.00
	30.40	3.00	6.00	1.00
	0.08		5.00	2.00
0.04	580.11	5.00	1.00	2.00
0.01	125.72	4.00	3.00	1.00
	3.83	1.00	1.00	
	6.44			

关部门组织实施的农业综合开发项目，本表中未作统计。

2005 年全国农业综合开发科技示范

地　区	农业高新科技示范（万亩）	农业科技推广综合示范（万亩）	农业现代化示范（万亩）	具体建设内容				
				技术引进		技术示范		
				品种（个）	技术工艺（项）	品种（个）	技术（项）	面积（万亩）
全国合计	2.58	10.03	0.97	332.00	109.00	184.00	150.00	13.58
北京								
天津	0.20			4.00	4.00		2.00	0.20
河北	0.20	0.15	0.35	20.00	6.00	2.00		0.70
山西		1.00		13.00	1.00	2.00	4.00	1.00
内蒙古				18.00	6.00			
辽宁	0.23			24.00		25.00	5.00	0.23
其中：大连	0.23			14.00				0.23
吉林		0.45	0.43	34.00	6.00	24.00	17.00	0.88
黑龙江				2.00	2.00			
上海								
江苏		0.01		35.00	13.00	27.00	10.00	0.01
浙江	0.40		0.01	20.00	7.00	5.00	15.00	0.41
其中：宁波								
安徽		0.68		10.00		7.00	15.00	0.68
福建	1.30			11.00	29.00			1.30
其中：厦门	1.30			11.00	18.00			1.30
江西	0.15							0.15
山东				2.00	1.00	10.00	5.00	
其中：青岛								
河南						12.00	5.00	
湖北		0.20		6.00	7.00	6.00	6.00	0.20
湖南	0.10	0.10		16.00	3.00		1.00	0.20
广东				1.00	1.00			
其中：深圳								
广西		0.01		5.00		2.00	3.00	0.01
海南				2.00				
重庆		4.50	0.18	20.00	5.00	8.00		4.68
四川				2.00	1.00	19.00	6.00	
贵州		0.07				5.00	7.00	0.07
云南							1.00	
西藏								
陕西		2.70		33.00	14.00	10.00	4.00	2.70
甘肃		0.13			1.00	11.00	31.00	0.13
青海				3.00		8.00	1.00	
宁夏				44.00			4.00	
新疆				5.00	2.00			
新疆兵团		0.03				1.00	5.00	0.03
黑龙江农垦				2.00			3.00	

注：农业综合开发利用世界银行贷款加强灌溉农业二期项目、利用英国国际发展部赠款面向贫困人口农村水利改革项目、由中央农口有

项目主要建设内容完成情况表

具体建设内容								
技术推广			产业基地建设					
					畜牧业生产基地			
品种（个）	技术（项）	面积（万亩）	种植业生产基地（万亩）	经济林生产基地（万亩）	奶牛养殖（万头）	牛、猪、羊养殖（万头、只）	家禽养殖（万只）	水产养殖基地（万亩）
228.00	293.00	59.67	0.11	0.10	0.03	0.03	0.03	
					0.03	0.03	0.03	
5.00	3.00	1.50	0.02					
1.00	2.00	0.26						
	2.00	0.30						
	44.00	1.70						
5.00	3.00	0.45						
1.00	3.00	9.86						
30.00	35.00	1.09						
	8.00	1.52	0.01					
9.00	8.00	3.20						
	10.00							
	1.00							
2.00	2.00	2.69						
13.00	13.00	0.20						
	5.00	0.90						
3.00	8.00	0.27						
2.00								
43.00	15.00	2.50	0.08	0.10				
6.00	5.00	2.50						
6.00	5.00	1.36						
	5.00	1.40						
23.00	16.00	8.52						
69.00	72.00	3.00						
3.00		4.10						
4.00	7.00	12.00						
2.00	1.00							
1.00	10.00	0.35						
	10.00							

关部门组织实施的农业综合开发项目，本表中未作统计。

2005 年全国农业综合

地　　区	改善农业生产条件			
	新增和改善灌溉面积（万亩）	新增和改善除涝面积（万亩）	增加林网防护面积（万亩）	新增机耕面积（万亩）
全国合计	2 499.67	1 007.13	1 300.80	521.54
北京	18.58	12.92	4.25	5.65
天津	32.78	28.78	15.79	1.30
河北	120.44	28.27	98.36	6.79
山西	49.48	1.18	45.80	11.24
内蒙古	127.04	19.14	108.82	75.52
辽宁	115.11	39.12	83.12	24.03
其中：大连	15.93	0.10	2.92	2.37
吉林	102.18	11.10	25.62	10.36
黑龙江	161.23	47.89	65.10	91.13
上海	12.04	6.34	2.95	0.41
江苏	141.27	102.10	99.16	7.70
浙江	89.60	70.94	30.79	16.56
其中：宁波	18.56	16.84	7.79	2.40
安徽	115.61	83.03	72.94	37.51
福建	45.37	12.58	6.05	2.11
其中：厦门	0.98	0.59		0.41
江西	78.52	29.67	12.92	17.17
山东	200.15	106.21	203.45	17.90
其中：青岛	15.49	10.63	12.95	
河南	145.11	104.21	92.34	24.17
湖北	91.54	52.84	40.20	37.26
湖南	92.83	33.50	7.61	25.21
广东	45.33	21.85	4.55	3.25
其中：深圳	0.77	0.34	0.13	
广西	46.65	17.35	4.57	11.92
海南	38.13	15.48	0.30	12.07
重庆	32.10	19.22	7.53	6.71
四川	114.23	35.00	19.25	16.20
贵州	27.37	10.93	1.43	12.02
云南	71.94	9.29	36.61	4.34
西藏	5.77	0.20	3.05	0.84
陕西	88.90	1.91	87.64	19.86
甘肃	39.08	0.10	28.45	4.77
青海	33.11		3.29	1.15
宁夏	39.90	44.10	12.77	0.03
新疆	81.61	0.17	47.29	9.66
新疆兵团	53.99		8.50	
黑龙江农垦	42.68	41.71	20.30	6.70

注：农业综合开发利用世界银行贷款加强灌溉农业二期项目、利用英国国际发展部赠款面向贫困人口农村水利改革项目、由中央农口有

开发项目效益情况表

新增农机总动力（千瓦）	新增主要农产品生产能力（万公斤）				项目区直接受益农民人均增收额（元）
	粮食	棉花	油料	糖料	
558 504.45	366 324.11	6 122.84	19 194.53	55 506.33	383.44
2 300.00	5 730.88	0.01	78.50		931.33
	8 204.25	65.30	182.50		706.96
20 369.77	20 719.07	708.21	598.25	171.20	304.19
7 387.02	8 642.24	240.31	116.45	251.00	379.42
37 507.00	15 513.56	50.00	1 062.34	714.10	449.00
54 198.73	13 855.55		517.10		543.15
40 090.00	3 225.10		86.00		1 576.39
7 501.03	15 698.40		194.00		553.82
29 434.00	16 135.77				908.91
35.03	1 446.87		70.30		503.37
21 698.27	23 256.27	256.01	954.61		342.74
4 672.01	10 898.96	9.20	549.61	4.80	717.13
405.43	1 188.51	3.20	456.56	4.80	731.94
87 248.00	12 405.82	319.99	3 153.27		272.31
1 130.00	6 125.83		95.90		396.12
	88.00		9.00		1 628.03
4 002.89	20 647.67	101.50	1 250.03	0.15	279.96
4 461.49	40 742.69	1 022.69	837.00	105.00	527.68
	2 832.00		178.50		883.57
99 812.00	23 514.35	689.13	1 404.09	10.00	415.76
12 999.24	14 079.01	404.15	2 303.42		139.43
36 111.66	13 847.94	108.68	1 027.76	273.00	380.57
2 720.03	5 215.27		121.51	28.77	252.80
					2 103.00
9 814.20	11 945.84		173.45	30 585.85	229.28
1 452.81	8 027.60		113.12	1 483.00	246.26
9 246.48	8 829.17	140.00	404.10		587.55
48 887.00	20 063.71	8.25	1 634.46	935.15	306.71
5 206.00	4 343.54		828.46		225.54
232.55	6 501.21		175.94	19 320.11	192.46
3 700.00	617.50		72.50		707.62
3 889.14	10 436.21	302.10	383.77		295.89
4 180.00	3 065.23	31.84	199.03	32.00	205.12
261.01	1 524.52		499.32		133.98
	1 882.29		9.40		513.02
6 536.09	4 591.64	730.97	154.54	1 422.20	364.67
600.00	330.90	934.50	12.30	170.00	587.76
30 911.00	7 484.35		17.50		1 537.86

关部门组织实施的农业综合开发项目，本表中未作统计。

续前表

地　区	新增其他农产品产量					
	干鲜果品 （万公斤）	蔬菜 （万公斤）	花卉 （万株）	药材 （万公斤）	肉 （万公斤）	蛋 （万公斤）
全国合计	10 720.22	17 603.78	3 208.00	3 437.56	31 121.12	3 204.60
北京	1 000.00	500.00				
天津					53.00	
河北		56.00			345.00	
山西		641.00			644.50	178.00
内蒙古		217.70	280.00		666.70	
辽宁	100.00	45.00			806.50	2 190.00
其中：大连						
吉林		182.00		202.31	1 520.25	
黑龙江		113.50			1 245.75	42.00
上海	15.00					
江苏	60.00				758.00	300.00
浙江		110.00		30.40	168.50	2.00
其中：宁波				25.00	8.50	
安徽	118.80		100.00		921.20	10.00
福建	1 410.00	1 584.80			555.00	
其中：厦门						
江西	2 341.00			500.00	910.60	
山东	2.00	6 680.00	300.00	360.00	2 413.40	
其中：青岛						
河南		32.00			483.85	24.00
湖北	246.30	1 980.00		202.30	345.00	249.60
湖南	2 230.12	3 195.00	460.00	640.00	336.00	65.00
广东		92.00			500.00	
其中：深圳					500.00	
广西	408.00				464.71	
海南			68.00		780.00	
重庆			2 000.00	1 100.00	6 900.00	
四川					8 550.00	
贵州	186.00			18.02	200.00	
云南	57.00			160.00	153.54	
西藏		138.68		30.00	181.00	14.00
陕西	1 616.00	502.00		12.00	366.50	
甘肃		50.00			35.00	4.00
青海		294.00			1.80	
宁夏		1 085.00			4.50	
新疆	530.00	95.10		180.00	243.44	126.00
新疆兵团	400.00				68.00	
黑龙江农垦		10.00		2.53	499.38	

注：农业综合开发利用世界银行贷款加强灌溉农业二期项目、利用英国国际发展部赠款面向贫困人口农村水利改革项目、由中央农口有

		新增其他农产品产值（万元）		专项科技示范			
奶（万公斤）	水产品（万公斤）	畜禽产品	水产品	扩大良种种植面积（万亩）	技术培训（万人次）	新增总产值（万元）	增加值（万元）
28 735.04	4 692.94			99.28	17.79	143 074.97	55 343.68
	13.00						
	30.00			0.46	1.25	8 000.50	5 099.50
1 939.90				0.52	0.22	2 886.00	1 135.00
53.00				0.24	0.83	7 080.97	1 778.92
606.64				0.10	0.31	806.00	382.00
1 560.00	1 449.95			0.39	0.50	3 292.70	2 373.90
	856.10			0.22	0.10	2 156.00	1 294.00
3 638.00	73.00			1.68	0.80	7 690.00	2 470.00
1 095.00	35.00			13.93	0.19	2 592.70	780.80
409.60	148.00			0.88	0.25	3 650.00	1 035.60
737.30	1 073.00						
330.00				0.16	0.06	800.00	55.00
430.00	40.00			10.00	1.83	23 096.78	6 200.79
110.00	41.50			2.40	0.15	15 486.00	5 863.00
				2.30	0.01	522.00	403.00
1 160.00	439.00			0.01			
902.00	100.00			18.20	1.04	12 925.00	6 885.00
480.00	50.00			0.73	0.12	3 651.40	1 520.96
162.00	1 005.89			0.30	0.06	1 600.00	400.00
46.00	140.00			1.70	0.60	3 572.00	1 578.00
				0.22	0.08	1 600.00	740.00
97.20	2.40			0.28	0.35	2 870.00	906.00
				0.25	0.02	350.00	210.00
				12.35	0.23	8 350.00	2 750.00
				3.43	3.36	5 746.00	1 822.00
1 579.00				1.25	0.98	3 773.00	2 054.00
				1.40	0.13	866.00	124.00
646.00							
1 893.00				6.11	0.68	1 784.20	539.14
				2.79	1.81	3 836.90	3 284.10
139.00				4.10	0.10	808.81	18.82
9 556.00	40.00			12.05	0.24	408.50	244.80
393.90	12.20			1.74	0.72	5 829.98	553.85
				1.00	0.30	890.00	530.00
1 101.50					0.13	2 425.53	1 144.50

关部门组织实施的农业综合开发项目，本表中未作统计。

1988～2005年全国农业综合

地　区	开发范围（个）		
	开发县及农场总数	其中：开发县数	合　计
合计			24 933 205.45
北京			221 185.05
天津			217 269.94
河北			1 189 511.47
山西			507 523.25
内蒙古			898 038.70
辽宁			1 497 228.37
其中：大连			373 247.75
吉林			1 158 902.31
黑龙江			1 150 054.04
上海			153 533.65
江苏			1 216 020.10
浙江			1 221 446.43
其中：宁波			196 728.01
安徽			999 995.69
福建			759 802.31
其中：厦门			92 329.77
江西			794 200.79
山东			1 620 466.61
其中：青岛			162 037.90
河南			1 180 799.39
湖北			799 590.44
湖南			1 003 125.17
广东			389 708.53
其中：深圳			42 005.78
广西			502 720.65
海南			363 337.04
重庆			384 722.53
四川			1 185 319.94
贵州			411 287.54
云南			593 719.39
西藏			109 083.36
陕西			618 936.58
甘肃			347 461.69
青海			270 889.73
宁夏			305 219.83
新疆			682 114.78
新疆兵团			465 584.97
黑龙江农垦			529 659.60
部门项目			1 169 701.00
国家办			15 044.58

注：1. 本表中各指标的统计数据均为由地方组织实施的农业综合开发土地治理项目、产业化经营项目、科技示范项目和利用世界银行项目统计数据的合计数。

2. “部门项目”栏1995～2005年中央财政资金、地方财政资金数据，仅统计了海南农垦总局天然橡胶基地项目的数据，其他部门

3. “ 国家办”栏指农业综合开发利用世界银行贷款加强灌溉农业二期项目、利用英国国际发展部赠款面向贫困人口农村水利改革

开发项目投入情况表

资金投入（万元）			
中央财政资金	地方财政配套资金	银行贷款	自筹资金
7 582 763.93	6 113 453.81	2 802 018.94	8 434 968.77
52 111.30	101 971.89	568.50	66 533.36
46 454.00	98 780.20	13 054.94	58 980.80
365 851.02	279 319.45	118 822.94	425 518.06
159 940.80	113 488.50	62 698.79	171 395.16
323 360.00	187 177.70	109 880.32	277 620.68
348 406.90	364 089.06	247 419.67	537 312.74
46 402.00	94 359.40	94 822.89	137 663.46
349 160.00	252 019.81	154 179.50	403 543.00
398 130.00	303 065.34	87 877.20	360 981.50
33 747.00	77 625.67	2 400.00	39 760.98
339 656.07	352 552.88	165 990.66	357 820.49
252 160.00	425 992.41	170 371.54	372 922.48
41 516.00	90 933.37	7 310.00	56 968.64
357 744.51	255 063.06	129 496.30	257 691.82
158 696.50	160 721.32	144 069.58	296 314.91
10 607.00	14 536.00	19 093.00	48 093.77
291 313.40	203 039.69	101 628.72	198 218.98
420 682.71	481 370.22	105 991.94	612 421.74
40 149.00	64 378.30	8 864.20	48 646.40
380 395.18	334 033.65	131 160.30	335 210.26
281 086.00	206 040.47	97 696.93	214 767.04
324 089.50	259 574.01	153 016.03	266 445.63
118 464.00	151 738.10	22 590.20	96 916.23
6 015.00	16 063.00		19 927.78
190 089.30	149 759.22	33 510.10	129 362.03
121 695.64	70 488.80	64 857.00	106 295.60
138 322.50	96 735.83	34 197.80	115 466.40
409 114.00	327 848.89	158 100.70	290 256.35
165 816.00	116 623.97	31 276.37	97 571.20
194 302.50	224 436.01	74 149.29	100 831.59
66 226.00	29 155.20	2 177.98	11 524.18
209 146.00	135 127.00	63 768.39	210 895.19
127 016.53	61 725.60	40 442.91	118 276.65
102 075.55	53 384.95	38 230.06	77 199.17
101 158.00	54 538.63	56 011.90	93 511.30
231 515.80	96 238.59	53 964.20	300 396.19
138 598.84	4 259.00	32 757.90	289 969.23
212 321.80	135.00	50 755.50	266 447.30
158 872.00	85 333.69	48 904.78	876 590.53
15 044.58			

贷款加强灌溉农业二期项目、利用英国国际发展部赠款面向贫困人口农村水利改革项目、以及由中央农口有关部门组织实施的农业综合开发

项目数据含在各（区、市）的数据中。

项目中，国家农业综合开发办公室用于机构支持与发展的资金。

1988~2005年全国农业综合开发

地区	土地治理项目					
	小计	财政资金	银行贷款	自筹资金	小计	财政资金
全国合计	13 787 357.86	8 675 206.70	922 482.25	4 189 668.97	7 480 061.03	2 664 419.50
北京	107 840.58	77 347.64	158.50	30 334.44	79 822.39	46 294.61
天津	121 646.43	79 904.28	7 997.84	33 744.31	61 151.37	35 945.37
河北	704 600.04	421 587.81	50 858.78	232 153.45	311 425.05	93 081.14
山西	237 905.93	161 029.97	8 946.37	67 929.59	202 143.93	57 498.64
内蒙古	643 341.91	391 478.92	50 810.00	201 052.99	228 301.71	96 666.70
辽宁	757 860.18	460 413.15	55 965.25	241 481.78	708 041.59	188 487.70
其中：大连	100 189.40	72 059.45	4 600.00	23 529.95	252 341.20	48 712.30
吉林	637 479.00	426 321.00	38 542.00	172 616.00	506 682.50	164 507.00
黑龙江	820 639.90	536 298.84	36 312.14	248 028.92	320 978.99	161 427.35
上海	86 367.39	64 098.92	710.00	21 558.47	45 448.45	28 951.66
江苏	682 088.21	407 199.66	88 432.69	186 455.86	305 591.06	109 383.38
浙江	597 273.14	405 833.20	32 650.00	158 789.94	515 046.03	161 260.07
其中：宁波	93 945.00	71 658.46	0.00	22 286.54	81 447.49	41 871.20
安徽	569 697.96	345 019.66	65 942.13	158 736.17	234 836.64	116 534.76
福建	322 402.61	217 099.61	17 122.68	88 180.32	422 179.69	90 685.60
其中：厦门	21 333.94	16 053.57	0.00	5 280.37	70 906.90	11 204.00
江西	499 772.36	338 034.66	37 705.73	124 031.97	240 478.07	106 766.63
山东	812 247.71	494 084.80	49 870.20	268 292.71	512 776.69	168 412.08
其中：青岛	99 523.00	72 133.50	4 014.20	23 375.30	67 153.80	38 959.90
河南	614 220.52	370 310.52	63 568.30	180 341.70	263 005.40	96 028.90
湖北	506 018.51	335 836.19	34 422.10	135 760.22	238 166.67	99 518.12
湖南	637 262.82	417 235.86	59 865.73	160 161.29	315 714.30	119 382.25
广东	180 825.92	136 655.33	1 317.00	42 853.59	115 045.63	56 127.39
其中：深圳	12 178.91	8 811.00	0.00	3 367.91	10 248.50	6 264.00
广西	254 683.13	176 960.37	7 917.40	69 805.36	125 645.60	59 247.50
海南	253 397.70	181 528.10	16 869.00	55 000.60	143 449.00	47 804.00
重庆	204 699.37	154 426.18	321.20	49 951.99	136 972.21	49 251.60
四川	677 270.83	460 401.81	53 793.50	163 075.52	338 441.44	111 258.31
贵州	265 280.36	186 156.70	13 433.20	65 690.46	106 334.92	53 134.70
云南	302 533.06	229 508.28	9 106.60	63 918.18	145 818.05	62 192.62
西藏	90 518.88	88 082.44	869.00	1 567.44	10 299.55	5 747.57
陕西	363 981.08	256 928.01	7 609.10	99 443.97	244 348.80	73 443.50
甘肃	190 247.72	125 140.28	4 863.30	60 244.14	130 791.55	39 353.10
青海	189 722.73	120 063.51	11 358.96	58 300.26	72 557.41	28 179.44
宁夏	155 378.78	97 515.97	7 640.00	50 222.81	94 448.00	29 075.80
新疆	501 162.72	236 701.89	24 552.70	239 908.13	139 480.68	53 667.71
新疆兵团	383 311.03	113 751.00	21 155.90	248 404.13	67 805.15	19 347.20
黑龙江农垦	415 679.35	162 252.14	41 794.95	211 632.26	96 832.51	35 757.10

注：1. 农业综合开发利用世界银行贷款加强灌溉农业二期项目、利用英国国际发展部赠款面向贫困人口农村水利改革项目、由中央农

2. 产业化经营项目在1994~2003年期间称为多种经营项目。

分项目投资完成情况表

单位：万元

产业化经营项目		科技示范项目			
银行贷款	自筹资金	小计	财政资金	银行贷款	自筹资金
1 771 959.57	3 043 681.96	341 088.21	201 794.30	44 008.05	95 285.86
1 962.80	31 564.98	5 087.92	3 800.00		1 287.92
3 822.00	21 384.00	10 558.49	7 382.00	1 235.10	1 941.39
66 504.16	151 839.75	17 462.56	10 657.70	1 460.00	5 344.86
49 192.12	95 453.17	8 952.00	4 910.00	800.00	3 242.00
57 173.32	74 461.69	9 778.00	5 775.00	1 897.00	2 106.00
204 304.42	315 249.47	15 299.59	10 266.00	1 400.00	3 633.59
89 822.89	113 806.01	7 702.00	5 574.00	600.00	1 528.00
114 437.50	227 738.00	11 734.00	7 345.00	1 200.00	3 189.00
50 165.06	109 386.58	13 764.00	8 798.00	1 400.00	3 566.00
290.00	16 206.79	8 795.72	5 400.00	1 400.00	1 995.72
75 968.75	120 238.93	13 270.25	9 206.90	1 589.22	2 474.13
138 491.54	215 294.42	20 450.63	12 936.81	2 290.00	5 223.82
6 910.00	32 666.29	7 984.81	4 669.00	800.00	2 515.81
64 187.31	54 114.57	9 271.70	5 110.50	1 875.66	2 285.54
126 074.90	205 419.19	17 946.90	10 347.50	2 818.00	4 781.40
18 647.00	41 055.90	5 813.50	2 760.00	1 296.00	1 757.50
61 722.99	71 988.45	11 012.16	6 613.60	2 200.00	2 198.56
54 848.98	289 515.63	22 560.20	13 764.77	1 632.77	7 162.66
4 610.00	23 583.90	4 234.20	2 400.00	600.00	1 234.20
66 774.00	100 202.50	13 856.95	8 279.00	818.00	4 759.95
61 223.83	77 424.72	8 175.10	4 542.00	2 051.00	1 582.10
92 474.20	103 857.85	9 770.40	5 710.40	2 400.00	1 660.00
19 473.20	39 445.04	15 229.08	9 561.61	1 800.00	3 867.47
	3 984.50	5 473.37	3 800.00		1 673.37
14 541.50	51 856.60	3 831.55	2 906.00		925.55
46 908.00	48 737.00	6 940.00	3 910.00	1 080.00	1 950.00
33 036.60	54 684.01	13 781.30	7 360.00	840.00	5 581.30
101 719.80	125 463.33	9 667.65	5 362.75	2 587.40	1 717.50
17 243.17	35 957.05	6 118.28	3 420.00	600.00	2 098.28
45 619.19	38 006.24	5 163.33	2 676.00	669.00	1 818.33
906.98	3 645.00	1 616.96	900.96	402.00	314.00
54 559.29	116 346.01	9 648.82	5 846.72	1 600.00	2 202.10
36 302.91	55 135.54	11 080.97	5 774.00	2 485.00	2 821.97
26 871.10	17 506.87	3 364.40	1 675.53		1 688.87
36 458.00	28 914.20	6 850.59	3 700.40	1 213.90	1 936.29
28 439.40	57 373.57	6 614.54	2 527.95	1 964.00	2 122.59
11 502.00	36 955.95	7 109.15	2 400.00	100.00	4 609.15
8 760.55	52 314.86	4 500.18	1 800.00	200.00	2 500.18

口有关部门组织实施的农业综合开发项目，本表中未作统计。

1988～2005年全国农业综合开发土地治理

地区	开发任务							
	改造中低产田（万亩）	生态综合治理（万亩）			中型灌区节水配套改造（个）	开垦宜农荒地（万亩）	建设优质粮食基地（万亩）	建设优质饲料作物基地（万亩）
		草原（场）建设	小流域治理	土地沙化治理				
全国合计	44 356.69	3 541.45	189.64	45.08	3.00	2 988.53	2 127.41	529.43
北京	205.95		3.66			10.20	15.20	
天津	282.93	1.00				19.90	2.90	3.38
河北	2 518.98	296.11	11.88	19.29		123.93	51.87	9.04
山西	692.10	8.25	11.63			40.70	29.64	16.58
内蒙古	1 727.46	1 349.13				158.00	38.50	54.70
辽宁	1 992.51	11.20	25.74			111.95	23.93	46.40
其中：大连	241.00	0.62	4.22			1.00	4.81	2.40
吉林	2 051.25	312.75			2.00	63.55	159.00	124.10
黑龙江	2 665.04	176.00	14.30	3.74		474.20	373.55	78.16
上海	119.21					5.73	6.28	
江苏	2 627.63	3.10			1.00	116.58	115.68	6.70
浙江	1 229.47		19.80			131.08	35.83	
其中：宁波	213.72		4.90			2.00	6.51	
安徽	2 436.94		19.64			55.70	160.38	
福建	851.28		5.55			16.18	81.70	
其中：厦门	18.04						0.17	
江西	1 200.05	4.70	11.64			33.60	14.67	
山东	4 056.82	63.10	7.83	4.10		435.60	49.10	0.20
其中：青岛	1 231.12					195.60	13.00	0.20
河南	2 963.45		0.56	2.50		40.28	143.01	3.30
湖北	1 820.44		0.77			2.17	50.10	
湖南	1 825.92	47.60	0.95			78.89	74.60	
广东	512.34					2.31	28.76	
其中：深圳	3.15							
广西	1 040.54					43.40	43.40	
海南	673.08					6.80	21.85	
重庆	499.45		10.04				11.92	
四川	2 287.31	173.35				30.86	119.71	5.46
贵州	864.72	5.54	3.87			10.20	37.57	12.47
云南	857.39	3.50	6.05			16.20	101.02	9.60
西藏	111.08	100.87				8.57	10.00	0.50
陕西	1 256.45	8.40	21.03			9.50	34.20	6.30
甘肃	469.86	30.77	7.00	1.79		29.93	38.52	17.37
青海	268.69	642.45	1.87			30.50	13.85	22.32
宁夏	432.40		0.60	4.19		83.13	70.57	46.47
新疆	1 230.53	179.33	3.23	9.47		436.49	3.00	12.18
新疆兵团	633.72					260.70		1.50
黑龙江农垦	1 951.70	124.30	2.00			101.70	167.10	52.70

注：农业综合开发利用世界银行贷款加强灌溉农业二期项目、利用英国国际发展部赠款面向贫困人口农村水利改革项目、由中央农口有

项目主要建设内容完成情况表

主要措施								
水利措施			农业措施			林业措施	科技措施	
修建小型水库（座）	灌排渠系建设（公里）	新打和配套完善机电井（眼）	改良土壤（万亩）	机耕路（公里）	农机购置（台套）	造林（万亩）	扶持农技服务站（个）	技术培训（万人次）
11 033.00	1 627 550.64	1 109 291.00	25 051.06	597 139.66	995 601.00	5 879.36	32 151.00	13 108.77
5.00	5 967.43	5 985.00	55.44	2 067.59	4 944.00	25.64	249.00	78.33
36.00	16 220.39	4 257.00	200.10	2 680.49	2 806.00	45.45	146.00	18.99
344.00	60 966.23	165 777.00	1 830.76	59 133.47	13 713.00	519.04	4 116.00	1 356.99
10.00	28 297.68	18 955.00	363.20	15 038.06	7 534.00	130.01	1 186.00	215.54
17.00	73 750.01	81 059.00	1 272.46	47 324.46	37 395.00	270.92	1 302.00	700.93
151.00	84 210.59	84 747.00	630.58	7 219.50	82 603.00	237.03	646.00	807.46
7.00	3 985.52	1 300.00	70.24	1 453.39	261.00	34.02	48.00	108.51
546.00	32 325.46	73 168.00	998.74	11 817.55	13 278.00	229.38	591.00	342.22
126.00	94 253.33	67 678.00	480.24	28 425.09	52 476.00	264.01	459.00	380.38
1.00	7 026.24	41.00	43.75	3 194.80	1 150.00	42.73	134.00	11.17
102.00	23 049.22	3 058.00	783.14	15 808.63	74 785.00	193.69	2 161.00	395.41
523.00	51 457.10	8 065.00	785.34	20 874.00	37 335.00	56.26	1 575.00	178.29
125.00	4 229.19	3 891.00	79.71	3 739.04	4 135.00	10.11	69.00	17.52
1 973.00	114 194.18	65 955.00	1 254.21	21 065.35	30 327.00	531.55	1 273.00	875.08
318.00	19 175.00	2 696.00	434.90	8 647.63	4 460.00	107.70	677.00	158.80
79.00	732.58	268.00	140.84	2 385.10	983.00	0.69	40.00	4.15
789.00	86 247.19	7 318.00	505.16	10 506.09	9 638.00	157.49	641.00	235.83
1 055.00	110 844.74	147 823.00	3 488.55	92 806.22	80 419.00	359.27	1 673.00	1 194.74
633.00	28 976.77	58 424.00	1 233.33	40 225.63	38 467.00	151.80	170.00	137.89
328.00	90 067.97	290 329.00	1 263.06	83 231.24	90 208.00	198.90	2 228.00	895.73
1 305.00	92 985.59	2 356.00	547.21	39 501.28	49 882.00	220.30	2 772.00	376.09
1 925.00	117 129.58	535.00	631.35	13 258.68	38 264.00	341.96	914.00	361.98
180.00	22 270.53	253.00	387.11	4 284.53	5 868.00	42.36	607.00	192.47
85.00	89.37	32.00	61.42	858.00	1 193.00	0.15	1.00	0.59
293.00	25 049.46	354.00	838.24	16 616.86	11 194.00	134.69	1 142.00	460.76
84.00	18 890.84	124.00	547.00	4 645.23	3 043.00	77.40	138.00	302.04
151.00	13 752.88	27.00	323.93	4 827.70	6 334.00	108.74	406.00	254.67
399.60	108 401.14	2 455.00	1 539.48	17 052.78	185 212.00	427.96	3 058.00	1 436.34
138.00	12 754.33	11.00	411.68	2 445.16	30 778.00	312.60	172.00	493.90
51.00	14 140.59	108.00	362.90	3 584.62	3 365.00	194.01	82.00	436.03
7.00	4 085.03	2 531.00	158.95	2 858.47	1 232.00	13.63	12.00	42.91
67.00	41 626.99	31 193.00	1 270.64	11 309.64	12 879.00	197.64	1 699.00	418.84
20.00	17 240.69	4 771.00	394.39	6 489.97	17 915.00	63.90	584.00	108.55
16.00	11 379.49	171.00	163.50	1 606.36	14 745.00	29.39	93.00	33.39
2.00	22 601.39	2 029.00	385.71	7 125.58	2 458.00	51.34	1 153.00	100.97
20.00	98 638.49	5 705.00	1 059.60	17 701.24	16 174.00	108.56	184.00	172.15
7.00	32 247.67	3 965.00	745.79	6 188.17	7 724.00	33.77	30.00	46.75
44.00	76 303.19	25 792.00	893.95	7 803.22	45 463.00	152.04	48.00	25.05

关部门组织实施的农业综合开发项目，本表中未作统计。

1999～2005年全国农业综合开发土地

地　区	改造中低产田	农业生态治理			中型灌区节水配套改造	开垦宜农荒地	建设优质粮食基地	建设优质饲料作物基地
		草原（场）建设	小流域治理	土地沙化治理				
全国合计	6 049 887.49	229 933.25	112 748.11	26 157.73	12 056.07	61 032.25	282 406.91	68 009.39
北京	63 536.20	0.00	3 014.77	0.00	0.00		5 109.00	
天津	72 004.64	178.00	0.00	0.00	0.00	804.00	2 025.47	1 350.09
河北	203 220.74	2 551.37	8 517.81	14 837.94	0.00	1 584.24	9 117.86	3 477.37
山西	141 357.38	75.50	7 544.79	0.00	0.00	1 637.10	4 295.56	2 492.17
内蒙古	228 328.01	91 603.44	0.00	0.00	0.00	1 039.60	3 487.10	7 056.10
辽宁	345 700.95	29 198.70	14 767.70	0.00	0.00	1 577.98	3 801.08	2 953.00
其中：大连	58 584.10	347.00	2 015.60	0.00	0.00		1 040.00	621.00
吉林	269 282.00	18 987.00	0.00	0.00	6 662.00	2 741.50	15 321.00	12 282.00
黑龙江	400 779.00	11 300.00	4 193.00	1 690.00	0.00		34 801.00	14 198.00
上海	55 425.06	0.00	0.00	0.00	0.00		3 368.50	
江苏	227 926.52	0.00	0.00	0.00	1 275.14	416.73	27 266.70	2 541.89
浙江	267 365.90	0.00	15 775.85	0.00	2 115.10	4 341.22	16 342.41	
其中：宁波	56 511.63	0.00	1 924.11	0.00	0.00	515.84	1 883.50	
安徽	192 024.41	0.00	9 356.85	0.00	0.00		11 151.00	
福建	165 919.77	0.00	2 869.45	0.00	160.00		10 278.93	
其中：厦门	17 624.98	0.00	0.00	0.00	0.00		90.00	
江西	239 160.78	295.70	9 406.64	0.00	0.00		5 538.46	
山东	319 048.01	958.00	2 951.06	1 197.00	0.00		2 372.00	95.00
其中：青岛	59 410.00	0.00	0.00	0.00	0.00		490.00	95.00
河南	234 113.39	0.00	378.31	969.00	0.00		12 920.28	479.30
湖北	248 588.95	0.00	440.94	0.00	0.00		20 775.15	
湖南	289 794.75	2 656.45	483.40	0.00	0.00		6 442.20	
广东	125 621.69	0.00	22.00	0.00	0.00		8 467.77	
其中：深圳	7 976.91	0.00	0.00	0.00	0.00			
广西	167 556.76	0.00	0.00	0.00	0.00		4 804.43	
海南	120 262.00	0.00	0.00	0.00	0.00		6 317.20	
重庆	124 079.87	0.00	9 897.33	0.00	0.00		4 639.00	
四川	277 967.47	11 507.08	0.00	0.00	112.83	1 065.40	15 152.22	622.80
贵州	120 891.96	135.00	1 918.42	0.00	0.00		7 569.15	2 790.40
云南	161 889.68	0.00	2 728.88	0.00	0.00		9 025.28	622.00
西藏	49 464.90	9 147.36	0.00	0.00	0.00	768.42	331.08	122.00
陕西	182 870.49	31.00	11 498.12	0.00	0.00	200.00	1 855.85	530.00
甘肃	123 519.86	4 210.30	3 472.87	1 364.94	205.00	2 418.15	4 803.80	2 176.47
青海	53 193.87	29 905.09	841.50	0.00	0.00		2 016.00	3 074.90
宁夏	78 953.49	0.00	510.00	3 359.00	1 526.00	1 199.42	2 185.70	1 533.60
新疆	170 008.21	16 336.65	1 215.43	2 739.85	0.00	12 860.04	234.14	2 443.26
新疆兵团	127 277.96	0.00	0.00	0.00	0.00	28 378.45		407.07
黑龙江农垦	202 752.82	856.61	942.99	0.00	0.00		20 591.59	6 761.97

注：农业综合开发利用世界银行贷款加强灌溉农业二期项目、利用英国国际发展部赠款面向贫困人口农村水利改革项目、由中央农口有

治理项目主要建设内容投资完成情况表

单位：万元

主要措施								
水利措施			农业措施			林业措施	科技措施	
修建小型水库	灌排渠系建设	新打和配套完善机电井	改良土壤	机耕路	农机购置	造林	扶持农技服务站	技术培训
81 614.99	2 337 288.97	541 309.70	466 827.02	600 854.06	358 240.82	404 217.62	9 133.82	109 829.57
338.00	13 602.28	9 399.56	2 811.02	11 876.62	5 600.27	8 163.06	108.00	816.65
211.70	27 174.66	16 967.16	3 494.80	3 975.26	3 621.94	4 530.33	76.00	585.48
1 246.58	43 503.33	54 353.31	10 408.25	18 469.00	14 186.66	26 473.38	376.00	2 672.13
159.39	31 116.68	28 803.20	14 599.42	15 703.79	6 451.57	15 530.55	208.00	3 673.21
49.00	80 317.26	45 976.38	21 484.40	16 073.67	15 469.91	24 134.63	406.05	3 669.45
3 399.20	82 496.43	64 516.18	44 722.96	18 527.20	10 525.38	26 708.55	62.00	6 592.81
222.00	17 928.88	4 172.90	4 105.78	3 734.80	200.60	3 928.29	1.00	500.00
10 482.00	89 081.98	23 709.97	13 250.50	20 750.00	25 396.40	19 944.43	144.02	7 050.90
3 490.22	98 034.49	54 667.06	9 647.38	37 965.99	61 025.86	18 976.63	369.00	5 628.70
0.00	21 880.36	0.00	4 988.60	19 549.98	518.30	3 389.33	65.00	350.85
224.94	85 624.03	2 019.11	10 619.01	34 165.44	11 582.78	7 963.04	521.00	4 182.72
3 285.55	138 860.20	5 498.52	20 811.66	65 459.67	4 274.14	9 906.06	491.00	3 598.97
138.49	24 276.43	56.00	1 181.49	19 564.06	722.98	2 826.09	21.00	664.66
2 449.26	57 270.00	16 034.87	11 289.48	24 068.89	16 176.08	11 658.89	244.00	2 773.60
8 483.77	78 324.18	2 919.66	8 972.61	29 487.04	2 610.94	4 927.85	326.00	2 651.78
364.40	6 633.57	69.30	2 388.84	4 181.17	309.00	147.00	37.00	352.00
14 298.94	115 807.54	4 797.58	14 906.73	21 188.51	6 556.28	23 071.11	294.00	5 735.20
6 970.91	88 986.56	32 289.75	20 445.90	21 443.19	6 799.52	20 030.72	349.00	5 865.36
4 560.86	15 538.85	2 842.90	2 391.13	4 252.43	1 458.30	5 012.73	34.00	708.60
634.60	52 758.31	56 035.82	9 419.08	19 633.96	16 268.05	14 111.98	561.00	4 196.67
2 693.26	96 699.96	5 539.08	19 790.21	23 014.30	10 385.38	11 415.05	966.00	5 774.94
3 376.76	169 498.51	1 659.29	13 475.24	34 220.05	14 377.64	11 149.06	272.00	4 186.93
1 011.88	70 456.06	1 027.00	11 271.04	14 861.69	4 806.86	2 188.77	357.00	1 824.70
30.00	1 599.32	190.00	2 127.81	632.36	22.50	269.05	1.00	74.12
2 487.55	77 243.50	3 165.74	22 579.61	22 101.73	7 096.14	4 867.33	740.55	3 933.76
513.20	85 138.24	1 200.30	5 237.60	11 453.22	7 505.00	8 182.00	22.00	2 068.00
1 066.93	58 912.71	49.00	14 450.91	18 193.27	1 061.54	15 956.67	60.20	2 805.29
3 051.71	150 224.05	5 034.62	38 765.90	22 856.89	9 342.55	14 602.98	552.00	4 696.33
4 364.32	62 035.78	3 006.50	8 804.76	8 946.60	3 119.13	5 988.28	32.00	3 897.67
1 632.12	79 575.74	2 354.21	14 115.60	18 670.40	2 115.75	15 237.75	23.00	2 948.03
0.00	35 579.02	324.53	5 299.25	1 005.23	1 474.32	660.37	2.00	808.31
853.16	68 055.41	32 755.40	10 187.37	11 185.19	5 906.52	20 703.63	956.00	4 448.81
150.40	37 425.48	15 161.83	21 131.42	8 925.68	5 316.83	14 245.44	444.00	3 724.20
1 924.40	40 432.37	1 325.84	2 922.91	1 221.57	3 200.52	2 858.87	1.00	633.95
29.00	40 634.85	4 246.45	594.00	265.00	3 666.94	6 805.15	13.00	723.21
93.00	85 411.85	20 976.79	29 155.66	13 751.94	7 450.01	19 752.79	55.00	3 344.67
17.00	28 120.64	9 646.70	21 884.24	2 413.58	2 153.25	5 994.03	29.00	2 135.62
2 626.24	47 006.51	15 848.29	5 289.50	9 429.51	62 198.36	4 088.91	9.00	1 830.67

关部门组织实施的农业综合开发项目，本表中未作统计。

1988～2005年全国农业综合开发产业化

地　区	种植项目（万亩）			
	经济林	蔬菜	花卉	药材
全国合计	1 147.39	340.49	31.47	124.27
北京	4.86	3.70	0.30	1.01
天津	0.32	0.07	0.02	
河北	46.60	18.82	1.52	0.31
山西	2.97	6.17	0.13	1.53
内蒙古	5.91	2.33	0.17	11.43
辽宁	24.48	19.76	2.87	2.85
其中：大连	1.66	1.86	0.24	
吉林	18.96	3.15	0.10	9.60
黑龙江	7.74	1.98	0.10	2.06
上海	0.76	0.06	1.06	
江苏	12.87	3.58	3.09	0.30
浙江	8.74	4.66	1.97	2.11
其中：宁波	2.01	2.96	0.47	0.05
安徽	97.66	19.14	0.57	4.81
福建	127.89	8.61	0.87	0.11
其中：厦门	2.48	3.98	0.01	
江西	111.49	12.10	1.98	7.59
山东	27.47	19.70	0.45	2.10
其中：青岛	1.15	0.34	0.37	
河南	37.04	12.00	1.28	2.77
湖北	54.82	10.53	0.44	9.75
湖南	141.38	25.58	1.25	13.88
广东	37.07	126.38	6.31	3.06
其中：深圳	1.50	0.10	2.51	
广西	33.61	1.80	0.01	0.17
海南	11.17	0.70	0.10	0.10
重庆	41.68	6.63	2.96	6.23
四川	136.06	7.82	1.35	15.66
贵州	24.44	4.52	0.83	5.79
云南	64.99	8.65	0.38	3.97
西藏	0.01	0.05		0.06
陕西	20.72	0.86	0.46	4.49
甘肃	7.69	2.15	0.05	2.85
青海	0.42	0.40	0.15	1.30
宁夏	3.13	4.27	0.02	1.03
新疆	12.52	0.78	0.65	6.90
新疆兵团	13.01	0.86	0.03	
黑龙江农垦	8.91	2.71		0.44

注：1. 农业综合开发利用世界银行贷款加强灌溉农业二期项目、利用英国国际发展部赠款面向贫困人口农村水利改革项目、由中央农

2. 产业化经营项目在1994～2003年期间称为多种经营项目。

经营项目主要建设内容完成情况表

养殖项目		加工项目（个）		农业生产服务项目（个）
水产养殖（万亩）	畜禽养殖（万头、只）	新建项目	改扩建项目	
709.15	84 750.66	2 060.00	2 945.00	650.00
12.01	139.52	18.00	9.00	5.00
1.91	31.49	11.00	5.00	8.00
19.10	1 619.97	106.00	248.00	17.00
0.19	2 335.93	39.00	114.00	24.00
18.78	5 949.62	37.00	60.00	11.00
100.86	3 506.86	124.00	95.00	43.00
58.41	14.67	34.00	10.00	3.00
14.40	6 627.99	73.00	92.00	21.00
1.35	1 637.73	118.00	67.00	29.00
1.58	1.85	22.00	17.00	4.00
27.13	6 872.22	54.00	248.00	9.00
14.94	5 626.40	55.00	193.00	36.00
0.92	19.50	20.00	29.00	1.00
118.12	6 352.48	220.00	184.00	35.00
9.12	3 854.36	72.00	134.00	18.00
0.65	11.40	7.00	6.00	
50.49	2 769.24	119.00	150.00	30.00
12.76	6 991.19	133.00	254.00	46.00
1.09	358.01	32.00	37.00	4.00
13.09	10 061.13	184.00	255.00	24.00
69.85	1 411.31	64.00	78.00	24.00
157.70	3 556.58	68.00	182.00	31.00
3.83	2 106.33	41.00	28.00	15.00
2.40	2.80	1.00		1.00
1.11	2 753.71	38.00	26.00	15.00
2.33	278.60	17.00	11.00	26.00
0.48	5 150.60	35.00	14.00	10.00
12.34	1 124.58	76.00	74.00	20.00
4.58	232.89	57.00	58.00	26.00
2.31	317.82	67.00	54.00	13.00
	2.99	1.00	2.00	
0.85	956.63	74.00	122.00	56.00
0.08	279.07	31.00	35.00	6.00
5.33	97.09	19.00	23.00	3.00
2.58	766.02	20.00	50.00	19.00
27.46	386.28	20.00	25.00	17.00
0.64	32.11	14.00	10.00	5.00
1.85	920.07	30.00	21.00	4.00

口有关部门组织实施的农业综合开发项目，本表中未作统计。

1999～2005年全国农业综合开发科技示范

地区	农业高新科技示范（万亩）	农业科技推广综合示范（万亩）	农业现代化示范（万亩）	具体建设内容				
				技术引进		技术示范		
				品种（个）	技术工艺（项）	品种（个）	技术（项）	面积（万亩）
全国合计	95.64	362.72	8.71	3 276.00	1 190.00	1 249.00	1 213.00	84.89
北京		5.90	0.40	1.00		8.00	6.00	
天津	1.30			39.00	9.00		5.00	0.20
河北	5.37	27.81	0.43	121.00	50.00	51.00	38.00	2.60
山西	0.80	5.18		70.00	16.00	8.00	14.00	2.50
内蒙古	1.36	4.81		72.00	47.00	38.00	40.00	0.27
辽宁	3.33	8.20	0.46	182.00	58.00	113.00	118.00	1.24
其中：大连	1.18		0.46	46.00	8.00	10.00	7.00	0.34
吉林	24.00	16.15	0.73	85.00	63.00	119.00	106.00	10.08
黑龙江	2.78	9.78		92.00	48.00	49.00	39.00	1.38
上海	0.53	3.23	0.96	13.00	11.00	19.00	14.00	1.16
江苏	5.00	32.28	0.99	101.00	39.00	57.00	51.00	5.26
浙江	5.68	3.56	0.54	313.00	92.00	81.00	109.00	1.79
其中：宁波	3.00	2.80	0.45	104.00	41.00	49.00	10.00	0.60
安徽	0.96	29.23		187.00	195.00	70.00	68.00	4.43
福建	3.68	16.05	1.35	388.00	86.00	100.00	50.00	2.55
其中：厦门	1.30		0.45	101.00	21.00	4.00		1.40
江西	2.92	2.04		31.00	26.00	15.00	15.00	3.08
山东	3.44	29.00	0.09	514.00	47.00	80.00	91.00	3.25
其中：青岛		2.00		18.00	5.00	15.00	19.00	
河南	1.75	7.61		63.00	27.00	15.00	15.00	0.50
湖北	1.65	55.92		76.00	18.00	32.00	29.00	1.95
湖南	2.40	4.00		39.00	18.00		27.00	2.30
广东	1.25	30.00	1.24	225.00	58.00	59.00	27.00	1.38
其中：深圳				17.00	8.00			0.03
广西	0.20	1.88		12.00	5.00	7.00	15.00	0.11
海南	5.53	2.63		13.00	11.00	12.00	12.00	1.03
重庆	7.92	21.76	1.27	68.00	16.00	24.00	10.00	17.34
四川	1.81	2.86		60.00	33.00	76.00	27.00	1.22
贵州	3.00	0.09		51.00	18.00	13.00	29.00	0.99
云南	0.74	1.00		153.00	28.00	32.00	18.00	1.14
西藏		2.69		3.00		24.00	4.00	
陕西	0.12	11.53		48.00	28.00	35.00	18.00	9.63
甘肃	3.16	16.30		90.00	40.00	80.00	116.00	2.36
青海	0.80	3.10		22.00	3.00	11.00	7.00	0.61
宁夏		1.70		58.00	5.00	2.00	24.00	
新疆	1.66	1.71		37.00	19.00	8.00	19.00	1.94
新疆兵团	1.50	1.50		27.00	64.00	8.00	37.00	1.03
黑龙江农垦	1.00	3.25		16.00	8.00	3.00	15.00	1.35

注：农业综合开发利用世界银行贷款加强灌溉农业二期项目、利用英国国际发展部赠款面向贫困人口农村水利改革项目、由中央农口有

项目主要建设内容完成情况表

具体建设内容						
技术推广			产业基地建设			
品种（个）	技术（项）	面积（万亩）	种植业生产基地（万亩）	经济林生产基地（万亩）	畜牧业生产基地（万头、只）	水产养殖基地（万亩）
1 356.00	1 991.00	675.82	76.35	15.84	276.43	2.18
18.00	41.00	5.50	0.12	0.80		
			0.20		0.12	
57.00	123.00	43.80	0.03			
11.00	60.00	6.75	0.68		5.00	0.01
96.00	108.00	8.32				
120.00	127.00	7.36	1.50	0.20		
		0.12	1.50	0.20		
62.00	120.00	36.35	0.25		5.50	
55.00	64.00	22.83	0.80			
23.00	29.00	7.09	0.05			
126.00	128.00	30.32	0.46		30.00	
55.00	59.00	9.41	1.97	1.54		0.70
35.00	36.00	6.11	1.79	1.54		0.70
9.00	42.00	51.40				
78.00	135.00	14.11	0.86	0.59	0.15	0.15
28.00	14.00	0.40	0.45	0.20		
2.00	5.00	5.56	0.01	0.30		
93.00	151.00	44.11	0.17	0.16	200.01	
	52.00	4.60				
2.00	19.00	18.92				
54.00	56.00	129.90	50.67	0.20	4.00	0.07
18.00	54.00	3.38				
59.00	75.00	47.40	15.08	11.00	5.00	1.25
2.00	3.00	0.40	0.14		5.00	0.05
13.00	30.00	3.73	0.30			
6.00	10.00	13.00	1.00			
94.00	31.00	10.12	0.66	0.90		
52.00	122.00	15.97	0.69	0.15	26.60	
6.00	10.00	1.38	0.40			
32.00	36.00	23.40	0.10			
	26.00	3.53				
55.00	32.00	34.52				
123.00	160.00	30.81	0.06			
3.00		10.30	0.20			
5.00	10.00	14.10			0.05	
8.00	7.00		0.10			
21.00	103.00	19.35				
	18.00	3.10				

关部门组织实施的农业综合开发项目，本表中未作统计。

1988～2005年全国农业综合

地　区	改善农业生产条件			
	新增和改善灌溉面积（万亩）	新增和改善除涝面积（万亩）	增加林网防护面积（万亩）	新增机耕面积（万亩）
全国合计	38 946.33	18 562.71	28 606.01	20 621.98
北京	189.63	95.22	80.43	76.26
天津	309.36	269.58	133.74	1.80
河北	2 566.23	806.22	2 945.98	835.14
山西	686.03	18.21	548.02	315.44
内蒙古	1 812.36	396.30	1 699.85	1 137.45
辽宁	1 700.50	822.96	1 896.18	799.40
其中：大连	224.84	1.70	21.59	50.25
吉林	1 620.82	705.40	1 000.85	610.73
黑龙江	2 067.36	1 119.53	2 049.92	2 547.57
上海	108.47	73.55	39.46	16.30
江苏	2 680.61	1 597.91	1 981.33	488.15
浙江	1 156.05	1 026.58	706.28	418.01
其中：宁波	151.50	167.80	120.34	21.72
安徽	2 426.40	2 244.61	1 829.59	2 298.02
福建	636.36	176.77	143.94	190.61
其中：厦门	14.45	6.73	3.00	6.04
江西	1 506.30	560.29	836.01	871.91
山东	3 127.83	2 003.77	3 083.40	1 793.95
其中：青岛	277.76	146.75	281.84	114.33
河南	2 618.51	1 817.76	1 856.86	1 045.86
湖北	1 583.51	1 186.60	1 061.18	1 075.33
湖南	1 513.75	537.52	343.03	318.51
广东	471.24	285.54	107.79	166.61
其中：深圳	4.15	1.73	0.82	0.42
广西	816.52	155.87	134.56	2 570.88
海南	433.73	69.82	67.41	58.57
重庆	303.40	140.28	266.26	26.45
四川	1 591.88	1 034.53	877.36	662.35
贵州	324.67	78.29	240.37	119.08
云南	632.32	126.95	138.14	154.63
西藏	131.19	11.84	51.85	49.24
陕西	1 151.95	14.71	1 147.36	466.40
甘肃	371.40	14.73	281.73	144.66
青海	261.61		60.30	55.77
宁夏	509.53	46.99	381.36	249.39
新疆	1 892.87	0.97	845.38	550.37
新疆兵团	917.67		342.04	260.65
黑龙江农垦	826.27	1 123.41	1 428.05	154.75

注：1. 农业综合开发利用世界银行贷款加强灌溉农业二期项目、利用英国国际发展部赠款面向贫困人口农村水利改革项目、由中央农口有关

2. 由于年度统计报表的口径不同，表中“新增其他农产品产量”列统计的是1988～1999年以及2003～2005年的数据；“新增其他农产品

开发项目效益情况表

新增农机总动力（千瓦）	新增主要农产品生产能力（万公斤）			
	粮食	棉花	油料	糖料
18 619 015.48	7 942 376.54	151 031.80	384 970.52	2 521 310.26
579 823.50	36 985.93	40.51	382.87	
110 852.00	72 121.74	495.92	1 382.84	
575 924.37	478 966.98	9 619.38	20 581.43	441.20
433 663.10	121 561.26	1 823.25	5 801.85	35 488.80
616 623.65	360 464.35	540.00	20 506.98	71 230.80
882 506.98	338 691.62	61.10	5 328.60	53 184.11
548 600.00	37 862.40		392.00	30.00
260 870.29	419 764.90	25.00	4 847.00	200.00
1 692 054.00	796 842.55		3 559.20	48 093.50
3 030.88	17 520.30	28.10	416.30	
626 154.46	398 989.15	7 879.36	17 926.26	3.00
327 363.46	212 244.91	3 612.09	10 975.62	138.80
70 005.91	13 736.02	569.26	839.03	4.80
838 528.00	424 815.55	14 320.27	44 209.98	21.20
195 209.00	132 319.15	6.80	5 193.88	34 651.10
5 025.00	2 672.75		208.90	
304 523.89	335 979.54	4 574.11	26 362.28	16 049.35
746 912.67	629 147.21	24 760.03	26 812.83	465.00
218 328.00	54 444.90	286.00	8 384.40	
665 202.11	431 375.60	11 682.33	20 965.38	10.00
1 691 710.00	328 872.05	14 556.66	38 307.81	163.20
567 865.87	371 168.23	3 273.71	25 366.75	21 771.30
179 110.46	69 985.59		2 107.39	9 516.20
22.00	40.00			
466 515.80	156 566.59		3 503.57	1 398 635.08
16 929.81	121 214.15		4 507.78	242 692.33
60 597.40	112 006.45	1 260.00	6 296.85	1 397.50
4 100 866.00	465 412.81	5 253.67	38 691.83	63 712.48
1 010 779.27	137 951.24		23 235.59	
39 193.55	142 752.75		4 219.21	321 535.40
12 645.15	12 803.33		1 023.80	
323 953.78	185 497.08	1 667.94	5 333.91	42.00
64 975.10	51 621.33	2 429.19	2 718.85	19 063.00
66 426.01	29 101.58		6 618.31	
22 776.48	65 115.43		339.12	1 844.00
378 608.09	94 869.14	20 461.73	5 025.61	143 104.53
146 283.00	47 191.03	22 660.65	1 168.40	34 028.88
610 537.35	342 457.02		1 252.44	3 827.50

部门组织实施的农业综合开发项目，本表中未作统计。

产值”列统计的是 2000～2002 年的数据。

续前表

地区	新增其他农产品产量							
	干鲜果品（万公斤）	蔬菜（万公斤）	花卉（万株）	药材（万公斤）	肉（万公斤）	蛋（万公斤）	奶（万公斤）	水产品（万公斤）
全国合计	775 823.16	864 178.03	126 484.23	83 012.52	437 511.42	27 325.50	123 153.71	179 920.97
北京	14 968.80	9 242.00	600.00	19 801.00	1 031.00			820.00
天津		340.00	800.00		2 364.80	610.00	4 104.80	30.00
河北	43 871.80	68 747.36	7 428.60	2 138.00	21 271.50	51.30	10 941.70	1 219.59
山西	1 462.30	10 901.00	425.00	1 141.50	3 567.46	278.00	2 621.80	1 134.00
内蒙古	4 117.00	8 387.90	1 833.60	2 239.50	27 187.13		4 423.45	75.50
辽宁	48 284.00	64 928.75	8 451.05	3 163.80	32 036.90	2 721.00	11 845.60	33 987.79
其中：大连	3 663.70	4 565.00	5 477.00		815.00			17 653.09
吉林	8 208.00	33 606.38		13 693.71	37 359.03	70.00	9 458.00	542.20
黑龙江	895.07	8 676.60	153.00	912.00	7 325.43	709.40	5 357.70	424.10
上海	91.75	5 879.50	1 960.00					469.60
江苏	6 932.30	12 439.03	10 224.13	176.53	26 132.90	1 354.00	5 155.20	11 513.44
浙江	15 814.58	18 994.48	3 805.50	55.40	1 593.50	8.00	2 455.27	11 831.06
其中：宁波	4 205.45	8 343.48	522.50	50.00	8.50		330.00	344.97
安徽	10 688.00	36 031.96	4 550.00	1 974.01	33 176.52	575.50	1 337.85	24 145.08
福建	193 614.22	15 385.20	1 000.00	28.40	10 091.20	2 308.90	5 490.00	18 543.63
其中：厦门	410.00	550.00	1 000.00					50.00
江西	65 754.96	25 309.08	4 430.50	2 528.00	25 376.77	1 165.30	2 600.07	8 832.35
山东	23 704.43	79 219.40	3 811.00	994.00	44 331.81	10 174.00	13 120.00	10 974.70
其中：青岛	9 612.80	4 547.00	2 370.00		10 200.30	18.00	162.00	530.60
河南	42 162.80	41 794.25	4 309.00	1 416.00	22 073.85	3 749.10	1 991.00	6 742.40
湖北	37 928.30	34 930.74	2 323.50	4 142.38	5 093.59	1 858.60	552.00	24 916.12
湖南	70 933.00	55 511.60	3 580.00	6 088.80	45 971.90	80.00	791.00	9 262.40
广东	16 517.80	249 817.50	39 524.10	2 913.50	4 617.96			3 829.00
其中：深圳	540.00		20 150.00		587.71			1 000.00
广西	27 769.70	3 685.46	676.00	817.00	15 309.09	360.00	183.58	116.10
海南	21 877.90	3 480.00	2 729.00	589.00	1 774.00			2 790.64
重庆	39 425.00	8 860.00	7 644.00	6 692.50	8 898.40		120.00	1 007.00
四川	25 724.20	19 931.00	5 635.30	3 275.00	37 703.60	300.00	312.50	1 196.00
贵州	5 772.60	6 551.50	2 487.75	499.77	1 694.49	164.60	2 652.05	291.10
云南	22 087.10	10 776.00	3 268.00	2 427.70	10 691.18	9.80	863.30	4 203.79
西藏		138.68		30.00	432.98	14.00	646.00	
陕西	9 534.40	6 497.00	417.20	2 471.89	3 498.38	28.00	12 584.02	133.80
甘肃	2 864.05	6 902.90		603.00	404.50	4.00	50.00	30.20
青海	864.00	2 830.00	714.00	28.00	417.65		477.00	72.20
宁夏	120.00	7 374.96		2.50	2 169.48	341.00	13 710.50	231.00
新疆	4 678.10	1 411.90	3 074.00	2 157.00	1 954.14	334.40	1 808.22	245.08
新疆兵团	9 069.00	1 853.00	630.00		981.00		2 738.00	92.00
黑龙江农垦	88.00	3 742.90		12.63	979.28	56.60	4 763.10	219.10

新增其他农产品产值（万元）		专项科技示范				项目区直接受益农民人均增收额（元）	农民人均纯收入（元）	
畜禽产品	水产品	扩大良种种植面积（万亩）	技术培训（万人次）	新增总产值（万元）	增加值（万元）		项目区农民人均纯收入	项目区高于本地区农民人均纯收入
583 196.81	419 112.33	691.46	118.74	772 408.36	360 402.81			
1 500.00	4 619.50	6.50	2.04	4 549.60	3 357.00			
4 100.30	3 015.00	3.11	3.73	18 239.50	13 678.70			
20 057.40	4 178.00	63.31	4.83	16 796.96	6 718.36			
11 114.80	2 401.84	7.00	4.81	21 383.10	10 433.84			
39 778.46	799.80	4.31	2.87	7 672.00	3 466.00			
33 677.50	79 189.80	24.48	3.97	39 855.30	25 390.90			
1 402.00	58 839.00	1.22	2.30	9 996.00	4 287.00			
104 868.00	7 011.00	15.18	2.80	18 315.00	6 823.00			
31 313.80	7 353.80	28.41	1.22	11 095.54	6 293.49			
	10 368.00	2.20	1.81	14 758.80	6 892.23			
18 999.20	17 244.84	13.13	3.59	27 863.90	10 964.70			
17 668.00	34 356.00	16.04	4.26	55 496.00	20 459.80			
850.00	1 720.00	8.17	1.38	34 786.00	11 160.80			
18 458.18	11 217.29	67.95	13.17	53 909.08	16 757.11			
16 641.00	4 416.40	8.84	3.18	57 368.00	24 644.00			
530.00	900.00	2.50	0.63	5 229.00	2 913.00			
14 601.36	23 371.84	5.02	0.80	13 832.70	8 365.23			
32 808.10	8 857.60	121.78	6.45	66 161.20	31 092.00			
18 216.00	2 143.60	5.58	0.90	8 958.20	1 083.00			
32 942.03	3 425.30	19.23	3.68	50 546.46	25 290.16			
17 317.60	34 991.76	22.19	1.18	9 629.69	4 575.93			
20 662.90	99 788.00	12.74	4.35	17 168.50	7 745.15			
9 539.38	3 978.50	50.72	7.55	76 564.90	39 112.00			
680.00	260.00	0.13	2.80	7 997.90	3 958.00			
13 335.27	3 552.60	2.67	1.02	11 876.70	2 718.38			
1 191.00	45 713.00	20.01	0.34	14 994.00	8 870.30			
2 800.00		15.52	1.93	32 195.00	14 845.00			
31 370.70	1 450.50	25.57	10.08	26 353.20	10 865.80			
5 086.48	1 108.00	9.82	3.68	19 954.90	11 499.00			
9 955.00	1 467.00	3.85	4.69	6 078.10	1 408.10			
630.00	30.00	0.66	0.50	210.00				
19 596.00	1 107.00	21.74	3.70	14 161.00	8 670.10			
4 154.50	1.40	36.03	11.05	21 532.90	12 459.10			
5 625.32	234.60	8.40	0.46	2 078.84	613.24			
15 759.94	1 926.50	21.25	0.50	7 391.50	3 950.80			
5 047.59	637.46	5.03	0.86	14 834.19	3 997.41			
4 488.00	1 300.00	18.90	2.49	4 312.70	2 445.30			
18 109.00		9.10	0.66	8 023.10	3 081.68			

全国农业综合开发项目主要统计指标解释

一、全国农业综合开发项目投入情况表

1."开发县（市、区、农场）总数"：指经国家农业综合开发办公室批准立项实施农业综合开发的县（市、区、旗）、农场（包括新疆生产建设兵团、黑龙江省农垦总局所属县团级农场）的总数。其中2005年的数值包括当年未安排项目的开发县（市、区、农场）数。

2."其中：开发县（市、区）数"：指经国家农业综合开发办公室批准立项实施农业综合开发的县（市、区、旗）的总数。其中2005年的数值包括当年未安排项目的开发县（市、区）数。

3."资金投入"：指投入农业综合开发的中央财政资金、地方财政配套资金、银行贷款和自筹资金之和。

4."中央财政资金"：指中央财政用于农业综合开发的资金。1988～1994年的数据摘自全国农业综合开发统计报表；1995～2005年的数据摘自全国农业综合开发财政资金决算报表（包括部门项目；指省级拨出数，含上年结转），其中1998～2005年含作为中央财政资金安排用于农业综合开发的世界银行贷款。

5."地方财政配套资金"：指地方各级财政按照一定比例与中央财政资金配套投入农业综合开发的资金。1988～1994年的数据来自全国农业综合开发统计报表；1995～2005年的数据来自全国农业综合开发财政资金决算报表（包括部门项目；指当年地方财政落实的配套资金），其中1998～2005年含世行贷款项目的地方财政配套资金。

6."银行贷款"：指用于农业综合开发项目建设的银行贷款及其他信贷资金投入数。

7."自筹资金"：指项目区农村集体、农民群众、项目建设单位（包括企业、农牧场、地方有关部门等）筹集用于农业综合开发项目建设的现金和以物折资数。

8."部门项目"：指用于部门项目的中央财政资金、地方财政配套资金、银行贷款、自筹资金；但1995～2005年每年中央财政资金、地方财政配套资金栏目中仅填列了海南农垦总局天然橡胶基地项目的数据，其他部门项目含在各地区的数据中。

9.国家办：指国家农业综合开发办公室。国家办"中央财政资金"指农业综合开发利用世界银行贷款加强灌溉农业二期项目中，国家农业综合开发办公室用于机构支持与发展的资金投入数，包含世界银行贷款和中央财政相应安排的配套资金。世界银行贷款由中央财政统借统还。利用世界银行贷款加强灌溉农业二期项目建设期为1998～2002年。

二、全国农业综合开发分项目投资完成情况表

1."财政资金"：分别指用于土地治理、产业化经营、专项科技示范三类项目的财政投资完成数，为中央财政投资和地方财政投资完成数的合计数。

2."银行贷款"：分别指用于土地治理、产业化经营、专项科技示范三类项目的银行贷款完成数。

3."自筹资金"：分别指用于土地治理、产业化经营、专项科技示范三类项目的自筹资金完成数。

三、全国农业综合开发土地治理项目主要建设内容完成情况表

1."改造中低产田"：指对现有中低产田，通过水利、农业、林业、科技等措施综合治理，改善其基本生产条件和生态环境，使之成为高产稳产农

田的面积。

2.“生态综合治理项目”：指为保护和改善农牧业生态环境所进行的各类项目建设的面积，包括“草原（场）建设”、“小流域治理”和“土地沙化治理”3类小项目。

3.“草原（场）建设”：指在主要牧区省份为保护和建设草原（场）所进行的人工种草、天然草场改良、划区轮牧、饲草（料）基地建设以及支持草原畜牧业发展的配套设施建设。

4.“小流域治理”：指在水土流失较为严重的丘陵山区和黄土高原地区以小流域为单元进行综合性治理的面积。

5.“土地沙化治理”：指在农牧交错区和黄河故道沙区对沙化土地进行综合性治理的面积。

6.“中型灌区节水配套改造项目”：指能够为项目区直接提供外部水利灌排条件、设计控制灌溉面积5万～30万亩已有中型灌（排）区的灌排骨干工程设施，进行以节水配套改造为主的建设项目的数量。

7.“开垦宜农荒地”：指将宜于农用的尚未开发利用的土地或虽已耕种过但撂荒三年以上的撂荒地开发成耕地的面积。

8.“建设优质粮食基地”：指在已经完成中低产田改造或在同时进行中低产田改造的耕地上，通过规模化种植经国家资格认定的品种审定委员会审定的优质粮食品种的面积。

9.“建设优质饲料作物基地”：指在已经完成中低产田改造或在同时进行中低产田改造的耕地上，通过规模化种植经国家资格认定的品种审定委员会审定的优质饲料作物品种的面积。

10.“修建小型水库”：指新建、续建、扩建和除险加固库容在1 000万立方米（含）以下、10万立方米（不含）以上水库的座数。

11.“灌排渠系建设”：指新建、衬砌、开挖疏浚支渠以下（流量5立方米/秒以下）的灌溉和排水渠道公里数。

12.“新打和配套完善机电井”：指新建和在已有井的基础上配套机电提水设施，使之可以进行正常灌溉的机电井眼数。

13.“改良土壤”：指通过平整土地、增厚土层、增施有机肥、培肥地力、掺和客土等工程和生物措施进行土壤改良的面积。

14.“机耕路”：指新修和改造能供农业机械通行的田间道路公里数。

15.“农机购置”：指利用财政资金扶持农机站和农户购置的，为农业生产服务的动力农用机械和各种农用机具、植保机械的套数。

16.“造林”：指为减免项目区风、沙、水、旱等自然灾害，改善农田、牧场环境，保障农牧业生产，营造的林木种植面积。

17.“扶持农技服务站”：指通过购置仪器设备和修建必要的仓储、化验室设施，支持项目乡镇农业、林业、水利、畜牧、农机、气象等各类农业服务站建设个数。

18.“技术培训”：指对项目区农民和乡镇农业技术人员开展农业先进成熟的适用技术培训人次数量。

四、全国农业综合开发土地治理项目主要建设内容投资完成情况表

本表横向指标同表3，表中填列的是用于土地治理项目主要建设内容的中央财政资金、地方财政配套资金、银行贷款和自筹资金完成数之和。由于1988～1998年没有土地治理项目主要建设内容的投资完成数，本表是自1999年开始填列的。表中“水利措施”、“农业措施”、“林业措施”、“科技措施”中只统计了几个主要单项的投资。几个主要单项投资之和小于该措施完成投资总额。

五、全国农业综合开发产业化经营项目主要建设内容完成情况表

1.“经济林”：指新种植和改造的林木面积，包括水果、干果、茶叶、木本油料、竹类及其他经济林等。

2.“蔬菜”：指项目扶持的保护地蔬菜种植和露地蔬菜种植面积。

3.“花卉”：指项目扶持的保护地花卉栽培和露地花卉栽培面积。

4.“药材”：指木本药材和草本药材种植面积。

5.“水产养殖”：指项目扶持的淡水养殖与海水养殖面积之和。

6.“畜禽养殖”：指项目扶持的大牲畜（牛、马、驴等）、猪、羊、兔、家禽养殖年内出栏和年末存栏之和。

7.“新建加工项目”：指农业综合开发立项扶持的新建农副产品加工项目个数。

8.“改扩建加工项目”：指农业综合开发扶持的扩大生产规模或技术改造的农副产品加工项目个数。

9.“农业生产服务项目”：指为项目区优势农产品开发服务的项目个数，包括产地批发市场和储藏保鲜库建设等。

六、全国农业综合开发科技示范项目主要建设内容完成情况表

1.“农业高新科技示范”：指1999年开始设立的，以市场为导向，效益为中心，省级以上（含省级）综合实力较强的农业科研、教学单位为技术依托单位，在改善农业基本生产条件的基础上，引进2项以上农业高新技术，并与其他常规技术组装配套，探索形成不同区域优势产业先进适用技术支撑体系的项目高新技术及品种示范应用面积。

2.“农业科技推广综合示范”：指2000年开始设立的，以市场为导向，效益为中心，省级以上（含省级）综合实力较强的农业科研、教学单位为技术依托单位，在改善农业基本生产条件的基础上，着力进行农业先进适用成熟技术的大面积推广应用，促进区域优势产业升级，同时适当引进先进成熟技术进行示范，为今后推广应用增加必要技术储备的项目先进成熟适用技术及品种推广应用面积。

3.“农业现代化示范”：指2002年开始设立的，以市场为导向，效益为中心，省级以上（含省级）综合实力较强的农业科研、教学单位为技术依托单位，以加强基础设施、投入要素、农业科技和经营管理体制建设为主要内容，推进当地农业现代化建设的项目先进成熟适用技术、品种示范推广面积与产业基地建设面积之和。

4.“引进品种”：指通过项目建设，引进优良种子（大田作物1 000亩以下）、种苗、种畜、种禽的个数之和。

5.“引进技术”：指通过项目建设，引进种植、养殖、加工与信息等方面的先进成熟适用技术的项数之和。

6.“示范品种”：指通过项目建设，优良种子、种苗、种畜、种禽的示范个数之和。

7.“示范技术”：指通过项目建设，种植、养殖、加工方面除种子、种苗、种畜、种禽等品种以外其他技术的示范项数之和。

8.“示范面积”：指通过项目建设，种植业优良品种及先进成熟适用技术的示范面积之和。在同一地块示范品种和技术没有重复计算面积。

9.“推广品种”：指通过项目建设，种植、养殖优良品种的推广个数之和。

10.“推广技术”：指通过项目建设，种植、养殖先进成熟适用技术的推广项数之和。

11.“推广面积”：指通过项目建设，种植业优良品种、先进成熟适用技术的推广面积之和。在同一地块推广品种和技术没有重复计算面积。

12.“种植业生产基地”：指通过项目建设，农田各种作物生产基地建设的面积之和。

13.“经济林生产基地”：指通过项目建设，果树、花卉、特种专用经济林生产基地建设的面积之和。

14.“畜牧业生产基地”：指通过项目建设，奶牛养殖、肉猪、肉羊和肉牛等肉用牲畜及家禽养殖年内出栏与年末存栏数总数之和。

15.“水产养殖”：指项目建设海水、淡水水产品养殖面积之和。

七、全国农业综合开发项目效益表

1.“新增和改善灌溉面积”：新增灌溉面积指通过新建（或改建）灌溉工程设施，新增加的正常年景下可保证灌溉的耕地面积；改善灌溉面积指通过配套和完善灌溉工程设施，使灌溉保证率提高的耕地面积。新增和改善灌溉面积指新增灌溉面积和

改善灌溉面积之和。

2.“新增和改善除涝面积”：新增除涝面积指通过新建（或改建）排涝工程设施，新增加除涝标准达到三年一遇以上的耕地面积；改善除涝面积指通过配套完善排涝工程设施，使除涝标准提高的耕地面积。新增和改善除涝面积指新增除涝面积和改善除涝面积之和。

3.“增加林网防护面积”：指通过营造防护林新增加的受林网保护的农田及牧场面积。

4.“新增机耕面积”：指通过购置农业机械，新增加的农业机械耕作的面积。

5.“新增农机总动力”：指通过购置农（牧）业机械，新增加用于农业、林业、牧业的各种农业机械动力之和。

6.“新增主要农产品生产能力”：指通过农业综合开发，项目区主要农产品（粮食、棉花、油料、糖料）在正常年景下能够较开发前增加的产量。该数据是运用典型调查、同等地块相比等方法计算得出的。

7.“项目区农民人均纯收入”：指项目区农民当年生产经营所得的总收入扣除总费用、税金和集体提留以后余额的平均值。该数据可以用项目区农民纯收入总额除以项目区总人口数得出。

8.“项目区高于本地区农民人均纯收入”：指项目区农民人均纯收入比同期当地整个地区农民人均纯收入高出的部分。该数据可以用项目区农民人均纯收入减去同期当地整个地区农民人均纯收入得出。

9.直接受益农民人均增收额：指项目区农业综合开发项目促进直接受益农民人均增收数额。由农业综合开发年度统计报表效益表中的“直接受益农民年纯收入增加总额”除以“年直接受益农业人口数”计算得出。

10.“新增其他农产品产量”：指通过实施农业综合开发项目新增加的种植（粮棉油糖除外）、养殖产品产量。“干鲜果品”栏表示水果、干果等产品的新增产量；“蔬菜”栏表示商品菜和种子两类的新增产量；“花卉”栏表示切花切叶和盆栽植物两类的新增产量；“药材”栏表示种植药材的新增产量；“肉”、“蛋”、“奶”各栏分别表示相应的畜禽养殖增加的产品产量；“水产品”栏表示淡水养殖和海水养殖新增产量之和。

11.“新增畜禽产品产值”：指通过实施畜禽养殖项目，当年新增的以货币形式表现的畜禽产品价值总量，按当年价格计算。

12.“新增水产品产值”：指通过实施水产养殖项目，当年新增的以货币形式表现的水产品价值总量，按当年价格计算。

13.“扩大良种种植面积”：指通过科技项目建设，新增加的种植各种作物优良品种的面积之和。

14.“技术培训”：指通过科技项目建设，对项目区农民群众开展农业先进成熟适用技术培训人次数量。

15.“新增总产值”：指通过科技项目建设，当年新增加的、以货币形式表现的、项目直接扶持生产的产品的产量，按当年价格计算。

16.“增加值”：指科技项目直接扶持生产的产品对社会所作的贡献。按生产法计算，增加值＝总产值－中间消耗。中间消耗是指在生产过程中所消耗的物质产品和劳务价值，包括生产过程中的物质消耗和对非物质生产部门的劳务支出，如种子、化肥、原材料、燃料、农技服务、技术咨询等。按收入法计算，增加值＝劳动者报酬＋生产税净额＋固定资产折旧＋营业盈余。按当年价格计算。

农业综合开发外资项目统计表

2005年农业综合开发利用世界银行贷款加强灌溉农业二期项目投资、任务完成情况表

省份	开发范围	资金投入（万元）				任务	水利措施			农业措施			林业措施	科技措施		SIDD试点	
	项目县数	小计	世界银行贷款	地方财政配套资金	自筹资金	改造中低产田面积（万亩）	修建小型水库（座）	灌排渠系建设（公里）	新打和配套完善机电井（眼）	改良土壤（万亩）	机耕路（公里）	农机购置（台套）	造林（万亩）	扶持农技服务站（个）	技术培训（人月）	供水公司（个）	用水户协会（个）
合计	131	1 816.00	1 816.00														
河北	27																
河南	27																
山东	33																
安徽	20																
江苏	24																
国家办		1 816.00	1 816.00														

1998～2005年农业综合开发利用世界银行贷款加强灌溉农业二期项目投资、任务完成情况表

省份	开发范围	资金投入（万元）				任务	主要措施									SIDD试点	
			其中				水利措施			农业措施			林业措施	科技措施			
	项目县数	合计	世行贷款	地方财政配套资金	自筹资金	改造中低产田（万亩）	修建小型水库（座）	灌排渠系建设（公里）	新打和配套完善机电井（眼）	改良土壤（万亩）	机耕路（公里）	农机购置（台套）	造林（万亩）	扶持农技服务站（个）	技术培训（人月）	供水公司（个）	用水户协会（个）
合计	131	718 121.85	253 502.22	235 523.57	229 096.06	2 300.30		64 738.88	66 624.00	1 897.99	38 005.90	22 708.00	141.22	1 663.00	164 900.80	11	516
河北	27	119 243.20	41 657.50	41 405.70	36 180.00	400.00		10 955.90	16 665.00	400.00	6 103.20	5 212.00	25.50	253.00	52 813.30	5	71
河南	27	150 199.73	51 730.02	48 463.60	50 006.11	500.00		13 271.98	21 965.00	483.69	13 981.00	6 076.00	27.10	333.00	44 990.10	1	64
山东	33	156 026.13	51 792.00	51 840.69	52 393.44	500.30		14 164.00	27 506.00	500.30	11 363.00	725.00	29.80	398.00	16 423.60	3	225
安徽	20	127 640.44	41 832.01	43 807.49	42 000.94	400.00		10 512.00		320.00	4 782.70	4 713.00	28.42	285.00	29 498.80	1	50
江苏	24	150 104.09	51 582.43	50 006.09	48 515.57	500.00		15 835.00	488.00	194.00	1 776.00	5 982.00	30.40	394.00	21 175.00	1	106
国家办		14 908.26	14 908.26														

2005年农业综合开发利用英国国际发展部赠款面向贫困人口农村水利改革项目投资、任务及效益完成情况表

地　　区	开发范围	资金投入（万元）			任　　务	效　　益	
	项目县数	小　　计	英国国际发展部赠款	地方财政配套资金	建立用水户协会（个）	亩均年节水量（立方米）	水费收取率（%）
合计	17	1 683.15	838.24	888.31	101	67.51	92.85
河北	3	313.52	213.52	143.40	18	66.00	98
山东	6	467.62	207.71	259.91	31	49.64	98.6
河南	5	408.16	201.16	207.00	22	66.00	85
甘肃	3	357.53	79.53	278.00	30	88.40	89.8
国家办		136.32	136.32				

农业综合开发外资项目统计指标解释

一、农业综合开发世界银行项目

1. 农业综合开发利用世界银行贷款加强灌溉农业二期项目：项目实施范围为河北、河南、山东、安徽、江苏5省以及国家农业综合办公室，建设期为1998～2002年。

2. 数据来源：世界银行贷款、地方财政配套资金数据来源于世界银行项目决算报表，其他数据来源于世界银行项目统计报表。

3. 世界银行贷款：指由中央财政统借统还，作为中央财政资金安排用于农业综合开发加强灌溉农业二期项目的世界银行贷款。

4. "SIDD试点"：SIDD，是英文Self－Management Irrigation and Drainage District的缩写，中文译为"自主管理灌排区"。它是一种新型的灌溉管理制度，是在国家政策的指导下，对计划经济体制下灌区管理体制和运行机制进行改革，按照市场经济的要求，组建具有法人资格、实行自主经营的经济实体——供水公司和用水户协会，通过建立供水、用水两者之间的买卖关系，实行有偿供水，用水者直接参与灌区管理等措施，实现用水户自主管理灌区水利实施，保证灌区的良性运行。在河北、河南、山东、安徽、江苏5省世界银行项目区，进行了自主管理灌排区的试点。

说明：根据2005年10月31日水利部、国家发展和改革委员会、民政部联合发文《关于加强农民用水户协会建设的意见》（水农［2005］502号），将"用水者协会"统一更名为"用水户协会"。

5. 国家办：指国家农业综合开发办公室。国家办"世界银行贷款"包含国家农业综合开发办公室用于机构支持与发展的世界银行贷款和中央财政相应安排的配套资金。

6. 本表中其他指标解释同《1998～2002年全国农业综合开发项目统计表》

7. 由于2005年没有实施新的世界银行项目，当年仅发生用于国家农发办培训基地建设的报账数1 816.00万元。项目效益情况和相关数据见以前年度《中国农业综合开发年鉴》。

二、农业综合开发利用英国国际发展部赠款面向贫困人口农村水利改革项目

1. 该项目指农业综合开发利用英国国际发展部赠款面向贫困人口农村水利改革项目。项目实施分两个阶段，第一阶段实施范围为河北、山东、河南、甘肃省，建设期为2004～2006年；第二阶段实施范围为江苏、安徽、四川、新疆省（区），建设期为2007～2008年。项目实施的主要内容为在农业综合开发赠款项目区组建农民用水户协会。

2. 赠款资金：指由英国国际发展部赠与资金。

3. 亩均年节水量：指农业综合开发赠款项目区组建农民用水户协会，与非项目区相比，每年每亩平均灌溉用水量的节约量。

4. 水费收取率：指农民用水户协会实收水费占应收水费的比例。

农业综合开发部门项目统计表

1989～2005年农业部农业综合开发原原种扩繁项目完成情况表

年份	资金投入（万元）					主要建设内容				主要效益	
	合计	财政资金	其中：中央财政资金	银行贷款	自筹资金	基地面积（万亩）	仓库（万平方米）	网室（万平方米）	晒场（万平方米）	新增原原种生产能力（万公斤）	新增原种生产能力（万公斤）
合计	24 031.59	19 437.59	8 697.00		4 594.00	4.62	1.78	12.74	4.79	3 660.47	9 991.53
1989	500.00	500.00	500.00								
1990	951.00	600.00	500.00		351.00			1.69		230.00	
1991											
1992	1 000.00	1 000.00	500.00					0.98		170.00	
1993	1 273.00	1 127.00	500.00		146.00			0.99		150.00	
1994	1 143.00	943.00	500.00		200.00			0.54		860.00	
1995	1 187.00	935.00	500.00		252.00			1.51		620.00	
1996	1 026.00	929.00	500.00		97.00			0.14		60.00	
1997	1 058.00	962.00	500.00		96.00					250.00	
1998	1 200.00	1 130.00	600.00		70.00					273.00	
1999	1 564.00	1 386.00	700.00		178.00					30.00	
2000	1 541.00	1 338.00	700.00		203.00					70.00	
2001	1 854.00	1 364.00	896.00		490.00					323.00	
2002	2 175.80	1 703.00	1 000.00		472.80						
2003	1 482.67	932.00	801.00		550.67	2.06		1.99	1.62	169.04	2 597.22
2004	3 011.81	2 264.85			746.96	1.88	1.05	2.56	2.13	215.41	3 469.81
2005	3 064.31	2 323.74			740.57	0.68	0.73	2.34	1.04	240.02	3 924.50

1989～2005年农业部农业综合开发良种繁育基地项目完成情况表

年份	资金投入（万元）					主要建设内容				主要效益		
	合计	财政资金	其中：中央财政资金	银行贷款	自筹资金	基地面积（万亩）	仓库（万平方米）	晒场（万平方米）	购置加工设备（台、套）	新增原种生产能力（万公斤）	新增种子加工能力（万公斤）	新增种子储备能力（万公斤）
合计	53 410.84	38 920.99	18 652.00		14 489.85	227.74	27.09	44.58	1 699.00	10 715.22	36 120.33	17 051.08
1989	2 521.80	2 000.00	1 000.00		521.80		1.88	4.28	370.00			
1990	2 664.30	2 000.00	1 000.00		664.30	0.07	1.23	3.72	87.00	13.31	1 500.00	1 130.00
1991	3 023.28	2 950.00	1 500.00		73.28	25.24	1.99	4.42	22.00	355.20	1 600.00	450.00
1992	2 010.79	1 900.00	1 000.00		110.79	24.00	1.97	4.74	54.00	365.00	1 900.00	
1993	2 112.60	2 000.00	1 000.00		112.60	27.00	1.87	5.02	23.00	381.00		
1994	2 008.49	1 700.00	1 000.00		308.49		1.86	3.64	27.00	822.05		
1995	2 220.21	1 744.00	1 000.00		476.21	0.48	1.83	4.55	61.00	734.00		
1996	2 177.00	1 640.00	1 000.00		537.00	3.50	1.70	3.79	64.00	617.00		
1997	1 876.00	1 212.00	850.00		664.00	3.10	2.05		32.00	651.00		
1998	3 597.99	1 971.40	1 400.00		1 626.59	13.30	2.65			271.00		
1999	3 186.60	1 791.00	1 300.00		1 395.60	16.80	1.09			2 080.00		
2000	3 841.00	2 659.00	1 675.00		1 182.00	26.80	1.47			890.00	350.00	202.00
2001	4 786.00	3 312.00	2 100.00		1 474.00	30.83	1.40			180.00	8 986.00	4 000.00
2002	4 509.50	3 525.00	2 300.00		984.50							
2003	1 601.34	846.00	527.00		755.34	14.75	0.52	1.30	152.00	43.00	1 650.00	1 170.00
2004	6 255.83	4 364.87			1 890.96	10.05	1.98	3.02	464.00	1 906.23	8 499.60	5 157.50
2005	5 018.11	3 305.72			1 712.39	31.82	1.60	6.10	343.00	1 406.43	11 634.73	4 941.58

1989～2005年农业部农业综合开发优质农产品示范和菜篮子工程项目（优势特色种养示范项目）完成情况表

年份	资金投入（万元）					主要建设内容				主要效益		
	小计	财政资金	其中：中央财政资金	银行贷款	自筹资金	种植业基地（亩）	畜禽棚舍（万平方米）	水产养殖基地（亩）	蔬菜种苗（万株）	畜禽供种（万头、万只、万羽）	新增水产品供种能力（万公斤、万尾）	新增水产品生产能力（万公斤）
合计	130 021.15	74 778.67	32 036.52	30.00	55 212.48	160 379.17	74.71	106 828.12	360 519.92	753.22	1 486 432.23	3 844.79
1989	6 270.68	3 073.00	1 500.00		3 197.68	8 800.00	5.00	1 533.03				
1990	7 400.60	3 142.00	1 500.00		4 258.60	10 200.00	5.00	1 576.58		0.39		102.08
1991	7 028.72	3 085.00	1 500.00		3 943.72	7 600.00	5.30	1 656.16				120.00
1992	7 143.56	3 000.00	1 500.00		4 143.56		6.00	1 711.70	1 200.00	0.21	4 600.00	110.00
1993	6 462.79	2 900.00	1 500.00		3 562.79		6.00	1 741.70	2 000.00	0.30	5 000.00	114.00
1994	5 993.65	3 000.00	1 500.00		2 993.65		7.00	1 636.60	1 500.00	0.40		164.10
1995	5 143.80	3 000.00	1 500.00		2 143.80	18 500.00	7.16	1 696.70	800.00	0.70	5 000.00	200.00
1996	7 781.20	4 312.00	2 230.00		3 469.20	13 700.00	5.58	1 651.60	2 200.00	0.80	20 000.00	100.00
1997	7 467.76	4 655.10	2 290.00		2 812.66	8 930.00	4.52	1 852.90	4 700.00	0.73	15.90	300.00
1998	8 108.80	5 446.30	2 803.00		2 662.50	13 800.00	3.80	749.80	6 500.00	2.00	32 800.00	19.20
1999	8 221.19	4 875.57	2 630.00		3 345.62	7 000.00	2.10	1 131.08	600.00	0.26	9 500.00	340.00
2000	7 802.41	4 789.00	2 479.00		3 013.41		2.18	2 194.40	6 200.00	1.00	26 300.00	84.00
2001	6 710.60	4 761.00	2 576.00		1 949.60		3.81	504.50	4 000.00	3.70	65 900.00	45.00
2002	10 680.80	6 168.00	3 632.00		4 512.80							
2003	7 257.63	4 709.55	2 896.52	30.00	2 518.08	31 009.20	2.37	11 278.00	4 835.87	134.58	57 955.00	249.63
2004	11 787.49	7 752.82			4 034.67	29 246.17	5.05	73 040.27	190 627.35	246.35	1 103 521.33	1 194.67
2005	8 759.47	6 109.33			2 650.14	11 593.80	3.84	2 873.10	135 356.70	361.80	155 840.00	702.11

1989～2005年农业部农业综合开发育草基金项目完成情况表

年份	资金投入（万元）					主要建设内容			主要效益	
	合计	财政资金	其中：中央财政资金	银行贷款	自筹资金	围栏草场（万亩）	人工种草（万亩）	草场改良（万亩）	新增草种生产能力（万公斤）	新增草种加工能力（万公斤）
合计	27 681.31	19 698.18	9 057.25		7 983.13	358.63	311.31		552.28	855.00
1989	1 026.00	715.00	500.00		311.00	70.00	70.00		111.80	
1990	1 170.00	840.00	500.00		330.00	80.00	80.00			
1991	1 449.70	968.00	500.00		481.70	50.00	50.00			
1992	1 347.60	953.00	500.00		394.60	50.00	50.00			
1993	1 365.80	979.00	500.00		386.80	26.80	13.70			
1994	1 369.90	927.00	500.00		442.90	24.00	11.00			
1995	1 451.50	1 023.00	500.00		428.50	20.00	14.00			
1996	1 156.79	1 016.47	500.00		140.32	8.70	6.20			
1997	1 460.87	915.12	500.00		545.75	9.20	12.00			
1998	1 540.38	992.00	500.00		548.38	7.60	3.30			
1999	1 280.00	955.00	500.00		325.00	11.00				
2000	2 258.60	1 598.40	1 000.00		660.20	0.40			56.80	
2001	1 966.54	1 464.00	1 000.00		502.54	0.05			55.00	
2002	1 922.25	1 546.00	1 180.00		376.25					
2003	935.91	539.05	377.25		396.86	0.88	1.11		6.20	1.00
2004	2 661.75	1 691.19			970.56				146.74	392.30
2005	3 317.72	2 575.95			741.77				175.74	461.70

1992～2005年农业部农业综合开发秸秆养畜项目完成情况表

年份	资金投入（万元）					主要建设内容			主要效益			
	小计	财政资金	其中：中央财政资金	银行贷款	自筹资金	青贮氨化池（万立方米）	养殖示范场、户（个）	秸秆处理机械（台）	牛出栏（万头）	羊出栏（万只）	氨化、微贮秸秆（万吨）	青贮数量（万吨）
合计	680 018.33	111 203.21	50 672.15	49 814.78	517 452.73	2 818.22	37 353.00	113 168.00	3 332.27	13 224.21	5 589.85	10 509.76
1992	65 204.00	2 142.00	1 000.00	7 891.00	55 171.00				82.71		132.90	113.31
1993	107 937.54	9 165.69	3 932.00	12 393.30	86 378.55	506.00		18 820.00	470.54		528.70	941.73
1994	56 657.92	3 196.00	1 500.00	5 246.60	48 215.32	163.00		7 808.00	115.19	33.40	150.68	270.93
1995	63 119.57	8 447.27	4 000.00	6 525.29	48 147.01	306.10		12 995.00	310.30	595.30	474.20	945.70
1996	69 157.99	8 984.45	4 382.00	2 526.65	57 646.89	415.48	2 023.00	18 557.00	264.20	1 030.00	534.85	966.59
1997	46 035.34	9 795.30	4 860.00	2 286.54	33 953.50	353.15	2 325.00	14 881.00	237.12	950.65	478.09	780.82
1998	63 056.07	10 780.00	5 400.00	7 157.80	45 118.27	335.89	5 493.00	9 205.00	263.59	1 233.76	558.88	946.87
1999	103 813.53	10 718.85	5 400.00	4 277.60	88 817.08	241.98	1 552.00	9 634.00	176.42	801.44	340.00	601.79
2000	32 795.00	10 547.76	5 486.10		22 257.43	137.85	1 152.00	5 426.00	123.50	1 338.65	406.74	806.87
2001	25 929.71	9 436.70	5 306.40		14 892.71	110.22	5 501.00	4 241.00	115.44	1 421.57	290.53	513.84
2002	13 974.08	8 299.20	5 314.00		5 717.38							
2003	13 149.66	7 140.16	4 091.65	1 510.00	4 499.50	150.31	7 523.00	4 639.00	309.15	2 942.47	581.33	1 265.79
2004	10 705.13	6 836.47			3 868.66	56.97	6 892.00	5 106.00	458.33	2 081.26	598.21	1 366.99
2005	8 482.79	5 713.36			2 769.43	41.27	4 892.00	1 856.00	405.78	795.71	514.74	988.53

1994～2005年农业部农业综合开发海南农垦总局天然橡胶基地项目完成情况表

年份	资金投入（万元）				主要建设内容				主要效益			
	小计	中央财政资金	银行贷款	自筹资金	橡胶更新定植（亩）	橡胶中小苗抚管（亩）	防护林营造（亩）	防护林管理（亩）	橡胶平均增粗（厘米）	干胶亩产（公斤）	干胶总产量（吨）	新增开割面积（亩）
合计	57 414.90	24 050.00		33 364.90	238 044.00	2 083 931.00	12 302.00	25 702.00	64.40	1 015.32	438 102.00	226 746.00
1994	3 512.00	2 000.00		1 512.00	13 010.00	170 033.00	2 400.00	8 790.00	4.80	69.00	29 122.00	19 072.00
1995	4 532.00	2 000.00		2 532.00	26 290.00	165 619.00	3 310.00	6 005.00	5.20	75.80	33 267.00	25 710.00
1996	5 213.00	2 000.00		3 213.00	24 700.00	179 375.00	3 340.00	6 100.00	4.90	79.00	31 354.00	18 313.00
1997	4 672.00	2 000.00		2 672.00	26 162.00	174 519.00		451.00	5.20	83.80	33 860.00	16 112.00
1998	5 693.00	2 000.00		3 693.00	26 529.00	184 853.00	16.00	200.00	5.20	87.30	35 662.00	16 802.00
1999	5 131.00	2 000.00		3 131.00	21 586.00	182 124.00	543.00	1 800.00	5.40	93.30	37 324.00	19 677.00
2000	5 101.00	2 000.00		3 101.00	19 303.00	189 675.00	262.00	1 686.00	5.30	86.60	36 763.00	17 716.00
2001	4 937.00	2 000.00		2 937.00	14 756.00	190 247.00	168.00	399.00	5.60	83.60	36 391.00	17 112.00
2002	4 691.00	2 000.00		2 691.00	14 053.00	180 767.00	61.00	68.00	6.10	90.30	39 926.00	13 883.00
2003	4 808.00	2 000.00		2 808.00	15 470.00	178 515.00	701.00	63.00	5.70	98.20	44 570.00	19 410.00
2004	4 600.80	2 050.00		2 550.80	17 495.00	160 224.00	701.00	140.00	5.60	100.40	46 936.00	23 905.00
2005	4 524.10	2 000.00		2 524.10	18 690.00	127 980.00	800.00		5.40	68.02	32 927.00	19 034.00

2005 年国家林业局农业综合开发林业生态示范项目完成情况表

年份	资金投入（万元）			主要建设内容				主要效益			
	合计	财政资金	自筹资金	人工造林、种草（万亩）	封(山)沙育林（草）（万亩）	飞播造林（万亩）	低效林改造（万亩）	控制水土流失面积（平方公里）	新增有林面积（万亩）	治理沙化土地面积（万亩）	提高森林覆盖率（%）
2005	16 427.58	12 633.92	3 793.66	56.84	20.40	3.20	0.24	1 730.00	90.65	35.71	0.11

1990～2005 年国家林业局农业综合开发名优经济林和花卉项目完成情况表

年份	资金投入（万元）						主要建设内容		主要效益		
	小计	财政资金	其中：中央财政资金	地方财政配套资金	银行贷款	自筹资金	经济林基地（万亩）	花卉基地（亩）	新增经济林产品（万公斤）	新增花卉（万枝、盆）	新增总产值（万元）
合计	185 541.37	123 756.20	52 800.00	50 370.00	1 106.00	60 679.17	388.89	17 800.00	106 130.32	14 440.94	361 627.70
1990	3 000.00	2 000.00	1 000.00	1 000.00		1 000.00	10.00		800.00		5 000.00
1991	3 000.00	2 000.00	1 000.00	1 000.00		1 000.00	10.00		800.00		5 000.00
1992	4 500.00	3 000.00	1 500.00	1 500.00		1 500.00	15.00		1 200.00		7 500.00
1993	6 884.00	5 800.00	2 900.00	2 900.00		1 084.00	50.90	200.00	3 950.00	350.00	11 540.00
1994	6 290.00	5 200.00	2 600.00	2 600.00		1 090.00	46.30	200.00	3 594.00	320.00	10 517.00
1995	7 378.00	6 300.00	3 100.00	3 200.00		1 078.00	54.70	200.00	4 247.00	530.00	12 391.00
1996	10 800.00	7 212.00	3 600.00	3 612.00		3 588.00	29.00	100.00	3 529.00	830.00	30 668.00
1997	11 721.00	7 800.00	3 900.00	3 900.00		3 921.00	13.00	100.00	7 663.00	548.00	31 679.00
1998	13 151.00	8 400.00	4 200.00	4 200.00		4 751.00	19.60		6 149.00		26 520.00
1999	14 100.00	9 400.00	4 700.00	4 700.00		4 700.00	32.10		6 270.00		8 667.00
2000	15 000.00	10 000.00	5 000.00	5 000.00		5 000.00	23.00		8 270.00		9 500.00
2001	18 883.00	12 500.00	6 200.00	6 300.00	10.00	6 373.00	28.50		9 350.00		12 212.00
2002	20 453.00	12 518.00	6 200.00	6 318.00	590.00	7 345.00	18.18	5 500.00	9 792.00	302.00	31 416.00
2003	18 170.00	11 040.00	6 900.00	4 140.00		7 130.00	17.93	5 900.00	18 812.68	5 380.88	69 148.05
2004	17 989.87	11 809.00			190.00	5 990.87	13.40	4 500.00	16 000.00	5 000.00	65 000.00
2005	14 221.50	8 777.20			316.00	5 128.30	7.28	1 100.00	5 703.64	1 180.06	24 869.65

1988～2005年水利部农业综合开发水利骨干工程项目完成情况表

年份	资金投入（万元）				主要建设内容		主要效益			
	合计	财政资金	其中：中央财政资金	自筹资金	渠道防渗（公里）	渠系建筑物（座）	新增灌溉面积（万亩）	改善灌溉面积（万亩）	新增供水能力（亿立方米）	节约水量（亿立方米）
合计	308 322.11	278 728.00	154 615.00	106 564.11	6 544.79	15 012.00	782.29	1 487.29	23.19	30.50
小计		76 970.00	76 970.00							
1988		5 760.00	5 760.00							
1989		5 425.00	5 425.00							
1990		4 955.00	4 955.00							
1991		4 800.00	4 800.00							
1992		8 465.00	8 465.00							
1993		12 035.00	12 035.00							
1994		16 200.00	16 200.00							
1995		9 130.00	9 130.00							
1996		10 200.00	10 200.00							
小计	308 322.11	201 758.00	77 645.00	106 564.11	6 544.79	15 012.00	782.29	1 487.29	23.19	30.50
1997	31 343.00	18 800.00	9 400.00	12 543.00	560.00	680.00	150.00	200.00	1.91	3.89
1998	31 675.00	19 200.00	9 600.00	12 475.00	672.00	710.00	147.00	185.00	2.48	5.05
1999	35 465.00	21 290.00	10 645.00	14 175.00	716.00	1 292.00	76.00	187.00	1.47	3.00
2000	25 250.00	16 200.00	8 100.00	9 050.00	598.00	1 537.00	49.00	78.00	1.16	2.35
2001	33 160.00	21 700.00	10 850.00	11 460.00	431.00	1 770.00	37.00	156.00	1.49	3.03
2002	40 033.00	26 100.00	13 050.00	13 933.00	814.00	1 622.00	73.00	86.00	1.67	3.41
2003	48 066.11	32 000.00	16 000.00	16 066.11	916.00	2 669.00	73.00	150.00	3.83	2.06
2004	28 037.00	22 391.00		5 646.00	862.00	1 956.00	57.50	160.00	3.09	2.30
2005	35 293.00	24 077.00		11 216.00	975.79	2 776.00	119.79	285.29	6.09	5.41

1989～2005年水利部农业综合开发水土保持项目完成情况表

年份	资金投入（万元）				主要建设内容						主要效益		
	合计	财政资金	其中：中央财政资金	自筹资金	坡改梯（万亩）	水土保持林（万亩）	经济林（万亩）	种草（万亩）	封禁治理（万亩）	小型水利水保工程（万立方米）	减少土壤侵蚀量（万吨）	新增活立木蓄积量（万立方米）	提高林草覆盖度（%）
合计	276 813.82	207 742.97	98 400.00	69 070.85	633.19	1 897.83	768.68	342.71	2 146.08	29 619.82	12 961.61	640.66	—
1989	3 250.00	3 250.00	2 500.00		37.99	89.72	35.53	25.33	109.75	1 547.70	703.50	26.92	17.84
1990	6 240.00	6 240.00	4 800.00		68.88	170.02	65.97	41.47	194.67	2 790.29	1 268.31	51.01	10.25
1991	6 240.00	6 240.00	4 800.00		70.83	166.45	68.58	37.93	216.59	2 874.03	1 306.38	49.94	17.41
1992	6 240.00	6 240.00	4 800.00		67.42	159.24	64.96	38.27	209.25	2 813.21	1 278.73	47.77	13.65
1993	6 240.00	6 240.00	4 800.00		44.73	107.02	40.27	24.47	120.24	1 761.78	800.81	32.11	10.35

续表

年份	资金投入（万元）				主要建设内容						主要效益		
	合计	财政资金	其中：中央财政资金	自筹资金	坡改梯（万亩）	水土保持林（万亩）	经济林（万亩）	种草（万亩）	封禁治理（万亩）	小型水利水保工程（万立方米）	减少土壤侵蚀量（万吨）	新增活立木蓄积量（万立方米）	提高林草覆盖度（%）
1994	7 540.00	7 540.00	5 800.00		49.27	116.74	45.31	30.82	144.80	2 041.51	927.96	35.02	17.32
1995	15 750.00	12 600.00	6 300.00	3 150.00	41.61	176.33	45.28	23.12	183.32	2 076.82	944.01	52.90	12.85
1996	15 750.00	12 600.00	6 300.00	3 150.00	48.85	183.04	59.53	23.73	185.83	1 951.43	1 016.37	43.60	14.65
1997	17 000.00	13 600.00	6 800.00	3 400.00	54.67	197.19	63.82	28.23	203.70	2 156.83	1 100.42	59.16	12.86
1998	18 250.00	14 600.00	7 300.00	3 650.00	20.57	60.46	30.98	5.55	48.36	902.35	296.82	22.13	15.60
1999	20 750.00	16 600.00	8 300.00	4 150.00	25.34	74.86	39.46	7.18	55.68	1 123.65	390.65	32.28	13.65
2000	20 745.00	16 600.00	8 300.00	4 145.00	22.60	62.60	37.12	9.97	56.75	1 145.80	465.86	42.66	10.52
2001	22 061.00	17 600.00	8 800.00	4 461.00	22.65	65.70	38.20	9.65	63.86	1 218.60	436.75	56.80	8.86
2002	23 426.00	18 600.00	9 300.00	4 826.00	25.15	71.25	39.50	11.23	65.90	986.80	438.65	49.68	11.46
2003	22 256.90	17 166.60	9 500.00	5 090.30	13.31	62.04	32.08	9.96	84.82	2 174.43	420.32	38.68	11.52
2004	42 808.55	15 765.00		27 043.55	9.86	67.60	31.80	8.90	96.96	680.45	592.00		13.67
2005	21 916.37	16 261.37		5 655	9.46	67.57	30.29	6.90	105.60	1 374.14	574.07		13.58

1995～2005年国土资源部农业综合开发土地复垦项目完成情况表

年份	资金投入（万元）				主要建设内容		主要效益	
	合计	财政资金	其中：中央财政资金	自筹资金	复垦土地（万亩）	营造防护林（万亩）	新增耕地（万亩）	新增灌溉面积（万亩）
合计	66 432.29	33 645.24	14 740.00	32 787.05	38.03	5.04	29.37	14.93
1995	3 774.20	1 000.00	500.00	2 774.20	0.90	0.03	0.80	0.64
1996	3 774.20	1 000.00	500.00	2 774.20	0.90	0.03	0.80	0.64
1997	3 774.20	1 000.00	500.00	2 774.20	0.92	0.03	1.03	0.64
1998	4 500.00	3 000.00	1 500.00	1 500.00	4.60	0.40	4.00	
1999	8 877.00	3 922.00	2 000.00	4 955.00	7.54	0.90	7.10	3.00
2000	9 569.00	4 035.00	2 200.00	5 534.00	6.57	1.59	4.62	4.00
2001	9 489.00	4 500.00	2 400.00	4 989.00	5.68	0.70	3.69	
2002	6 831.30	3 274.00	2 540.00	3 557.30	3.90	0.40	3.00	2.20
2003	6 587.94	4 660.00	2 600.00	1 927.94	2.18	0.52	0.97	1.04
2004	4 932.91	3 625.24		1 307.67	2.74	0.34	1.86	1.64
2005	4 322.54	3 629.00		693.54	2.10	0.10	1.50	1.13

农业综合开发部门项目主要统计指标解释

一、农业部农业综合开发原原种扩繁项目完成情况表

1. 本项目是自1989年起立项实施的，在全国范围内实施。

2. “基地面积”：指项目建设单位通过项目建设，形成种子生产的面积。

3. “仓库”：指低温低湿库和常温库及物资库的库房面积。其中低温低湿库指具有降温除湿功能，温度控制在5℃～15℃，湿度控制在50%～70%的仓库；常温库及物资库指种子周转库、种用物资储备库、农业机具库。

4. “网室”：指用于防止鸟类、昆虫等对作物的破坏、传粉专用隔离设施。

5. “晒场”：指用于种子晾晒、以降低含水量场所的面积。一般为水泥地面。

6. “新增原原种生产能力”：指项目建成后，项目承担单位每年原原种的生产总量比项目实施前的增加数量。

7. “新增原种生产能力”：指项目建成后，项目承担单位每年原种的生产总量比项目实施前的增加数量。

二、农业部农业综合开发良种繁育基地项目完成情况表

1. 本项目是自1989年起立项实施的，在全国范围内实施。

2. “基地面积”：指项目建设单位通过项目建设，形成种子生产的面积。

3. “仓库”：同原原种扩繁项目。

4. “晒场”：同原原种扩繁项目。

5. “购置加工设备”：指种子加工项目购置的单机加工设备，以及精选、分级、包衣、包装计量、传送设备和叉车等设备。

6. “新增原种生产能力”：解释说明同原原种扩繁项目。

7. “新增种子加工能力”：指项目建成后，项目承担单位每年机械加工种子的总量比项目实施前的增加数量。

8. “新增种子储备能力”：指项目建成后，项目承担单位仓储设施所能储藏种子总量比项目实施前的增加数量。

三、农业部农业综合开发优质农产品示范和菜篮子工程项目完成情况表

1. 本项目由优质农产品示范和菜篮子工程两个项目组成。菜篮子工程项目是自1989年起立项实施的，在全国范围内实施。优质农产品示范项目是自1996年起立项实施的，建设范围历年来涉及除黑龙江、贵州、云南、西藏、宁夏、新疆以外的所有省区市。由于该两个项目建设内容大体相同，过去一直没有分开统计，因此合并为一个项目统计。自2005年起，该项目更名为优势特色种养示范项目。

2. “种植业基地”：指通过项目实施，建成的露地、园地、温室、大棚等面积之和。

3. “畜禽棚舍”：指通过项目实施，建成的畜禽繁殖、饲养的房屋、厩舍面积。

4. “水产养殖基地”：指通过项目实施，建成的海水、淡水养殖面积之和（包括育苗设施）。

5. “蔬菜种苗”：指通过项目实施，到竣工年度达到的蔬菜种苗生产供应能力。

6. “畜禽供种”：指通过项目实施，到竣工年度猪、牛、羊等畜禽良种的供应能力。

7. “新增水产品供种能力”：指通过项目实施，到竣工年度水产品苗种供应能力。

8. “新增水产品生产能力”：指项目建成后，水产品产量比项目实施前的增加数量。

四、农业部农业综合开发育草基金项目完成情况表

1. 本项目是自1989年起立项实施的，建设范围涉及大部分牧区省份。

2. “围栏草场”：指以墙体、金属网等对天然草场及人工草地实施封育管理的面积。

3. “人工种草”：指经人工播种及施肥、灌溉等管理的草场和草地的面积。

4. “草场改良”：指对天然草场实施围栏、松

土、补播、切根、施肥等措施进行改良的面积。

5．“新增草种生产能力”：指项目建成后，治理区草种生产总量比项目实施前的增加数量。

6．“新增草种加工能力”：指项目建成后，项目承担单位每年机械加工草种的总量比项目实施前的增加数量。

五、农业部农业综合开发秸秆养畜项目完成情况表

1．本项目是自1992年起立项实施的，建设范围历年来涉及除西藏以外的所有省区市。

2．“青贮氨化池”：指通过项目实施，农户或养殖示范场建成青贮氨化池的体积数量。

3．“养殖示范场、户”：指补助棚圈等基础设施建设的农场个数。

4．“秸秆处理机械”：指购置各种秸秆处理机械的数量。

5．“牛出栏”：指项目实施区当年牛出栏数。

6．“羊出栏”：指项目实施区当年羊出栏数。

7．“氨化、微贮秸秆”：指氨化、微贮风干秸秆及相关作物的数量。

8．“青贮数量”：指青贮鲜秸秆及相关作物的数量。

六、农业部农业综合开发海南农垦总局天然橡胶基地项目完成情况表

1．本项目是自1994年起立项实施的，建设范围为海南农垦总局下属的西庆、西流、西培、西华、西联、龙江、卫星、西达、八一、昆仑等10个农场。

2．“橡胶更新定植”：指更新年限已到并经批准而更新定植的橡胶面积（当年定植的以林段为单位计算保苗率达到85%以上的胶园面积）。

3．“橡胶中小苗抚管”：指对未投产橡胶幼树进行管护。

4．“防风林营造”：指为了减少风、沙、水、旱等自然灾害而在橡胶林段四周营造的胶园防风林。

5．“防风林管理”：指对已定植防风林幼树进行管护。

6．“橡胶平均增粗”：指本年内未开割橡胶树围茎实际茎粗的平均增加量。

7．“干胶亩产”：指每亩开割胶园年产干胶数量。

8．“干胶总产量”：指当年生产的鲜胶水和杂胶（即扣除杂物后的胶线、胶块、胶泥）经过加工制成的烟胶片、标准胶、浓缩胶乳、浅色胶等橡胶成品的总量。

9．“新增开割面积”：指橡胶中小苗中当年达到开割标准并已投产的橡胶面积。

七、国家林业局农业综合开发林业生态示范项目完成情况表

1．本项目是自2005年起，由原国家林业局“农业综合开发长江防护林工程项目”、“农业综合开发太行山绿化示范工程项目”和“农业综合开发防沙治沙示范项目”整合而成，如查找2004年前原三类项目有关统计数据，请参看以前年度《中国农业综合开发年鉴》。

2．“人工造林种草”：指在无林（草）地上恢复森林（草）的面积，包括人工定植与人工播种造林种草。人工定植是指采用移栽苗木使其成林的营造林方式；人工播种是指人工把树木种子或种子丸直接播种于造林地使其成林地的营造林方式。

3．“封（山）沙育林（草）”：指利用林木或灌草地天然更新能力，对具有天然下种能力的疏林地、灌丛地、采伐迹地、火烧迹地以及荒山荒地、沙荒地等有条件的地方，采用划界封禁和限制开垦、采樵、放牧等人工辅助措施，使其成为森林、灌草植被的面积。

4．“飞播造林种草”：指在大面积荒山、荒地或人烟稀少、地处边远地区的造林地上利用飞机撒播林木（草籽）种子或种子丸的造林（种草）面积。

5．“低效防护林改造”：指对树种组成、林相、郁闭度等方面不符合经营要求，林分质量次、生长慢、产量低、无培育前途或遭受严重自然灾害的人工林进行改造，使其转变为能生长大量优质木材和其他多种林产品，并能发挥多种有益效能的优良林的面积。

6．“控制水土流失面积”：指项目建成后，治理区水土流失强度控制在轻度侵蚀强度（每年每平方公里水土流失500～200吨）以下的面积。

7．“新增有林地面积”：指项目建成后，治理区形成由乔木树种构成，郁闭度0.2以上的林地或灌溉宽度10米以上林带的面积。

8．“治理沙化土地面积”：指项目建成后，得到治理和防风固沙林网有效控制的沙化土地面积。

9．“提高林草植被覆盖率”：指项目建成后，治理区增加林草植被面积占项目县土地总面积的比重。

八、国家林业局农业综合开发名优经济林和花卉项目完成情况表

1.本项目是自1996年起立项开始实施的，建设范围历年来涉及除西藏、天津以外的所有省区市。

2."经济林基地"：指通过项目实施，新建或改造的经济林面积。

3."花卉基地"：指通过项目实施，新建或改造的花卉面积（含保护地栽培面积）。

4."新增经济林产品"：指项目建成后，在正常年景下年新增的经济林产品产量。

5."新增花卉"：指项目建成后，在正常年景下年新增的花卉产品产量。

6."新增总产值"：指通过项目实施，新增的以货币表现的经济林和花卉产品的总量，按正常年景下的年平均产值计算。

九、水利部农业综合开发水利骨干工程项目完成情况表

1.本项目是自1988年起立项实施的，1997年以前专项用于黄淮海五省跨省灌排骨干工程建设，1997年以后每年在全国部分省份实施。

2."渠道防渗"：指干支渠断面衬砌防渗工程的长度。

3."渠系建筑物"：指干支渠系建筑物的数量。

4."新增灌溉面积"：指项目建成后，在原有效灌溉面积之外，扩大或恢复的有效灌溉面积。

5."改善灌溉面积"：指项目建成后，使原有灌溉保证率低或渠系不配套的灌溉面积得到改善、提高部分的灌溉面积。

6."新增供水能力"：指项目建成后，灌区新增加的年供水量和节约的水量。

7."节约水量"：指项目建成后，灌区节约的水量。

十、水利部农业综合开发水土保持项目完成情况表

1.本项目是自1989年起立项实施的，1998年以前建设范围主要在长江上游（包括金沙江下游及毕节地区、陇南及陇南地区、嘉陵江中下游、三峡库区），1999年后扩大到黄河中游水土流失严重地区，建设范围涉及山西、甘肃、宁夏、陕西、四川、重庆、湖南、河南、江西等省区。

2."坡改梯"：指为保持水土，防治水土流失，发展农业生产，将坡耕地修建成阶梯式断面的田块面积。

3."水土保持林"：指以防治水土流失为主要功能的人工林和天然林的面积，包括乔木林和灌木林。

4."经济林"：指利用林木的果实、叶片、皮层、树液等林产品作为工业原料或供人食用为主要目的人工林或改造的天然林面积。

5."种草"：指在水土流失地区为蓄水保土，改良土壤，发展畜牧，美化环境人工种植草本植物的面积。

6."封禁治理"：指对稀疏植被采取定期封禁管理，依靠人工补植和抚育，促进植被自然恢复的措施的面积。

7."小型水利水保工程"：指为实施水土保持综合治理而配套建设的沟渠、机井、塘池、水窖、谷坊、沟头防护等工程的土石方量。

8."减少土壤侵蚀量"：指工程建成后，治理区土壤侵蚀所减少的数量。计算方法：单位面积减少的土壤侵蚀量×治理水土流失面积。

9."新增活立木蓄积量"：指从项目实施后第5年开始，治理区水土保持措施所增加的活立木蓄积量。计算方法：单位面积增产量×新增林木面积。

10."提高林草覆盖度"：指项目建成后，治理区增加植被覆盖面积占土地总面积的比重。计算方法：新增水土保持林草面积/项目区面积。

十一、国土资源部农业综合开发土地复垦项目完成情况表

1.本项目是自1995年起立项实施的，建设范围涉及河北、山西、黑龙江、江苏、安徽、山东、内蒙古、河南、辽宁等省区。

2."复垦土地"：指对在生产建设过程中，因挖损、塌陷、压占等造成破坏的土地，采取整治措施，使其恢复到可供利用状态的土地面积。

3."营造防护林"：指为减少风、沙、水、旱等自然灾害而营造的农田防护林的面积。

4."新增耕地"：指通过项目建设，完善配套设施，在原有效耕地面积之外，当年新增加或扩大的耕地面积。

5."新增灌溉面积"：指通过新建（或改建）水利工程设施，在原有效灌溉面积之外，当年新增加或扩大的部分有效灌溉面积。

第七部分

文　　选

地方党政领导谈开发

推进农业综合开发　构建农村和谐社会

张左己

农业综合开发作为财政支农工作的重要组成部分，体现了国家对农业的支持、工业对农业的反哺。从这个意义上说，农业综合开发是构建和谐社会的基础性工作，具有十分重要的意义和作用。

首先，农业综合开发通过财政资金向农业、农村和农民倾斜，可在一定程度上调整工业先进与农业相对落后、城市发达与农村和农民相对贫困的矛盾，在构建和谐社会中发挥积极的调节作用。和谐社会应当是社会基本矛盾不断得到调整，生产力与生产关系、经济基础与上层建筑基本适应的社会。农业是国民经济的基础产业、母体产业，农业长期落后、农民相对贫困是构建和谐社会的严重障碍。只有农业发展、粮食安全、农村安定、农民富裕才能为构建和谐社会提供前提和基础。农业综合开发重在加强农业基础设施建设，提高农业综合生产能力，加快农业发展，增加农民收入，提高农民生活水平，进而不断缩小城乡和工农差距。从黑龙江省的情况看，农业综合开发实施 17 年来，已改造中低产田 3 500多万亩，新增粮食生产能力 60 多亿公斤，同时扶持了优质大豆、优质稻米和奶牛等一批优势和特色产业，促进了项目区农民收入的大幅度增加。可以说，农业综合开发是构建和谐社会的一项基础工程。

其次，农业综合开发以确保粮食安全、提高农民收入为根本目标，通过加强农业基础设施建设和农业生态建设，促进农业可持续发展，可在构建和谐社会中发挥重要的保障作用。和谐社会应当以人为本，实现经济与社会、人与自然全面协调可持续发展的社会。农业的可持续发展不是简单地种树、种草，而是山水田林路综合治理，是人口、资源、环境的协调统一。农业综合开发把加强农业基础设施建设和保护生态环境结合起来，为建设生态农业发挥了重要的示范作用。到 2004 年，全省农业综合开发共开挖沟渠 8.9 万公里，新打和维修机电井 6.4 万眼，新打和维修排灌站 586 座，新建桥涵闸等构造物 9.1 万座，新建和扩建加固小水库、拦河坝 279 座，架设和配套农电线路 1.3 万公里，修机耕路 2.17 万公里，购置农业机械 3.99 万台（套）。通过不断加强农业基础设施建设，原来非旱即涝的农田变成了“田成方、林成网、旱能灌、涝能排”的标准化农田，增强了抵御各种自然灾害的能力，为实现人与自然的和谐创造了良好条件，为统筹城乡发展、构建和谐社会提供了坚实的基础保障。

第三，农业综合开发实行以中央财政资金为引导、地方财政配套、农民和企业自筹以及吸引银行贷款的投入机制，把政府的扶持政策、企业的创新能力与农民增收致富的愿望结合在一起，可在构建和谐社会中发挥财政资金的导向作用。和谐社会应当是全社会创造活力充分激发、社会财富创造源泉充分涌流的社会。农业综合开发的投入机制充分地调动了各方面向农业投入、综合开发农业资源、从农业领域创造和获取社会财富的积极性。到 2004 年，黑龙江省已投入农业综合开发资金 100.7 亿元。同时，通过农业综合开发政策和投入机制的引导，近年来先后有南韩、香港等20多家国内外客商和国家开发银行在黑龙江省投资农业综合开发项目，进一步壮大了全省农业综合开发的投入规模。如宾县引进山东禹王集团大豆分离蛋白项目，吸引资金1.2亿元，年生产4万吨大豆分离蛋白，实现销售收入4.4亿元、利税9 600万元；国家开发银行2005年计划投入10亿元贷款用于农业开发项目。实践证明，农业综合开发在招商引资方面具有极大的吸引力，已经成为全省招商引资的一支重要力量。

第四，农业综合开发通过无偿资金投入，改善农业生产条件，让农民得到公共财政的阳光雨露，架起党和政府与农民密切联系的桥梁，可在构建和谐社会中发挥纽带作用。和谐社会应是各种利益关系协调、体现社会公平和正义、人们能够各得其所的社会。农业综合开发修渠引水、打井灌溉、筑路架电等，无偿为农民办好事、办实事。在新的历史时期，继续搞好农业综合开发，必将进一步密切党群、干群关系，对于实践“三个代表”的重要思想、构建社会主义和谐社会具有重要的现实意义。

为更好地发挥农业综合开发在构建和谐社会中的作用，今后一个时期，全省的农业综合开发工作要以“三个代表”重要思想和党的十六届四中全会精神为指导，按照省委“努力快发展、全面建小康”的战略部署，以粮食安全和农民增收为目标，以农业产业化为主线，着力加强农业基础设施和农业生态建设，提高农业综合生产能力；着力推进农业结构调整和农业科技进步，提高农业综合效益和农产品市场竞争力；着力完善农业综合开发管理机制，努力提高服务“三农”的水平，为构建和谐社会、实现全面小康社会做出新的贡献。具体而言，农业综合开发工作要“突出体现三性，正确处理好三个关系，重点抓好四项工作”。

突出体现三性：就是农业综合开发项目选择确定要突出体现先进性、示范性和导向性。先进性是指农业综合开发项目要在基础设施、耕作技术、管理方式、经营体制等方面体现现代农业的先进水平和先进生产力的发展要求；示范性是指农业综合开发项目要在优质品种推广、适用技术应用、农业效益提高方面起到明显的示范作用；导向性是指农业综合开发项目建设应当代表现代农业的发展方向，对常规农业的发展具有典型的引导作用。

正确处理好三个关系：一是要处理好普及与提高的关系。农业综合开发要突出产粮大县和优势产业，提高规模，提高水平，下大力气抓出一批对县域经济和主导产业能够起到拉动作用的好项目、大项目。二是要处理好一般和重点的关系。在项目安排上要防止平衡照顾的做法，在执行好国家方针政策的基础上，集中资金保重点市（县）和重点项目，实行规模开发、梯次推进的战略。三是要处理好扶优和扶贫的关系。农业综合开发必须重点扶强扶壮一批基础好、实力强、对农民增收、财政增收具有拉动作用的龙头项目。

重点抓好四项工作，指以下四项工作：

1.坚持不懈地提高农业综合生产能力，确保国家粮食安全，为构建和谐社会奠定基础。一是农业基础设施建设要有总体规划。针对不同区域农业生产的制约性因素，因害设防、综合治理。二是要加强项目区农田水利建设。在三江平原继续重点实施排蓄结合、以稻治涝工程；在松嫩平原重点强化水源工程建设，兴修水库、塘坝，大打机电井。无论水田还是旱地都要特别注重发展节水农业。三是要突出农业生产大县。有计划、有重点地在产粮大县发展一批高标准基本农田；在有条件的大中城市郊区，积极发展以日光温室和塑料大棚为重点的设施农业，实行资本、技术高效集约经营。四是要搞好配套农田防护林网建设。在平原地区重点抓好农田防护林建设；在土壤沙化地区，重点抓好防风固沙林建设；在丘陵山区和半山区，重点抓好水土保持林、水源涵养林建设。五是要搞好农业机械化建设。加强新型农业机械的推广应用工作，努力提高项目区农业机械化水平。

2.改善和保护生态环境，促进人与自然和谐发展，为构建和谐社会创造优良环境。切实注意改善和保护生态环境，实现农业综合开发与保护生态环境的有机结合。一是要加大植树造林力度。加强农田防护林及水土保持林、经济林建设。遵循市场经济规律，实行“谁造归谁有”的政策，切实提高

造林成活率，提高管护水平，为基本农田建设高标准的生态屏障。二是要治理好水土流失。大力推广拜泉县小流域综合治理经验，采取筑坝拦截、林木封沟、建设水平梯田、实行乔灌草结合、建立模拟自然顶级群落等措施，切实遏止或减缓水土流失。推广泰来县庄园化治理风沙的模式，努力改善农民的生存环境和生产条件。三是要加强地力建设。实行养地与耗地作物合理轮作间种，坚持土地耕暄深松制度。逐步改变农村传统的燃料结构，重点抓好作物秸秆还田及人畜粪便还田，努力提高土壤有机质含量。

3. 扶持优势产业发展和农业产业化经营，增强农业发展的后劲，为构建和谐社会提供物质保障。重点搞好“五个服务”：一是为粮食优质化服务。下功夫抓出一批优质农产品生产基地，逐年扩大基地规模和影响，逐步推进粮食优质化的进程。二是为绿色食品和特色农业服务。抓住国内外市场对绿色特色食品需求大幅度增长的机遇，紧紧围绕绿色特色产品的生产、加工、销售来谋划思路、做好文章、发挥作用。三是为实施省委“主辅换位”的战略服务。黑龙江省具备发展畜牧业的基础和条件，2004 年畜牧业产值已突破 400 亿元，占农业总产值的 38.2%。农业综合开发要围绕增强畜产品的市场竞争力，在提高畜产品质量、壮大畜牧业规模和拓宽畜牧市场渠道上下功夫，改变传统加工和包装方式，采用低温保鲜新技术，以优质名牌产品抢占国内外市场。四是为农业产业化经营服务。积极扶持一批在国内外市场有竞争能力的产业化龙头，同时抓好一批优势农产品生产基地。五是为农民合作经济组织服务。采取有效措施，促进农民由一家一户的分散经营向企业化规模经营转变，实现农村土地、劳力、能人、资金、资源等要素重新组合、最佳配置，努力降低农业生产成本，提高农业综合效益。

4. 推进农业科技革命，解决好良种、良法和发挥科技人员作用等问题，为构建和谐社会提供科技支撑。农业综合开发要在科技进步方面找准主攻方向，实现重点突破。一是要在良种上突破。选准几个优良农畜品种进行引进、育种和扩繁。经过几年的努力，使之成为黑龙江省的主栽或主养品种。二是要在良法上突破。抓好农作物耕作栽培、畜牧饲养、产品加工、保鲜贮运、农业降耗增效技术示范和推广，力争在节水农业、设施农业、标准农业等方面探索出新的路子和经验，使项目区成为现代农业科技的先行区、示范区和样板区。三是要在发挥科技人员作用和提高项目区农民科技文化素质上突破。农业综合开发要探索与农业科技部门、科技人员进行长期技术协作的有效途径，创新生产力的配置机制，使项目区成为农业科技人员从事技术推广的主战场。同时，要依靠科技人员搞好项目评估和论证，减少项目投资风险。并要把项目区农民的科技文化培训纳入农业综合开发范畴，努力改善农民获取科技信息、接受科技知识、提高科技技能的外部条件。

(作者系黑龙江省省长)

集中农业综合开发资金 打造河南粮食生产核心区

李成玉

河南省政府 2004 年底决定，从 2005 年起，依据粮食产量在 10 亿斤以上、商品粮在 6 亿斤以上、耕地面积 130 万亩以上、中低产田面积 100 万亩以上四项指标，选择滑县、浚县等 24 个县，集中农业综合开发资金的70%，连续投入3年，实行规模开发，建设高标准农田，目的在于打造河南的粮食核心区。这样不仅有利于提高农业综合开发资金的使用效益，而且有利于长期稳定粮食综合生产能力，保障国家的粮食安全。

已确定的24个重点县基本上都是农业大县，对这些县来讲，农业是优势，搞农业综合开发，是发挥比较优势、促进县域经济发展的一个途径。对此，必须给予高度重视。

一、坚持高标准搞好农业综合开发

这次打造的粮食核心产区和前些年的农业综合开发不太一样，要高标准地规划和建设，对项目区进行水田林路综合治理，一步到位，使其成为河南省提高农业集约化生产水平、推进农业现代化的示范区。

首先，要集中连片开发，道路、林网、水利等基础设施同步进行。每个县都要结合实际，做好项目区的规划，确定建设目标，明确建设内容。一是注意连片开发。现在有些县规划的项目区还比较分散，今年是这两个乡、几个村，明年是相隔很远的另外两个乡、几个村，这种开发模式我们过去搞了多年，效益不是太好，一定要改变。项目区应选择中低产田面积大的地方，备好后续项目，加大资金投入，连片开发几年，把这个地方的粮食生产潜力彻底挖掘出来。二是同步建设配套设施。要建立标准的农田水利设施，科学规划灌排工程，易涝的地方解决排涝问题，易旱的地方解决灌溉问题。要修建好田间道路，能够硬化的尽量硬化。林业部门要配套一些资金用于植树，因为这些重点开发区，也是平原绿化比较薄弱的地方，在这些地方搞林网建设既能保护生态，又能为木浆造纸提供原料，增加农民收入。要加大先进适用技术的推广力度，搞好科技服务体系建设。要通过平整土地、测土配方施肥，改良土壤。如新蔡县土壤板结厉害，耕作层很浅，要通过深耕、秸秆还田等办法，反复搞上几年，彻底改变土壤结构。24个重点县的规划拿出来后，省农开办要组织有关部门对各县的规划进行审核，尽快批复，并在每一个年度末对项目区建设进行抽查；3年完成后，还要组织验收。

其次，在项目区选择上，要从长计议，考虑到长远性、永久性。24个重点县，大部分农业人口比重大，工业相对落后，需要加快城镇化步伐，上一些工业项目。但如果把项目区选择在县城近郊和工业聚集区附近，这两年搞了改造，过两年发展了，又扩大城镇规模或安排一些工业项目进项目区，不仅浪费了资金，也不符合开发的本意。因此，项目区不要靠近县郊，也不要离工业聚集区太近。另外，对将来道路、村镇建设或远景规划需占用耕地的地方，也不宜搞农业综合开发。项目的选择还要遵循新开发的原则，不要和以往的项目重复，也不要对过去的项目修修补补，凡过去搞过开发、有档案的；凡过去打过井、配了套的，尽管现在又有损坏，也不能再往这个地方安排项目。总之，新的项目区一定要选择粮食生产潜力大、比较偏僻的地方，必须确保在相当长时间内主要从事粮食生产。在这方面，太康县这次选择的项目区就比较好，他们选择了“三大洼”地方，不仅离县城比较偏远，而且粮食生产潜力很大。

第三，要坚持因地制宜，发挥比较优势。项目区主要是从事粮食生产，但也不是单一搞粮食，如果养殖和种植经济作物的效益成倍好于粮食生产，也可以适度地搞些养殖，种植些经济作物。如郾城和中科院合作种植的美国李子，每亩地种植单位一年给农民1 000元租金，农民还可以到地里去干活赚取劳务收入，双方对此都感到满意。像这样的高效经济作物在项目区里就可以搞。这次项目区规划，方城县在农业结构调整、县域经济发展方面结合得就比较好。省农开办要对有条件、农业综合开发搞得比较好的地方安排专项资金，支持其在项目区搞一些农业产业化项目。为此，还要注意运用激励机制，谁的农业综合开发搞得好，谁的农业产业化龙头企业做得大，就向谁倾斜，支持其进一步搞好农业综合开发，支持其把农业产业化龙头企业做大做强，形成农业产业化和农业开发基地建设良性互动。

二、建立健全保障机制

搞好农业综合开发，建设高标准农田，关键在落实配套资金，核心在强化责任，各级、各部门要

进一步统一思想认识，完善保障措施，保证项目区建设顺利实施。

一是按照规定比例落实配套资金。省里已对24个重点县安排了资金，各县及所在省辖市也要按照规定，足额落实配套资金。近年来，随着经济的快速发展和转移支付力度的加大，各县财力逐步增强，已有能力解决一些历史欠账。在24个重点县中，2004年财政支出最高的县达6.1亿元，最低的县也有2.6亿元，其余各县的开支规模都超过了3亿元。这么大的开支盘子，每年给农业综合开发配套几百万元，是完全可以拿得出来的。如果拿不出来，只能说明认识还没完全到位。现在有的县财力并不强，却在往外搞新区，新建的办公楼一座比一座漂亮，钱没有用到该用的地方。这些县要调整财政资金投向，掂量掂量份量，看长远发展和建办公楼孰轻孰重！2004年全省财政支出已达877.9亿元，2005年争取突破1 000亿元，这样将有更多的财力用于转移支付，向24个重点县倾斜的力度也会加大。此外，省里还将积极争取中央财政支持，继续整合各类农业专项资金，支持24个重点县发展农业产业化项目。有关市、重点县也要统筹安排，整合农业方面的投资，支持农业综合开发。

二是按照政策组织农民投工投劳。搞农业综合开发，农民是直接受益者。对于农民用工问题，2005年的中央一号文件有明确规定，只要是改善农民生产生活条件的事情，可以适当地让农民投工投劳。各重点县要按照中央政策规定，积极探索新形势下开展农业综合开发的新机制、新办法，严格区分加重农民负担与农民自愿投工投劳改善自己生产生活条件的政策界限，引导农民对直接受益的农业综合开发项目投工投劳。

三是合理推进土地租赁和流转。现在有些地方农村劳动力常年在外务工，责任田无人耕种，如果新的项目区里有这样的家庭，而村里的其他农户又愿意扩大种植规模，要按照政策，把闲置的土地向会种田、愿种田的农户集中，让土地有人经营、有人管理。要继续探索新形势下土地租赁、流转途径，把这个渠道搞活，不然搞好了项目区，要求农民投工投劳，而土地承包责任人不在，别人又不能种植，不仅影响项目建设进度，又造成宝贵的土地资源长期闲置。

四是建立健全责任制。在项目建设的每一个环节，如资金管理、项目进度、建设质量都要明确直接责任人，一旦出了问题，就直接追究责任人的责任。一个县的县委书记、县长，工作千头万绪，不可能每项工作都亲自抓，但一定要明确责任人。各县的项目区是主管副县长负责，还是主管副书记负责，一定要明确到人；同时，要把任务落实到县相关部门，部门也要明确项目执行责任人，将来项目进度、资金出问题了，就追究他的责任。省里在重点项目建设上就是这样管理的，每一个重点项目省政府都有纪要，这个项目是谁负责的，都记录在案。为确保农业综合开发取得实效，要完善对重点县工作成效的监测评价和奖惩机制，当年项目资金、工程质量出问题的，核减第二年的资金；第二年仍出问题的，取消其农业综合开发重点县资格，并对有关责任人依法依纪严肃处理。对经过检查验收，工程达到要求、成效突出的，要加大农业综合开发投入和财政转移支付力度。同时，要对农业综合开发重点县实行动态管理，凡工作推不开、干得不认真的县，就坚决进行调整。无论是在这24个县之内还是之外，只要干得好、要求增加开发进度的，都向其倾斜。

五是建立各部门密切配合机制。农业、林业、水利、交通、财政、畜牧等部门，要密切配合，形成合力，全力支持24个重点县的农业综合开发和农副产品加工。需要协调的事情，各个部门要以大局为重，不能因部门利益而把一些工作割裂开来。无论是在县域经济发展上，还是在农业产业化项目安排上，都要向这些县倾斜。希望各个部门一定要履行好职责，从规划、建设、管理等方面，切实把这件事情抓好。

六是县里主要负责同志要有使命感。24个县的县委书记、县长，大部分都是新到这个岗位的，大家一定要增强使命感和责任感，静下心来抓好这件事情。对此，可能有人会说，相对其他产业来说，农业效益低，又对财政贡献不大，费了很大劲，收不到好的效果。但在目前的条件下，上不了大的项目，不搞农业综合开发又能干什么呢？现在中央和省里都非常重视农业。大家一定要认清形势，舍得拿出精力在项目区建设上下功夫，认真组织实施，扎扎实实把这件事情办好。当然，发展县域经济也可以上一些其他项目，但农业是24个重点县的优势，必须咬定目标不放松。在县域经济发展上，24个县粮食增产也是一个很重要的考核指标。2006年年初，省里要召开全省县域经济表彰大会，希望产粮大县也能在县域经济发展上取得新的成绩。

总之，要科学规划，精心组织，严格管理，扎实工作，强力打造河南省粮食生产的“核心区”，努力提高粮食生产能力，促进粮食增产、农业增效、农民增收，为推进工业化、城镇化提供坚实的基础保证。

（作者系河南省省长）

财政厅长谈开发

充发分挥农业综合开发重要作用
大力推进社会主义新农村建设

季建业

党的十六届五中全会指出，“十一五”时期，我国要重点抓好社会主义新农村建设，要建设资源节约型、环境友好型社会。这是党中央在全面建设小康社会、构建和谐社会的新背景下，科学分析国内外形势做出的重大决策。学习贯彻十六届五中全会精神，结合扬州工作实践，扬州市委感到，在建设社会主义新农村、推进资源节约型、环境友好型社会建设过程中，农业综合开发能够发挥重大作用，是一个重要的抓手。

第一，农业综合开发是提高农业综合生产能力、保障国计民生的重要战略。我国人口众多，农业问题特别是粮食问题始终是我国经济社会发展中的头等大事。别人依赖不了，也不能依赖。要以较少的土地养活较多的人口，并满足日益增长和发展的消费需求，必须把提高农业综合生产能力作为重要战略工程来抓。无论是从国家大局出发，还是从挖掘农业内部增收潜力、加快农民致富步伐的要求看，都必须重视和努力提高农业的产出率和商品率。扬州市农业综合开发自实施以来，始终坚持以改造中低产田、改善农业生产基本条件、提高农业综合生产能力为根本任务，通过综合运用工程、生物和技术措施，实行山水田林路综合治理、桥涵闸站渠综合配套，努力建设高标准基本农田。“十五”期间，全市农业综合开发通过上级支持、地方配套、农民自筹等途径，共投入开发资金3.4亿元，改造中低产田52万亩，新增粮食生产能力7.5万吨。

第二，农业综合开发是缓解人口与土地、经济社会发展与资源短缺矛盾的重要出路。我国人多地少，土地资源十分珍贵。随着城市化、工业化及各项社会事业的发展，土地等资源短缺的矛盾将越来越突出。我们既不能因为资源的瓶颈约束而放慢发展甚至不要发展，更不能因为发展不当而浪费资源

甚至破坏资源，必须切切实实地转变经济增长方式，走集约化、可持续发展的道路。扬州市人均耕地只有1亩左右，近几年来随着经济加快发展、城市加快建设、交通等基础设施建设加快推进，土地紧张的矛盾也逐步凸显。为此，一方面大力推进“双创”(工业技术创新，企业二次创业)、“三重”（集聚重要产业、实施重大项目、培植重点企业)、“三集中”(工业向园区集中、居住向社区集中、农民向城镇集中)，加快产业结构调整，提高经济集聚度和科技含量，提高城乡建设及重大基础设施建设的规划统筹水平，努力节约用地、集约用地、减少占地；另一方面，通过农业综合开发加强中低产田改造，加强五老地复垦，加强零散土地资源的整合利用，加强生态环境的保护和建设，在实现全市经济社会持续快速发展的同时，继续保持和发展了扬州市农业的生产水平，保持和发展了扬州市农业在全省的位次，较好地实现了土地资源的占补平衡。

第三，农业综合开发是调整农村经济结构、促进农民增收致富的重要措施。努力增加农民收入始终是“三农”工作的中心任务，不断挖掘农业农村内部增收潜力始终是促进农民增收的重要渠道。近年来，扬州市着眼于发挥资源优势，着眼于做大特色产业，着眼于农民持续增收，充分发挥农业综合开发的政策优势、投入优势、项目优势，“围绕产业扶龙头，围绕龙头建基地，围绕基地带农户，围绕农户抓科教”，加大土地资源、产品资源和科技资源的开发力度，有力地推动了全市优质稻米、特色蔬菜、鹅鸭经济、花卉苗木、经济林果等八大优势农产品的优化升级、做大规模、打响品牌、形成特色，农业的产业化、市场化、组织化程度进一步提高，广大农民普遍增收。2004年，全市农民人均纯收入4 677元，比上年增长12.1%。2005年全市农民人均纯收入5 200元，增长11%，提前超额完成了市委、市政府确定的3年农民人均增千元计划。

第四，农业综合开发是开发劳动者智力、提高农民素质的重要手段。农民是新农村建设的主体，建设新农村需要新农民，加快农村发展必须首先提高农民的科学文化素质。农业综合开发作为中央重农、惠农的政策措施，作为先进的生产力，既能推动农村经济发展，又能带动科技进步，带动农民科学文化素质的提高。如通过项目立项，安排专项资金组织开展农民知识技能培训，从而提升广大农民认识新科技、应用新科技的能力，提升就业创业的能力，提升市场意识、政策意识、法律意识。通过加强农业科技示范园区建设，把科技人员和专家教授吸引到田间地头，通过项目实施集中展示科技成果的转化应用，从而让农民看得见、学得上、跟着干。通过培植科技示范户，加强农业服务体系建设，加大新品种、新技术、新设备的引进推广力度，从而把新科技的示范推广过程变成引导育人的过程。通过用工业的理念开发农业、用市场机制运作农业、用国际惯例管理农业，引导农民解放思想、更新观念、突破传统、创新创优。

第五，农业综合开发是转变经济增长方式、发展现代农业的重要引擎。现代农业的重要特征包括科技化、设施化、规模化、市场化、生态化、组织化等等。农业综合开发作为现代农业建设的重要组成部分，通过加强农业基础设施建设，改善农业生产条件，提高农业现代物质技术装备，提升了农业的综合生产能力。通过发挥资源的比较优势，加大优势农产品基地建设，打造区域特色产业，提升了区域农业和农产品的市场竞争能力。通过扶持龙头企业发展，推进产业化经营，拓展农产品的加工增值和市场销售，提升了农民进市场的组织化程度和生产经营效益。近几年来，扬州市围绕“大力开发沿江，重点突破沿河，加快丘陵高沙土开发，增强农业特色优势”的总体思路和目标，加大农业综合开发的推进力度，全市的农业资源优势得到进一步的发挥，区域化、专业化的产业特色更加明显。

第六，农业综合开发是促进协调发展、构建和谐社会的重要保障。构建和谐社会要处理好人与自然、人与人、人与社会的关系。农业综合开发作为财政支农工作的重要组成部分，体现了国家对农业的支持、工业对农业的反哺。从这个意义上说，农业综合开发是构建和谐社会的基础工作，具有重要意义。一是农业综合开发通过财政资金向农业、农村和农民倾斜，可在一定程度上缓解工业先进与农

业相对落后、城市发达与农村和农民相对贫困的矛盾。二是农业综合开发通过各类项目实施，促进增产、增效、增收，促进农业可持续发展，促进生态平衡。三是农业综合开发通过无偿资金的投入，让农民得到公共财政的阳光雨露，架起了党和政府与农民密切联系的桥梁。实践证明，在项目区不仅农民的物质生活水平有了很大提高，而且农民的精神文化生活也有了明显改善。正如广大农民所说，农业综合开发“农民得实惠、干部得口碑、政府得人心”。在新的历史时期，农业综合开发对构建新型的党委政府与广大农民的互信关系、构建和谐社会必将发挥越来越大的作用。

从这几年扬州农业综合开发工作的实践来看，搞好农业综合开发工作，重点要抓好以下几个方面：

1. 党委、政府要高度重视，主动自觉地将农业综合开发工作纳入重要议事日程。要站在践行“三个代表”重要思想和落实科学发展观的高度，着眼全面建设小康社会的奋斗目标，充分认识新时期新阶段农业综合开发在统筹城乡发展、建设现代农业、发展农村经济、增加农民收入、推进新农村建设中的重要地位和作用，将农业综合开发作为一件大事来抓，纳入重要议事日程。2003 年，我们把农业综合开发作为全市八件实事工程之一，写进了市委、市政府《关于组织实施农民人均增千元、全面奔小康计划意见》，明确了农业综合开发工作的阶段性目标和任务要求。2004 年，市委、市政府确定重点投入建设的 16 个农业科技示范园中，有 12 个建在农业开发项目区，9 个由农业开发部门牵头或参与组织建设。这几年，扬州市委响应省委、省政府提出的沿江开发战略号召，规划确定了全市沿江开发要重点抓好“六大经济板块”，其中“生态农林业板块”的建设要积极运用农业综合开发的思路和模式，并明确由农业开发部门具体负责，列入市委市政府年度考核目标。扬州市委在不断给农业综合开发加任务、压担子的同时，十分重视和关心农业开发部门的干部职工，为他们创造必要的工作条件，为农业综合开发营造良好的工作环境。

2. 做好整合统筹的文章，让农业综合开发发挥更大的引导作用。要跳出农业抓农业，跳出开发抓开发，从建设社会主义新农村这一历史任务出发，整合项目、统筹安排、集聚力量，充分发挥和放大农业综合开发在推动农村经济和社会发展中的重要作用。一是抓好各级各类开发项目的整合。利用国家农业综合开发土地治理项目、产业化经营项目以及省丘陵山区、高沙土项目等，围绕优势农产品生产基地建设和产业化发展，进行有机整合，合力搭建产业开发和产业发展的平台。二是统筹考虑农村生产和生活条件的改善提高，跟进和配合做好农村通达工程、碧水工程和沃土工程，把田容田貌与村容村貌、扶贫解困与小康村建设、现代农业建设与公共事业发展、农村经济繁荣与村风文明等结合起来，一并考虑、统筹安排，相互配合、相互补充，科学管理、各记其功，整体推进新农村建设。三是以“一资”（国有资金）引“三资”，集聚各方面的力量推进农业综合开发。充分发挥农业综合开发财政资金的引导作用，以灵活的方式、宽松的环境、优惠的政策、良好的服务，吸引更多的工商资本、民间资本、外来资本参与农业综合开发。“十五”期间，扬州农业累计吸引外资 1.17 亿美元、民资 38.1 亿元，其中农业综合开发发挥了很大作用。2003 年以来，仅农业开发系统就招商引资 6.5 亿元，其中外资 2 400 多万美元、民资 4.5 亿元。目前，在扬州市已形成了农业开发项目到哪里招商引资就跟到哪里，以“国资”引“三资”，用“四资”共同开发农业的良好局面。

3. 创新机制、规范管理，努力开创农业综合开发工作的新局面。管理出效益，管理出活力，管理出形象。在严格执行国家、省农业综合开发政策规定的同时，从扬州实际情况出发，不断加强和规范管理工作，确保各级开发资金安全运行、有效使用。2003 年，市农业综合开发机构、财政部门联合制定出台了项目与资金规范化管理意见，提出了单项工程验收的见解，得到了上级的认可，对促进项目工程数量和质量建设起到了积极作用。2005 年，又进一步完善规范管理的规定，在突出“公示制、招投标制、报账制、监理制”管理的同时，明

确了每个开发项目从调研规划到建后管护的全过程中，必须重点抓好13个工作环节的监督和管理，这对进一步提高开发项目的编制和实施质量发挥了重要作用。同时，我们还通过组织文艺汇演、开展业务知识竞赛、抓好媒体宣传、建立干部联系点、开展项目进度质量与招商引资和宣传信息"三旗"竞赛等，有效促进了全市农业综合开发项目和资金的规范化管理工作。2003年以来，扬州市先后拿到了江苏省沿江农业综合开发示范区、江苏省里下河地区农业开发示范区、江苏省丘陵经济林果示范区、宝应湖有机农业省级开发园区等牌子，农业综合开发已经成为扬州农业发展的一块金字招牌，成为展示宣传扬州农业形象的亮点和载体。

围绕"十一五"末全面建成小康社会、建设更加富裕文明秀美的新扬州的宏伟目标，今后扬州市将紧扣"一个调整"（农村经济结构战略性调整）、"两个改善"（改善农村生产条件、生态环境，改善农民生活条件）、"三个提高"（提高农村社会事业发展水平、提高农民基本保障水平、提高农民科学文化素质），更好地借助农业综合开发这个优质载体平台，大力推进社会主义新农村建设。建设社会主义新农村虽然有利条件很多，但制约因素也不少，比如土地规模经营与小农经济的矛盾、"三集中"与现实条件的矛盾、农村体制机制转换的矛盾，等等。恰恰在这些方面，农业综合开发大有可为。持续加大农业综合开发力度，对于增加土地后备资源、促进资源集约利用、推动土地规模经营、建设现代高效农业、保障农民持续增收等，一句话，对于发展农村先进生产力、激活农村生产关系、建设社会主义新农村，必将日益显示其独特而不可替代的重要作用。

（作者系中共扬州市委书记）

农业综合开发是促进农业协调发展的一种科学有效的投入机制

齐守印

农业综合开发作为国家支持和保护农业的一项重要举措，以追求综合效益为目的。十几年来的开发实践证明，农业综合开发通过综合投入、综合开发，较好地解决了农村土地承包经营情况下一家一户农民想办又办不了的事情，对于改善农业生产条件、加快农业结构调整、提高农业综合生产能力、促进农业增效和农民增收发挥了重要作用；同时，也为市场经济条件下，探索财政支农资金的有效使用积累了有益经验。

一、河北省农业综合开发成效显著

（一）提高了农业综合生产能力

河北省作为全国首批组织实施农业综合开发的省份之一，1988～2004年，共完成改造中低产田2 900万亩，新增和改善灌溉面积2 400万亩，累计新增粮食生产能力70亿公斤，项目区农民人均纯收入比非项目区平均高出300元左右。通过开发治理，项目区耕地基本上都变成了田成方、树成行、路相通、渠相连、旱能灌、涝能排的高产稳产基本农田，大多数项目区还建设成了优质特色农产品生产基地，为农民调整生产结构、发展高效农业奠定了坚实的基础。由农业综合开发扶持起来的坝上冷凉蔬菜种植区，已经发展成为全国第五大菜区。2004年，河北省蔬菜总产4 161.6万吨，成为仅次于山东省的蔬菜生产大省。还有冀南平原区的千万亩优质专用小麦生产基地、黑龙港流域优质牧草生产基地，绝大多数都是在农业综合开发项目区发展起来的。

（二）促进了农业产业化经营

截至2004年，河北省农业综合开发累计实施农业产业化经营项目421个，其中年产值千万元以上的龙头企业86家，年产值5 000万元以上的龙头企业11家，有效地带动了种植业和养殖业基地发展，为加快河北省农业产业化进程起到了积极的推动作用。如安平县京安集团种猪繁育项目，农业综合开发累计投入财政资金1 700多万元，使企业的生产规模得到了迅速扩张，成为我国北方最大的现代化规模养猪场，逐步形成了产加销一条龙、贸工农一体化的经营格局，有力地带动全县乃至周边地区养猪业发展。目前，京安集团已经发展成为国家级重点产业化龙头企业和国家生猪活体储备基地。宁晋河北国宾食品有限公司通过农业综合开发扶持，年加工食用菌能力由立项前的2 000吨提高到现在的16 000吨，带动本县1.6万户菇农及周边地区1.4万户菇农，人均增收1 000元。农业综合开发扶持霸州市梅花味精集团财政资金1 864万元，使企业年产值由立项前的3.2亿元提高到6.2亿元，利税由5 200万元提高到1.05亿元。目前，该企业除安置当地农村剩余劳动力1 850人外，还带动了4万户农民种植玉米，农民年均增收744万元，人均纯收入增加280元。

（三）改善了农业生态环境

平原地区通过方田林网建设，有效地改善了农田小气候；坝上地区紧密配合大的生态工程项目建设，以流域、区域为单元，组织实施了农业综合开发生态建设项目，不仅有效地改善了农业基础条件，而且有力地促进了坝上地区和首都周围生态环境的改善。十多年来，河北省农业综合开发累计完成植树造林430万亩，建设草场326万亩。在张家口和承德两市，项目区森林覆盖率平均提高了5.6个百分点，草场植被覆盖度平均比立项前提高了35.25个百分点；坝上项目区大风日数由过去的每年平均60多天，下降到现在19.7天，风速降低了26.1%～42.4%，相对湿度提高了3%左右，无霜期平均延长了10～11天。

（四）提高了项目区农业科技水平

河北省农业综合开发依靠科技措施投入，紧紧围绕项目区实际，先后引进和推广农业科学新技术、新品种、新工艺850多项（次），使项目区科技普及率达到95%以上，比非项目区高出近10个百分点；项目区科技贡献率达到51%，高出全省平均水平4个百分点。

二、农业综合开发是促进农业协调发展的一种科学有效投入机制

农业综合开发在开发方式上，实行山、水、田、林、路综合治理；在资金投入上，实行中央财政资金、地方财政资金、信贷资金和自筹资金综合投入；在治理措施上，采取工程、生物和技术等综合措施；在组织形式上，实行农口有关部门协作配合；在治理效果上，实现了经济效益、社会效益和生态效益的同步发展。实践证明，农业综合开发具有综合性、整体性、持续性的特点，追求的是农业的全面、协调和可持续发展，完全符合科学发展观的要求。

（一）办成了农民群众一家一户想办又办不了的事情

我国农村实行家庭联产承包责任制后，靠一家一户进行农田水利和道路建设显然是不行的，必须依靠政府组织和引导。农业综合开发就是国家组织和引导农民改善农业生产基本条件、增加农民收入的重要措施。河北省农业综合开发坚持把为民谋利、为民造福作为工作的出发点和落脚点，紧紧围绕农业增效、农民增收搞开发，解决了农民一家一户想办又办不了的农业生产基础设施建设等问题，为农民群众创造了良好的生产条件。

（二）解决了农林水单个部门很难解决的问题

在现行体制下，一个部门只能负责一个行业的工作，产生一个方面的效益。农业综合开发实行山、水、田、林、路综合治理，工作涉及农业、林业、水利等多个部门，单靠某个部门很难完成，必须采取综合措施，形成开发合力，既着力解决农业

生产基础设施建设问题，又大力推进农业产业化经营，才能有效提高农业综合生产能力，促进农民增加收入。

（三）促进了优势特色产业发展

农业综合开发通过“企业＋基地＋农民”的方式，积极扶持产业化经营项目，有效地延长了农业产业链条，实现了产加销一条龙，不仅提高了农产品加工能力，达到了转化增值的目的，而且还带动特色农产品基地建设，促进了优势特色产业和区域经济发展，增加了农民收入。

（四）保证了项目的有效实施

农业综合开发制定了一整套严格完善的资金和项目管理制度。在资金管理上，严格实行“专人管理、专账核算、专款专用”制度，全面推行县级报账制和大宗物资集中采购制度，较好地保证了财政资金的安全运行和有效使用。在项目管理上，严格操作程序，坚持专家评审论证制度，突出抓好立项前的准备工作，从最初设计、评估论证，到计划编报，都坚持高标准、高质量。同时，逐步推行工程监理制、资金和项目公示制，不断加强对资金运行和项目建设全过程的监管，向管理要效益。

三、努力促进河北省农业综合开发工作再上新台阶

（一）积极筹资，确保资金投入力度不断增加

首先，要确保地方财政配套资金足额到位。省级财政要按照有关政策要求，在安排年度预算时留足配套资金；市、县在配套压力减轻后，要把注意力转移到千方百计落实配套资金上来，确保资金及时足额到位。其次，要开展农业综合开发资金与扶贫开发、农村中小型基础设施建设等其他支农专项资金相互配合、统筹安排的试点，坚持各项资金使用范围和投资方向不变、各记其功，统一协调，相互配合，努力提高支农资金整体效益。再次，在财政有偿资金使用上，要坚持定期回收、滚动使用；同时，按照国家有关规定，积极引导农民自愿筹资投劳。最后，要充分发挥财政资金的引导作用，积极探索多渠道的投入机制和形式多样的开发方式，积极创造条件吸引银行贷款、民间资本投入农业综合开发。

（二）突出重点，努力解决开发面铺得过大问题

一是项目安排要向粮食生产大县（市、场）倾斜，新增资金主要用于粮食生产大县（市、场）。二是要严格控制开发范围。对新增、恢复开发县的，要坚持审定标准，严格工作程序，坚持以市为单位，退一进一，力争多退少进。三是要实行规模开发。单个土地治理项目开发规模原则上平原区不低于1万亩，丘陵山区不低于5 000亩。四是产业化经营项目要集中扶持国家级、省级重点产业化龙头企业和畜牧、蔬菜、林果等高效种植业和养殖业基地建设。五是土地治理项目科技推广费，除适当补助技术培训和小型仪器购置外，要集中安排在优势农产品基地用于新品种和新技术的引进、示范和推广。

（三）创新机制，增强农业综合开发的生机和活力

适应新阶段农业和农村经济发展的要求，继续创新和完善农业综合开发机制。一是实行开发县动态管理机制。按照总量控制、末位暂停、奖优罚劣、动态管理原则，对开发县实行动态管理。二是进一步完善投入机制。采取定额补助、以奖代补和单项工程业主负责制等多种形式，完善以农民为主体的开发机制；继续做好投资参股经营试点工作，积极开展招商引资活动，充分发挥财政资金的引导作用，吸引信贷资金、工商资本和其他社会资金投入农业综合开发。三是实行竞争选项、择优立项机制。产业化经营项目全部实行竞争选项，土地治理项目在规划区乡村之间实行竞争立项。四是完善项目建后管护机制。土地治理项目推行以明确工程所有权和使用权为主的运行管护机制改革，做到使用、管护和维修相统一。五是完善激励和约束机制。加强项目检查和考核，并依据检查考核结果奖优罚劣。完善检查考核办法，加大社会中介机构参与监督检查的力度。六是建立责任追究机制。细化分工，明确职责，把责任落实到人，实行逐级负责制，建立责任追究制度，确保资金和项目管理的各

项工作落到实处。

（四）抓重点、抓示范，带动整体开发水平不断提高

按照项目资金分配及奖惩办法，对工作得力、成绩显著的开发县（市）加大扶持力度，反之削减投资规模。同时，坚持突出重点抓关键，土地治理项目要重点抓好平原地区24个重点开发县和坝上两个示范区的开发工作，重点开发县和重点示范区的财政投资要高出一般开发县50%以上，力争把重点开发县建成农业综合生产能力明显增强、农业结构明显优化、农业效益和农民收入有较大提高、项目和资金管理规范、工作先进的示范样板县。产业化经营项目要重点抓好财政投资在450万元以上的重点产业化经营项目和环京津、环省会项目。

（五）加大工作力度，强化监督管理，提高项目建设标准和资金管理水平

在项目管理上，要深入细致地做好项目前期工作，坚持高标准、高质量进行项目建设，确保立项一个，成功一个；建设一处，发挥效益一处。牢固树立科学发展观和政绩观，扎实工作，务求实效。坚决杜绝各种“形象工程”和“政绩工程”，实实在在地为项目区农民办实事、办好事。在资金管理上，全面推行财政资金县级报账制，坚决杜绝挤占、挪用开发资金。及时拨付资金，防止资金滞留和延期拨付。进一步加强有偿资金管理，落实抵押担保手续，确保到期有偿资金的回收。总之，要通过加大工作力度，强化监督管理，努力促进河北省农业综合开发工作再上新台阶。

（作者系河北省财政厅厅长）

以人为本　创新机制
进一步加强农业综合开发项目和资金管理

郑建国

一、农业综合开发具有旺盛的生命力

山西省农业综合开发始于1990年，15年来，累计完成总投资51.1亿元，开发面积达860万亩，新增节水灌溉面积389.12万亩，新增粮食生产能力11.96亿公斤，新增农业总收入19.17亿元，项目区人均增收200多元。这一新兴的事业正在整个三晋大地蓬勃发展。

（一）大力推进农业综合开发意义重大

民以食为天。现阶段中国十几亿人的吃饭问题，始终是党和国家关注的头等大事，是稳定的前提和基础。实施农业综合开发的重要意义在于：(1) 农业综合开发以综合开发利用农业资源、加强农业基础设施建设、改善农业生产基本条件为主要内容，有利于提高我国农业综合生产能力，增强竞争力。(2) 农业综合开发重视“集中投入，连片开发”的区域规模经营方式，强调产业化运作的开发模式，有利于支持和促进我国农业优势产业的发展。(3) 农业综合开发实行项目管理，综合治理开发，在开发内容、方式和资金来源等多方面具有“综合”特征，有利于项目区形成内在的发展机制。

（二）农业综合开发具有一套完整的投入机制

农业综合开发实行“国家引导，配套投入，民办公助，滚动开发”的投入机制。这种投入机制包括三方面的内涵：一是国家引导，配套投入。中央财政对农业综合开发的资金投向起引导性作用、体

现国家支持农业的政策导向并带动地方及其他方面的配套投入。二是民办公助。根据农村税费改革的要求，农业综合开发中的农民筹资投劳，纳入“一事一议”范围，实行专项管理，其范围只限于受益村改善农业生产条件的建设项目，由农民签字认可，把国家加强对农业的投入与农民的切身利益较好地结合在一起，调动了广大农民群众对农业综合开发投入的积极性。三是有偿使用，滚动开发。农业综合开发财政资金实行部分有偿使用，定期回收，有利于转变“国家钱不花白不花”的错误观念，促进资金使用者树立效益观念。同时，回收的资金继续用于农业综合开发，有利于加大对农业的投入。

（三）农业综合开发效果很好

农业综合开发贵在“综合”，包括开发方式综合，即对山水田林路综合治理，农林牧副渔协调发展；资金来源综合，即实行财政资金、银行贷款、社会资金、自筹资金综合投入；治理措施综合，即采取工程、生物和技术措施相结合；治理效益综合，即追求经济、社会和生态综合效益。通过集中治理，达到“田成方、林成网、渠相连、路相通、旱能灌，涝能排，旱涝保收”的要求，使农业生产条件和农业生态环境明显改善，农业结构明显调整，农民收入明显增加，实现经济效益、社会效益和生态效益“三赢”。

二、农业综合开发为山西省农村经济发展注入了活力

山西省农业基础脆弱，生态环境恶劣，自然灾害频繁，粮食存在结构性短缺。实施农业综合开发，对山西省既是一个难得的机遇，更是必然的选择。15年的实践证明，农业综合开发已经成为山西省农业基础设施建设的主战场、农业结构调整和产业化建设的先行者，对全省农业和农村经济发展起到了重要的导向、辐射、示范和推动作用，为全省粮食安全和农民致富做出了重要贡献。

（一）通过大面积改造中低产田，提高了农业综合生产能力，保障了全省粮食安全

15年来，山西省始终坚持以改造中低产田为重点，累计改造中低产田691万亩，打井及修复配套机井16 047眼，改良土壤3 439万亩，修机耕路42 079公里，建防护林69万亩，购置农业机械及农机具6 635台（套），技术培训253万人次。通过大面积改造中低产田，有力地保障了全省的粮食安全。

（二）通过农业综合开发，大搞结构调整，促进了农民增收

农业综合开发按照“开发一处农田，建设一个示范园，推广一项新技术，培育一个新产业，带动一批种养户，致富一方百姓”的目标，在加大土地治理力度的同时，积极引导农民利用开发后的有利条件，大搞结构调整，把项目区变成农民致富的“聚宝盆”。如运城市创建的13个特色示范园，示范带动全市调整农业结构，亩均收入成倍增长，农民收入平均比非项目区高出320元，有的地方甚至高达600元。

（三）通过农业综合开发，提高了项目区农业抵抗自然灾害能力，改变了传统农业靠天吃饭的局面

山西省旱灾频繁，旱年全省农业大幅度减产，许多地方甚至绝收。但农业综合开发使项目区农业生产条件得到明显改善，从根本上改变了项目区靠天吃饭的局面，农民收入不减反增。2001年，大同市在遭受严重旱灾的情况下，项目区农民人均纯收入达到1 599元，比全市平均高出348元，比非项目区高出519元。

（四）通过农业综合开发，支持龙头企业和特色支柱产业，促进了农业产业化的形成与发展

山西省农业综合开发根据产业化经营的要求，确立了“围绕资源搞开发，瞄准市场上项目，突出特色树品牌，壮大龙头抓带动”的指导思想，共扶持产业化经营项目593个，按照“公司＋基地＋农户”的经营模式，充分利用当地特色资源优势，扶持具有市场竞争力、劳动密集型和科技密集型的特色产业和农产品，促进了特色产业链的形成，带动了农业产业化的形成和发展。如永济、芮城芦笋加工出口项目，曲沃县太子滩牌无公害蔬菜开发项目，繁峙县玉米淀粉加工项目，浑源县黄芪生产加

工项目等，通过农业综合开发扶持，不断发展壮大，成为全省乃至全国知名的龙头企业和特色农产品基地。

农业综合开发富裕了山西农民，加快了山西农业迈向现代化的步伐，其地位作用正如温家宝总理总结的，“是社会主义市场经济条件下，国家支持和保护农业发展的一个有效手段，是巩固和加强农业基础地位的一个重要途径，是提高农业综合生产能力的一项关键措施，是促进农业可持续发展的一个重要推动力量”。

三、进一步加强农业综合开发项目和资金管理

(一) 建章立制、循序渐进，逐步形成一整套完善的政策体系

农业综合开发作为一种政府行为，需要一系列与其相配套的政策制度来支撑和保护。主要包括：一是项目和资金管理体系。包括项目和资金管理办法、开发县管理办法、部门项目管理办法、各类项目建设和投资标准、评估办法、中期检查办法、项目计划调整办法、验收办法、工程管护办法等一些具体政策。二是管理保障体系。主要包括各类项目申报规范文本、招投标办法、工程监理办法、统计办法、计划编报评比办法、培训办法、信息管理办法等一些具体政策。三是工作考核评比体系。主要包括各级农发办的工作职能、岗位责任制、工作综合考核办法、奖励办法、惩罚办法等。只有建立完善的农业综合开发政策，农业综合开发才能有章可循，沿着正确的轨道不断向前推进。

(二) 求真务实，科学规划，加强项目编报的科学性

计划编报是做好农业综合开发的基础工作，其真实性和科学性直接影响农业综合开发的成效。因此，各级农发办要进一步细化计划编报，力求真实、准确、科学、可行。计划既要有项目总体情况的反映，也要有重点说明；既要有效益数字，也要有数字的来源依据；既要有省、市、县的投资规模，也要有每类项目亩投资标准、单项工程投资概算等，确保以求真务实、科学严谨的态度做好农业综合开发基础性工作。

(三) 创新机制，强化管理，全面提高农业综合开发的管理水平

1. 建立健全项目建设管理机制。在项目前期规划设计上，实行实地考查和专家评审制相结合；在工程建设上，实行项目和资金公示制，实现“阳光作业”；在监督管理上，实行项目法人负责制和工程监理制；在物资采购上，实行招投标制和大宗材料政府集中采购；在工程管护上，因地制宜，灵活多样。

2. 形成科学、完整和规范的资金管理机制。在财政资金分配上，采取因素法和工作绩效考评打分来确定；在财务管理上，实行新的会计核算制度和“专人管理、专账核算、专款专用”的“三专”管理；严格实行县级报账制，统一印制报账票据，认真做到以县级为单位统一拨付、统一核算、统一报账的“三统一”管理。

3. 实行严格规范的监督、检查、考核、验收机制。为适应社会主义市场经济发展和农业综合开发运行模式的变化，各级农发办要改变工作方式，将原来的行政管理型转变为管理服务型。今后工作的重心要放在对项目和资金的检查监督上，认真履行检查监督职能。同时，要发挥会计、审计、监理等社会中介机构的作用，引入社会中介机构开展独立检查和审计，以强化监督检查的工作力度。

(四) 理顺机构，强化职责，建立一套行之有效的考核机制

机构和队伍建设是农业综合开发事业发展壮大的关键。虽然在十几年的开发实践中，山西省农业综合开发机构几经变迁和改制，但至2000年农发办划归财政厅之后，各地农业综合开发机构和人员相对稳定，机构设置基本理顺。目前，全省农业综合开发涉及大同、朔州、忻州、吕梁、太原、晋中、临汾、长治、运城、晋城、阳泉11个市62个县（市、区），有4个市农业综合开发机构为政府直属事业单位，其余设在市财政局，62个县（市、区）中有46个为县政府直属事业单位，其余16个设在县财政局，全省农业综合开发队伍干部职工达1 030人。需要指出的是，县级农业综合开发机构和队伍建设非常重要，工作任务很重，没有一支过

硬的队伍就不能胜任工作。因此，要合理划分各级农发办职责，建立一套完善的考核评价办法，努力形成奖优罚劣的开发机制。

（五）以人为本，注重调研，努力推动工作创新

要树立科学的发展观，坚持以人为本，以农民为主体，充分尊重农民意愿，建立以“民办公助”为核心的农业综合开发运行机制，真正把项目工程建在老百姓的心坎上。要按照突出重点、集中投入的原则，依据各地财力和工作情况，确定中央财政资金的投向和投量，切实转换农业综合开发投入机制，让“公共财政的阳光”普照广大农村和农民。要全面推行农业综合开发项目和资金公示制，实行“阳光操作”，切实转变工作作风，深入基层，注重调查研究，扎扎实实工作，真心实意服务于广大农村和农民，整体推进农业综合开发工作不断深入向前发展。

（作者系山西省财政厅厅长）

认真贯彻实施财政部令
推动农业综合开发工作迈上新台阶

包国新

财政部第29号令公布《国家农业综合开发资金和项目管理办法》，是贯彻中央1号文件的重大举措，是农业综合开发步入科学化、规范化、法治化轨道的重要标记。这对进一步搞好江苏省农业综合开发，促进农村经济发展必将发挥巨大的推动作用。

江苏是我国的粮食主产区，2004年全省粮食产量2 829万吨，列全国第6位，农业产值1 315亿元，居全国第5位。江苏粮食单产位居全国前列。搞好农业综合开发对于保证我国粮食安全、保持农村稳定、推进全省小康建设和基本实现农业现代化都具有极其重要的意义。“十五”期间，江苏省累计投入国家农业综合开发和地方立项农业综合开发财政资金36亿元，改造中低产田895万亩，新增灌溉面积160万亩，支持农业产业化经营项目245个，新增产值61亿元，新增利税8.8亿元，带动农户85万户。农业综合开发极大地改善了农业生产条件，提高了农业综合生产能力，为保障全省粮食安全和促进农民增加收入做出了历史性的贡献：土地治理项目集中连片，规模开发，按照灌区或者流域，统一规划，开发一片，成效一片，沟田林路，桥涵闸洞综合配套，开发到哪里，受益到哪里；产业化经营项目围绕地方主导产业，扶优扶强，以“公司＋基地＋农户”的形式，拉长产业链，通过基地扩大生产规模，通过公司进入市场，带动农户组织生产，有效地提高了农业生产的组织化程度，提高了农民抵御市场风险的能力。江苏省16年的开发经验表明，市场开发是方向，选准项目是重点，强化管理是核心，致富农民是目的。江苏省农业综合开发在改变当前农村特别是苏北农村面貌，改善农业生产条件和投资环境，加快江苏省“两个率先”目标的实现等方面发挥了巨大的促进作用，受到了基层广大干部和群众的充分肯定。江苏将抓住贯彻财政部29号令的契机，进一步加大农业综合开发工作力度，努力提高农业综合开发管理水平，推动农业综合开发工作迈上新台阶。

一、认真学习贯彻财政部第29号令

农业综合开发经过十多年实践，形成了较为完

整的政策体系及管理制度，对支持农业和农村经济发展起到了重要作用。为了适应当前农村形势的发展，财政部第29号令公布的《国家农业综合开发资金和项目管理办法》，内容更加丰富，政策更加科学，措施更加得力，要求更加符合当前农村实际，是一部重要的部门规章，是规范全国农业综合开发工作行为的总纲。全省各级财政部门要认真组织学习讨论，逐条理解对照，领会精神实质，按照省财政厅《关于贯彻落实国家农业综合开发资金和项目管理办法意见》的要求，把财政部第29号令落到实处，进一步增强法治观念，坚持依法行政，强化科学管理，实行规范操作，落实政务公开，接受社会监督，提高资金使用效益，改善农业生产条件，促进农民增加收入。

二、进一步加大对农业综合开发的投入力度

在市场经济条件下，农业基础设施难以依靠千家万户分散的农民自发进行建设，从这个意义上说，以加强农业基础设施建设为主要任务的农业综合开发是政府行为。从另一个方面看，农业是弱质产业，比较效益较低，当前城乡居民收入差距进一步扩大，解决“三农”问题亟需政府加大扶持力度。回顾历史，我国农民曾对国家工业化做出过重大贡献。在人均GDP超过1 000美元后，工业反哺农业，城市支持农村，实现城乡统筹发展，是社会发展的必然趋势。近几年，中央财政持续增加了对江苏农业综合开发的投入，江苏主动将苏北财政困难县的省级财政配套比例提高到90%，有效缓解了市（县）财政配套难的问题，确保了农业综合开发资金投入。同时，为了加快全省农业综合开发建设步伐，省财政还增设了沿海滩涂开发、丘陵山区开发、高沙土开发、徐州煤矿塌陷地开发等专项资金，并严格参照国家农业综合开发项目管理办法进行实施，取得了显著的成效，受到项目区广大群众的热烈欢迎。“十一五”期间，省级财政将进一步加大投入，提高开发的规模和成效，为农业综合开发顺利实施提供资金保障。

三、充分调动基层和广大农民的积极性

中央1号文件明确指出，“要严格区分加重农民负担与农民自愿投工投劳改善自己生产生活条件的政策界限”。动员受益农户投工投劳参与开发是农业综合开发的重大政策，没有广大农民的参与，农业综合开发就失去了基础和生命力，农业综合开发就不可能出效益。要宣传解释农民在自己的耕地里平田整地、开沟挖渠是正常的生产投入，不是增加农民负担。要向基层干部和广大农民宣传农业综合开发政策，广泛宣传农业综合开发是惠及千家万户农民的基础工程，动员和组织农民参与与农业综合开发，充分调动广大农民投工投劳的积极性，让受益农户合理承担土方工程和农田林网建设任务。要充分尊重农民意愿，主动接受农民的监督，资金来源、建设内容要广泛公示，增强透明度。要围绕农民需求搞开发，变“要我开发”为“我要开发”。对广大农民有积极性、愿意投工投劳的地方要优先立项。农民投工投劳，要严格按照国家规定实行“一事一议”。近几年，农村大量劳动力外出务工，给组织农民投工投劳参与开发增加了难度，更需要乡村干部做细致的工作。动员组织广大农民参与农业综合开发，积极自愿投工投劳，是农业生产自身的特殊性决定的，应该长期坚持下去。

四、切实加强农业综合开发资金管理

财政部第29号令第十四条至第二十九条，对农业综合开发资金管理作出了一系列明确的规定，全省各级财政部门都要认真贯彻执行。管好用好农业综合开发资金，关系到广大农民的切身利益，是各级财政部门的重要职责。资金管理是农业综合开发的重要内容，以资金定规模，按项目管理资金，把资金管理贯穿于农业综合开发全过程。只有管好资金，才能做好项目。只有跟踪资金流向，才能保证工程建设到位。江苏农业综合开发资金管理总体是好的，但由于面广量大，工程分散，招投标监理等不健全，还存在一些亟待完善的问题。当前，要重点坚持以下几条：

1. 坚持“综合因素分配法”。依据各市（县）的客观资源因素和主观工作因素，强化激励机制，科学安排投资规模，增强资金分配环节的科学性、公正性和透明度，从源头上杜绝跑项目、争资金，

甚至暗箱操作等不规范行为。

2. 坚持"向苏北倾斜"原则。认真执行省委、省政府关于加快苏北发展的决策，按照公共财政的理念，保证农业综合开发资金在扶持经济欠发达地区发展上充分发挥引导作用。

3. 坚持探索农业综合开发资金与其他各类支农专项资金相互配合、统筹安排使用的机制。在坚持农业综合开发基本政策和制度的前提下，强化县级统筹力度，充分发挥财政资金的使用效益。

4. 坚持市场导向。把握资金投向，选准项目，强化管理，推进农业产业化经营，通过统筹安排土地治理项目和产业化经营项目，做大做强龙头企业，带动基地建设和农民增收致富。

5. 坚持专款专用。要坚决克服基层挪用、部门截留等现象，防止和纠正部门截留资金自办项目的现象，严格控制间接费用等支出，确保农业综合开发资金最大限度地用于县以下农村，确保广大农民受益。

6. 坚持"集中财力办大事"原则。土地治理项目要坚持统一规划、连片开发原则；产业化经营项目，尤其是参股经营试点项目，要坚持市场机制，竞争立项，做到扶大扶优扶强，充分发挥财政资金的规模效益。

7. 坚持按项目进度拨付资金。要强化预算支出进度，缩短资金流程，减少资金滞留现象，提高工作效率，发挥资金效益。

8. 坚持县级财政报账制。要按照农业综合开发会计制度要求，实行专账核算，按期报送支出进度报表和年终决算报表。

9. 坚持做好有偿资金监管回收工作。解放思想，积极稳妥地支持龙头企业建设和参股经营试点工作，规范资金拨付手续，严格资金管理程序，确保资金安全运行。

五、努力提高农业综合开发效益

为解决我国人多地少的矛盾，不断满足人民群众日益增长的物质生活需要，中央和地方各级政府要不断增加投入，改造中低产田，提高土地产出率，通过推动农业产业化发展，带动农民规模经营，最终达到提高农业综合生产能力和提高农民收入的目标。要实现这两大目标，就要围绕目标搞开发，围绕效益搞开发。农业综合开发的效益指标是多方面的，在实际工作中要注意处理好四个方面的关系：一是经济效益与社会效益的关系。以中低产田改造为重点，努力提高土地产出率，同时注意保护资源，合理利用资源，禁止毁林开荒，保护生态环境。二是长期效益与当前效益的关系。既要加强水利建设、生态建设等广大农民长期受益的基础设施建设，又要推广新技术新品种，扶持发展短、平、快项目，使农民尽快受益。三是粮食安全与结构调整的关系。要在确保粮食安全的前提下，从实际出发，促进农业结构调整，推进产业化经营，发展农产品深加工，做长产业链，促进农业产业升级。四是农业增产与农民增收的关系。增产不增收必然挫伤农民生产积极性，单个农户种几亩粮食很难增收，要引导农民规模发展高效农业和订单农业，宣传和培养农民的市场意识，大力扶持农民专业合作经济组织发展，提高农民组织化程度和进入市场抗御风险的能力，实现农民在市场经济条件下的长效增收机制。

财政部第29号令的颁发，为农业综合开发工作指明了方向，明确了任务，必将进一步促进农业综合开发资金和项目管理的科学化、规范化、制度化。全省各级财政、农业综合开发部门要认真学习，深刻领会，更新观念，创新思维，加强资金和项目管理，在进一步做好土地治理项目和产业化经营项目的同时，加大参股经营试点的力度，集中财力，扶大、扶优、扶强江苏优势农业产业，为开创江苏省农业综合开发工作新局面共同努力。

（作者系江苏省财政厅厅长）

农业综合开发是提高农业综合生产能力最直接、最有效的措施之一

朱玉明

一、农业综合开发始终坚持以提高农业生产能力为核心，成效显著，在促进粮食增产、农业增效、农民增收方面发挥了重要作用

安徽省自1988年实施农业综合开发以来，始终坚持以提高农业综合生产能力为核心。截至2004年，全省累计投入农业综合开发资金100.3亿元，开展了大规模的中低产田改造及农田生态建设，积极扶持产业化龙头及科技示范项目，取得显著成效。一是提高了粮食综合生产能力。17年共完成中低产田改造2 653.34万亩，其中新增和改善灌溉面积2 457.42万亩，新增和改善除涝面积2 339.15万亩，累计新增粮食生产能力46.7亿公斤，为确保国家粮食安全做出了重要贡献。二是改善了农业生态环境。据不完全统计，17年共营造农田防护林、水保林和经济林528.11万亩，增加农田林网防护面积2 076.40万亩，控制水土流失面积342.71万亩，有效地改善了农业生态环境。三是推进了农业产业化经营。据不完全统计，17年共扶持产业化龙头企业158家，其中已经发展成为国家级龙头企业10家，省级龙头企业36个。如和威肉鸡、太阳禽业、大平油脂、山华菌业、鸿润和霞珍羽绒、益益乳业等，已经在全国产生了一定影响。四是促进了农民增收。农业综合开发通过整治一片良田，建设一片基地，扶持一批“龙头”，使项目区农民人均纯收入比非项目区平均增加300元左右。17年的实践证明，农业综合开发是大力提高农业综合生产能力最直接、最有效的措施之一，农业综合开发的发展历程就是不断提高农业综合生产能力的历程。

二、新阶段，农业综合开发继续坚定不移地抓好农业综合生产能力的提高，具有现实而深远的意义

2005年中央一号文件，强调当前和今后一个时期，要把加强农业基础设施建设，加快农业科技进步，提高农业综合生产能力，作为一项重大而紧迫的战略任务，切实抓紧抓好。中央把提高农业综合生产能力作为当前和今后一个时期农业和农村经济工作的重要任务，是着眼于农村小康社会建设和统筹城乡协调发展作出的战略决策，寓意深刻，意义重大，对于指导农业综合开发工作具有现实而深远的意义。

第一，农业综合开发大力提高农业综合生产能力，是确保国家粮食安全的核心。没有稳定可靠的粮食生产能力，就不会有稳定可靠的粮食安全。作为一个人口众多的大国，国家粮食安全，只能依靠自己来解决；也只能通过不断改造中低产田、加快科技进步、挖掘土地生产潜力、提高农业综合生产能力来解决。

第二，农业综合开发把握住了提高综合生产能力这个核心，就把握住了农业综合开发的工作根本。加强农业基础建设，提高农业综合生产能力，既是国家赋予农业综合开发的光荣使命，也是农业综合开发的根本所在。坚持住了这个根本，农业综合开发就能够沿着正确的轨道不断取得新的成就；偏离了这个方向，农业综合开发就会丧失生命力。因此，农业综合开发必须始终不渝地坚持改造中低产田，提高农业综合生产能力，任何时候都不能动摇。

第三，农业综合开发大力加强农业综合生产能力建设，也是促进农民增收的必然要求。目前，全省农业和农村经济发展已经进入了“城市支持农村、工业反哺农业”的新阶段，大力加强农业综合生产能力建设，改善农民生产生活条件，挖掘农业内部增收潜力，就是大力促进农业增效和农民增收，是促进农民增收的有效途径。

第四，农业综合开发大力提高农业综合生产能力，也是农业大省向农业强省转变、壮大县域经济的必由之路。安徽农业大而不强，农产品市场竞争力低，市场组织化程度不高，与农业大省的地位很不相称，也阻碍了县域经济发展。大力提高农业综合生产能力，用先进的物质条件装备农业，用先进的科学技术改造农业，用先进的组织形式经营农业，用先进的管理理念指导农业，是安徽省成为农业强省、壮大县域经济的必由之路。

因此，在新形势下，农业综合开发必须更加始终不渝地以提高农业综合生产能力这个任务为根本，不断地推向前进。

三、以提高农业综合生产能力为核心，农业综合开发必须采取更加有力的措施，进一步加大工作力度

第一，投入多元化。要按照投入多元化的思路，进一步加大对农业综合开发的投入力度。一是坚持预算安排，保证农业综合开发财政资金依法增长。农业综合开发省级财政配套资金要纳入预算管理，做到年初预算安排优先保证。2005 年，安徽省本级财政预算安排配套资金 19 600 万元，比上年增加 3 600 万元，增长 22.7%，比 2005 年省本级财政预算支出增长 7% 的比例高出 15.7 个百分点。二是建立健全机制，确保市县财政配套投入。要积极探索并逐步推行根据市、县配套资金落实情况确定中央和省级投入规模的办法。2005 年要尝试“以奖代补”方式，加大对配套资金到位、工作实绩突出市、县的奖励力度。今后要根据财政部制定的《农业综合开发财政资金配套保障试点办法》，对开发市、县实行“倒配制”。三是完善农民筹资机制，引导农民投入。要充分尊重农民意愿，完善创新机制，引导农民筹资投劳，参与项目建设。四是加大招商引资力度，引导社会资金投入。要发挥财政资金“四两拨千斤”的作用，加大招商引资力度，吸引金融资本、外资和其他社会资金投入，做大农业综合开发“蛋糕”。五是创新机制，实现农业综合开发资金滚动投入。要尝试和完善农业综合开发“自我积累，滚动开发”的新机制，通过拍卖、租赁和承包等方式，推进农村小型基础设施产权制度改革，将资产收益用于工程建后管护或者滚动开发；进一步完善经营性开发方式与管理，充分发挥“滚动开发”的作用。六是整合资金，合力投入。要积极探索农业综合开发资金与农业产业化、江淮分水岭治理、农业生态建设、农业科技推广、农村中小型基础设施建设等其他支农资金互相配合、统筹安排的投入机制，紧紧围绕全省农业优势产业带和特色产业带建设，统筹考虑支农资金的配合使用，充分发挥各类项目资金互相支持、相互配合的聚合效应。

第二，规划科学化。科学规划是做好农业综合开发工作的重要前提。认真总结 17 年农业综合开发的成功经验，科学规划是关键。要将科学规划全面引入到农业综合开发工作中，并成为农业综合开发项目的实施指南，认真做好省、市、县各级规划。通过科学合理的规划，实现中长期与年度、整体与分类、区域与点块规划的有机结合。同时，规划时要注意把握好四个原则。一是统筹协调原则。农业综合开发各类项目要统筹规划，实行各类农业综合开发项目相互补充，相互配合，与其他财政支农项目规划统筹协调，形成合力。二是坚持前瞻性原则。规划要有超前意识，不能局限于眼前。三是坚持循环经济原则。要保护环境，发展循环经济，坚持可持续发展。四是坚持因地制宜原则。不同地域有不同资源，不同地域有不同的开发载体，江南、淮北、江淮之间，山区、丘陵、平原等都各有差异，因此，农业综合开发一定要把握资源性和地域性，因地制宜搞开发。

第三，开发规模化。我国农业发展和粮食安全主要靠农业主产区特别是粮食主产区支撑。抓住了粮食主产区，就抓住了农业发展的关键；稳住了粮食主产区，粮食安全就有了保障。安徽省是全国13个粮食主产区之一，要稳住全省500亿斤以上的生产能力，就必须加大对粮食主产县的开发投入，实行规模开发。要将农业综合开发80%以上的资金向粮食主产县特别是水稻主产县倾斜，进一步提高农业综合生产能力。土地治理项目90%以上的资金要用于中低产田改造，坚定不移地以改造中低产田为主要任务。中低产田改造要在水利骨干工程完备的前提下，按流域或灌区进行综合规划和安排，实行集中连片，规模治理，切实解决制约农业生产的关键性障碍因素。同时，努力提高中低产田改造的投入标准和建设标准，确保工程建设质量和水平，尽快建设一批优质、高产、稳产、节水、高效基本农田，形成现实的农业综合生产能力。

第四，发展产业化。发展产业化经营，龙头企业是关键。要把扶优、扶强、扶大，大力推进农业产业化经营作为带动农民增收、实现农业综合生产能力提高的有效手段之一。安徽龙头企业小、散、弱，农产品加工转化增值能力不强，这是安徽农业产业化水平不高的最重要原因。近年来，按照国家要求，安徽省集中资金扶持了一批重点产业化龙头企业，收到了很好的效果。今后要进一步加大扶持力度，集中产业化项目70%以上的资金，重点扶持10家畜牧业、粮油加工业规模较大、带动能力较强的国家级或省级农业产业化龙头企业，培育一批年销售额10亿元以上的大型龙头企业，充分发挥龙头企业对农业增效、农民增收的带动作用。一般产业化经营项目，也要按照农业产业化经营的原则，通过专家评审，竞争立项，择优选项，逐步培育有潜力的龙头企业。同时，要整合部门项目，把农、林、水部门项目作为农业综合开发工作的有机组成部分，积极引导部门项目与全省农业综合开发项目有机结合，发挥部门项目的优势，努力提高农业综合开发项目的整体水平和示范效益。

第五，管理规范化。要围绕农业综合开发资金安全运行和有效使用，进一步树立先进的管理理念，建立健全管理制度，采取科学的管理方式，运用有效的管理手段，不断提高管理质量和水平。要大力推行项目法人制、招投标制、工程监理制、县级报账制、资金和项目公示制等一系列规章制度，保障农业综合开发项目资金发挥效益。要加强监督检查，建立健全农业综合开发办事机构、审计部门、财政监督部门和委托社会中介机构检查相结合，日常检查和专项检查相结合，事前检查、中期检查和竣工项目验收及其考评相结合的监督检查机制，逐步加大检查力度。分配资金和安排项目要与资金绩效评价和工作绩效考核的结果挂钩，实行奖优罚劣。要建立健全管理责任制，把管理责任落实到人，并逐步建立责任追究制度。各级财政部门主要领导是农业综合开发第一责任人，分管领导是直接责任人。要严格按照《安徽省农业综合开发资金违纪违规处罚办法》规定，严肃查处违纪违规问题，并切实进行整改。

（作者系安徽省财政厅厅长）

紧紧抓住“两个围绕、一个提高”
充分发挥农业综合开发的攻坚作用

陶　源

农业综合开发相对于常规农业工作，从组织管理的形式上是一种尝试和创新，从职能任务上是一

种突破和攻坚，是国家发展农业的一项重大举措，是解决“三农”问题的一个重要组成部分。

宁夏自治区党委和政府将农业综合开发工作交由财政部门负责，是对财政部门的信任，财政部门也由此肩负起更为艰巨的任务和更为光荣的使命，财政部门有信心也有能力做好这项工作。做好宁夏农业综合开发工作，就是要紧紧抓住“两个围绕、一个提高”，充分发挥农业综合开发在宁夏农业发展中的攻坚作用，围绕国家农业综合开发的总体要求，围绕自治区党委、政府农业发展的总体部署、规划和主要任务，不断提高农业综合开发的管理水平。

宁夏农业综合开发从 1989 年实施以来，在改善农业基本生产条件、提高农业综合生产能力、增加农民收入、改善生态环境、推进农业产业化等方面取得了十分显著的成效。在同期宁夏引黄灌区粮食产量翻番、农田防护林网遭“天牛”虫灾毁灭后重建、治沙治荒、改善生态环境等方面，发挥了主体作用，得到了自治区和各市县党委、政府和人民群众的高度认可。

对今后宁夏农业综合开发工作的方向、任务、工作思路已经理清。一是认真落实国务院领导同志提出的“继续增加投入，突出开发重点，完善投资政策，强化项目管理，探索运行机制，加强队伍建设”的总体要求。二是按照自治区党委、政府关于农业发展的总体部署，夯实农业基础，打响宁夏农产品品牌战略，提升宁夏农业竞争力。三是利用 3 年时间改造中低产田 100 万亩。2005 年初自治区政府作出了利用 3 年时间在引黄灌区改造 100 万亩中低产田的决定，并明确由农业综合开发承担。这是近 3 年农业综合开发的主要任务。农业综合开发必须紧紧围绕这些要求和规划任务，以科学求实的工作态度、持之以恒的拼搏精神、不断创新的业绩表现，向党和人民交一份满意的答卷。

当前和今后一个时期宁夏农业综合开发的工作重点是：

一、加大资金投入，集中主要力量搞好中低产田改造这项农业基础工作，改善农业基本生产条件，提高农产品尤其是粮食生产能力

宁夏农业综合开发实施 16 年来，已累计改造中低产田 360 万亩，近年更以每年改造 30 万亩左右的速度在进行。今后将在继续做好耕地等级核查工作的基础上，使改造更有针对性，并高度重视扬水灌区下邻耕地的次生盐碱化改造问题。在中低产田改造建设中，继续广泛推广农田小型水利建筑物的装配化、暗管排水、排水沟治理、节水灌溉、盐碱地改良等科技成果。

二、抓好生态建设，实现农业综合开发与保护生态环境的有机结合

宁夏是生态脆弱区，生态与农业有着更为密切的关系。农业综合开发，一直把造林、治沙、保护湿地当作一项重要任务贯穿于开发的始终，坚持与第二代农田林网建设同步，“沟、渠开到哪里，树就栽到哪里”，累计造林 40 万亩。在土地荒漠化治理方面，在沙漠边缘累计建起 20 余万亩绿色屏障。从 2001 年起，全区农业综合开发系统又承担了“利用日本协力银行贷款进行宁夏重点风沙区生态环境综合治理项目”的争取和实施工作，该项目协议贷款总额 6 400 万美元，贷款周期为 20 年。到 2004 年底，已完成生态治理面积 42 万亩，占项目计划的 49%。今后一段时期内，主要是做好贷款项目与农业综合开发生态项目的互为配套和促进，并积极寻求和争取其他项目和资金的使用，使灌区腹地农业及城乡生态环境得以有效的保护和改善。

三、积极探索扶持农业产业化发展的新路子

根据国家农业综合开发办公室提出“扶大扶优扶强”的精神和自治区制定的《宁夏优势特色农产品区域布局及发展规划》，今后宁夏农业综合开发产业化发展，将重点放在枸杞、清真牛羊肉、牛奶、马铃薯四大战略性主导产品的龙头企业和基地建设上；同时，积极扶持淡水鱼、蔬菜、牧草及秸秆饲料、玉米、优质稻麦、酿酒葡萄六大区域性优势产业的生产及加工；加强项目前期的可行性研究，提高资金使用效益。

四、进一步加强制度建设，不断提高管理水平

一是不断完善专家评审制、招投标制、公示

制、项目法人责任制、工程监理制等办法，对开发县实行动态管理，采取竞争立项、末位暂停、轮换等办法；产业化经营项目通过召开新闻发布会或发布项目申报指南，实行全区范围内竞争立项。二是在资金管理中，全面推行县级财政配套资金“倒配制”、财政无偿资金县级报账制、财政有偿资金抵押放款和委托银行放款制等办法，探索建立项目资金公示制和责任人追查追究制，强化监督制约机制，实行专人管理、专账核算、专款专用的“三专”管理。三是强化监督检查机制，实行工作人员对项目考察、审批、检查、验收以及专家评审责任追究制，谁考查、谁评审、谁签字，谁负责。

（作者系宁夏回族自治区财政厅厅长）

调查报告、考察报告及论文

关于安徽省农业综合开发工作情况的视察报告

政协安徽省委员会

为深入贯彻中央1号文件和省委3号文件精神，加快农村小康社会建设，推进安徽省农业综合开发事业健康发展，应省财政厅的邀请，2005年5月22～27日，省政协副主席战秋萍率在皖全国政协委员和省政协委员组成的视察团对安徽省部分农业综合开发项目区进行了视察。

视察团听取了省财政厅关于全省农业综合开发工作的全面汇报；实地考察了阜阳市太和县双浮镇土地治理项目区、恒进马铃薯产业化基地，淮北市濉溪县百善镇土地治理项目区、杜集区绿苑种鸭孵化厂、烈山区洪庄塌陷区复垦项目区，蚌埠市怀远县项桥节水农业示范项目区、淮上区绿雨花卉和新优苗木项目生产基地；听取了市、县政府的工作情况汇报，并和当地政府、项目单位以及主管部门座谈，与项目区农民面对面交流，了解项目区农民的生产和生活情况。

一、安徽省农业综合开发工作基本情况

农业综合开发是发展农村经济、增加农民收入、建设现代农业的有效途径。农业综合开发工作在支持和发展安徽省农村经济中发挥了重要作用，做出了突出贡献，积累了丰富的经验和做法。

（一）农业综合开发在加快安徽省农业生产发展和推进农业产业化进程中发挥了重要作用

农业综合开发工作始于1988年，当时为解决我国粮食持续徘徊、农业投入不足、农业基础设施薄弱和农业发展后劲不足等一系列问题，国务院做出实施农业综合开发的战略决策，决定在黄淮海平原、东北平原等农业发展、特别是粮食增产潜力大的地区实施大规模的农业综合开发。

安徽是国家首批立项实施农业综合开发项目的7个省份之一。目前，全省17个市84个农业县（市、区）和9个农场全部列入国家农业综合开发项目区，不仅成为全国首批全面立项开发的省份之一，也是全国重点投入的13个粮食主产省（区）之一。

2005年，安徽省农业综合开发财政资金已达

6.5亿元，其中中央财政为4.5亿元，地方财政配套2亿元。在县以下，农业综合开发不仅是财政资金投入量比较大的项目之一，而且是直接用于农田基础设施建设和农业产业化龙头企业发展的最大的项目之一。这对于加快农业、农村以及县域经济发展，具有很重要的现实意义。

（二）安徽省农业综合开发工作取得了显著成效

17年来，安徽省农业综合开发累计投入100.5亿元，其中：中央财政资金34.2亿元，地方财政配套资金27.3亿元，银行专项贷款12.4亿元，企业、乡村集体和农民群众自筹资金26.7亿元，农民投劳10 164万个工日。取得了显著的经济、社会和生态效益，为促进安徽粮食增产、农业增效、农民增收做出了积极贡献。

1.提高了农业综合生产能力，增强了农业发展的后劲。一是改善了农业生产基本条件。17年来，安徽省农业综合开发以改善农业生产基本条件、提高粮食综合生产能力为重点，共完成中低产田改造面积2 653万亩。其中，新增和改善灌溉面积2 500万亩，新增和改善除涝面积2 337万亩，累计新增粮食综合生产能力470 711万公斤，新增棉花生产能力16 294万公斤，新增油料生产能力47 984万公斤。如此次视察的太和县双浮镇、濉溪县百善镇、怀远县项桥乡、蚌埠市淮上区吴小街经过开发治理，达到了田成方、林成网、路相通、沟相连、机井桥涵配套齐全，旱能灌、涝能排的新局面，不仅旱涝保收，而且增产丰收。二是示范推广了农业新技术。据不完全统计，全省农业综合开发用于科技方面的投入累计超过1.6亿元，推广了多项农业科技成果，培训了农民，改进了传统的耕作制度和生产技术。多年来，农业综合开发工作始终与省内外多家科研单位保持密切协作，如引进先进成果，组织专家教授实地举办技术培训班，现场讲授优良品种的特征、先进的栽培技术和管理知识。仅2000~2002年，全省就完成农业新技术培训294万人次，示范推广农业新品种、新技术458万亩。太和县恒进农业发展有限公司、蚌埠市淮上区农业科技示范园就实施了高效栽培、新品种引进与无土栽培、植物组培脱毒快繁等组合技术。据测算，农业综合开发中的科技贡献率为45%，比全省平均水平高3个百分点。三是改善了生态环境。1988~2004年，全省农业综合开发共营造农田防护林、水保林和经济林528.11万亩，增加农田林网防护面积2 076.4万亩，控制水土流失面积342.71万亩。同时，还开展了农业综合开发专项生态示范项目建设，包括农村能源项目、小流域治理项目、长江中下游防护林体系建设项目和黄河故道防沙治沙项目。淮北市洪庄村3 000亩煤矿塌陷区经过实施国家农业综合开发塌陷区复垦项目，已形成天蓝水清、花木葱茏、环境优美、景色怡人的无公害副食品生产基地和农业产业化的示范典型，成为淮北市最早的小康示范村、全省“十佳生态村”和全球“五百佳”的提名单位。四是增加了农产品的有效供给。在单产能力上，中低产田经过改造以后，粮食产量亩均提高100公斤以上。在总生产能力上，农业综合开发为缓解农产品供给特别是粮、油、棉等大宗、基本的农产品短缺起到了很大作用。

2.调整农村产业结构，促进了产业化经营。一是培育和发展了种养业生产基地。17年来，全省共发展秸秆养畜示范县28个，经济林96.83万亩，蔬菜地19.16万亩，花卉0.45万亩，畜禽养殖折合5 119万头羊单位，水产养殖117.59万亩。二是扶持壮大了一大批产业化龙头公司。农业综合开发累计扶持农业龙头企业158个，其中，已经发展成为国家级龙头企业10个，省级龙头企业36个。如淮北市杜集区绿苑种鸭孵化厂就是其中的代表。促进了“公司+基地+农户”的产业化经营模式的发展。据不完全统计，仅2000~2002年产业化经营项目就促使公司与农户结成紧密型和半紧密型的产业化经营组织98个，带动农户22.4万户，吸纳农村劳动力15.8万人。

3.促进了农民增收。项目区农民人均纯收入比非项目区平均增加300元左右。蚌埠绿雨农业（集团）有限公司以每亩每年430元的价格，租赁农民土地5 000亩，可直接带动64名农民工就业，职工人均年收入6 600元以上。农业综合开发给乡村和农民群众带来了看得见、摸得着的实惠，不仅激发了农民群众自力更生搞开发的积极性，而且进一步密切了党群、干群关系。

（三）农业综合开发工作积累了丰富的经验

安徽省农业综合开发工作不仅成效显著，而且积累了丰富经验，这对于进一步做好农业综合开发工作，发展农业农村经济，具有重要指导意义。

1. 提高农业综合生产能力和推进农业产业化经营是农业综合开发最基本的任务。农业综合开发通过综合运用工程、生物、技术等措施，实行水、土、田、林、路综合治理，努力建设稳产高产、旱涝保收、结构优化的高标准基本农田，提高农业综合生产能力，是农业综合开发项目与其他财政支农项目最明显的区别。这不仅对农业基础条件薄弱、水旱灾害频发、中低产农田面积大的安徽具有现实的意义，而且对保证国家粮食安全也具有深远的意义。在坚持改善农业基础条件的同时，近年来农业综合开发把扶持农业产业化龙头企业作为提高农业市场化和组织化水平、实现农业增效和农民增收的一项基本任务来抓，坚持扶优、扶大、扶强原则，集中资金，重点扶持一批产业化龙头企业，已经收到了实效。一批产业化龙头企业已与农户建立起紧密联系，用市场化的方式组织农民生产、销售，成为带动当地经济发展和农民增收的一条有效途径。

2. 因地制宜、科学规划、综合治理是实现农业综合开发最佳效益的前提保证。农业综合开发始终坚持以改造中低产田为重点，针对安徽省地形地貌呈现平原、圩区、丘陵、山区，农业资源状况互不相同，经济发展水平存在差异的特征，按照因地制宜、分类指导的原则，实行科学规划、特色开发，保证了农业综合开发实现最佳效益。如淮北平原地区的土地治理项目以“田成方、林成网、路相通、渠相连，沟相接，旱能灌，涝能排”的标准，大面积、高标准建设稳产高产田，取得了显著效果。而山丘区土地治理则强调以小流域为单位，大力发展生态农业，走生态治理与经济发展相结合之路。

3. 坚持科技进步，大力示范推广先进适用的农业生产技术，是实现农业优质高产高效的重要措施。多年来，农业综合开发坚持以科技为先导，努力扶持科技型的企业，培训农民、示范推广科技成果，带动农民增收。不仅每一个项目区在项目的建设过程中专项安排推广经费，因地制宜，推广多项先进适用技术，充分发挥项目的建设效益，而且还专门安排资金扶持科技型企业，建设科技示范园。太和县“恒进公司”是一家典型的科技型企业，在农业综合开发项目扶持下，建立了从组培脱毒、选育新品种、种苗生产扩繁，到推广大田生产的标准化程序，提高了科技含量，不仅企业发展了，而且带动了该县及周边17 000多户农民增收致富。

4. 坚持深化改革、创新机制、规范管理，是农业综合开发健康发展的动力源泉。多年来，安徽省农业综合开发工作始终坚持深化改革、完善政策、创新机制、加强管理，保证了农业综合开发事业健康发展。在深化改革方面，推出了开发重点县制、项目轮换制、重点县省直管制等系列措施，取得了良好效果。在规范管理方面，大力推行项目竞争立项制、项目资金公开公示制、项目建设招投标制、工程建设监理制、项目资金使用县级报账制等，从而有效地保证了项目建设取得实效。在创新机制方面，积极推行项目业主负责制，从项目选定到建设和使用，业主全程参与，让农民对农业综合开发有知情权、参与权，从而调动了项目区农民群众参与项目的积极性。在资金投入方面，推行多元化的投入机制，积极开展以项目为平台，不断加大招商引资力度，吸引金融资本、工商资本和外资投入农业综合开发，有效地加大了农业综合开发项目建设投入，加快了项目区经济发展。

5. 领导重视，各部门密切配合，形成合力，是农业综合开发工作的重要保障。财政部、国家农业综合开发办公室对安徽农业综合开发工作高度重视，不仅中央财政资金投入持续增加，而且对安徽省农发工作给予极大关注。安徽省委、省政府高度重视“三农”工作，尤其是近两年连续出台的深入贯彻落实中央一号文件的实施意见，都把农业综合开发作为支农、惠农的重要措施之一摆上重要位置，有力促进了农业和农村经济的可持续发展，为农业综合开发工作提供了良好环境。各级财政、农业综合开发部门认真落实各项要求，以服务“三

农”为己任，以最广大群众的根本利益作为农业综合开发工作的出发点和立足点，全力以赴抓好农业综合开发工作，这是安徽省农发工作取得显著成效的基本保证。农业、林业、水利等有关部门积极配合，市、县、项目区乡镇和单位积极支持，新闻媒体积极宣传报道农业综合开发工作，基本形成了全社会齐心协力支持开发工作的良好氛围，这是农业综合开发工作取得显著成效的重要基础。

二、进一步做好安徽省农业综合开发工作的建议

安徽省农业综合开发工作成绩显著，同时也存在一些不足，如对农业综合开发工作的认识有待于提高，管理有待于进一步规范化、法制化，开发资金的投入有待于进一步加大等。安徽是一个农业大省，又是中部大省，当前，正处于抢抓机遇、乘势而上、奋力崛起、全面建设小康社会的关键时期，加快发展的任务艰巨而繁重。农业综合开发在解决“三农”问题、全面建设小康社会中，具有十分重要的地位和作用。在这种新形势下，要进一步提高对农业综合开发重要性的认识，贯彻落实好国家农业综合开发方针政策，不断增加农业综合开发投入，以农业主产区为重点，着力加强农业基础设施建设，着力推进农业产业化经营，稳步提高农业综合生产能力，保证国家粮食安全，进一步提高农业综合开发效益和水平，为实现粮食稳产增产、农民持续增收、农村经济社会持续协调发展做出新贡献。

第一，进一步加强农业基础设施建设。农业综合开发在建设社会主义新农村、构建和谐社会和全面建设小康社会中大有可为。一方面，要加强中低产田改造，加强农田基础设施建设、水利建设、基础工程建设，道路、桥梁、节水灌溉设施建设；另一方面，注重科技示范，推广良种良法，大力推进生态农业，保护农业生态环境，实现可持续发展。

第二，进一步扶持农业产业化龙头企业。要坚持和完善农业综合开发投入机制，在积极争取上级扶持的同时，必须千方百计抓好配套资金的筹措和落实，要把增加预算投入、确保财政配套资金足额落实到位作为重要工作来抓。通过政府引导，采取贴息、股份制、租赁、土地使用权合理流转等多种方式，引资开发，做大、做强农业产业化龙头企业。

第三，进一步加强科技开发的力度。要坚持农业综合开发与普及推广农业科学技术相结合，与农业科学研究相结合，要加大科技开发投入力度，加强对农民的培训，加大对关系全局和长远发展的先进适用的农业新技术、新品种的示范和推广，完善以市场引导和政府引导相结合的科技示范推广服务体系建设，努力探索符合安徽省省情的农业科技示范体系投入新机制。

第四，进一步发挥农业综合开发示范作用。坚持以人为本，全心全意地为广大农民群众谋利益，把为农民谋利、为农民造福、促进广大农民共同致富作为农业综合开发的根本出发点和落脚点。农业综合开发要为建设现代农业提供示范，当好现代农业的领头羊。要通过开发治理，在项目区产生看得见、摸得着的、较高的经济效益和社会效益，通过现身说法，告诉农民种什么，教会农民怎么种，从而带动广大农民主动参与，共同致富。

第五，进一步提高农业综合开发项目管理水平。要适应新形势的要求，积极探索项目和资金管理新机制，加强项目和资金管理，努力提高开发效益。要加强依法管理，尽快制定农业综合开发地方性法规和政府规章，推进农业综合开发工作的法制化、规范化和程序化；要加强民主管理，充分尊重农民意愿，听取农民意见，发挥农民群众的指挥，始终把农民群众的利益放在首位，使农业综合开发的各项工作更加顺应民心、反映民意、贴近民生；推行公开公示制，提高项目管理透明度，阳光操作，发挥人大政协监督、新闻监督和群众监督的作用，加强项目资金管理，保证农业综合开发项目建设取得更大实效。

第六，进一步加强对农业综合开发工作的领导。各级政府要切实加强领导，进一步关心、支持农业综合开发工作，把农业综合开发作为“三农”工作的重要抓手，认真总结经验，抓好落实。各有关部门要进一步统一思想，形成共识，加强联系与沟通，资源共享，统筹兼顾，密切配合。各级财政农业综合开发部门要充分发挥职能部门的作用，主动工作，主动协调，争取支持，努力形成领导关心重视、部门协调一致、广大农民群众自觉参与的良好工作氛围，为推动安徽农业、农村经济发展，构建和谐社会，实现安徽中部率先崛起贡献力量。

推进农业综合开发 稳步提高农业综合生产能力*

国家农业综合开发办公室

农业综合开发是财政支农的一个重要手段，是财政支持解决“三农”问题的措施之一。改善农业生产基本条件，提高农业综合生产能力，始终是农业综合开发的基本任务。近年来，在财政部党组的正确领导下，农业综合开发工作积极改革创新政策机制，以粮食主产区中低产田改造为重点，着力改善农业生产基本条件，积极支持发展农业产业化经营。近3年通过农业综合开发，新增粮食生产能力200多亿斤，项目区直接受益的农民人均纯收入比开发前平均提高300元以上，为稳步提高我国农业特别是粮食综合生产能力，促进粮食稳定增产和农民持续增收，做出了应有的贡献。

一、调整完善投入政策

中央财政逐年增加对农业综合开发的投入。同时，适应公共财政体系建设和农村改革与发展的要求，实事求是地调整和完善农业综合开发资金投入政策。

(一) 加大对粮食主产区的投入

保护和提高全国农业特别是粮食综合生产能力，重点在粮食主产区。为此，近年来农业综合开发进一步加大对13个粮食主产区的投入。2003～2005年，中央财政投入农业综合开发资金274.2亿元，其中用于13个粮食主产区164.5亿元，占60.0%。同时，各省（区、市）尤其是粮食主产区按照“盘活存量、保证增量”的原则，通过集中资金重点扶持粮食生产大县等形式，加大对粮食生产大县的支持力度。近3年13个粮食主产区农业综合开发财政资金用于粮食生产大县的部分，平均达到60%以上。河南省在全省121个农业综合开发县中挑选24个粮食生产大县，从2005年起连续3年集中全省70%的中央和省级土地治理项目财政资金，用于这些粮食生产大县的中低产田改造，打造全省粮食生产的核心区。

(二) 调整地方财政配套政策

考虑到地方财政的实际困难，为了减轻地方特别是粮食主产区和西部地区的配套压力，2003年、2004年两次较大幅度地调减了地方财政配套投入比例。这两次调整之后，中央财政资金与地方财政资金配套投入比例，全国平均由1:0.98降为1:0.66，其中粮食主产区由1:0.92降为1:0.5。同时，规定省级财政原则上要承担地方财政配套资金的80%以上，国家扶贫工作重点县及其他财力比较困难的县可以不配套。在此基础上，为督促地方尽力落实配套资金，从2005年开始，选择部分省（区）开展财政资金配套保障试点，即根据试点地区实际落实的配套资金数额，确定其当年的中央财政投资规模。

(三) 加大对改善农业生产条件的无偿投入

农业综合开发项目分为土地治理项目、产业化经营项目两类。在两类项目中，以土地治理项目为重点，该类项目的主要建设内容是以中低产田改造为主，实行水、土、田、林、路综合治理，改善农业生产条件。为加大对改善农业生产条件的支持力

* 此文为2005年全国财政工作会议参阅材料。

度，引导和鼓励粮食主产区和种粮农民改善农业生产条件，发展农业尤其是粮食生产，从2004年起，对中央财政用于改善农业生产条件（土地治理项目）的农业综合开发资金，取消过去10%的有偿投入，实行全部无偿投入。

（四）完善项目区农民筹资投劳政策

为适应农村综合改革的要求，引导和鼓励农民自愿增加对其直接受益的土地治理项目的投入，改善农业生产条件，农发办与税改办、农业部等有关单位经过认真调研，修订了农业综合开发中对农民筹资投劳的政策规定，既把农民自愿筹资投劳搞农业综合开发与加重农民负担严格区别开来，又充分考虑农民的实际承受能力，将农民筹资投劳占中央财政资金投入比例从1:1降低到1:0.5，并允许各省（区、市）根据农民人均耕地面积适当调整筹资投劳比例。

二、改革创新开发机制

为适应市场经济发展要求，探索财政支农方式的创新，不断提高农业综合开发财政资金使用效益，近年来，按照部党组的要求，围绕建立和完善“政府引导、市场化机制、龙头企业带动、农民组合”的开发机制，大力推进机制创新。

（一）探索财政支农的新方式

从2004年起，开展农业综合开发财政资金投资参股经营试点。具体做法是：将财政资金以参股形式，投入到规模比较大、辐射带动作用比较强的农业产业化龙头企业，财政部门以出资人身份授权资产运营机构进行资本运营，与企业建立“利益共享、风险共担”的机制，并实行国有股本按实际收益率分红，适时以签订回购（转让）协议的方式退出，继续用于农业综合开发。这既是探索农业综合开发机制创新的重要举措，也是对创新财政支农方式的有益探索。

（二）完善以农民为主体的开发机制

农民是农业综合开发的直接受益者，也是实施农业综合开发的主体，政府主要起引导和推动作用。为了完善以农民为主体的农业综合开发机制，土地治理项目的确立，坚持以“农民要办”为前提，充分尊重农民的意愿；产业化经营项目的确立，坚持以能带动农民明显增收为前提。同时，积极探索实行项目区竞争立项、财政补助或者以奖代补、拍卖产权、单项工程业主负责制等多种有效形式，逐步完善以农民为主体的开发机制。

（三）健全财政资金的引导机制

从中央财政农业综合开发资金中安排专项贴息资金，并制定了相应的贴息管理办法，吸引信贷资金用于农业综合开发。公开发布项目申报指南，积极开展招商引资工作。通过贴息、投资参股、招商引资、补贴等多种方式，吸引带动信贷资金、社会资金及外资投入农业综合开发，努力发挥财政资金“四两拨千斤”的作用。2004～2005年，通过贴息、投资参股、招商引资等，共吸引带动信贷资金及其他社会资金90.9亿元投入农业综合开发。

（四）探索农业综合开发资金与其他相关财政支农资金相互配合、统筹安排的投入机制

为促进财政支农资金使用整体效益不断提高，积极探索了农业综合开发资金与扶贫开发、农业生态建设、农村中小型基础设施建设等相关支农资金相互配合、统筹安排的投入机制。以县（市）为单位组织开展了试点工作，实行相关支农资金统筹规划、捆绑使用，各项资金投资方向和使用范围不变、各记其功，统一协调、统一管理、相互补充、相互配合。试点工作取得初步成效，并积累了一定经验。

三、大力建设高标准基本农田

通过改造中低产田，建设高产稳产、旱涝保收的高标准基本农田，是提高农业综合生产能力一项直接、有效、快捷的措施。近几年，农业综合开发进一步加强高标准基本农田建设。

（一）加快中低产田改造

中低产田改造是农业综合开发的重中之重。近年来进一步集中资金加大对中低产田改造的投入。从2004年开始，各省（区、市）用于改造中低产田的财政资金，除个别需要保持一定数量生态项目的地区以外，均占土地治理项目财政资金的90%以上，其中黑龙江、安徽等粮食主产区将土地治理项目财政资金全部用于中低产田改造。同时，实行统筹规划，集中投入，连片开发，提高规模效益。

2003～2005年，全国通过农业综合开发共改造中低产田7 188万亩，其中13个粮食主产区4 400万亩，占60%以上。改造后的中低产田，基本成为高产稳产、旱涝保收的高标准基本农田，对于提高粮食单产，扭转前几年全国粮食产量连年下滑趋势，确保国家粮食安全，促进农民增收，发挥了重要作用。

（二）加强中型灌区节水配套改造

为完善农田灌排体系，保障中低产田改造的灌溉水源，逐年加大了对中型灌区节水配套改造项目的支持力度，至2005年投入该项目的中央财政资金达到2.17亿元，对全国55个改造中低产田急需、投入少、见效快的中型灌区，进行续建配套和节水改造。同时，为保护和改善农业生态环境，全面改善农业生产基本条件，还因地制宜地扶持草场建设、丘陵山区小流域综合治理和土地沙化治理。

（三）支持国家优质粮食产业工程建设

对《国家优质粮食产业工程建设规划》中确定的13个粮食主产区的484个县（市）进行重点倾斜。2004～2005年，中央财政投入该《规划》中确定的重点县（市）农业综合开发资金37亿元，共建设标准粮田1 793万亩。湖北省集中了全省土地治理项目63%的财政资金，集中支持46个粮食主产县（市）中20个水稻生产重点县（市）的标准粮田建设。

四、积极支持农业产业化经营

支持农业产业化经营是农业综合开发的一项重要任务。2003～2005年，农业综合开发扶持农业产业化经营的中央财政资金达70.3亿元，多数地区地方财政部门按政策规定落实了配套投入的资金。农业综合开发资金是近年来各级财政支持农业产业化发展的主要渠道。

（一）积极开展投资参股经营试点

坚决贯彻部党组的要求，按照财政资金“只参股，不控股”的原则，从2004年起开展投资参股经营试点工作，重点扶持能够在较大范围带动农民增收的产业化龙头项目。在及时总结试点工作经验和做法、进一步统一思想、提高认识的基础上，2005年继续加大资金投入，扩大试点范围。2004～2005年，中央财政共安排农业综合开发资金7.5亿元用于投资参股经营试点，共扶持了62个试点项目。绝大多数项目进展比较顺利，提升了投资参股企业的发展空间和综合竞争力，初步显现出了对农民增收的带动作用。

（二）加大对龙头企业的扶持力度

为发挥龙头企业对农业增效、农民增收的带动作用，通过贴息、有偿和无偿投入相结合等方式扶持产业化经营项目，重点扶持国家级和省级农业产业化龙头企业，采取“龙头＋基地＋农户”的模式运作。公开发布项目申报指南，扩大选项范围，努力做到项目优中选优，确保项目建设质量。近3年农业综合开发共扶持国家级和省级农业产业化龙头企业893个，通过扶持龙头企业做大做强了当地的主导产业，提升了优势农产品竞争力，有效地促进了农民增收。

（三）扶持农民专业合作经济组织

为适应农业和农村经济发展的新要求，提高农业生产组织化程度，近年来农业综合开发逐步加大了对农民专业合作经济组织的扶持力度，按照“民办、民管、民受益”的原则，重点扶持以产品或产业为纽带组织起来的农民专业合作经济组织。对于具有法人资格的农民专业合作经济组织申报的农业综合开发项目，优先予以扶持。

五、不断加强资金和项目管理

按照部党组关于保证财政资金规范性、安全性、有效性的要求，通过健全管理制度，完善管理机制，加强监督检查，不断加强资金和项目管理，保证农业综合开发资金安全运行和有效使用。2005年8月以财政部令颁发的《国家农业综合开发资金和项目管理办法》，进一步把农业综合开发资金和项目管理纳入了法制化的轨道。

（一）强化资金管理

坚持农业综合开发资金专人管理、专账核算、专款专用制度。全面推行规范的财政无偿资金县级报账制，积极推行财政有偿资金委托银行放款制。加强绩效考核工作，将财政资金投入与工作绩效考

核情况挂钩。实行“综合因素法”分配资金，在资金安排上向中低产田面积大、粮食产量和商品率高、工作先进的地区倾斜。

（二）规范项目管理

积极推行先进有效的项目管理措施和办法。加强项目评审工作，实行专家独立评审，并制定了项目评审责任制。逐步推行项目法人责任制和工程监理制。全面推行工程招投标制、项目和资金公示制，规定每个项目立项之前和竣工以后都要进行公示，自觉接受项目区广大农民群众及社会各界的监督，保证项目建设质量和水平。

（三）加强监督检查

加强项目日常检查，并不定期组织资金和项目管理全面检查，严格组织竣工项目验收，把监督检查贯穿于农业综合开发项目管理的全过程。在各级财政部门和农发办事机构加强检查的同时，积极委托各地专员办、审计部门和社会中介机构开展检查。制定了农业综合开发财政资金违规违纪行为处罚办法，对检查出的问题，严肃处理并切实整改。

“十一五”期间，农业综合开发要围绕提高农业综合生产能力和促进农民增收，将资金重点用于粮食主产区中低产田改造及中型灌区节水配套改造，并逐步完善“政府引导、市场化机制、龙头企业带动、农民组合”的开发机制，为推动农村生产力发展和农民增收，促进农村乡风文明、村容村貌和管理方式的全面进步，全面推进社会主义新农村建设，发挥重要作用。

大力推进农业综合开发
为建设社会主义新农村做出新贡献

王建国

党的十六届五中全会通过的《中共中央关于制定国民经济和社会发展第十一个五年规划的建议》（以下简称《建议》），明确提出了建设社会主义新农村的重大历史任务。这是中央按照统筹城乡发展战略，从全面建设小康社会和推进社会主义现代化建设的全局出发，做出的一项重大决策。建设社会主义新农村，对我国农业、农村工作和财政支农工作提出了新的要求。农业综合开发是我国农业、农村工作的一个重要组成部分，是财政支农的一个重要手段。要深入贯彻落实十六届五中全会精神，继续大力推进农业综合开发，努力为建设社会主义新农村做出新贡献。

一、深刻认识建设社会主义新农村的重大意义

《建议》深刻地阐明了要建设一个什么样的新农村以及怎样建设新农村的问题，明确地提出了建设社会主义新农村的目标和要求是生产发展、生活宽裕、乡风文明、村容整洁、管理民主，同时强调建设社会主义新农村要突出抓好推进现代农业建设、全面深化农村改革、大力发展农村公共事业和千方百计增加农民收入。这对于实现全面小康社会建设的宏伟目标，推进社会主义现代化建设，具有十分重大和深远的意义。

（一）建设社会主义新农村是落实统筹城乡发展战略的重大决策

我国总体上已经到了以工促农、以城带乡的发展阶段，“跳出三农看三农”已经成为人们的普遍共识。要解决农业问题，就要大力发展非农产业；要解决农村问题，就要大力促进城镇化建设；要解决农民问题，就要把大量农民从土地的束缚中解放

出来，经过技术培训，转化为“农业产业工人”，向农村二、三产业或城市转移。在充分调动广大农民群众积极性的同时，顺应工农和城乡关系变化的两个趋向，实施城市对农村的支持、工业对农业的反哺，加大各方面对农村发展的支持力度，按照“生产发展、生活宽裕、乡风文明、村容整洁、管理民主”的要求建设社会主义新农村，比较快地改变农村的落后面貌，是落实统筹城乡发展战略的重大决策，事关我国社会主义现代化建设的全局。

（二）建设社会主义新农村是全面建设小康社会的重大举措

我国13亿人口，8亿多在农村。全面建设小康社会最艰巨、最繁重的任务在农村。长期以来，为推进工业化建设，国家实行优先发展工业和建设城市的政策，导致城乡二元经济结构明显，农村经济社会发展明显滞后。近两年，农业生产和农民收入增长虽已出现转机，但粮食年度产出和需求仍有缺口，城乡居民收入差距还未见缩小，农村基础设施缺乏和社会事业落后的矛盾还很突出。总体来说，农业依然是国民经济发展的薄弱环节，投入不足、基础脆弱的状况并没有改变，粮食增产、农民增收的长效机制并没有建立，制约农业和农村发展的深层次矛盾并没有消除，农村经济社会发展仍处在艰难的爬坡和攻坚阶段。只有全面推进社会主义新农村建设，逐步改变城乡二元经济结构，加快农业、农村发展和农民增收的步伐，促进农村经济社会的全面进步，才能顺利实现全面建设小康社会的宏伟目标。

（三）建设社会主义新农村是构建社会主义和谐社会的必然要求

构建社会主义和谐社会作为中国特色社会主义事业总体布局的四个方面之一，既是全面建设小康社会的重要内容，也是“十一五”时期的重要工作。按照“生产发展、生活宽裕、乡风文明、村容整洁、管理民主”的目标和要求建设社会主义新农村，其内涵既包括生产与生活基础设施建设，也包括社会公共服务能力建设；既包括村容环境整治，也包括民主制度完善。在目前农村交通、通讯、水利等基础设施严重不足，农村教育、卫生、文化等社会事业发展严重滞后，农民收入水平比较低、增收难度明显加大，农村发展还存在诸多突出矛盾的形势下，大力推进社会主义新农村建设，推动农村经济、政治、文化和社会全面发展，是构建和谐农村、加强社会主义和谐社会建设的必然要求。

二、推进农业综合开发是建设社会主义新农村的重要举措

农业综合开发作为国家支持农业和农村发展的重要手段，既能够有力地推动农村生产力发展、促进农民增收，又能够有效地促进农村乡风文明、村容村貌和管理方式的全面进步，对于推进社会主义新农村建设具有重要作用。

（一）推进农业综合开发是推动农村生产力发展的一个有效手段

改善农业生产条件，加快农业科技进步，提高农业综合生产能力，是进一步发展农村生产力、建设现代农业、发展农村经济的客观要求。目前，我国农业基础设施比较薄弱，农业抗灾能力不强，农业综合生产能力不高与不稳定的问题并存。在全国现有的18.31亿亩耕地中，高产稳产、旱涝保收的高标准农田不足6.5亿亩。同时，许多地区现有的农业生产条件，不适应发展高产、优质、高效、生态、安全农业的要求。这是进一步发展农村生产力、建设社会主义新农村的一个重要制约因素。实践证明，实施以改造中低产田为重点的农业综合开发，可以有效地加强农业产前、产中、产后的基础设施建设，改善农业生产条件；示范推广农业新品种、新技术，加快农业科技进步；促进农业生产结构调整，推进农业区域化布局、标准化生产；扶持农业机械化发展，提高农业物质装备水平，促进农业适度规模经营。这对于发展农村生产力，提高农业综合生产能力，加快我国农业现代化建设进程，具有重要作用。

（二）推进农业综合开发是实现农村生活宽裕的一条重要途径

实现建设社会主义新农村的目标，必须逐步缩小城乡差别，实现农村生活宽裕。但近年来，农民增收面临着诸多困难，城乡居民收入差距继续呈扩

大的趋势。解决农民增收问题，提高农民特别是种粮农民收入，必须采取综合措施。既要解放农村劳动力，推动农村劳动力向农村二、三产业和城市转移，逐步提高家庭经营规模，又要从内部加强农业生产，切实提高家庭经营水平。农业综合开发通过改善农业生产基本条件，提高农业抗灾能力，降低农业生产成本，同时为调整农业生产结构提供前提条件，夯实了农民增收的基础；通过扶持产业化龙头企业、农民专业合作经济组织及优质高效种养业，发展农业产业化经营，提高农业生产组织化程度，提高农产品质量安全水平，提高农业整体效益，吸纳农村劳动力就业，直接带动农民增收。可以说，农业综合开发是从内部挖掘农业生产潜力的有效组织形式，对于增加农民收入、逐步实现农村生活宽裕的目标，发挥着越来越重要的作用。

（三）推进农业综合开发是促进农村乡风文明、村容整洁、管理民主的一个重要推动力量

逐步实现乡风文明、村容整洁和管理民主，是建设社会主义新农村的重要目标和要求。农业综合开发充分体现了管理民主的要求，项目区是否立项开发，坚持以“农民要办”为前提，由农民民主决策；同时，对农民筹资投劳搞开发实行严格规范的村级“一事一议”制度，切实尊重农民的意愿，充分考虑农民的承受能力；通过开发给农民带来看得见、摸得着的实惠，引导农民积极发展生产，进一步密切农村党群、干群关系，促进农村形成良好的社会风貌；通过田间道路、小型水利设施、农田林网及农村沼气建设等，有利于改善村容村貌；通过开展农民技术培训和项目示范建设，有利于提高农民的科技文化素质和经营管理能力，造就新型农民。所有这些，能够从政治、文化和社会等方面，有力地推动社会主义新农村建设。

三、充分发挥农业综合开发在建设社会主义新农村进程中的作用

新阶段农业综合开发工作，要认真贯彻落实十六届五中全会精神，按照部党组的统一部署和要求，以科学发展观为统领，围绕建设社会主义新农村的目标、要求和任务，较大幅度增加农业综合开发投入，以粮食主产区为重点，加强中低产田改造，改善农业生产基本条件，发展农业产业化经营，提高农业综合生产能力，促进农民增收。同时，适应市场经济发展、公共财政建设和农业农村发展的新要求，推进农业综合开发机制创新，切实加强资金和项目管理，确保资金安全运行和有效使用。

（一）多渠道多层次增加农业综合开发投入，改善农业生产条件，推动农村生产力发展

积极争取中央财政较大幅度增加农业综合开发投入；扩大地方财政资金配套保障试点范围，鼓励和支持各地区积极争取土地出让金等其他渠道资金，统筹安排作为农业综合开发的配套资金；通过投资参股、贴息、补贴等方式，吸引带动信贷资金和其他资金投入农业综合开发，充分发挥财政资金的引导作用。坚持以改造中低产田为主，改善农业生产基本条件，建设旱涝保收、高产稳产的高标准基本农田，适当加大对农田作业机械化的扶持力度，进一步解放农村劳动力，促进农业适度规模经营，推进现代农业建设，提高农业综合生产能力尤其是粮食综合生产能力，为推动农村生产力发展、促进村容整洁做出新贡献。一是适当集中资金打造全国粮食生产核心区。以13个粮食主产省（区）为重点，打造全国粮食生产核心区。同时，各地区特别是粮食主产省（区）要相对集中资金，重点加大对耕地面积和中低产田面积比较大、粮食总产量和商品量高、粮食增产潜力大的开发县（市）的扶持力度，加强这些粮食生产大县（市）的中低产田改造。二是加强中型灌区节水配套改造项目建设。适当加大对该项目的扶持力度，选择改造中低产田急需、投入少、见效快的中型灌区；进行续建配套和节水改造，以改善项目区骨干灌排工程条件，为改造中低产田提供水利保障。三是适当支持生态综合治理项目建设。主要支持草场面积比较大的地区进行草场建设和丘陵山区进行小流域综合治理等。

（二）大力推进投资参股经营试点，发展农业产业化经营，促进农民明显增收

坚决按照部党组要求，以大力推进投资参股经

营试点为重点，支持农业产业化经营，促进农民明显增收，并逐步形成农民自觉自愿改善农业生产条件的长效机制。一是增加中央财政投资参股资金。2006年中央财政要增加用于投资参股经营试点的资金，加大试点工作力度。二是进一步扩大试点的范围。只要具备投资参股经营试点条件的省份，都可以进行投资参股经营试点。三是实行试点项目省际间竞争立项。先由各省（区、市）据实申报试点项目，最终根据项目申报、评审和资产评估情况，确定各省（区、市）中央财政投资参股规模。四是允许连续扶持。在财政资金“只参股、不控股”的前提下，允许对发展前景好、股本结构合理的投资参股企业进一步增资扩股，连续扶持。五是加强试点项目管理。对试点项目要密切关注，加强指导，及时检查，严格管理，确保试点取得成功。六是继续采取有偿与无偿投入相结合和贷款贴息等方式扶持产业化经营项目。重点扶持辐射带动作用比较强的国家级、省级产业化龙头企业和农民专业合作经济组织，大力推进农业产业化经营，努力提高农业生产组织化程度，促进农民明显增收。

（三）坚持以民主的方式组织开展农业综合开发工作，提高农业综合开发管理水平

农民群众是社会主义新农村建设的主体力量。土地治理项目要以“农民要干”为前提，产业化经营项目要以能够示范带动农民明显增收为前提，坚持“以农民为主体”，实行“民办公助”，逐步建立和完善“政府推动、市场化机制、龙头企业带动、农民组合”的农业综合开发机制。积极开展以奖代补、拍卖产权、尊重农民意愿、吸收农民参与工程建设管理，让项目区农民群众充分享有工程建设知情权、参与权与监督权，变“要我干”为“我要干”，激发农民的主人翁精神，进一步密切项目区乡村党群、干群关系。要继续公开发布产业化经营项目和投资参股经营项目申报指南，扩大选项范围和透明度。全面推行工程监理制、资金和项目公示制、工程招投标制，加强农业综合开发资金绩效考核，不断提高农业综合开发管理水平和资金使用效益，促进项目区乡村事务民主管理。

（四）以开展农业技术培训为重点，努力促进乡村民风建设

以加强和改进农业综合开发项目科技推广费管理工作为突破口，进一步加大对项目区农民群众的科技培训，大面积示范推广先进成熟适用的农业新品种及新技术，加快农业科技进步，转变农业增长方式，努力提高农业综合开发效益。同时，在开展农业技术培训时结合开展文化培训，努力提高项目区群众科技文化素质，鼓励、引导和带动项目区农民群众把精力和热情都用到发展农业生产、建设美好家园上来，大力推进农村民风建设。

（作者系财政部国家农业综合开发办公室主任）

关于江苏、河南、河北、吉林四省农业综合开发情况的调查报告*

王建国　黄家玉　杜　原　周　可　龚英秀　李若云　樊继红

为及时了解和总结新形势下各地农业综合开发工作的经验做法，进一步研究谋划2006年及整个

* 此文在2005年度财政工作“优秀论文、优秀调查报告、优秀公文”评选中获调查报告类二等奖。

“十一五”期间农业综合开发工作，2005年10～11月，国家农发办主任率队赴江苏、河南、河北、吉林四省的有关市、县进行了调研。调研过程中，围绕贯彻落实党的十六届五中全会精神，通过听取汇报、座谈讨论、实地察看项目、到项目区田间地头走访基层干部和农民等方式，广泛征询了各级政府、财政（农发）部门、农业产业化龙头企业和农民群众对农业综合开发工作的意见和建议。现将调研有关情况报告如下。

一、四省农业综合开发工作的主要做法和成效

（一）集中投入着力打造粮食核心产区，为确保国家粮食安全做贡献

为贯彻落实2005年中央一号文件精神和回良玉副总理强调的农业综合开发要“集中资金办大事，突出重点抓关键”的要求，进一步提高粮食综合生产能力，河南省从2005年起集中大部分农业综合开发资金，并整合水利、农业、林业、交通和财政等有关资金，加快全省粮食生产大县中低产田改造的步伐，建设高标准基本农田，打造河南省粮食生产核心区。河南省从全省121个农业综合开发县中，择优选出24个县作为农业综合开发重点县，集中中央、省级现有农业综合开发土地治理项目财政资金的70%，结合整合的其他资金，连续3年实行重点投入，规模开发。计划2005～2007年，共计投入各项资金12.6亿元用于重点县，每个县3年总投资额可达到5 250万元，每县年均投资额为1 750万元，比2004年每个重点县平均投资额增加近3倍，3年内24个县共可改造中低产田达288万亩，平均每年改造96万亩，接近2004年全省改造中低产田102万亩的规模。项目建成后，24个县可新增粮食生产能力近3亿斤。

江苏、河北、吉林三省也根据本地实际，集中资金加大对粮食主产开发县的投入，努力建设高标准基本农田。2005年，江苏省将全省60%的土地治理项目财政资金投向苏北5市的中低产田改造；河北省选择了粮食增产潜力大、工作基础扎实的24个开发县进行重点投入，每个重点县投入规模是一般开发县平均水平的两倍；吉林省将全省土地治理项目财政资金的80%，集中投入到27个商品粮开发县。

（二）实行产业化开发，培育区域主导产业和优势产业

近年来，四省农业综合开发坚持走产业化开发的路子，充分利用当地资源优势和比较优势，着力培育区域主导农业和优势产业，积极扶持产业化龙头企业，农业综合开发已成为推进农业产业化经营的重要力量。江苏省围绕优势稻米和特色蔬菜两大产业，集中投入打造了一批骨干龙头企业，平均每个农业综合开发产业化经营项目直接使800个农户从中受益；河南省立足本省资源特色，坚持扶优、扶大、扶强的原则，近两年安排19 390万元农业综合开发财政资金，重点扶持了26个优质专用小麦、畜产品和优质农产品加工项目，使部分农业产业化龙头企业成为全省乃至全国农产品生产加工的品牌企业，实现了广大农村“原”字号农产品的转化、增值，促进了农业经济结构调整；河北省农业综合开发重点扶持了畜牧、林果、蔬菜三大主导产业和花卉苗木、食用菌等新兴产业，对带动能力强、发展前景好的产业化龙头企业进行重点扶持和连续扶持，经过扶持，京安养猪已成为上市企业，三河、高店、玉田等生猪企业成为北京活储基地，乡谣奶制品加工、沙河旭瑞乳品加工、青县小洋人、宁晋国宾食用菌以及冀东、魏县、怀来果菜市场都已成为全国或全省的龙头企业，有效地带动了当地主导、特色产业的发展和农民增收。据初步统计，通过农业综合开发扶持的企业，年实现新增产值32亿元，新增利税4亿元；吉林省为扶持精品畜牧业产业发展，先后投入农业综合开发财政资金2亿元，扶持德大、皓月、金昌、九牛、吉发等7个优势农业产业化项目，目前德大的肉鸡屠宰能力已达到1亿只，比扶持前提高67%，皓月、金昌的肉牛加工能力已达到60万头，通过重点连续扶持，这些龙头企业已成为吉林省农业产业化的支柱企业。

（三）认真搞好投资参股经营试点，机制创新效应得到逐步显现

河南、河北、吉林三省是2004年首批开展农

业综合开发投资参股经营试点的省份。一年多来，三省财政（农发）部门、资产运营机构从实际出发，大胆创新，勇于实践，采取许多行之有效的做法，投资参股经营试点工作进展比较顺利，机制创新的效应得到逐步显现。主要表现在：一是显现出对农民增收的强大带动作用。投资参股企业河南永达食业公司通过投资参股经营项目实施带动周边10多个县市的2 000多农户发展养鸡业，直接安排农村劳动力就业4 000人，同时带动当地饲料业、运输业等相关行业的发展；河北玉锋生物工程公司实行玉米订单收购，以每公斤高于市场价0.1元以上的价格收购，使种植户人均可增收300元，同时企业还无偿提供专用肥料，直接降低了农民种植玉米的生产成本；吉林裕丰米业股份有限公司采取“公司+合作社+农户”的形式，带动当地1.1万户农民种植水稻，公司以每吨高于市场价40元收购水稻，使农民增收800万元，平均每户增收700余元。二是探索了财政支农资金市场化运作的新路。实行投资参股经营，一方面可以有效引导和带动民营资本、外资和其他资金对农业综合开发项目的投入，使财政资金真正起到了“四两拨千斤”的作用；另一方面财政资金通过授权资产运营公司进行资本运营，充分利用市场机制，确保国家财政资金规范、安全、有效运行。三是大大提升了企业发展空间和前景。国家财政资金参股后，促进了企业经营管理机制的创新，法人治理结构的不断完善，使企业市场竞争力和经济效益得以不断提高。特别是国家股本的注入，大大增强了企业的知名度和信誉度，河南永达食业公司和吉林裕丰米业股份有限公司由衷地感慨：“过去申请银行贷款是追着银行跑，自从国家参股后，银行主动上门服务，真是前后两重天呀！”。

（四）实施农业机械化示范项目建设，促进农业现代化发展

河南、河北和吉林因地制宜搞好农机化推广工作，积极促进项目区农业现代化建设。吉林省针对农业生产效率低等突出问题，大胆探索新的开发模式，通过发展农业全程机械化，推进农村股份制合作化的办法，实行土地适度规模经营。吉林省近3年来，共投入农业综合开发资金13 725万元，其中财政资金9 957万元。购置大中型农用动力机械913台套，配置农机具1 762台套，取得了显著成效。一是大幅度降低了农业生产成本。玉米每公顷生产成本平均为3 118元，斤粮成本平均为0.21元，比目前全省平均水平降低0.12元，均低于全国水平，接近美国的生产成本水平。二是大幅度提高了农业综合生产能力。玉米的每公顷单产平均水平为8 250公斤，高出全省平均水平1 000公斤；大豆的每公顷单产平均水平2 600公斤，高出全省平均水平800公斤。三是大幅度提高了农民收入。2004年，农机化示范区农民人均收入6 556元，比全省平均水平3 000元高出3 556元。四是大幅度转移了农村劳动力。据统计，在已建成项目区内，从事农业生产的劳动力人数只占项目区全部劳动力总数的5%，95%的劳动力实现了向二三产业转移。

（五）以县级为平台整合支农资金，有效吸引“三资”投入，形成农业综合开发强大合力

近年来，河南、江苏等省在开展农业综合开发工作过程中，充分发挥农发项目的综合优势，积极探索农发资金与其他财政支农资金相互配合、统筹安排的机制，在整合支农资金方面进行了一些有益的尝试，取得了明显的成效。河南省浚县在实施2005年土地治理项目过程中，县农发办与项目所在镇政府、农业、国土等部门密切配合，按照“统筹安排、相互配合、加强管理、各记其功”的原则，将政府基建投资、农机补贴资金、土地整理资金等集中投入到农业综合开发项目区。镇政府负责对进出项目区的主干道建成硬质化道路，项目区内田间主要道路建设由财政农发资金和群众筹资投劳共同完成，农民购买农机具由财政专项资金予以补贴，农业综合开发其他资金与土地整理资金集中用于项目区土地平整、修建防渗渠、栽植防护林以及科技推广等。通过以上措施，不仅使项目区成为“田成方、林成网、渠相连、路相通、旱能灌、涝能排”的高标准农田，而且通过土地平整新增耕地面积近300亩，项目区农田亩节本增效在200元左右，大大提高了支农资金效益。

为有效解决农业综合开发投入不足的问题，近年来，江苏省农业综合开发积极探索多元化的投入机制，充分发挥财政资金的导向作用，吸引工商资本、外商资本、民间资本参与农业综合开发。各地农业综合开发项目区充分利用各级财政投入的资金，加强农业基础设施建设，改善农业基本生产条件，降低了“三资”项目投入的成本，为引资开发提供了条件。同时加强政策引导，凡是“三资”投入农业综合开发，兴建具有公益性和社会效益并带动农民致富项目的，可通过贴息等方式予以奖励；在农业综合开发系统内则建立了招商引资季度通报制度，将各市县农业综合开发招商引资结果作为全年工作考评的重要内容之一。据江苏省2004年统计，全省农业综合开发项目区累计引进项目378个，其中民间资本项目217个，工商资本项目98个，外商资本项目63个，实际利用资金22.9亿元。“三资”的进入，实现了开发资金的多元化，做大了规模，做强了产业，真正发挥了财政资金“四两拨千斤”的作用。

（六）依靠农业科技应用，努力提高农业综合开发效益

四省近年来为提高农业综合开发的科技含量，不断加强科技示范和推广工作。一是提高科技推广费安排比例，注重科技措施运用。2002～2004年，江苏、吉林两省从土地治理财政投资中安排的科技推广费分别为6 660万元、10 008万元，分别占土地治理财政投资的6.52%、7.93%，高于全国同期平均6.5%的安排水平，充分发挥保证科技措施作用。二是紧密依托农业科研院校，创新推广机制。吉林省松原市宁江区民乐科技示范村，由吉林省农发办分5年投入394万元，创建了“公司＋专家＋协会＋农户”的“四位一体”农业科技示范推广模式，公司负责开拓市场、专家提供技术支撑、协会组织生产、农民到田间管理，公司与技术依托单位建立了“技术承包责任制”，用合同明确科技人员的责权利，先后有30多名专家教授到项目区开展科技推广，累计下乡蹲点1 300多人次；引进国内外粮豆、蔬菜、畜禽等新品种80个，推广新技术10项，形成了鲜食玉米、绿色谷子、红辣椒、优质大鹅四大生产和加工产业，农民人均收入由5年前的2 300元翻番到4 600元，4个主导产业也辐射到松原的4县1区，回良玉副总理2005年8月视察该村时，把当地农发部门创建的这种科技推广模式称之为“民乐模式”。三是加强科技项目运行监管，充分发挥示范带动作用。2004年以前，国家农发办在全国各地立项建设了160多个专项科技示范项目，这些项目已陆续建成并已发挥示范带动作用，江苏省句容农业综合开发科技示范项目就是其中一个典型示例。2005年10月13日，胡锦涛总书记来到这里视察，对该项目“做给农民看、带着农民干、帮助农民销、实现农民富”的科技推广宗旨，给予了肯定。

二、对做好新时期农业综合开发工作的几点思考

（一）坚定不移把提高农业综合开发生产能力作为根本任务

随着我国人口的增长和人民生活水平的提高，全社会对农产品的需求刚性增长，而随着城镇化的推进和经济的发展，耕地减少、水资源日趋紧张的趋势不可逆转。我国人均耕地不到1.5亩，不及世界人均耕地的一半，且人增地减的趋势不可逆转。我国水资源偏紧且分布极不均衡，粮食主产区缺水矛盾十分突出。我国自然灾害频繁，每年旱涝灾害的受灾面积4亿多亩，农业在很大程度上还是靠天吃饭。目前全球每年的粮食贸易量只有2 000亿公斤，还不及我国粮食消费量的一半，依靠进口粮食保证粮食供给也不现实。这就决定了确保国家粮食安全，必须建立在立足国内、进口适度调剂的基础上。基于对这个国情的科学判断，2005年中央一号文件强调：“提高农业综合生产能力，既是确保国家粮食安全的物质基础，又是促进农民增收的必要条件”。党的十六届五中全会进一步明确指出：“加强农业设施建设，提高农业综合生产能力”。

农业综合开发作为党中央、国务院加强农业的一项重大决策，是提高农业综合生产能力的一项关键措施，要更加认真贯彻落实中央的战略方针，坚定不移地把提高农业综合生产能力作为根本任务来

抓，这个不是权宜之计，也不是应急措施，而是必须始终坚持的指导思想。为此，农业综合开发应做到四个坚持：坚持以粮食主产区为投入重点，非粮食主产省区也要对各自粮食重点县进行重点投入，努力打造全国粮食核心产区；坚持以中低产田改造为重点，下大力建设稳产高产、旱涝保收、节水高效的高标准基本农田；坚持提高农业综合开发项目科技含量及农机装备水平；坚持创新机制，积极鼓励和支持农民建立各种专业合作组织，促进规模化经营，实现开发与利用有机结合。

（二）积极推进农业产业化经营特别是投资参股经营试点工作

扶持农业产业化经营是农业综合开发加强农业综合开发生产能力建设的一项重要措施。当前，“三农”问题突出表现在：农民收入低、农业效益低、农村组织化程度低、农民素质低、农业抗风险能力低。“五低”的根本原因是农业现代化水平低，解决这些问题的有效途径和治本之策是大力发展农业产业化经营。农业综合开发要按照市场经济发展规律和农业产业化发展的要求，采取“公司+基地+合作组织+农户”的模式，把农业产业化经营作为重点，把农产品的加工业培养成为支柱产业，依靠产业的支撑、龙头企业的带动，为广大农民增收致富开辟新天地。

实践证明，投资参股经营试点对于创新农业综合开发机制，探索财政支农方式的转变，促进农业产业化经营，增加农民收入，具有十分重要的意义。要在认真总结投资参股经营试点的成功经验和有效做法的基础上，大力推进该项工作。一是进一步加大投入规模和扩大试点范围。从2006年开始，中央财政新增农业综合开发资金全部用于投资参股经营试点，并从现行产业化经营项目存量资金中拿出相当比例用于投资参股经营试点。同时，试点范围扩大到所有具备投资参股经营试点条件的省份。二是不断完善投资参股经营各项政策。在参股方式上，原则上实行整体参股，对具备条件的允许实行剥离方式；在股权形式上，坚持普通股为主的前提下，适当允许地方探索优先股试点。三是充分发挥国家财政参股资金的导向作用。引导投资参股企业树立正确的经营理念，企业在得到国家扶持快速发展的同时，要把“造福一方百姓”作为永恒的经营理念，加大对社会的回报，发挥好示范带动作用，促进当地农民增收，使广大农民真正从企业的发展中得到实惠。

（三）在实践中不断创新农民筹资投劳运行机制

国家农发办制定的《国家农业综合开发农民筹资投劳管理规定（试行）》，除考虑各地农民实际负担水平进一步降低了农民筹资投劳比例外，更加明确要求各地积极创新农民筹资投劳机制，充分调动农民的积极性。在这次调研中，项目区多数农民认为国家财政投入帮助农民改善生产条件，农民自己筹些资出些劳，是应该的也是乐意的。今后，要求各级农发办要切实转变思想，不要只盯住降低农民筹资投劳的比例，而应把精力放在创新农民筹资投劳机制上。一是实行以物代资。对土地治理项目工程建设中的桥、涵、闸、硬化渠道所需的沙石料，采取乡村统一组织，由受益农户就近就地取材，筹物折资，解决农民现金投入的困难。二是通过财政补贴吸引受益农户增加现金投入。对经济效益比较直接且明显的修建机电井等工程项目，通过实行国家投资补助的办法，吸引和鼓励项目区农民筹集现金直接投资。三是采用竞争立项开发方式。通过竞争立项，增强农民的主体意识，激发农民筹资投劳的主动性，真正实现从“要我干”到“我要干”的转变。四是利用市场机制鼓励和支持承包者和业主投资。对农业综合开发的经营性工程（如机井、电灌站等），打破集体所有的框框，在自愿、公开、透明的前提下选定具备条件的农户（或自愿形成的农户集合体），作为单项工程业主。业主按工程建设投入的配套比例筹资后，取得单项工程的使用权和经营权，同时参与和监督工程的规划、定位和建设的全过程。

（四）积极推进农业综合开发项目区科技进步

通过调研，我们对十六届五中全会提出的“发展科技教育和壮大人才队伍，是提升国家竞争力的决定性因素”这一论断有了更深的理解，同时对加强农业综合开发科技推广应用的重要性和紧迫性有

新的认识。首先，长期的农业生产实践表明，改善农田基本生产条件只能解决粮食由低产到中产的问题，由中产到高产，关键要靠良种、良法的推广和应用。如河南省项目区农民反映，解决灌溉问题后，小麦亩产由500斤增加到了800斤，实施统一种植优良品种和综合配套技术应用后，单产增加到了1 000斤。其次，其他部门或渠道安排的农业科技资金，不能取代或顶替农发科技投入。近几年来财政部门通过农业、水利、科技等部门设立了多项农业科技资金，但是这些资金量小、使用分散，或侧重于研究、试验，或侧重于点上的补助示范，很难直接运用到农发项目区。第三，农发项目区基本生产条件改善以后，科技措施及时跟上，将起到画龙点睛的作用，帮助农民实现结构调整、增加收入，最大限度地发挥农业综合开发的效益；如果没有科技进步作为支撑，土地治理项目带给农民群众的实惠是有限的。因此，在今后的农业综合开发工作中，要不断增加科技投入。初步想法是，以加强和改进农业综合开发土地治理项目科技推广费管理工作为突破口，以大面积推广粮、棉、油“两高一优”良种、良法为重点，探索由省级、市级集中安排部分科技推广费的管理方式，在农发机构、技术依托单位、农技推广服务机构、项目区农民群众之间建立联系紧密、责任明确的科技推广运行机制，从根本上提高农业综合科技推广的效率。

（五）充分发挥农业综合开发在建设社会主义新农村进程中的作用

按照“生产发展、生活宽裕、乡风文明、村容整洁、管理民主”的要求，建设社会主义新农村，是党中央作出的重大战略举措。农业综合开发作为党中央、国务院推进“三农”的重要手段，在17年的开发历程中，特别是十六大提出全面建设小康社会的目标以来，用实实在在的工作悄然改变着项目区农村的生产、生活条件和精神面貌，渐进式地朝着建设社会主义新农村的方向努力。通过中低产田改造，昔日的低产田变成旱涝保收，通过发展产业化经营，在小农户和大市场之间架起了致富桥，项目区已初步呈现“生产发展、生活宽裕”景象。农业增产、农民增收，加上坚持不懈的科技推广和农民培训，促进了项目区精神文明的建设，在项目区涌现出一批又一批由“落后村”变为的“精神文明村”，提高了“乡风文明”程度。农业综合开发在注重经济效益的同时，实现经济、社会、生态效益三者统一，项目区道路整修和硬化，满足了农机作业、农事活动和农民出行的需要，植树增加了农田林网防护面积，“村容整洁”已成为区别农发项目区与非项目区的明显标志。在农业综合开发变农民“要我开发”为“我要开发”的过程中，采取了“民办公助”、“一事一议”、“公示制”及“工程监理制”一系列政策措施，唤醒了农民的民主意识，激发了主人翁精神，有序地推进了农村民主管理的进程。对于农业综合开发在建设新农村的作用，河北省徐水县遂城镇党委书记马志信同志谈了自己亲身的体会：“农业综合开发是抓手、是舞台、是纽带、是载体”。农业综合开发为基层干部找到了为农民服务的切入点，成为一个坚强的“抓手”；农业综合开发为乡村干部搭建了一个树形象、展才华的大“舞台”，基层干部得到了锻炼；农业综合开发是农村干部和农民群众的共同愿望，是连接干部与群众的桥梁、“纽带”，开发过程中增强了沟通，加深了理解，缓解了矛盾，进一步密切了党群干群关系；农业综合开发使党的惠农政策不再停留在文件上、宣传上，而是实实在在地落实到了基层，落实到农村，落实到农田，让农民得到实实在在的好处，农业综合开发已成为党的惠农政策的具体体现和“载体”。

吉林省自2003年以来，以农业综合开发投入为先导，统筹整合各项财政支农资金，以支持农业机械化、农田水利化、耕地股份合作化、农路村路一体化、能源标杆燃气化、农民学习培训经常化、村规民约制度化为切入点，建设了46个小康示范村。此次调研走访的白城市林海镇交通村和德惠市同太乡八家子村，呈现在我们面前的正是五中全会“二十字”描绘的社会主义新农村的雏形。所到之处，基本实现了农村城镇化，改善了农村生产生活条件；基本实现了农业生产全过程机械化，解放了农村劳动力；基本实现了农业产业化，促进了农业结构调整；基本实现了农业合作化，推进了农业生产方式组织创新；基本实现了农村精神文明建设初步目标，提高了农民的道德素质；基本实现了“三个代表”在农村的贯彻落实，提高了党在农村的执政能力。

吉林的实践启示，农业综合开发贵在“综合”二字，在建设社会主义新农村的进程中，农业综合开发要在坚持提高生产能力的前提下，不断丰富建设内容，走“山、水、田、林、路、村”综合治理的新路，通过生产、生活条件的改善，促进人居环境和人文环境的改善，充分体现出综合开发的综合效益。一是以统筹城乡协调发展的思路，科学合理制定土地治理项目规划。包括：适当提高土地治理项目建设标准，建设高标准农田，改善生产条件，促进农村生产发展；在农田机耕路基础上，结合“村村通”建设，发展农村道路，改变农村村容。二是加大项目区各项培训，促进乡风建设。加大项目区农民群众培训，提高农民整体素质。与时俱进丰富土地治理项目的建设内容，在开展技术培训的同时结合开展文化培训，促进项目区的乡风建设。三是坚持以农民为主体的开发机制，推进农村民主政治建设。继续坚持“公示制”、“一事一议”等，不断完善以农民为主体的农业综合开发机制，推进农村民主政治建设，使项目区成为农村民主管理的典范。四是培育扶持农业龙头企业和合作经济组织，实现农民增收致富。充分发挥农业龙头示范辐射作用，带动农民增收；积极扶持农村专业合作经济组织，促进规模化经营，使更多农民从土地上解放出来，成为农村产业工人，实现生活富裕。

三、存在的主要问题及建议

（一）当前农业综合开发工作中存在的突出问题

1. 资金投入不足。党的十五届三中全会通过的《中共中央关于农业和农村工作若干重大问题的决定》提出了到2010年建设社会主义新农村的奋斗目标，明确要求“农业综合开发要以改造中低产田为重点，集中连片治理，力争平原地区大部分耕地实现旱涝保收、高产稳产，丘陵山区人均达到半亩以上高标准基本农田”。围绕以上目标，财政部《国家农业综合开发“十五”计划》中明确提出，“十五”期间改造中低产田1.82亿亩。由于农业综合开发资金投入不足，直接影响了农业综合开发任务的完成，“十五”期间中低产田改造任务只完成1.31亿亩，仅占计划数的72%。资金短缺已成为制约农业综合开发实现既定目标的主要障碍因素。据农业部统计，我国现有18.31亿亩耕地中，高产稳产田只占28%，仍有待改造中低产田约13亿亩，农业综合开发任重而道远。要完成党的十五届三中全会确定的工作目标，要贯彻落实好十六届五中全会精神，充分发挥农业综合开发在建设社会主义新农村中的作用，必须进一步加大农业综合开发投入力度。

2. 开发县管理有待进一步改进。《国家农业综合开发县管理暂行办法》执行一年多来，新增开发县扩大势头得到了有效控制。但是，执行过程中也遇到了一些实际问题。调研中河北省反映，该办法规定：“在开发县总数内，适时退出一个开发县，可以相应新增一个”，由于现有开发县都不愿退出，造成目前全省尚有十几个粮食主产县难以进入开发县的范围。另外，西藏、广东、甘肃和云南等省（区）因立项实施农业综合开发较晚以及其他原因，导致现有开发县占农业县数比例较低（西藏为23%、广东为30%、甘肃为48%、云南为52%），大大低于全国64%的平均水平。近几年来，这些省不断通过国务院、全国人大代表和中央老领导等多种途径向国家农发办提出新增开发县的要求。上述省开发县占农业县比例较低的一个重要原因，是按办法规定的“以2003年国家农发办批复（开发县）为准，核定各省开发县总数。各省经核定的开发县总数在执行中不得超过”所造成的，这个规定在某种程度上不能充分体现“公共财政覆盖农村”的要求。

3. 投资参股经营监管人员力量难以完全适应工作要求。农业综合开发财政资金投资参股，财政（农发）部门不能直接履行国家出资人职责，必须授权资产运营机构进行资本运营和日常监管，依法向投资参股企业委派董事、监事或财务总监。调研中通过与资产运营机构座谈了解到，随着投资参股

经营试点的逐步扩大，由于该项工作对监管要求很高，资产运营机构受自身规模所限，面临着监管人员力量难以完全适应工作要求的问题，这将会在一定程度上影响投资参股经营试点的顺利进行。近期在2004年投资参股经营项目专项检查过程发现的一些问题，如投资参股企业工商注册登记或变更没有及时办理、资产的产权未及时过户等，都是由于资产运营机构监管不力造成的。因此，解决好当前投资参股经营监管人员力量不强的问题，是推进投资参股经营试点工作的关键环节。

4. 管理机构分设制约工作向纵深开展。部分省（区、市）农业综合开发资金与项目管理机构分设，是一个老问题。由于机构设置是地方政府的事务，国家农发办一直回避这个问题。但是，随着农业综合开发工作的不断创新，管理机构分设的弊端愈发显现出来。以投资参股经营试点工作为例，这种投入方式的创新，要求农发部门在产权管理、资本运作方面投入更大的精力，而管理机构分设无法适应相关要求。主要表现为，一是资金管理部门有积极性，项目管理部门没有积极性，导致投资参股经营试点进展缓慢。如江苏省民间资本雄厚，农业产业化龙头企业多，有许多开展投资参股经营试点的有利条件，但由于管理机构一头热一头冷，两年来仅实施了一个投资参股经营项目。二是资金管理部门力量有限，难以承担完成各项工作。如河南省财政厅承担农发资金管理的仅有1～2人，而投资参股的大量工作需要由财政部门承担，因此显得相当吃力。

（二）相关政策建议

1. 加大农业综合开发投入力度。适应市场经济发展和建设社会主义新农村的要求，进一步创新和完善“国家引导、配套投入、民办公助、滚动开发”的投入机制。充分发挥市场机制的作用，真正建立以农民为主体、政府辅助和引导、社会各方参与的运行机制。一是中央和地方财政加大对农业综合开发的资金投入。为确保完成党中央和国务院确定的“十一五”期间农业综合开发目标和任务，中央财政应进一步加大对农业综合开发的投入力度。要努力拓宽配套资金来源渠道，足额落实地方财政配套资金。二是鼓励和引导农民增加对农业综合开发的投入。坚持“以农民为主体”，实行“民办公助”，积极开展以奖代补、拍卖产权，鼓励和引导项目区农民对直接受益的工程建设筹资投劳。三是吸引信贷资金和其他社会资金增加对农业综合开发的投入。通过设立专项贴息资金，进一步加大投资参股经营、招商引资及竞争立项的工作力度，有条件的地方还可以探索建立健全信贷资金风险补偿机制，引导信贷资金和其他社会资金增加对农业综合开发的投入，努力做大农业综合开发“蛋糕”。四是积极探索农发资金与其他支农资金相互配合、统筹安排的投入机制。按照“以县为单位，建立协调机制、统一规划、统筹安排；坚持资金用途不变、各记其功”的原则，积极探索农发资金与扶贫开发、农村中小型基础设施建设等其他支农资金相互配合、统筹安排的投入机制，努力提高支农资金整体使用效益，增强农发资金的放大效应。

2. 实事求是地调整开发县管理政策。建议在坚持从严控制的前提下，着重从两个方面对现有开发县管理政策进行调整。一是修改省级末位暂停开发县不能相应新增开发县的规定，允许省级农发办通过末位暂停开发县，相应新增等量开发县，即暂停一个开发县，可相应新增一个，以保持开发县总数不变。二是允许开发县占农业县比例大大低于全国平均水平的少数省份，在“十一五”期间，根据中央财政农业综合开发资金投入增长情况，逐年适量新增开发县个数，到2010年达到全国现有的平均水平。

3. 不断强化投资参股监管工作。加强监管是确保农业综合开发投资参股经营试点成功，实现国有资产保值增值的有效措施。在投资参股经营试点工作中，要不断强化投资参股监管工作。一是选好资产运营机构。选择实力雄厚、信誉好、人员力量强、能认真履行监管职责的资产运营机构。对于规模较小、不能切实履行监管职责的资产运营机构，省级财政（农发）部门一律不得选择。二是探索优先股股权形式。在一些发达国家，国家对企业参股采取优先股形式相当普遍，在我国虽还没有优先股，但也不存在法律上的障碍。因此，农业综合开发投资参股可探索优先股的形式。相比普通股，它监管的内容要少，从而有利于降低监管强度，缓解投资参股监管人员力量跟不上的状况。三是探索开展直接资本运营试点。为保证农业综合开发财政投资参股资金的安全运行，维护国家出资人合法权益，有必要研究在省级农发办事机构下设“农业综合开发资产管理中心”，对投资参股资金进行有效监管。适当时候，设立“国家农业综合开发资产管理公司”，选择部分投资参股经营项目开展直接资本运营试点。

4. 创造条件进一步理顺管理机构。在坚持不直接干预地方农发机构设置的前提下，把农业综合开发资金与项目管理机构合并设立作为一个课题来研究，积极创造条件，进一步理顺管理机构。一是充分尊重地方意见，同时向地方党委、政府说明理顺农发管理机构的好处，如果自愿合并的，我们乐见其成，并在资金和项目安排上予以适当倾斜照顾。二是针对项目管理机构担心合到财政部门后机构规格、干部任用受到影响的省，可以建议他们分两步走，先从工作上合起来，机构规格、干部任用暂不改变，人员能出不能进；待人员自然更迭减少后，两个机构再真正合并到一起。三是对不愿合并，而省财政厅又没有单设农业综合开发处的，建议充实人员力量，尽可能单独设立一个处来管理农业综合开发工作。

5. 建议部领导和部内有关司局的同志每年挤出一定的时间到项目区检查指导农业综合开发工作。农业综合开发是财政支农的一个重要手段，是财政支持解决“三农”问题的措施之一。近年来，在部党组的正确领导下，农业综合开发积极改革创新政策机制，以粮食主产区中低产田改造为重点，着力改善农业生产基本条件，积极支持发展农业产业化经营，虽然取得了一定的成绩，但与部党组的要求相比，与建设社会主义新农村的需要相比，还有很大的差距。建议部领导和部内有关司局的同志每年挤出一定的时间到项目区检查指导农业综合开发工作，以进一步提高农业综合开发工作水平，为推动农村生产力发展，促进农民增收，不断推进社会主义新农村建设，做出积极的贡献。

（作者单位：财政部国家农业综合开发办公室）

农业综合开发资金绩效评价研究*

王建国　刘世江　李纯湘　高永珍

财政支出绩效评价机制，是绩效预算体系的主要组成部分，是近20年来西方国家政府公共支出管理的一项重要制度。其核心是强调政府公共支出管理中的目标与结果的关系，形成一种以结果为导向的管理理念和管理方式，以提高政府管理效率、财政资金使用效益和公共服务水平。农业综合开发资金是财政支农支出的重要组成部分，农业综合开发资金绩效评价机制研究，是建立在财政支出绩效评价理念的基础之上，为顺应绩效预算管理改革的发展趋势而提出的。

一、建立农业综合开发资金绩效评价机制的必要性

建立农业综合开发资金绩效评价体系，不仅是对农业综合开发资金支出使用情况进行评价和监督，更重要的是考核政府支持和保护农业的政策效

* 此文在2005年度财政工作“优秀论文、优秀调查报告、优秀公文”评选中获论文类鼓励奖。

应和农业综合开发职能的实现程度。因此，开展农业综合开发资金绩效评价对于规范农业综合开发资金管理，保证农业综合开发资金安全有效运行，促进农业综合开发项目建设整体目标的实现，推动农业综合开发持续健康发展是十分必要的。

（一）建立资金绩效评价机制是全面客观反映农业综合开发效益的必然要求

农业综合开发自1988年开始实施，坚持以农业基础设施建设和生态环境建设为主要内容，加强土地治理项目建设，初步建成了一大批高产、稳产、节水、高效农田，使项目区农业基本生产条件有了显著改善，抗御自然灾害的能力有了明显增强，切实提高了农业综合生产能力，对保证我国的粮食安全起到了积极作用。同时，通过扶持产业化经营项目，积极支持优势农产品发展，实行“龙头企业＋基地＋农户”的利益连接方式，促进农业增产增效，切实带动了农民增收致富。随着农业综合开发事业的不断发展，其在促进农业可持续发展、建设社会主义新农村和全面建设小康社会的进程中将发挥越来越重要的作用。目前，农业综合开发资金使用的成果主要通过层层上报的统计数据来反映，这些指标较多地体现的是政府部门的“产出”成果，如“新增和改善灌溉面积”、“新增粮食生产能力”等，但这些“产出”是否转化为了效益？目前还缺乏全面系统的量化指标进行评价。另外，这些“产出”指标均来源于农业综合开发机构内部，既没有直接受益者农民群众的参与，也没有相对客观的第三方的介入，其结果的客观性和公正性都受到了影响。建立科学合理的绩效评价机制就是要通过绩效评价指标，真实、客观、公正地反映农业综合开发的经济、社会和生态效益，宣传农业综合开发成果。同时，通过对效益和目标实现程度的分析，找出政策制订和项目实施中存在的问题，及时调整并合理确定农业综合开发资金投向。

（二）建立资金绩效评价机制是科学立项的重要保障

项目评估是农业综合开发项目前期准备阶段的重要环节，它为项目的最后决策提供重要资料和依据。农业综合开发项目评估论证的科学合理，直接决定了农业综合开发立项选项的科学性、合理性，是进行农业综合开发资金绩效评价的重要基础。建立农业综合开发资金绩效评价机制，将把项目可行性研究报告作为一个重要的评价依据，可以促使农业综合开发机构在进行项目规划时更加注重项目规划的战略性、全局性，提高项目规划设计的科学性，减少项目的盲目和重复设置，把好立项关，增强农业综合开发资金投向的合理性，提高农业综合开发财政资源的配置效率。避免那种为了上项目、要资金，在可行性研究报告中不顾客观条件、过分夸大项目效果的做法，有利于逐步实现评估论证的规范化、合理化、标准化和数量化。

（三）建立资金绩效评价机制是加强农业综合开发资金管理的重要手段

建立农业综合开发资金绩效评价机制，确定科学合理的绩效目标，有利于明确各投资主体的职责、权力和利益，从而合理界定绩效目标与各投资主体的配比关系。对农业综合开发财政资金管理和分配部门来讲，通过绩效评价，可以更加清楚项目所获得的绩效结果，真正了解投资支出是否达到预期目的，将绩效评价结果作为下年度资金分配和确定资金投向的依据，可以使农业综合开发管理机构更多地重视“投入”与“绩效结果”之间的关系，完善了农业综合开发资金按“综合因素法”分配的内涵，从制度上促进了农业综合开发资金管理、使用和分配的科学化、规范化和透明化，为进一步优化农业综合开发资金管理和分配方案提供科学依据。同时，绩效评价便于科学地量化农业综合开发资金使用效益，将“不可衡量的”变成“可衡量的”，可以为统筹规划农业综合开发资金投资方向和投资规模、客观分析投资收益、进一步提高农业综合开发资金配置效率提供有力参考。

（四）建立资金绩效评价机制是确保农业综合开发资金安全有效运行的重要措施

建立农业综合开发资金绩效评价机制，对农业综合开发资金绩效计划执行情况进行披露，不仅可以加强对财政资金分配、使用的监督检查，保障农业综合开发财政资金的“安全”运行，而且改善了农业综合开发机构、项目建设单位和社会公众信息不对称的状况。通过及时了解农业综合开发项目的实施情况和建设效果，跟踪并及时反馈农业综合开发项目建设和农业综合开发资金使用情况，促使农业综合开发资金在支付和使用过程中，严格执行项目计划及相关规定；及时足额地将资金拨付到用款单位或商品、劳务供应者手中，克服农业综合开发资金使用的随意性；提高了农业综合开发资金使用和管理的透明度，加强了对农业综合开发资金全过程的监控，以监督促“高效”，提高了农业综合开发资金的使用效益。

（五）建立资金绩效评价机制是密切政府与群众关系的重要纽带

绩效评价不是由农业综合开发机构自己为自己评功摆好，也不是单纯由上级机关考评下级机关，而是要使农业综合开发项目接受广大群众的监督，特别是直接受益的农民群众的监督，让服务对象来参与对政府项目的评价。这就要求项目的立项、管理、实施更加透明，使群众更多地了解有关信息。让农民参与绩效评价不仅有利于对农业综合开发资金使用情况进行管理和监督，而且可以考核农业综合开发机构行政职能的实现程度。这将大大有利于坚持“利为民所谋，权为民所用，情为民所系”的执政方针，扩大农民群众的知情权、参与权和监督权，提高他们的主人翁意识和行使民主权利的自觉性，密切政府和农民群众的关系，使农业综合开发项目更好地体现社会性和服务性，成为坚持以民为本、落实科学发展观的重要渠道。

二、农业综合开发资金绩效评价的特点

农业综合开发资金是财政安排，并引导社会和农民自筹资金投入，直接用于扶持农业生产、提高农业综合生产能力的一项专项资金，是我国财政支农的重要形式。由国家农业综合开发办公室（以下简称国家农发办）负责资金使用总体规划和项目决策，省（市）级农业综合开发机构负责制定本省（市）项目计划并组织、指导项目实施，县级农业综合开发管理机构负责项目具体管理、实施，通过招标、承包等方式将项目委托给施工或建设单位，并进行项目质量和资金使用情况的监督管理。其特点如下：

（一）农业综合开发资金按项目进行管理，为绩效评价奠定了良好基础

多年来，农业综合开发实行项目管理，形成了一套比较健全的管理办法，为建立绩效评价机制创造了有利条件，奠定了坚实基础。农业综合开发资金从项目选择、评估论证、申报审批到资金拨付、项目建设、检查验收、建后管护等工作，都有严格的程序和制度，在实践中，已经开展了一系列验收问效、检查监督的探索。

在前期准备阶段，制定了开发规划和项目库建设、可研报告编制和评估论证工作。根据公平、公正、公开的原则和体现奖优罚劣要求，按“综合因素法”分配资金，坚持实行“零基预算”，因地制宜地对不同类型项目确定了相应的单位投资标准。

在项目实施阶段，检查、考核工作贯穿于项目实施全过程，主要实现了工程招投标制度、工程监理制度、项目法人制度、项目资金公示制度、工程预决算制度、定期报告和定期检查制度。

在竣工验收阶段，实行了项目竣工验收评价制度、年度统计制度、竣工资金审计制度、建成项目管护制度、建成项目跟踪评价制度和项目效益监测制度，对项目建设任务与主要经济技术指标完成情况、主要工程建设质量情况、资金到位和使用回收情况、工程运行管护和文档管理情况进行考核验收，并对照立项规划，对项目的实际效益如控制水土流失面积、新增机耕面积、新增农业总产值等实行评价。另外，还根据土地治理、产业化经营两类项目性质不同的特点，分别制定了专门的检查验收指标和办法。

（二）农业综合开发项目多样性的特征，增加了资金绩效评价的复杂程度

无论是农业综合开发土地治理项目，还是产业化经营或科技示范项目，一般来说，同一地方，在一定期间内，同一类型项目不会重复立项。我国幅员辽阔、地域差别较大，水、土等自然条件和生产力发展水平千差万别，劳动力素质、各级各地管理水平参差不齐，农业综合开发个体项目面对的各种客观情况和基础条件均不相同。农业综合开发从项

目选择、评估论证、申报审批到资金拨付、项目建设、检查验收、建后管护等一系列宏观的规章制度，难以应对实践中层出不穷的个体情况，这是它不利的一面。同时，对于土地治理项目而言，其投资内容大多是一些小型农田水利工程、机耕道路、土壤改良措施、农技推广项目等，数量众多，区域分散，单位面积投资不高，从而增加了绩效评价的复杂程度。

（三）农业综合开发效益远期性和社会性的特征，增加了资金绩效评价的难度

农业综合开发的落脚点和最终目标是农业增产和农民增收。但其影响因素很多，如气候影响、市场变化等；有些情况下，近期经济效益特别是社会效益不一定能够很快显现，不仅要评价项目当年绩效，还要评价其远期绩效。同时，除了经济效益之外，农业综合开发更多体现的是社会效益，而社会效益往往难以直接通过量化指标来反映。因此，既要考虑直接效益、也要考虑到间接效益及示范效益和辐射带动效益等，这就增加了绩效评价的难度。

（四）农业综合开发与农民群众的切身利益密切相关，绩效评价离不开农民群众的参与

农业综合开发项目的建设目标是提高农业综合生产能力、改善农民的生产条件，是直接造福农民的“民心工程”和“德政工程”。农业综合开发项目的实施与农民群众的切身利益悉悉相关，项目结果是农民群众看得见摸得着的，这类项目资金绩效评价的结果，离不开广大农民群众的评判。因此，在设计指标体系时，应将基层干部和农民群众的意见、结论作为资金绩效评价的重要内容。

三、农业综合开发资金绩效评价的设计

（一）绩效评价的主体及其组织

农业综合开发资金绩效评价由国家农业综合开发办公室统一组织管理，制定规章制度，指导、监督、检查工作开展。地方各级农业综合开发机构分别组织实施，可以采取自我考评和上级考评下级相结合的方法。县级农业综合开发机构负责具体绩效评价工作；上级农业综合开发管理机构对下级农发管理机构的绩效评价结果进行抽查；国家农发办将选择典型的重大项目直接进行考评抽查。

农业综合开发资金绩效评价要成立临时专门组织，小组人员不能完全由农业综合开发管理机构或项目建设单位人员组成，一定要有第三方代表参与。第三方代表包括：项目区农民代表、有关专家、工程技术人员、独立中介机构等。评价结果要依据客观公正的数据、资料，遇有农业综合开发机构采集的数据与统计机构数据有出入时，应本着公正、公信原则慎重对待。委托中介机构进行评价时，中介机构要具备独立法人资格、具有相应资质或经过财政部认定；委托方与受托方应当签订具备法律效力的委托协议。

（二）绩效评价的对象和内容

绩效评价对象主要是农业综合开发项目，是项目实施效果的后评价。同时，也包括对各级农业综合开发机构资金使用和项目管理规范性的评价。

农业综合开发资金绩效评价主要包括三个方面的内容：项目实施、资金和财务管理、资金和项目效益。

项目实施评价包括：立项的合规性和科学性、项目实施管理情况、项目任务完成情况、工程质量、项目验收等。

资金和财务管理评价包括：资金落实情况、资金使用情况、会计核算情况、财务制度执行情况和财务监督检查情况。

资金和项目效益评价包括：项目建成后的经济效益、社会效益和生态效益。根据土地治理和产业化经营两大类项目的不同特点，分别设计了相应的指标群。

（三）绩效评价的实施程序及方法

农业综合开发资金绩效评价的实施程序一般分为计划准备、方案设计、组织实施、评价分析、提交报告等五个阶段。考评小组或中介机构在项目考评工作结束后，应向委托方提交《项目资金绩效评价报告》；农业综合开发机构应将所属项目绩效评价结果进行汇总，针对发现的问题，提出绩效改进意见和建议并报送上级管理部门。吸收各国在政府绩效评价中的经验，可以归纳为以下几种方法：

1. 成本效益分析法。这是企业常用的方法，

即将项目的总成本与总效益进行对比分析的一种方法。适用于成本和收益能够准确计量的项目。

2. 最低成本法。农业综合开发既有经济效益又有社会效益，有些效益很难用资金衡量，在这种情况下，将项目的实施、建设和治理措施分解，与其他地区（单位）相同的行为进行比较，考核其是否达到最低成本，如原材料采购成本、特定工程量等。

3. 目标结果比较法。将项目立项可行性研究报告和项目建议书中的目标计划和项目实际结果进行比较；或者将项目实施前的效益指标和项目实施后的效益指标进行比较，反映其绩效的实现程度。农业综合开发资金绩效指标的比较，大多宜采用这一方法。

4. 公众评价法。农业综合开发的最终受益者是广大农民群众，对于项目绩效情况如何，他们最有发言权。我们可以采用问卷调查方式，让公众参与评价。问卷要由独立的中介机构代为设计，以避免农业综合开发机构的倾向性和诱导性。这是国际上开展政府绩效评价中普遍使用的方法，具有民主性和公开性的特点，很多难以量化的绩效指标都可以用“群众满意度”来表示。

（四）绩效评价的时点选择与成果应用

依据农业综合开发土地治理项目和产业化经营项目的不同特点和周期，我们设想在土地治理项目完成的次年（末）、在产业化经营项目完成的第三年（末）进行绩效评价。此时，近期绩效与远期绩效的有关指标都反映得较为充分。

各级农业综合开发机构和项目建设单位应根据项目资金绩效评价结果及相关信息反馈，及时总结项目管理经验，加强管理措施，完善管理办法，提高项目管理水平和资金使用效益。

国家农业综合开发办公室将本着管理透明、信息公开的原则，在互联网上公布各地、各项目的资金绩效评价结果，接受监督，并作为调整完善农业综合开发政策制度和合理确定农业综合开发资金投向的依据。

（五）绩效评价指标的设计原则

1. 重要性原则。农业综合开发资金绩效评价比较复杂，涉及到大量技术指标和管理指标，但提高农业综合生产能力、增加项目区农民收入方面的效果和数据理所应当要作为重要的评价指标。同时，尽量选择那些和项目建设有关、能直接反映项目状况和开发效果的指标，而不宜面面俱到。

2. 适用性原则。绩效评价指标的设计，应简便易行，便于理解和运用，指标的考核要具有适用性和可操作性，尽量避免那些搜集成本过高、搜集程序繁琐的指标，以便于基层人员掌握和运用，有效节约农业综合开发的行政和管理成本。

3. 可比性原则。绩效评价指标的设计，应尽量使用那些具备共性的通用指标，使不同的考评人员运用同一评价指标体系，对同一评价对象进行考评时，能得出基本一致的考评结论，以便于个体项目间的互相比较。

4. 定性与定量相结合原则。绩效评价指标的设计，应尽可能选择有客观数据标准、能够量化的指标，以保证评价结果的客观性和公正性。但对于一些确实难以量化的社会效益和生态效益指标，宜采取定性考核的方法，以全面反映农业综合开发资金绩效情况。

5. 以国家法规和农业综合开发制度为依据。农业综合开发资金绩效评价是一项政策性很强的工作，绩效指标的制定对农业综合开发行为具有明显的导向性。在农业综合开发资金绩效评价中以相关法律法规和制度为依据，首先对资金进行合规性考核，具体包括：国家的相关法律、产业政策；财政部绩效评价工作规范；农业综合开发规章制度；农业综合开发规划与绩效目标；项目竣工验收报告，审计报告以及其他相关资料等。

（作者单位：财政部国家农业综合开发办公室）

“面对面”与“心贴心”*

——“千户农民”调查活动纪实

赵鸣骥 吕彤轩

3月的北京，微风里已透出无尽的暖意。蓬勃开展的保持共产党员先进性教育活动，更为初春平添了火红的色彩。这是一个9亿农民的春天。中央农村工作会议发出的声音铿锵有力：加强“三农”的决心不能动摇，扶持“三农”的力度不能减弱，强化“三农”的工作不能松懈。“让公共财政的阳光更多地照耀到农村”，财政部对“三农”工作的态度鲜明而又坚定。正在召开的十届人大三次会议也不断传出关于“三农”的好消息。这些，不仅让9亿农民，而且让所有从事“三农”工作的同志都深受鼓舞，倍感振奋。

到农村去，到农民中去

“当前农民想什么、盼什么、急什么，农民对农业综合开发，赞成不赞成，满意不满意，高兴不高兴，还有哪些需要和建议，一定要搞清楚，这是我们做好工作的根本前提。”3月2日下午，国家农发办会议室里，办领导正神色郑重地对准备到农村搞农民问卷调查的12位同志进行动员培训。

这次农民问卷调查，是国家农发办开展保持共产党员先进性教育活动的又一重要举措。按照统一部署，国家农发办突出“转变工作作风，提高工作能力”，在“深、实、严、细”上下功夫，扎扎实实地开展先进性教育活动，“自选动作”搞得有声有色：以“做一名德才兼备、廉洁勤政农发干部”为主题，在全办同志中开展了大讨论；坚持边学边改，突出薄弱环节，完善了一系列内部规章制度；加大办内干部培训力度，创建学习型机关。为将教育活动进一步推向深入，国家农发办决定采用发放调查问卷方式，直接向项目区广大农民群众征求对农发工作的意见：一是向全国100个农业大县直接发放调查问卷，提出明确要求，委托县农发办进行调查。二是从办内抽调专门人员，利用周末时间，一竿子插到底，直接到农村去，面对面向农民征求意见。

“全心全意为广大农民群众办实事、谋利益，不能停留在口头上，要切实体现在行动上，深入农民家中，到田间地头，尽可能地多了解一下情况，把农民的真实需求反映上来。只有了解了农民的意愿，才能有针对性地调整完善政策，才能真正围绕农民的需要搞好开发。”办领导进一步强调了这次调查活动的意义。

“这种调查没有先例，你们要根据实际需要创造性地工作。工作时间只有两天，一个人去一个省，一个省要调查两个县，一个县至少两个村，一个村调查50户左右，任务确实很重，希望你们克服困难，既要圆满完成任务，又要展示农发干部的良好形象，办里对你们寄予厚望。”听到办领导明确而又严格的要求，每个调查人员都觉得肩上的担子不轻。

“面对面”与“心贴心”

3月4日，12位调查人员都进入了忙碌的工作状态。有的同志坐了一夜的火车，顾不上休息，顾

* 此文在2005年度财政工作“优秀论文、优秀调查报告、优秀公文”评选中获调查报告类三等奖。

不上吃饭，立即与省农发办同志商量，随机抽取调查县（为使调查更加客观、真实，所有调查人员都是临出发前才通知地方）。省办同志随即通知有关县，分头赶赴村里。根据调查人员回忆，一些场景至今仍然令他们难以忘怀。

“没想到来了这么多人”。驶入乡村的田间道路，车子开始颠簸，尘土开始飞扬，调查人员的心里也开始扑腾，“农民们会来吗？来了会配合吗？完不成任务怎么办？”有的同志生在农村，在上学期间也搞过农民问卷调查，深知集中这么多农民谈何容易？有的群众根本不配合，有的即使接受调查，也是两句话打发完事，往往是听到牢骚和不满，这次会怎么样呢？在胡思乱想中，车子已经停在村委会的门口。调查人员刚走进入会议室，就看到一排排长条凳上黑压压地坐满了人，有的人没地方坐，只有靠墙站着。他好奇地问：“怎么来了这么多人？”一位村干部告诉他：“现在不像大集体的时候，农民不是外出打工就是在家干点副业，平时很难把大家召集到一块，这次听说是农发干部来了解情况，大家对农发都熟悉，知道农发为咱干了实事，让咱得了实惠，所以在家的都抽时间来了。”

“没想到农民态度这么认真”。听调查人员说明来意，没有领导提议，村民们就自发地鼓起了掌，“哗哗哗”地非常热烈。调查人员将随身携带的问卷发下去后，就开始逐个进行讲解，村民就随着讲解划钩，碰到一些需要计算的题目时，大家就认真思考，仔细推算，然后郑重地把数字写上去。让调查人员惊奇的是，大家对农发的一些基本情况都很熟悉。“农民分明把这次问卷调查当成了一次考试”，调查人员由衷有了这种感觉。

“我有意见要提”。收回了卷子，调查人员就与农民座谈。“大家对我们的工作和农发干部还有什么意见？”有位白发老汉说：“没啥意见了，咱村搞了开发项目，路好走了，浇水方便了，今年政府又给咱免了农业税，这是做梦也不敢想的好事啊！”“别的同志也没意见啦？”调查人员问。一位中年汉子鼓足勇气站起来，“我有意见要提，村里搞开发，大伙的地都改造了，可我家的地就没给改，当着上级领导的面，我想问问什么时候轮到我？”调查人员问为什么没包括他家？村干部说：“当时上级给我们的任务2 000亩，大伙积极性高，村里多自筹了点，上级又给补了点，搞到2 200亩，村里还有100多亩没有搞，就包括他家，也是没有办法的事。”调查人员与省、县农发办同志商量，县里同志说：“我们想想办法，明年邻村搞开发规划时，尽可能地把这个村剩余的地考虑进去。”

“群众利益无小事，能改马上就改”。一位调查人员也听到了部分群众的意见，淮北井灌区搞了开发，铺上了地下暗管，节水又省地，可因一个出水口几家合用，原来计划只给其中一家配固定管道的配件，轮流使用，没有配件的农户浇地时要向别人借，觉得不方便，这次向调查人员要求最好给每户都配一个。调查人员觉得这不是件小事，当场与省、县农发办的同志商量，决定在项目质量保证金中安排一些资金给大家补上。“县里到底按不按要求办？”调查人员有点担心，就悄悄地留下了一个提意见农民的电话。3天后，调查人员就接到县农发办的电话，说事情已经妥善解决了。调查人员又给留下电话的农民去了电话，这位农民说“配件到手了，很好，我很满意。”调查人员又问：“是你一家有了，还是大家都有了？”农民说：“放心吧，都有了。”

“抽到了农民递上的烟”。调查人员站在地头，望着金灿灿的油菜花，掏出自己的烟，给周围的群众撒了撒，与农民拉起了家常。调查人员问一个农民“你家里田都改造好了，还想做点什么？”农民说“想干的事情多着呢。”调查人员问“那你希望先搞什么呢？”农民想了想说“还是先开发荒山吧，我家不到两亩田，都改造好了，可种粮食还是收入少啊！听说邻村也搞了你们的生态开发项目，栽起了油茶，还间作了早熟梨，人家一亩山场光早熟梨就收入了1 000多块呢！你看我们这里荒山也不少，我家就有6亩多呢！麻烦领导们也给立个项，支持一下吧！”说着他掏出了自己的烟，“我的烟不好，请领导抽一根吧。”调查人员顺手接了过来，就着农民递过来的烟头，对了个火，有滋有味地抽了起来。

政府帮助咱农民办自己的事

“从此不走泥泞路”。调查人员来到吉林省昌邑区孤店子镇大荒地村时，村民们谈得最多的是农发让他们从此不再走泥泞路的事。2002年前村里全是土路，不论是春天冰雪解冻，还是夏天下雨，路都泥泞不堪，人踩在烂泥巴里抬不出脚，车子更是寸步难行。2002年实施农业综合开发，土路取直后又铺上了砂石，2004年，村里又争取了部分公路建设资金，把机耕路硬化修了水泥路，目前道路顺直畅通，村民出行从此雨雪无阻了。

的确，农民的需求是实实在在的，不需要“花架子”。从12省调查问卷的初步分析看，当前农民最需要为他们解决的还是水、电、路等农业基础设施建设。25个县58个村2 190个农户在“您认为哪些问题需要政府帮助”的多项选择中，有87%选择了“打井、修渠、架线、修路”，远远高出其他选项。农民的这些需求，与农业综合开发始终坚持的“着力加强农业基础设施建设，提高农业综合生产能力”的工作目标是这样高度地一致，难怪农发工作在农民心目中那么有地位。

“给钱给物，不如给个好项目”。甘肃省临洮县梁家村村主任李仲芳是位58岁的老党员，也是临洮县连续3届的人大代表，在群众中很有威信。2004年她带领村民实施了农发中低产田改造项目。她对调查人员说：“农发项目衬砌的渠道，当年冬灌中就发挥了作用，节水省时，家家户户不再熬夜，也不再争水打仗了。群众都说好，说我们这些人能干，真心为大伙办事，我们村班子在群众中的威信更高了。在去年12月的村委会换届选举中，大伙非得推我再当村主任。”

“办咱农民想办的事，咱要多出点力”。调查人员在陕西看到一位农民的问卷上写着，实行农发项目他家一共拿出了450元钱时，心里一阵咯噔，他知道450元钱在一个农民家庭中的分量。调查人员就问“您家一下子拿了这么多钱，觉得多不多?”农民回答说：“要说也不少，可这钱都是办了咱家地里的事，我觉得值。再说，政府有那么多事要办，还拿出钱给咱办事，咱更得有个态度，多出点力。”村干部说：“他家经济情况好点，属于筹钱多的。我们的原则是自愿，不搞命令，出点钱，出点工，出点地，各种方式都有，只要农民觉得值，就不会吝啬。”

甘肃省靖远县张滩村一位陈姓村民的话至今仍然让调查人员感动。“村里在前年搞开发，要修渠修路，我家里负担重，没有出钱，但我有一台三轮车，我就免费拉沙子、拉石头、拉水泥，柴油费我自己出，我没有想到过自己吃亏。”“村里项目搞成了，浇水不成问题了，路也好走了。我就搞了个塑料大棚种蔬菜，一个棚每年至少能收入5 000元。农业综合开发真正为我办了好事，让我家过上了好日子。要是再搞开发项目，我就能够拿出更多的钱来了。”

“咱农民也能在开发中唱主角”。农业综合开发归根到底是农民自己的事业，要搞好开发，必须进一步落实农民的主体地位，充分调动农民参与开发的积极性和创造力，让农民有知情权、参与权、选择权和监督权，与农民的需求真正合拍。调查的情况突出反映了这一点。在回答“农业综合开发项目立项前，征求过您的意见吗”这个问题时，有90%的农民回答“征求过意见”；在回答“征求意见时，您是同意开发，还是不同意开发”的问题时，有90%的农民回答“同意”；在回答“村里当时与您签订筹资投劳合同了吗（包括口头合同）”的问题时，有84%的农民回答“签订了”；在回答“您认为村里进行农业综合开发是不是应该先征求您的意见”的问题时，有87%的农民回答“是”。在回答“您看到了农业综合开发项目建设内容和资金使用公示情况没有”的问题时，有89%的农民回答“看到了”。一些农民对调查人员说，“现在搞开发，搞不搞，怎么搞，都有干部征求咱农民的意见，项目公示也及时，心里明明白白，咱觉得挺受尊重，越来越唱主角啦!”县里农发干部说，“这几年我们注意听取了农民的意见，慢慢尝到了甜头，农民参与了，对项目建设就更加关心，项目实施起来就很顺利!”

你们辛苦了

调查中一个景观是，干部和群众之间互道辛

苦，调查人员与地方同志互道辛苦。

“一家人不说两家话”。由于时间太紧，调查人员马不停蹄地走村串户，“尽量不让农民等我们”，调查人员都这么想。大家想方设法地提高效率，如果一上午跑两个村，就坚持先按规定时间进行问卷调查，在下一个村完成调查后，争取实地检查一下项目情况，多找农民聊一聊，中饭晚饭就吃得晚一点，中午不休息，晚上经常赶夜路，住下后就整理问卷。有一次路上堵车，肯定要到晚了，调查人员就委托县里同志先电话通知村干部，向村民解释。到达后，调查人员先向与会的村民道歉，让大家久等了，耽误大家时间了。村民说：“没事，你们这么远来征求我们的意见，你们才辛苦了，咱一家人不说两家话。”

“向你们学习”。国家农发办这次调查，对地方农发办也有很大触动。有些省农发办提出要与国家农发办一起调查。有些省、市、县农发办同志说，这种与农民面对面方式很好，值得我们学习，回头我们也要这么干！工作之余，调查人员也注意向地方学习，了解地方保持共产党员先进性教育活动的好做法。如江西省农发办坚持边学边改，深入农村调研，重点解决四类问题：一是深入贫困县的边远山区，确立一个需扶持的贫困村，每个党员捐款100元，资助10名特困学生支付一个学期的学费。二是确定20个重点粮食主产县，全办每个处以上干部都挂一个点，具体指导。三是对省以上农业产业龙头企业进行摸底调查，确定扶持重点。四是深入研究新阶段农民筹资投劳的新路子。这种紧密联系农发实际的先进性教育活动，得到了项目区广大农民群众和基层干部的欢迎。

“农发是咱基层干部的好朋友”。虽然是临时通知，各市县的党政领导同志都对这次调研活动极其重视，有的主要领导同志要求一起去调研。他们认为，农业综合开发资金和项目管理严，效益明显，老百姓很认可。有位县委书记对调查人员说：“农业综合开发是我们这些书记县长的好朋友，也是书记镇长的好朋友，只要按开发政策办事，几年就会见大成效，很能够办成些大事，这可是群众买账的实实在在的政绩啊。”有的县领导说：“每年县里开人代会，确定在哪里实施开发项目，我们都很头痛，因为大家争得厉害，都想早点开发，搞过的还争取，希望农业综合开发多增加些投入。”对这次问卷活动，县领导都给予了高度评价，许多人讲，“你们是中央部门里最早到我们这里，以实际行动深入农村开展先进性教育活动的单位。”

“基层农发干部不容易”。比调查人员更加忙碌的是县农发办的同志，他们对项目安排和资金使用情况非常的熟悉，为本次调查起到了很好的配合作用。调查人员发现，只要实施过开发项目的村子，农民对他们都很熟悉，他们也能够和农民说到一块。调查人员随机询问农民对县里农发干部的印象，都反映不错。有些农民说：“从立项到验收，农发办的干部到村里来过不知道多少次了，全程指导，帮助解决了不少困难。”“施工紧张时，农发干部就住在工地上，挺不容易的，叫他们到家里吃个饭，请也请不动。”县农发办同志对调查人员说：“我们觉得现在国家的农发政策都比较切合实际，比以前好干多了，但上面的要求也是越来越严了，我们不敢稍有马虎啊”；“希望你们常下来走走，更多地了解基层的实际情况，与咱们基层的干部也交交心！”

带回来的不仅是问卷

两天紧张忙碌后，3月6日晚上，12位调查人员都如期回京，有人晚上还回到办公室加班。3月7日，调查人员按照要求，迅速地对带回的调查问卷进行了整理分析，有的同志还将所见所感写出来，报给办领导参阅。

为对这次调查活动进行深入总结，3月11日下午，办领导主持召开全体调查人员参加的座谈会，大家畅谈了感想和体会。

“农民的掌声是天底下最动听的声音”。一位同志说：“调查期间，无论走到哪里，都能听到农民发自内心的热烈掌声。晚上回到旅馆后，我躺在床上，心里久久不能平静，一直在思索着：老百姓为什么对农发干部这么欢迎？为什么对农发工作这么欢迎？为什么对这次调查活动这么欢迎？我想关键是农发工作给老百姓带来了实惠，广大农发干部是实实在在地为大家谋利益。我觉得农民的掌声是天

底下最动听的声音。”

“我们的责任是什么”。一位同志说，在路口与村里的男女老少话别时，一双长满老茧的手紧拉着他的手不放，期盼他“多住几天”、“今后多来”。面对此情此景，他脑里突然飘动着一串问号：“群众最需要什么？我们能给群众带来什么？我们已经给群众带来什么？我们的责任是什么？”

“群众在我们心里的分量有多重，我们在群众心里的分量就有多重；我们对群众的感情有多深，群众对我们的感情就有多深”，一位同志有了这样的感悟。“农业综合开发为群众办了点实事，群众就感激政府，感激党。作为一名党员、一名国家公务员，今后心里要时刻装着群众，把群众的安危冷暖挂在心上，为群众诚心诚意办实事，尽心竭力解难事，坚持不懈做好事。”

“农民最迫切的需要与我们坚定不移地提高农业综合生产能力的根本任务是吻合的，农发工作确实深入人心，影响力很大”。一位到国家农发办工作时间不长的同志说，“我感到农民对良种和技术的需要很迫切，农发要加强这方面的研究。”

“农民对农发工作的态度，深化了我对农发工作重要意义的认识，深化了我在工作上保持一名共产党员先进性的认识”，一位青年党员这样说。

“闭门造车，坐在屋里肯定制定不出好的政策，要扑下身子去，了解农民的所思所想，政策的可操作性才强”，一位同志有了这样的感悟。

“70%的农民问卷上写了很多话，这说明农民的态度多么认真，对我们工作的期望多高，我们不能辜负农民的期望。”大家争先恐后地发言，更多地使用着“责任”、“奉献”等字眼。

从这次活动了解的情况看，广大农民对农发工作是满意的、关心的、期盼的。与农民面对面、心贴心，这种调查形式很好，对国家农发办和地方农发办转变工作作风都是一个很大的促动。更重要的是，大家带回来的不仅仅是问卷，更是沉甸甸的收获。干部在调查中切实受到了教育，增进了对农民的感情，理解了肩上的担子，明确了服务的方向，坚定了做好农发工作的信心。大家表示，一定不能辜负广大农民的殷切希望，要把农发这件利国利民的实事办好、好事办实。

（作者单位：财政部农业司、国家农业综合开发办公室）

关于河北等八省（区）农业综合开发投资参股经营试点情况的调研报告*

刘世江　黄家玉　韩国良　樊继红

为及时了解农业综合开发投资参股经营试点情况，国家农发办组织4个调研组，分赴河北、内蒙古、吉林、辽宁、安徽、河南、湖北、四川等八省（区）进行了专项调研。

一、投资参股经营试点的主要成效

从调研情况看，八省（区）2004年投资参股经营试点工作总体上进展比较顺利，投资参股的各

* 此文在2005年度财政工作“优秀论文、优秀调查报告、优秀公文”评选中获调查报告类三等奖。

项手续办理完毕，财政投资参股资金已拨付到企业，所有投资参股经营项目都已进入实施阶段，并取得了一定成效。

（一）初步显现出对农民增收的带动作用

所有投资参股经营项目的一个共同特点是采取了“公司+基地+农户”一体化经营的模式，有效地带动了周边地区农民的增收。河北梅花味精集团通过淀粉加工项目实施，该企业收购玉米每公斤比市场价格高0.02元，每年可使当地农民增收360万元；同时，企业生产的优质复合肥以每吨600元的成本价售给农民，减少了农民种植玉米的生产成本，真正使农民从中得到了实惠。湖北宜都丰岛集团由于国家财政参股资金的投入，公司果蔬罐头生产能力达到1.8万吨，加工转化柑桔中小果2.7万吨，由此带动近4万农户增收1 000万元。内蒙古塞飞亚食品股份公司通过投资参股经营项目建设，新增肉鸭养殖1400户，带动饲料加工、毛鸭、产品运输143户，安排农民工就业960人。

（二）初步形成了新的农业综合开发投入机制

实践证明，财政资金投资参股的投入方式，能有效引导和带动民营资本、外资和其他资金对农业综合开发项目的投入，一个充满活力的新的农业综合开发投入机制正在逐步形成。一是直接吸引了民营资本的投入。由于投资参股坚持“企业自愿、只参股不控股”的原则，从而充分调动了民营资本投入的积极性。仅河北、河南两省的6个投资参股经营试点项目，累计吸引民营资本2.48亿元，有效地扩大了农业综合开发项目投入规模。二是有利于吸引银行贷款和其他资金的投入。财政投资参股项目提高了企业在争取银行贷款和吸引外资方面的优势，据了解，河北玉锋集团VB12加工项目正在与外商洽谈合作事宜；辽宁盘锦利是米业有限公司的新加坡出资方决定对其增加投资。三是探索出了新的配套投入机制。由于财政投资参股形成的国有股权委托资产运营机构监管，一些资产运营机构也积极参与项目选择和评估，并对一些经济效益好、发展前景广阔的项目进行投资。如河北、辽宁、四川等省受托的资产运营机构都对一些投资参股经营项目投资，与财政投资参股资金形成合力，进一步扶持企业发展壮大，财政资金起到了“四两拨千斤”的作用。

（三）初步探索了财政资金规范、安全、有效运行的途径

八省（区）财政（农发）部门和资产运营机构运用市场机制，采取许多有力措施强化对投资参股企业的监管，确保国家财政资金规范、安全、有效运行。一是维护国家出资人合法权益。通过与投资参股企业签订的“公司章程”和“投资合作协议”等法律文件，将财政投资参股的目的、政策及项目管理的有关要求，以法律文件的形式固定下来，对投资各方形成法律约束。二是委派董事、监事和财务总监等监管人员。在不干涉企业日常经营活动的前提下，及时了解和掌握投资参股经营项目建设和企业的重大经营事项。三是建立项目运行信息反馈机制。受托的资产经营机构每半年向财政（农发）部门报告一次投资参股企业国有资产经营情况。同时，要求项目企业对重大投资计划、经营决策等对企业有较大影响的事项及时向国有资产运营机构及财政（农发）部门反馈。据了解，由于监管得力、措施有效，四川省在已完成投资的28个投资参股经营项目中，已有2个项目的国有股权成功实现溢价退出，共实现投资溢价收益162万元。

（四）初步提升了投资参股企业的发展空间和综合竞争力

投资参股企业普遍反映，国家财政资金投资参股不仅解决了企业发展的资金瓶颈，更重要的是促进了企业的机制创新，使企业的经济效益得以不断提高。辽宁亚洲红冰葡萄酒有限公司由于国家财政投资参股资金的注入，大大增强了企业的资信，为其顺利通过美国会计师事务所的审计，力争公司股票2005年在纳斯达克上市提供了强有力支持。湖北银欣集团实施国家投资参股经营项目以来，提升了企业在当地政府、金融单位及经销商、消费者心目中的地位，提升了企业对外形象，促进了中国银行、农发行和国家开发银行与该集团的合作。河南科迪乳业有限公司利用财政投资参股资金，目前10万吨液态奶生产线已先期建成，2005年1～5月份实现销售收入9 071万元，实现利润295万元，

比上年同期均有较大幅度提高。

二、投资参股经营试点工作存在的问题

虽然八省（区）投资参股经营试点已取得明显成效，积累了一定的经验，但也存在一些问题。

（一）对投资参股政策制度的理解存在偏差

调研发现，各级财政（农发）部门、资产运营机构、投资参股企业普遍对投资参股经营试点的重要性有了较高的认识，一致认为该项工作对于创新农业综合开发机制、促进农民增收致富、做大财政“蛋糕”都具有重要意义。但在实际工作中，各试点省（区）对投资参股政策制度认识存在一定偏差。有的省（区）认为投资参股经营单个项目投资数额大，占用投资规模较多，不利于省里安排重点和一般产业化经营项目；有的省（区）担心国家投资参股资金由于不能适时退出，将来中央财政会对地方财政扣款。

（二）具体操作不够规范

部分省（区）不同程度存在着投资参股经营试点工作具体操作不够规范的问题，辽宁、河北、湖北、安徽等省没有按《国家农业综合开发投资参股经营试点管理暂行办法》的有关规定执行，由资产运营机构与投资参股企业签订国有股回购协议，在协议中规定了国有股的退出年限；内蒙古自治区要求投资参股企业对于国有股权保证最低收益率；河北省在“参股试点办法”中明确规定国家股东虽不具备控股地位，但具有“第一否决权”。上述做法是地方财政（农发）部门还没有摆脱农业综合开发有偿资金的管理模式和思维，一旦提及国有股权收益就按固定收益率收取，一旦提及国有股权适时退出机制就按固定年限执行。产生问题的原因是一些地方财政（农发）部门不适应投资参股经营试点工作的要求，对《公司法》等国家法律法规不熟悉，缺乏国有资产管理和资本运作方面的知识。

（三）投资参股政策制度有待进一步完善

一是委托监管费用开支问题。财政（农发）部门、资产运营机构纷纷反映，目前国家尚没有明确对受托的资产运营机构如何考核，其监管费用的来源和开支标准也未作规定，不利于调动资产运营机构履行监管职责的积极性，也不利于投资参股经营试点的顺利开展。二是现行政策制度内容不够完善。目前对国有股权收益和股权处置（转让）收益的收缴与分配使用尚未作出明确规定，这不利于调动地方财政（农发）部门的积极性，促进投资参股经营试点工作。

（四）投资参股经营项目立项“门槛”有些偏高

调研中部分省（区）反映，按照现行制定的投资参股经营项目立项条件，虽然暂时不存在选项困难的问题，但随着投资参股经营试点逐步推开，由于投资经营项目立项条件和标准较高，项目申报和选择的难度将会越来越大，本省（区）可供选择的农业产业化龙头企业将会越来越少。据初步统计，湖北省全省范围内符合投资参股立项条件的农业产业化龙头企业不超过20家，安徽省也只有23家左右。为此，这些省（区）建议国家适当放宽投资参股经营项目立项“门槛”，以便在更大范围内择优选项。

（五）选定符合要求的省级资产运营机构存在一定困难

根据《企业国有资产监督管理暂行条例》的有关规定，财政部门不能履行企业国有资产出资人职责，不得直接介入投资参股企业的经营活动。因此，农业综合开发财政资金投资参股，只能通过选择管理规范、运营状况良好的资产运营机构，委托其进行监管。但在实际工作中，部分省（区）面临选定符合要求的省级资产运营机构较为困难的问题，主要原因是现有的省级资产运营机构对农业综合开发政策规定不熟悉，没有运作农业综合开发项目的经验，难以承担受托任务。为此，辽宁、内蒙古采取委托市级资产运营机构监管的办法；湖北省则将委托监管权下放到县级。

三、进一步做好投资参股经营试点工作的具体建议

通过调研，我们提高了认识，增强了做好投资参股经营试点工作的信心。当前，应在总结经验和不断解决存在问题的基础上，大力推进投资参股经营试点工作。

（一）进一步统一思想，提高认识

各级财政（农发）部门应进一步统一思想，充分认识投资参股经营试点工作的重要性，将行动统一到财政部党组的重大决策上来，扎扎实实地把工作做好。近期，拟在四川省召开投资参股经营试点工作经验交流会，交流2004年投资参股经营试点工作经验，研究工作中存在的问题和解决方法，对财政（农发）部门及资产运营机构相关人员进行培训，研究布置下一步扩大试点方案等。

（二）不断加大投资参股经营试点工作力度

为加大投资参股经营试点工作，拟从2006年起，中央财政新增农业综合开发资金全部用于投资参股经营试点，并从现行产业化经营项目存量资金中拿出相当比例用于投资参股经营试点。同时，试点范围扩大到所有具备投资参股经营试点条件的省份。

在推动地方开展投资参股经营试点工作中，拟采取以下一些具体措施：一是在各省年度产业化经营项目投资指标之外，中央单独安排投资参股资金指标。二是各省可以不受投资规模和项目个数的限制，据实申报项目，实行省际间竞争立项，根据项目评审和资产评估结果，确定各省的投资参股具体额度。三是实行不同地区间区别对待的投资参股经营项目立项“门槛”，对东部地区省份按现行立项条件执行，切实做到扶优扶强；考虑中西部地区现有农业产业化龙头企业规模普遍偏小的现状，在总资产、净资产规模等方面对其适当降低立项标准。四是在坚持财政资金“只参股、不控股”的前提下，对发展前景好、股本结构合理的现有投资参股企业进一步增资扩股，连续扶持。

（三）完善政策，规范运作

建立对资产运营机构的考核办法。通过设计科学的指标体系，重点考核资产运营机构履行监管职责、实现国家资产保值增值的情况，进一步明确资产运营机构的权责。在建立考核办法的基础上，明确委托监管费用的来源和开支标准。建立奖优罚劣的激励机制，对认真履行监管职责、较好完成国有资产保值增值指标的资产运营机构给予适当奖励。

修改完善《国家农业综合开发投资参股经营试点管理暂行办法》。进一步明确投资参股经营项目应按《公司法》规范运作，特别是在国有股收益分配和适时退出等方面应严格按《公司法》规定执行；资产运营机构在维护国家出资人合法权益的同时，不得损害其他出资人的权益，使投资参股企业真正建立起“同股、同权、同利”的经营管理机制；在充分研究和广泛征求意见的基础上，明确国有股收益、股权处置（转让）收益的分配和使用问题。

（四）认真选好符合要求的资产运营机构

选定的资本运营机构必须规范运作，维护国家出资人合法权益，确保国家财政投资安全有效，实现国有资产的保值增值。在资产运营机构的选择上，应选择实力强、信誉好、能认真履行委托监管职责的省级资产运营机构。如果选择省级资产运营机构确有困难，而市一级又有符合要求的资产运营机构，可在报经批准的情况下，将委托监管权下发到市级，但严禁委托县级资产运营机构。

从长计议，为保证农业综合开发财政投资参股资金的安全运行，维护国家出资人合法权益，有必要研究在省级农发办事机构下设“农业综合开发资产管理中心”，对投资参股资金进行有效监管。

（五）早动手、早准备，提前做好2006年扩大投资参股经营试点各项基础工作

尽快公开发布投资参股经营项目申报指南。为广泛动员社会力量参与投资参股经营试点，在更大范围内择优选项，提高选项透明度，拟抓紧在新闻媒体上公开发布《2006年国家农业综合开发投资参股经营项目申报指南》，明确投资参股经营项目的基本原则、扶持范围和重点、立项条件、申报程序等有关事宜。

认真做好选项工作。要求地方财政（农发）部门建立投资参股经营项目库，认真做好项目申报工作；邀请资产运营机构提前介入参与选项，重点审核项目企业的资质条件；严把项目立项关，制定严格评审标准，建立评审专家责任制，切实做好择优选项，优中选优；严格资产评估，全面摸清拟投资企业的家底，防范国家投资风险。

（作者单位：财政部国家农业综合开发办公室）

农业综合开发监督机制研究*

韩国良 陶传友 王志刚

一、监督机制在农业综合开发中的地位和作用

农业综合开发监督机制是为实现农业综合开发目标，在农业综合开发资金和项目管理的全过程中，由监督主体、监督对象、监督内容、监督方式、监督程序、监督处置和监督保障等要素构成的统一体，主要用以监督项目立项审批、工程建设招投标、工程建设任务、工程建设质量、项目资金运行、工程预决算等方面，通过防范失误、纠偏处理和化解财政风险，保证农业综合开发的正常秩序和顺利进行。监督机制是农业综合开发管理机制的重要组成部分，它贯穿于农业综合开发活动的全过程又相对独立，健全的监督机制能够保证农业综合开发任务顺利完成。因此，建立和完善监督机制是当前农业综合开发工作的一项重要任务。

（一）建立监督机制是规范农业综合开发行为的有效手段

农业综合开发行为是指农业综合开发资金筹集、投资决策、项目建设、财务管理、验收考评、资产管护等活动过程。按照依法行政和农业综合开发管理要求，各种农业综合开发行为都应规范、有序、合理：资金筹集渠道可靠、符合政策，能按时足额到位；投资决策尊重自然规律和经济规律，投资方向符合国家产业政策；项目建设质量优良，达到有关建设标准；财务管理规范，符合有关财经法规和制度；验收考评科学合理、客观公正，对发现的问题及时纠正和处理；资产管护做到保值增值，资产效益长期发挥。

要实现农业综合开发行为的规范，就必须依据有关法律法规和规章制度，结合农业综合开发特点，建立一套科学合理、运行顺畅的监督机制。多年来，农业综合开发工作中出现的一些问题，如投资决策失误、挤占挪用资金、擅自调整项目计划、地方财政资金配套不足、少数工程不能按时完工、个别工程质量不高、财务管理违规等，原因是多方面的，但监督机制不健全和监督工作不到位是主要原因。因此，建立健全监督机制是保障农业综合开发各项规章制度得到有效贯彻落实，防范违法违纪行为发生，保证农业综合开发任务顺利完成的必然选择。

（二）建立健全监督机制是公共财政管理的内在要求

监督机制作为农业综合开发管理机制的重要组成部分，必然要体现公共财政管理的要求。不断提高农业综合开发管理水平，充分发挥农业综合开发资金的使用效益，逐渐实现农业综合开发资金分配的公正透明，客观上要求建立一套行之有效的监督机制。在农业综合开发制度建设上，目前已形成以《国家农业综合开发资金和项目管理办法》为“母法”，包括专家评审制度、竞争立项制度、工程招投标制度、工程监理制度、验收考评办法、工程管护制度、财务管理办法、资金会计制度、县级报账制度、项目和资金公示制度等涵盖农业综合开发资金和项目管理全过程的一系列政策法规和规章制度。通过进一步完善农业综合开发制度建设，建立健全监督机制，发挥其事前预警、事中控制和事后纠偏职能，以保证项目选择的科学性、项目计划的严肃性和工程成本管理的严格性，让有限的农业综

* 此文在2005年度财政工作“优秀论文、优秀调查报告、优秀公文”评选中获论文类鼓励奖。

合开发资金为农业、农村和农民提供更多、更好的公共产品和公共服务。

（三）完善监督机制是健全农业综合开发管理体系的重要保证

健全的农业综合开发管理体系是投入、决策、建设、评价、保证和监督等体系有机结合、相互作用而形成的统一整体。农业综合开发监督机制由不同的监督主体、从不同的角度、以不同的方式对农业综合开发行为进行事前、事中、事后全过程实施监督，贯穿于农业综合开发管理工作的始终。项目准备阶段，通过事前公示监督，保障广大农民群众的知情权、参与权和决定权，调动农民搞开发的积极性和主动性；项目审批阶段，实施立项程序监督，贯彻专家评审制度，提高选项的科学性、准确性；项目实施阶段，推行工程招投标制度和监理制度，打造阳光工程，提高工程建设质量；项目竣工后，实施审计监督和验收考评，及时发现问题，纠正错误，总结经验，改进工作。

二、现行监督机制存在的主要问题

农业综合开发监督机制对于加强项目和资金管理，确保项目顺利实施，提高资金使用效益，起到了重要作用。同时，现行监督机制还存在一些不容忽视的问题，影响了其职能的有效发挥。

（一）外部监督发挥作用不充分

农业综合开发外部监督主要包括农民群众监督、审计监督和社会舆论监督。目前，外部监督存在的主要问题是监督渠道还不畅通，监督职能还未充分发挥。

农业综合开发接受农民群众监督的主要途径是实行项目公示。项目公示的目的在于保护农民群众的知情权、参与权和决定权，尊重农民的开发意愿，调动农民主动搞开发的积极性，是让农民群众参与监督的一种有效方式。但由于农民群众并不了解农业综合开发政策，一些基层农发办又常常没有严格按照制度规定的公示内容、公示方式和公示时间进行公示，容易导致项目公示流于形式，群众监督力量弱化。其结果是农民群众的意愿未得到充分表达，事前对项目规划的参与程度不高，事中对项目建设质量的监督力度较小，事后缺乏农民群众对项目的评价反馈。

审计监督是农业综合开发接受外部监督的一个重要途径，具有法定权威性。但其局限在于侧重事后监督，而缺乏事前、事中监督；侧重资金监督，而缺乏项目监督。当审计监督发现项目选择不当的问题、资金使用违规的问题、工程效益不高的问题时，再进行纠偏处理，很难挽回已造成的损失。同时，大多数地方对农业综合开发的审计监督以同级审计为主，同级审计对发现的问题，由于行政隶属关系等原因，又常常避重就轻，审计报告的内容过于简单，导致审计监督达不到应有的效果。

舆论监督是社会监督的主要渠道。社会舆论监督常常能起到群众监督、审计监督和内部监督达不到的效果。但社会舆论监督存在的不固定性和不规范性又影响其效果的发挥。由于新闻记者往往并不真正了解农业综合开发政策，导致舆论监督的力量得不到有效发挥；另一方面，由于对农业综合开发的片面报道，可能会影响农业综合开发形象，监督作用逆向发生。

（二）内部监督机制尚不健全

农业综合开发内部监督主要包括项目评审、项目决策、项目建设、中期检查、验收考评等监督内容，涵盖了事前、事中、事后监督的全过程。目前，内部监督存在的主要问题是机制尚不健全，运行还不协调。

项目评审是为项目决策提供依据，为农业综合开发系统内部评审权与决策权的相互分离、相互制约提供基础，它对保证农业综合开发选项的科学性和正确性具有重要意义。但由于农业综合开发评审是一项涉及多专业、多领域、多地域的复杂工作，国家级专家库的现有入库专家很难满足农业综合开发项目评审的全部专业需求，评审专家大部分来自于农业综合开发系统以外，对农业综合开发的基本政策及特点缺乏应有的了解，也会出现专家评审意见很难真正反映农业综合开发实际的情况，专家评审认为很好的项目在执行中却没有发挥应有效益；专家评审认为不可行的项目，也可能是好项目，却没有立上项。评审工作每年一次集中进行，评审工

作量大、评审时间短，评审专家很难对项目可行性研究报告进行深入细致的审查，影响项目评审质量，并最终影响项目决策的科学性和项目建设的成败。

农业综合开发项目决策应合理利用专家评审意见并能弥补专家评审的缺陷。目前，专家评审意见在项目决策中占绝对地位，但专家评审意见重视技术评价而忽视经济评价，政策评价和社会评价基本缺失，使项目决策缺乏理论依据，一些技术上先进但不符合农业综合开发政策的项目通过评审，容易导致项目决策与实际情况有偏差。个别在专家评审时得到很高评价而获准立项的项目，但没有体现农业综合开发的宗旨和目的，进而没有达到农业增效、农民增收、财政实力增强的目的，这样的实例就反映出了项目决策机制和监督机制没有很好结合。

中期检查是项目建设和执行控制的重要监督环节，对维护项目计划的严肃性、保证工程建设质量和项目建设任务的按时完成起着重要作用。但目前农业综合开发工作是重立项评审、重验收考评，而轻中期检查；重土地治理项目的中期检查，而轻产业化经营项目的跟踪检查；中期检查缺乏制度性规定和规范性要求。其后果是在验收考评环节才发现擅自调整计划的问题、挤占挪用资金的问题、建设质量不高的问题，而有些事实已无法改变。由于对产业化经营项目的监督机制不健全，项目财政资金一旦到了企业，农业综合开发管理部门就缺乏对项目资金使用情况和项目建设进度的监控手段。项目建设能否按时完成和发挥应有效益、有偿资金是否能及时回收，更多地依赖于龙头企业的自我约束。个别龙头企业不按项目批复使用财政有偿资金、不按计划落实自筹资金、项目建设完不成计划任务、项目预期效益目标无法实现，管理部门对此没有相应的制约方法。

验收考评是对农业综合开发政策执行情况、项目和投资计划完成情况的事后检查和总结评价，目的在于发现问题和总结提高。但目前验收评价指标体系还不完善、考评制度和方法尚未成熟、验收考评责任尚不落实、验收结果应用还不全面，这些问题在一定程度上影响了验收考评的效果。验收考评工作还存在对问题检查不深入、有问题得不到认真解决、出问题互相推卸责任、上下级检查验收重复进行等现象。

（三）内部监督和外部监督缺乏有机联系

农业综合开发内部监督和外部监督应有机结合，共同促进农业综合开发任务的完成。但从现行农业综合开发监督机制的运行情况来看，内部监督和外部监督相互分离，没有实现信息共享，难以形成合力。内部监督和外部监督缺乏有机联系的具体表现有以下方面。

1. 从事前监督来看，项目评审结果不公开，下级管理部门和社会对评审结果的客观性和科学性无法监督；项目决策不公开，项目申请单位对项目决策和资金分配的公正性无法监督；由于内部评审监督与社会监督、民主监督缺乏有机联系，对项目单位是否以套取国家财政资金为目的，多头申报项目、同一项目异地申报和重复申报缺乏监督。

2. 从事中监督来看，工程招标没有引入社会舆论监督和群众监督，社会和群众质疑工程招标的公正性；工程建设实施了监理制，但没有充分发挥广大农民群众的监督力量，工程建设质量不一定能保证并得到群众认可；中期检查没有重视听取农民群众意见，不利于更好地接受群众监督和及时了解农民群众的看法和意愿。

3. 从事后监督来看，验收考评工作对审计结果的应用还不够充分，对审计发现的问题没有进行深入的分析，对审计报告已作出的结论未加以有效利用；农业综合开发管理部门尚未争取审计部门将农业综合开发资金列入例行审计范围；验收考评的群众参与和社会参与机制尚未形成，验收考评的结果尚未公开接受监督。

（四）监督方式还比较落后

监督方式主要是指农业综合开发监督采用的工作方法和技术手段，它对于发挥监督机制的职能、提高监督工作质量和效率有着重要影响。从监督手段、软件开发应用水平、信息化程度等方面来看，目前农业综合开发监督方式总体上还比较落后。

农业综合开发监督既有上级管理部门对下级管

理部门的监督，也有下级管理部门对上级管理部门的监督；既有管理部门对建设单位的监督，也有建设单位对管理部门的监督。目前，上级管理部门对下级管理部门监督手段有立项评审、中期检查、验收考评等，但确实存在立项评审主要是审查可行性研究报告，对项目实际情况了解少，中期检查次数也很少，验收考评也不全面，监督手段落后等；下级管理部门对上级管理部门监督手段欠缺，监督力度很小。管理部门对建设单位的监督手段主要有实地考察、听取群众意见、资金管理实行报账制等，但实地考察常受时间和人力限制、群众意见反映渠道较窄、报账凭证审核时有把关不严或疏漏；建设单位能否监督管理部门受制于建设单位对农业综合开发政策制度的了解程度和民主意识，监督力度较弱。

从软件开发应用水平和信息化程度上看，目前农业综合开发监督工作还缺乏行之有效的管理软件，农业综合开发信息系统没有真正建立起来，无法对项目申报、项目评审、立项审批、资金到位、资金流向、项目建设、验收评价、跟踪问效等各方面进行全程监督管理，难以及时搜集、分析和处理农业综合开发项目和资金管理的各种信息；农业综合开发各监督主体和监督对象之间，还缺乏一个可以实现信息交流和信息共享的网络平台；信息系统建设滞后，无法适应农业综合开发监督工作信息化管理要求。

三、完善农业综合开发监督机制的基本思路

按照依法行政和公共财政管理的要求，农业综合开发监督机制要从管理部门和建设单位两个层面，从群众性和专家性两个层次，从事前、事中、事后三个阶段，建立一套体系完整、组织有序、方法科学的运行机制，以有关政策法规和规章制度为依据，按照权责对等原则，合理配置各监督主体和监督对象的权利和责任，促进农业综合开发管理水平的不断提高。完善农业综合开发监督机制，既要充分考虑现实的可操作性，又要有前瞻性的思考。现就进一步完善农业综合开发监督机制，提出以下基本思路。

（一）发挥外部监督作用，推动农业综合开发工作

要充分发挥外部监督作用，必须不断提高干部群众对农业综合开发的认识水平，加强对项目区农民群众相关政策制度的培训。在立项前，要对拟上项目区干部群众开展农业综合开发政策培训，包括农业综合开发的内涵、任务、指导思想、投入政策、建设要求等；在立项后，要对项目区干部群众进一步开展农业综合开发项目和资金管理制度培训。只有让项目区广大干部群众真正了解农业综合开发政策和制度要求，把监督制度和监督方法交给群众，群众监督才有法可依、有章可循，群众才会有参与监督的积极性和主动性。

要积极争取审计部门支持，由审计部门对农业综合开发外部监督做出规范性要求，审计部门提前介入农业综合开发，对农业综合开发立项过程、项目建设过程实施监督，以便及时发现农业综合开发项目和资金管理中存在的问题，及时终止违纪违规行为，提高农业综合开发资金和项目管理的规范化程度。农业综合开发审计监督实行同级审计、上级审计、交叉审计相结合的方式，不断增强审计监督的力度。

要充分发挥舆论监督作用，必须提高农业综合开发的宣传报道质量，使舆论监督的正面影响起主导作用。广泛利用报刊、杂志、电视等媒体开展农业综合开发宣传，建立农业综合开发宣传制度，让新闻记者和社会各界真正理解农业综合开发的内涵和要求，主动参与农业综合开发宣传和监督工作。既能借助社会舆论力量及时发现不同地方农业综合开发工作中存在的问题，总结各地农业综合开发工作的成效和经验，又能避免不实报道对农业综合开发的负面影响。

（二）健全内部监督机制，提高管理水平

健全的内部监督机制是农业综合开发系统内部项目评审、项目决策、项目建设、中期检查、验收考评相互分离、相互制约又协调运行的机制。健全的内部监督机制对防止权力过于集中、避免或减少工作失误具有重要意义。

要提高农业综合开发项目评审工作水平和评审

质量，必须加强对评审过程的监督，不断完善投资项目评审制度。充实农业综合开发项目评审专家，以满足农业综合开发项目评审的多专业、多领域要求；对评审专家开展农业综合开发政策制度培训，提高评审专家的政策水平和专业水准，使评审意见能够符合农业综合开发实际；同时，也要建立项目评审专家责任约束机制，对专家评审工作质量和履职情况实行档案管理，对专家库实行动态管理，确保专家评审工作的独立性、客观性和公正性。改进评审工作组织方式，实现评审工作的经常化，实行可行性研究报告审查和实地考察相结合的评审办法。合理确定专家评审意见在项目决策中的权重，管理部门专业人员对项目可行性研究报告是否符合农业综合开发政策和制度提出初审意见，初审合格的项目提交专家评审，评审专家主要对投资项目的技术先进性和经济效益情况进行审查，在对可行性研究报告审查和实地考察基础上对项目独立出具评审意见；管理部门专业人员对项目初审意见占40%，专家评审意见占60%，按总评分高低对项目进行取舍。

要充分发挥中期检查的监督作用，使中期检查成为农业综合开发内部监督的重要环节，必须使管理部门对建设单位项目实施过程的监督。管理部门要对项目中期检查作出制度性、规范性的要求，对项目是否按计划实施、工程是否按图纸施工、资金是否拨付到位和专款专用进行监督，及时发现项目计划执行中的问题、工程建设质量问题、资金到位和使用问题，将中期检查结果纳入农业综合开发工作绩效评价体系。建立对产业化经营项目的中期监控、监督机制，防范有偿资金风险和项目计划落空，实行项目财政有偿资金按项目计划和建设进度分期拨款制度、财政资金与企业自筹资金和银行贷款同比例拨付制度、龙头企业不按批复开展项目建设时的终止拨款制度。

要发挥验收考评对农业综合开发工作的全面监督作用，验收考评是对项目评审、项目决策、项目建设和中期检查的全方位监督——形成完整有效的监督机制。对项目评审意见是否公正、项目决策是否正确、项目建设是否保质保量、中期检查是否发挥作用等进行全方位监督。为了提高监督质量，需要进一步完善验收考评指标体系，合理确定资金到位、资金使用、项目规模、工程质量、管理工作等各方面在验收评分时所占的比例；严格验收考评工作纪律，落实验收考评工作责任，验收考评工作组应负责地提出全面、细致的验收考评报告，建立健全验收考评工作档案；充分应用验收结果，上级管理部门要重视对下级管理部门验收结果的运用，避免验收工作重复进行，将验收结果运用到资金分配、项目安排、开发县动态管理、工作人员考核等各个方面。

（三）内部监督和外部监督相结合，合力促进农业综合开发

从农业综合开发实践来看，已采取了多种形式的内部监督和外部监督，但二者缺乏有机联系，内部监督结果和外部监督结果没有互相利用，没有充分发挥作用。今后农业综合开发要实行内部监督和外部监督的有机结合，实现内部监督和外部监督协调运行，使外部监督压力和内部监督动力形成合力，共同促进农业综合开发。

要建立事前监督的内、外部联系。公开项目评审结果和选项情况，国家评审的产业化经营项目在全国性报刊上公布评审结果和选项情况，省级评审的产业化经营项目在省级报刊上公布项目评审结果和选项情况，土地治理项目在县级报刊公布评审结果和选项情况。公布的内容应包括项目名称、项目建设单位、项目建设地点、项目建设的主要内容、投资规模和资金来源、专家评审意见和评分、是否立项，让项目评审结果和项目决策接受社会监督和民主监督，体现公开、公正、公平，及时发现多头申报项目、异地申报同一项目、重复立项、以虚假项目套取资金的行为。

要建立事中监督的内、外部联系。工程招标过程向媒体公开，邀请群众参与，确保工程招标的公正、透明；工程建设过程成立群众质量监督小组，让农民群众参与工程原材料和施工质量监督，及时发现工程隐患，保证工程建设质量；中期检查注意访问群众，通过个别访问、召开座谈会、发放调查表等多种形式了解群众的看法和意见，以保护农民

群众利益和群众满意为出发点，不断改进农业综合开发工作。

要建立事后监督的内、外部联系。加强与审计部门的沟通，争取审计部门提前将农业综合开发审计列入年度工作计划，向审计部门通报农业综合开发管理的有关制度、规定和项目、资金的安排情况；在验收考评时，对审计报告提出的问题要认真分析、查找原因、督促有关管理部门和建设单位及时整改，对审计报告作出的结论要充分利用，如已能满足有关验收考评工作的要求，就不再重复检查，切实减轻基层农发办和建设单位的负担，提高监督工作效率；验收考评工作可吸纳审计部门、社会中介机构和群众共同参与，验收考评结果向社会公开，接受社会监督和群众监督。

（四）改进监督方式，提高监督工作现代化水平

传统监督方式以可研报告审查、会议决策、实地察看、中期查账、抽样考评等方式为主，这种方式已不适应现代化监督、科学化监督和规范化监督的要求，监督效率较低，监督质量不高，监督结果不可靠。为了提高监督工作的现代化水平，实现监督工作规范化和科学化，必须大力改进监督方式。

要充分发挥上级管理部门和下级管理部门、管理部门和建设单位的双向监督作用，必须强化上级管理部门对下级管理部门、管理部门对建设单位的监督；同时，完善下级管理部门对上级管理部门、建设单位对管理部门的监督。上级管理部门应向下级管理部门公开项目评审办法、反馈项目评审意见、公布选项结果；建立和公开资金分配的综合因素法，让下级管理部门能够监督上级部门制度建设是否完善、资金分配是否公正合理、项目计划批复和资金拨付是否及时、项目评审和决策是否公正科学。管理部门应将农业综合开发项目立项政策、资金拨付和管理要求向建设单位公开，让项目建设单位能监督管理部门立项是否公正、资金是否缓拨或扣留、是否按制度办事、制度规定是否符合依法行政和公共财政管理的要求。

要提高农业综合开发监督工作现代化水平，必须加快农业综合开发监督信息化系统建设。目前，农业综合开发利用世行贷款项目，在现代化监督管理方面已经取得了较成功的经验，如MIS系统和MES系统的开发和应用，应该把这些先进经验推广到农业综合开发内资项目管理中，以适应农业综合开发监督工作信息化管理的要求。充分利用现有财政网、党政网等网络资源，建立农业综合开发监督工作信息交流和数据共享平台，实现事前、事中、事后监督的网络化管理，建立内部监督和外部监督的网络互联，不断提高农业综合开发监督水平。针对目前农业综合开发信息系统设备老化，计算机配置较落后，工作人员计算机应用水平较低的现状，要加快硬件设备更新，加强人员培训，所需经费纳入中央财政预算。

（作者单位：财政部国家农业综合开发办公室）

公共财政在西部农村

——宁夏、陕西实施农业综合开发情况调研

李纯湘　徐济旺　李　鹏

“农业综合开发项目的实施，解决了我们30年来想办又办不到的灌排难问题，改变了我们这里‘冬天白茫茫，夏天水汪汪’的面貌，使我们尝到了增产增收的甜头。”宁夏回族自治区青铜峡市峡

口镇谭桥村村民的这番话，道出了国家财政通过实施农业综合开发给西部农民带来的实实在在的好处，西部农村真正沐浴到了公共财政的阳光。

一、农业综合开发在宁夏、陕西农村作用显著

宁夏回族自治区和陕西省是我国西部地区的重要省份，农村自然条件较差，部分地区常年干旱少雨，土壤沙化，水土流失严重，制约了当地农业发展。为改善西部地区农业基础生产条件，中央财政从1989年、1990年开始分别对宁夏自治区和陕西省安排专项资金进行农业综合开发，取得了显著效果。

（一）改善了农业基本生产条件，提高了农业综合生产能力

宁夏、陕西的农业综合开发针对西部地区自然特点进行了以节水灌溉、旱作农业、控制水土流失、退耕还林（草）等为主要内容的中低产田改造和生态治理，使项目区农业基本生产条件有了明显改善，农业抗御自然灾害的能力进一步增强，农业综合生产能力有了较大幅度的提高。据统计，2001~2004年，国家财政共安排两省区农业综合开发资金13.44亿元，累计完成中低产田改造605.98万亩，增加农田防护林网防护面积398.98万亩，治理沙化土面积39.9万亩，控制水土流失面积37.26平方公里，新增和改善灌溉面积512.57万亩，新增节水灌溉面积348.95万亩。通过改善农业生产条件，两省区共建设优质粮食基地93.8万亩，优质饲料基地48.3万亩，扩大良种面积188万亩，新增粮食综合生产能力6.33亿公斤，棉花500万公斤，油料9 137万公斤，饲料6 208万公斤，新增农业总产值88.22亿元。

（二）促进了农业产业结构调整，拓宽了农民增收渠道

西部地区由于特殊的自然条件，形成了具有区域特色的优势农业产业，如宁夏的枸杞、牛奶，陕西的苹果、黄牛。因此，在加强农业基础建设的同时，农业综合开发通过借给有偿资金、无偿资金补贴、贷款贴息等方式，按照“基地＋农户＋龙头”的扶持模式，对农村种植业、养殖业以及带动农民增收能力强的产业化龙头企业、农业合作组织进行扶持。据统计，2001~2004年，国家投入两省区财政资金3.41亿元，共扶持养殖、加工类产业化经营项目412个，建设种植业基地19.9万亩。两省区新增蔬菜7 900万公斤，肉类2 300万公斤，奶类1.72亿公斤，禽蛋708万公斤，水产品165万公斤，新增农业总产值61.09亿元，新增利税11.37亿元，农民人均年新增纯收入361元。

（三）改善了农业生态环境，促进了农业的可持续发展

宁夏、陕西的农业综合开发坚持以内涵开发为主，通过治理土地沙化、控制水土流失，提高了土地资源产出率和水资源利用率，实现了经济效益和生态效益的有机统一，促进了农业的可持续发展。2001~2004年，陕西省延安市利用农发财政资金4 192万元进行小流域治理，按照沟道治理坝系化、陡坡陡洼林草化、缓坡梯田节水化的治理模式，营造水保林4.8万亩，种植优质牧草1.9万亩，兴建基本农田8 650亩，兴建淤堤坝54座，台阶坝500多座。项目实施后，项目区生态环境比过去发生了较大的变化，基本实现了土不下山、清水长流、粮丰林茂、山川秀美的目标，农业生产得到保护，水土流失得到遏制。

（四）加快了农业科技的推广应用，提高了农业的科技含量

为加强农业科技的推广应用，农业综合开发除安排专项资金用于科技示范项目建设外，还在土地治理、产业化经营项目资金中安排一定比例的财政资金，专项用于引进和推广农业新科技、新技术和科技培训等，以提高农民科技素质，加快农业科技成果转化，提升农产品国际竞争力和农业科技含量。据统计，2001~2004年，宁夏自治区共安排农业综合开发投资5 395万元用于推广应用各种先进实用农业新技术、培训农民和完善农业技术服务体系，使项目区农业科技普及率和良种覆盖率均达到95%以上，农业科技贡献率达到48%，比非项目区高出2个百分点。其中，青铜峡邵岗项目区推广冬牧70黑麦收获后进行规范化旱育稀植水稻种植，变一年一季作物为两季作物，实现亩产黑麦鲜草2 600公斤，水稻644公斤，净利润分别达296元和586元。

（五）密切了党群、干群关系，促进了西部农村社会稳定

农业综合开发项目的实施，改变了项目区老百姓想办但办不了和办不好的事情，使农民群众深刻体会到党和政府的关怀，进一步密切了党和农民群众之间的关系，特别是对加强西部少数民族地区农村党群关系发挥了积极作用。

宁夏自治区青铜峡市峡口镇是一个回族聚集区，过去农业自然条件较差，农田排灌困难，土壤盐渍化严重，农民收入低。农业综合开发项目立项后，该市（镇）领导深入农村进行调研，征求群众意见和建议，发动群众参与农业综合开发项目建设和管理，并针对群众生产生活的实际需要进行规划设计。经过改造，农田盐渍化得到改善，水稻亩均相比以前增产60～100公斤，亩均节约灌溉水费10～12元。同时由于排水顺畅，该镇也实现了水田、旱地的轮换种植，并积极实行农业结构调整，农民收入逐步增长。2004年，当地受益群众专门给青铜峡市和宁夏自治区财政部门赠送了感谢信和牌匾，农民群众交口称赞“农业综合开发是一个实实在在为农民办实事的项目，这是政府为我们办的得人心、顺民意的事情”。

二、经验和做法

（一）按照西部农村公共需求，因地制宜实施农业综合开发

宁夏、陕西两省区在实施农业综合开发过程中，重点针对各地发展农业生产的客观环境和条件，分别制定不同的开发战略和实施重点，因地制宜进行开发，切实解决农业发展中的实际困难；同时对不同地区确定不同的实施重点，进行资金集中使用，确保实现资金规模效益。

宁夏自治区根据不同地区地貌特点区分不同的开发重点和治理措施：在引黄灌区重点进行防渗砌护、暗管排水等内容的农田渠系建设，降低农田水位，减少农田盐渍；在中部干旱风沙区，主要开展以造林种草、防风固沙为主要内容的生态综合治理和节水灌溉农业，改善生态环境；在南部山区主要发展以打井、修建蓄水池为主的旱作农业。陕西省在关中平原和汉中盆地围绕节水改造，重点进行灌区田间工程配套建设；在陕南秦巴山地围绕治水保土，重点进行修建河堤和坎梯田；在陕北黄土高原沟壑区围绕治水保水，重点以修建淤堤坝、坡改梯和种草种树为治理重点；在陕北长城沿线风沙滩区围绕治沙改土，以建设机井群和防风固沙林为治理重点，不断改善农业基本生产条件和生态环境，建设高标准农田。

（二）坚持以农民为主体，把农民的根本利益作为农业综合开发的出发点和落脚点

宁夏、陕西农业综合开发坚持“以民为本”，充分尊重农民意愿、引导和调动农民参与和投入农业综合开发。一是将农民群众的意愿作为立项开发的前提，农民群众有积极性财政再立项扶持。二是项目实施过程中以农民群众能够得到实惠为目标，紧紧围绕农民利益立项开发。三是积极引导农民投入，按照“群众自愿，民主决策，一事一议，量力而行”的原则，鼓励和支持群众筹资投劳，巩固和拓宽农业综合开发资金来源渠道。四是组织和强化农民对项目建设的监督，落实项目工程管护主体，不断提高农业综合开发项目管理使用水平。

（三）树立和落实科学发展观，积极推进农业综合开发机制创新

宁夏、陕西在实施农业综合开发过程中，认真贯彻落实财政部《关于改革和完善农业综合开发若干政策措施的意见》要求，在完善和创新农业综合开发投入、管理机制上，进行积极探索。

1.完善配套机制，确保农发资金投入。宁夏、陕西两省区根据财政部的有关要求，从省情实际出发，确定了省（区）、市、县三级分级配套比例，并采取积极措施，保证足额落实配套资金。2002年，陕西省为保证地方财政配套资金的落实，动用省长预备金500万元，确保了农发资金的足额投入。同时，宁夏、陕西两省区积极开展财政配套保障试点工作的探索，并取得了较好效果。

2.创新投入机制，发挥财政资金“四两拨千斤”的作用。两省通过贷款贴息等方式吸引银行贷款扶持产业化龙头企业发展，增强企业扶持、带动基地和农户的能力，促进农户增收。宁夏自治区平

吉堡农场养牛示范园区，为提高职工、农民养殖奶牛的积极性，采取农发无偿资金和农场自筹资金补贴贷款利息的方式，为职工及农户争取贷款600万元，并积极与各方协调，为职工和农户利用农户小额贷款创造条件。目前，该园区通过贴息方式带动园区周围400户职工、农民发展奶牛养殖，扩大了奶牛养殖规模。2004年该项目区养殖户人均收入达1.08万元，比立项前增长1.09倍。

3. 积极推行项目资金公示制，让项目区群众了解、参与和监督农发资金项目管理。在项目立项实施的过程中，通过张榜、公示牌、媒体等多种方式对项目实施、资金管理使用和项目管护等情况向项目区群众进行公示，接受群众监督，让群众做到心中有数。

（四）促进农业综合开发与其他支农项目相配合，形成推动农业发展、农村繁荣和农民增收的巨大合力

宁夏、陕西积极探索农发资金、扶贫开发资金、农业生态建设、农村中小型基础设施建设以及外援项目资金等相互配合、统筹安排的投资机制，发挥资金聚合优势，切实提高各类支农资金的使用效益，产生了“倍增效应”。陕西省安康市平利县龙头村探索农业综合开发、以工代赈等各项支农资金配合使用的模式，在治理了5 000亩高标准农田的同时，还进行了道路整治，修建了跨河大桥，改变了村容村貌和生活基本条件。

三、启示和建议

（一）充分发挥农业综合开发的重要作用，有效促进农村小康社会建设

党的十六大提出“要在本世纪头20年，集中力量，全面建设惠及十几亿人口的更高水平的小康社会。”从目前我国社会经济发展的情况来看，全国总体经济发展态势良好，小康社会的目标正在逐步实现，但是农民收入总体水平增长缓慢，部分地区特别是中西部地区农村贫困人口和温饱人口还占相当比例等问题还比较明显，全面建设小康社会的任务还比较艰巨。农业是国民经济的基础，没有农民的小康就没有全社会的小康。因此，要大力发展农村社会经济，不断提高农业综合生产能力，增加农民收入，推动农村小康社会建设。

农业综合开发是党和政府支持和保护农业发展、推进农村小康社会建设进程的重要措施。实践证明，国家财政通过农业综合开发扶持农业发展的模式，可以有效改善和加强农业生产基础设施，建立优势特色农产品生产基地，推进优势农产品区域化布局，提高农业综合生产能力，确保国家粮食安全，并通过培植壮大农业产业化龙头企业促进农民增收。作为公共财政对西部农村的支持形式，农业综合开发以其实实在在的业绩，获得了宁夏、陕西两省区各级政府、部门和农民群众的充分认可。陕西省洛川县京兆乡三塬洼村的村民们说：“农业综合开发给我们引了水、修了路、建了沼气，我们种苹果浇水、施肥、运输、用电、用气都方便了，农业综合开发给我们办了大好事，解决了我们生产生活中的困难，我们一定好好珍惜国家给予的资金支持，争取早日富起来”。因此，要不断总结农业综合开发的实践经验，进一步发挥其在农业发展和农村小康社会建设中的作用。

（二）不断加大资金投入力度，提高农业基础设施建设水平

巩固和加强农业基础地位、建设现代农业，关键是加大对农业基础建设投入力度，不断改善农业生产条件，提高农业综合生产能力。从近几年的情况看，国家财政支持“三农”发展的资金规模不断加大，但对农业基础建设投入略显不足，相对于农村小康社会建设的实际需求来说，农业基础脆弱，农村基本生产条件落后的状况还未得到有效改善，特别是西部地区更为突出。以陕西省为例，目前全省仍有4 000多万亩中低产田未得到有效治理，大部分还处于“靠天收成”的状态。如按照每年100万亩左右的改造速度，还需要40多年才能改造完毕。因此，要按照新时期以城带乡、以工补农、反哺农业的思路，进一步加大公共财政对农业特别是农业基础设施建设的投入力度，不断提高农业综合生产能力，促进农村经济社会可持续发展。

农业综合开发通过中央财政预算安排资金，带动地方财政、社会信贷资金、农民群众自筹资金对

农业进行综合开发，对农业基础设施进行综合治理和改造，既是国家支持农业发展的一笔数量不小、实实在在的投入，又符合世贸组织“绿箱政策”的要求。因此，不断增加中央财政农业综合开发资金投入，扩大投入规模，将对农业基本生产条件的改善，促进农业土地产出率和劳动生产率提高，推进农业综合效益和竞争力的增强起到重要作用。

（三）总结创新投入机制，进一步提高资金管理水平

作为财政支农的重要形式之一，农业综合开发立足于财政资金如何安全、高效运行，形成了一套较为完善的投入和管理机制，确保资金管理规范，资金使用效益有效发挥。今后要进一步加以总结和完善。

1. 完善以农民为主体、政府辅助、社会各方参与的投入机制。适应社会主义市场经济和公共财政管理体制的要求，按照“国家引导、配套投入、民办公助、滚动开发”的原则，要进一步坚持农民群众的主体地位，实现农民群众自觉自愿同政府引导的有机结合；采取有效措施确保地方财政资金投入增长，实现中央财政投入与地方财政配套的有机结合；充分引入市场机制，发挥财政资金“四两拨千斤”的作用，实现政府引导和市场机制的有机结合。

2. 完善自我积累、滚动开发的机制。逐步扩大投资参股经营试点，探索支持农业企业发展的新方式，鼓励建立现代企业制度，推动农业产业结构升级和增长方式转变，实现农发资金回收再投入，增强自我积累、滚动开发的能力，以“做大蛋糕”、实现“水涨船高”。

3. 探索财政支农资金整合，发挥资金规模效益。根据国务院领导关于资金整合的有关要求，以构筑农业生产稳定发展、农民收入稳定增长的长效机制为目标，按照“渠道不变、资金配合、各负其责、各记其功”的投入原则，以县级单位为整合平台，与其他各项财政支农资金统筹使用，使分散有限的资金发挥更大的效益。

4. 完善和加强农业综合开发资金管理机制。不断强化农发资金“三专”管理、县级报账制等措施，规范资金管理使用，并研究制定科学合理的农业综合开发资金绩效考评指标体系，建立农业综合开发资金绩效评价制度，确保农业综合开发资金支出的规范性、安全性和有效性。

5. 完善监督检查机制。逐步建立农发办事机构、审计部门、财政监督部门和委托社会中介机构检查相结合，日常检查和专项检查相结合，事前检查、中期检查和竣工项目检查验收相结合的监督检查机制，进一步加大社会各界参与监督检查的力度。

（作者单位：财政部预算司、国家农业综合开发办公室）

发挥贴息资金扶持引导作用 拓宽农业综合开发资金投入渠道*

肖　红

近年来，党中央、国务院连续下发文件强调加强农业的基础地位和作用，并采取了一系列措施，加大对农业的扶持力度。农业综合开发作为政府支持和保护农业发展的一个重要措施，在改善农业生

* 此文在2005年度财政工作“优秀论文、优秀调查报告、优秀公文”评选中获论文类鼓励奖。

产基本条件、促进农业结构调整、发展优质高效农业方面，发挥着重要作用。在新形势下，改革和创新农业综合开发投入机制，探索贷款贴息方式扶持产业化经营项目，对于优化农业结构、促进农业增效、带动农民增收具有重要意义。为此，财政部于2005年3月出台了《农业综合开发中央财政贴息资金管理办法》（财发［2005］4号，以下简称《办法》）。从2005年起，中央财政农业综合开发资金将通过贷款贴息的方式，扶持能够取得银行贷款、且符合农业综合开发产业化经营项目扶持范围和立项条件的项目。这是中央财政农业综合开发资金实行投资参股试点之后投入机制的又一次创新，是发挥财政资金引导作用、吸引金融等社会资金投入农业综合开发、拓宽资金投入渠道的一项重要举措。

一、农业综合开发单独设立贴息资金的必要性

（一）更多吸引金融资本，加大农业综合开发投入的需要

农业综合开发自1988年实施以来，一直实行“国家引导、配套投入、民办公助、滚动开发”的投入机制，即中央财政、地方财政、银行贷款和农民群众自筹资金比例为1:1:1:1。但近几年，由于国有专业银行普遍实行了商业化运作，加之2001年起，人民银行取消了由中国农业银行负责发放的农业综合开发政策性银行贷款，在一定程度上影响了农业综合开发资金投入规模。从历年农业综合开发项目投资构成情况来看，银行贷款投入较前些年有明显下降趋势，银行贷款占农业综合开发资金投入总额的比重由19%下降到10%以下。因此，为加大对农业基础建设投入，本着扶大扶优扶强的原则，对市场潜力大，有一定经济效益，带动农户能力强的龙头企业通过贴息形式扶持，符合实际情况和适应市场机制要求，通过此项政策的推行，以期真正发挥财政资金“四两拨千斤”的作用，从而吸引更多的资金投入农业综合开发。

（二）加大对产业化经营项目扶持力度，有效带动农民增收的需要

根据近两年中央1号文件精神，农业综合开发当前和今后一个时期的主要任务是加强农业基础设施建设，提高农业综合生产能力，同时，通过大力扶持科技含量较高的农业产业化经营项目，从而实现农业增效和农民增收。发展农业产业化，增加农民收入，关键要抓住龙头，发挥龙头企业的带动作用。通过农业综合开发大力扶持产业化经营项目，特别是扶持产业化龙头企业，可以有效提高农民进入市场的组织化程度，较大幅度提高农业比较效益。目前农业综合开发对产业化经营项目的扶持以有偿、无偿方式为主，资金投入额度有限。中央财政农业综合开发单独设立贴息资金以后，将吸引更多银行贷款加大对龙头企业的扶持力度，从而带动农业增产、农民增收。

（三）规范和加强贴息资金管理的需要

2001年国家农发办曾制定下发了《农业综合开发项目贴息资金管理办法》（以下简称《原办法》）。办法实施以来，在吸引银行贷款，加大农业综合开发投入规模、提高资金使用效益等方面发挥了一定作用。但《原办法》中规定贴息资金是在项目的无偿资金中安排，随项目安排使用，在实际操作和执行过程中贴息资金作用发挥受到一定限制。为鼓励银行贷款等金融资本投向农业综合开发，规范和加强财政贴息资金的使用和管理，充分发挥贴息资金的扶持、吸引作用，此次出台的《办法》中明确从中央财政农业综合开发资金中安排。同时，《办法》对享受贴息的产业化经营项目立项条件、扶持范围和审批程序、贴息资金使用及监管等方面作了明确规定。

（四）符合公共财政要求

由于农业是弱质产业，农业项目普遍具有生产周期长、比较利益相对较差、自然风险和市场风险高等特点。无论发达国家还是发展中国家，政府对农业都采取保护和扶持的政策。我国是一个发展中的农业大国，“三农”问题一直是政府关心和支持的重点，是全党工作的重中之重。2005年的政府工作报告和财政部预算报告中都强调要加大对“三农”问题的政策倾斜力度，在财政政策导向和国家财力宏观分配上把“三农”问题放到重要位置。因此，在中央财政农发资金中单独设立贴息资金，对

商业银行为农业综合开发项目贷款提供一定的利息补贴，为金融资本参与农业综合开发项目投资分散和转移部分风险，有利于鼓励其增加对农业及相关产业的投资，以解决农业综合开发项目区农业内部资本积累能力弱和财政投资不足的问题。这是市场经济条件下世界各国支持农业发展的投资模式之一，也符合公共财政的要求。

二、贴息的基本原则和主要内容

（一）贴息的基本原则

根据《农业综合开发中央财政贴息资金管理办法》，贴息应遵循：突出重点、择优扶持、额度控制、先付后贴；贴息资金重点扶持粮食等主要农副产品的加工、转化以及对本地区主导产业建设起积极促进作用的其他产业化经营项目；采取公开、公正、择优选择项目进行扶持。

（二）贴息范围、贴息对象和立项要求

为贯彻落实《关于改革和完善农业综合开发若干政策措施的意见》中关于“按照龙头企业发展的实际需要、农民直接受益程度等因素，分别采取贴息、补贴、投资参股、借给有偿资金等灵活多样的扶持方式”的精神，明确贴息范围：申请贴息资金的项目限于固定资产贷款项目。同时为了更多吸引银行贷款，对落实银行贷款 1 000 万元以上的予以贴息，贷款上限额度可控制在 5 000 万元以下。贴息对象为：国家级和省级农业产业化龙头企业（含省级农发办事机构审定的龙头企业），同时适当扶持正在成长上升、确能带动农民致富、较小规模的龙头企业及农民专业合作组织。申请贴息资金的项目不能同时申报农业综合开发产业化经营项目的其他扶持方式。因此，对于申请贴息资金的企业应考虑以下几方面因素：一是示范带动作用强。二是市场前景好、效益高、偿还贷款有保证。三是资金需求量大，单靠使用农发项目资金不足以解决项目建设问题。

（三）贴息比率和贴息期限

由于近年存贷款利率变化较快，为保证《办法》的连续性，贴息比率确定为人民银行当年公布的同档次正常贷款基准利率。同时，考虑到农业综合开发产业化经营项目是一年一定，贴息期限的确定以原则上为 1 年、最长不超过 2 年为好。

（四）贴息额度的确定

贴息额度按各地农业综合开发产业化经营项目年度中央财政资金一定比例确定。考虑到目前贷款贴息尚处于起步阶段，2005 年用于贷款贴息资金的额度可按各地区中央财政农业综合开发产业化经营项目投资控制指标的 10% 安排较为适宜，以后年度根据实际情况作进一步调整。贴息项目经评审确定后，贴息资金在年度终了审核后拨付，其资金额度列入下年度中央财政农业综合开发产业化经营项目投资控制指标。

（五）贴息资金的监管

贴息资金实行项目单位先付息、中央财政后贴息的办法，并严格执行县级报账制。为加强贴息资金的监管，首先国家农发办要加强对省级财政（农发）部门的工作监督，全面了解掌握情况并及时解决相关问题。二是省级财政（农发）部门要加强对县级财政（农发）部门的监管，做好贴息项目的跟踪问效，不断总结经验，及时做好信息反馈工作。同时，要自觉接受审计部门监督检查，防止虚假贷款及多头申报套取贴息资金的情况发生。

三、申请贴息项目和贴息资金的具体操作

（一）贴息项目的申报、审批

贴息项目采取自下而上逐级申报的办法。所有中央财政资金贴息项目经省级财政（农发）部门初选后，报国家农发办审定。在实际操作过程中，应具体明确贴息项目的申报程序及应提交的材料。

1. 项目单位申请贴息项目时，应向管辖所在地财政部门、农发机构提出申请，并提交贷款银行对该项目的评估论证报告、立项批准文件、贷款协议书等项目立项及落实贷款的有关文件，同时填报《农业综合开发中央财政贴息项目申请表》。管辖地财政部门、农发机构对项目单位提供的相关材料进行认真审核后，在《农业综合开发中央财政贴息项目申请表》上签署意见，并加盖公章。

2. 省级财政部门、农发机构对各地上报的贴息项目材料进行严格审核，重点对项目是否符合贴

息范围和条件、项目对农户的带动能力及银行贷款的落实情况等进行审查、核实，并对申报材料的真实性、合法性、有效性和完善性负责。

3. 省级财政部门、农发机构在规定的贴息额度范围内对符合要求的贴息项目进行汇总，填列《农业综合开发中央财政贴息项目汇总表》，连同项目单位的申报材料一并上报国家农发办审定。

4. 由国家农发办组织项目的评估、审定，确定具体项目后批复各地执行。省级财政部门、农发机构收到批复后，逐级下达给项目单位，并督促项目单位积极落实银行贷款、抓紧组织项目实施。

（二）贴息资金的申请、审批及拨付

农业综合开发中央财政贴息资金实行先付息后贴息。申请贴息资金的程序和操作步骤如下：

1. 项目单位申请贴息资金的程序。项目贷款期满1年后，项目单位凭贷款贴息项目立项通知、银行借款合同、贷款到位凭证、贷款银行出具的利息结算清单、利息支付原始凭证及复印件等材料，向管辖所在地财政部门、农发机构提出贴息资金申请，并填报《农业综合开发中央财政贴息资金申请表》。

2. 各级财政部门、农发机构申报贴息资金的程序。项目单位管辖所在地财政部门、农发机构对项目单位上报的相关材料的原始凭证及复印件进行审核。省级财政部门、农发机构根据年度预算安排的贴息资金规模对各地上报的贴息申请进行审核，对符合要求的，统一填写《农业综合开发中央财政贴息资金汇总表》，连同相关材料复印件一起上报国家农发办审定。

3. 国家农发办对贴息资金的审批及拨付程序。国家农发办在逐笔核对贴息项目的立项申请及批准文件后，在第二年拨付中央财政农业综合开发贴息资金。各级财政部门收到贴息资金，应立即将贴息资金拨付到项目单位管辖所在地的财政部门，不得擅自滞留、挪用贴息资金。

项目单位按规定凭有关真实、有效凭证据实到管辖所在地的同级财政部门、农发机构报账。

（作者单位：财政部国家农业综合开发办公室）

适应振兴战略要求　积极投入振兴老工业基地的事业中

——辽宁省老工业基地振兴与农业综合开发研究

辽宁省农业综合开发办公室

随着国家振兴东北老工业基地战略的实施，辽宁省的农业和农村经济发展进入了新阶段新时期。老工业基地振兴，不仅仅是指工业和城市经济的振兴，而且是指包括农业和农村经济在内的全面振兴。实践证明，农业综合开发在推动辽宁省现代农业和现代农村建设中具有突出的功能和优势，它在老工业基地振兴中具有重要的战略地位和作用。因此，如何在新形势和全面振兴的大背景下，加强农业和农村经济建设？一条最有力、最有效的战略途径就是加大农业综合开发力度。

一、农业综合开发在老工业基地振兴中具有重要地位和作用

（一）农业综合开发是现代农业和现代农村经济发展的开路先锋

农业综合开发在项目选择上注重基础性、公益性，以农田基本建设、加强农业基础设施和生态环境建设为重点，而这恰恰是农业现代化建设的基本

内容；农业综合开发也注重引导性，重点扶持农业产业化生产基地、龙头企业和农民专业合作组织，支持农业技术的推广和应用，而这些是现代农业和农村经济建设的重要内容。农业综合开发在项目组织管理上还有世界银行的先进方法和十几年开发积累的现成经验，能够用工业理念开发农业，成效显著。党的十六大要求包括辽宁在内的东南沿海地区要率先基本实现农业现代化，党中央关于振兴东北老工业基地的文件中也明确要建设现代农业、发展农村经济，面对这种新形势、新任务，一定要继续利用农业综合开发这个有效手段和途径，使它充当老工业基地振兴战略中现代农业和农村建设的开路先锋。

（二）农业综合开发是现代公共财政支农、WTO“绿箱”政策支农的实践先驱

纵观世界工业化国家发展的历程，在工业化初始阶段，农业支持工业，为工业提供积累；但在工业化达到相当程度后，这些国家又都先后建立公共财政支持农业和农村经济，即所谓的反哺农业机制。我国十几年所实施的农业综合开发，实际上是公共财政支农的实践先驱，标志着国家公共财政的阳光已经向农业和农村领域照耀。同时，现代的财政支农体制也受 WTO 国际规则制约，对出口农产品的直接价格补贴一般受到禁止，称为“红箱政策”；对农产品的国内价格补贴及成本补贴等我国承诺限制在农业产值的8.5%以内，称为“黄箱”政策；而对农田基本建设、农业基础设施及生态环境建设、农业科技投入、病害防治、农民培训等支持则不加限制，称为“绿箱”政策。农业综合开发属于“绿箱”政策，今后可以发挥积极的作用。老工业基地振兴是市场经济体制下的振兴，是接轨国际规则下的振兴，农业综合开发作为公共财政支农和 WTO“绿箱”政策的先驱，必将在振兴战略中大有所为。

（三）农业综合开发为老工业基地振兴奠定产业基石

首先，农业综合开发建设优质专用商品粮基地。十几年来，农业综合开发不断加强粮食主产区建设，提高粮食生产能力，推进粮食深加工和转化，提高粮食产业效益，一方面为国家提供食品安全保障，另一方面也为地区振兴创造新兴产业，发挥产业经济效益。其次，农业综合开发可以直接推进各类农产品基地、农业园区、优势农产品产业带的建设，从而为农产品深加工提供稳定的优质专用原料供给。辽宁省老工业基地振兴战略中就明确提出，要把农产品加工业作为重点发展产业之一，这就更需要农业综合开发为其打造原材料供应基础。此外，农业综合开发还可以直接支持出口农产品基地建设，推动外向农业产业的发展。

（四）农业综合开发直接推动老工业基地产业建设

农业综合开发不仅支持农产品生产基地建设，为老工业基地振兴中农产品加工业提供原料供应基础，而且还直接支持农业产业化经营，扶持龙头企业和农民专业合作组织，兴办农产品深加工业、储藏保鲜业和产地批发市场等。这些都属于老工业基地产业振兴的范畴。通过产业化经营的发展，可以牵动农村其他工业和服务业的发展，也会推动县域经济的发展。

（五）农业综合开发为老工业基地振兴打造环境基础

农业综合开发推动了农田基本建设和农村生态环境建设，一方面提高了农业自身生产力水平和抵御自然风险的能力，另一方面也提高了对工业、城市环境的生态支持力。农业综合开发大力推进农村土地治理，推进山水田林路综合治理，这会逐步推动农业和农村基础设施和环境工程走向系统、配套和完善，也会逐步与工业及城市基础设施和环境工程建设走向衔接和配套，从而实现城乡、环境质量和生态水平的总体提高。

（六）农业综合开发支持资源枯竭型城市经济转型的实践证明在老工业基地振兴中大有所为

资源枯竭型城市经济转型，是老工业基地振兴中的重要战略任务。辽宁省阜新市原以煤产业立市，但现在煤资源已严重枯竭，生产收缩，沉陷区很大，40万职工中近半下岗失业，生活困难。2001年国家将阜新确定为全国经济转型试点城市，在调整发展二三产业的同时，农业综合开发积极介入，

大力发展现代城郊农业。几年来，已开发建设了北方农村能源专业生态示范区25个，发展“四位一体”农户2 167户；生猪养殖示范园区13个，年出栏商品猪13万头；肉鸡专业养殖示范区10个，日供屠宰2.5万只；奶牛专业示范区1个，饲养奶牛6 500头，日产奶50余吨；智能温室育苗1个，发展台湾高档花卉；吸收下岗工人及农村剩余劳动力5 000多人，提供间接就业近万人，户均增收5 000元。阜新事例说明，由农业综合开发介入，利用工矿区基础设施、废弃土地资源及城郊地缘优势，发展现代集约型城郊农业，吸纳失业人员，增加城市居民收入，是一条成功的路子。

（七）农业综合开发可以大力推进城郊农业、工厂化农业和都市农业，为工业及城市经济振兴助燃

农业综合开发支持各类设施农业种植基地、畜牧及水产养殖基地建设，如果这些项目在城郊或都市进行，那就直接形成城郊农业或都市农业。根据农业经济规律和屠能圈理论，由于产品运输成本、保鲜性、消费方式等方面的差异，总有一些农业生产项目要不断朝远离城市中心的方向扩散开去；相反，总有另一些农业生产项目会不断向城郊或都市集聚、渗透。越是城郊农业或都市农业，其集约度越高，其工厂化、现代化程度越高，其与工业经济和城市经济的联系就越密不可分。因此，通过农业综合开发的促进，城郊农业或都市农业必将加快发展。辽宁省大中城市群密集，现代城郊农业或都市农业的兴起，必会与工业及城市经济振兴相辅相成、相得益彰。

二、老工业基地振兴战略对农业综合开发提出了新要求、新任务

2003年，中共中央、国务院发出了《关于实施东北地区等老工业基地振兴战略的若干意见》；2004年，国务院办公厅又下发了《2004年振兴东北地区等老工业基地工作要点》；中共辽宁省委第九届第六次全会也作出了《振兴辽宁老工业基地决议》。这些文件所提出的战略任务中，都将农业和农村发展纳入整体战略格局，对农业和农村建设提出了新任务、新要求。归纳起来有：

要大力巩固东北地区国家重要商品粮的基地地位。发挥东北地区农业优势，加强农田水利建设，改善农业生产条件，采取有力措施，切实提高粮食综合生产能力，巩固东北作为全国商品粮基地的战略地位。增加农业基础设施投入，提高黑土区耕地质量，努力建设优质粮食生产基地。

要大力建设和发展现代农业。建设绿色、无公害农产品优势农业产业带，向专业化、标准化、特色化和规模化方向发展，扩大农产品出口。要利用丰富的粮食资源，大力发展畜牧业。要引导农民适应市场需求的变化，发展绿色农产品和特色农产品。要在确保粮食综合生产能力的前提下，加快推进畜牧、水产、水果、蔬菜等专业化生产、规模经营，形成各具特色的农业产业布局。推进农村城镇化，要从实际出发，加快县城和中心乡镇发展，搞好基础设施建设，完善功能，加快郊区城市化的进程。

要大力发展农产品深加工业和农业产业化经营。积极推进农业结构调整，加快产业化步伐，培育龙头企业，大力发展农产品加工业，加快农产品市场与信息工程建设。坚持城乡统筹，用工业的理念谋划农村经济发展，办好农业企业，积极推进农村工业化，带动农民收入增加。大力发展高新技术产业、农产品深加工产业和现代服务业。这其中，农产品深加工业恰恰是农业综合开发的重要建设内容。

要加大加强基础设施及生态环境建设。继续抓好东北地区大江大河治理、农业灌区建设、黑土区水土保持等在建大中型水利工程。实施天然草原恢复和建设项目，保护草原生态环境。高度重视生态环境保护和水资源可持续利用工作。加快环保基础设施建设，把实现人的全面发展与保护自然生态环境紧密结合起来，促进人与自然的协调发展。树立生态立省的观念，大力发展循环经济，合理利用资源，保护生态环境，努力增强经济的可持续发展能力。

党中央、国务院的这些政策要求以及辽宁省委、省政府的工作部署，为农业综合开发介入振兴

战略开启了广阔的空间。

三、农业综合开发介入老工业基地振兴战略的途径

根据中央的精神和辽宁省委、省政府的部署，农业综合开发将作为老工业基地振兴战略的重要组成部分发挥重要作用。从目前国家支持农业发展的各项投入看，也只有农业综合开发能够全面、深入地介入老工业基地振兴战略，这也是农业综合开发新的生命力的集中体现。

农业综合开发之所以具有较强的生命力，一是在解决我国抓粮食为主的紧缺农产品中作用突出。二是农业综合开发具有综合的特质。但是从长远来看，解决粮食等主要农产品的供给所承担的行业、部门较多，农业综合开发不是唯一的部门，而农业综合开发自身所具有的综合特质是目前其他部门所不可替代的，这是农业综合开发的生命之源。为此，农业综合开发可以也能够在以下方面积极介入振兴战略。

1.搞好土地治理，加大支持粮食主产区建设的力度。土地是农业的基础，有了高标准的基本农田，国家粮食安全就有了保障。所以，加强土地治理，建设高标准基本农田建设意义十分重大。农业综合开发始终把土地治理项目作为重点，这是非常正确、非常必要的。当前，中低产田改造和水土流失治理的任务还很重，按照老工业基地振兴战略的新要求，各类商品粮基地、其他农产品基地、农产品加工原料基地的质量标准都需要进一步改造提高。因此，要继续通过农业综合开发，大力推进土地治理，全面提高各类农田的生产能力，为实施“藏粮于田”战略、实施高土地生产率战略发挥重要作用。

2.继续搞好生态综合治理，直接参与老工业基地生态环境建设。老工业基地不仅存在结构调整、技术改造、人员就业、社会保障等诸多经济压力，而且也存在各种污染严重、生态及资源条件恶化等环境压力，因此，必须积极利用农业综合开发手段，加大生态综合治理力度，直接介入老工业基地生态环境建设。

3.继续推动农业产业化经营，直接介入农产品精深加工业振兴。推进农业产业化经营，是农业综合开发的重要内容。因此，农业综合开发可以通过扶持农产品深加工龙头企业，扶优、扶大、扶强，使之成为老工业基地振兴中的新生力量；可以通过扶持各类农民专业合作组织，让它们不断完善和成熟，成为带动农业、农民对接企业，进入市场的有生组织力量；可以通过扶持各类基地农户的生产设施设备建设，提高他们的专业化、标准化、规模化、集约化、组织化、国际化、现代化生产水平，成为老工业基地产业振兴的基础力量。总之，可以通过农业综合开发支持农业产业化经营，推动农业现代化建设，推动农业进入市场，推动工业振兴。

4.大力支持畜牧业发展，创造老工业基地振兴的新经济增长点。畜牧业对种植业产品有转化牵动功能，它所需要的牧草等饲料的生产具有生态增益功能，其本身也属于劳动密集型生产项目，能吸收大量劳动力就业；它的产品深加工环节多、范围广，增值效应大，有利于农民增收。辽宁有丰富的饲料资源，又有良好的地理环境条件，应该大力发展畜牧业及其深加工业，让它牵动转化粮食和牧草种植业，让它吸收大量城乡劳动力就业，成为既富农又富城的新兴产业。因此，要充分利用农业综合开发手段，大力支持粮区和牧草区发展畜牧业，支持城郊发展工厂化、集约化畜牧饲养，支持畜产品深加工企业等等。

四、老工业基地振兴中农业综合开发政策及体制创新

农业综合开发在老工业基地振兴中意义和作用十分重大。在老工业基地振兴背景下，农业综合开发的内容也必将更深广，形式更多样，任务更繁重，开发的力度和强度也必须加大。因此，要结合东北地区特点和实施振兴战略的实际需要，及时制定支持东北振兴的农业综合开发政策。

（一）完善财政资金的引导机制，加大投入力度

进一步完善财政资金的引导机制。要围绕老工

业基地农业发展的总体布局，集中资金干大事。一方面农业综合开发土地治理项目要按灌区、流域连片开发，并与产业化经营项目有机结合，形成开发合力；另一方面，要整合资金，积极探索农发资金与其他财政支农资金相互配合、统筹安排的投资机制，形成合力开发、板块开发、立体开发，实现效益的最大化。要积极创造条件，通过财政资金贴息、补助、参股等多种形式，引导、鼓励和吸引金融资本、企业资本、民间资本、工商资本投入农业综合开发，充分发挥财政资金“四两拨千斤”的作用。

同时，东北老工业基地省份都属于粮食主产区，因此，要按照“进一步向粮食主产区倾斜”的要求，继续加大对这些地区的投入力度。每年要将中央财政新增农业综合开发资金的80%以上，集中用于农业主产区特别是粮食主产区。在加大中央财政投入的同时，要积极督促地方落实配套资金，组织地方各级财力进一步加大对农业综合开发的投入力度。通过两方面配合，不断提高农业综合开发投资的规模和强度，以适应振兴战略的总体发展要求。

（二）加大产业化经营项目扶持力度，积极支持发展农产品深加工业

农产品深加工是东北地区工业体系中的重要组成部分，具有充实、更新工业结构，牵动、改造农业的重大作用。其中，粮食深加工在东北地区又占有较大比重。因此，必须要加大对东北地区产业化经营项目的投入力度，积极支持这些地区发展农产品深加工特别是粮食深加工业，促进粮食的转化和产品增值，有效地促进东北地区工业的振兴，带动农民增收。要积极探索投资参股经营开发机制，搞好投资参股经营试点工作。

（三）完善以农民为主体的机制

结合东北地区农村的特点，充分发挥农民在农业综合开发中的主体地位。土地治理项目的确立，要以“农民要办”为前提，充分尊重农民的意愿，努力把一家一户农民想办但办不了的事情办实办好。产业化经营项目的确立，要以带动农民增收为前提，让更多的农民从中受益。农业综合开发项目建设，要更多地吸引农民工参与，增加农民就业机会。项目和资金的管理，要实行公示制，自觉接受农民群众监督。

（四）加强资金和项目的监管

要加强管理，向管理要效益。继续完善县级财政报账制，严格实现农发资金“专人管理、专账核算、专款专用”制度，防止出现挤占挪用，不断提高资金管理水平。完善项目招投标制、工程监理制、项目和资金公示制、法人负责制，加强项目效益监测，利用社会中介机构参与项目检查、验收。进一步加强项目工程的建后管护，对土地治理项目建成后的单项工程和设备要及时移交，明晰产权和管护责任。对能够直接带来经济效益的，还要采取拍卖、租赁、承包等方式，明晰产权，并将资产收益用于工程管护或继续用于滚动开发。对国家专项科技示范项目和产业化经营龙头企业项目的无偿资金形成的资产，也要按照有关政策，切实加强管理。要通过配套的项目和资金管理制度，确保农发资金切实发挥效益，确保农业综合开发能在老工业基地振兴中发挥更大的作用。

农业综合开发水土保持项目管理的基本经验

水利部农业综合开发办公室

由国家农业综合开发办公室安排专项资金、水利部组织实施的农业综合开发水土保持项目，目前

涉及山西、江西、湖南、重庆、四川、陕西、宁夏7省（区、市）的62个县（市、区）。近年来，各级水利水保部门在实施农业综合开发水土保持项目中，认真落实科学发展观，贯彻执行农业综合开发的指导思想，坚持治理水土流失与改善农业生产条件和生态环境、提高农业综合生产能力及农民收入相结合，创新机制，强化管理，推进了水土保持工作新发展。

一、集中投入，规模治理

农业综合开发水保项目按照国家农业综合开发“两个着力、两个提高”的指导思想，在总结农业综合开发水保项目实施经验的基础上，自2003年起，调整思路，集中投资，规模治理，以充分发挥农业综合开发水保项目在改善农业生产条件和生态环境方面的示范带动作用。在区域布局上，以长江、黄河上中游水土流失严重地区为重点，集中资金向湖南、江西、四川等农业主产区倾斜，项目省份较2003年前压缩了1/3，项目县减少了一半以上。同时改变过去单纯以小流域为单元治理的方式，按项目区组织实施，集中连片，规模治理，治理面积一般不少于100平方公里，有的达到数百平方公里，并与区域农村产业结构调整和其他生态建设资金整合相结合，发挥工程建设的整体和示范效益。四川省苍溪县将资金集中到治理任务最紧迫、对促进当地经济发展效益显著的区域，把农业技术推广、农村小型水利工程建设与农业综合开发项目实施结合起来，培育当地优势产业，发展“庭院水保”经济，促进了区域经济的发展。重庆市丰都县项目区把以工代赈、长江防护林、中德合作造林等工程与农业综合开发水保项目实施结合起来，提高了工程建设的质量、标准和效益，实现了治理水土流失、改善生态环境、增加农民收入的目标。

二、突出重点，务求实效

农业综合开发水土保持项目紧紧围绕提高山区农业综合生产能力这个中心任务，努力解决农民群众关心的生产生活实际需要，不断完善各项治理措施，受到项目区广大群众的欢迎。长江流域的嘉陵江中下游、三峡库区、洞庭湖水系、鄱阳湖水系，以坡改梯为重点，着力搞好拦引蓄灌排兼备的坡面水系工程建设，加强基本农田和小型水利水保工程建设，为农村产业结构调整，发展高效农业，培育当地名特优经济林果产业带创造条件；黄河流域的宁南山区、小浪底库区上游，以水窖、塘坝等集雨节灌工程及治沟骨干工程建设为重点，合理利用当地水资源，解决干旱缺水问题，促进了当地农业生产条件的改善和农村经济的发展，有效地减少了泥沙下泄。陕西省铜川市印台区通过农业综合开发水保项目的实施，在基本农田建设和“蓄水、保水、用水”上做文章，使项目区水资源开发利用水平和效率显著提高，水土资源的有效整治和充分利用，为当地苹果、花椒等特色产业发展奠定了良好的基础，农民人均纯收入也由2002年的1 643元增加到2004年的2 100元。

三、群众参与，稳步推进

农业综合开发水土保持项目近年来推行了两项旨在加强群众参与的政策制度：一是积极推行群众参与项目设计的制度。在小流域规划设计中，充分尊重群众意愿，广泛征求群众意见，确保各项措施符合当地实际和农民生产生活的需要。二是让群众全方位参与工程建设与管理，调动群众治理水土流失的积极性。水利部在总结各地推行两项制度经验的基础上，于2004年制定并印发了《水土保持重点工程农民投劳管理暂行规定》和《水土保持重点工程公示制管理暂行规定》，从管理机制与程序上，进一步规范了农业综合开发水保工程建设管理，增强了工程建设的透明度，强化了群众监督。四川省农业综合开发水土保持项目区通过“水土保持生态环境建设协会”吸收村民代表参与规划设计，推行“农户参与式水保”，使群众真正享有对工程建设的知情权、参与权、建议权和监督权，群众参与工程建设管理的积极性空前高涨，工程建设后管护责任得到落实，不仅顺应了不断完善农村基层民主建设的要求，也解决了农村税费改革“两工”取消后工程建设群众投工难的问题，确保了工程效益得到长期发挥。

四、实行“五制”，强化管理

为提高项目建设质量和效益，规范项目管理，根据农业综合开发水土保持项目建设的新形势、新思路和新要求，农业综合开发水保项目实行了“五制”。一是工程公示制。项目区治理前，对建设内容和补助标准进行公示，做到家喻户晓。二是群众投劳承诺制。由项目所在村对工程建设所需群众投工做出承诺，作为小流域初步设计的重要内容。三是资金报账制。项目实施中，建立规范的计划下达、预拨启动资金、先报账后拨款、保证金制度、严格票据管理等程序。四是工程建设监理制。工程施工建设由有资质的水土保持监理单位实施监理，保证了工程质量，降低了工程造价，使水利水保部门从繁重的日常检查工作解脱出来。五是产权确认制。为确保工程长期发挥效益，全面推行了小型水利水保工程拍卖制，按照当地农户优先的原则，将淤地坝、山塘、蓄水池等小型水利水保工程通过承包、拍卖等方式，签订合同，落实管护责任，确保工程有人建、有人管。

五、多元投入，加快治理

在农业综合开发水保项目区，许多地方都制定出台了优惠政策，依托农业综合开发水保项目在保持水土、改善农业生产条件方面所奠定的良好基础，按照市场化、民营化的模式，根据当地资源优势，引进业主、扶持大户、带动农户在项目区再投入，进行水土资源的高效利用与开发。重庆市按照谁治理谁受益的原则，鼓励业主进行水土流失地的承包治理，大户承包治理的面积从几十亩、几百亩发展到几千亩，治理业主生产经营从最初的粮食、蔬菜发展到种水果、干果、药材，参加承包治理的个人从最初的农民发展到企业、事业单位，从单个承包发展到联营承包。湖南省攸县，全县参与治理“四荒”资源的经营大户达134家，承包、租赁经营国家水土保持重点治理项目区的大户达78家，增强了农业综合开发水保项目发展的活力与后劲。

突出行业特点　强化项目管理
充分发挥农业部农业综合开发项目建设的作用

农业部农业综合开发办公室

一、农业部农业综合开发项目建设情况及效益

农业部农业综合开发项目是1989年设立的。根据新的《国家农业综合开发部门管理办法》，农业部良种繁育属于土地治理项目，其他属于产业化经营项目。所有项目重点扶持粮棉油等大宗农产品和园艺产品、草食畜产品及水产品的良种繁育体系建设。同时农业部还归口管理黑龙江省、广东省和海南省农垦总局的农业综合开发项目。

按照《关于改革和完善农业综合开发若干政策措施的意见》精神和“两个着力、两个提高”的要求，农业部农业综合开发项目在定位上始终遵循“四个突出”：一是突出向农业主产区，特别是粮食主产区倾斜，保护和提高农业综合生产能力（2005年农业部约有75%的农业综合开发专项资金安排在农业主产区）。二是突出优势特色农业开发，促进农业结构调整，增加农民收入。三是突出扶持种子、种苗等关键环节，体现行业优势。四是突出扶

持产业化龙头企业，增强项目的辐射带动功能(2005年农业部推荐的大部分农业综合开发项目都是由国家级或省级龙头企业来承担)。

多年来，在国家农发办和各兄弟部门的支持和配合下，农业部的农业综合开发项目建设取得了一定的成效，集中体现在以下几个方面。

(一）加快了粮棉油等新品种的推广速度

通过水稻、小麦、玉米、棉花、大豆及油菜等大宗农产品良种繁育体系建设，改善了科研单位的育种条件，对加速新品种的繁育和推广，促进良种科技成果尽快转化为现实的生产力发挥了积极的作用；同时，也使种业基础设施得到了加强，良种综合生产、加工、检验能力大幅度提高，优良品种更新速度明显加快。据统计，通过项目建设，促进了300多个农作物新品种的扩繁和推广应用，形成制种基地近200万亩，新增原原种、原种生产能力1亿多公斤，种子加工储备能力2亿多公斤，有力地推动了项目区粮棉油农作物的生产，保护和提高了大宗农产品综合生产能力。

(二）提高了优势特色农产品良种覆盖率

按照《优势农产品区域布局规划》和各行业发展需求，农业部利用农业综合开发资金，建设了一批种养业良种场及生产示范基地，使蔬菜、果茶、畜禽、水产等优势特色农产品供种能力和良种覆盖率进一步提高，带动了产业化的发展，为农民增收、农业增效、农产品竞争力增强发挥了积极的作用。据统计，共建成种植业基地近10万亩，畜禽棚舍80万平方米，水产养殖基地2万亩；为农民提供了蔬菜种苗3亿多株，种畜10万头（只），新增水产品生产能力2 000万公斤。

(三）促进了农区畜牧业的快速发展

为更好地开发利用农区农作物秸秆资源，农业部以东北肉牛奶牛优势产业带、黄淮海肉牛肉羊优势产业带为重点，开展了“秸秆养畜示范区”建设。通过青贮、氨化等科学途径，发展节粮型草食畜牧业，促进了农牧业的良性循环发展，把项目区逐步建设成为国内重要的牛羊肉及奶类商品产业化生产基地。同时，项目建设也使秸秆变废为宝，减轻了秸秆焚烧现象。

(四）增强了牧区抗灾保畜能力和牧草种子生产能力

通过草场及草种基地建设，实现人工种草约400万亩，新增草种生产能力300万公斤，大大地提高了项目区及其周边地区的草地生产力。不但增强了牧区防御自然灾害能力，而且缓解了我国牧草种子供不应求的矛盾，进一步满足了东中部农区种草养畜对草种的需求，为农区草食畜牧业发展提供优质饲草，取得了明显的经济、社会和生态效益。

二、农业部农业综合开发项目管理的主要做法

农业部农业综合开发工作按照国家农发办各项部署和有关要求，在完成日常工作的同时，力求有所提高、有所改进、有所创新和突破。

(一）建立健全部门项目管理制度

为进一步强化项目管理和项目前期准备工作，2001年初，农业部根据《国家农业综合开发部门项目管理试行办法》，起草了《农业综合开发农业部专项项目管理实施细则》和《农业综合开发农业部专项项目评审办法（暂行)》，并在组织有关专家和部分省农业主管部门讨论修改的基础上，于当年正式印发执行。这两个制度对项目申报、专家评审、计划审批、组织实施，检查验收等各个环节作出了明确规定，使项目管理做到有章可循，减少了随意性。

(二）扎实做好项目前期工作

近几年，农业部提出项目管理关口前移，要求在项目前期工作上把好“三关”，即项目申报关、可研评审关和初步设计审核关。一是发布申报指南。为推进政务公开，增加工作透明度，农业部从2002年起建立了面向全社会的农业综合开发项目申报指南发布制度，并把研究制定项目申报指南作为落实国家农业综合开发各项政策措施的一件大事来抓，使农业综合开发新的思路和要求在项目申报指南中得到贯彻和体现。二是严格专家评审。为切实做到择优立项，从2001年起，农业部对各省申报的专项项目实行了专家评审制。采取统一组织、统一标准、司局参与、集中评审的办法，分别从项目实施的必要性、技术方案的可行性、项目设计的

科学性及投资估算的准确性等方面进行全面评审，基本上做到公正、客观、严格，筛选了一批好的项目。三是认真审核初步设计。在项目确定立项后，农业部将专家评审意见反馈给项目建设单位，要求其对照专家的意见编制和完善初步设计，农业部组织行政人员和专家在对初步设计进行审核，确保各项建设内容和资金使用符合有关要求。总之，在前期工作中，我们基本做到了“每一步工作有原则，每一个决定有依据；上的项目有理由，下的项目有解释”。部内各有关单位共同参与、分工协作、相互监督，最大限度地体现工作的透明度和公正性；同时也促使项目建设单位更严肃认真地对待前期工作。

（三）不断加强项目建设管理

在项目的建设实施过程中，农业部强调抓好三项工作。一是培训工作。从2001年起，农业部就定期举办农业综合开发项目省级主管人员和项目建设单位会计人员培训班，结合项目管理实践中存在的问题，有针对性地请有关专家讲授农业综合开发项目和资金管理的规章制度、资金会计制度及财务管理办法。各期培训班在教师配备、教材汇编等方面都做了充分准备，取得了较好的效果。参加培训的学员们普遍反映通过培训，不仅增加了专业知识，更重要的是增强了加强项目监管的意识和责任感。二是检查工作。三是验收工作。农业部每年都要求各地农口部门对在建项目进行检查、对到期的项目进行验收，在省级自查自验的基础上，农业部组织有关司局进行抽查抽验或省际互查互验。从近几年检查验收反馈的情况来看，项目和资金管理中存在的问题呈逐年减少趋势，这说明我们抓前期工作、抓人员培训、抓检查验收已经取得了初步的成效。

（四）不断改进和更新工作方法

为探索项目科学管理的有效方式，提高工作效率和管理水平，实现建设项目管理的科学化、规范化、网络化，2004年农业部开发了“农业综合开发项目管理系统”。该系统运用先进的信息技术手段，以项目申报审批、实施管理、监督检查为主线，相关信息服务为支撑，对项目建设全过程进行信息收集和处理。2005年初，该系统开始试运行，我们要求省级农口部门各项农业综合开发工作除按照传统的方式开展外，还须同时在网上操作。目前农业部2004年度统计报表的收集、汇总工作正通过该系统进行，已显现出了方便、快捷和准确的优势。今后将不断完善该系统，使其在项目管理的各个环节发挥作用。

三、下一步工作设想

近年来，农业部的农业综合开发工作不断改进，取得了一些成效，但依然存在着不容忽视的问题，主要表现在：一是由于项目涉及部内6个司局，协调任务重，办事程序多，工作效率还有待提高。二是项目的后评价工作还没有投入精力开展。三是由于地方农口部门和财政部门沟通、配合不够等原因，一些项目地方财政配套资金落实难，财政有偿资金及时足额到位难，影响了预期效益的实现。这些问题将在今后的工作中逐步加以解决。

2005年初，国家农发办在江苏镇江召开了全国农业综合开发办公室主任暨财务工作会议，部署了2005年的工作，提出深化改革、加强管理，坚定不移地以提高农业综合生产能力为基本任务，进一步做好各项农业综合开发工作。农业部要按照会议有关精神，以贯彻实施新的部门项目管理办法为契机，明确工作思路，把握工作定位，和国家农发办加强配合，不断增强开发合力。下一阶段将重点抓好以下几方面的工作：

（一）进一步强化项目管理

2005年，农业部将启动农业建设项目管理促进行动，其中对农业综合开发工作提出了以下几点要求：一是尽快组织修订《农业综合开发农业部专项项目管理实施细则》、《农业综合开发农业部专项项目专家评审办法》等规章制度。二是对2003年、2004年的项目进行全面检查，省级以上检查率不低于30%。三是拟选择江苏、四川两省的秸秆养畜项目作为专家巡视指导调研联系点，组织专家开展技术服务、巡回指导，加强对项目建设全过程的服务与管理。四是继续加强培训工作。

（二）进一步突出行业特点

突出行业特点、体现部门优势是农业综合开发部门项目的生命力所在。多年来农业部专项项目一直围绕种子种苗这个关键环节，在提高产品科技含量上做文章。今后将重点结合七大体系中的《种养业良种体系建设规划》和正在制定的《特色农产品建设规划》，通过抓好重点环节，提升产业档次。

（三）进一步加强调查研究

加强调查研究是总结经验、制定政策、指导工作、探索改革的基础。国家农发办把调查研究作为一项制度和日常工作，长期坚持，做出了很好的表率。农业部将结合自身特点和实际，拟在加强专项项目建设布局及如何使农业部项目与地方项目相结合、更好地为农业综合开发区服务、实现规模效益等方面开展专题调研，力争提出有价值的意见和建议。

农业综合开发创新机制的实践与思考

费伟康

一、关于优化开发主体问题

农业综合开发作为政府公共财政支持农业发展的一项事业，必须坚持公平的原则，坚持对经济薄弱地区农村优先支持的原则。但在社会主义市场经济条件下，公共财政的投入方向同样必须坚持效益的原则。否则，公共财政的投入将难以做到可持续性。基于这样的基本要求，我们在实践中深刻地体会到，农业综合开发必须进一步优化开发主体，鼓励和引导业主或大户成为开发主体。

（一）业主开发的必要性

一段时间以来，由于农业综合开发的投入主要是政府的无偿资金，因而，尽管农民对政府帮助他们建设农田基本设施十分欢迎，但他们对这些设施的维护和长久使用并不十分关心。加上政府对项目完成后管护措施没有相应跟上，致使一部分农业综合开发工程使用不久即有所损毁，有的还比较严重，一些防渗渠淤积堵塞，基本失去了作用，甚至2004年度的项目也有沟渠坍塌现象。有的泵站泵叶已损坏，无法使用；有的项目区林网成活率很低。“大家的工程大家管”，其实谁也不管。这实际上是财政资金的很大浪费。而在由业主或企业开发的项目区，则根本不会出现此类情况。业主们投了钱、出了力，就押上了“身家性命”，项目的成败与其切身利益挂上了钩，工程管护的难题也就迎刃而解。

（二）业主开发的形式

目前业主开发大致有两种形式：一是单项工程业主负责制。现在，有的地方正在探索农业综合开发单项工程业主负责制。就是在项目建设前，在自愿、公开、透明的前提下，选择具备条件的农民或自愿形成的联户，作为一些单项工程（主要是机井及电灌站）的业主。业主按照规定为工程筹集配套资金和劳务，参与项目建设的全过程，取得该单项工程的使用权和经营权，这样就在一定程度上解决了项目工程建后的管护问题，有利于项目工程长久发挥效益。二是农业企业或规模经营大户直接实施项目。单项工程业主负责制在现阶段有一定的效果，但仍是“治表”措施，而由农业企业或规模经营大户作为项目的业主直接实施项目才是一种“治本”措施。江苏省溧阳市个体建筑老板濮爱玉租赁承包40年期限的荒山1 800亩，创办了“天目湖玉枝特种茶果园艺场”。这里原是一片森林失火后的荒山，若由政府恢复植被，要花大量的财力和人力。农业综合开发投资100万元，引导濮爱玉投资1 500万元开发这片荒山。经过4年的精心打造，

这里已成为珍稀白茶和特种水果的开发基地。每亩白茶产值达2万元；一棵黄金梨树能结50多公斤梨，每公斤市场价16元；一棵天目圣桃可结80个桃子，每个桃子能卖到20元，经济效益非常显著。同时，对当地农民增收的带动作用也十分明显。园艺场吸纳当地40名农民作为员工，同时季节性用工250多人。并通过组建天目湖白茶专业合作社，带动了周边37家农户生产珍稀白茶。目前，江苏省苏南丘陵山区的农业综合开发项目基本上由业主承担，已显示出长久发展、高效发展的强大生命力。

（三）开发主体的选择

农业综合开发扶持的农业企业不在于大，但一定要有发展前景、有生命力。具体来说，要具备三个条件：一是经营机制要活。产权要清晰，要建立完善的现代企业制度。二是科技含量要高。产品要具有市场竞争力，有广阔的开发前景。三是经营者事业心要强。开拓市场的能力强、思路宽、闯劲足，有与时俱进的精神。对那些已有销售网络的成长型企业，特别是具有国际市场理念的出口型企业，更要倾力扶持。

二、关于引导多元化投入问题

农业综合开发要进一步发挥财政投入“四两拨千斤”的作用，吸引更多的其他资金，如民间资本、工商资本和外资等投入农业综合开发，逐步形成全方位、多渠道的投入格局。

（一）积极整合各类项目资金

主要是“两个整合”：一是整合各类农业综合开发项目。在农业综合开发内部要整合资源，形成合力，发挥整体效应。农业综合开发土地治理项目、产业化经营项目和科技推广项目要相互补充，相互配合，不能人为地分割开来。在某一个项目区内，可由产业化经营项目扶持相应的龙头企业；根据龙头企业和产业发展的需要，由土地治理项目扶持建立相应的生产基地；由科技推广项目在项目区推广新品种、新技术，提高基地原料的科技含量，从而提高龙头企业产品的市场竞争力。二是整合各类支农投入。要积极探索农业综合开发资金与扶贫开发、农业生态建设、农村中小型基础设施建设等其他支农资金相互配合、统筹安排的投入机制。鼓励以县为单位，通过规划引导、统筹安排，整合各类支农投资，提高资金使用效率。2005年，江苏省组织了省级财政支农资金整合优化试点工作，选择了新沂市、灌南县、淮阴区、泗洪县和滨海县等5个县作为试点，平均每县省级财政投资3 000万元，共涉及22类支农项目，其中，农业综合开发每年每县投入1 000万元，是投入最大的项目，是各类项目整合使用的平台。县乡河道疏浚、农村桥梁建设、农村水利等项目也要与农业综合开发项目有效地配合使用，各项资金的使用范围和投向不变，各记其功，实现“双赢”。

（二）适当引导农民筹资投劳

目前平原地区改造中低产田每亩土方量在40～60方，丘陵山区每亩土方在80～100方，这些土方全部由机械施工需要60～150元，财政资金不可能完全承担，因而需要由农民进行投资或投劳折资来参与投入。由于各地农村经济发展水平不同，农民收入水平不同，农民筹资投劳的能力也不同。因此，应根据农民的承受能力适当引导农民投资投劳参与农业开发。要把参与农业开发的投资投劳与加重农民负担区别开来，同时又要按照农民负担管理办法加强管理，以防止农业综合开发的投资投劳超出农民的承受能力。

（三）大力吸引社会资本

政府投资与招商引资结合起来，以政府投入引导社会投入，是农业综合开发增加投入的有效办法。项目区良好的基础设施，大大降低了社会资本的投入成本，是招商引资的一个良好平台。我们要充分发挥财政资金的导向作用，吸引更多的社会资本参与农业综合开发，放大财政资金效应。随着市场经济的发展，政府主要着力于市场解决不了和解决不好的难题，生产经营性的事主要交给各类市场主体去办。社会资本参与农业开发，不仅可以缓解开发投入不足的制约，更重要的是社会资本带来了新的机制、新的管理技术，可以激发农业开发的活力。近年来，江苏省在这方面做了一些有益的探索。2004年全省农业综合开发项目区累计引进项目378个，其中民间资本项目217个，工商资本项目98个，外商资本项目63个。合同利用“三资”46.5亿元，实际到账资金22.9亿元。“三资”的进入，通过项目叠加，实现了开发资金的多元化，做大了规模，做强了产业，进一步拓宽了农民增收的空间。例如，东海县平明镇累计投入农业综合开发项目资金1 500万元，建成了10万亩的优质水稻基地。近年来，以优良的环境和优质的水稻资源为载体，加大了稻米产业化招商引资的力度，引进浙江客商投资238万美元的神州东港米业有限公司，年加工稻米6万吨；引进浙江客商投资3 000万元的连云港惠康油脂有限公司，年加工米糠4.5万吨；引进北京天宫环保集团投资8 000万元的连云港天宫环保有限公司，利用当地丰富的稻草秸秆生产一次性环保型餐具。3个企业的引入，拉长了平明水稻产业链条。

三、关于强化科技支撑问题

农业综合开发项目区如果基础设施建得很好，标准也比较高，但种植的还是些常规品种，则开发投入的效益就得不到有效发挥。要努力以项目区为平台，建立科技推广新机制，加大新技术、新品种的推广应用力度，做到技术人员到户、科技成果到田，政府要对农业科技进行扶持，引入市场竞争机制，以项目引导科技，让科技人员和科技成果成为项目建设的要素，实现科技与田头及企业的有机对接。

（一）推进农业科技入户到田

江苏省每年组织有关科研、教学和推广单位编制《江苏省农业综合开发新品种、新技术推广指南》，将农业科技的最新成果收集到指南中，供各地参照选用，要求每个项目区至少推广一个主体品种，推广一项主推技术。例如，农业综合开发扶持的“特色蔬菜新品种示范推广”项目，由江苏省农科院在兴化市组织实施，对项目区农民真正培训到户，教授到人。通过调整秋季作物结构，改变了当地不生产秋甘蓝的种植习惯，解决了当地加工出口企业从外地调运秋甘蓝运输成本高和货源不稳定的难题。引进秋甘蓝保护地栽培技术，用防虫网育苗，减轻病毒病的危害，使大面积秋甘蓝每亩产量6 000斤以上。目前已推广新品种1万多亩，农民和加工企业的效益均明显提高。

（二）推进科技与龙头企业有效对接

农产品的市场竞争，表面上是质量和价格的竞争，而实质上是科技的竞争，谁的产品科技含量高，谁就掌握了主动权，就具有市场竞争力。因此，要积极引导鼓励企业利用农业开发资金，采用国内外先进设备进行技术改造，提高生产效益。特别是产业化经营项目安排用于科技投入的财政无偿资金，要确保用于新品种、新技术的引进、示范、推广。海安县茧丝绸集团是江苏省农业综合开发重点龙头企业，该企业通过引进推广菁松、皓月等新蚕种，桑园亩产茧量由94公斤提高到130公斤，项目区茧农平均每户获利4 000元，蚕茧质量也上了一个新的台阶。

（三）推进科技服务方式根本转变

为加强农业综合开发项目与科技的紧密结合，江苏省在两个方面进行了探索：一是项目的科技依托单位实行开放式竞争。根据项目区建设内容要求，实行项目建设单位和技术依托单位之间的双向选择。南通市以市为单位，在各项目区按照“确定目标、择优竞争、全面介入、绩效评估”的原则，择优选择科技依托单位。即明确全市农业综合开发项目区科技推广要达到的目标，每个项目区要推广的新品种、新技术都有具体要求。通过公开标的，择优竞争，选择科技依托单位；科技依托单位全方位参与项目区科技推广工作，项目建成后，专门组织对科技推广工作进行绩效评价，并将绩效评价与科技推广经费挂钩。二是引导和鼓励科技人员带品种、带技术，直接参与项目建设。仪征市在省级丘陵山区经济林果科技示范园建设过程中，吸引省农科院园艺所以技术及资金投入持股51%，仪征市农业开发科技中心以资金投入持股30%，所在乡以土方工程投入持股19%，园艺所直接控股经营。经过5年建设，园区现有面积1 008亩，示范经济林果新品种69个，每亩果园年产值达8 000元、纯收入达5 000元。示范园区为周边地区提供优质果苗近10万株，辐射带动了3万亩经济林果基地的

建设，培育了一大批经济林果专业户。

四、关于建立利益连接机制问题

提高农业综合开发成效和提高农业综合生产能力的突出制约，是分散的千家万户农业经营方式。在坚持现有的土地制度、维护土地对农民生活保障作用的要求下，通过农业综合开发实现规模化经营，必须建立土地增益、经营增效与农民的利益连接机制。这种利益机制的建立，既需要有契约，也需要有诚信，更需要经济合作组织的发育健全。相对于企业，分散的农户是弱者；而相对于联合起来的农民，企业又处于劣势。因此，培育并发挥经济合作组织的作用，对于建立和稳定利益机制十分重要。通过农业综合开发实现"龙头企业+基地+农户"的龙头企业带动农民，并不是简单的带动农民种什么，而是着眼于带动农民增加收入。

（一）让农民直接获得土地出让收益

实行农业规模经营，需将农民一家一户经营的土地通过租赁、流转、入股等方式集中起来，才有可能。农民土地使用权的租赁、流转，要按照"依法、有偿、自愿"的原则，真正体现土地的价值。农民土地使用权流转后，可使农民将土地承包经营权通过价值化、资本化变成可永久享受的股权，既可让农民拥有土地承包权，又可让农民拥有土地的收益权。常熟市新港镇李袁村通过组建土地股份合作社，提高农民组织化程度，统一经营加工出口蔬菜，收益按股分配，平均每股分红360元，入股农民在合作社打工，长期性的打工收入每人每年3 000元左右，增加了入社农民的收入。

（二）让农民增加劳务收入

农民参与农业综合开发可以获得两种劳务收入。一是参与工程建设，增加农民现金收入。农业综合开发在项目建设时，广泛吸收当地农民参与，通过参与项目工程建设，直接增加现金收入。农业综合开发土地治理项目中的打井、修路、修渠、植树等工程建设，多数都是就地取材、就地施工，充分吸收项目区农民参与建设施工。即使是专业施工队，用的也都是农民工。二是农民参与项目建设，增加就业收入。例如，宜兴市盛道茶业有限公司通过土地流转和合作经营等方式，建立了3 000亩茶叶生产基地。农业综合开发投资100万元用于基础设施配套，公司老板个人投资1 100万元用于老茶园的改造。目前已经建成了1 000多亩高标准生态茶园，引进了大批珍稀品种和新品种，每年季节性用工200多人，2005年上半年已支付采茶工工资35万元。

（三）让农民参与利益再分配

要做大产业规模，必须通过"龙头企业+合作经济组织+农户"的形式来提高农户的组织化程度，把千家万户的小生产和千变万化的大市场紧密地结合在一起，这就需要龙头企业、合作经济组织、农户之间建立起紧密的利益连接机制，实行利益的再分配，才能把产业做大，实现多赢的局面。例如建湖县方圆禽业有限责任公司，通过建湖县草鸡协会与农户建立了紧密的合作关系，协会采取"五统一保"的形式，即统一供应苗鸡、统一配送饲料、统一饲养技术、统一防疫检验、统一收购成鸡、保障最低利润。协会拿出利润的20%给农户分红，建立起了二次分配制度，拿出10%作为风险基金，用于会员遭受意外损失的补偿，真正建立起了风险共担的利益共同体。东台市富安茧丝绸股份有限责任公司实行了"公司+合作社+农户"的经营模式。蚕农参加蚕农合作社，并与公司签订购销合同，公司按照"优茧优价，劣茧低价"的原则保证蚕茧的收购，并从收购加工环节中拿出一定的利润，按照每市斤茧0.5～1元"二次分配"给蚕农。近几年，公司已累计返利给农民2 000多万元。

机制一活天地宽。农业综合开发要在严格规范管理的同时，着眼于机制和体制上的创新，善于运用经济杠杆和市场机制来解决存在的问题，最大限度地提高项目资金运行效率，使这项各级政府关心和支持的事业为提高农业综合生产能力发挥更大作用。

（作者系江苏省农业资源开发局局长）

湖南省农民合作经济组织的调查

余健来

农民合作经济组织在连接生产和市场、提高农民的组织化程度、增强农业的市场竞争力、促进农民增收等方面发挥了积极作用。农民合作经济组织的发展，较好地解决了政府“包”不了、村组集体“统”不了、单家逐户“办”不了的事情，为农业和农村经济发展注入了新的活力。

据统计，至2003年底，湖南省共有农民合作经济组织14 046个，其中专业合作社7 082个，专业协会6 946个。共有社（会）员210万个，占总农户数的15.3%。农民合作经济组织已涵盖农村种、养、加、旅游、劳务、运输、信息、技术、销售等多个领域。

一、农民合作经济组织的作用

（一）促进了优势产业的发展

多数农民合作经济组织立足当地主导产业和特色产业发展，通过共同利益把农民组织起来，围绕主导产业开展产、加、销等经营活动，有效地促进了当地优势产业的发展壮大。例如，桃江县是个竹资源大县，2003年该县竹产业总产值达15.14亿元，占全县工农业总产值的40%；竹业增加值达到9.08亿元，占全县GDP的35%。从1997年该县创办竹业协会起，已发展团体会员27个，个人会员428个，带动农户3.5万多。

（二）创新了农村社会化服务体系

农民合作经济组织通过对会员及农民提供产前、产中、产后服务，有效解决了农业生产普遍存在的信息难寻、门路难找、技术难懂、产品难销等问题，成为现阶段农村社会化服务体系的新生力量。怀化市麻阳县柑桔协会2000年6月成立，4年来，协会坚持做好以下服务：一是技术服务。协会聘请两位从农业局退休的高级农艺师，专门开展技术服务工作，推介新品种，传播新技术，解决疑难问题，强化管理措施，提高科技水平。二是品牌服务。由会员集资1万多元，到国家商标局申请“麻阳”牌柑桔证明商标，以保护地方特产。在保证质量的前提下，每年为经销商提供有品牌包装物100多万个和商品标签50万张。三是信息服务。通过电脑联网，了解全国行情，每天在电视台公布，为购销提供准确的市场行情。并建立专门信息网，随时可以帮助经销商上网查询，当好中介，哪个客商要货，哪里有货源可随时提供等。四是运输服务。与火车站、运输服务公司及个体运输户建立专门联系，每年代办火车皮100多个、汽车1 000多台次，方便了客商。五是协调服务。在柑桔购销过程中，相互之间不可避免会出现一些矛盾，如价格质量纠纷、运输困难、治安问题等，协会安排专人接待，诚心帮助解决，做好协调处理。不能解决的，请政府职能部门出面解决。每年接待600多人次，解决问题上千件。

（三）有利于建立市场诚信

“公司＋农户”是产业化运作模式中的关键链条，但在具体实施过程中，存在不少问题，特别是企业和农民的诚信问题。例如，当市场价格低时，农户将畜禽或种植产品送到公司享受保护价；当市场价格上涨时，农户则送到售价更高的地方；有的农户在饲养过程中添加国家明令禁止的违禁药物；有的农户在种植和养殖的名优产品上交公司时掺假使杂；有的农户赊购良种或饲料后，不愿付钱；有的农户在信用社贷款不还；有的企业不按期按约定履行合同，甚至坑农害农等等。因此，特别需要协会这样的中介机构，既把农民联合起来，提高入市

能力和谈判地位，又把农民约束起来，按龙头企业的要求进行标准化生产。协会与龙头企业签订合同，以法律形式约束企业；协会自身制定章程，约束农民树立诚信。祁东县生猪专业养殖合作社为了提高生猪品种质量和安全，在出售生猪时，将社员按批次出售的生猪尿样样本采集签字封存于合作社，如果合作社销售的生猪被有关部门检验有药物残留或激素，就将原封存的尿样进行检验，一经发现是哪家社员所为，必须进行经济处罚，重者取消社员资格。真正让市民吃上"放心肉"、"安全肉"，树立合作社的形象。

（四）加快了转化科研成果，提升产业素质

有的农民合作经济组织，发挥了科研机构、技术推广部门与农民之间的桥梁纽带作用，使科研成果转化为生产力，提升农业区域产业品位。

（五）帮助农民增加了收入

从各地的情况看，农民合作经济组织抵御市场风险，最大限度降低农业生产成本，形成农民利益的自我保护机制，对农民增收帮助很大，会员的收入普遍高于一般农户。资兴市白廊乡白廊村在生猪协会、水产协会、水果协会、农家游休闲协会的带动下，全村年出栏生猪1万头，发展生态农庄面积560亩，走出了一条"猪沼果"模式的生态农业路子。2003年，农民人均纯收入达4 360元，比上年净增900元，成为全市的富裕村。

二、农民合作经济组织发展过程中存在的主要问题

（一）法律地位不明确

由于国家目前对农民合作经济组织的法律地位没有制定专门的法律予以明确，给其生存发展带来了一定困难。在具体的经济业务活动中，专业合作组织很难以独立的法人身份与经济主体进行交易活动，合法权益难以得到保障，不利于专业组织在市场中以平等独立的身份参与竞争。专业组织为解决身份问题，往往又另行组建或依附公司实体开展经济业务活动，专业合作组织一般挂上两块牌子，对内是一种合作组织形式，对外是以公司名义进行交易。现行法律规定协会为非盈利性组织，但有些协会是以盈利为目的的，因为它既有资本联合，又有合作制特征，实际上是一种特殊的企业形态。

（二）管理体制比较混乱

目前专业合作组织的注册登记也是五花八门，有工商、民政、科协部门登记的，也有业务或生产主管部门登记的，但工商登记一般要纳入税务管理，民政登记又不能作为盈利组织。按组建主体划分，主要有五种类型：一是农民合作创办型。大多数是由农村能人或专业大户牵头办起来的，全省共有5 385个，占总数的38.3%。二是农村集体经济举办型。全省共有2 476个，占总数的17.6%。三是企业带动型。主要通过农产品加工企业带动办起来的，全省共有1 387个，占总数的9.8%。四是部门（农技784个、畜牧948个、科协584个、供销564个、林业483个、水产220个、水利184个、农机119个）领办型。全省共有3 886个，占总数的27.7%。五是其他类型。全省共有640个，占总数的4.6%。由于过去对农民合作经济组织没有明确一个归口管理部门，工商、民政、科协和业务主管部门虽然都参与了管理，但由于职责不明，发展理念不清，管理体制不顺，组织机制松散，合作形式不规范，很多组织处于似像非像的概念，目前农民合作经济组织还处于无序发展状态。

（三）引导帮扶措施不力

由于认识不高，从中央到地方财政还没有建立对农民专业合作组织明确的扶持机制，发展带有较大的自发性和盲目性，发展资金短缺，后劲不足问题比较突出。

（四）组织形式较为松散

在农民合作经济组织发展中，不论是领办人还是合作的农民，由于缺乏创办合作社的基本知识，没有掌握建立合作社的基本原则，农民的合作意识还比较淡薄，有的合作组织只有牌子而无活动内容，尤其是一些官办性质的协会组织，农民在很大程度上都依赖政府，政府补贴资金用完后，协会也成无米之炊，很难运作起来。据不完全统计，全省农民合作经济组织运行不太规范或活动不经常的占了40%左右。组织容易出现"一年合伙，二年红火，三年散伙"的现象。

三、发展农民专业合作经济组织的建议

（一）提高思想认识，加强宣传引导

在市场经济条件下，农民专业合作组织是农业和农村经济发展的必然要求，是提高农民进入市场组织化程度的重要举措，是增强农民市场竞争能力的基本手段，是创新农村经营体制，完善农业社会化服务体系的内在要求，是建设现代农业、提升农业整体素质和综合效益的有效途径。基于这些思想认识，除国家要尽快对农民合作经济组织立法外，各级各部门都要把指导农民合作经济组织的发展作为农业和农村工作中的一件大事来抓，为农民合作经济组织的发展营造良好的宏观环境。要充分发挥电视、广播、报纸、杂志等新闻媒体的作用，向农民群众大力宣传普及合作社知识，介绍合作社的基本原则，使更多的群众了解合作社，支持合作社，参加合作社，共同办好合作社。要发现和培养一批懂技术、善经营、会管理，又富于献身精神，能够带领群众共同致富的农村能人，鼓励和支持他们创办专业合作组织。

（二）先促进、后规范，先多样化、后规范化

例如农民合作经济组织的立法，牵涉到方方面面。如：农民的界定。按户籍统计，还是按居住地统计；按身份界定，还是按职业界定。农民合作经济组织的界定。按照国际合作社联盟（ICA）的定义："合作社是自愿联合起来的人们通过联合所有与民主控制的企业来满足他们共同的经济、社会与文化的需求与抱负的自治联合体"。在我国界定为"民办民管民受益"。农民合作经济组织法人地位的界定。我国《宪法》规定，"农村中的生产、供销、信用、消费等各种形式的合作经济，是社会主义劳动群众集体所有制经济"。《民法通则》规定，"集体所有制企业有符合国家规定的资金数额，有组织章程、组织机构和场所，能够独立承担民事责任，经主管机关核准登记，取得法人资格"。《农业法》规定，农民专业合作经济组织可以有多种形式，依法成立、依法登记。但在具体的法律、法规中，目前还没有关于农民合作经济组织民事主体资格注册登记的规定，在行政法规和部门章程中，也都把农民合作经济组织的注册登记排除在外。农民合作经济组织民事责任的界定。在其经营活动中所产生的债务，承担有限责任、保证责任，还是无限责任。在世界上其他国家，合作社的发展已出现四个趋势：引入股份制、联合趋势加快、合作社功能扩展、引入公司运作机制。我国农民合作经济组织尚处于起步阶段，在发展过程中尽管存在这样那样的问题，但它的发展方向是正确的，必须经过一个逐步规范的过程。

（三）正确处理四个关系

一是农民合作经济组织与家庭承包的关系。农民合作经济组织是在家庭承包基础上、为发展农业生产建立的生产合作组织，是家庭承包经营制度的补充和完善。二是农民合作经济组织与社区合作的关系，村组集体经济是一种地域性合作组织，主要对区域范围内的生产、管理、协调和积累，专业合作组织是从事专业生产的农户自愿组建的生产合作组织，不受地域限制。三是专业合作组织与工商企业、社会团体的关系。专业合作组织是一种农业生产经营的合作组织，既不属于工商企业，也不属于民政管理的自然科学和社会科学的社会团体，应该按照农村合作经济组织管理办法，建立登记管理体系。四是专业合作与产业化的关系。专业合作是建立在专业生产的基础上，通过"公司＋合作组织＋农民"的经营模式，组织成员按照企业要求建设标准化生产基地，代表成员利益与企业签订"订单合同"，是农民自愿联合保护自身利益的机制，是实现农业产业化的有效载体。

四、农业综合开发是扶持农民专业合作经济组织的切入点

十六届三中全会明确提出，支持农民按照自愿、民主的原则，发展多种形式的农村专业合作组织。2004年中央1号文件进一步提出了鼓励发展各类农民专业合作组织的具体政策：积极推进有关农民专业合作组织的立法工作；各级财政安排专门资金支持农民专业合作组织开展信息、技术、培训、质量标准与认证、市场营销等服务；有关金融机构支持农民专业合作组织建设标准化生产基地、

兴办仓储设施和加工企业、购置农产品运销设备，财政可适当给予贴息；深化供销社改革，发挥其带动农民进入市场的作用。中央1号文件提出的这些政策的实施将推动我国农民合作经济组织的发展进入一个新的阶段。

（一）科技扶持

2005年中央1号文件要求，加快改革农业技术推广体系。要按照强化公益性职能、放活经营性服务的要求，加大农业技术推广体系的改革力度。积极稳妥地将一般性技术推广和经营性服务分离出去，按照市场化方式运作。积极培育农民专业技术协会和农业科技型企业。认真组织实施“科技入户工程”，扶持科技示范户，提高其的辐射带动能力。目前农村的技术推广体系并不健全，有的乡（镇）的“七站八所”处于瘫痪状态，农业综合开发土地治理项目的科技推广在项目区没有有效的载体，建议开辟农业综合开发科技推广经费扶持农民合作经济组织的渠道，同时，国家农业综合开发办公室可设立科技引导资金，实行立项支持。重点扶持其开展引进新品种、推广新技术、技术培训、信息及营销服务等。

（二）贴息扶持

大部分农民专业合作经济组织的发展尚处于起步阶段，规模较小。农民开展种植、养殖项目需要小额信贷扶持。例如，湘潭县响水乡竹村生猪养殖协会，以10户为单位，联户联保，向银信部门申请贷款，发展生猪生产。2003年，该协会向信用社申请贷款100万元，已发放85万元，周转期2年，较好地解决了农民发展生猪的信贷资金问题。目前农业综合开发的贷款贴息办法都是大项目，贷款额要求在1 000万元以上，而大项目争取资金的渠道很多，小项目小额贷款难。若能对以专业合作组织（协会）担保的农民小额贷款进行贴息，将直接致富农民。

（三）项目扶持

重点扶持以产品或产业为纽带组织起来的农民专业合作经济组织。允许具有法人资格的农民专业合作经济组织作为项目主体申报农业综合开发产业化经营项目，对符合立项条件的项目，要一视同仁乃至优先予以扶持。扶持的条件是：优势产业明显，具有法人资格，有符合“民办、民管、民享”原则的农民合作组织章程，运行3年以上，经营管理规范，与会员建立起紧密型的利益联结机制，带动农户1 000户以上。

对农业综合开发扶持农民合作经济组织发展的资金，无偿资金实行县级财政现金报账管理，有偿资金实行担保或财产抵押；所形成的资产归农民专业合作经济组织成员共同所有；向全体合作组织成员公开、公示资金的使用情况。省、市农发办和财政部门对农民专业合作经济组织的财政资金使用情况进行监督检查。

（作者单位：湖南省农业综合开发办公室）

合作社促进美国农业可持续发展

——美国农民合作经济组织考察报告

财政部赴美国考察团

财政部农民合作经济组织考察团于2005年5月21日至6月3日赴美国进行了考察，重点考察了威斯康辛州和加利福尼亚州的有关部门。威斯康辛州农业在美国的地位是相当重要的，其薄荷、蔓越橘、野鸡、饲料玉米、泡菜卷心菜的产量居于全美之首，奶业农场数量占全美的1/5。不仅是农户和食品加工商，所有威斯康辛州人都很重视农业，因为农业所带来的收入和就业机会促进了整个农村经济的发展，每年贡献的经济产值达510亿美元。加利福尼亚州是美国最大的农业生产者和出口商。2004年，加利福尼亚的农场主和牧场主的农业销售额达到278亿美元。在全美消耗的每5杯牛奶中有1杯是加州生产的。牛奶加工业继续以惊人的速度增长，从2002年到2003年牛奶产量增加1%。加利福尼亚有一些国家大奶牛场，平均每个都有700多头奶牛，而全美的奶牛场平均数还不到100头。2003年，加州每头奶牛的平均产奶量为20 993磅，比全国平均水平高12%。威斯康辛州和加利福尼亚州农业之所以取得这样好的成绩，主要原因是建立了健全的农民合作经济组织。

一、美国农民合作社建立的过程与组织形式

美国农业合作社早期的发展与欧洲大体上是同步的。这不是历史的巧合，它反映了农业发展的内在要求。美国历史上最早的农场主合作社是1810年康涅狄格州的奶牛农场主组建的，目的是加工和销售奶油。1841年和1851年在威斯康辛州和纽约州成功地组建了两个乳业合作社，从此各种合作社纷纷建立起来。1863年密执安州通过法律，允许以合作社方式买卖物品，从这一年开始美国政府建立了合作社统计档案。第一次世界大战后，美国政府普遍实行农业组织技术推广制度，各地推广员在指导和帮助农民成立合作社方面做了不少工作，促进了农业合作社的发展。到1929年，成立了1万多个基层农场主合作社，合作社之间逐步联合，成立了全美农场合作社联盟，并参加了国际合作联盟。

现代农业科学技术的应用，促进了美国农业可持续发展，也推动了农场主合作社的发展。随着农业机械化的提高，农场数量减少了，规模不断扩大，农场主合作社也逐步大型化，合作社数量和社员人数减少，但经营管理水平不断提高。目前，美国约有农场主200万人，加入合作社的约占总数的82%，相当于每6个农场主就有5个人参加了各种形式的合作社，有的农场主甚至同时参加几个合作社。合作社通过减少数量，扩大规模，增强实力，提高了市场竞争能力。数量减少并不意味着合作社衰弱，只是结构发生改变，功能更强。

二、农民合作社的主要类型及其服务功能

在家庭经营占绝对优势的美国，为了解决单个农场难以办到的事情，需要非盈利合作社提供各种服务，降低生产成本。目前，美国农场主合作社可分为销售合作社、供给合作社、信贷合作社以及其他服务合作社等，但实际上，大多数合作社兼营供、销和相关服务业务。现有的近4 000个合作社中，52%是销售合作社，36%是供给合作社，其他服务合作社占12%。

1. 产品加工和销售服务。在美国农场主合作社中，销售合作社的历史最长，数量最多，实力最雄厚，在农业中的作用也最重要。销售合作社销售的农产品，几乎覆盖所有品种。但大多数销售合作社一般只经营一种农产品，经销两种以上农产品的为数极少。

2. 生产和生活物资供应服务。供给合作社向农场主供应农用生产资料，并从事相关技术指导和售后服务。供应的主要农业生产资料有化肥、燃油、饲料、农药、种子等，同时兼营建筑材料、汽车配件和生活资料。在销售农资的同时，它们还提供相应的辅助服务，如土壤测定、防疫、育种、奶牛改良、作物监测直到经济核算和法律咨询等。

3. 农业设施利用服务。有些大型、昂贵的农机具和公共农用设施，单个农场无力承担或无需独立购置，所以成立了提供设施服务的合作社。它们的服务范围很广，为广大农场主和农村居民的生产和生活提供了极大的方便。设施利用合作社向社员提供设施服务，同时向使用者收取手续费，使用越多，需交纳的手续费越多，收取的手续费用于设施的更新和维护。

4. 农村电力和电话业务服务。因为私人电力公司不愿意为农场主提供电力，所以农场主就成立了电力合作社。发展农村电气化是农村居民生产、

生活的大事，农村电力合作社和电话合作社在这方面起到了重要作用。

5. 信贷服务。在农场主所得的贷款中，合作社系统占有的份额越来越大。目前农业合作社信贷体系提供的贷款已占全部农业贷款的2/5左右，包括季节性经营贷款、弥补周转金不足的中期贷款、用于基本建设的长期贷款和支持出口的贷款等。

6. 科技开发和技术、信息服务。为了更好地为农场主服务，保障产品畅销，一些实力较强的合作社建立了自己的科研机构。如属于合作社的兰德莱克公司总部设有食品研究开发部，其研究内容很细，包括食品的营养、口味、细菌含量、卫生标准、包装以及市场调研、新产品开发等。农场主的产品从研制到投放市场，要经过反复的研究，并掌握足够的科技和市场信息，这些工作均可由合作社来承担。

三、农民合作社的主要特点

1. 以加工和流通领域的合作社为主。在美国，农业生产合作社，无论在历史上还是现在，数量都很少，官方在制定合作社方面的政策法规时，也不涉及生产合作。而在农业生产资料供应和农产品供应销售、加工、储运、产前、产中、产后各个环节的服务上，合作社的活动则非常活跃。合作社并不改变家庭农场的经营地位，而主要是为农场主提供所需的服务。

2. 以专业合作社为主。美国合作社的专业化程度很高，一个合作社一般只围绕一种或几种农产品展开多种合作业务。如有豆类合作社、棉花合作社、果菜合作社、粮油合作社、家禽合作社、稻谷合作社等专业合作社。

3. 合作社产业化经营。美国没有“农业产业化”的提法，统称为农工商一体化经营。农业生产的一些环节已经发展成为独立进行工业化生产的部门，比如种子加工、饲料加工；一些农作物栽培和水产、畜禽养殖在人工室内环境下进行，实行了工厂化生产；几乎对所有农产品都进行不同程度的加工和包装，使之几倍乃至十几倍地增值，增加了就业机会，提高了经济效益。农场主合作社联合的特性正好符合美国农业产业化经营的需要。美国的农业合作社大多实行贸、工、农一体化经营，实现了农业生产、加工、销售的有机结合，成为农户走向市场的重要依托。

4. 合作社跨行政区和社区建立，不受区域限制。根据经营范围和规模，可以将农场主合作社划分为当地合作社和区域性合作社。无论是哪一种合作社，都是跨区域建立、跨区域经营。当地合作社常常是某个区域性合作社的基层社，服务范围要小一些。

四、农民合作社的管理经验

美国农场主合作社在长期实践中形成了三个治理原则，即利用者所有、利用者管理、利用者受益。这三个原则也是美国各类合作社公认的原则，为有关方面所认同，也得到政府承认，在州和联邦有关法规中得到体现，并成为区别合作社与普通企业的标准。

1. 出资人分为社员和投资股东两种成分，但坚持社员治社。法律允许合作社按公司法发行股票，股票的持有人可以是社员，也可以是非社员。

2. 农场主合作社的管理机构只有一个董事会（或理事会），不设监事会。美国的公司法规定公司必须设董事会和监事会，而对合作社却只规定“美国合作社应由董事会管理”，而未提及监事会，这与欧洲合作社有明显的区别。

3. 社员与非社员股东都参加盈余分配，但以按利用率分红为主，严格限制股息分红。在盈余的分配上，既体现利用者受益原则，保护社员的平等权利和弱者地位，同时又兼顾投资者的权益，鼓励投资，较好地处理了社员和非社员的经济利益关系。法律规定入社社员和非社员投资者都可以参加盈余分配，但以根据对合作社的利用程度分红为主，股息分红被严格限制在规定的范围和幅度内。

4. 农场主合作社与农场主的紧密程度多种多样，紧密程度取决于利用者的实际需求。美国农场主合作社不受行政级别和行政区划的限制，完全按照实际需要设置，合作社与社员的关系，需紧则紧，需松则松，宜实则实，宜虚则虚。

五、农民合作社的作用

1. 农场主合作社是农场主的组织载体。虽然美国实行较大规模的农场经营，农场主的经济实力也较强，但仍然摆脱不了自然条件的制约，干旱、水害、冻害、病虫害等自然灾害常常能给农业生产带来灾难性的影响。国内国际市场的激烈竞争和高度专业化生产，以及农业生产投资大、回收周期长等特性，也给农业经营带来更大风险。这些方面都使单个农场缺乏独立生存的能力，使农场间的合作和联合成为需要。只有合作社才是农场主自己的组织，代表自己的根本利益，只有农场主合作社才能将自己组织起来，去面对自然、社会和市场挑战。农场主合作社是农场主的组织载体，在生产经营中发挥着重要作用。

2. 农场主合作社是为农业服务的主体。农业生产的专业化水平越高，越要有健全的社会化服务体系。美国农场主合作社、专业协会、农业院校、政府部门、科研单位以及私营服务公司等构成了完整的农业社会化服务体系，其中，农场主合作社具有其他任何组织和机构无法替代的作用。专业协会、农业院校、政府部门、科研单位以及私营服务公司的服务主要偏重于农业政策、信息、科技、协调等各类软件服务，而农场主合作社则提供生产资料、生活资料和农业机械等方面的硬件服务。合作社的服务更具体，更细致，更实用，更符合农场主的切身利益，更能解决实际问题。

3. 农场主合作社是农工商一体化的实施主体。美国农业产业化经营的主要特征是农工商一体化。由于农业专业化程度不断提高，农业内部的分工越来越细，生产某一种农产品越来越需要相关企业或组织的密切合作，从而把农产品的生产、加工、销售以及农场生产资料的生产和供应等各环节，紧密结合在一起，形成一条一条的产业链。这些链条的利益方式不同，有的是单纯的买卖关系，即公司制，而更多的是利益共享、风险共担的一体化组织，即合作社。作为农民的合作经济组织，合作社实行贸、工、农一体化经营，成为联接农户与市场的桥梁和纽带。

4. 农场主合作社在农业产业化分工中发挥着重要作用。专业化是美国农业的一大特点。这种专业化主要表现为地区专业化、农场专业化、生产环节专业化。美国把全国划分为10个生产区域，每个区只生产一两种农产品，农业的区域化布局，形成了农业的地区专业化。

5. 农场主合作社在科技进步和生产现代化方面起到重要作用。合作社不仅在生产、加工和产后服务领域直接采用先进农业技术，而且通过组织、推广、技术服务和科技信息服务，推动先进技术应用。如以高科技为基础的工厂化种植养殖产业，彻底改变了农业传统生产方式，使农业生产活动能够在人工环境里进行，实现了真正意义的工厂化生产。

六、政府对农民合作社的扶持

由于合作社无以替代的特殊地位，受到政府的特别重视，在很多方面得到政府的优待和扶持。

1. 法律保护。早在1922年，美国政府就把合作社从“反托拉斯法”中豁免出来，这对合作社的发展起到了历史性作用。

2. 税收优惠。19世纪末，美国政府豁免了合作社的全部赋税，根据税法取得免税资格的合作社享受赋税减免待遇。其分配给社员的红利、惠顾返还金以及其他收入，仍然享受免税待遇。

3. 信贷支持。美国政府帮助建立起来的农业信贷合作体系，是专门向农场主和合作社提供信贷支持的，对农业合作社的发展起到了至关重要的作用。

4. 政府对合作社的登记注册，也有特别的规定。组建一个合作社很复杂。如加利福尼亚州合作社法规定，组建合作社首先要由发起人（5人以上）向州长提交申请报告和章程。州长收到申请和章程后，要派专人实地考察是否确有成立合作社的必要，是否有足够的参加合作社的人，确认合作社是否是最有效解决问题的方式，是否有适合的管理人才，是否有资金筹集渠道等。考察后写出可行性报告，经过审批，该合作社才能进行登记注册。对合作社登记注册的这种特殊规定，不仅可以防止企业以合作社的名义偷逃税款，而且是对合作社的一种特殊保护，可以控制数量，保证质量，避免合作社泛滥引起恶性竞争，确保合作社正常发挥作用。

西班牙农业水资源的管理和利用

财政部赴西班牙培训团

一、西班牙水资源概况

西班牙国土面积50万平方公里，大部分为高原和山地，海拔200米以下的平原仅占全部国土面积的11%。气候类型属于半干旱气候，北部和西北部沿海一带为海洋性温带气候，全年风调雨顺，气候温和，雨量充沛，最多的地方年降水量1 500mm；中部高原为不太显著的大陆性气候，干燥少雨，夏热冬冷；东南部属地中海气候，冬季温暖湿润，夏季干旱炎热；南部和东部地区为地中海型亚热带气候，日照时间长，夏季炎热。

除西北部沿海一带，西班牙许多地区年降雨量小于500mm，最少的地方仅150mm，水资源地区分布不均匀。全国可再生淡水资源为114 000百万立方米/年，人均2 900立方米/年。其中50 000百万立方米/年是可利用的，人均1 200立方米/年。全国80%的水资源用于农业（详细数据见表1和表2）。

表1　　西班牙可再生淡水资源

单位：百万立方米/年

地表径流	地下水	从含水层直接流入大海的地下水	整个国家的水资源量	水库容量
94 277	17 406	2 615	114 298	53 160

表2　　西班牙可利用的水资源

单位：百万立方米/年

地表水	地下水	可利用水资源总量
44 099	5 428	49 527

由于西班牙属于半干旱气候类型的国家，河流的流量也不是很稳定，用水十分紧张，水资源已经成为该国经济发展的核心资源。为了合理利用和保护水资源，西班牙建立和完善了水资源管理机制，努力实现水资源的优化配置和可持续利用。

二、西班牙农业水资源管理

西班牙在农业水资源的管理方面有着悠久的历史，农业水资源的规划和管理在西班牙的发展历史中发挥着十分重要的作用。其主要经验可以概括为以下几点。

（一）一种正确的态度

水资源是基础自然资源，是生态环境的控制性因素之一；同时，又是战略性经济资源，是一个国家综合国力的有机组成部分。在西班牙，水的重要程度和经济价值得到普遍认可。西班牙《水法》明确规定：水是一种并不充裕的自然资源，而它对于生命和人类绝大多数经济活动来说又是必不可少的。水是不可替代的，是不可能只凭人的意志就能扩大和增加的，而且在时间和空间分布上它又是不规律的。西班牙有17个大区，各大区有很高的自治权，但是水权集中在马德里，各大区围绕水权纷争激烈。人们充分认识到水资源和节约水资源的重要性，国家鼓励通过有效使用水资源以达到保护水资源的目的，并通过价格政策来鼓励纠正无效使用和浪费水的行为，通过强制措施保护水资源，对水污染者征收特别的费用。

（二）一部适宜的水法

西班牙制定有关用水的书面法令可以追溯到公元12世纪。当时的管理者设定的一些准则到现在还不过时，例如，水不能是私有的财产，水资源的管理是用户的职责等。为了适应广泛的社会变革、技术进步对水源需求的压力以及对生态问题认识的提高、生活质量改善等要求，1985年，西班牙颁布了新的《水法》。新《水法》将水解释为一种单一的、可再生的资源，宣称所有形式的水，包括地下水都属于公共财产，鼓励通过有效的使用可利用的水资源达到保护的目的。新《水法》保证了各用水方面的公平合理，规范了政府行使水资产权利的行为，加强了对国有水产业以及用水的管理工作，为西班牙水资源的合理开发利用发挥了重要作用。

（三）一组完整的开发规划

西班牙很重视水资源的综合规划，并由《水法》规定具体的做法。规划分两个层次：国家级和流域级。国家规划提出跨流域调水，这是对流域规划的必要补充。1985年《水法》规定“国家水资源规划应该以国会法案的形式批准”。跨地区流域规划由流域机构提出。水资源规划在西班牙有着最广泛的公众参与。在准备的过程中，通过流域水咨询局及其他方式保证公众最大程度的参与。地区规划为居住在该区的人设定未来的发展目标。另外，水资源规划十分关注水资源开发对于环境和生态的影响，并强制性地加进了河流流域规划之中。在政府将《国家水文规划》递交给议会通过之前，必须经由国家水委员会认真审查。

（四）一套健全的组织机构

西班牙水资源管理机构主要是水资源委员会和流域机构。水资源管理委员会的主要职能是进行有关水资源问题的最高咨询，在行政上附属于公共工程、运输及环境部。人员由国务局、自治区、流域机构、全国范围的专业及经济组织的代表组成，各司其职，共同负责履行职责及承担决策性任务。尽管它的权力是咨询，但如果没有它的建议，政府一般不会采取行动。国家规划、流域规划、重要工程以及有关两个以上流域的所有重要事务都必须经该委员会审查。流域机构的职权限于流经一个以上自治区的河流。完全位于一个自治区境内的所有河流由所在的自治区负责。流域机构负责国有水利工程的建设、运行和维护。

（五）用水者协会在水资源管理中发挥重要作用

西班牙用水者协会数量众多，覆盖面广，服务功能强。用水者协会的相关内容在《水法》中得到明确。例如《水法》规定：水和其他公共水利资源的取得和给予必须通过用水者协会。主管灌溉水使用的组织称为用水者协会，采取集体管理方式使用水资源。协会拥有仲裁委员会或灌溉法庭等传统组织形式。用水者协会对用于水资源开发使用的工程拥有所有权，并有建设和使用的权力，协会在用水者的授权下自主执行职权。协会对水的储蓄、清洁、维护和其他各项管理费用由用水者共担。西班牙的许多用水者协会经历了几个世纪，为可持续发展提供了经验。用户在水资源管理中的中心作用还在西班牙著名的“瓦伦西亚水法庭”中得到了体现。这个法庭已经有1 000多年历史，水法庭的当事人由灌溉者组成，法庭的法官由特里亚河（瓦伦西亚）每条沟渠的用户选举产生。法官们每周四的中午在大教堂的门口处会面，共同解决地区灌溉引发的争吵，还会宣判一些违规的行为，宣布法律和议事程序。

三、西班牙农业水资源的利用

西班牙是世界上水资源综合开发利用较好的国家之一，已开发利用的水资源约占总水资源的40%。为解决干旱和半干旱地区农业水资源短缺问题，西班牙把水资源的科学配置和利用放在重要位置，大力实施由雨量充裕的地区向自然降水不足地区的调水工程，注重集约灌溉系统的建设，由此推动了农业的均衡发展。

（一）广泛采用节水灌溉技术

据介绍，喷滴灌约占全国灌溉面积的近一半。定点灌溉不仅可以控制用水量还可以将肥料加到水中，根据作物情况，按比例进行灌溉，从而更有效地控制施肥。在矮棚作物中，广泛地发展了常规的“无土”栽培技术，在开放式的水中加肥灌溉，也有的采用营养膜。

（二）灌溉对象多为经济价值高的蔬菜和水果等

西班牙的主要农作物有小麦、大麦、燕麦、玉米、水稻、甜菜、棉花、向日葵等。但水果、蔬菜在农业中占据突出位置，是欧盟水果、蔬菜的主要

生产国和出口国之一，在欧盟内部国家的果蔬贸易中，西班牙的出口占到33%左右。目前，西班牙大田作物的灌溉面积减少到占总面积的28%，而橄榄占32%，园艺作物的面积所占比例扩大到40%以上。橄榄灌溉面积的扩大是近年来最大的变化，在过去的6年中增加了23%以上。在供水量增加有限的条件下，西班牙灌溉农业的产量和用水的生产率实现了总体提高，都归结于作物具有较低的需水量，这些作物已经扩大了种植，如橄榄和淡季蔬菜作物。在没有重要的新的水资源开发情况下，灌溉对象向园艺作物的转换，使福利、就业和用水生产率得到改善，在确保灌溉农业可持续性发展的同时，保证了自然生态系统的质量。

（三）农户自主调节灌溉水源供应

几乎所有的农户都在自己的田块里建一个或几个小型蓄水池，自己调节农业用水的供应。

四、几点启示

西班牙在水资源管理和利用方面的经验对加强我国农业水资源管理和利用有很重要的启示。

（一）注重可持续发展

水资源只是农业持续发展众多因素中的重要因素之一。我们在农业水资源开发利用的实践中，不能忽视水对生态环境的重要作用。许多实例都证明，对水资源进行不合理的过度开发利用对生态环境造成的影响和后果是十分严重的，造成的损失是巨大的，有的损失甚至是不可挽回的。农业水利现代化发展应以人与自然环境和谐共处、保持水资源可持续利用为基本特征，必须认真处理好水与自然生态环境的关系。要实行山、水、田、林、路统一规划，旱、涝、风、沙、碱综合治理，搞好水土保持和流域治理，努力实现农业水资源的可持续利用。

（二）注重科学规划

科学规划是实现水资源可持续发展的核心内容之一。要坚持贯彻落实科学发展观，体现可持续发展思路，以实现人与自然和谐为核心理念，推进节水型社会建设。通过规划对水资源进行优化配置，为国家建立初始水权制度和以经济手段为主的长效节水机制奠定规划基础。要通过分析经济社会发展对水资源的需求和主要江河水资源可利用量，制定国家主要江河水量分配规划方案，针对不同的流域和地区，确定水资源的宏观控制指标和微观定额指标，建立国家水权制度，推进节水型社会建设。

（三）注重节水灌溉

节水灌溉不仅节水，而且节能、节地，省工、省肥、省时、增产、增效。西班牙地处干旱或半干旱地区，面临严重的水资源短缺问题，其农业用水量约占总用水量的80%。在水资源供需矛盾比较突出的情况下，西班牙根据国家的具体情况，采取了不同的农业节水举措，为农业的可持续发展奠定了一定的基础。我国也是世界严重缺水的国家之一，农业、工业和生活用水矛盾比较突出。因此，开展以节水农业为主，建设节水农业技术创新体系和产业体系是我国农业可持续发展的必然选择。

（四）注重利用效益

当前，我国农业和农村经济结构正在进行战略性调整，在稳定粮食生产的同时，大力发展有经济效益的作物，发展畜牧业、林果业、水产业。农业水资源利用要适应这种调整，早安排、早部署，在继续为粮食生产服务的同时，搞好对高效种植业、畜牧业、林果业、水产业的供水，正确处理好粮食生产和经济作物以及畜牧业、林果业、水产业的关系。

（五）注重用户参与水资源管理

公众参与水资源管理在未来水资源管理中占有重要地位。提高农业用水效率离不开用户的参与，一切技术和措施最终要通过用户的实践来实现，用户是提高节水效率的主体，其行为和素质在某种程度上决定节水效率的提高程度，所以用户参与水资源管理是非常重要的。各级政府应加大宣传、引导和扶持力度，在用水户自愿的基础上，以明晰工程所有权为核心，建立用水者协会等多种形式的农村用水合作组织，将水资源的专管与群管相结合，明确权利和义务，完善管理制度。同时，通过建立用水者协会等多种形式的农村用水合作组织，促进我国农村小型水利工程管理体制和运行机制的创新。

第八部分

大事记

2005年

1月

11日 全国农业综合开发办公室主任暨财务工作会议在江苏省镇江市召开。会议的主要内容是：贯彻落实中央农村工作会议和全国财政工作会议精神，按照科学发展观的要求，认真总结2004年农业综合开发工作，全面部署2005年工作，着重研究稳步提高农业综合生产能力的政策措施。财政部副部长廖晓军出席会议并作了题为《大力推进农业综合开发 稳步提高农业综合生产能力》的重要讲话。国家农业综合开发办公室常务副主任赵鸣骥就学习贯彻廖副部长讲话精神及2005年要着力抓好的主要工作进行了全面部署；副主任刘世江就做好2005年及今后一个时期的财务管理工作提出了明确要求。会议还对部分省份在农业综合开发工作中形成的有效做法和经验进行了交流。

14日 财政部发出《关于调整农业综合开发产业化经营项目分类项目设置和中央财政有偿无偿资金比例等事宜的通知》，明确从2005年起，农业综合开发产业化经营项目由原来的“产业化龙头”、“多种经营”两类子项目调整为“种植养殖基地”、“农产品加工”、“流通设施”三类子项目，项目的中央财政资金有偿、无偿比例统一调整为75:25。《通知》还对项目审批权限、重点产业化经营项目的比例等作出了具体规定。

17日 国家农业综合开发办公室印发《国家农业综合开发外资项目统计报表》，要求实施农业综合开发外资项目的省份要按照新的统计报表做好培训工作，待项目正式实施后，正确填报报表。外资项目统计报表是按照外资项目统计与内资项目统计要相互衔接的原则，结合即将实施的国家农业综合开发利用世界银行贷款加强灌溉农业三期项目、农业科技项目和利用英国赠款面向贫困人口农村水利改革项目的监测指标制定形成的。

19日 国家农业综合开发办公室印发《国家农业综合开发办公室2005年工作要点》，明确了2005年农业综合开发工作的重点是：一要用科学发展观统领农业综合开发工作；二要努力增加农业综合开发投入；三要坚持以提高农业综合生产能力为首要任务不动摇；四要认真制定国家农业综合开发“十一五”规划；五要继续深化改革、创新机制；六要进一步健全制度、加强管理；七要加强调研、宣传和统计工作，加强能力和作风建设。

2月

2日 国务院副总理回良玉同志在财政部呈报的《关于农业综合开发去年工作情况及今年工作安排意见的报告》上批示：“去年的农业综合开发工作扎实，成效显著，为全国的粮食增产和农民增收作出积极贡献。赞同今年的工作安排意见。望认真贯彻落实中央1号文件精神，继续强化投入，突出重点，整合项目，加强管理，提高效益，为提高农业综合生产能力发挥更大的作用。”回良玉副总理的重要批示，充分肯定了2004年农业综合开发取得的显著成效，对2005年的农业综合开发工作提出了明确要求。

2日 国家农业综合开发办公室印发《关于上报2005年农业综合开发地方财政配套资金落实情况的通知》，要求内蒙古、吉林、江西、河南、重庆、贵州、甘肃、新疆8个开展财政资金配套保障试点的省份，要抓紧安排落实地方财政配套资金，国家农业综合开发办公室将以地方财政配套资金的落实情况为依据，确定这些省份的中央财政资金投入规模。

3日 财政部印发《关于调整中央财政农业综合开发资金土地治理和产业化经营项目投入比例的

通知》，明确江苏、山东两省中央财政资金中土地治理和产业化经营项目的投入比例由原来的65:35统一调整为70:30；新疆生产建设兵团和黑龙江省农垦总局由原来的75:25和70:30统一调整为85:15。其他省（区、市）中央财政资金中土地治理和产业化经营项目的投入比例仍保持不变。

4日 国家农业综合开发办公室发出《关于增加农业综合开发投资参股经营试点地区的通知》，明确除2004年已开展投资参股经营试点的四川、河北、内蒙古、辽宁、吉林、安徽、河南、湖北8个省份之外，新增加山西、黑龙江、江苏、山东、湖南等省为农业综合开发投资参股经营试点省份。

6日 国家农业综合开发办公室印发《关于认真学习贯彻回良玉副总理重要批示的通知》，要求各级财政部门、农发办事机构要深入学习领会回副总理批示精神，按照2005年中央1号文件精神，结合本地实际，进一步加大投入力度，突出开发重点，完善和创新运行机制，强化资金和项目管理，提高工作水平，为提高农业综合生产能力、确保国家粮食安全和促进农民持续增收做出新的贡献。

6日 河南省人民政府办公厅发出通知，明确从全省的121个开发县（市、区）中选择24个资源条件好、开发潜力大的县（市）作为重点县（市），集中全省农业综合开发土地治理项目中央财政和省级财政资金的70%，用于重点县（市）进行中低产田改造，连续3年集中投入，规模开发，确保把改造后的中低产田都建设成为高标准的基本农田。

21日 国家农业综合开发办公室印发《关于加强作风建设　提高工作水平的意见》，提出了强化理论学习，提高思想认识；树立科学发展观，规范项目资金管理；加强调查研究，提高工作效率；严肃工作纪律，强化各项考核等措施。要求加强干部队伍作风建设，提高农业综合开发工作水平，用实际行动来体现保持共产党员先进性教育活动的成果。

25日 国家农业综合开发办公室、水利部联合印发《国家农业综合开发中型灌区节水配套改造项目管理实施办法》，明确原农业综合开发水利骨干工程项目，今后统称为中型灌区节水配套改造项目，并对中型灌区节水配套改造项目的申报条件和主要建设内容、资金筹集和使用管理、申报程序和评估审定、计划编报和批复下达、建设实施、竣工验收考评、运行管护等作出了具体规定。

3月

5日 温家宝总理在第十届全国人民代表大会第三次会议上作政府工作报告时，对农业综合开发工作提出明确要求："农业综合开发资金进一步向粮食主产区倾斜。"

5日 国家农业综合开发办公室派出人员，分赴12个省25个开发县直接对农民进行问卷调查。这次调查，主要是结合保持共产党员先进性教育活动，广泛征求农民群众对农业综合开发工作的意见和要求。此前，国家农业综合开发办公室已经委托29个省（区、市）100个开发县的农发办事机构，对6000多户农民进行了问卷调查。

11日 国家农业综合开发办公室印发《国家农业综合开发部门项目管理办法》。《办法》是在原《国家农业综合开发部门项目管理试行办法》的基础上，结合部门项目的特点和管理工作需要，对部门项目的类型、项目的申报审批、资金的使用管理以及各部门在项目管理中的职责等作出了进一步的规定。《办法》的出台，对强化部门项目管理将起到重要作用。

22日 河南省召开全省24个农业综合开发重点县座谈会，李成玉省长参加座谈并发表重要讲话。他谈到，要进一步提高对发展粮食生产重要性的认识，坚持高标准搞好河南省的农业综合开发工作，着重抓好24个农业综合开发重点县的粮食生产，建立健全保障机制，精心组织，严格管理，扎实工作，强力打造河南省粮食生产的"核心区"。

24日 回良玉副总理视察海南省琼海市加积镇农业综合开发中低产田改造项目区。当他看到通过治理，项目区农田在大旱之年仍能灌溉，田间农作物长势良好时，回副总理对农业综合开发的工程质量和治理效果给予了充分肯定。

24日 国家农业综合开发办公室在京召开国

家农业综合开发联席会议成员单位座谈会。会议由农业部农业综合开发办公室承办，重点研究了贯彻实施《国家农业综合开发部门项目管理办法》，进一步加强部门项目管理工作等问题。会上，农业部等部门还就部门项目管理中的好经验、好做法进行了交流。

24日　财政部印发《农业综合开发中央财政贴息资金管理办法》，明确了农业综合开发中央财政贴息资金的安排原则、贴息范围、贴息方式，并对贴息项目的申报及审定、资金下达、监督与管理等作出了具体规定。

25日　中央电视台《新闻联播》节目报道了2005年农业综合开发工作情况。报道就2005年农业综合开发工作安排、主要任务等采访了财政部副部长廖晓军，并播放了湖北省农业综合开发通过改造中低产田，加强农业基础设施建设，通过扶持龙头企业，推进农业产业化经营的情况。

26日　国家农业综合开发办公室在山东威海举办全国农业综合开发统计报表培训班。培训班根据新印发的国家农业综合开发项目统计报表，对新报表的体系、格式、指标涵义、统计口径以及软件的操作使用等进行了系统培训。

31日　宁夏回族自治区政府主席马启智主持召开区政府第55次常务会议，听取并原则通过了宁夏农业综合开发引黄灌区百万亩中低产田改造项目规划及2005年实施方案。马主席对农业综合开发工作给予了充分肯定，对制定宁夏自治区中低产田改造项目规划表示赞同和支持，强调要提高宁夏农业综合生产能力，确保粮食安全不动摇，一定要夯实农业基础，加大中低产田改造力度。

4月

5日　回良玉副总理在江西考察工作时，实地视察了南昌县农业综合开发中低产田改造项目区及种植养殖基地。他听取了种粮大户的汇报，参观了农业综合开发重点产业化龙头企业，对农业综合开发项目给予了充分肯定，称赞这些项目搞得好，不仅带动了种粮大户致富，还带动了周边村民致富，希望今后涌现出更多的“双带”典型。

7日　国家农业综合开发办公室在北京召开农业综合开发投资参股经营试点工作座谈会，听取各试点省份汇报本省（区）投资参股经营试点工作的进展情况、具体做法、存在的问题和工作建议。河北、内蒙古、辽宁、吉林、安徽、河南、湖北、四川、云南9个省（区）财政厅、农业综合开发办公室的负责人及有关同志、部分资产运营机构、投资参股企业代表等参加了座谈。

5月

7日　国务院副总理回良玉在甘肃视察水利建设和农业生产时，视察了张掖市甘州区盈科灌区农业综合开发中型灌区节水配套改造项目，并强调在西北这样的水资源贫乏地区，一定要把节水农业作为农业发展的关键性措施来抓，不断提高农业综合生产能力。

9日　国务院副总理回良玉视察了甘肃临夏州广河县买家巷镇农业综合开发中低产田改造项目区。他深入田间地头，向农民群众详细了解农业综合开发发展节水农业、调整农业生产结构和促进农民增收的情况，并强调要搞好节水农业建设。

13日　国家农业综合开发办公室发出《关于加强国家农业综合开发项目竣工验收工作的指导意见》，明确从2005年起，将改革农业综合开发项目的竣工验收方式，实行由县级农发办事机构进行竣工项目验收准备，地（市）级检查验收准备情况，省级对各类竣工项目进行全面验收（部分由省级审定的项目可以委托地（市）级验收），国家农业综合开发办公室抽查验收考评的验收机制。《意见》还对验收的内容、工作要求、组织领导等作出了具体规定。

13日　黑龙江省省长张左己撰文，提出推进农业综合开发，构建农村和谐社会。

15日　国家农业综合开发办公室派出调研组，赴辽宁、河南两省就加强农业综合开发科技推广费使用管理进行了为期12天的专题调研。调研中，调研组广泛听取了农业科研院所、基层农技推广服务机构和项目区农民群众对做好农业综合开发科技推广工作的意见，重点就土地治理项目科技推广费的安排、使用以及管理方式、投入机制等问题进行了详细了解，以便为下一步制订加强农业综合开发土地治理项目科技推广费使用和管理的相关规定提供依据。

22日 安徽省政协组成由省政协副主席战秋萍带队、部分全国政协委员和省政协委员参加的视察团，专题视察了安徽省农业综合开发工作。视察团先后实地视察了阜阳市太和县，淮北市濉溪县、杜集区、烈山区，蚌埠市怀远县、淮上区6个县（区）的7个农业综合开发项目，听取了当地农业综合开发工作的汇报，并深入田间地头和龙头企业，察看项目建设和运转情况，详细询问带动农民增收情况。视察结束后，安徽省政协在向省政府的报告中，高度评价了农业综合开发取得的显著成效，认为农业综合开发在解决"三农"问题、全面建设小康社会中具有十分重要的地位和作用，建议进一步加强农业综合开发工作。国家农业综合开发办公室派人全程陪同了视察。

6月

2日 安徽省人大常委会组成由省人大常委会副主任陈维席带队，部分全国人大代表、省人大代表参加的视察团，专题视察了安徽省农业综合开发工作。视察团先后视察了六安市金寨县，安庆市桐城市、怀宁县，宣城市宁国市4个县（市）的6个农业综合开发项目，并高度评价了农业综合开发在提高农业综合生产能力方面发挥的巨大作用，建议要进一步重视和加强农业综合开发工作，不断加大投入力度，创新开发机制，提高管理水平。国家农业综合开发办公室派人全程陪同了视察。视察活动结束时，国家农业综合开发办公室常务副主任赵鸣骥还专程赶赴安徽，听取了人大代表对安徽省农业综合开发工作的意见和建议。

4日 国务院总理温家宝在河北考察夏粮生产情况时，视察了藁城市系井村农业综合开发项目区。他鼓励项目区农民群众积极发展节水灌溉，节约水资源，降低农业生产成本。

7日 经国务院批准，财政部代表中国政府与世界银行签订了农业综合开发利用世界银行贷款农业科技项目的《贷款协定》和《项目协定》，标志着该项目正式开始实施。利用世行贷款农业科技项目由国家农业综合开发办公室负责组织实施，建设地点涉及黑龙江、湖南、安徽、陕西的62个县(市)，主要通过"公司（或农民合作社）+基地+农户+科技"的运行模式，示范、推广先进适用农业技术，提高农业技术的转化率。

18日 中央电视台《新闻联播》以"河北：农业综合开发三夏显身手"为题，首条播发了农业综合开发促进河北粮食增产、农民增收的报道。报道详细介绍了河北农业综合开发通过中低产田改造，建设旱涝保收、高标准基本农田的情况，并通过实地采访农民，宣传农业综合开发在发展粮食生产、推进结构调整、带动农民增收中发挥的巨大作用。

27日 国家农业综合开发办公室派出4个调研组，由办领导带队，分别赴四川、湖北、安徽、吉林、辽宁、内蒙古、河南、河北8个省（区），对农业综合开发投资参股经营试点工作情况进行实地调研，了解试点工作进展情况和项目的运行情况，为下一步完善政策措施、继续推进投资参股经营试点工作提供依据。

7月

7日 国务院副总理回良玉在辽宁考察农业和农村工作时，视察了新民市大民屯镇农业综合开发万亩棚菜生产基地。他指出，政府各部门要进一步加大帮助和扶持农民的工作力度，要服务于农民、服务于农村、服务于农业，支持农民进行农业生产，最终实现农民增收、农业增效。

12日 财政部发出通知，下达了各地区2002~2004年到期中央财政有偿资金呆账核销指标，并就这次呆账核销的重点、核销条件以及申报程序等作出明确规定，要求各地要尽快落实核销呆账的项目，严把呆账事实认定关。

15日 国家农业综合开发办公室发出通知，就2005年验收考评的范围、验收考评依据、内容等作出明确规定，并对各地提出了要高度重视验收考评工作、按时报送申请验收考评材料等具体要求。

24日 国家农业综合开发办公室在黑龙江省哈尔滨市举办利用世界银行贷款农业科技项目启动培训班，就农业科技项目的建设内容、物资（服务）招标采购管理、报账支付管理等内容对项目省份的有关人员进行培训。

30日 胡锦涛总书记在山西考察工作时，视察了平遥县南良庄村国家农业综合开发项目园区。他实地查看了园区农作物特别是林果、蔬菜生产情况，鼓励当地农民要多发展经济效益高的农产品，搞活市场流通，努力增加收入。

8月

2日 重庆市人大常委会、重庆市政协组成由市人大常委会副主任康纲有、市政协副主席辜兴文带队的联合视察团，专题视察了重庆市农业综合开发工作。视察团先后实地察看了潼南县、大足县、永川市、大渡口区、九龙坡区、市监狱农场等6个县（市、区、农场）的9个农业综合开发项目，并高度评价了农业综合开发取得的巨大成就，认为农业综合开发显著提高了重庆市的农业综合生产能力，有力地调整了农业生产结构，明显促进了农民增收，并提出要进一步深化对农业综合开发地位和作用的认识，增加农业综合开发投入，创新开发机制，加强科学管理，加快农业综合开发地方立法进程的意见和建议。

16日 国家农业综合开发办公室印发《2006年国家农业综合开发产业化经营项目申报指南》，明确了2006年农业综合开发产业化经营项目申报工作的指导思想、产业化经营项目的扶持范围、扶持重点，同时对项目的立项条件、申报程序、申报材料等作出了具体规定。

17日 财政部召开部务会议，审议并通过了《国家农业综合开发资金和项目管理办法》。会议要求抓好该办法颁发后的贯彻实施工作，特别是要加强项目管理费的使用管理，做到专款专用；要完善农业综合开发财政资金分配方法，建立奖优罚劣的激励机制；要杜绝“形象工程”，为民办好事、办实事；要强化监督检查，严肃查处各种违规违纪问题。《国家农业综合开发资金和项目管理办法》是在1999年制定的《国家农业综合开发项目和资金管理暂行办法》的基础上，由国家农业综合开发办公室和财政部条法司一起修订而成的。

17日 国家农业综合开发办公室在内蒙古自治区海拉尔市召开农业综合开发土地治理项目工作座谈会，就拟出台的《国家农业综合开发农民筹资投劳管理规定（试行）》、《关于加强农业综合开发土地治理项目科技推广费管理工作的指导意见》和《农业综合开发土地治理项目管理流程图》等政策文件征求地方意见，并对进一步加强土地治理项目管理工作进行座谈交流。内蒙古、黑龙江、江苏、安徽、河南、湖南、甘肃7个省（区）的有关同志参加了座谈。

19日 国务院副总理回良玉在吉林省考察农业和农村工作时，先后视察了白城市洮儿河农业综合开发中型灌区节水配套改造、松原市宁江区民乐农业综合开发科技示范基地等8个农业综合开发项目。他充分肯定了农业综合开发加强农业基础设施建设、示范推广先进适用农业技术的做法，并要求要进一步管好、用好农业综合开发资金，为提高农业综合生产能力做出新贡献。财政部副部长廖晓军、国家农业综合开发办公室常务副主任赵鸣骥随同视察。

20日 国家农业综合开发办公室组成由国家农业综合开发评审中心副主任韩国良带队的培训授课团，赴西藏自治区对藏区农发系统的工作人员进行专题工作培训。培训班上，国家农业综合开发办公室有关人员分别就农业综合开发资金管理与使用、农业综合开发土地治理项目管理、产业化经营项目管理、项目评估与验收考评等内容对自治区人员进行了系统培训。

22日 财政部部长金人庆签发中华人民共和国财政部第29号令，颁布了《国家农业综合开发资金和项目管理办法》。该办法将于2005年10月1日起施行。

22日 财政部发出通知，明确根据8月15日财政部党组会议决定，并报中央组织部备案同意，任命王建国为国家农业综合开发办公室主任（正司长级）。

24日 国家农业综合开发办公室印发《农业综合开发土地治理项目管理流程图》，通过图示的方式，直观地反映土地治理项目管理各环节的具体工作程序，方便基层农发办事机构人员学习了解土地治理项目的管理工作程序。

25日 国家农业综合开发办公室在四川成都召开全国农业综合开发投资参股经营试点工作现场会暨培训会议。会议的主要任务是传达学习财政部领导关于投资参股工作的指示精神，提高对投资参股经营重要意义的认识；总结2004年投资参股试点工作情况，全面部署今后一个时期的试点工作；并对各地农发工作人员进行投资参股政策业务培训等。会上，国家农业综合开发办公室原常务副主任赵鸣骥作了《提高认识　深入实践　大力推进投资参股经营试点工作》的讲话；刘世江副主任对投资参股经营的有关政策和业务进行了全面讲解。与会代表还现场参观了四川省投资参股经营试点项目，对在试点工作中的一些好经验和好做法进行了交流。

9月

1日 财政部组成由国家农业综合开发办公室副主任刘世江带队，财政部国际司、预算司、国家农业综合开发办公室以及河北、河南、江苏、安徽、山东5省有关人员参加的代表团，在世界银行总部，就利用世界银行2亿美元贷款加强灌溉农业三期项目与世界银行进行了谈判。通过谈判，双方就加强灌溉农业三期项目的《贷款协定》、《项目协定》的条款和关键监测指标达成了一致意见，谈判取得圆满成功。

2日 国家农业综合开发办公室在《农民日报》上全文刊发《2006年国家农业综合开发产业化经营项目申报指南》。这是农业综合开发推进政务公开，鼓励符合条件的龙头企业申报项目，提高选项透明度所采取的重要举措。9月24日，《中国财经报》也全文刊发了这个申报指南。

6日 国家农业综合开发办公室印发《国家农业综合开发农民筹资投劳管理规定（试行）》，对农业综合开发农民筹资投劳的原则、程序、使用、管理与监督等作出具体规定。《规定》的出台，对于进一步完善农业综合开发农民筹资投劳政策，加强筹资投劳管理，调动农民筹资投劳的积极性将起到重要作用。

20日 国家农业综合开发办公室印发《关于县级农发办事机构提取项目管理费问题的通知》，明确各地县级农发办事机构在2005年不得提取项目管理费，《国家农业综合开发资金和项目管理办法》中有关县级农发办事机构提取项目管理费的规定，从2006年开始执行。

25日 宁夏回族自治区党委、政府在石嘴山市平罗县隆重举行自治区农田水利基本建设暨农业综合开发大会战启动仪式。银川、吴忠、固原、中卫4个市也设立分会场举行了启动仪式。自治区主席马启智出席了主会场的启动仪式并作重要讲话，强调要组织动员全区广大干部群众和社会力量，积极投入农田水利基本建设，掀起一个大修农田水利、大干农业综合开发项目的热潮。国家农业综合开发办公室副主任宋志刚应邀参加了主会场的启动仪式。

26日 国家农业综合开发办公室印发《2006年国家农业综合开发投资参股经营项目申报指南》，明确2006年农业综合开发投资参股经营项目选项的指导思想和基本原则、扶持对象和重点、立项条件以及扶持政策，并对项目的申报程序、申报时间以及申报材料要求等作出了具体规定。

10月

7日 国家农业综合开发办公室在《农民日报》全文刊发了《2006年国家农业综合开发投资参股经营项目申报指南》。这是农业综合开发推进政务公开，鼓励符合条件的龙头企业申报项目，提高选项透明度所采取的重要举措。10月21日，《中国财经报》也全文刊发了这个申报指南。

9日 国家农业综合开发办公室派出验收组，对云南省2002～2004年农业综合开发竣工项目进行验收考评。此后，国家农业综合开发办公室陆续派出验收组，对山西、上海、福建、青岛、广东、广西、四川、重庆、贵州、陕西、甘肃、青海等

12个省（区、市）以及农业部、水利部等中央农口部门负责组织实施的2002～2004年农业综合开发竣工项目进行了验收考评。

10日 财政部印发《国家农业综合开发投资参股经营试点管理办法》，就投资参股应遵循的原则、项目的申报和审定、各级管理部门的职责、国有股投资收益管理、国有股权转让管理等作出明确规定。该办法是在原《国家农业综合开发投资参股经营试点管理暂行办法》基础上修订的。

11日 中国共产党第十六届中央委员会第五次全体会议通过《中共中央关于制定国民经济和社会发展第十一个五年规划的建议》。《建议》要求，要按照生产发展、生活宽裕、乡风文明、村容整洁、管理民主的要求，坚持从各地的实际出发，尊重农民意愿，扎实稳步推进社会主义新农村建设。

11日 国家农业综合开发办公室在京举办利用英国赠款面向贫困地区农村水利改革项目提款报账系统和监测评价系统软件应用培训班，就提款报账软件的应用及财务管理、监测评价数据的收集、监测评价软件的使用等对项目省的有关人员进行培训。

12日 国家农业综合开发办公室主任王建国带领调研组，赴江苏进行了为期6天的专题调研。此次调研的目的，主要是深入总结农业综合开发在提高农业综合生产能力、促进农民增收中取得的新成绩和新经验，认真谋划2006年及“十一五”时期的农业综合开发工作。调研期间，调研组先后赴宿迁泗洪县、徐州新沂市、连云港东海县、扬州高邮市、镇江市、无锡宜兴市、苏州昆山市等地，深入调查了解当地农业综合开发工作的开展情况，征询基层干部和广大农民群众对农业综合开发工作的意见和建议。

13日 中共中央总书记胡锦涛视察江苏省镇江市农业综合开发科技园区。胡总书记实地察看了园区的品种繁育基地，并与当地农民群众亲切交谈，了解新品种培育、市场销售以及农民增收的情况，并鼓励园区种植能手要用好的做法、好的经验，带动周围群众共同致富。

17日 国家农业综合开发办公室在京举办利用世界银行贷款农业科技项目管理信息系统软件应用培训班，就信息系统软件的设计原理、使用方法、操作流程，以及如何做好信息收集和项目监测评价工作等对项目省的有关人员进行了培训。

18日 辽宁省政协组成视察团，视察了辽宁省农业综合开发工作。视察团实地察看了铁岭开原市农业现代化示范基地、清河区畜牧小区建设等农业综合开发项目，对农业综合开发在加强农业基础设施建设、增加农民收入、促进农业产业化等方面取得的成绩给予了充分肯定，同时对进一步做好农业综合开发工作提出了许多好的意见和建议。

24日 国家农业综合开发办公室主任王建国带领调研组，赴河南、河北进行了为期8天的专题调研。

31日 河南省人大常委会组成视察团，对河南省农业综合开发工作进行专题视察。视察团分别视察了商丘市夏邑县、柘城县，开封市杞县、尉氏县，许昌市长葛市、鄢陵县，南阳市邓州市、方城县的农业综合开发工作，对农业综合开发为加强河南农业综合生产能力建设、促进农民增收，为推进河南农业现代化和全面建设小康社会进程，为架起党和政府与广大农民沟通的桥梁所做出的重要贡献给予了高度评价，同时对进一步做好农业综合开发工作提出了许多好的意见和建议。

11月

1日 湖北省人大常委会组成视察团，对农业综合开发工作进行专题视察。视察团先后深入仙桃市，荆州市公安县，黄冈市蕲春县、黄梅县的农业综合开发项目区，对农业综合开发政策的贯彻落实、资金使用、项目管理以及带动农民增收等情况进行实地视察。视察团称赞农业综合开发是贴近农民、造福百姓的德政工程，是建设农村和谐社会的前沿工程，并对进一步做好农业综合开发工作提出了很多好的意见和建议。

8日 国家农业综合开发办公室主任王建国带领调研组，赴吉林进行了为期4天的专题调研。调研结束后，调研组结合赴江苏、河南、河北的调研情况，撰写了《关于江苏、河南、河北、吉林四省农业综合开发情况的调查报告》，提出了做好新阶段的农业综合开发工作，要坚定不移地把提高农业综合生产能力作为根本任务，积极推进产业化经营特别是投资参股经营试点工作，在实践中不断创新农民筹资投劳机制，积极推进农业综合开发项目区科技进步，充分发挥农业综合开发在建设社会主义新农村进程中的作用。

9日 财政部发出通知，明确根据2005年10月25日财政部党组会议决定，并报中央组织部备案，任命黄家玉为国家农业综合开发办公室副主任(副司长级)。

17日 国家农业综合开发办公室印发《关于进一步加强农业综合开发投资参股经营项目监管的通知》，通报了委托社会中介机构对2004年投资参股经营试点项目进行专项检查的情况，并针对检查中发现的问题，提出了具体的整改措施。

12月

9日 经国务院批准，财政部代表中国政府与世界银行签订了利用世界银行贷款加强灌溉农业三期项目的《贷款协定》和《项目协定》，标志着该项目正式启动。加强灌溉农业三期项目由国家农业综合开发办公室负责组织实施，建设地点涉及河北、江苏、安徽、山东、河南的107个县（市）。项目总投资39.37亿元，其中利用世行贷款2亿美元（折合人民币16.54亿元），国内配套资金22.83亿元；计划改造中低产田760万亩，建设内容主要包括发展节水灌溉、支持农业标准化和组织化建设、加强农业生态环境建设与管理、支持机构发展等。

9日 国家农业综合开发办公室与财政部干部教育中心在财政干部培训中心河北涿州基地联合举办国家农业综合开发工作专题培训班。培训班的主要任务是深入学习领会党的十六届五中全会精神，探讨今后一个时期农业综合开发工作的思路。培训班上，国家农业综合开发办公室主任王建国作了《大力推进农业综合开发　为建设社会主义新农村做出新贡献》的专题辅导讲话，并组织开展了以“挑战自我，铸造团队”为主题的拓展训练。

14日 财政部印发《农业综合开发财政资金违规违纪行为处理暂行办法》，对各种违反农业综合开发资金使用、管理规定的行为提出了相应的处理措施，为规范和加强农业综合开发违规违纪处理工作提供了重要依据。

15日 《中国农业综合开发》杂志编辑部在上海国家会计学院召开2005年度通讯员工作座谈会，总结2005年《中国农业综合开发》杂志的编发工作，讨论交流新形势下的杂志定位、办刊宗旨和如何发挥通讯员作用等问题，并表彰了2005年度《中国农业综合开发》杂志宣传工作先进单位和优秀通讯员。

19日 全国财政工作会议在北京召开。金人庆部长在回顾2005年财政支农工作时，充分肯定了农业综合开发“适应新形势需要，积极探索采用投资参股、专项贴息等形式，更加有效地发挥农业综合开发财政资金的引导、示范和带动作用”。金部长还在讲话中对2006年的农业综合开发工作提出了具体要求。

22日 财政部印发《农业综合开发利用世界银行贷款农业科技项目管理办法》，对该项目的组织管理、计划管理、资金管理、采购管理、监督评价与统计、检查与验收等作出具体规定。《办法》的出台，对于规范利用世界银行贷款农业科技项目管理程序、确保项目顺利实施将起到重要作用。

27日 财政部发出通报，对农业综合开发资金决算的编报情况进行了简要分析和总结，对17个编报工作先进省份进行了表扬，并具体布置了做好下一年度的资金决算编报工作。

28日 回良玉副总理在中央农村工作会议的讲话中，要求“加大农业综合支持和服务能力建设力度，增加农田水利、农业科技、扶贫开发和农业综合开发投入”。

31日 中共中央、国务院发出《关于推进社会主义新农村建设的若干意见》，明确2006年的农业综合开发工作“要重点支持粮食主产区改造中低产田和中型灌区节水改造”。

（国家农业综合开发办公室综合处供稿，吴川执笔）

第九部分

机 构 人 员

国家农业综合开发联席会议
领导成员名单

召　集　人：回良玉（国务院副总理）

成员单位	领导成员
	张　勇（国务院副秘书长）
国家发展和改革委员会	杜　鹰（副主任）
财政部	廖晓军（副部长）
水利部	翟浩辉（副部长）
农业部	张宝文（副部长）
国土资源部	鹿心社（副部长）
国家林业局	李育材（副局长）
中国人民银行	吴晓灵（副行长）
中国农业银行	张　云（副行长）
中华全国供销合作总社	李春生（副主任）

财政部国家农业综合开发
办公室领导名单

主　任：王建国

副主任：刘世江　黄家玉

变动情况：2005年8月15日，财政部任命王建国为国家农业综合开发办公室主任（正司长级），免去赵鸣骥的国家农业综合开发常务副主任职务。2005年10月25日，财政部任命黄家玉为国家农业综合开发办公室副主任（副司长级）。

财政部国家农业综合开发
评审中心领导名单

副主任：韩国良

各省、自治区、直辖市和计划单列市，新疆生产建设兵团，黑龙江省农垦总局农业综合开发办公室领导名单

一、北京市农业综合开发办公室

主　任：高　麓

副主任：赵玉民

二、天津市农业综合开发办公室

主　任：李志强

三、河北省农业综合开发办公室

主　任：乔　满

副主任：金树林　郝同信

四、山西省农业综合开发办公室

主　任：赵建生

副主任：孙长富

五、内蒙古自治区农业综合开发办公室

主　任：陈文平

副主任：王　湖　任俊山

六、辽宁省农业综合开发办公室

主　任：陈广君（兼）

副主任：张景祥　陈　学

七、吉林省农业综合开发办公室

主　任：雒鹏飞

副主任：梁代良　王　黎

八、黑龙江省农业综合开发办公室

主　　　任：李继纯（兼）

常务副主任：运连鸿

九、上海市农业综合开发办公室

主　　　　任：朱炜琪

评审中心主任：吴志傲

十、江苏省农业资源开发局

主　任：费伟康

副主任：李俊超　张学平
　　　　黄　非

纪检组长：秦忠彬

十一、浙江省农业综合开发办公室

主　　　任：沈继宁（兼）

常务副主任：谭景玉

副　主　任：叶　旦　张和杰
　　　　　　赵国瑛

十二、安徽省农业综合开发局

主　任：罗建国

副主任：孔少林　吴行一

十三、福建省农业综合开发办公室

主　任：孙婷婷

副主任：陈武仁　柯光明
　　　　郑成炳　辛承为

十四、江西省农业综合开发办公室

主　任：章康华

副主任：刘光华　喻　云

十五、山东省农业综合开发办公室

主　任：曹云龙

副主任：张殿德

十六、河南省农业综合开发办公室

主　任：张成智

副主任：井剑国　史献志
　　　　郭生建　范增玉

十七、湖北省农业综合开发办公室

主　任：郭士敏

十八、湖南省农业综合开发办公室

主　任：罗志宏

副主任：张立东　张保明
　　　　余健来

十九、广东省农业综合开发办公室

主　任：瞿志印

副主任：容康栋　罗道汉

二十、广西壮族自治区农业综合开发办公室

主　任：王　岩

副主任：李丽琪

二十一、海南省农业综合开发办公室

主　任：曾德运（兼）

副主任：钟振雄

二十二、四川省农业综合开发办公室

主　　　任：张其昌

常务副主任：廖崇良

副　主　任：刘万春　吴跃峥

二十三、重庆市农业综合开发办公室

主　任：刘念慈

副主任：陈腾杰　张洪寿

周　勤　陈品华

助理巡视员：张世钊

二十四、贵州省农业综合开发办公室

主　任：周培荣

副主任：冉茂文　赵继权

二十五、云南省农业综合开发办公室

主　任：赵新黔

副主任：赵晓静　李勇民

张　平

二十六、西藏自治区农业综合开发办公室

主　任：王　建

二十七、陕西省农业综合开发办公室

主　任：杨志刚

副主任：杨效宏

总农艺师：梁振恩

二十八、甘肃省农业综合开发办公室

主　任：马自学

副主任：吉国荣

二十九、青海省农业综合开发办公室

主　任：杨珠生

副主任：黄海龙

三十、宁夏回族自治区农业综合开发办公室

主　任：董　锋

副主任：马　琼　刘兆柏

三十一、新疆维吾尔自治区农业综合开发办公室

主　任：夏代提·海木都拉

三十二、新疆生产建设兵团农业综合开发办公室

主　任：陈大川

三十三、大连市农业综合开发办公室

主　任：李新涛

三十四、宁波市农业综合开发办公室

主　任：陈宝根

三十五、青岛市农业综合开发办公室

主　任：迟华东

三十六、黑龙江省农垦总局农业综合开发办公室

主　任：高起中

副主任：刘　伟　田玉明

国家农业综合开发联席会议成员单位负责农业综合开发工作的司级领导名单

国家发展计划委员会

高俊才（农村经济司司长）

水利部

李代鑫（农村水利司司长）

农业部

李伟方（发展计划司副司长）

国土资源部

刘仁芙（耕地保护司副巡视员）

国家林业局

姚昌恬（发展计划与资金管理司司长）

中国人民银行

曹子娟（金融市场司副司长）

中国农业银行

崔宗河（农业信贷部总经理）

中华全国供销总社

张祥茂（科教部部长）

地、县级农业综合开发办公室领导名单

（以2005年12月31日在职干部为准）

地　区	姓　名	地　区	姓　名	地　区	姓　名
北京市		无极县	陈庆儒	魏　县	刘敬民
门头沟区	胡　雷	平山县	王彦明	磁　县	王新生
房山区	刘　明	高邑县	任秀省	曲周县	王希光
通州区	陈玉红	赞皇县	张喜臣	邢台市	王富友
顺义区	杜文亮	鹿泉市	高士信	邢台县	宋晓淮
大兴区	方志军	唐山市	樊晓清	沙河市	甄德军
昌平区	汤学刚	丰润区	吕普山	南宫市	田桂新
延庆县	孟庆云	丰南区	张满新	临城县	李建恒
怀柔区	季荣宝	滦南县	史振龙	隆尧县	董长平
密云县	曹　圣	滦　县	贡怀民	任　县	谷少波
平谷区	张献华	乐亭县	张连金	清河县	李俊珂
天津市		迁西县	李维中	新河县	张世华
东丽区	赵　晖	迁安县	宋志勇	巨鹿县	李现坤
津南区	刘金权（兼）	遵化市	何晓东	平乡县	王仁忠
西青区	阎德来（兼）	玉田县	冯　力	广宗县	王奎山
北辰区	周荣娟	唐海县	孙建东	威　县	肖恩灿
塘沽区	张志龙（兼）	秦皇岛市	张树江（兼）	宁晋县	耿秋安
大港区	孙培高	昌黎县	张兆红	临西县	史方哲
武清区	韩铁军（兼）	抚宁县	李立明	保定市	崔义祥
宝坻区	陈　宇（兼）	卢龙县	李福桥	徐水县	崔宝平
静海县	刘庆尧（兼）	青龙县	张振东	清苑县	张彦宏
宁河县	王东军（兼）	邯郸市	李广华	涿州市	王　伟
蓟　县	李春华（兼）	成安县	韩振平	高碑店市	魏贺立
河北省		肥乡县	李士江	易　县	崔增宝
石家庄市	杜占贞	邯郸县	张献忠	安国市	杨志敏
辛集市	陈国光	大名县	郭巨波	雄　县	张忠良
藁城市	郝雨勤	鸡泽县	田改修	高阳县	魏增铎
晋州市	李振军	广平县	张学诗	安新县	刘东臣
正定县	刘领军	馆陶县	王义道	蠡　县	赵昌平

续表

地 区	姓 名	地 区	姓 名	地 区	姓 名
博野县	陈昌志	大城县	李有朝	天镇县	张如胜
定州市	安冬至	大厂县	李有义	广灵县	薛凯旋
曲阳县	万树勋	沧州市	刘树祥	灵丘县	王 涵
定兴县	许保明	任丘市	席永平	阳高县	马元杰
承德市	姜凤详	河间市	李顺增	大同县	仝济峰
双滦区	许 明	肃宁县	曹文霞	南郊区	王秀生
丰宁县	王凤阳	献 县	刘德平	左云县	李 凯
围场县	杨自立	泊头市	周炳义	浑源县	王振业
滦平县	陈卫东	吴桥县	郭 峰	阳泉市	林有亮
隆化县	姜志民	东光县	张吉海	平定县	李小平（兼）
宽城县	孙 福	南皮县	迟欣明	长治市	李文钰
平泉县	李继权	黄骅市	沈涣晨	郊 区	阎素青
承德县	吕国良	海兴县	王海瑞	长治县	牛旭山
张家口市	曹汉武	盐山县	刘新马	襄垣县	韩国兴
沽源县	尹 钊	孟村县	张振国	屯留县	姚旭东
尚义县	王 元	青 县	王汉宝	长子县	张先堂（兼）
张北县	张 旺	沧 县	郭 峰	晋城市	王志明
康保县	史良才	临港区	于连志	高平市	张永昌
万全县	张万宝	南大港区	刘学敏	泽州县	杨贵川
宣化县	王瑞臣	衡水市	裴保顺	阳城县	张永斌
蔚 县	方英杰	桃城区	李秀君	朔州市	兰文增
阳原县	郭连忠	冀州市	黄同明	朔城区	郭文运
赤诚县	于春禄	枣强县	高全义	山阴县	何培龙
怀来县	张初晓	武邑县	杨存生	应 县	董荣品
怀安县	张美英	深州市	刘丙戌	怀仁县	夏文政
察北管理区	龚 发	武强县	郝骥路	右玉县	景志强
塞北管理区	高众迎	饶阳县	张庆功	忻州市	王俊章
廊坊市	邢桂桐	安平县	袁和平	忻府区	刘明祥（副）
三河市	李宪庭	故城县	王义海	原平市	陈谦海
香河县	周志广	景 县	孟庆安	定襄县	李文怀
安次区	刘兆福	阜城县	李双星	五台县	边和平
广阳区	王景生	山西省		代 县	赵岸俊
永清县	张金智	太原市	白斌寿	繁峙县	刘 刚
固安县	陈 彪	小店区	刘宝玉	晋中市	武景林
霸州市	蔡福刚	清徐县	牛润喜	平遥县	霍维忠
文安县	刘凤桐	大同市	孟耀雄	昔阳县	赵春华

续表

地区	姓名	地区	姓名	地区	姓名
寿阳县	张锡智	托克托县	王先士	科左中旗	包　金
介休市	李怀珠（兼）	和林格尔县	郭　瑞	科右中旗	冯树忠
祁　县	段　福	武川县	周　勇	奈曼旗	刘文喜
太谷县	武友林	赛罕区	王富根	库伦旗	辛　富
临汾市	王久生	呼伦贝尔市	李睿军	扎鲁特旗	肖树生
尧都区	王长平	扎兰屯市	杨　华	霍林郭勒市	齐凤学
霍州市	安志勇	阿荣旗	李　强	赤峰市	李景荣
曲沃县	付孟喜（兼）	莫力达瓦旗	闫　波（兼）	阿鲁科尔沁旗	李宝军
翼城县	郝安生	鄂伦春旗	陈淑玲（兼）	巴林左旗	李云飞
安泽县	刘元保	牙克石市	李月春	巴林右旗	许国利
襄汾县	郭忠民（副）	海拉尔区	孙桂兰	林西县	姚玉清
洪洞县	李俊杰	鄂温克旗	张桂华	克什克腾旗	刘爱民
乡宁县	李顺祥	陈巴尔虎旗	祁绍富	翁牛特旗	孙洪山
汾西县	谭雪凡	陈巴尔虎左旗	韩　峰	喀喇沁旗	刘智慧
侯马市	马鸣礼	陈巴尔虎右旗	特木其乐（兼）	宁城县	张新一
大宁县	高洪旭	海拉尔农场区	沈　宽	敖汉旗	张福信
运城市	柴广林	大兴安岭农场局	郭　荣	元宝山区	王殿喜
盐湖区	管树岗	根河市	张晓辉	松山区	刘　虎
永济市	张仰民	包头市	任　福（兼）	鄂尔多斯市	高子奎
芮城县	谭平川	土右旗	段慧森	东胜区	李　军
临猗县	陈广运	固阳县	王东明（兼）	达拉特旗	马　玺
万荣县	王建民	达茂旗	斯日古楞	准格尔旗	张万春
新降县	刘国柱	九原区	王继爱	鄂托克旗	刘　忠
稷山县	程建校	石拐区	王慧毅	乌审旗	哈斯巴图
河津市	张中秋	乌海市	段小平	伊金霍洛旗	李录泽
夏　县	王锋俊	乌达区	王均献	鄂托克前旗	张艳阳
平陆县	杨万禄	海南区	杨成玉	杭锦旗	刘果青
垣曲县	王英武	海渤湾区	王　峰	巴彦淖尔市	燕贵枫
吕梁市	刘　澎	乌兰察布市	周世生	磴口县	何承刚
孝义市	田　江	兴和县	郝生云	五原县	刘　军
文水县	郭　贵（兼）	卓资县	郝金生	临河区	张红岐
岚　县	崔月明（兼）	凉城县	刘世平	乌拉特前旗	郭　峰
方山县	冯连保（兼）	察右中旗	刘永宽	乌拉特中旗	张建华
内蒙古自治区		四子王旗	云志军	乌拉特后旗	阿拉腾格日勒
呼和浩特市	王贵生	通辽市	王套图格	杭锦后旗	杨文魁（兼）
土左旗	韩晋国	科尔沁区	刘增和	农垦局	王　忠（兼）

续表

地区	姓名	地区	姓名	地区	姓名
锡林郭勒盟	张　军	普兰店市	李开亮	太子河区	曹熙芝
锡林浩特市	巴德玛	庄河市	王茂开	铁岭市	李　军（兼）
阿巴嘎旗	白云江（兼）	鞍山市	王金洲	铁岭县	徐　萍
苏尼特左旗	刘鸿雁（兼）	海城市	万明哲	开原市	关士刚
苏尼特右旗	鲍向东（兼）	台安县	曹向前	昌图县	马永宽
东乌珠穆沁旗	照日格图	岫岩县	闻运峰	西丰县	连世清
西乌珠穆沁旗	海　山（兼）	千山区	张春梅	调兵山市	王玺安
正蓝旗	王坤云（兼）	抚顺市	高贞璞	清河区	苏跃贵
正镶白旗	额尔登巴特尔（兼）	抚顺县	刘新刚	朝阳市	顾尚武
镶黄旗	革　命	清原县	范秀华	北票市	刘永杰
太仆寺旗	苗淑春	新宾县	冯艳菊	朝阳县	贾福生
兴安盟	潘继光	本溪市	王焕顺	建平县	潘继峰
乌兰浩特市	洪胜利	本溪县	顾福军	喀佐县	刘树德
科右前旗	白玉成	桓仁县	宋文禄	凌原市	胡革政
突泉县	王焕志	丹东市	李　春	龙城区	陈　静
科右中旗	陈贵生	东港市	衣振才	盘锦市	屠建华
扎赉特旗	贾忠双	凤城市	李　阳	盘山县	李兴忱
阿拉善盟	闫小鹏	宽甸县	白　云	大洼县	张宝勤
阿拉善左旗	刘鸿功	振安区	吕振业	葫芦岛市	赵贵祥
额济纳旗	杨永跃	锦州市	杨文奕	兴城市	赵殿彪
辽宁省	陈广君（兼）	凌海市	常玉臣	绥中县	李秀环
沈阳市	那洪宇	义县	白　英	建昌县	张　启
辽中县	蔺欣光	北宁市	郑大志	连山区	岳忠新
新民市	龚　兵	黑山县	金铁奎	**吉林省**	
康平县	李静	太和区	宋继龙	长春市	刘　晶（兼）
法库县	董德伟	营口市	邵德祥	榆树市	王忠卉
苏家屯	白寿发	盖州市	赵明石	农安县	刘景中（兼）
新城子	高明新	大石桥	许　伟	德惠市	张茹志
东陵区	王丽萍	老边区	刘兆民	九台市	肖志华（兼）
于洪区	周景顺	阜新市	曹　权	双阳区	王志敏（兼）
大连市	李新涛	阜新县	张云杰	朝阳区	张文伟
甘井子区	范景清	彰武县	陈　权（兼）	南关区	丁　俊
旅顺口区	徐克凯	细河区	符　宏	宽城区	车　新
金州区	李春旭	辽阳市	茹文鹤	绿园区	付彩霞（兼）
长海县	张中粲	辽阳县	张俊义	二道区	王　彪（兼）
瓦房店市	汪　洋	灯塔市	李恩富	净月区	刘艳冲（兼）

续表

地　区	姓　名	地　区	姓　名	地　区	姓　名
吉林市	张吉丰	镇赉县	张立新	呼兰区	田云彪
船营区	姜桂清（兼）	大安市	林　坚	齐齐哈尔市	张更平
昌邑区	王泽祥	松原市	周昌义	龙江县	王宝清（兼）
龙潭区	秦晓伟（兼）	长岭县	刘明权	讷河市	王启春
丰满区	黄庆利	乾安县	杨立民	依安县	陈伟光
永吉县	李云楼	扶松县	程万利	泰来县	陆文波（兼）
蛟河市	王胜利	前郭县	郤仲智	甘南县	梁宪臣（兼）
桦甸市	董艳玲	宁江区	潘天贺	富裕县	柏占辰（兼）
舒兰市	宋贵富	延边朝鲜族自治州	张永日	克山县	徐凤学（兼）
磐石市	邱玉明	延吉市	李南洙	克东县	任建华
四平市	王子蓬	图们市	朴永哲	拜泉县	顾凤林（兼）
梨树县	张文军	郭化市	姬广建	龙沙区	刘强（兼）
双辽市	赵世武（兼）	珲春市	刘龙春	建华区	王继忠（兼）
公主岭市	田　云	龙井市	张仁石	铁锋区	李　伟
公主岭园区	王殿录	和龙市	张砚华	富拉尔基区	梁　钢（兼）
辽河农垦区	王桂芳	汪清县	石万吉	昂昂溪区	段　凡（兼）
伊通满族		安图县	李盛满（兼）	梅里斯区	李尚威（兼）
自治县	王福山	**黑龙江省**		碾子山区	苏宏光（兼）
铁西区	金　凯	哈尔滨市	王运义	牡丹江市	金日勋（兼）
铁东区	蔡君复	五常市	楚立飞	宁安市	夏继亮
辽源市	孙　伟	双城市	刘纯宏	穆棱市	王中才
龙山区	李洪兵（兼）	阿城市	蒋险峰	林口县	刘金福（兼）
西安区	齐丽（兼）	尚志市	陈　退	东宁县	朱　冰（兼）
东丰县	王立波（兼）	巴彦县	李丛林	海林市	张光明（兼）
东辽县	邓德超（兼）	宾　县	王玉申	绥芬河市	王丽华（兼）
通化市	李　智	依兰县	朱庆民	东安区	李广志（兼）
东昌区	张晓杰	延寿县	商洪纯	西安区	刘文艺（兼）
二道江区	尹长河	木兰县	于海江	爱民区	于　强
梅河口市	张友毅	通河县	吕方太	阳明区	郭艳华（兼）
集安市	于振和（兼）	方正县	杨　伟	佳木斯市	殷海龙
辉南县	张盛铭	道里区	李桂玲	富锦市	赵　君（兼）
柳河县	王凤斌（兼）	道外区	丁宝典	同江市	孟宪民（兼）
通化县	陈　丰	南岗区	韩良芝	抚远县	郑文和
白城市	申江发	香坊区	景云岗	桦川县	冯玉广（兼）
洮南市	王德宝（兼）	松北区	李　侃	桦南县	朱晓波（兼）
洮北区	刘　友（兼）	动力区	赵春景	汤原县	王国春（兼）
通榆县	曾宪东（兼）	平房区	金　锋	郊　区	张公辉

续表

地区	姓名	地区	姓名	地区	姓名
鸡西市	李传良	林甸县	刘喜福	江阴市	徐林峰
鸡东县	金城杰	杜蒙县	夏杰	宜兴市	谢成松
密山市	李侃瑞	大同区	邱振福	锡山区	王建
虎林市	张少华	红岗区	宋洪峰	惠山区	周群演
鸡冠区	左秋莹（兼）	让胡路区	温丽艳	滨湖区	张宝良
恒山区	李强（兼）	龙凤区	李江龙（兼）	徐州市	恽芝健
滴道区	毛冬艳（兼）	萨尔图区	高彦文（兼）	丰县	刘法贞
城子河区	张云娥（兼）	开发区	孔令民	沛县	徐兴常
梨树区	金辉善（兼）	黑河市	于明海（兼）	铜山县	李长洲
麻山区	李慧（兼）	北安市	陈海	邳州市	黄学标
鹤岗市	徐耀军	嫩江县	仲建滨（兼）	睢宁县	王万鹏
萝北县	范永吉	五大连池市	何中心	新沂市	郭希端
绥滨县	庄福金	逊克县	宋振忠	贾汪区	周刘生
七台河市	张宝权	孙吴县	王胜义	常州市	吴新法
勃利县	侯殿义	爱辉区	孙永德（兼）	溧阳市	许洪保
双鸭山市	张振伟（兼）	大兴安岭地区	高军	金坛市	汤和平
宝清县	朱庆喜	呼玛县	李耀龙	武进区	田炳坤
集贤县	于兴和（兼）	塔河县	孙宝岩	新北区	屠伟庆
友谊县	余跃春（兼）	加格达齐区	王迎新	苏州市	陆云福
伊春市	朱德仁	漠河县	唐凤君（兼）	相城区	陈伟生
嘉荫县	夏万江	**上海市**		吴中区	顾建列
铁力市	郭萍	宝山区	吴楚基	太仓市	徐建平
翠峦区	张大稳	南汇区	潘政铭	昆山市	唐凤元
绥化市	于耀志	奉贤区	罗敏	张家港市	黄建中
北林区	张彦方	松江区	闵德云	吴江市	陈其榕
安达市	张喜维	金山区	沈文	常熟市	钱祖元
肇东市	高连武	青浦区	汤福明	南通市	朱瑞琴
海伦市	崔玉明	崇明县	顾圣群	海门市	赵友法
望奎县	温洪祥	浦东新区	龚重苏	如东县	康凯
绥棱县	赵占成	**江苏省**		如皋市	鲍家华
青冈县	耿欣	南京市	夏功年	通州市	陆洪兵
庆安县	邓臣	江宁区	张启龙	海安县	吴世林
兰西县	王建武	浦口区	吴建银	启东市	花妙洪
明水县	王朝军	六合区	季文群	连云港市	刘洪伟
大庆市	曲殿玉	溧水县	周光友	赣榆县	韩友善
肇州县	侯绪宏	高淳县	徐小金	东海县	卢毅
肇源县	仇殿阁	无锡市	杨立强	灌云县	孙玉霞

续表

地区	姓名	地区	姓名	地区	姓名
灌南县	侯传伟	宿迁市	刘文俊	苍南县	池长辉（兼）
淮安市	尤其中	宿豫区	刘金楼	瑞安市	蔡永水（兼）
金湖县	朱元明	泗阳县	卫进	绍兴市	裘纪言
淮阴区	周以忠	泗洪县	张其中	绍兴县	李法泉
涟水县	李宗维	沭阳县	张玲	诸暨市	赵一平（兼）
清浦区	高筱林	宿城区	陈卫东	嵊州市	王益明（兼）
楚州区	沈寿伦	浙江省		上虞市	王永土
洪泽县	刘永政	杭州市	陈锦梅（兼）	新昌县	陈明远（兼）
盱眙县	刘金柱	萧山区	俞国雄	金华市	赵依信（兼）
盐城市	卢峰	余杭区	王建勤	兰溪市	周望林
响水县	王其贝	富阳市	崔伊凯	义乌市	傅志明
滨海县	张艾之	桐庐县	项丽珠	东阳市	胡耀华
建湖县	陶会銮	建德市	王建廷	永康市	楼美如（兼）
东台市	侯树源	淳安县	宋士中（兼）	浦江县	王旭光
亭湖区	周质恂	临安市	马泽华	武义县	程晓晖
阜宁县	马嵘	宁波市	胡望真	衢州市	蒋移祥（兼）
盐都区	裔式元	慈溪市	陈亚伟	江山市	祝钦史
射阳县	沈国良	余姚市	陆秀根	龙游县	徐赛良
大丰市	芽巍柏	奉化市	林鑫	常山县	戴根林（兼）
扬州市	樊必余	宁海县	王祥满	开化县	邱俊峰
宝应县	朱志扬	象山县	郑勇	舟山市	章宏宇（兼）
仪征市	金恒元	鄞州区	李华龙	岱山县	舒伟强（兼）
高邮市	吴恒华	江北区	郐文珍	台州市	王灵
江都市	樊洪喜	北仑区	李军	临海市	胡寿坚（兼）
邗江区	刁敏龙	镇海区	庄起勇	温岭市	顾雪荣（兼）
镇江市	王德友	嘉兴市	夏林生（兼）	三门县	李坚（兼）
丹徒区	朱春龙	嘉善县	陆志荣（兼）	天台县	方国耀
丹阳市	贡国良	平湖市	杜永春	丽水市	孙天宇（兼）
句容市	展卫国	桐乡市	赵季康（兼）	缙云县	黄杰
扬中市	缪士荣	海盐县	张志炎	松阳县	徐承标（兼）
泰州市	赵留贯	海宁市	李月娇（兼）	遂昌县	廖为义
靖江市	杨庆银	湖州市	朱仲华（兼）	龙泉市	吴旭文（兼）
兴化市	陈茂旺	安吉县	梁蕴伟（兼）	景宁县	蓝朝星（兼）
泰兴市	刘中荣	德清县	赵金生（兼）	省监管局	郑荣华
姜堰市	陈亮宏	长兴县	毕悦芹（兼）	安徽省	
海陵区	冯淦寿	温州市	杜卫忠	合肥市	张锦菁
高港区	徐益明	平阳县	兰天荣	长丰县	程林（兼）

续表

地区	姓名	地区	姓名	地区	姓名
肥东县	柯善章	滁州市	赵友祥	泾　县	赵家田（兼）
肥西县	武克银（副）	天长市	李大山	旌德县	刘芳兰（副）
包河区	高光胜	明光市	王立炯（兼）	绩溪县	周　有（副）
淮北市	王素美	凤阳县	魏立东	铜陵市	唐　海
濉溪县	任明英	定远县	杨世传	铜陵县	刘银华
杜集区	李　静	来安县	詹晓平（兼）	池州市	汪民主（副）
相山区	韩永红	全椒县	赵和平（兼）	贵池区	胡孔龙（副）
烈山区	刘道德	琅琊区	刘炳青	东至县	张春燕
亳州市	闫　勇	南谯区	王光保	石台县	江龙云
蒙城县	李明华	六安市	宗克炳（兼）	青阳县	宁光华
涡阳县	何金彩	金安区	阮正文	安庆市	丁卫星
利辛县	江洪章	裕安区	杜成发	桐城市	崔家旺
谯城区	王　伟	叶集区	杨文忠	枞阳县	吴兆和（兼）
宿州市	陈立新	寿　县	方　杰	怀宁县	郝金龙
砀山县	黄瑞奎	舒城县	宣昌林（副）	潜山县	陈名扬（副）
萧　县	郝　新	霍山县	蔡如意	太湖县	吴先桃
桥　区	苏　航（兼）	霍邱县	李　峰（兼）	岳西县	孟宪忠
灵璧县	朱　松（兼）	金寨县	陈　勇	望江县	宿　星
泗　县	姚玉刚（兼）	马鞍山市	史正涛	宿松县	何　平
蚌埠市	常乃光	当涂县	秦传明	黄山市	汪建明
怀远县	尚　毅	花山区	葛善清	歙　县	潘胜利
五河县	甄　宏（副）	雨山区	陶　金（兼）	黟　县	常爱珍
固镇县	崔华北	巢湖市	傅春光	休宁县	邵接后（兼）
淮上区	沈名仕	庐江县	周　健	祁门县	郑贵龙
阜阳市	杨世新	无为县	朱光继（兼）	屯溪区	杨金全
太和县	尚卫东	居巢区	朱立平	徽州区	方星红
阜南县	周丽华	含山县	陈　康	黄山区	陈鸿新
颍上县	孙大刚	和　县	汪祖斌	省农垦事业	
颍州区	许　勇	芜湖市	吴春兰	管理局	王玉信
颍东区	吴　超	芜湖县	孙力新	淮南农场	崔怀顺
颍泉区	季文奎	南陵县	何维花	马厂农场	张忠建
界首市	马建华	繁昌县	戴元宏	龙亢农场	赵静宜
临泉县	赵学军	宣城市	胡轶群	寿西湖农场	朱维龙
淮南市	丁淮生	宣州区	袁　军（兼）	大扩圩农场	项道宏
凤台县	刘玉淮	郎溪县	孙宝昌	潘村湖农场	童　俊
潘集区	屈良海	广德县	晏文灿	华阳河农场	蒋仲季
毛集区	朱克云（兼）	宁国市	陈兴梅（副）	皖河农场	何宏顺
				省监狱管理局	程松荷

续表

地　区	姓　名	地　区	姓　名	地　区	姓　名
安徽省劳教局	方煜文	南靖县	黄少达	浮梁县	李　勇
南湖劳教所	张友顺	平和县	蔡志斌	萍乡市	李少华
白湖监狱分局	黄金虎	华安县	郭美健	上栗县	秦国庆
九成监狱分局	朱延金（兼）	龙海市	洪亚通	莲花县	朱书平
福建省		龙岩市	林火兰	芦溪县	黎放奇
福州市	林桂模	长汀县	丘能升	九江市	夏小勇
长乐市	林慈宝	永定县	赖永平（兼）	九江县	高品林
连江县	林柏鲁	连城县	张　杰	都昌县	刘涛松
闽清县	黄言明	武平县	林占礼（兼）	彭泽县	夏彭寿
平潭县	念云钦	新罗区	郑柏村	永修县	刘星海
福清市	陈昌文	上杭县	黄为民	星子县	卢雁平
宁德市	陈祖新	三明市	黄友杰	德安县	王忠贵
福安市	林书顺（兼）	清流县	官师应（兼）	修水县	丁德祥
福鼎市	陶大贵	宁化县	张万福	新余市	郭振明
霞浦县	王乃峰	大田县	陈开教	渝水区	廖志鹏
寿宁县	张恒茂	沙　县	夏友盛	分宜县	梁　超
周宁县	彭陈椿	尤溪县	张长枝	鹰潭市	童北海
柘荣县	陈松富（兼）	永安市	邢克强	余江县	陈移发（兼）
莆田市	吴国华	明溪县	赖富兴	贵溪市	吴坝太
仙游县	付加兴	建宁县	王福生	赣州市	刘立煌
城厢区	连峰杰	南平市	欧阳光	赣　县	张亮明
荔城区	张锦扬	延平区	唐　殷	兴国县	肖正元
涵江区	洪文富	顺昌县	陈　旭（兼）	宁都县	廖威勋
泉州市	赖丽水	光泽县	宋凤英（兼）	石城县	陈愿流
惠安县	林清恩	松溪县	陆昌良（兼）	瑞金市	傅兴荣
晋江市	严宏哲	邵武市	曾福财（兼）	会昌县	姚　涌
南安市	陈瑞士（兼）	武夷山市	邱玉妹（兼）	寻乌县	黄佐炀
安溪县	姚软润	建瓯市	冯晓丹（兼）	定南县	张文先
永春县	张敏辉	建阳市	杨玉忠	安远县	施志强
德化县	赖发泽（兼）	**江西省**		信丰县	施超洋
泉港区	刘永和（兼）	南昌市	陶海龙	大余县	陈绪平
洛江区	刘江昭	南昌县	胡来明	章贡区	刘通福
漳州市	沈林洪	新建县	陶瑞林	宜春市	冯子谨
云霄县	张志达	进贤县	邱树林	袁州区	彭海明
漳浦县	蔡云忠	安义县	王礼信	万载县	游兴民（副）
诏安县	方平海	景德镇市	张维汉	上高县	谢抗元
长泰县	陈乌金	乐平市	石车生	奉新县	陈爱兰

续表

地 区	姓 名	地 区	姓 名	地 区	姓 名
宜丰县	袁胜国	乐安县	熊高文	广饶县	徐天义
丰城市	饶云根	金溪县	胡德龙	垦利县	孙荣文
樟树市	孙文达	**山东省**		利津县	王德亮
靖安县	王一东	济南市	李绪银	烟台市	吕学良
高安市	熊爱根	历城区	刘家润	莱山区	初世满
上饶市	吴正良	商河县	胡传岭	牟平县	尹庆伟
鄱阳县	黄金成	长清区	王正兰	福山县	张宝国
余干县	张来顺	济阳县	颜景茂（兼）	蓬莱县	林贵禄
万年县	叶建国	章丘县	刘仁新	莱阳县	杨格建
德兴市	胡春泉	天桥县	张玉山	海阳县	乔永勤
婺源县	严志明	平阴县	李庆宝	莱州县	张希波
弋阳县	宋文斌	青岛市	迟华东	招远县	宋永臣
上饶县	陈学云	平度市	王玉禄	龙口县	曲清卫
横峰县	杨思旺	莱西市	孔祥月	潍坊市	曾宪林
信州区	王小武	胶南市	朱全军	诸城市	戚炳来
吉安市	刘爱民	胶州市	郝吉德	青州市	张立民
吉安县	刘永久	即墨市	于伟泽	寿光市	张树军
吉水县	李长贵	城阳区	刘学永	昌邑市	孙恒玖
峡江县	陈贱根	黄岛区	金志祥	昌乐县	吴宪田
新干县	皮宝龙	崂山区	李　腾	临朐县	李宗成
永丰县	杨青生	淄博市	王本富	高密市	杜钦德
青原区	彭家迎	张店区	高智长	潍城区	季建潍
泰和县	刘金平	周村区	张明浚	坊子区	王善玉
万安县	肖修亮	临淄区	路龄秀	寒亭区	林高梁
遂川县	袁兴俊	桓台县	许日梓	济宁市	陈宪东
井冈山市	谢俊文（副）	高青县	工泽法	任城区	薛秀玲
永新县	刘明友	沂源县	崔广金	兖州市	张文祥
吉州区	张建芽	淄川区	王钺	曲阜市	高广东（兼）
安福县	周向荣	枣庄市	张学功	邹城市	董龙振
抚州市	祝友清	滕州市	李永平	泗水县	孙迎秋
临川区	吴四生	台儿庄区	刘兆启	微山县	吴怀庆
东乡县	饶洁来	峄城区	王振元	鱼台县	杨力新（兼）
崇仁县	丁书娥	薛城区	孙晋群	金乡县	张兆启
南城县	胡志刚	山亭区	周中辉	嘉祥县	王悦启
南丰县	陈剑平	东营市	宋金兰	汶上县	郑　惠
宜黄县	余明华	东营区	尚玉冬	梁山县	仝义泉（兼）
广昌县	包国柱	河口区	孙卫东	泰安市	叶余江

续表

地区	姓名	地区	姓名	地区	姓名
泰山区	常清新	临邑县	王化禄	荥阳市	孙德林
岱岳区	张辉东	陵县	温从平	新密市	张淑敏
新泰市	刘灿东	庆云县	张宝明	中牟县	姚保林
肥城市	荆学忠	乐陵市	王春邦	中原区	孙喜玲
宁阳县	朱玉吉	宁津县	于凤明	二七区	宋春仙
东平县	贾继升	滨洲市	任晓明	金水区	吴选民
威海市	王树栋	滨城区	郝凤鳌	管城区	杨立衡
环翠区	梁学胜	博兴县	李树安	惠济区	张秀英
荣城市	张健	邹平县	孙启山	开封市	郭广平
文登市	周春晖	惠民县	石仁慧	开封县	凌士顺
乳山市	谭光	阳信县	崔明义	尉氏县	吴进忠
日照市	陈修坤	无棣县	李德华	通许县	袁永功
东港区	郑承钊	沾化县	马景刚	兰考县	王武生
莒县	张清华	聊城市	苏本生	杞县	陈振堂（兼）
王莲县	李兆明	临清市	于庆臣（兼）	洛阳市	张荣真
莱芜市	郝云聚	东昌府区	郑淑青	偃师市	王文昌
莱城区	朱应海	冠县	李洪忠	孟津县	马景堂
临沂市	宋家振	莘县	杜国华	新安县	王跃进
兰山区	杜唐华	阳谷县	丁玉华	宜阳县	仝洪波
河东区	苏效荣	东阿县	卓斌增	伊川县	宋赞斌
罗庄区	张全成	茌平县	张观禄	汝阳县	马增超
沂水县	王勇	高唐县	罗少勇	洛宁县	张海东
沂南县	刘勋元	菏泽市	刘庆国	嵩县	高社敏
平邑县	李彬	牡丹区	王争鸣	栾川县	王景韬
费县	王洪志	曹县	尚连仲	平顶山市	陈中宇
蒙阴县	罗光海	定陶县	钱传柱	舞钢市	黄春芳
郯城县	高广新	成武县	邓学礼	汝州市	于刚健
苍山县	李志照	单县	马凤新	叶县	王爱民
莒南县	陈思	巨野县	常传斌	鲁山县	姚栋
临沭县	李永金	郓城县	祝仰涛	宝丰县	王清
德州市	刘宗生（兼）	鄄城县	陈华	郏县	李逢春
德城区	卢顺利（兼）	东明县	胡世冉	新乡市	刘思江
平原县	宋振兴	**河南省**		新乡县	刘文祥（兼）
禹城市	于英祥	郑州市	周可义	原阳县	李庆修（兼）
齐河县	闫广玉	巩义市	马守振	延津县	邓志禄（兼）
夏津县	李庚	登封市	王建平	封丘县	曹秋波
武城县	梁新元	新郑市	马国林	长垣县	邵建芳（兼）

续表

地区	姓名	地区	姓名	地区	姓名
卫辉市	张明新（兼）	新县	黄文来	禹州市	朱怀印
辉县	郜天零	罗山县	余胜明	驻马店市	周保根
获嘉县	张光斌	潢川县	柳贤宾	西平县	胡爱鼎
漯河市	周国云	淮滨县	孙晓靓	遂平县	郑道州
舞阳县	周瑞锋	光山县	王明恩	上蔡县	孟运动
郾城区	庞幸福	焦作市	王秀梅	平舆县	严俊亭
临颍县	钱爱国	武陟县	赵舟河	汝南县	王立志
南阳市	赵玉坤	修武县	杨公民	正阳县	王和
宛城区	段天鑫	温县	孟庆丰	确山县	叶文艺
淅川县	王金定	博爱县	王玉明	泌阳县	杨立稳
南召县	李松朝	沁阳市	张子壮	驿城区	范双林
镇平县	张建勇	孟州市	高南方	新蔡县	赵华
唐河县	方文松	安阳市	毛延安	周口市	郜传云
桐柏县	罗同业	林州市	马天保	扶沟县	马根章
内乡县	杨成甫	滑县	王自纯	西华县	梁志川
邓州市	程银海	内黄县	李红革	商水县	赵鹏
新野县	齐傲胜	汤阴县	张素华	太康县	李新荣
卧龙区	赵天军	安阳县	李九元	鹿邑县	陈治良
西峡县	陈福印	鹤壁市	韦泽淇	郸城县	罗东亮
方成县	张新民	浚县	赵居青	淮阳县	陈家富
社旗县	胡述平	淇县	秦涞清	沈丘县	鲁锦兴
商丘市	吕建华	濮阳市	边少青	项城市	夏顺平
虞城县	许文豪	濮阳县	王文浩	川汇区	刘卫平
宁陵县	杨批修	清丰县	和洪峰	济源市	周顺
民权县	李茂广	南乐县	张升伟	**湖北省**	
睢县	张学友	范县	牛茂聚	武汉市	代斌
夏邑县	杨钦孟	台前县	孙刚成（兼）	蔡甸区	周明
柘城县	宋效凌	三门峡市	冯志刚（兼）	江夏区	殷先汉
永城市	张彩云	卢氏县	张新明	黄陂区	顾冬冰
梁园区	汪俊方	灵宝市	王项生	新洲区	邱德胜（兼）
睢阳区	何俊卿	陕县	胡书才	东西湖区	曾香香
信阳市	张永忠	渑池县	杨立丙	黄石市	王迪（副）
河区	徐连元	许昌市	孙怀亮	大冶市	冯海潮（兼）
平桥区	邢常喜	许昌县	石硕恩	阳新县	李强
固始县	石学国	鄢陵县	张水勤	军垦农场	罗浩平（兼）
商城县	徐立义（兼）	襄城县	胡会亚	十堰市	宋勇（兼）
息县	李洪俊	长葛市	武录民	丹江口市	陈刚（兼）
				房县	阳亚苏（兼）

续表

地　区	姓　名	地　区	姓　名	地　区	姓　名
宜昌市	胡　芳	沙市区	熊昌凤（兼）	潜江市	甘敦勇
枝江市	谢长青	江陵县	李纯松（兼）	天门市	周晓仿
当阳市	朱友鲜	松滋市	严　肃（兼）	省监狱管理局	李　勇
宜都市	周发全	公安县	潘志海	沙洋农场	常景赋
夷陵区	赵　勇	石首市	李大勇	襄北农场	丁义昌
远安县	杨宏伟（兼）	监利县	张汉平	江北农场	余德宜
兴山县	李　军	洪湖市	万远喜	**湖南省**	
长阳县	程家祥（兼）	黄冈市	毛建文	长沙市	王　翔
五峰县	吴林祝（兼）	黄州区	喻中华	长沙县	陈来清
襄樊市	李国强（兼）	团风县	余昌喜	望城县	刘建武
枣阳市	任显成（兼）	红安县	罗子平	浏阳市	卢仕平
宜城市	王兆防	麻城市	李建平	宁乡县	王道成
南漳县	胡中道（兼）	罗田县	沈孝德	株洲市	冯新琪
谷城县	杨　帆（兼）	英山县	姜新成	株洲县	张立侃
老河口市	刑全德（兼）	浠水县	陈　雄	醴陵市	李　星
襄阳区	郭　跃	蕲春县	丁友义（兼）	攸　县	李根元
襄城区	尤建平	武穴市	陶生全	茶陵县	陈三连
樊城区	王新来	黄梅县	洪泽忠	炎陵县	罗爱健
鄂州市	高惠明	龙感湖农场	陈安求（兼）	湘潭市	王爱球
梁子湖区	熊红全	咸宁市	魏皓琼	湘潭县	赵金池
华容区	廖顺枝	咸安区	王　谋	湘乡市	张加良
鄂城区	肖松青	嘉鱼县	杨建国（兼）	韶山市	左年丰
荆门市	丁祥承	赤壁县	汪庆华	衡阳市	谭先锦
京山县	孟广大（副）	崇阳县	金　勋	衡南县	全丁生
东宝区	袁　鹏	通城县	万斐俊	衡阳县	刘德生
掇刀区	刘精华（副）	随州市	蒋欣然	衡山县	颜长坤
屈家岭管理区	徐　寒（兼）	曾都区	周宗友（兼）	衡东县	刘石林
孝感市	陈新桥（兼）	广水市	吴巴金（副）	常宁市	吴柏生
云梦县	蔡喜明（兼）	恩施州	李　勇	祁东县	张三定
安陆市	余小林（兼）	恩施市	蔡泽兴	耒阳市	周炳芽
孝昌县	曹国清	利川市	付大树	珠晖区	陈静辉
汉川市	王怀斌（兼）	建始县	樊友国	邵阳市	林彰龙
应城市	张俊华（兼）	巴东县	谭文教	邵东县	赵云凤
孝南区	李十周（兼）	来凤县	邱　安	新邵县	何劲健
大悟县	卢美胜	咸丰县	姚敦友（副）	邵阳县	罗耀国
荆州市	郑荆陵	宣恩县	张亚丹（副）	新宁县	郭小平
荆州区	郑　磊	鹤峰县	安　彪	洞口县	曾广化
		仙桃市	胡灯祥		

续表

地　区	姓　名	地　区	姓　名	地　区	姓　名
隆回县	邱清响	大通湖区	李中秋	芷江县	彭腾福
武冈市	易　恒	张家界市	张旭鹏	会同县	宋德勇
城步县	阳刘杰	桑植县	王素萍	靖州县	刘向东
绥宁县	吴良槐	慈利县	李永辉	通道县	伍国怀
南山牧场	王建华	永定区	李祥松	中方县	杨春珍
大祥区	高平良	郴州市	郭宗模	洪江区	曾德富
双清区	谢文武	北湖区	何　军	娄底市	刘德禹
北塔区	朱素云	苏仙区	刘铁雄	涟源市	刘保初
岳阳市	钟　肯	资兴市	薛向东	冷水江市	刘鸿丹
平江县	陈尚奇	桂阳县	侯建平	新化县	阳平华
岳阳县	兰其玉	宜章县	谭世亮	双峰县	李　勤
汨罗市	丁雪飞	永兴县	刘志刚	娄星区	贺善谋
湘阴县	吴松良	嘉禾县	刘建雄	湘西自治州	周必勇
华容县	王凯华	临武县	卢少成	泸溪县	李长斌
临湘市	孙德安	汝城县	郭晓雄	龙山县	钟小菊（兼）
君山区	廖乾云	桂东县	朱焱雄	永顺县	向隆银
屈原区	钟孟雄	安仁县	朱成龙	花垣县	麻奇才
云溪区	喻　扬	永州市	王国华（副）	凤凰县	黄前伟
常德市	罗贻林	冷水滩区	吕永东	保靖县	杨昌文
武陵区	于娟清	零陵区	唐高仁	**广东省**	
鼎城区	梁腊清	祁阳县	杨迎春（兼）	广州市	闻伟龙
汉寿县	黄荣耀	双牌县	何晓东	梅州市	温桂忠
桃源县	黎泽中	东安县	唐新柱	兴宁市	罗寿恒
临澧县	邵国超	道　县	蒋团喜	五华县	魏百洲
石门县	封向阳	江永县	吕云斌	江门市	钟国活
澧　县	陈蔚东	江华县	盘尚斌	新会区	黎金英
津市市	朱传协	宁远县	朱士旺	台山市	刘素想（兼）
安乡县	齐跃生	新田县	刘大军	恩平市	唐英坚
西洞庭		蓝山县	陈光伍	河源市	叶石亮（副）
管理区	罗跃林	怀化市	张远铁	和平县	黄月新
益阳市	周先雄	鹤城区	田　军	紫金县	王东麟（兼）
安化县	杨世怀	洪江市	段春安	连平县	麦永生（兼）
南　县	高宏清	沅陵县	黄大生	云浮市	肖仕波
赫山区	曾点明	辰溪县	张元团	罗定市	李　强
沅江市	朱建武	溆浦县	黄志安	新兴县	钟凤强
资阳区	郭克明（兼）	麻阳县	陈山海	云城区	叶杰华
桃江县	文爱华	新晃县	杨才民	珠海市	杨　尧（兼）

续表

地　区	姓　名	地　区	姓　名	地　区	姓　名
斗门区	陈澄波（兼）	**广西壮族自治区**		永福县	阳胜林
清远市	房静平	南宁市	莫均雄	恭城县	林光明
清城区	黄秀荣	西乡塘区	刘晓华	崇左市	吉先林（副）
韶关市	范　莹	邕宁区	陆中平	江州区	梁　杰（副）
始兴县	张祥令（兼）	武鸣县	韦礼才	大新县	黄庆豪（兼）
翁源县	曾凡波	宾阳县	黄及魁	龙州县	黄飞跃（兼）
南雄市	李　伟	横　县	陈振泰	宁明县	李峥玄
茂名市	江　标	上林县	周　强	扶绥县	何如坚（兼）
高州市	梁家强（兼）	隆安县	黄安理	贺州市	韦庆华
电白县	陈　文（兼）	防城港市	曾小山	八步区	郑向阳
茂南区	黄立红（兼）	上思县	李世初（兼）	钟山县	廖绪礼
茂港区	陈伟强（兼）	东兴市	冼诗咏（兼）	富川县	高魁凯（兼）
揭阳市	林汉钟	贵港市	邓　平（兼）	来宾市	何怀明
揭东县	陈惜贤（兼）	桂平市	张蒙成	兴宾区	钟文勤（兼）
佛山市	卢　边	平南县	臧成健（兼）	象州县	覃群道（兼）
南海区	孔祥流	覃塘区	冯建华（兼）	武宣县	覃祖范（兼）
三水区	黄天德	北海市	林芝燕（副）	忻城县	白春乐
顺德区	赵善章	银海区	陈　勇（兼）	百色市	岑光恒
阳江市	林源昌	铁山港区	叶　超（兼）	右江区	麻明福（兼）
阳春县	庄少雄	合浦县	陈　雄（兼）	田阳县	余电忠（兼）
阳东县	黄家光	钦州市	戚　斌	田东县	黄汉宁（兼）
湛江市	王国杰	钦南区	陈世红	平果县	江海宽（兼）
徐闻县	郑　鑫（兼）	灵山县	梁尚微	玉林市	陈海东（副）
吴川市	曾华生	浦北县	符可敬	玉州区	陈道远（兼）
廉江市	苏　芳	河池市	于　凌	福绵区	黄一波（兼）
遂溪县	梁卫军	宜州市	唐郁山（兼）	容　县	甘　杰（兼）
潮州市	文　荣	环江县	谭江明（兼）	北流市	严瑞强（兼）
潮安县	曾俊森（兼）	金城江区	何建华（兼）	博白县	刘　伟（兼）
肇庆市	潘庆敏	桂林市	陆克东	兴业县	王　伟（兼）
高要市	冼广泉（兼）	兴安县	何久端	梧州市	关键汉
封开县	苏快利（兼）	阳朔县	贾玉贵	长洲区	张文辉（兼）
惠州市	刘明春	灵川县	易玉德	苍梧县	廖炳光（兼）
惠阳区	赖雨球	全州县	张伍元	藤　县	黄祖全（兼）
博罗县	陈群胜	平乐县	刘广平	岑溪县	唐家明（兼）
汕头市	陈少华（兼）	临桂县	余新保	柳州市	盘建庄（副）
澄海区	陈利远（兼）	荔浦县	莫飞学	柳北区	曹玉虎（兼）
潮南区	郑延杰（兼）	灌阳县	陈　鑫	柳江县	甘传斌（兼）

续表

地区	姓名	地区	姓名	地区	姓名
柳城县	叶彦军（兼）	江津市	苏炳忠	大邑县	杜守仪
鹿寨县	韦新慰（兼）	合川市	邓继光	自贡市	何泽莉（兼）
海南省		长寿区	程德华	荣县	陈挺
海口市	殷文波	綦江县	赵加伟	富顺县	谢玲
昌江县	王仁寿	潼南县	杨廷荣	攀枝花市	郝惠琼
东方市	符海	铜梁县	柏光荣	盐边县	陈远忠（兼）
乐东县	陈运富	大足县	王纯波	米易县	朱光泽
三亚市	钟前云	荣昌县	李荣中	仁和区	陈公林
儋州市	陈双	璧山县	梁凤鸣	德阳市	周荣
临高市	柯学智	梁平县	唐红	绵竹市	黎洲国
澄迈县	李永和	城口县	刘朝阳	广汉市	黎邦芝
文昌市	余盛兴	南川市	吴卓昌	罗江县	张虹琳
琼海市	韦裕平	丰都县	李华	中江县	段启平
万宁市	王衍亮	垫江县	黄国评	旌阳区	冯进
定安市	程孟贤	武隆县	何林（兼）	绵阳市	杨彦彬
陵水县	郑金述	忠县	冯成法	涪城区	郑仕跃
屯昌县	曾令武	开县	唐宗学	游仙区	李斌
琼中县	林瑞	云阳县	程德兴	江油市	曹蒙
保亭县	王明珍	奉节县	吴江	梓潼县	李永海
白沙县	陈有星	巫山县	谢跃翔	安县	王建墉
五指山市	王干	巫溪县	吴应明	北川县	王建全
重庆市		石柱县	吴新民	平武县	翁少伦
万州区	冯天全	秀山县	李传宏	三台县	李胜文
黔江区	冉苏昌	酉阳县	杜宜凤	盐亭县	申光芹
涪陵区	李谨（兼）	彭水县	王健	广元市	边辉吉
大渡口区	冯大鹏	**四川省**		苍溪县	王永[illegible]
江北区	姚寿贻	成都市	刘学（兼）	剑阁县	李黎明
沙坪坝区	黎明	金堂县	刘显勇（兼）	旺苍县	何太明（兼）
九龙坡区	李渝	青白江区	徐彪（兼）	南充市	张青
南岸区	鲁永合	龙泉驿区	周述勇（兼）	顺庆区	刘明（兼）
北碚区	唐建平	彭州市	刘新洲（兼）	高坪区	贾春燕
万盛区	余小池	双流县	游承志（兼）	嘉陵区	朱昊
渝北区	李洪树	蒲江县	张庆丰（兼）	西充县	阳雷
巴南区	黄建新	邛崃市	季德良（兼）	南部县	孙跃
双桥区	梁多富	新都区	熊西民（兼）	仪陇县	李鑫跃
永川市	曾自然	崇州市	王庆（兼）	蓬安县	吕国荣

续表

地区	姓名	地区	姓名	地区	姓名
营山县	冉玉全	安岳县	王俊杰	盐源县	吴显贵（兼）
阆中县	宋学刚	巴中市	张鸣（副）	昭觉县	瓦扎
遂宁市	朱志光	马州区	贾新华（兼）	普格县	巫俊才
市中区	刘洋（兼）	平吕县	杜中华	喜德县	的日莫体
蓬溪县	陈跃文	通江县	陈红卫（副）	雷波县	张贵宾
射洪县	杨德勇	南江县	王才华（兼）	越西县	冯志林
大英县	岳建宏（兼）	达州市	李德勇	武胜县	孙小红（兼）
内江市	高伟（副主任）	达县	鲁龙平	岳池县	汤泽林
市中区	马亮	通川区	邱凡	华蓉市	刘顺贵
东兴区	万晓英	宣汉县	肖雄林	**贵州省**	
资中县	孙伟	开江县	陶政	贵阳市	马国忠
威远县	吴开友（副主任）	万源市	杨琼	白云区	莫子烈
隆吕县	苏虎	渠县	田泽富	乌当区	万中淙
泸州市	叶常青	大竹县	陈正益	花溪区	童建明
江阳区	符晓琪（兼）	广安市	蒋德树	修文县	刘元珍
龙马潭区	张伟东（兼）	广安区	杨有成	开阳县	刘良国
纳溪区	苟永和（兼）	眉山市	戚加平	息烽县	刘懋棋（兼）
泸县	高峰（兼）	东坡区	覃中树（兼）	清镇市	胡声荣
合江县	黄祖玉（兼）	仁寿县	骆德君（兼）	遵义市	赵命荣
宜宾市	李永生	彭山县	徐宁	红花岗区	陆定权
翠屏区	李昌荣（兼）	洪雅县	冯升洪	遵义县	牟明灯
宜宾县	陶天驰	雅安市	古宏	桐梓县	刘邦远
南溪县	谭阳宇（兼）	雨城区	洪缨	绥阳县	吴学东
江安县	曾庆文（兼）	名山县	李开华（兼）	道真县	雷后良
长宁县	彭诚（兼）	阿坝州	刘峰（兼）	凤冈县	邱峰
乐山市	广兵（兼）	红原县	梁斌（兼）	湄潭县	李金志
市中区	杜学慧（兼）	甘孜州	黄建军（兼）	余庆县	赵喻
五通桥区	陈齐（兼）	理塘县	杨正康（兼）	仁怀市	黄润
夹江县	许建文（兼）	色达县	文长彬（兼）	赤水市	袁必祥
井研县	童建文（兼）	凉山州	贾继三	安顺市	涂新善
峨嵋山市	陈宏（兼）	西昌市	段瑞康	平坝县	黄河
犍为县	许中勤（兼）	德昌县	马发祥	普定县	林涛
资阳市	唐平（兼）	会理县	李新民	西秀区	金泽智
雁江区	贺栋才（副）	会东县	王文湘	六盘水市	吴显龙
简阳市	郑敏（副）	宁南县	胡胜高	盘县	李德思
乐至县	谢永安	冕宁县	袁思远（兼）	水城县	简正隆

续表

地区	姓名	地区	姓名	地区	姓名
六枝特区	吴开发	毕节地区	王福尧	楚雄市	沈春生
铜仁地区	龙久和	毕节市	廖荣九	元谋县	周志荣
铜仁市	刘云鹤	大方县	高　超	禄丰县	李明昌
玉屏县	杨世木	黔西县	李正学	姚安县	周家智
印江县	田　举	金沙县	刘懋华	大姚县	沙朝安（兼）
思南县	梁　军	织金县	罗时庆	永仁县	周林道
江口县	杜拉萨	纳雍县	张朝臣	玉溪市	苏建云
德江县	曹永直	威宁县	熊世明	通海县	王　玮
石阡县	郭定文	赫章县	禄华超	江川县	李彦林
松桃县	周洪英	省林业厅	严晓梅（兼）	易门县	王耀中（兼）
黔东南州	陆林贵	扎佐林场	李维鸿	元江县	李忠祥
凯里市	吴江涛	龙里林杨	黄　德	红河州	林德元
黄平县	潘世良	省监管局	周　明	蒙自县	潘有清
施秉县	肖多祥	广顺农场	吴中纯	弥勒县	李永红
三穗县	曾祥军	东坡农场	佘正江	泸西县	汪明才
镇远县	吴万贤	平坝农场	卢云继	建水县	杨　伟
天柱县	蒋景高	云南省		石屏县	苏官来
锦屏县	杨从清	昆明市	邹荣付	文山州	李晋红
黎平县	吴锦志	嵩明县	韩绍祥（兼）	砚山县	代建文
雷山县	李天洪	寻甸县	尹嘉明（兼）	丘北县	陈自强（兼）
麻江县	郑　灏	安宁市	李国祥（兼）	广南县	杨　萍（兼）
丹寨县	王春光	富民县	熊　勤（兼）	富宁县	许福建
黔西南州	安国勋	禄劝县	熊菊芬（兼）	思茅市	王正福
兴义市	文筑邑	东川区	马　玲（兼）	景东县	丁文忠（兼）
兴仁县	杨礼国	昭通市	谢序华	景谷县	周　晓
安龙县	张英龙	昭阳区	秦明聪（兼）	普洱县	李正学（兼）
黔南州	陈有德	鲁甸县	高爱国	翠云区	胡有详（兼）
福泉市	陈　涛（兼）	巧家县	孙朝荣（兼）	澜沧县	李开智（兼）
瓮安县	任正涌（兼）	永善县	张世银（兼）	孟连县	李成忠（兼）
贵定县	朱奉余	曲靖市	王清林	西双版纳州	邢映明
龙里县	许修模（兼）	罗平县	包崇虎	景洪市	何顺华
独山县	胡凤祥	陆良县	计永斌	勐海县	王海洋
荔波县	刘洪举	会泽县	马　春（兼）	勐腊县	赵　东
惠水县	陈志佳	马龙县	孔德军	大理州	李云建
都匀市	林科军	宣威县	王德勇	祥云县	张慧莲（兼）
罗甸县	曾兴铁	楚雄州	白　明	宾川县	蒲爱军（兼）

续表

地区	姓名	地区	姓名	地区	姓名
洱源县	董玉昆（副）	江孜县	尼 玛	眉 县	邓贵兴
鹤庆县	寸锡坤	白朗县	程贤贵	陇 县	刘都良
保山市	杨习权	日喀则市	扎 西（副）	千阳县	赵经霞
隆阳区	杨洪启	林芝地区	嘎 玛	咸阳市	郝俊凯
腾冲县	周德问（兼）	林芝县	张一军	秦都区	孙 选
昌宁县	鲁全明（副）	工布江达县	次 欧	渭城区	窦明星
施甸县	杨培团（兼）	昌都地区	洛桑旦增	武功县	李政通
龙陵县	范生枝	丁青县	冯 健	乾 县	王俊忠
德宏州	雷宝才	昌都县	李秋春	兴平市	杨永振
潞西市	韩顺刚	山南地区	仁 典	礼泉县	陈国成
瑞丽市	尹宁华（兼）	乃东县	次仁达娃	彬 县	张义芳
陇川县	寸待强（兼）	贡嘎县	李浩路	淳化县	白辉波
盈江县	李 华（兼）	扎朗县	新金边	泾阳县	李建斌
梁河县	赵家德（兼）	那曲地区	多杰热登	三原县	常鸣龙
丽江市	李献民	那曲县	扎 西	永寿县	郭亚平
玉龙县	王国新	比如县	热 嘎	铜川市	李忠鹏
永胜县	严世才（兼）	阿里地区	许建平	耀州区	徐建运
华坪县	刘建华（兼）	日土县	白玛旺扎（副）	印台区	杨建宁
宁蒗县	曹文彬（兼）	噶尔县	扎西罗布（兼）	宜君县	周晓乾
怒江州	曲里言	**陕西省**		渭南市	刘仁奎
泸水县	麻继昆（兼）	西安市	蔡保平	临渭区	姚国强
迪庆州	李金华	户 县	张景华	富平县	李潮刚
香格里拉县	旦从文	周至县	李明毅	白水县	元普民
临沧市	兰凤明	高陵县	张 驰	蒲城县	樊 彬
临翔区	廖逢华	蓝田县	蔡长升	韩城市	孙均林
永德县	周朝相（兼）	长安区	罗建成	合阳县	雷治斌
镇康县	彭江华（兼）	临潼区	贯广平	澄城县	杨智慧
双江县	李富昌（兼）	阎良区	权利军	大荔县	雷仁湖
耿马县	俸小青	灞桥区	姚延喜	华 县	袁开农
沧源县	鲍忠明（兼）	未央区	王红运	华阴市	杨广财
西藏自治区		雁塔区	王建海	潼关县	赵新民
拉萨市	张 明	宝鸡市	刘永耀	延安市	陈建军
达孜县	杨小平	陈仓区	张永峰	宝塔区	贯志斌
墨竹工卡县	杜国君	凤翔县	宁录庆	延川县	李清海
日喀则地区	李明山	岐山县	刘尚义	宜川县	刘国成
		扶风县	魏建儒		

续表

地区	姓名	地区	姓名	地区	姓名
洛川县	屈开亮	省农垦总公司	周亚莉	定西市	张文斌
富县	张秀梅	省监狱管理局	陈万才	临洮县	李柏林
黄陵县	吴志宏	**甘肃省**		陇西县	贾树繁
安塞县	高海平	兰州市	刘存民（副）	临夏州	李万泽
子长县	薛玉和	皋兰县	陈自忠	和政县	王礼
榆林市	白耀东	酒泉市	徐永芳	广河县	马瑞刚
榆阳区	黄飞鹏	玉门市	杨生祥	**青海省**	
神木县	焦在学	金塔县	麻润鹿	西宁市	曹喜忠
府谷县	张文彪	安西县	聂海龙	城西区	李琦
横山县	谢爱详	肃州区	张学斌（副）	城东区	刘月琴
靖边县	王保贵	敦煌市	吴永成	城北区	严有云
定边县	张振荣	张掖市	廖永宏	大通县	冯浙青（兼）
绥德县	康继和	高台县	朱卫东	湟中县	段发禄
米脂县	常升旺	肃南县	李建玉	湟源县	马天源
子洲县	王汉富	农垦集团	赵多堂	海东地区	燕永飞
汉中市	李家典	临泽县	钟常青	民和县	范承明
汉台区	雷旺明	山丹县	周得玮	乐都县	张存华（兼）
南郑县	李志亮	民乐县	白有芳	互助县	曹田泰（兼）
城固县	昝立仁	武威市	汪晓青	循化县	马全福
洋县	马世忠	凉州区	曹德福	化隆县	贺生忠（兼）
西乡县	葛永成	古浪县	杜国万	平安县	祁生民（兼）
勉县	周明荣	民勤县	马述涛	海北州	刘通海
留坝县	郑建忠	白银市	张克智	门源县	李芳业
安康市	郭正明	白银区	曾俊华	祁连县	昂智
汉滨区	陈昌文	景泰县	梁银泉	刚察县	张秉海（兼）
汉阴县	陈世宁	靖远县	陈高志	海晏县	李育（兼）
石泉县	何运勇	天水市	刘玉荣	海南州	张学海（兼）
平利县	张锡坤	秦城区	张玉中	贵德县	朱立林（兼）
商洛市	彭学章	北道区	王永泽	共和县	王宏林
商州区	李杰	甘谷县	王学枢	同德县	邓昌录
洛南县	李保军	武山县	阎敏毅	兴海县	卡雄（兼）
丹凤县	张建民	泰安县	宋丕智	贵南县	杨延生
商南县	陈家水	清水县	赵建效	海西州	刘守忠
镇安县	陈因强	陇南市	张文瑞	格尔木市	张敏（兼）
杨凌示范区	郭建树	徽县	穆绍文	德令哈市	姚国禄（副）
杨凌区	刘彩鹏	成县	王廷雄	天峻县	达哇才让

续表

地区	姓名	地区	姓名	地区	姓名
都兰县	芦 涛	自治区监狱管理局	杨志宏	麦盖提县	叶丛香（兼）
乌兰县	李长福	**新疆维吾尔自治区**		泽普县	连广禄（兼）
黄南州	哈金芬	乌鲁木齐市	杨建平	英吉沙县	孙作福（兼）
尖扎县	卢虎成	乌鲁木齐县	王力成	岳普湖县	阿不力克木·肉苏力
果洛州	雷延全	克拉玛依市	王晓琳	和田地区	程为民
达日县	高胜利	白碱滩区	曾克斌	和田市	艾则孜·艾力（兼）
班玛县	多 杰	乌尔禾区	陈建平	和田县	刘永理（兼）
玉树州	更尕昂江（兼）	独山子区	蒋斌华	洛浦县	黄卫东（兼）
玉树县	东 周（兼）	石河子市	刘 斌	策勒县	郑金宝（兼）
囊谦县	成林公保（兼）	巴州	刘春生	于田县	王建江（兼）
省三江集团	狄平武	库尔勒市	王光辉	民丰县	李 学（兼）
贵南牧场	蒋云龙（兼）	轮台县	阿里木	伊犁州	李树雄
省牧草良		且末县	李海峰	伊宁市	刘书昌
种繁殖场	韩 科（兼）	若羌县	范宏毅	奎屯市	坚 强
宁夏回族自治区	董 峰	焉耆县	李 勇	伊宁县	李 军
银川市	孙丽萍	和静县	陶良华	霍城县	李西城
兴庆区	苏 武	和硕县	叶 兵	察布查尔县	钟 义
西夏区	陈经铭	博湖县	谷正坤	巩留县	吴志强
金凤区	陈蕴丹（兼）	阿克苏地区	裴海文	新源县	杨玉祥
灵武市	杨振武（兼）	阿克苏市	赵 欣	尼勒克县	郭新民
贺兰县	陆生荣	温宿县	张兆虎	特克斯县	刘 彬
永宁县	林艳青	阿瓦提县	张 斌	昭苏县	张国富
石嘴山市		拜城县	崔海岗	博 州	魏 平
大武口区	刘军明（兼）	乌什县	唐钢英	博乐市	韩志勇
平罗县	尤建平	库车县	刘河松	精河县	郑福全
惠农区	牛 惠	新和县	陈庆福（兼）	温泉县	彭光明
吴忠市	张继业（兼）	沙雅县	刘清富	塔城地区	全占学
利通区	张继业（兼）	柯坪县	李旺年（兼）	塔城市	朱新才
青铜峡市	陈培寿（兼）	喀什地区	依明·司地克（兼）	乌苏市	罗玉新
盐池县	陈东虎（兼）	喀什市	热夏提·阿不拉（兼）	额敏县	王 永
同心县	李文才（兼）	莎车县	武卫国（兼）	裕民县	孙松涛
红寺堡开发区	李荣国（兼）	疏勒县	刘海新（兼）	和丰县	陈献辉
中卫市	徐富珍	疏附县	赫晓勇	沙湾县	王利平
中宁县	刘 欣	叶城县	曹东昆（兼）	吐鲁番地区	徐树东
自治区农垦		伽师县	艾则孜·卡得尔（兼）	吐鲁番市	沈大振（兼）
事业管理局	沈振荣	巴楚县	吴兆旭（兼）	鄯善县	贾书玲

续表

地区	姓名	地区	姓名	地区	姓名
托克逊县	王辉（兼）	12团	周家兴	111团	李中东
阿勒泰地区	艾丁	13团	马新成	芳草湖农场	甘润富
阿勒泰市	黎正文	14团	冯世学	七师	刘军
布尔津县	沈持印	16团	翟保江	123团	李新民
哈巴河县	许双喜	二师	李莉	124团	马永彪
吉木乃县	李精武	27团	周为民	125团	胡曾礼
福海县	张和军	29团	李愈	127团	宁根朝
富蕴县	金海生	30团	郎洪林	128团	毕学民
青河县	吴保忠	31团	游明	130团	白新民
哈密地区	阿依下木	34团	郑金民	131团	凌平
巴里坤	张建辉	36团	郑晓东	八师	刘冰
哈密市	单雪丽	三师	苟玉玲	121团	柳定顺
伊吾县	王存德	43团	张黎明	122团	李林皋
克州	李森	44团	邓晓江	132团	周新勋
阿图什市	许桂花	45团	孙江鲁	133团	王雪莲
阿克陶县	阿不都西库	46团	袁明	135团	潘小六
乌恰县	庞奇	49团	曾庆华	136团	谢明
昌吉州	宋锦辉	50团	刘惠珍	141团	郭本军
昌吉市	梁晓忠	51团	王利民	144团	秦胜业
玛纳斯县	王东风（兼）	52团	蔡春华	149团	李新海
呼图壁县	李江玉	53团	李国安	石总场	张宏伟
米泉市	王志云	四师	孟新伟	红旗农场	乔金国
阜康市	马存禄（兼）	62团	姚刚	九师	马新平
奇台县	韩庚（兼）	63团	陆军	167团	丁敏
吉木萨尔县	赵新山（兼）	67团	郭勇	十师	刘同波
木垒县	陈忠业（兼）	71团	王一丹	181团	谢志刚
新疆生产建设兵团		五师	罗星河	185团	袁少刚
一师	孔兵	81团	周新民	建工师	段月星
1团	熊明浩	83团	钱军	红旗农场	乔金国
3团	张原新	84团	徐家常	十二师	赵志江
5团	孙家兴	86团	买买提	三坪农场	王军
6团	张留云	90团	杨文江	十三师	焦利平
7团	白庆龙	91团	张新山	红星一场	廖红川
8团	黄复林	六师	邱建江	红星二场	刘助力
10团	聂勇	102团	王建江	黄田农场	公建民
11团	唐忠	105团	李润	火箭农场	刘宴森

续表

地区	姓名	地区	姓名	地区	姓名
黑龙江省农垦总局		八五四农场	韩振南	海伦农场	马海清
宝泉岭分局	冯葵新	八五五农场	孙林涛	红光农场	王立波
二九〇农场	梁学光	八五六农场	陈绍东（兼）	嘉荫农场	李慧萍（兼）
绥滨农场	尹玉宝（兼）	八五七农场	朱立军	柳河农场	高春伟
江滨农场	孙海疆	八五八农场	柳新民	哈尔滨分局	钟玉涛
军川农场	薛守道	八五一〇农场	赵福成	岔林河农场	刘　鹏
名山农场	王一民（兼）	八五一一农场	韩树海	红旗农场	鹿文革
共青农场	孙国军	庆丰农场	孟　辉	香坊农场	梁启全
宝泉岭农场	马胜华（副）	云山农场	栾开佑（兼）		
新华农场	虢文玉	宁安农场	彭玉柱		
普阳农场	于　军（兼）	北安分局	刘世彬		
红兴隆分局	刘福臣	二龙山农场	陈　涛		
友谊农场	马东升（兼）	赵光农场	卢绪营		
五九七农场	陈建卓	红星农场	王加祥（兼）		
八五二农场	孙　平	尾山农场	李中元		
八五三农场	于令会	龙镇农场	栾红胜		
饶河农场	宋文斌	长水河农场	柳长青		
二九一农场	李树本	红色边疆农场	印海清		
双鸭山农场	王　录	襄河农场	王庆海		
曙光农场	刘永杰	建设农场	李宏军（兼）		
红旗岭农场	韩立胜	逊克农场	王家玉		
北兴农场	蒿万清	引龙河农场	崔景尧		
江川农场	王晓光	九三分局	王景涛		
建三江分局	范光临	鹤山农场	张永宽		
八五九农场	马永辉（副）	尖山农场	张　路		
胜利农场	陈　晖（副）	大西江农场	刘　峰（兼）		
七星农场	王玉超	山河农场	佟北生		
前进农场	卢建华	嫩江农场	刁龙江		
红卫农场	刘文远	嫩北农场	刘继业		
洪河农场	侯福忠	齐齐哈尔分局	段景田		
前锋农场	李兴权	查哈阳农场	李晓峰		
前哨农场	马海金	克山农场	徐文忠（兼）		
浓江农场	王耀武	依安农场	徐照军		
鸭绿河农场	刘芝连	绥化分局	陈宝贵		
牡丹江分局	黄立新	铁力农场	阳秀琴（兼）		
八五〇农场	于均一	绥棱农场	黄　晶		

第十部分

附　录

2005年度国家农业综合开发办公室
在财政部“优秀论文、优秀调研报告、优秀公文”评选中获奖情况

二　等　奖

调　查　报　告

关于江苏、河南、河北、吉林4省农业综合开发情况的调查报告

王建国　黄家玉　杜原　周可　龚英秀　李若云　樊继红

三　等　奖

调　查　报　告

“面对面”与“心贴心”——“千户农民”调查活动纪实　　赵鸣骥　吕彤轩

关于河北等8省（区）农业综合开发投资参股经营试点情况的调研报告

刘世江　黄家玉　韩国良　樊继红

公　　文

关于印发《国家农业综合开发中型灌区节水配套改造项目管理实施办法》的通知

许峰　朱铁辉　宋志刚

鼓励奖

论文

农业综合开发资金绩效评价研究　　王建国　刘世江　李纯湘　高永珍

农业综合开发监督机制研究　　韩国良、陶传友、王志刚

发挥贴息资金扶持引导作用 拓宽资金投入渠道　　肖红

调查报告

县乡财政困难的成因和对策——对黑龙江省明水县的调查　　祝顺泉

公文

财政部关于印发《农业综合开发财政资金违规违纪行为处理暂行办法》的通知　　李若云　李纯湘　刘世江　王建国

对十届全国人大三次会议第3207号建议的答复　　林鹏生　李纯湘　刘世江